# 徐州统计年鉴

XUZHOU STATISTICAL YEARBOOK

# 2024

（总第 37 期）

徐 州 市 统 计 局
国家统计局徐州调查队 编

中国统计出版社
China Statistics Press

**图书在版编目（CIP）数据**

徐州统计年鉴. 2024 = Xuzhou Statistical Yearbook 2024 / 徐州市统计局，国家统计局徐州调查队编. -- 北京：中国统计出版社，2024. 12. -- ISBN 978-7-5230-0603-0

Ⅰ. C832.533-54

中国国家版本馆 CIP 数据核字第 20241PX784 号

**徐州统计年鉴** 2024

Xuzhou Statistical Yearbook 2024

作　　者 / 徐州市统计局　国家统计局徐州调查队

责任编辑 / 王立群

出版发行 / 中国统计出版社有限公司

通信地址 / 北京市丰台区西三环南路甲 6 号　邮政编码 /100073

发行电话 / 邮购（010）63376909　书店（010）68783171

网　　址 / http://www.zgtjcbs.com/

印　　刷 / 徐州绪权印刷有限公司

经　　销 / 新华书店

开　　本 / 880mm×1230mm　1/16

字　　数 / 931 千字

印　　张 / 26　　彩页 2

版　　别 / 2024 年 12 月第 1 版

版　　次 / 2024 年 12 月第 1 次印刷

定　　价 / 300.00 元

# 编 者 说 明

《徐州统计年鉴2024》(以下简称《年鉴》)是一部全面、系统反映徐州市国民经济和社会发展情况的资料性年刊。书中汇集了徐州市及各县(市)2023年经济和社会各方面的统计数 据,以及历史重要年份和改革开放以来主要统计数据。

全书内容分为23篇目,即:1.综合;2.国民经济核算;3.人口;4.就业人员和职工工资;5.固定资产投资;6.对外经济贸易和国际旅游;7.能源消费与库存;8.财政、金融和保险;9.物价指数;10.人民生活;11.自然资源、城市概况和环境保护;12.农林牧渔业;13.工业;14.建筑业;15.交通运输和邮电;16.批发零售和住宿餐饮业;17.科技和教育;18.卫生和社会服务;19.文化和体育;20.公共管理及其他;21.县(市)社会经济;22.乡镇基本情况;23.附录。为方便读者使用,大部分篇末附有《主要统计指标解释》。

与《徐州统计年鉴2023》相比较,本年鉴在统计内容和编辑上主要做了如下修订:

根据方法制度变化、实际编辑情况和用户需求,对第4篇就业人员和职工工资、第14篇建筑业、第22篇乡镇基本情况、第23篇附录1江苏省市、县主要经济指标、附录3淮海经济区主要经济指标等部分内容进行了调整修订。

本年鉴部分数据合计数或相对数由于单位取舍不同产生的计算误差均未作机械调整。

本年鉴表中的符号使用说明:“…”表示数据不足本表最小单位数;“空格”表示该项统计指标数据不详或无该项数据;“#”表示其中的主要项。

本年鉴编辑过程中,得到中国统计出版社和江苏省统计局综合处的悉心指导,得到市委宣传部、市公安局、市财政局、市交通运输局、市农业农村局、市自然资源和规划局、市气象局、市水务局、市住房和城乡建设局、市生态环境局、市卫健委、市民政局、市人力资源和社会保障局、市司法局、市教育局、市文化广电和旅游局、市商务局、市科技局、市应急管理局、市退役军人事务局、市市场监督管理局、市体育局、市政协、市妇联、市邮政管理局、人民银行徐州中心支行、市消防救援支队、国家金融监督管理总局徐州监管分局、市通管办、市供电公司、中国铁路上海局集团有限公司徐州站、徐州观音机场、国家管网集团东部原油储运有限公司等有关部门、单位以及广大统计工作人员的大力支持,在此我们表示诚挚的感谢。恳请各界人士和读者对年鉴的不足之处批评指正,以期进一步提高编辑水平,更好地为广大读者服务。

# 目 录

## 四、就业人员和职工工资



## 五、固定资产投资

## 六、对外经济贸易和国际旅游



## 七、能源消费与库存



## 八、财政、金融和保险



## 九、物价指数

## 十、人民生活



## 十一、自然资源、城市概况和环境保护



## 十二、农林牧渔业

## 十三、工业



## 十四、建筑业



## 十五、交通运输和邮电



## 十六、批发零售和住宿餐饮业

## 十七、科技和教育



## 十八、卫生和社会服务

## 十九、文化和体育



## 二十、公共管理及其他



## 二十一、县（市）社会经济（1978–2023 年）

## 二十二、乡镇基本情况



## 二十三、附录

# 2023年的徐州

2023

## 国民经济总量

8900.44
地区生产总值
（亿元）

997.42
出口总额
（亿元）

770.97
第一产业增加值
（亿元）

1207.60
进出口总额
（亿元）

3622.34
第二产业增加值
（亿元）

3.50
实际使用外资
（亿美元）

4507.13
第三产业增加值
（亿元）

4445.12
社会消费品零售总额
（亿元）

## 内外贸易

## 基层组织

97 镇
（个）

70
街道
（个）

2013 村
（个）

750
居委会
（个）

## 人口

1029.36
年末户籍人口
（万人）

318.73
年末常住人口
总户数
（万户）

902.00
年末常住人口
（万人）

## 钱袋子

545.96 亿元
一般公共
预算收入
11636.95 亿元
金融机构人民币
存款余额
10841.34 亿元
金融机构人民币
贷款余额
6831.18 亿元
住户人民币
存款余额
38089 元
全体居民
人均可支配收入
44796 元
城镇居民
人均可支配收入
27065 元
农村居民
人均可支配收入

## 民生

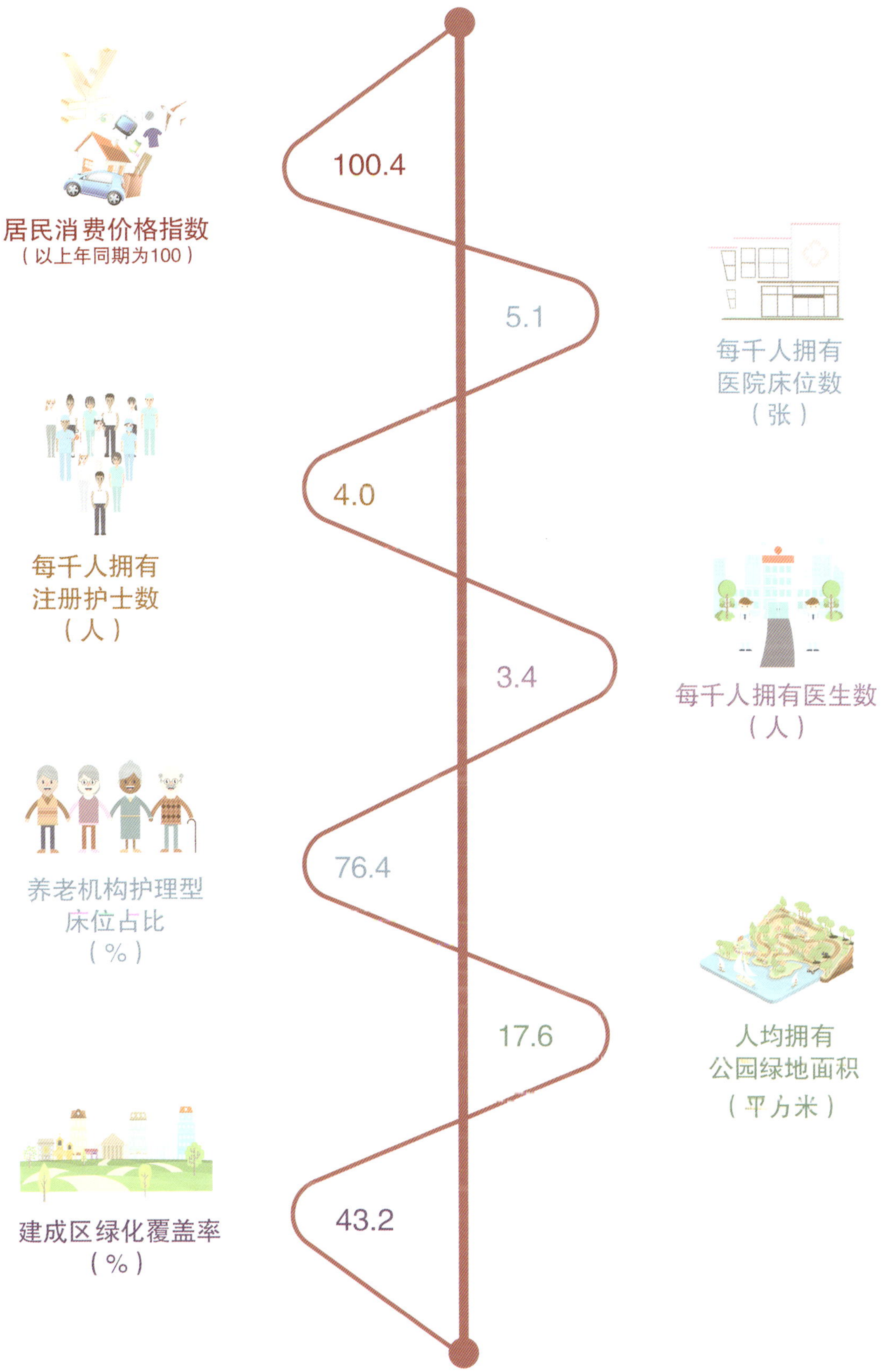
100.4
居民消费价格指数
（以上年同期为100）
5.1
每千人拥有
医院床位数
（张）
4.0
每千人拥有
注册护士数
（人）
3.4
每千人拥有医生数
（人）
76.4
养老机构护理型
床位占比
（%）
17.6
人均拥有
公园绿地面积
（平方米）
43.2
建成区绿化覆盖率
（%）

# 经济发展

## 地区生产总值（亿元）

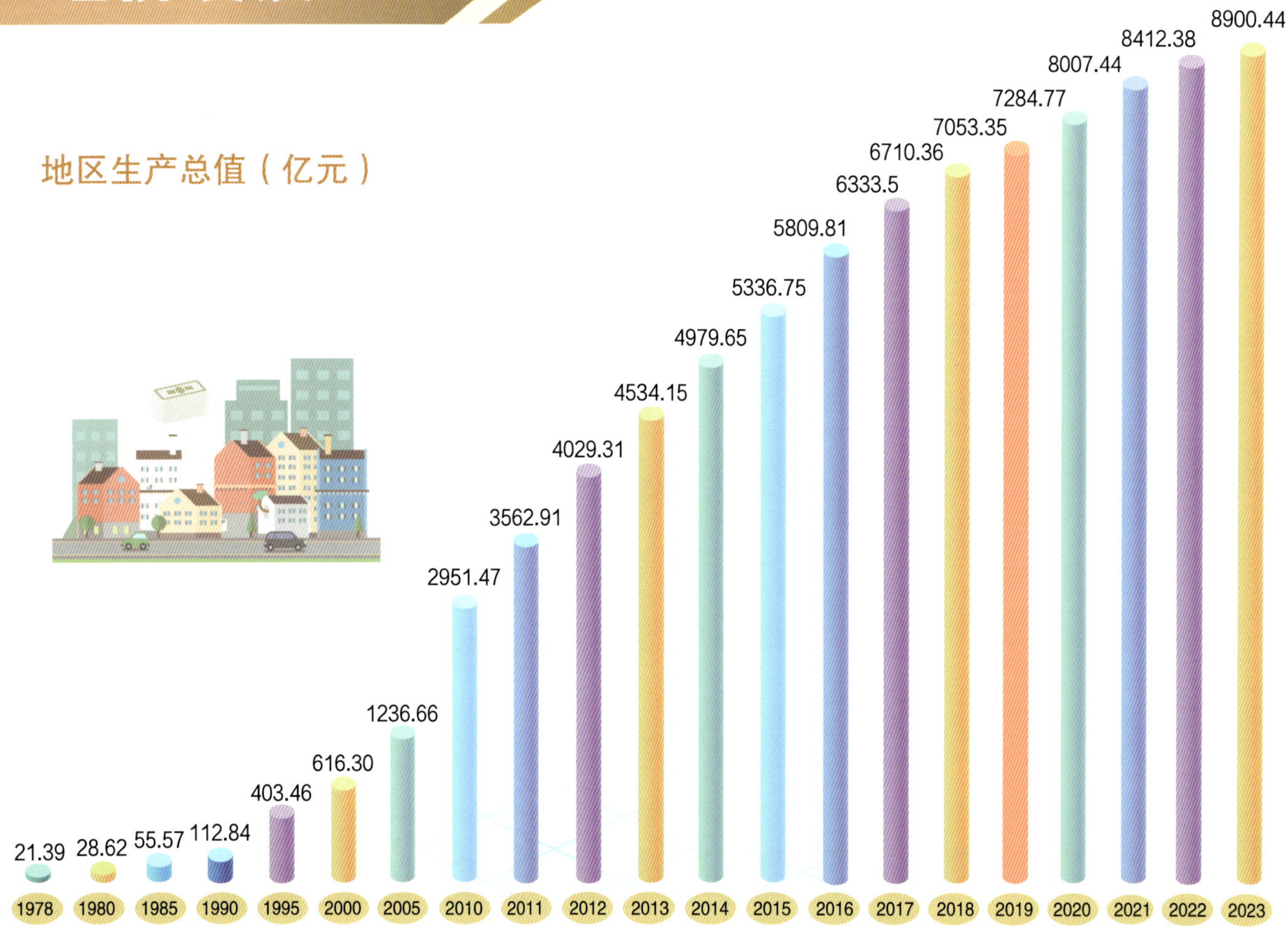


## 人均地区生产总值（元）

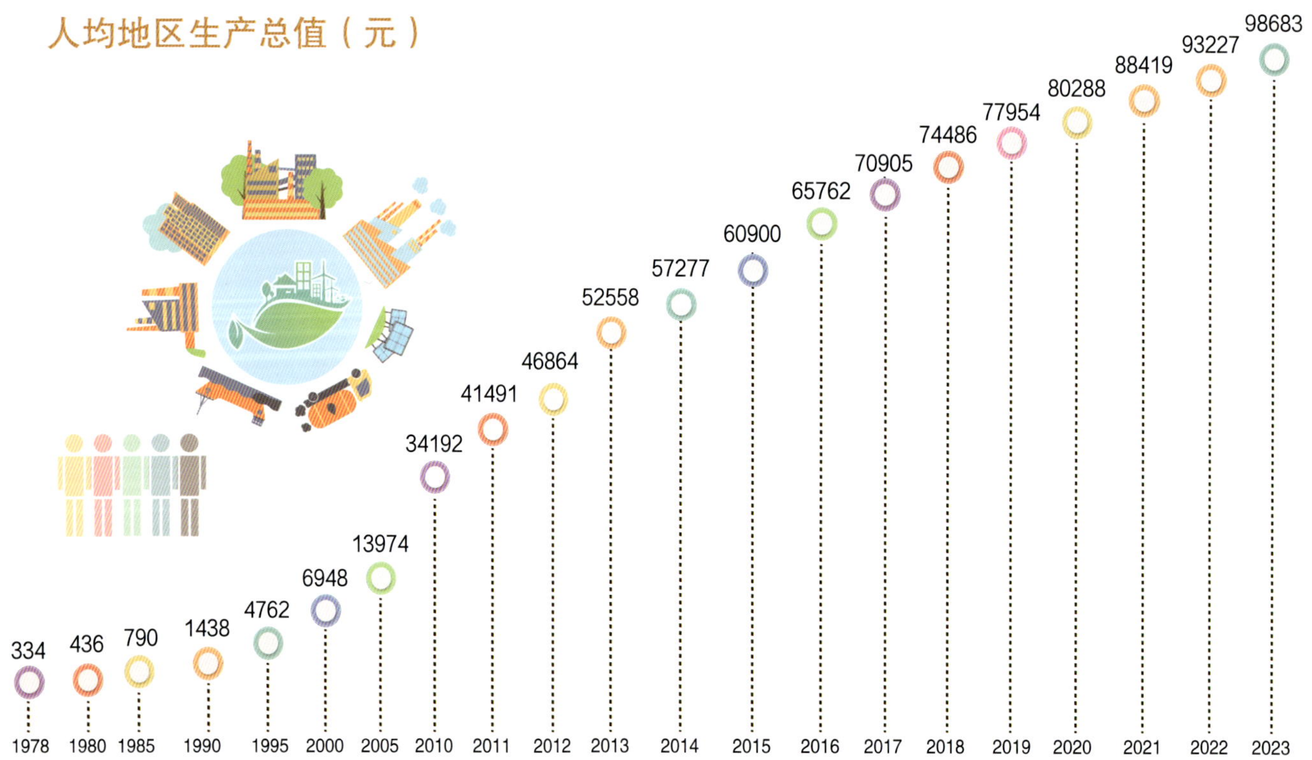

## 财政总收入（亿元）

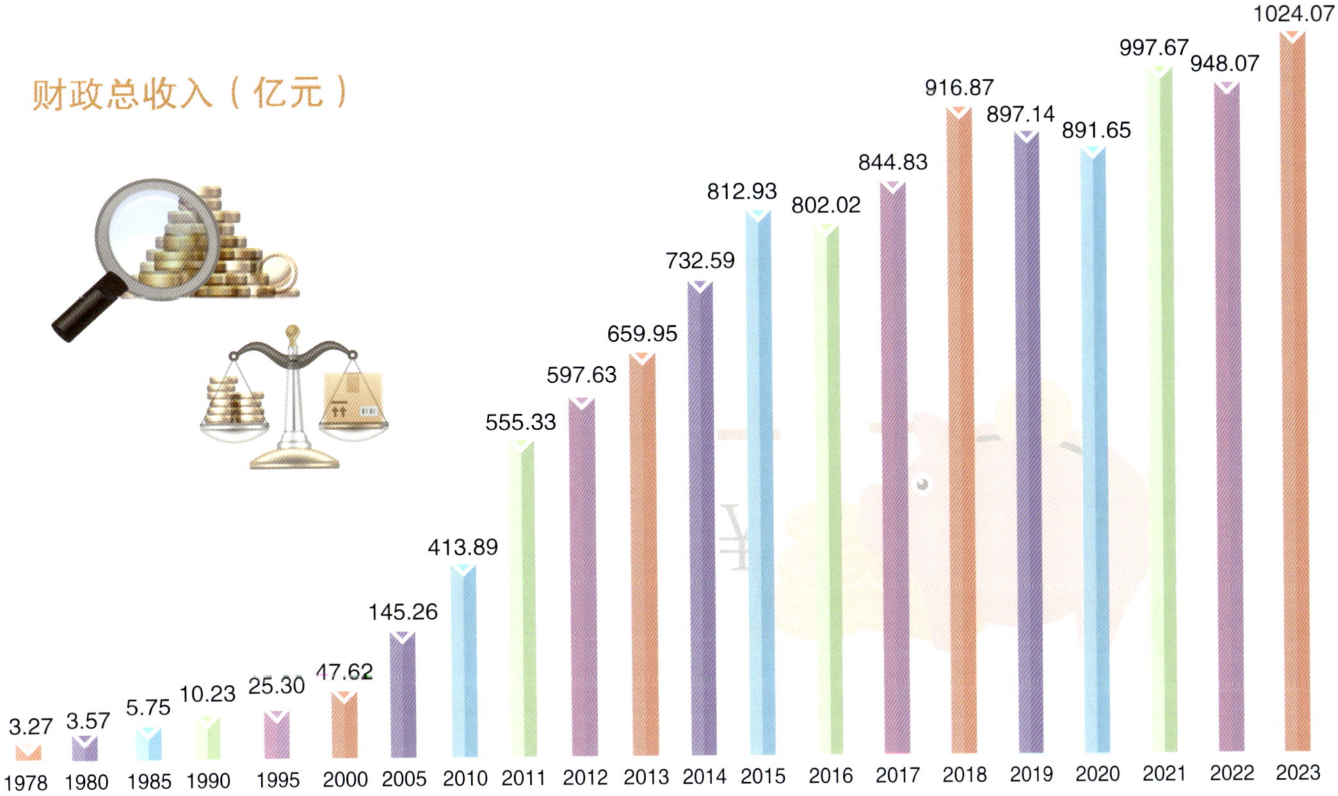


## 金融机构人民币存贷款余额（亿元）

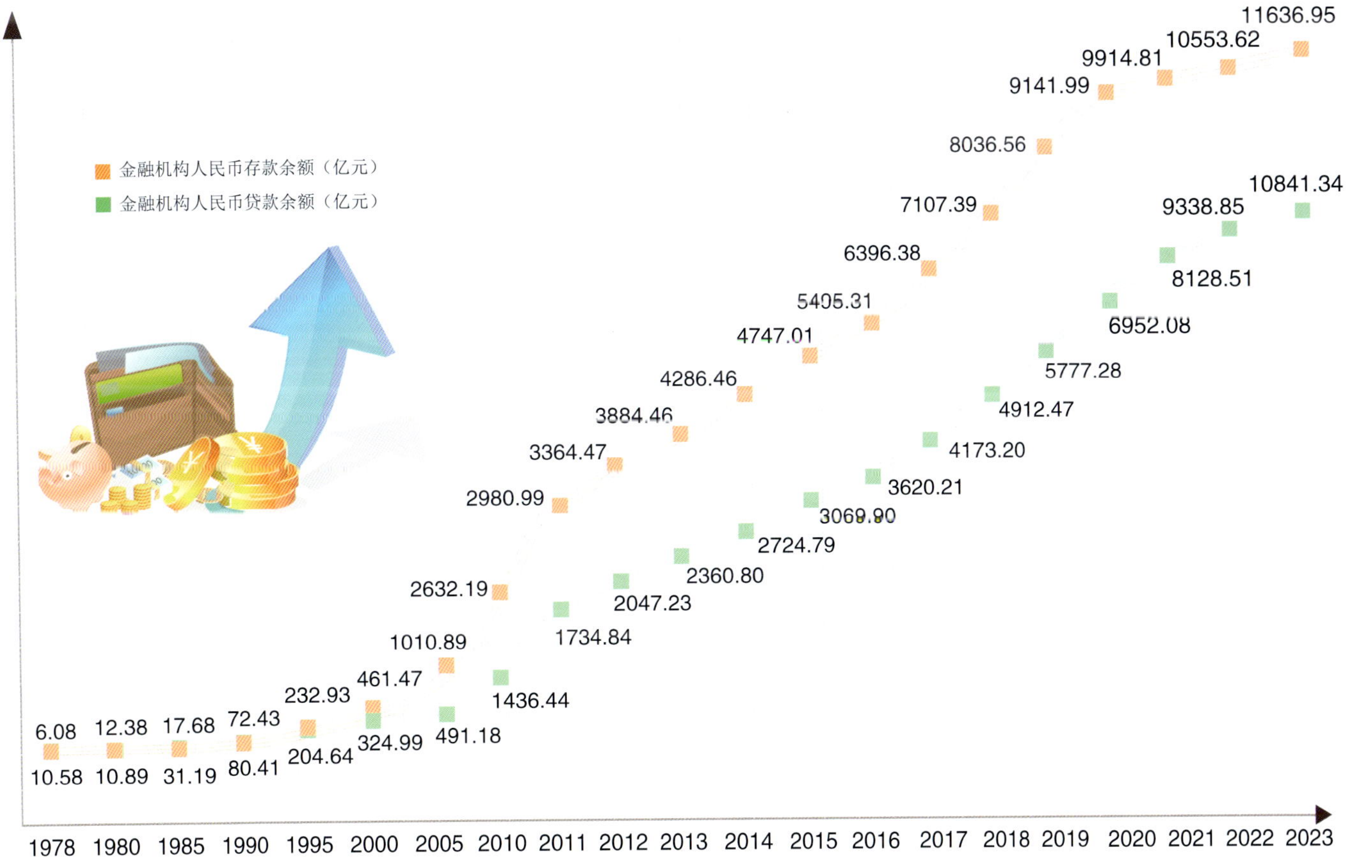

## 工业增加值（亿元）

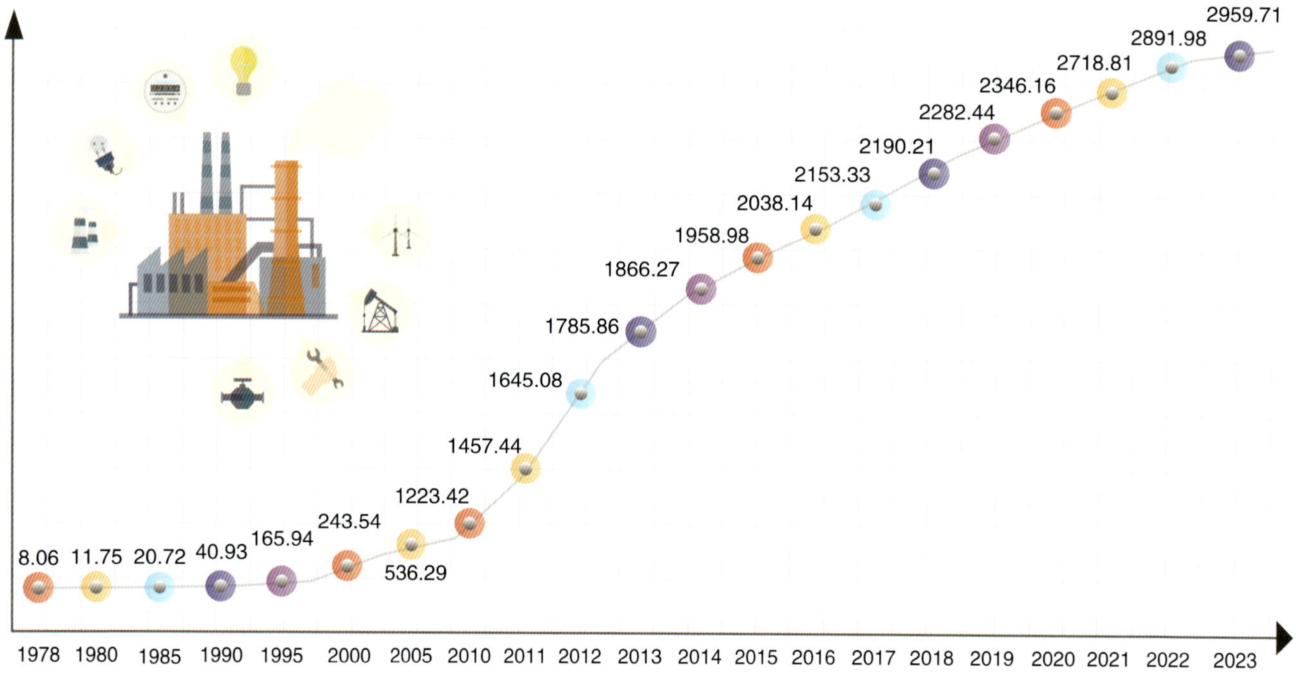


## 服务业增加值（亿元）

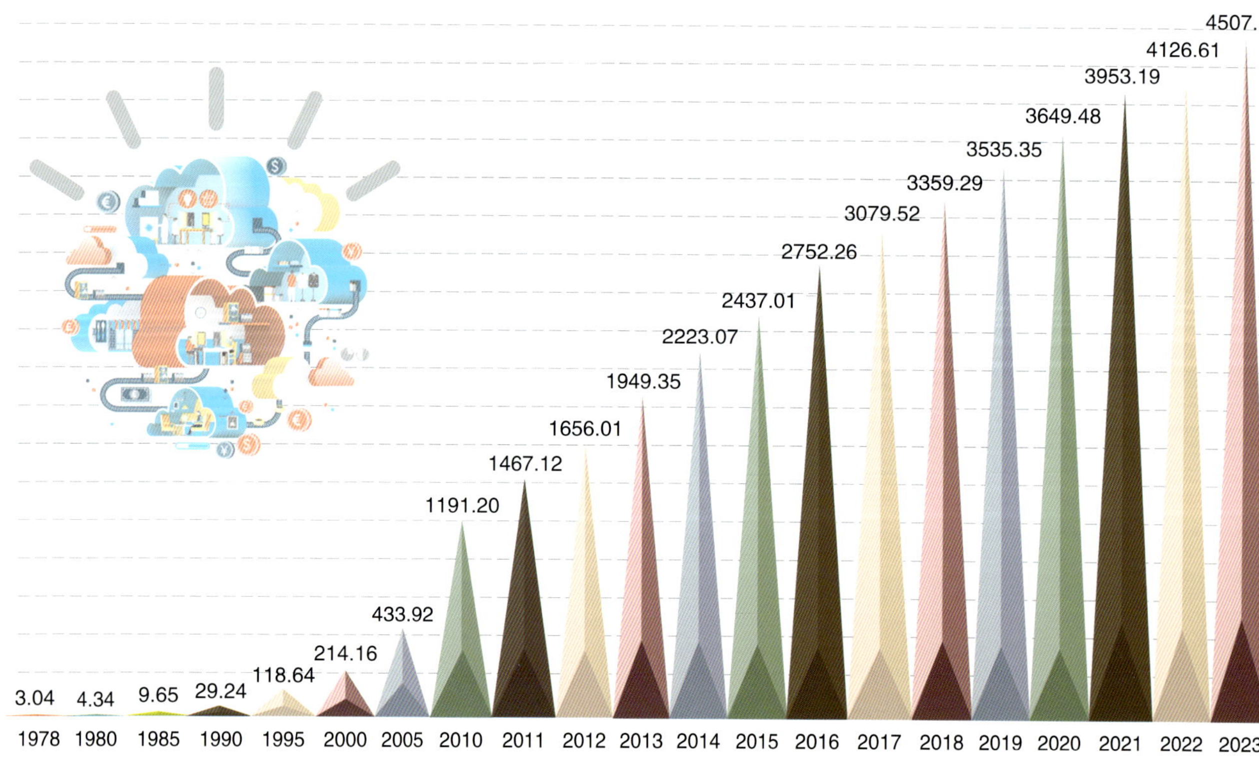

## 社会消费品零售总额（亿元）

| 年份 | 社会消费品零售总额（亿元） |
|---|---|
| 1978 | 7.71 |
| 1980 | 10.95 |
| 1985 | 23.36 |
| 1990 | 42.23 |
| 1995 | 117.60 |
| 2000 | 192.36 |
| 2005 | 414.29 |
| 2010 | 1016.38 |
| 2011 | 1220.03 |
| 2012 | 1408.05 |
| 2013 | 1508.91 |
| 2014 | 2200.64 |
| 2015 | 2477.33 |
| 2016 | 2790.67 |
| 2017 | 3132.71 |
| 2018 | 3373.52 |
| 2019 | 3533.19 |
| 2020 | 3286.09 |
| 2021 | 4038.02 |
| 2022 | 4102.73 |
| 2023 | 4445.12 |

## 进出口总额（亿美元）

| 年份 | 进出口总额（亿美元） |
|---|---|
| 1990 | 0.10 |
| 1995 | 2.47 |
| 2000 | 3.29 |
| 2005 | 11.26 |
| 2010 | 41.61 |
| 2011 | 63.10 |
| 2012 | 83.27 |
| 2013 | 62.89 |
| 2014 | 59.88 |
| 2015 | 54.13 |
| 2016 | 62.48 |
| 2017 | 78.01 |
| 2018 | 117.44 |
| 2019 | 135.19 |
| 2020 | 154.33 |
| 2021 | 194.17 |
| 2022 | 193.30 |
| 2023 | 172.05 |

## 出口总额（亿美元）

| 年份 | 出口总额（亿美元） |
|---|---|
| 1990 | 0.06 |
| 1995 | 1.47 |
| 2000 | 1.87 |
| 2005 | 7.52 |
| 2010 | 26.31 |
| 2011 | 41.59 |
| 2012 | 62.88 |
| 2013 | 48.97 |
| 2014 | 46.77 |
| 2015 | 43.89 |
| 2016 | 52.54 |
| 2017 | 63.34 |
| 2018 | 97.08 |
| 2019 | 112.88 |
| 2020 | 124.85 |
| 2021 | 162.59 |
| 2022 | 166.36 |
| 2023 | 142.15 |

## 实际使用外资（亿美元）

| 年份 | 实际使用外资（亿美元） |
|---|---|
| 1985 | 0.01 |
| 1990 | 0.13 |
| 1995 | 1.04 |
| 2000 | 2.08 |
| 2005 | 2.61 |
| 2010 | 10.13 |
| 2011 | 14.66 |
| 2012 | 17.00 |
| 2013 | 15.00 |
| 2014 | 16.58 |
| 2015 | 14.28 |
| 2016 | 15.06 |
| 2017 | 16.60 |
| 2018 | 18.98 |
| 2019 | 20.90 |
| 2020 | 22.01 |
| 2021 | 24.23 |
| 2022 | 12.24 |
| 2023 | 3.50 |

## 农林牧渔业总产值（亿元）

| 年份 | 总产值 |
|---|---|
| 1978 | 12.91 |
| 1980 | 15.91 |
| 1985 | 31.84 |
| 1990 | 64.85 |
| 1995 | 190.93 |
| 2000 | 225.80 |
| 2005 | 333.07 |
| 2010 | 514.73 |
| 2011 | 618.34 |
| 2012 | 712.55 |
| 2013 | 802.94 |
| 2014 | 907.33 |
| 2015 | 976.93 |
| 2016 | 1046.76 |
| 2017 | 1150.01 |
| 2018 | 1114.36 |
| 2019 | 1181.72 |
| 2020 | 1248.34 |
| 2021 | 1297.36 |
| 2022 | 1361.24 |
| 2023 | 1364.90 |

## 粮食产量（万吨）

| 1978 | 1980 | 1985 | 1990 | 1995 | 2000 | 2005 | 2010 | 2011 | 2012 |
|---|---|---|---|---|---|---|---|---|---|
| 206.15 | 249.94 | 379.70 | 399.00 | 406.13 | 319.50 | 314.13 | 440.20 | 455.30 | 471.73 |

| 2013 | 2014 | 2015 | 2016 | 2017 | 2018 | 2019 | 2020 | 2021 | 2022 | 2023 |
|---|---|---|---|---|---|---|---|---|---|---|
| 451.13 | 469.18 | 470.92 | 484.70 | 500.30 | 484.48 | 501.54 | 501.92 | 501.79 | 502.40 | 505.07 |

# 结构优化

地区生产总值构成（%）

## 从业人员构成（%）

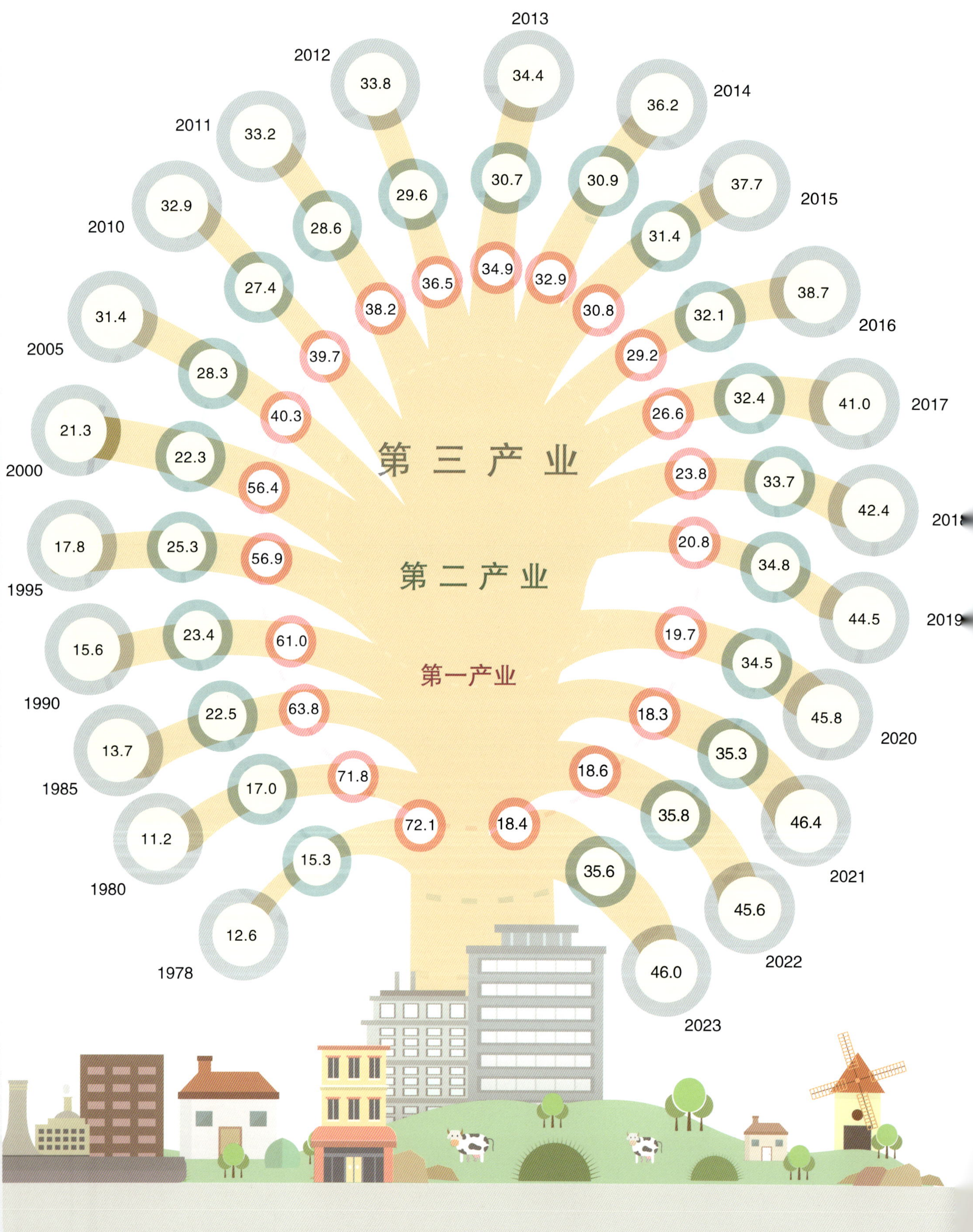
第三产业
第二产业
第一产业
1978 12.6 15.3 72.1
1980 11.2 17.0 71.8
1985 13.7 22.5 63.8
1990 15.6 23.4 61.0
1995 17.8 25.3 56.9
2000 21.3 22.3 56.4
2005 31.4 28.3 40.3
2010 32.9 27.4 39.7
2011 33.2 28.6 38.2
2012 33.8 29.6 36.5
2013 34.4 30.7 34.9
2014 36.2 30.9 32.9
2015 37.7 31.4 30.8
2016 38.7 32.1 29.2
2017 41.0 32.4 26.6
42.4 33.7 23.8
2019 44.5 34.8 20.8
2020 45.8 34.5 19.7
2021 46.4 35.3 18.3
2022 45.6 35.8 18.6
2023 46.0 35.6 18.4

## 高新技术产业产值占规模以上工业总产值比重（%）

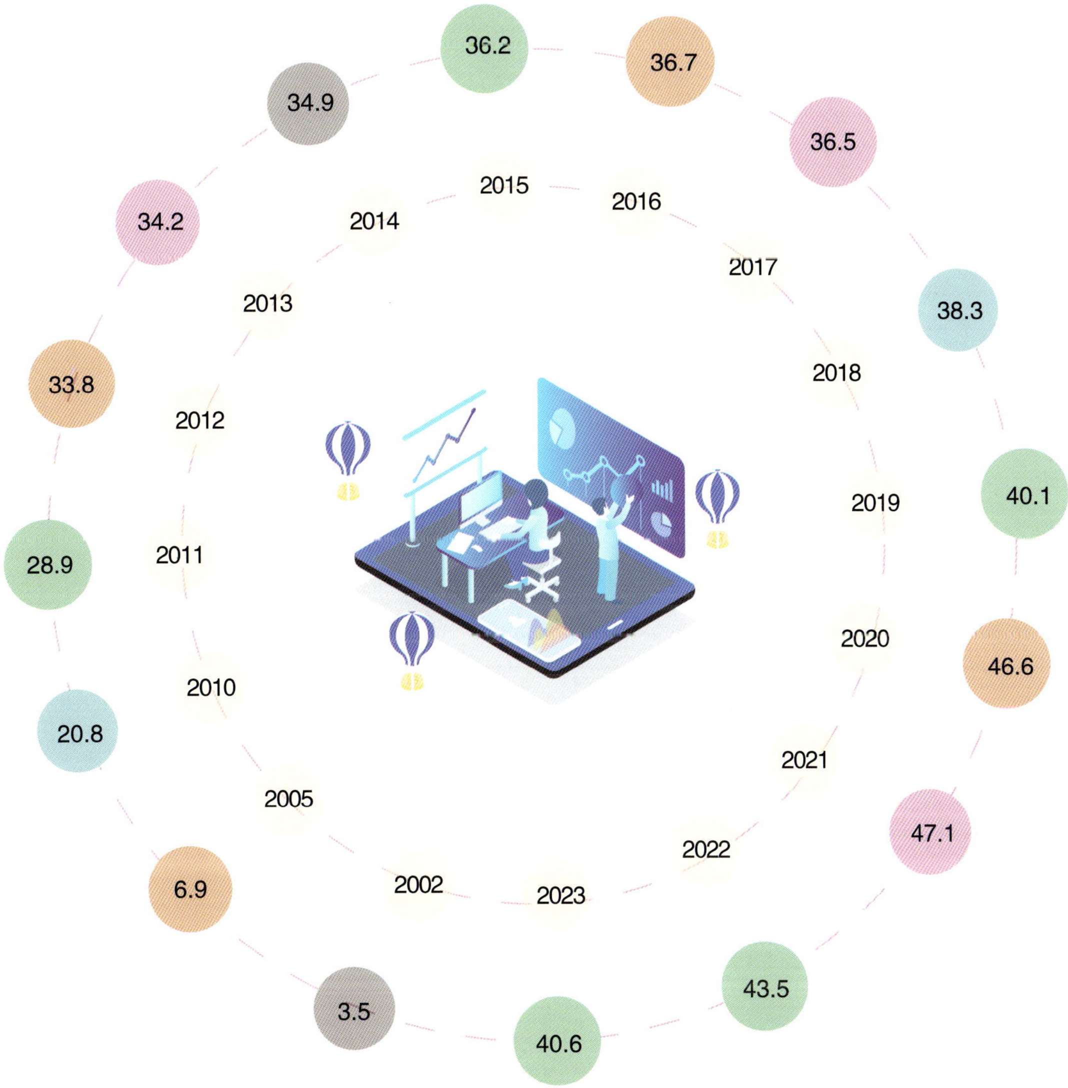


## 农业机械总动力（万千瓦）

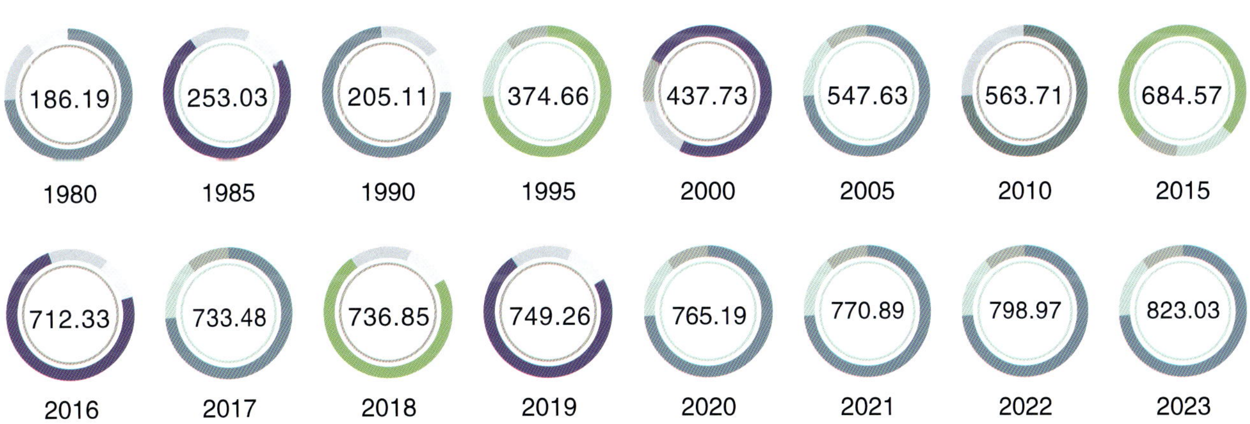

## 第三产业投资占全部投资比重（%）

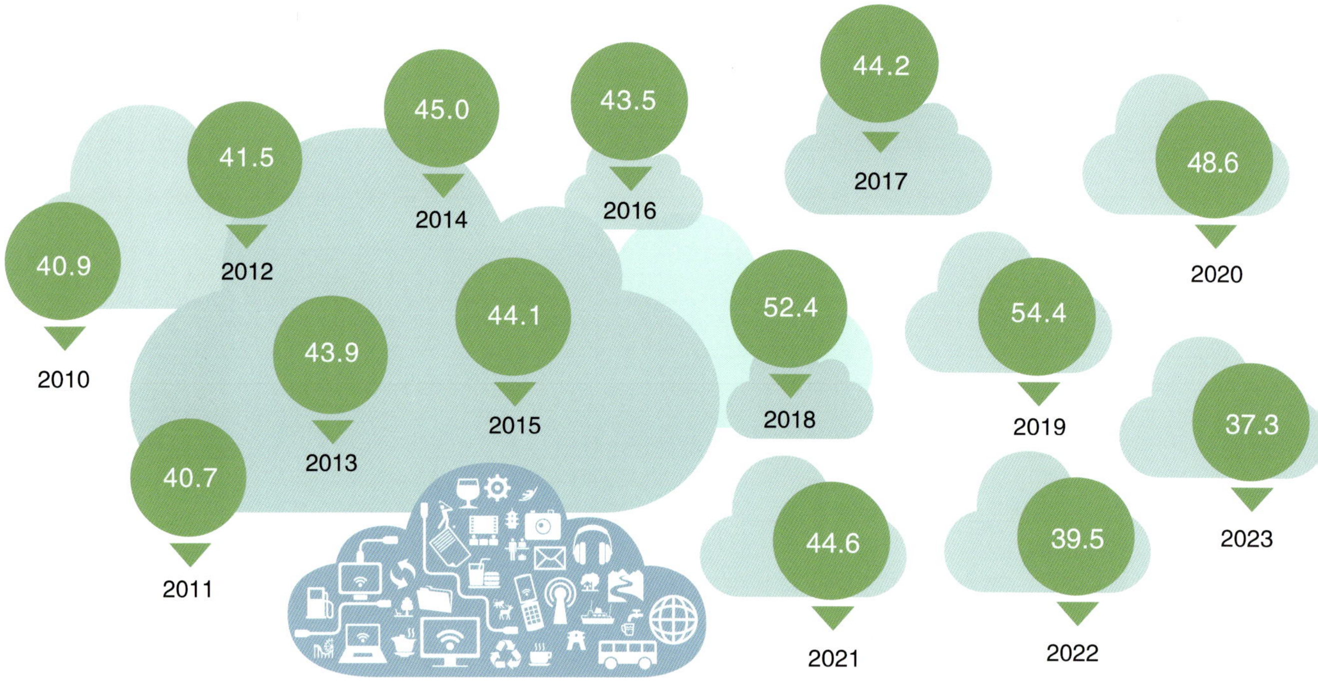


## 高新技术产业投资占全部投资比重（%）

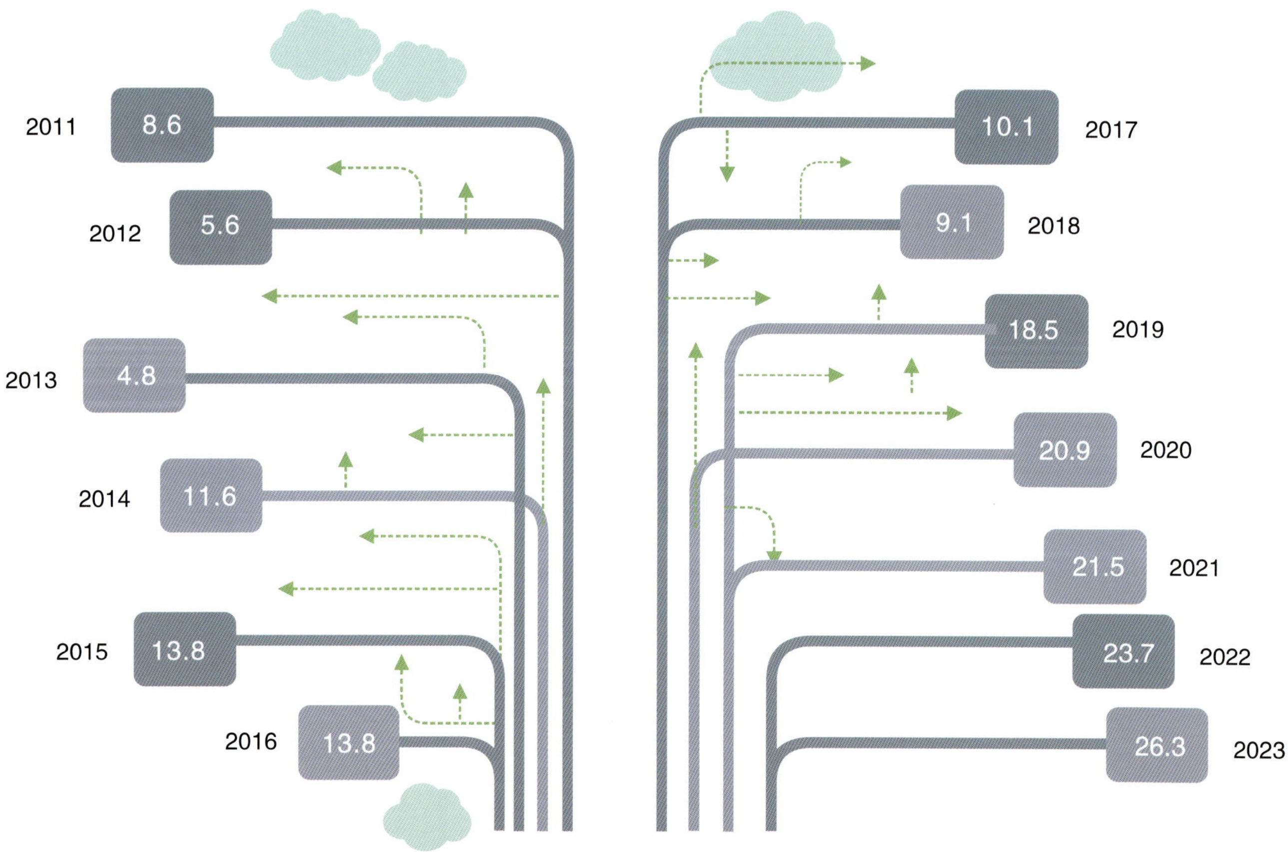

## 工业技改投资占工业投资比重（%）

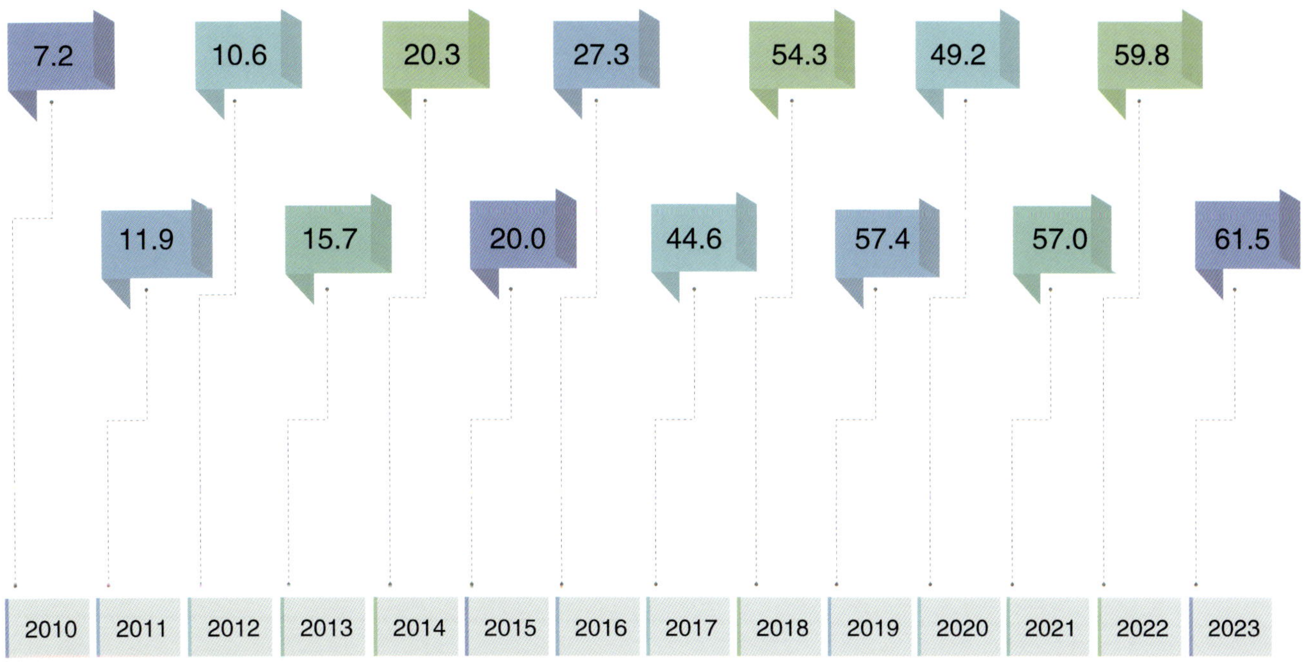


## 高耗能产业投资占全部投资比重（%）

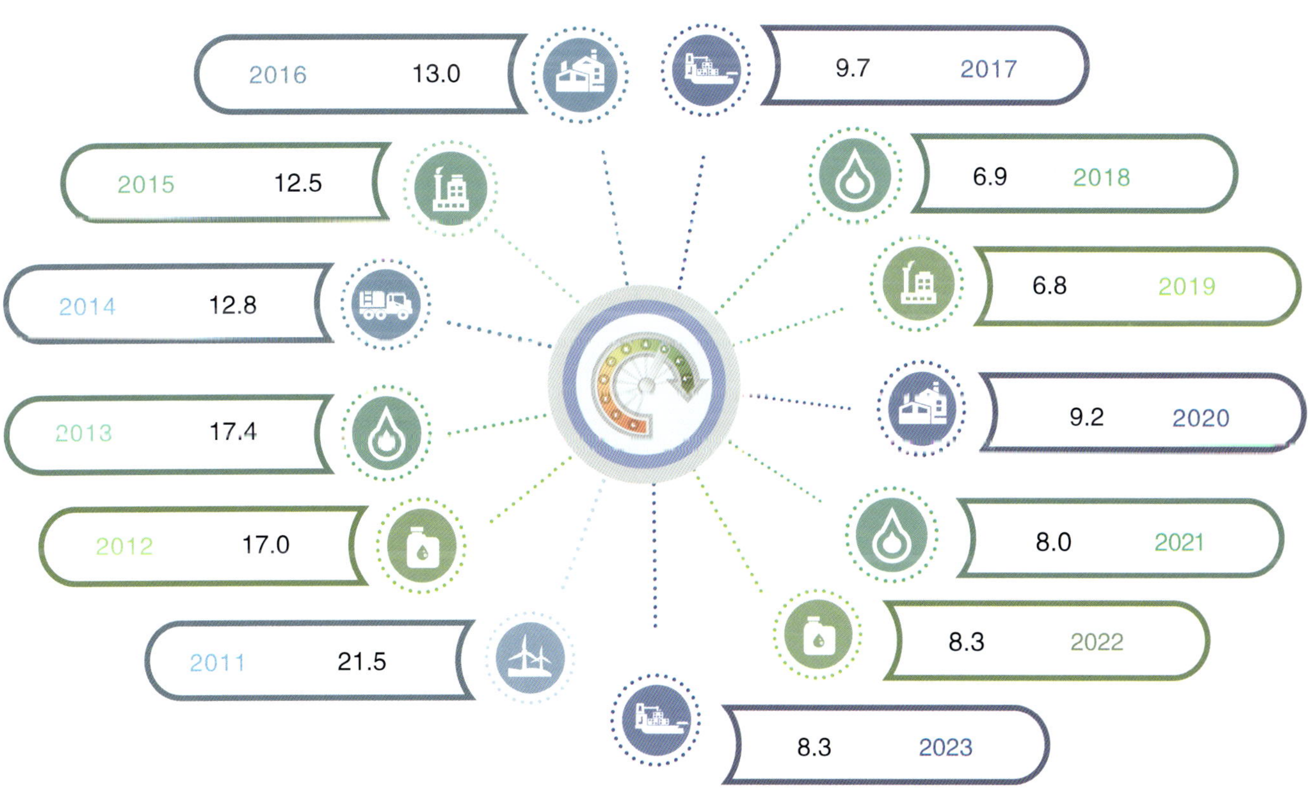

# 创新驱动

高新技术企业数（个）

| 年份 | 高新技术企业数（个） |
| --- | --- |
| 2013 | 190 |
| 2014 | 226 |
| 2015 | 247 |
| 2016 | 317 |
| 2017 | 398 |
| 2018 | 572 |
| 2019 | 738 |
| 2020 | 1022 |
| 2021 | 1172 |
| 2022 | 1421 |
| 2023 | 1539 |

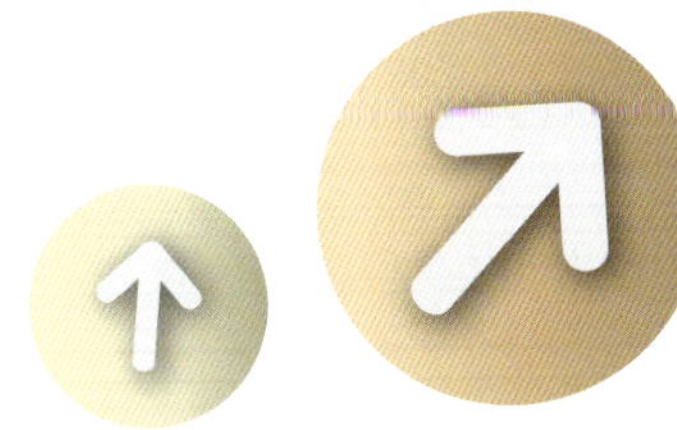

## 专利授权量（件）

| 年份 | 专利授权量（件） |
| --- | --- |
| 1996 | 150 |
| 2000 | 201 |
| 2005 | 779 |
| 2010 | 4928 |
| 2011 | 6821 |
| 2012 | 10000 |
| 2013 | 10647 |
| 2014 | 8468 |
| 2015 | 8599 |
| 2016 | 11458 |
| 2017 | 10523 |
| 2018 | 11247 |
| 2019 | 12603 |
| 2020 | 27368 |
| 2021 | 41895 |
| 2022 | 27541 |
| 2023 | 19219 |

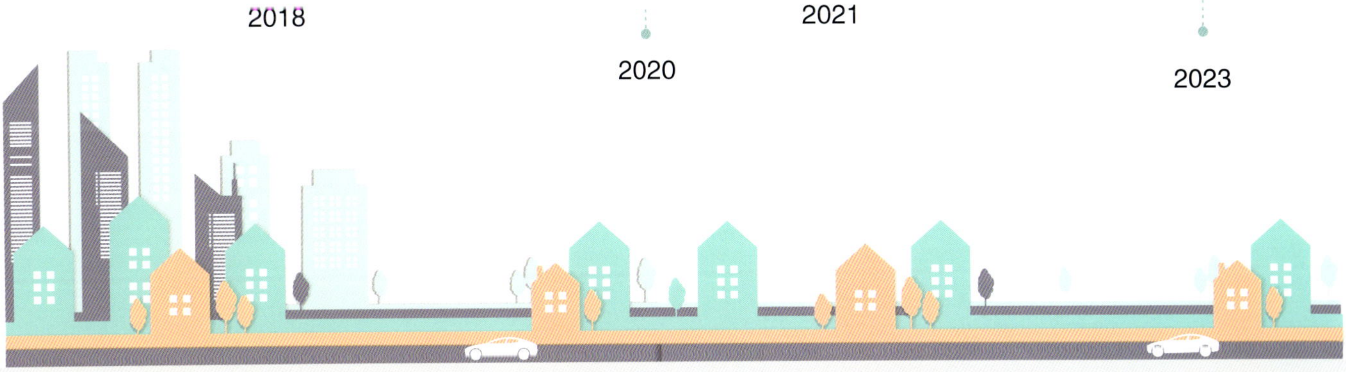

## 年末万人发明专利拥有量（件）

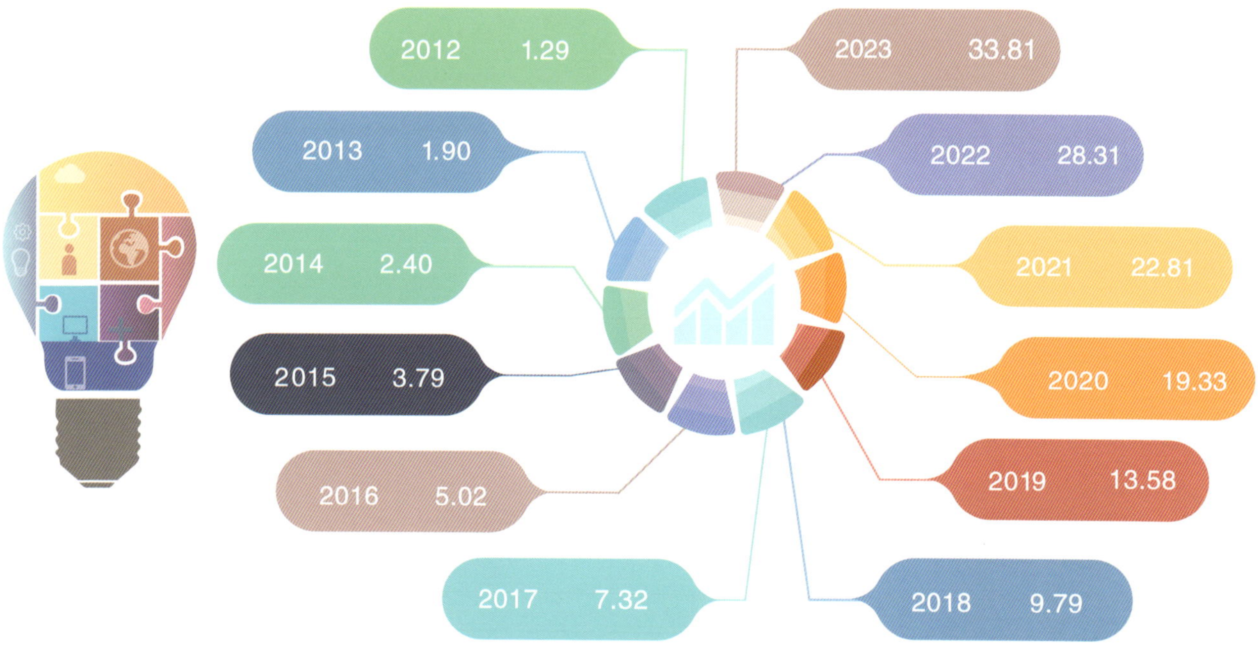


## 各类专业技术人员数（万人）

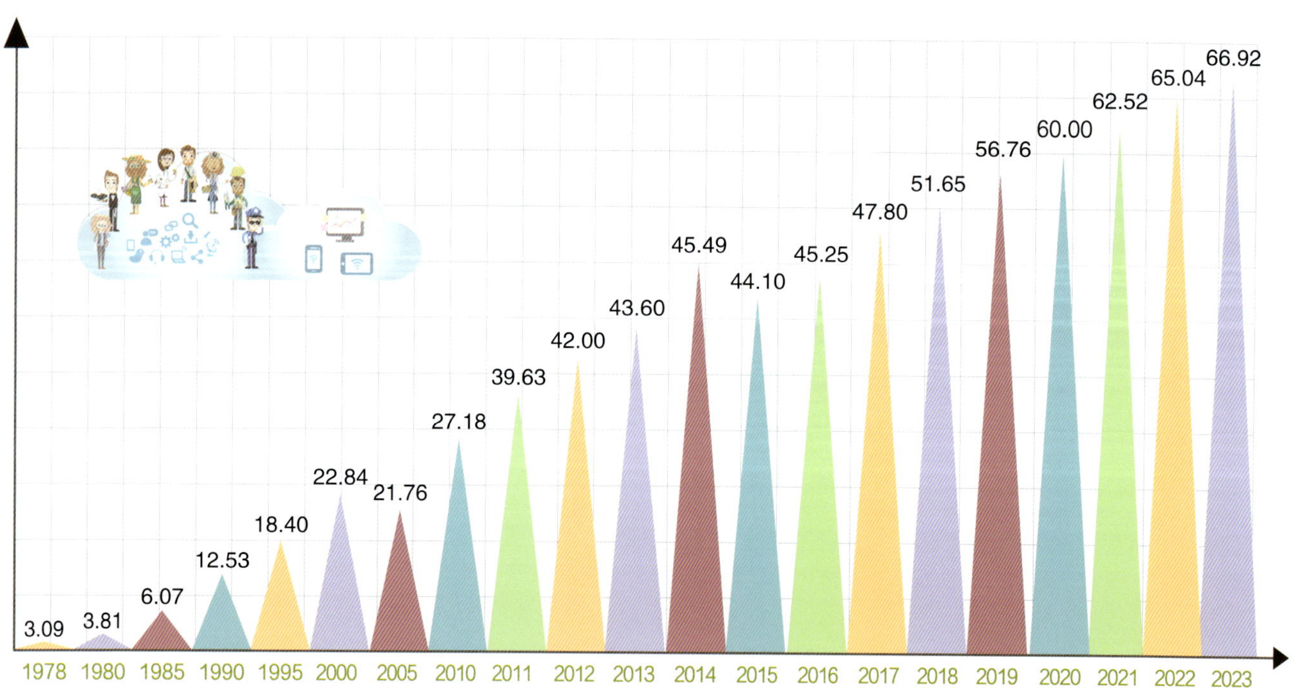

# 社会事业

## 普通高等学校在校学生数（万人）

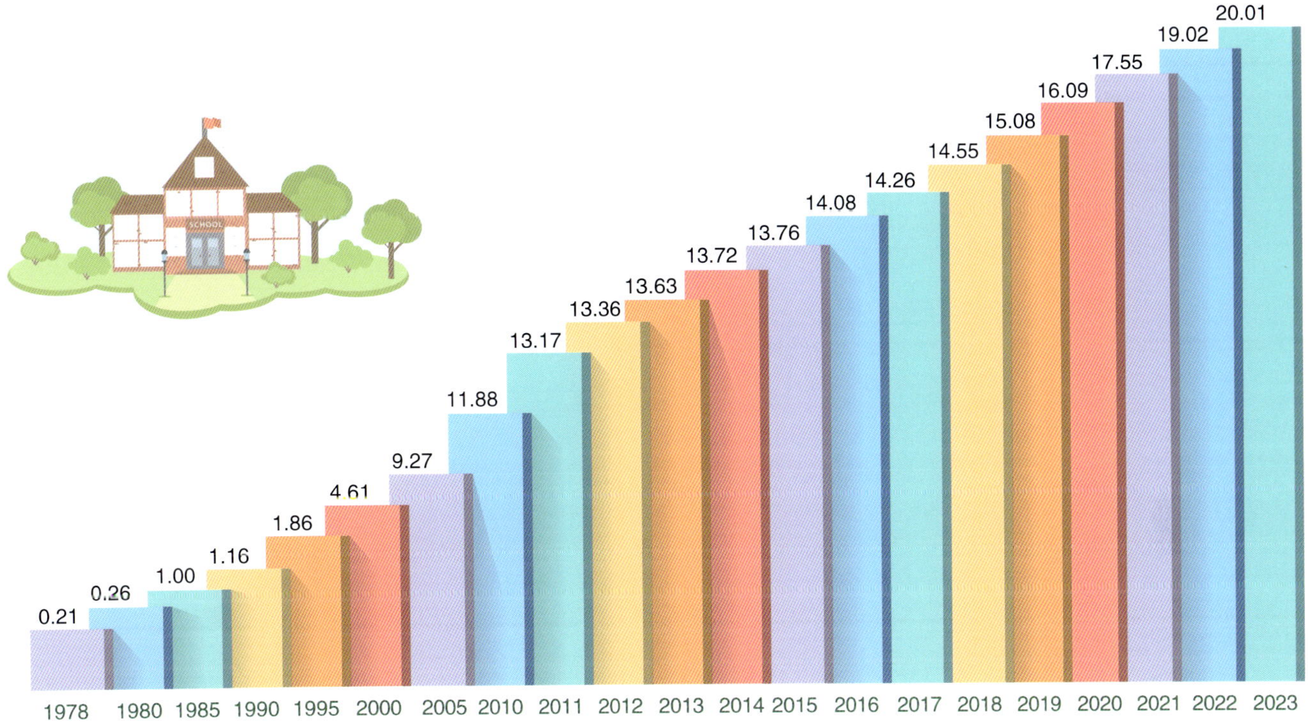


## 普通中学在校生数（万人）

卫生机构数（个）

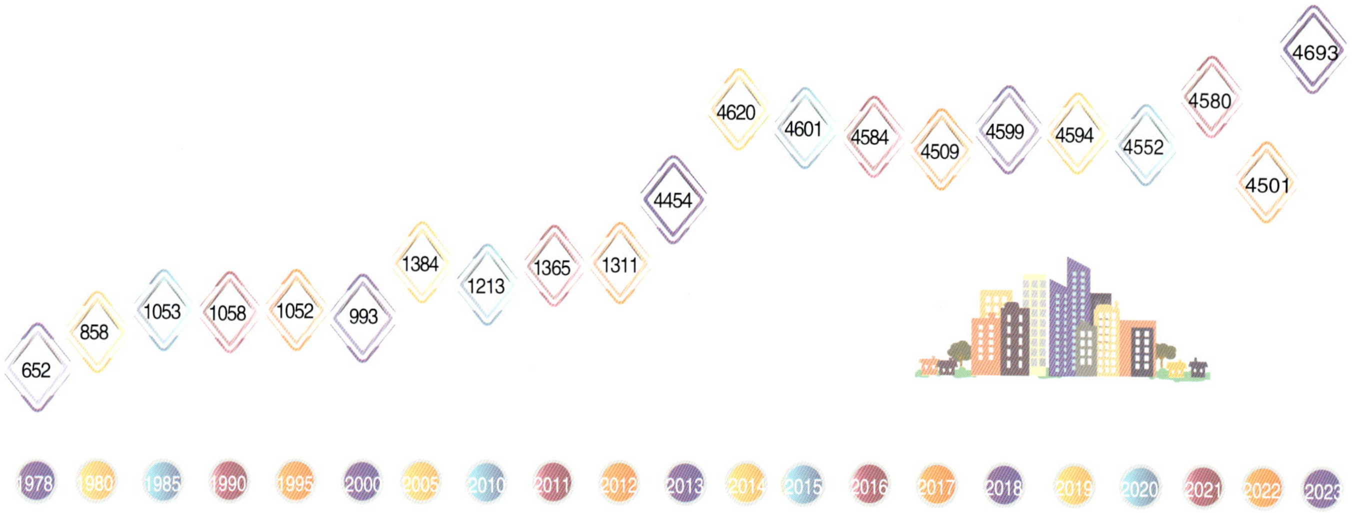


卫生技术人员数（万人）

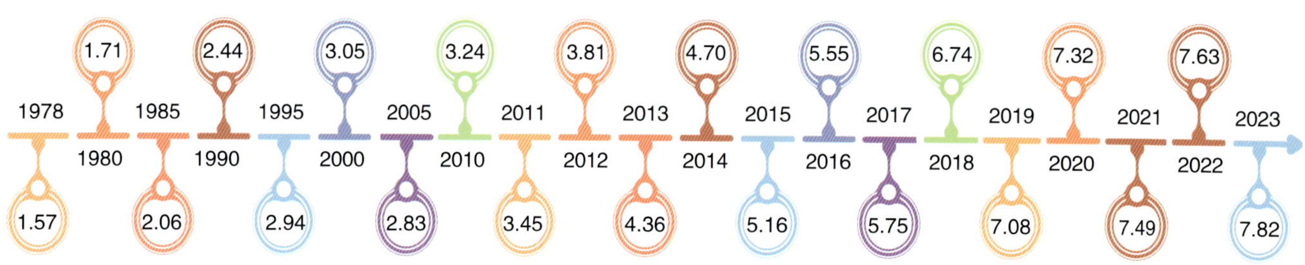


卫生机构床位数（万张）

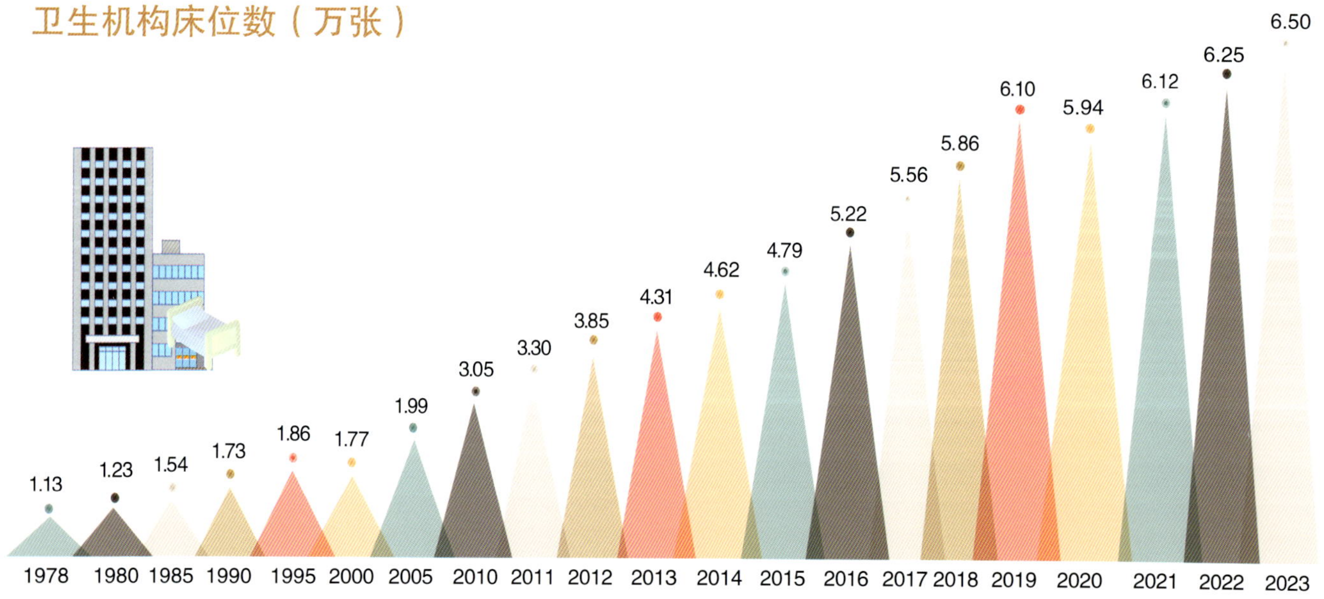

## 移动电话年末用户数（万户）

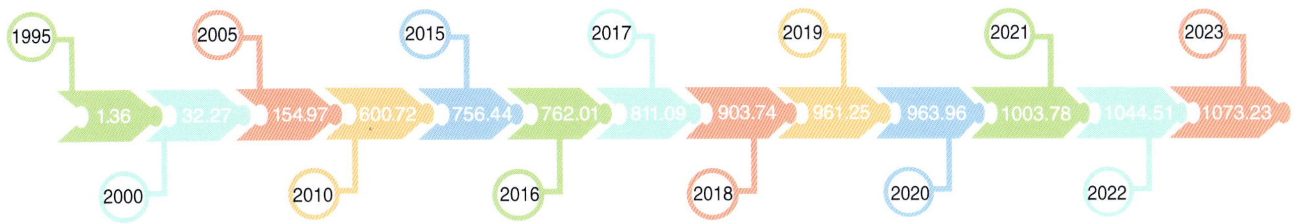


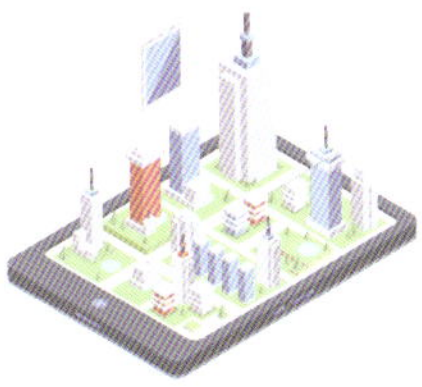

## 互联网宽带接入用户数（万户）

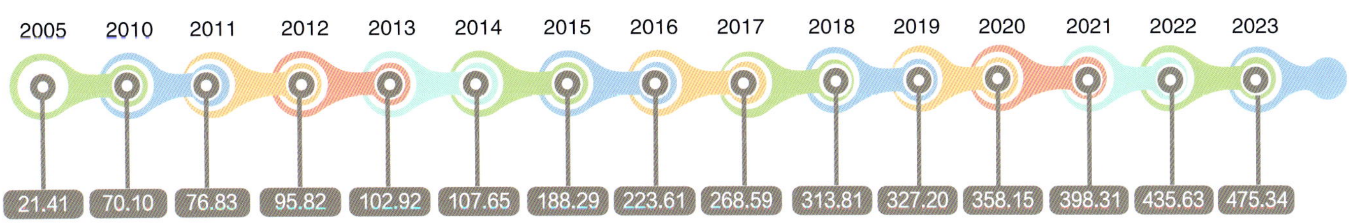


## 民用航空通航城市数（个）

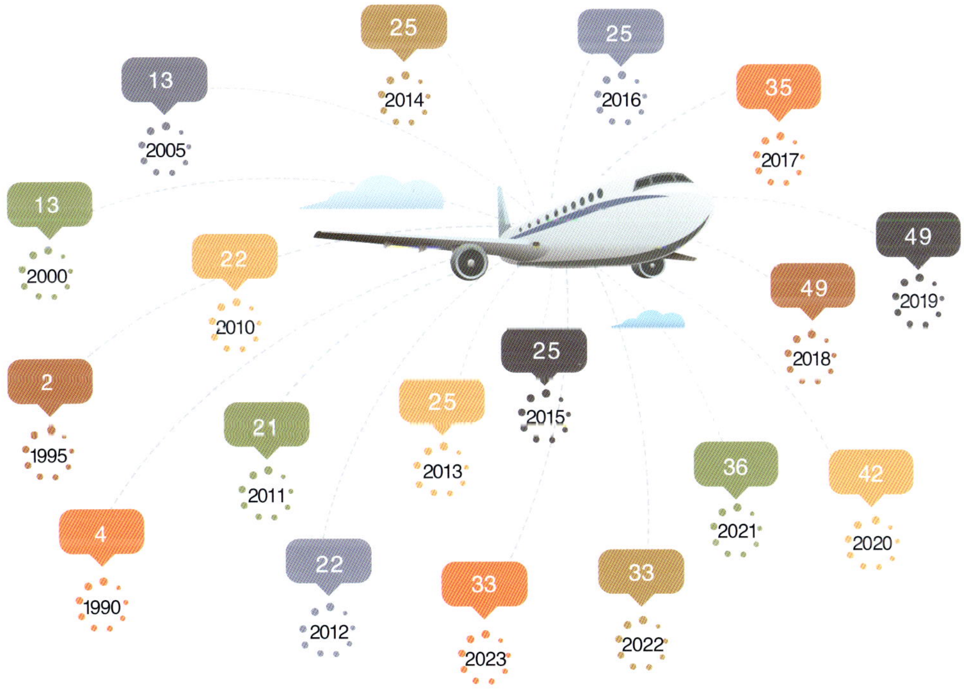

## 等级公路里程（公里）

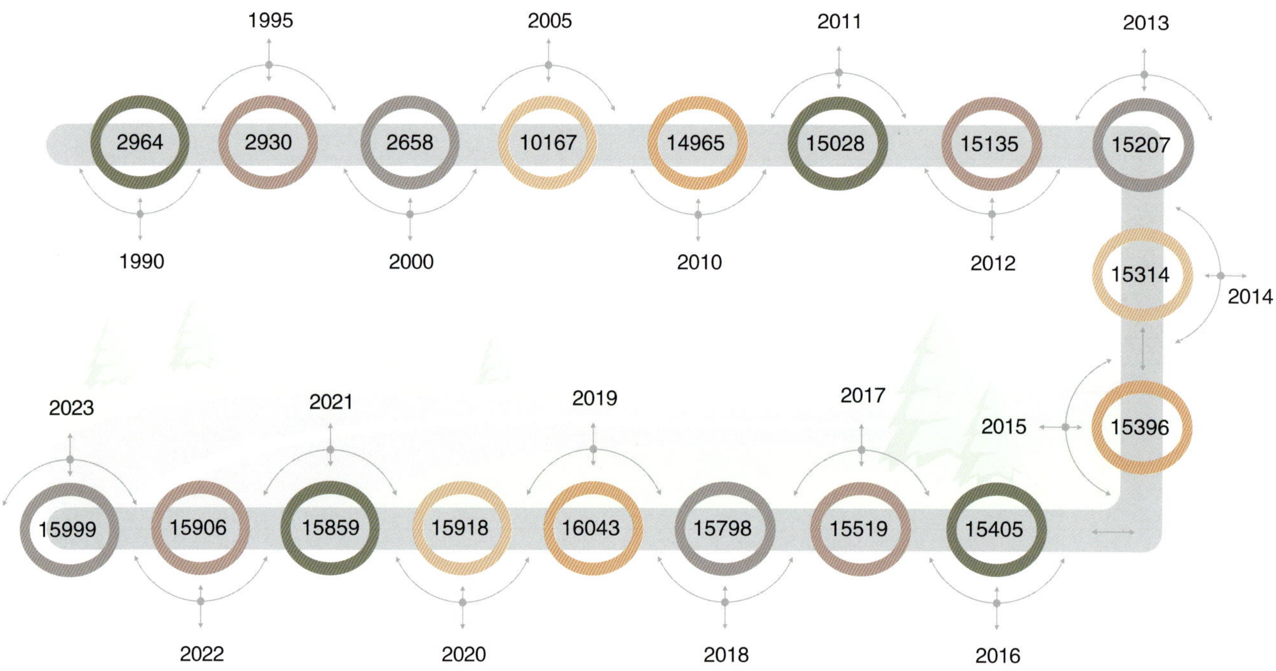


## 全社会货运量（万吨）

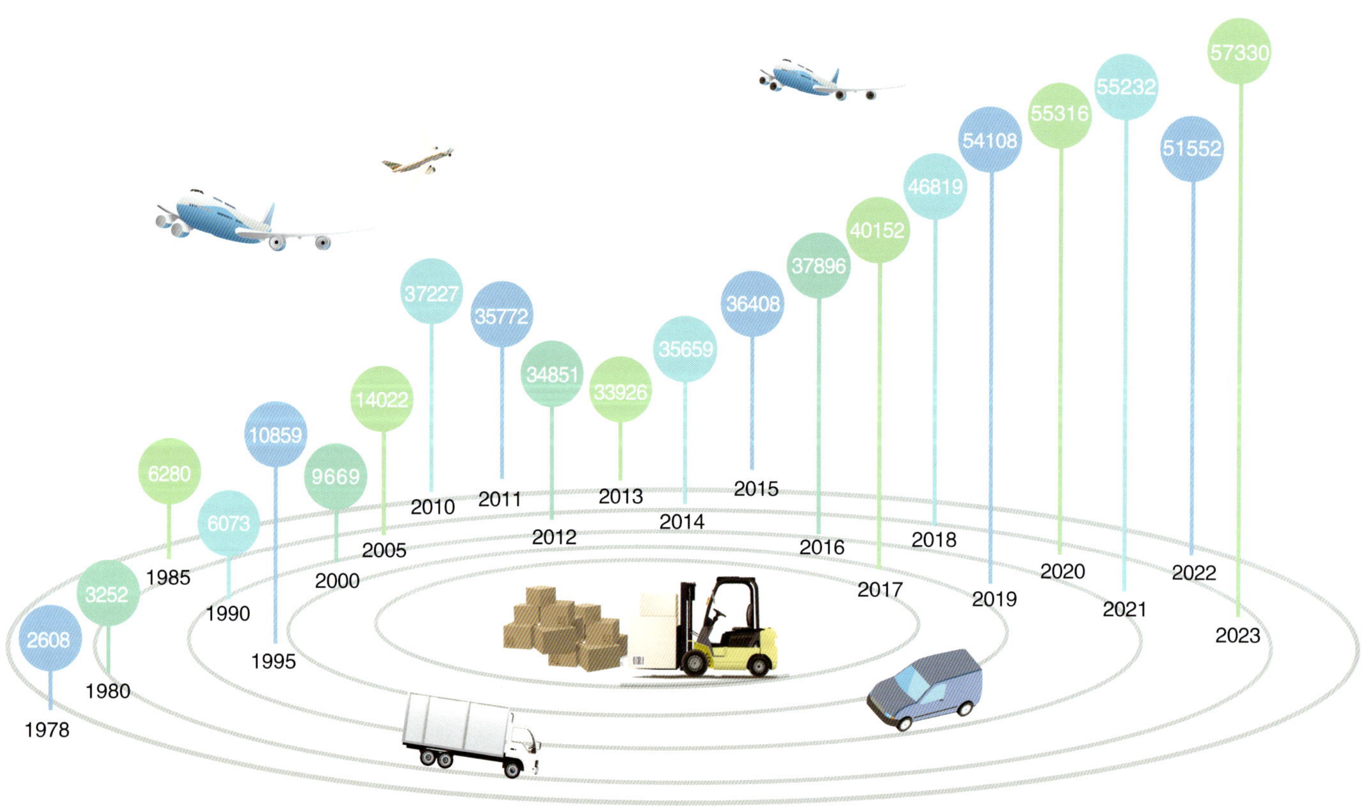

# 城市发展

## 常住人口城镇化率（%）

| 年份 | 常住人口城镇化率（%） |
|---|---|
| 2005 | 43.3 |
| 2006 | 44.8 |
| 2007 | 45.8 |
| 2008 | 47.9 |
| 2009 | 49.6 |
| 2010 | 53.9 |
| 2011 | 54.7 |
| 2012 | 55.3 |
| 2013 | 56.9 |
| 2014 | 58.1 |
| 2015 | 59.7 |
| 2016 | 61.1 |
| 2017 | 62.1 |
| 2018 | 63.2 |
| 2019 | 64.3 |
| 2020 | 65.6 |
| 2021 | 66.2 |
| 2022 | 66.8 |
| 2023 | 67.6 |

## 城市建成区面积（平方公里）

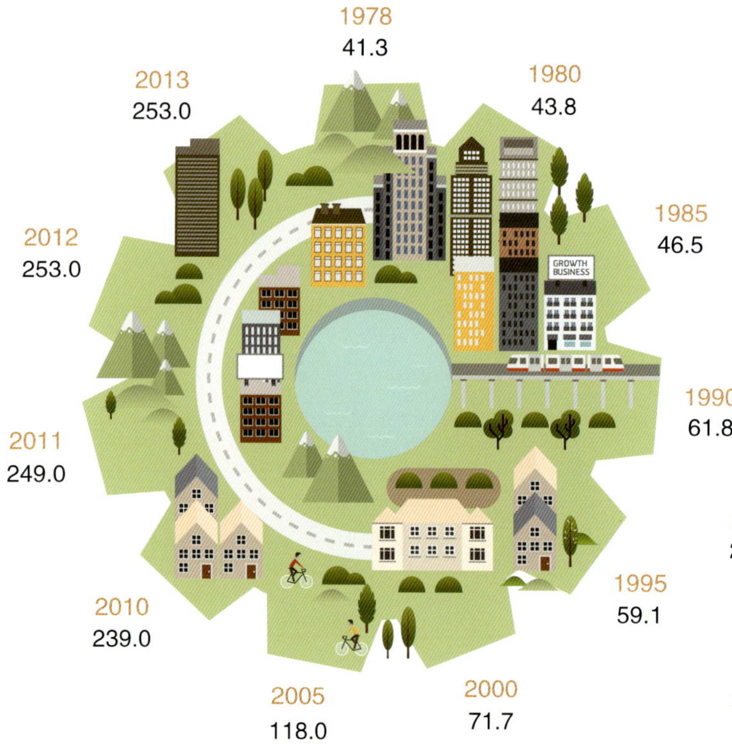


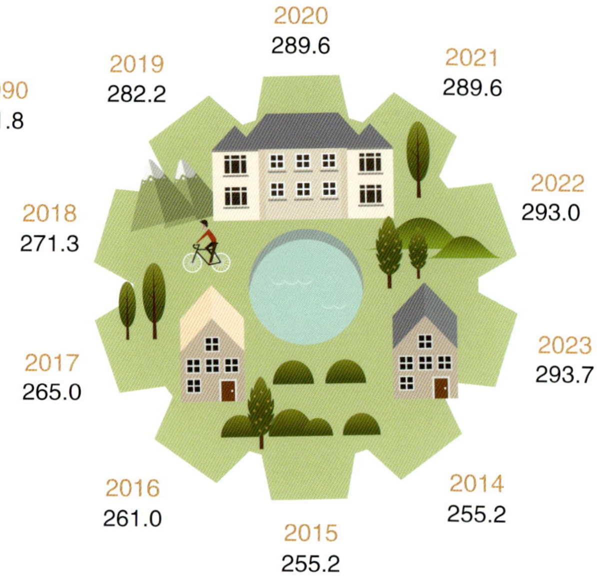


## 人均拥有铺装道路面积（平方米）

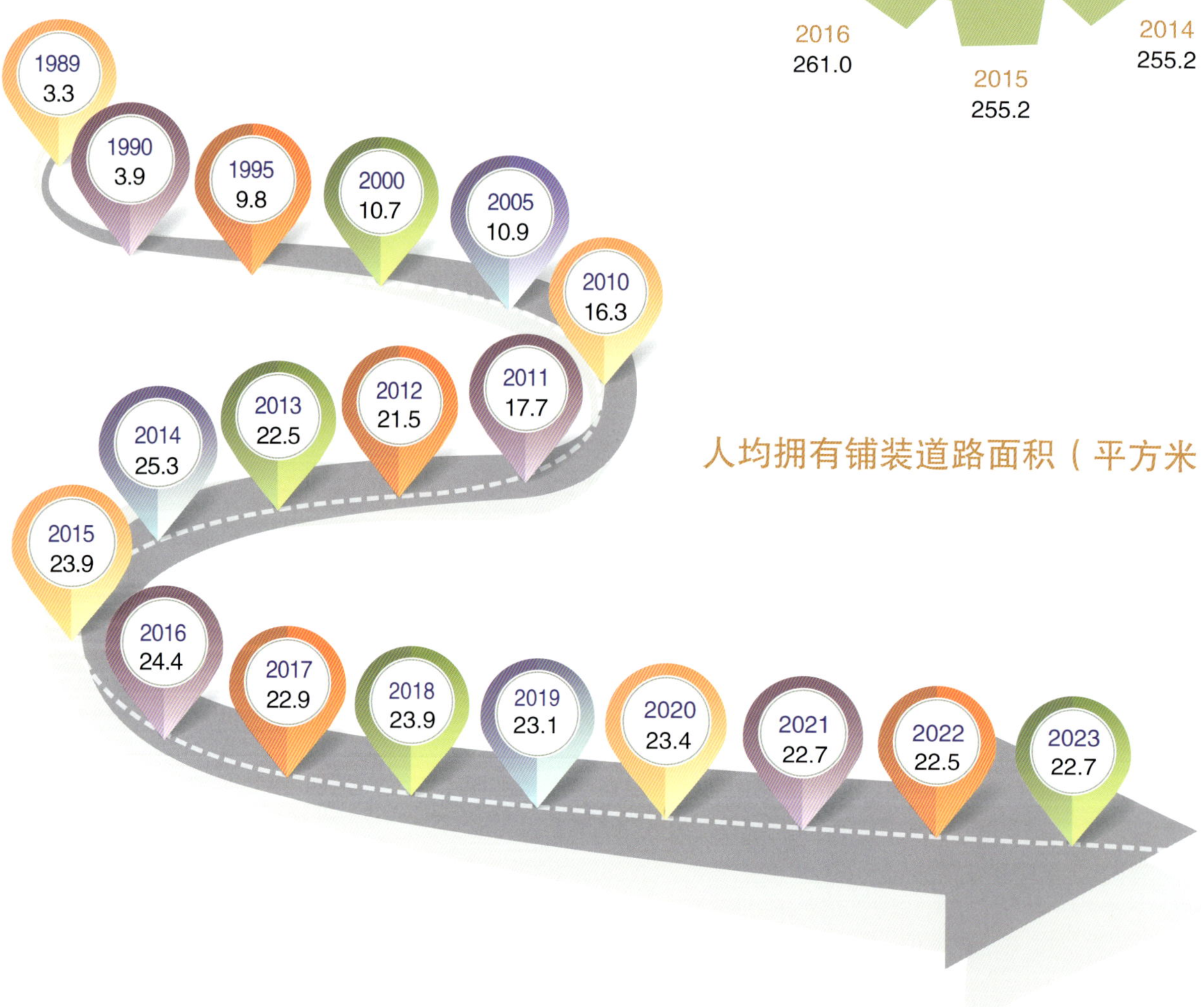

## 人均公园绿地面积（平方米）

| 年份 | 1978 | 1980 | 1985 | 1990 | 1995 | 2000 | 2005 | 2010 | 2015 | 2016 |
|---|---|---|---|---|---|---|---|---|---|---|
| 面积 | 2.7 | 2.7 | 2.4 | 3.5 | 7.9 | 10.5 | 8.0 | 14.7 | 15.3 | 15.7 |

| 年份 | 2017 | 2018 | 2019 | 2020 | 2021 | 2022 | 2023 |
|---|---|---|---|---|---|---|---|
| 面积 | 14.7 | 14.3 | 15.4 | 16.6 | 17.8 | 17.6 | 17.6 |

## 万人公交车拥有量（标台）

| 年份 | 1989 | 1990 | 1995 | 2000 | 2005 | 2010 | 2015 | 2016 | 2017 | 2018 | 2019 | 2020 | 2021 | 2022 | 2023 |
|---|---|---|---|---|---|---|---|---|---|---|---|---|---|---|---|
| 拥有量 | 3.2 | 3.5 | 9.2 | 8.1 | 9.8 | 19.2 | 12.5 | 15.8 | 16.2 | 15.7 | 17.0 | 18.6 | 17.5 | 19.2 | 18.9 |

## 自来水供应总量（亿立方米）

| 年份 | 1978 | 1980 | 1985 | 1990 | 1995 | 2000 |
|---|---|---|---|---|---|---|
| 供应总量 | 0.31 | 0.40 | 0.60 | 1.07 | 1.10 | 1.25 |

| 年份 | 2005 | 2010 | 2011 | 2012 | 2013 | 2014 | 2015 | 2016 | 2017 | 2018 | 2019 | 2020 | 2021 | 2022 | 2023 |
|---|---|---|---|---|---|---|---|---|---|---|---|---|---|---|---|
| 供应总量 | 1.55 | 2.00 | 2.15 | 2.20 | 2.34 | 2.40 | 2.44 | 2.62 | 2.67 | 3.18 | 3.11 | 3.86 | 4.31 | 4.34 | 4.52 |

# 人民生活

## 城乡居民储蓄存款余额（亿元）

| 年份 | 余额 |
|---|---|
| 1978 | 0.89 |
| 1980 | 2.06 |
| 1985 | 9.79 |
| 1990 | 44.64 |
| 1995 | 140.06 |
| 2000 | 305.80 |
| 2005 | 650.61 |
| 2010 | 1324.39 |
| 2011 | 1495.42 |
| 2012 | 1794.72 |
| 2013 | 2089.77 |
| 2014 | 2377.44 |
| 2015 | 2780.60 |
| 2016 | 3090.21 |
| 2017 | 3349.45 |
| 2018 | 3604.84 |
| 2019 | 4023.66 |
| 2020 | 4513.38 |
| 2021 | 4988.57 |
| 2022 | 5902.71 |
| 2023 | 6831.18 |

## 在岗职工平均工资（元）

| 年份 | 工资 |
|---|---|
| 1978 | 554 |
| 1980 | 715 |
| 1985 | 1231 |
| 1990 | 2179 |
| 1995 | 5537 |
| 2000 | 9339 |
| 2005 | 18849 |
| 2010 | 34243 |
| 2011 | 39493 |
| 2012 | 44070 |
| 2013 | 47013 |
| 2014 | 50268 |
| 2015 | 54310 |
| 2016 | 57228 |
| 2017 | 63917 |
| 2018 | 71457 |
| 2019 | 78568 |
| 2020 | 86138 |
| 2021 | 96581 |
| 2022 | 101290 |
| 2023 | 102482 |

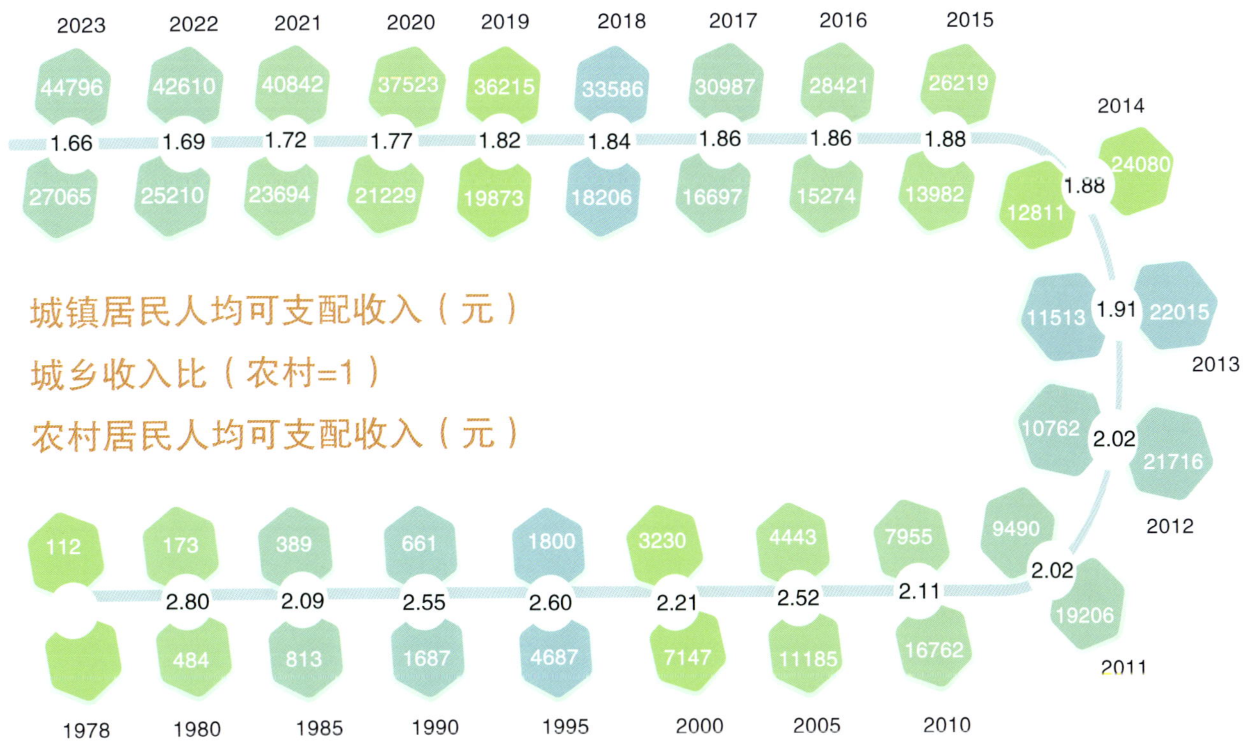

城镇居民人均可支配收入（元）
城乡收入比（农村=1）
农村居民人均可支配收入（元）
2023 44796 1.66 27065
2022 42610 1.69 25210
2021 40842 1.72 23694
2020 37523 1.77 21229
2019 36215 1.82 19873
2018 33586 1.84 18206
2017 30987 1.86 16697
2016 28421 1.86 15274
2015 26219 1.88 13982
2014 24080 1.88 12811
2013 22015 1.91 11513
2012 21716 2.02 10762
2011 19206 2.02 9490
2010 16762 2.11 7955
2005 11185 2.52 4443
2000 7147 2.21 3230
1995 4687 2.60 1800
1990 1687 2.55 661
1985 813 2.09 389
1980 484 2.80 173
1978 112


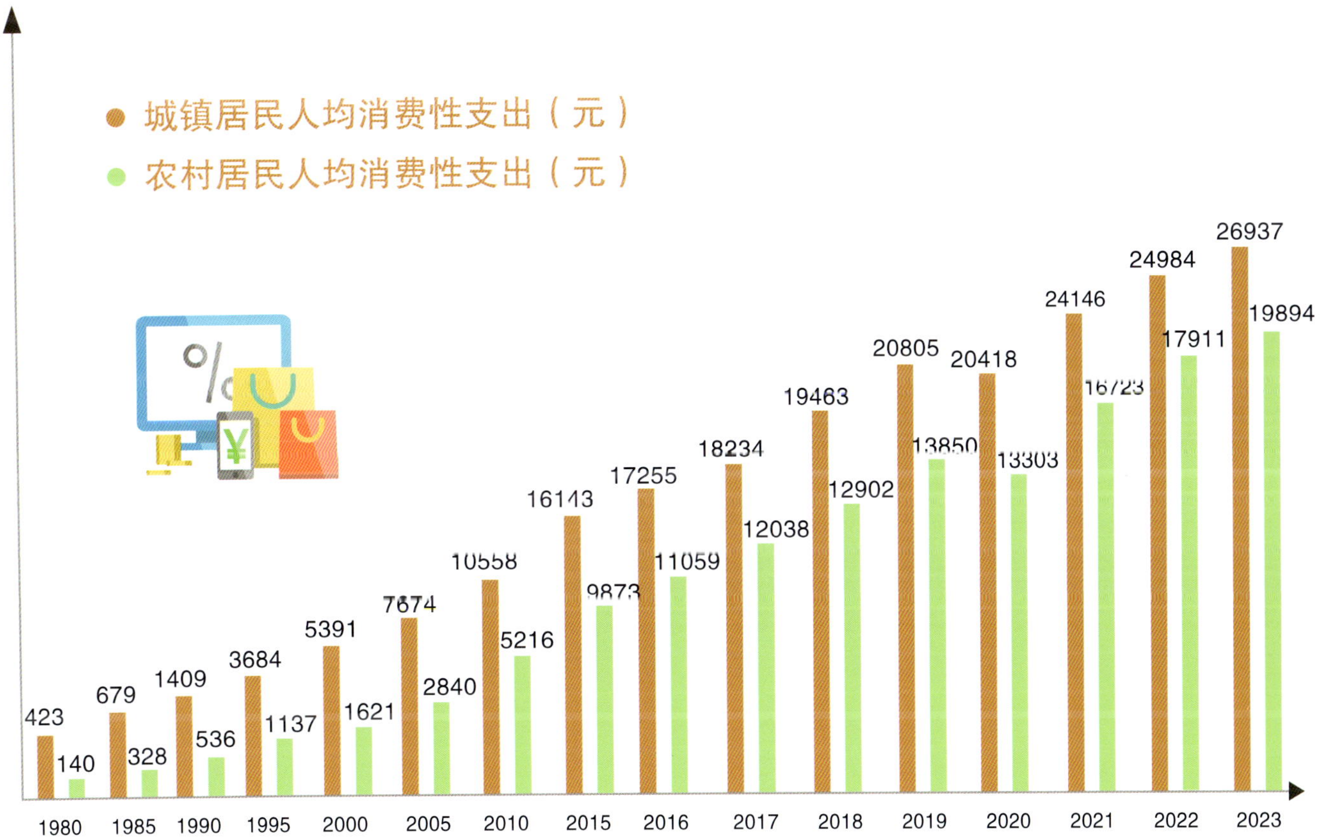

城镇居民人均消费性支出（元）
农村居民人均消费性支出（元）
%
¥
1980 423 140
1985 679 328
1990 1409 536
1995 3684 1137
2000 5391 1621
2005 7674 2840
2010 10558 5216
2015 16143 9873
2016 17255 11059
2017 18234 12038
2018 19463 12902
2019 20805 13850
2020 20418 13303
2021 24146 16723
2022 24984 17911
2023 26937 19894

# 环境保护

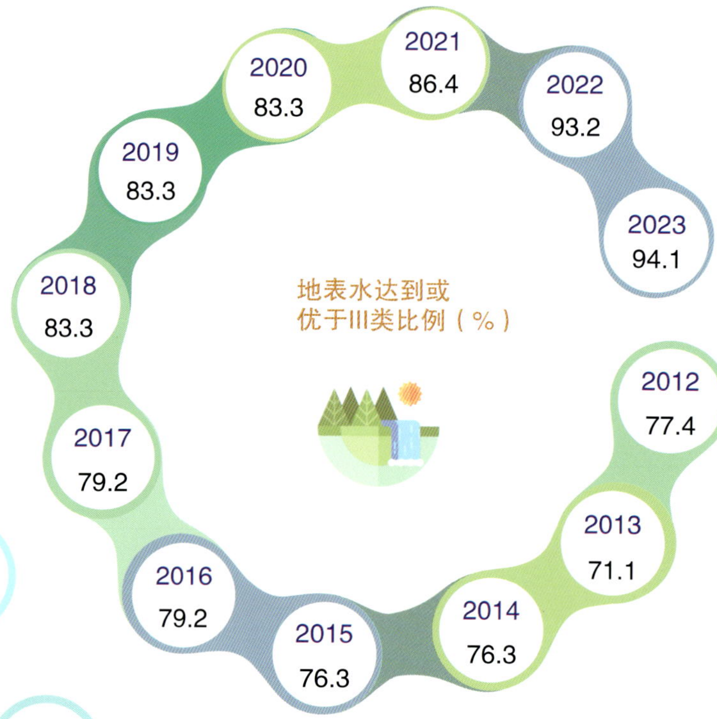
地表水达到或
优于III类比例（%）
2012
77.4
2013
71.1
2014
76.3
2015
76.3
2016
79.2
2017
79.2
2018
83.3
2019
83.3
2020
83.3
2021
86.4
2022
93.2
2023
94.1

生活垃圾无害
化处理率（%）
2013
59.8
2014
69.1
2015
85.7
2016
92.0
2017
95.5
2018
100
2019
100
2020
100
2021
100
2022
100
2023
100

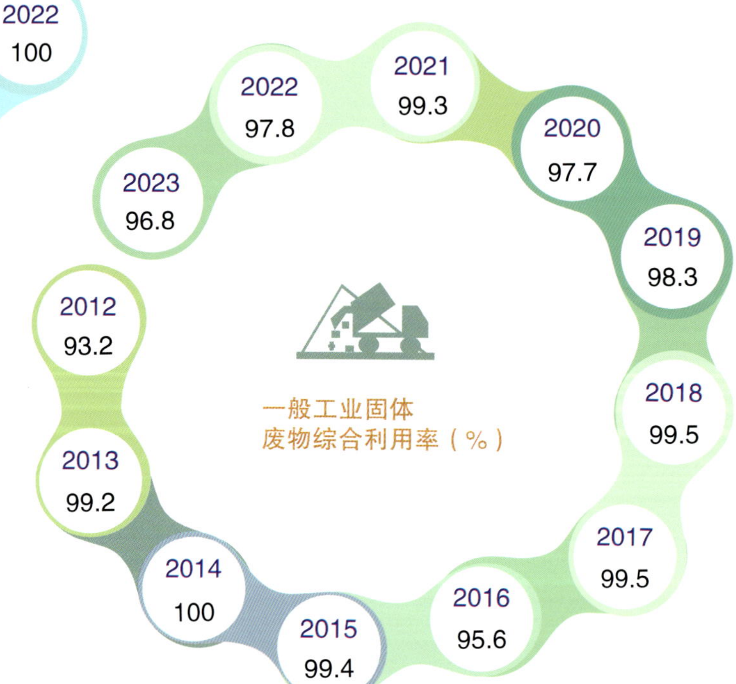
一般工业固体
废物综合利用率（%）
2012
93.2
2013
99.2
2014
100
2015
99.4
2016
95.6
2017
99.5
2018
99.5
2019
98.3
2020
97.7
2021
99.3
2022
97.8
2023
96.8

# 一、综合

版面负责人：冯洋洋

编　　　辑：张力文

统计知识

# 中华人民共和国统计法

（1983年12月8日第六届全国人民代表大会常务委员会第三次会议通过　根据1996年5月15日第八届全国人民代表大会常务委员会第十九次会议《关于修改〈中华人民共和国统计法〉的决定》第一次修正　2009年6月27日第十一届全国人民代表大会常务委员会第九次会议修订　根据2024年9月13日第十四届全国人民代表大会常务委员会第十一次会议《关于修改〈中华人民共和国统计法〉的决定》第二次修正）

# 中华人民共和国统计法

## 第一章　总　　则

**第一条**　为了科学、有效地组织统计工作，保障统计资料的真实性、准确性、完整性和及时性，加强统计监督，发挥统计在了解国情国力、服务经济社会高质量发展中的重要作用，推动全面建设社会主义现代化国家，制定本法。

**第二条**　本法适用于各级人民政府、县级以上人民政府统计机构和有关部门组织实施的统计活动。

统计的基本任务是对经济社会发展情况进行统计调查、统计分析，提供统计资料和统计咨询意见，实行统计监督。

**第三条**　统计工作坚持中国共产党的领导。

国家建立集中统一的统计系统，实行统一领导、分级负责的统计管理体制。

**第四条**　国务院和地方各级人民政府、各有关部门应当加强对统计工作的组织领导，为统计工作提供必要的保障。

**第五条**　国家加强统计科学研究，根据经济社会发展的新情况，健全科学合理的统计标准和统计指标体系，将新经济新领域纳入统计调查范围，并不断改进统计调查方法，提高统计的科学性。

国家有计划地加强统计信息化建设，推动现代信息技术与统计工作深度融合，促进统计信息搜集、处理、传输、共享、存储技术和统计数据库体系的现代化。

**第六条**　国家构建系统完整、协同高效、约束有力、权威可靠的统计监督体系。

统计机构根据统计调查制度和经批准的计划安排，对各地区、各部门贯彻落实国家重大经济社会政策措施情况、履行统计法定职责情况等进行统计监督。

# 徐州自然概貌

**位　置**

徐州市位于江苏省的西北部，东经116° 22′ ~118° 40′、北纬33° 43′ ~34° 58′之间，东西长约210公里，南北宽约140公里，土地总面积11765平方公里。地处苏、鲁、豫、皖四省交界，为东部沿海与中部地带、上海经济区与环渤海经济圈的结合部。“东襟淮海，西接中原，南屏江淮，北扼齐鲁”，素有“五省通衢”之称。京沪、陇海两大铁路在此交汇，京杭大运河傍城而过贯穿徐州南北，公路四通八达，北通京津，南达沪宁，西接兰新，东抵海滨，为全国重要水陆交通枢纽和东西、南北经济联系的重要“十字路口”。

**地　貌**

徐州市地貌，根据成因和区域特征自西向东大致可分为丰、沛黄泛冲积平原，铜、邳、睢低山剥蚀平原，沂、沭河洪冲积平原三个地貌区。地形由平原和山丘岗地两部分组成，以平原为主，约占全市总面积的90%，属黄淮平原一部分，地势低平，海拔高度在20 ~ 50米之间，大致由西北向东南降低，系黄河、淮河的支流长期合力冲积所成。丘陵岗地约占10%，为鲁中南低山丘陵向南延续部分，海拔高度大都在100 ~ 300米之间，多属顶平坡缓的侵蚀残丘。

**水　系**

徐州市位于淮河流域，分属三个水系：故黄河水系、沂沭泗水系、濉安河水系。故黄河是历史上的黄河故道，自成独立水系，是沂沭泗水系和濉安河水系的分水岭，徐州境内长196km，流域面积885km$^2$。故黄河以北为沂沭泗水系，境内面积8479km$^2$，流域内主要骨干河道有沂河、沭河、中运河及邳苍分洪道，并有南四湖及骆马湖两座湖泊调蓄洪水。故黄河以南为濉安河水系，境内面积2020km$^2$，分为安河和濉河，均直接排入洪泽湖。主要支流有龙河、潼河、徐沙河、闸河、奎河、灌沟河、琅河、阎河、看溪河、运料河等。徐州境内有两座湖泊、五座中型水库及六十九座小型水库。各水系河网密布，河、湖、库相互沟通，已初步形成具有防洪、除涝、供水、灌溉、降渍等功能的水利工程体系。

**气　候**

徐州市位居中纬度地区，属暖温带季风气候区，既受东南季风影响，又受西北季风控制，资源丰富，光、热、水配合较好，有利于农作物的生长，气候资源的地区差异较大，有利于农林牧渔的综合发展。其主要气候特点有：气候温和，四季分明，光照充足，雨量适中；四季之中，冬、夏季长，春、秋季短，春季天气多变，夏季高温多雨，秋季天高气爽，冬季寒潮频袭；以中运河为界，东部属暖温带湿润季风区，西部属暖温带半湿润季风区；主要气象灾害有旱、涝、风、霜冻、冰雹等；全年太阳辐射总量约119.4千卡/平方厘米，平均日照时数2100小时左右，平均降水量900毫米左右，无霜期200–230天。

**土　壤**

徐州市土壤，根据成土条件、过程、土体结构和性质的差异，主要分为棕土、褐土、紫色土、潮土、砂姜黑土、水稻土六大类。其中棕土、褐土为暖温带湿润、半湿润气候和落叶植被环境下的地带性土壤，面积分别为33.9千公顷和77.5千公顷；潮土类为本区冲积平原的主要土类，面积约为649.9千公顷，占全市土壤总面积的79.5%。此外在一些湖荡洼地中还有少量的沼泽土类。

**矿　产**

徐州市矿产资源具备类型全、矿种多、分布集中等特点。在拥有的矿产资源中，油页岩、铬矿、钛矿（钛铁矿砂矿）、锆矿（$ZrO_2$）、镁矿、金刚石、长石、含钾砂页岩、制碱用灰岩和水泥用辉绿岩等在全省是属独一无二的矿产，煤炭、铁矿、水泥用灰岩、石膏和硅质玻璃原料等在全省属于优势矿产。截至2023年底，我市已发现的矿产共计62种（含亚种），包含已查明资源储量的矿产41种和已发现但尚未查明资源储量的矿产21种。其中，主要矿产保有资源储量煤炭19.56亿吨、铁矿3274.75万吨、盐矿96.03亿吨、水泥用灰岩16.40亿吨和石膏25.70亿吨。

# 1-1　行政区划、土地面积与人口密度

（2023 年底）

| 地　区 | 镇（个） | 办事处（个） | 村民委员会（个） | 居民委员会（个） | 土地面积（平方公里） | 人口密度（常住）（人/平方公里） |
|---|---|---|---|---|---|---|
| **全市合计** | **97** | **70** | **2013** | **750** | **11764.94** | **767** |
| 市　区 | 23 | 51 | 435 | 377 | 3062.67 | 1176 |
| 鼓楼区 |  | 8 | 5 | 68 | 80.51 | 5505 |
| 云龙区 |  | 9 |  | 85 | 119.27 | 3998 |
| 贾汪区 | 5 | 5 | 96 | 36 | 612.05 | 737 |
| 泉山区 |  | 12 |  | 111 | 79.89 | 7653 |
| 铜山区 | 16 | 9 | 266 | 27 | 1764.07 | 635 |
| 开发区 | 1 | 5 | 49 | 36 | 293.66 | 1318 |
| 港务区 | 1 | 3 | 19 | 14 | 113.22 | 981 |
| 县（市） | 74 | 19 | 1578 | 373 | 8702.27 | 622 |
| 丰　县 | 12 | 3 | 343 | 29 | 1450.29 | 637 |
| 沛　县 | 13 | 4 | 263 | 135 | 1805.63 | 569 |
| 睢宁县 | 15 | 3 | 268 | 132 | 1769.35 | 607 |
| 新沂市 | 13 | 5 | 254 | 30 | 1592.31 | 601 |
| 邳州市 | 21 | 4 | 450 | 47 | 2084.70 | 688 |

注：本表行政区划来源于市民政局、土地面积数据来源于市自然资源和规划局。

# 1-2　各行政区划街道办事处（镇）名称

（2023年底）

| 地　区 | 街道办事处或镇数（个） | 街道办事处或镇名称 |
|---|---|---|
| 鼓楼区 | 8 | 丰财街道、环城街道、黄楼街道、牌楼街道、琵琶街道、铜沛街道、九里街道、拾屯街道 |
| 云龙区 | 9 | 彭城街道、子房街道、黄山街道、骆驼山街道、大郭庄街道、翠屏山街道、潘塘街道、大龙湖街道、汉风街道 |
| 贾汪区 | 10 | 大泉街道、老矿街道、大吴街道、潘安湖街道、茱萸山街道、青山泉镇、紫庄镇、塔山镇、汴塘镇、江庄镇 |
| 泉山区 | 12 | 王陵街道、永安街道、湖滨街道、段庄街道、翟山街道、奎山街道、和平街道、泰山街道、金山街道、七里沟街道、火花街道、桃园街道 |
| 铜山区 | 25 | 利国街道、张集街道、电厂街道、张双楼街道、三河尖街道、铜山街道、三堡街道、新区街道、沿湖街道、何桥镇、黄集镇、马坡镇、郑集镇、刘集镇、大彭镇、汉王镇、棠张镇、张集镇、房村镇、伊庄镇、单集镇、大许镇、茅村镇、柳泉镇、利国镇 |
| 徐州经济技术开发区 | 6 | 东环街道、金山桥街道、大庙街道、大黄山街道、金龙湖街道、徐庄镇 |
| 港务区 | 4 | 苏山街道、庞庄街道、垞城街道、柳新镇 |
| 丰县 | 15 | 中阳里街道、凤城街道、孙楼街道、首羡镇、顺河镇、常店镇、欢口镇、师寨镇、华山镇、梁寨镇、范楼镇、宋楼镇、大沙河镇、王沟镇、赵庄镇 |
| 沛县 | 17 | 沛城街道、大屯街道、汉兴街道、汉源街道、龙固镇、杨屯镇、胡寨镇、魏庙镇、五段镇、张庄镇、张寨镇、敬安镇、河口镇、栖山镇、鹿楼镇、朱寨镇、安国镇 |
| 睢宁县 | 18 | 睢城街道、睢河街道、金城街道、王集镇、双沟镇、岚山镇、李集镇、桃园镇、官山镇、高作镇、沙集镇、凌城镇、邱集镇、古邳镇、姚集镇、魏集镇、梁集镇、庆安镇 |
| 新沂市 | 18 | 新安街道、钟吾街道、北沟街道、唐店街道、墨河街道、草桥镇、港头镇、合沟镇、窑湾镇、棋盘镇、马陵山镇、邵店镇、高流镇、阿湖镇、时集镇、瓦窑镇、双塘镇、新店镇 |
| 邳州市 | 25 | 运河街道、炮车街道、戴圩街道、东湖街道、邳城镇、官湖镇、四户镇、宿羊山镇、八义集镇、陈楼镇、土山镇、碾庄镇、港上镇、邹庄镇、占城镇、新河镇、八路镇、铁富镇、岔河镇、邢楼镇、戴庄镇、车辐山镇、燕子埠镇、赵墩镇、议堂镇 |

# 1-3 主要年份国民经济和社会发展主要指标

| 指　　标 | 1978 | 1990 | 1995 | 2000 | 2005 | 2010 | 2015 | 2020 | 2021 | 2022 | 2023 |
|---|---|---|---|---|---|---|---|---|---|---|---|
| **年末人口（常住）（万人）** | | | | | **881.33** | **858.21** | **878.86** | **908.39** | **902.85** | **901.85** | **902.00** |
| 城镇人口 | | | | | 381.60 | 462.58 | 524.77 | 596.18 | 597.60 | 602.53 | 610.11 |
| 乡村人口 | | | | | 499.73 | 395.63 | 354.09 | 312.21 | 305.25 | 299.32 | 291.89 |
| **常住人口城镇化率（%）** | | | | | **43.30** | **53.90** | **59.71** | **65.63** | **66.19** | **66.81** | **67.64** |
| **年末人口（户籍）（万人）** | **645.41** | **807.14** | **851.15** | **896.44** | **925.31** | **972.89** | **1028.70** | **1038.05** | **1035.29** | **1031.90** | **1029.36** |
| #非农业人口 | 74.51 | 138.26 | 168.62 | 231.11 | 315.85 | 445.38 | 595.34 | 646.54 | 648.50 | 648.47 | 650.78 |
| **从业人数（万人）** | **283.64** | **408.50** | **425.43** | **417.66** | **452.20** | **478.72** | **475.59** | **482.11** | **475.20** | **466.68** | **471.60** |
| #职工人数 | 60.12 | 87.35 | 92.39 | 71.02 | 56.07 | 58.38 | 97.17 | 71.08 | 74.20 | 76.02 | 80.60 |
| #国有经济单位 | 41.16 | 63.69 | 72.52 | 57.74 | 40.13 | 38.59 | 32.05 | 33.20 | 35.77 | 36.28 | 28.97 |
| **地区生产总值（当年价格）（亿元）** | **21.39** | **112.84** | **403.46** | **616.30** | **1236.66** | **2951.47** | **5336.75** | **7284.77** | **8007.44** | **8412.38** | **8900.44** |
| 第一产业 | 9.40 | 38.69 | 100.67 | 118.57 | 174.24 | 333.37 | 590.56 | 718.68 | 743.34 | 772.85 | 770.97 |
| 第二产业 | 8.95 | 44.91 | 184.14 | 283.56 | 628.50 | 1426.90 | 2309.17 | 2916.61 | 3310.91 | 3512.92 | 3622.34 |
| #工业 | 8.06 | 40.93 | 165.94 | 243.54 | 536.29 | 1223.42 | 1958.98 | 2346.16 | 2718.81 | 2891.98 | 2959.71 |
| 第三产业 | 3.04 | 29.24 | 118.64 | 214.16 | 433.92 | 1191.20 | 2437.01 | 3649.48 | 3953.19 | 4126.61 | 4507.13 |
| **固定资产投资** | | | | | | | | | | | |
| 固定资产投资（亿元） | | | | | 546.08 | 1938.72 | 4266.12 | | | | |
| #房地产开发投资 | | 1.22 | 6.07 | 28.05 | 62.57 | 205.32 | 470.22 | 867.07 | 853.88 | 756.13 | 751.17 |
| #住宅投资 | | | | 19.18 | 46.79 | 169.70 | 338.80 | 706.09 | 714.02 | 627.11 | 618.05 |
| **财政（亿元）** | | | | | | | | | | | |
| 财政总收入 | 3.27 | 10.23 | 25.30 | 47.62 | 145.26 | 413.89 | 812.93 | 891.65 | 997.67 | 948.07 | 1024.07 |
| #一般公共预算收入 | | | | 22.45 | 55.22 | 222.16 | 530.68 | 481.82 | 537.31 | 517.43 | 545.96 |
| 地方财政支出 | 1.77 | 8.56 | 18.02 | 34.52 | 105.08 | 325.72 | 752.46 | 958.19 | 1004.40 | 1031.82 | 1056.90 |
| **物价（以上年为100）** | | | | | | | | | | | |
| 城市居民消费价格总指数 | 100.0 | 104.5 | 116.9 | 100.0 | 102.2 | 103.6 | 101.5 | 102.8 | 101.1 | 102.2 | 100.4 |
| 城市商品零售价格总指数 | 100.1 | 103.9 | 113.2 | 98.2 | 101.0 | 102.1 | 101.3 | 102.0 | 102.1 | 102.9 | |
| **人民生活** | | | | | | | | | | | |
| 职工工资总额（亿元） | 3.14 | 18.59 | 50.68 | 65.31 | 107.26 | 198.51 | 524.81 | 598.85 | 697.47 | 752.32 | 786.61 |
| 职工平均工资（元） | 554 | 2179 | 5537 | 9339 | 18849 | 34243 | 54310 | 86138 | 96581 | 101290 | 102482 |
| 农村居民人均可支配收入（元） | 112 | 661 | 1800 | 3230 | 4443 | 7955 | 13982 | 21229 | 23694 | 25210 | 27065 |

注：2005年及以后从业人员及乡村劳动者中未剔除外出打工人数；2007年及以后财政总收入及财政支出中不包括基金收入（支出）；2010年以前固定资产投资竣工的住宅建筑面积为城镇口径；2013年及以前“农村居民人均可支配收入”为农民人均纯收入；2014年及以后地区生产总值数据为含R&D研发支出增加值口径，与往年不可比（下同）；2023年及以后城市商品零售价格总指数不再统计；2023年起，按登记注册统计类别分：全民所有制企业（国有企业）为国有经济单位，其他登记注册统计类别统计为其他经济类型单位，不再区分城镇集体经济单位（下同）。

1-3　续表 1

| 指　　标 | 1978 | 1990 | 1995 | 2000 | 2005 | 2010 | 2015 | 2020 | 2022 | 2023 |
|---|---|---|---|---|---|---|---|---|---|---|
| 城镇居民人均可支配收入　（元） | | 1687 | 4687 | 7147 | 11185 | 16762 | 26219 | 37523 | 42610 | 44796 |
| 城乡居民储蓄存款余额　（亿元） | 0.89 | 44.64 | 140.06 | 305.80 | 650.61 | 1324.39 | 2780.60 | 4513.38 | 5902.71 | 6831.18 |
| 城镇居民人均现住房建筑面积（平方米） | | 11.07 | 12.71 | 14.51 | 17.12 | 21.16 | 33.80 | 51.65 | 50.75 | 45.56 |
| 农村居民人均现住房建筑面积（平方米） | | 18.73 | 19.51 | 22.52 | 29.36 | 41.83 | 51.30 | 56.25 | 63.45 | 58.00 |
| **运输、邮电** | | | | | | | | | | |
| 全社会客运量　（万人次） | 2030 | 3156 | 6071 | 7255 | 8099 | 27761 | 15660 | 8948 | 3053 | 5992 |
| 全社会货运量　（万吨） | 2608 | 6073 | 10859 | 9669 | 14022 | 37227 | 36408 | 55316 | 51552 | 57330 |
| 内河港口货物吞吐量　（万吨） | | 837 | 1399 | 1452 | 4189 | 6308 | 9030 | 4391 | 5015 | 5946 |
| 邮电业务总量　（亿元） | 0.05 | 0.62 | 3.88 | 17.73 | 36.26 | 73.39 | 193.39 | 883.24 | 170.79 | 193.12 |
| 邮电业务收入　（亿元） | | | | 13.06 | 27.05 | 48.14 | 74.11 | 122.57 | 151.79 | 171.69 |
| 计费函件（不含广告）　（万件） | | 2463 | 2579 | 2289 | 2041 | 4728 | 1488 | 125 | 151 | 102 |
| 订销报刊累计份数　（万份） | | 10291 | 17075 | 16451 | 9116 | 10845 | 11015 | 10136 | 9294 | 9840 |
| **国内外贸易、旅游** | | | | | | | | | | |
| 社会消费品零售总额　（亿元） | 7.71 | 42.23 | 117.60 | 192.36 | 414.29 | 1016.38 | 2477.33 | 3286.09 | 4102.73 | 4445.12 |
| 进出口总额（海关数）　（万美元） | | 1015 | 24696 | 32896 | 112621 | 416053 | 541263 | 1543267 | 1933006 | 1720530 |
| # 出口总额 | | 599 | 14724 | 18715 | 75196 | 263060 | 438935 | 1248495 | 1663573 | 1421520 |
| 实际使用外资　（万美元） | | 1324 | 10432 | 20790 | 26057 | 101330 | 142788 | 220059 | 122439 | 35039 |
| 接待国外旅游人数（含港澳台）（人次） | | 4325 | 4988 | 17825 | 73010 | 158277 | 33776 | 12130 | 9952 | 29314 |
| **科技、教育　（万人）** | | | | | | | | | | |
| 专业技术人员 | 3.09 | 12.53 | 18.40 | 22.84 | 21.76 | 27.18 | 44.10 | 60.00 | 65.04 | 66.92 |
| 高等学校在校学生 | 0.21 | 1.16 | 1.86 | 4.61 | 9.27 | 11.88 | 13.76 | 16.09 | 19.02 | 20.01 |
| 中等专业学校在校学生 | 0.29 | 1.11 | 2.45 | 3.41 | 5.12 | 5.75 | 4.36 | 5.63 | 4.72 | 4.94 |
| 普通中学在校学生 | 45.98 | 31.38 | 42.47 | 58.43 | 81.51 | 52.07 | 34.74 | 59.38 | 69.45 | 71.54 |
| 小学在校学生 | 95.62 | 84.77 | 110.34 | 126.06 | 72.24 | 53.02 | 84.13 | 91.69 | 84.07 | 81.20 |

注：2014 年城乡一体化住户调查后，“城镇居民均可支配收入”与往年口径不可比；“实际使用外资”2005 年及以后为“实际到账注册外资”，口径与往年不可比；2011-2016 年邮电业务总量按 2010 年价格计算，2017-2020 年邮电业务总量按 2015 年价格计算，2021 起邮电业务总量按 2020 年价格计算（下同）；2013 年起接待国外旅游人数和专业技术人员统计口径有调整，与往年不可比；“进出口总额”“出口总额”1997 年及以前年度数字为“自营进出口总额”“自营出口总额”口径；“城乡居民储蓄存款余额”自 2015 年更改为“住户存款余额”口径，与往年不可比；本表中高等学校在校学生数不含成人本专科学生数，以便与历史数据可比。

1-3　续表 2

| 指　　标 | 1978 | 1990 | 1995 | 2000 | 2005 | 2010 | 2015 | 2020 | 2022 | 2023 |
|---|---|---|---|---|---|---|---|---|---|---|
| **卫生** | | | | | | | | | | |
| 卫生机构数（个） | 652 | 1058 | 1052 | 993 | 1384 | 1213 | 4601 | 4552 | 4501 | 4693 |
| 床位数（张） | 11325 | 17303 | 18596 | 17736 | 19888 | 30500 | 47949 | 59392 | 62506 | 64991 |
| 卫生技术人员数（万人） | 1.57 | 2.44 | 2.94 | 3.05 | 2.83 | 3.24 | 5.16 | 7.32 | 7.63 | 7.82 |
| #医生 | 0.49 | 0.99 | 1.12 | 1.16 | 1.05 | 1.22 | 2.02 | 2.98 | 2.99 | 3.02 |
| **主要工农业产品产量** | | | | | | | | | | |
| 粮食（万吨） | 206.15 | 399.00 | 406.13 | 319.50 | 314.13 | 440.20 | 470.92 | 501.92 | 502.40 | 505.07 |
| 棉花（万吨） | 2.47 | 5.57 | 5.91 | 5.08 | 4.17 | 3.23 | 2.60 | 0.70 | 0.47 | 0.42 |
| 油料（万吨） | 1.59 | 4.77 | 8.35 | 20.28 | 16.26 | 12.11 | 11.20 | 11.55 | 11.36 | 11.44 |
| 水果（万吨） | 2.62 | 14.13 | 35.78 | 81.91 | 87.52 | 106.31 | 108.47 | 116.37 | 114.68 | 117.96 |
| 生猪存栏（万头） | 149.25 | 170.36 | 215.78 | 201.07 | 214.26 | 293.19 | 299.61 | 263.28 | 271.33 | 249.06 |
| 猪、牛、羊肉（万吨） | 5.18 | 18.73 | 28.71 | 27.51 | 35.05 | 46.58 | 50.09 | 29.12 | 36.05 | 37.03 |
| 蚕茧（吨） | 525 | 6022 | 22105 | 15176 | 13212 | 6805 | 6512 | 4122 | 3403 | 2475 |
| 水产品（万吨） | 0.72 | 3.70 | 8.49 | 13.52 | 16.43 | 17.04 | 18.79 | 15.80 | 16.39 | 16.48 |
| 生铁（万吨） | 15.19 | 29.22 | 52.00 | 37.10 | 152.53 | 304.92 | 475.96 | 462.42 | 777.94 | 859.88 |
| 合成氨（万吨） | 7.07 | 13.40 | 14.86 | 19.16 | 36.96 | 66.40 | 93.21 | 48.74 | 22.13 | 22.17 |
| 农用化肥（折 100%）（万吨） | 4.91 | 12.52 | 19.76 | 15.42 | 29.58 | 48.05 | 45.76 | 16.34 | | |
| 水泥（万吨） | 66.68 | 297.67 | 1031.48 | 983.36 | 1295.66 | 3205.35 | 2681.63 | 1026.38 | 958.46 | 1018.98 |
| 纱（万吨） | 1.68 | 3.63 | 4.64 | 7.16 | 23.01 | 81.58 | 141.21 | 44.22 | 52.40 | 64.38 |
| 布（万米） | 5474 | 12112 | 13883 | 8196 | 10551 | 16056 | 31490 | 17218 | 21896 | 22076 |
| 机制纸及纸板（万吨） | 2.47 | 16.44 | 71.60 | 32.65 | 48.91 | 105.54 | 27.58 | 44.07 | 33.38 | 61.42 |
| 卷烟（万箱） | 14.74 | 33.50 | 34.00 | 34.40 | 57.57 | 60.94 | 66.50 | 72.07 | 74.44 | 75.51 |
| 饮料酒（万千升） | 1.35 | 4.99 | 11.42 | 8.50 | 20.28 | 45.73 | 58.85 | 18.39 | 14.10 | 12.29 |
| 多晶硅（吨） | | | | | | 17799 | 74358 | 42189 | 99035 | 96968 |
| 汽车起重机（吨） | | 419 | 683 | 1087 | 5368 | 18623 | 194941 | 945806 | 755497 | 729259 |
| 装载机（辆） | | | 1298 | 1777 | 9442 | 15212 | 7142 | 22364 | 28206 | 23139 |
| 压路机（台） | | 802 | 1897 | 2466 | 2434 | 6874 | 2721 | 8796 | 9307 | 14091 |

注：自 2012 年起，汽车起重机的单位由台改为吨。

# 1-4　主要年份国民经济主要指标发展速度

| 指　　标 | 发展速度（2023 年比以下各年）（%） | | | | | | | | | | 1979–2023 年平均增长（%） | 2001–2023 年平均增长（%） |
|---|---|---|---|---|---|---|---|---|---|---|---|---|
| | 1978 | 1990 | 1995 | 2000 | 2005 | 2010 | 2015 | 2020 | 2021 | 2022 | | |
| **从业人数** | **166.3** | **115.4** | **110.9** | **112.9** | **104.3** | **98.5** | **99.2** | **97.8** | **99.2** | **101.1** | **1.1** | **0.5** |
| #职工人数 | 134.1 | 92.3 | 87.2 | 113.5 | 143.7 | 138.1 | 82.9 | 113.4 | 108.6 | 106.0 | 0.7 | 0.6 |
| #国有经济单位 | 90.5 | 58.5 | 51.4 | 64.5 | 92.9 | 96.6 | 116.3 | 112.3 | 104.2 | 102.7 | -0.2 | -1.9 |
| 城镇集体经济 | 2.2 | 1.8 | 2.2 | 5.1 | 11.7 | 14.5 | 13.3 | 19.8 | 20.1 | 19.3 | -8.1 | -12.2 |
| **地区生产总值（可比价格）** | **10741.8** | **3687.5** | **1718.1** | **975.8** | **538.3** | **275.2** | **158.4** | **119.4** | **110.3** | **107.1** | **11.0** | **10.4** |
| 第一产业 | 845.8 | 567.6 | 369.3 | 247.7 | 194.8 | 154.3 | 127.0 | 110.9 | 106.9 | 103.7 | 4.9 | 4.0 |
| 第二产业 | 19781.5 | 5142.1 | 1986.1 | 1082.7 | 548.6 | 262.9 | 148.1 | 120.0 | 110.9 | 107.0 | 12.5 | 10.9 |
| #工业 | 20400.9 | 5237.7 | 2023.5 | 1129.6 | 573.4 | 268.8 | 149.3 | 123.0 | 111.3 | 106.8 | 12.5 | 11.1 |
| 第三产业 | 22540.6 | 4935.5 | 2225.8 | 1232.5 | 652.7 | 319.0 | 175.8 | 120.6 | 110.5 | 107.8 | 12.8 | 11.5 |
| **财政** | | | | | | | | | | | | |
| 财政总收入 | 31317.3 | 10010.5 | 4047.7 | 2150.5 | 705.0 | 247.4 | 126.0 | 114.9 | 102.6 | 108.0 | 13.6 | 14.3 |
| #一般公共预算收入 | | | | 2431.9 | 988.7 | 245.8 | 102.9 | 113.3 | 101.6 | 105.5 | | 14.9 |
| 地方财政支出 | 59711.6 | 12346.9 | 5865.1 | 3061.7 | 1005.8 | 324.5 | 140.5 | 110.3 | 105.2 | 102.4 | 15.3 | 16.0 |
| **人民生活** | | | | | | | | | | | | |
| 职工年平均工资 | 18498.6 | 4703.2 | 1850.9 | 1097.4 | 543.7 | 299.3 | 188.7 | 119.0 | 106.1 | 101.2 | 12.3 | 11.0 |
| 农村居民人均可支配收入 | 24165.4 | 4094.6 | 1503.6 | 837.9 | 609.2 | 340.2 | 193.6 | 127.5 | 114.2 | 107.4 | 13.0 | 9.7 |
| 城镇居民人均可支配收入 | | 2655.3 | 955.7 | 626.8 | 400.5 | 267.2 | 170.9 | 119.4 | 109.7 | 105.1 | | 8.3 |
| 城乡居民年末储蓄存款余额 | 767548.2 | 15302.8 | 4877.3 | 2233.9 | 1050.0 | 515.8 | 245.7 | 151.4 | 136.9 | 115.7 | 22.0 | 14.5 |
| **运输、邮电** | | | | | | | | | | | | |
| 全社会旅客运输量 | 300.1 | 193.0 | 100.3 | 84.0 | 75.2 | 21.9 | 38.9 | 68.1 | 100.8 | 199.5 | 2.5 | -0.8 |
| 全社会货物运输量 | 2198.2 | 944.0 | 527.9 | 592.9 | 408.9 | 154.0 | 157.5 | 103.6 | 103.8 | 111.2 | 7.1 | 8.0 |
| 邮电业务总量 | 386236.2 | 31148.1 | 4977.3 | 1089.2 | 532.6 | 263.1 | 99.9 | 21.9 | 118.8 | 113.1 | 20.1 | 10.9 |
| **国内外贸易、旅游** | | | | | | | | | | | | |
| 社会消费品零售总额 | 57653.9 | 10526.0 | 3779.9 | 2310.9 | 1072.9 | 437.3 | 179.4 | 135.3 | 110.1 | 108.3 | 15.2 | 14.6 |
| 进出口总额 | | 169510.3 | 6966.8 | 5230.2 | 1527.7 | 413.5 | 317.9 | 111.5 | 88.6 | 89.0 | | 18.8 |
| #出口总额 | | 237315.5 | 9654.4 | 7595.6 | 1890.4 | 540.4 | 323.9 | 113.9 | 87.4 | 85.4 | | 20.7 |
| 实际使用外资 | | 2646.5 | 335.9 | 168.5 | 134.5 | 34.6 | 24.5 | 15.9 | 14.5 | 28.6 | | 2.3 |
| 国际旅游人数 | | 677.8 | 587.7 | 164.5 | 40.2 | 18.5 | 86.8 | 241.7 | 191.3 | 294.6 | | 2.2 |

1-4　续表

| 指　　标 | 发展速度（2023年比以下各年）（%） | | | | | | | | | | 1979–2023年平均增长（%） | 2001–2023年平均增长（%） |
|---|---|---|---|---|---|---|---|---|---|---|---|---|
| | 1978 | 1990 | 1995 | 2000 | 2005 | 2010 | 2015 | 2020 | 2021 | 2022 | | |
| **科技、教育** | | | | | | | | | | | | |
| 专业技术人员 | 2165.7 | 534.1 | 363.7 | 293.0 | 307.5 | 246.2 | 151.7 | 111.5 | 107.0 | 102.9 | 7.1 | 4.8 |
| 高等学校在校学生 | 9528.6 | 1725.0 | 1075.8 | 434.1 | 215.9 | 168.4 | 145.4 | 124.4 | 114.0 | 105.2 | 10.7 | 6.6 |
| 中等专业学校在校学生 | 1703.3 | 445.0 | 201.6 | 144.9 | 96.5 | 85.9 | 113.3 | 87.7 | 108.9 | 104.7 | 6.5 | 1.6 |
| 普通中学在校学生 | 155.6 | 228.0 | 168.5 | 122.4 | 87.8 | 137.4 | 205.9 | 120.5 | 109.6 | 103.0 | 1.0 | 0.9 |
| 小学在校学生 | 84.9 | 95.8 | 73.6 | 64.4 | 112.4 | 153.1 | 96.5 | 88.6 | 92.5 | 96.6 | -0.4 | -1.9 |
| **卫生** | | | | | | | | | | | | |
| 卫生机构数 | 719.8 | 443.6 | 446.1 | 472.6 | 339.1 | 386.9 | 102.0 | 103.1 | 102.5 | 104.3 | 4.5 | 7.0 |
| 床位数 | 573.9 | 375.6 | 349.5 | 366.4 | 326.8 | 213.1 | 135.5 | 109.4 | 106.2 | 104.0 | 4.0 | 5.8 |
| 卫生技术人员数 | 498.1 | 320.5 | 266.0 | 256.4 | 276.3 | 241.4 | 151.6 | 106.8 | 104.5 | 102.5 | 3.6 | 4.2 |
| #医生 | 616.3 | 305.1 | 269.6 | 260.3 | 287.6 | 247.5 | 149.5 | 101.3 | 103.7 | 101.1 | 4.1 | 4.2 |
| **主要工农业产品产量** | | | | | | | | | | | | |
| 粮食 | 245.0 | 126.6 | 124.4 | 158.1 | 160.8 | 114.7 | 107.3 | 100.6 | 100.7 | 100.5 | 2.0 | 2.0 |
| 棉花 | 16.9 | 7.5 | 7.0 | 8.2 | 10.0 | 12.9 | 16.0 | 59.5 | 71.0 | 89.3 | -3.9 | -10.3 |
| 油料 | 719.7 | 239.9 | 137.0 | 56.4 | 70.4 | 94.5 | 102.2 | 99.1 | 98.0 | 100.7 | 4.5 | -2.5 |
| 水果 | 4502.3 | 834.8 | 329.7 | 144.0 | 134.8 | 111.0 | 108.7 | 101.4 | 106.8 | 102.9 | 8.8 | 1.6 |
| 生猪存栏 | 166.9 | 146.2 | 115.4 | 123.9 | 116.2 | 84.9 | 83.1 | 94.6 | 91.2 | 91.8 | 1.1 | 0.9 |
| 猪、牛、羊肉 | 714.8 | 197.7 | 129.0 | 134.6 | 105.6 | 79.5 | 73.9 | 127.1 | 102.8 | 102.7 | 4.5 | 1.3 |
| 蚕茧 | 471.4 | 41.1 | 11.2 | 16.3 | 18.7 | 36.4 | 38.0 | 60.0 | 60.7 | 72.7 | 3.5 | -7.6 |
| 水产品 | 2288.9 | 445.4 | 194.1 | 121.9 | 100.3 | 96.7 | 87.7 | 104.3 | 101.9 | 100.5 | 7.2 | 0.9 |
| 生铁 | 5660.8 | 2942.8 | 1653.6 | 2317.7 | 563.7 | 282.0 | 180.7 | 186.0 | 156.2 | 110.5 | 9.4 | 14.6 |
| 合成氨 | 313.6 | 165.5 | 149.2 | 115.7 | 60.0 | 33.4 | 23.8 | 45.5 | 59.5 | 100.2 | 2.6 | 0.6 |
| 水泥 | 1528.2 | 342.3 | 98.8 | 103.6 | 78.6 | 31.8 | 38.0 | 99.3 | 106.9 | 106.3 | 6.2 | 0.2 |
| 纱 | 3832.1 | 1773.6 | 1387.5 | 899.2 | 279.8 | 78.9 | 45.6 | 145.6 | 133.1 | 122.9 | 8.4 | 10.0 |
| 布 | 403.3 | 182.3 | 159.0 | 269.4 | 209.2 | 137.5 | 70.1 | 128.2 | 120.1 | 100.8 | 3.1 | 4.4 |
| 机制纸及纸板 | 2486.6 | 373.6 | 85.8 | 188.1 | 125.6 | 58.2 | 222.7 | 139.4 | 140.4 | 184.0 | 7.4 | 2.8 |
| 卷烟 | 512.3 | 225.4 | 222.1 | 219.5 | 131.2 | 123.9 | 113.5 | 104.8 | 101.8 | 101.4 | 3.7 | 3.5 |
| 饮料酒 | 910.4 | 246.3 | 107.6 | 144.6 | 60.6 | 26.9 | 20.9 | 66.9 | 87.2 | 87.2 | 5.0 | 1.6 |
| 多晶硅 | | | | | | 544.8 | 130.4 | 229.8 | 203.7 | 97.9 | | |
| 汽车起重机 | | 174047.5 | 106772.9 | 67089.1 | 13585.3 | 3915.9 | 374.1 | 77.1 | 64.0 | 96.5 | | 32.7 |
| 装载机 | | | 1782.7 | 1302.1 | 245.1 | 152.1 | 324.0 | 103.5 | 82.4 | 82.0 | | 11.8 |
| 压路机 | | 1757.0 | 742.8 | 571.4 | 578.9 | 205.0 | 517.9 | 160.2 | 126.4 | 151.4 | | 6.2 |

# 1-5　各时期国民经济主要指标平均增长速度

单位：%

| 指　标 | "一五"时期 | "二五"时期 | 调整时期 | "三五"时期 | "四五"时期 | "五五"时期 | "六五"时期 |
|---|---|---|---|---|---|---|---|
| **年末总人口（户籍）** | **2.9** | **0.6** | **1.9** | **2.9** | **1.7** | **1.4** | **1.4** |
| **职工人数** | **4.4** | **11.0** | **-3.6** | **7.8** | **14.1** | **8.8** | **3.7** |
| #国有单位 | 4.4 | 11.0 | -3.6 | 7.8 | 5.7 | 9.1 | 4.1 |
| **地区生产总值** | **9.9** | **4.4** | **7.4** | **8.9** | **7.9** | **15.3** | **11.3** |
| 第一产业 | -0.2 | -1.3 | 11.1 | 7.2 | 5.1 | 10.7 | 8.2 |
| 第二产业 | 34.3 | 3.5 | 12.5 | 15.7 | 10.5 | 20.0 | 12.5 |
| #工业 | | | | | | | 11.7 |
| 第三产业 | 16.3 | 6.0 | -0.8 | 4.2 | 7.7 | 16.0 | 14.2 |
| **农林牧渔业总产值** | **1.3** | **-1.1** | **9.0** | **4.7** | **7.7** | **6.2** | **10.5** |
| **固定资产投资额** | **43.3** | **25.2** | **10.2** | **5.3** | **10.6** | **31.7** | **7.6** |
| **财政** | | | | | | | |
| 财政收入 | 18.5 | 3.2 | 4.5 | 11.8 | 5.2 | 12.9 | 10.0 |
| 财政支出 | 26.0 | -4.5 | 12.0 | 3.6 | 11.5 | 13.4 | 13.4 |
| **人民生活** | | | | | | | |
| 职工工资总额 | 9.2 | 12.5 | -2.9 | 3.5 | 13.5 | 16.3 | 15.8 |
| 职工年平均工资 | 2.6 | -0.9 | 3.0 | -1.6 | -1.6 | 7.0 | 11.5 |
| 城乡居民储蓄存款余额 | 29.1 | 4.8 | 17.3 | 4.3 | 14.7 | 33.6 | 36.6 |
| **运输、邮电** | | | | | | | |
| 客运量 | | | | | | | 5.7 |
| 货运量 | | | | | | | 14.1 |
| 邮电业务总量 | 14.9 | 16.8 | -1.8 | 2.4 | 7.8 | 6.8 | 11.2 |
| **内外贸易** | | | | | | | |
| 社会消费品零售总额 | 14.3 | 5.0 | 1.5 | 2.9 | 10.9 | 13.8 | 16.4 |
| **教育** | | | | | | | |
| 高等学校在校学生数 | | | -28.4 | | | 12.2 | 31.0 |
| 中等专业学校在校学生数 | 7.0 | 0.8 | -7.3 | | | 17.1 | 6.4 |

1-5 续表 1

单位：%

| 指　　标 | "一五"时期 | "二五"时期 | 调整时期 | "三五"时期 | "四五"时期 | "五五"时期 | "六五"时期 |
|---|---|---|---|---|---|---|---|
| 普通中学在校学生数 | 23.2 | 9.6 | 0.5 | 23.9 | 5.1 | 10.0 | -3.0 |
| 小学在校学生数 | 8.4 | 1.6 | 15.5 | -1.9 | 10.8 | -1.3 | -1.9 |
| **卫生** | | | | | | | |
| 卫生机构数 | 14.3 | 6.1 | 3.7 | -0.6 | 7.4 | 9.2 | 4.2 |
| 床位数 | 17.6 | 24.1 | -0.5 | 4.4 | 5.6 | 5.3 | 4.6 |
| 卫生技术人员数 | 16.3 | 13.3 | 6.5 | 6.0 | 8.9 | 8.7 | 3.8 |
| #医生 | 20.4 | 12.0 | 5.6 | -0.3 | 4.7 | 10.6 | 6.2 |
| **主要工农业产品产量** | | | | | | | |
| 粮食 | 1.2 | 0.6 | 1.4 | 6.4 | 7.3 | 6.0 | 10.9 |
| 棉花 | 13.3 | -12.2 | 34.3 | 25.6 | 2.8 | 5.5 | 9.6 |
| 油料 | -8.4 | -13.7 | 32.9 | -10.4 | 2.8 | 21.1 | 27.2 |
| 水果 | -4.1 | -13.2 | 8.5 | 14.5 | 9.9 | 9.5 | 9.1 |
| 生猪存栏 | 12.5 | 0.4 | 13.1 | 3.0 | 10.0 | 2.2 | 5.7 |
| 水产品 | 1.7 | -0.1 | 14.0 | -19.3 | 24.9 | 18.2 | 8.2 |
| 生铁 | | 65.4 | -0.6 | 23.1 | 19.1 | 8.1 | 0.2 |
| 铝锭 | | | 6.7 | 9.3 | 7.7 | 5.3 | 2.4 |
| 原煤 | 10.0 | 20.0 | 1.8 | 6.0 | 7.3 | 10.9 | 3.7 |
| 发电量 | 35.1 | 33.1 | 5.6 | 10.3 | 17.2 | 24.5 | 4.1 |
| 合成氨 | | | | 80.4 | 27.0 | 29.4 | 2.9 |
| 农用化肥（折 100%） | | 89.0 | 22.9 | 24.6 | 30.0 | 3.1 | 1.5 |
| 水泥 | | 68.8 | 9.7 | 7.6 | 23.0 | 16.7 | 8.0 |
| 纱 | 1.4 | 22.5 | 60.8 | 15.0 | 5.9 | 13.5 | 2.9 |
| 布 | 17.7 | 11.1 | 17.3 | 17.9 | 13.9 | 16.6 | -0.4 |
| 机制纸及纸板 | 150.6 | 11.7 | -1.6 | 20.0 | 4.3 | 22.9 | 15.6 |
| 卷烟 | -2.0 | 1.0 | 38.4 | 9.7 | 1.9 | 10.1 | 6.1 |
| 饮料酒 | 15.7 | 2.8 | -3.6 | 9.7 | 12.8 | 17.5 | 7.0 |

1-5　续表 2　　单位：%

| 指　标 | "七五"时期 | "八五"时期 | "九五"时期 | "十五"时期 | "十一五"时期 | "十二五"时期 | "十三五"时期 |
|---|---|---|---|---|---|---|---|
| **年末总人口（常住）** | | | | | **-0.5** | **0.5** | **0.7** |
| **年末总人口（户籍）** | **2.7** | **1.1** | **1.0** | **0.6** | **1.0** | **1.1** | **0.2** |
| **职工人数** | **2.3** | **1.1** | **-1.7** | **-4.6** | **0.8** | **10.7** | **-6.1** |
| #国有单位 | 2.9 | 2.6 | -1.6 | -7.0 | -0.8 | -3.6 | 9.8 |
| **地区生产总值** | **7.0** | **16.5** | **12.0** | **12.6** | **14.4** | **11.7** | **5.8** |
| 第一产业 | 0.8 | 9.0 | 8.3 | 4.9 | 4.8 | 4.0 | 2.4 |
| 第二产业 | 8.3 | 21.0 | 12.9 | 14.6 | 15.9 | 12.0 | 5.3 |
| #工业 | 9.2 | 21.0 | 12.4 | 14.5 | 16.5 | 12.3 | 5.7 |
| 第三产业 | 12.1 | 17.3 | 12.5 | 13.5 | 15.3 | 12.9 | 7.0 |
| **农林牧渔业总产值** | **3.9** | **10.7** | **8.9** | **4.6** | **9.1** | **4.5** | **5.0** |
| **固定资产投资额** | **9.3** | **36.8** | **25.4** | **19.7** | **27.7** | **17.1** | |
| #房地产开发投资 | | 32.7 | 38.8 | 8.5 | 26.3 | 18.0 | 13.0 |
| **财政** | | | | | | | |
| 财政收入 | 12.2 | 19.9 | 13.5 | 24.5 | 26.8 | 14.5 | 1.9 |
| 财政支出 | 20.5 | 16.1 | 13.9 | 24.9 | 25.4 | 18.2 | 5.0 |
| **人民生活** | | | | | | | |
| 职工工资总额 | 14.8 | 22.2 | 6.2 | 10.4 | 13.1 | 21.5 | 2.7 |
| 职工年平均工资 | 12.1 | 20.5 | 8.5 | 15.1 | 12.7 | 9.7 | 9.7 |
| 城乡居民储蓄存款余额 | 35.5 | 25.7 | 16.9 | 16.3 | 15.3 | 16.0 | 10.2 |
| **运输、邮电** | | | | | | | |
| 客运量 | -2.5 | 14.0 | 3.6 | 1.8 | 27.9 | -10.8 | -10.6 |
| 货运量 | 0.7 | 12.3 | -2.3 | 7.7 | 21.6 | -0.4 | 8.7 |
| 邮电业务总量 | 34.5 | 44.5 | 35.5 | 15.4 | 15.1 | 5.4 | 35.5 |
| **内外贸易** | | | | | | | |
| 社会消费品零售总额 | 12.6 | 22.7 | 10.3 | 16.6 | 19.7 | 19.5 | 5.8 |
| 进出口总额 | | | 15.7 | 27.9 | 29.9 | 5.4 | 23.3 |
| 实际使用外资 | | | 13.0 | 14.1 | 34.7 | 7.1 | 9.0 |
| **教育** | | | | | | | |
| 高等学校在校学生数 | 3.1 | 8.7 | 19.9 | 13.2 | 5.1 | 3.0 | 3.2 |
| 中等专业学校在校学生数 | 5.0 | 17.2 | 6.8 | 3.6 | 1.6 | -4.6 | 5.2 |

1-5 续表 3　　单位：%

| 指　　标 | “七五”时期 | “八五”时期 | “九五”时期 | “十五”时期 | “十一五”时期 | “十二五”时期 | “十三五”时期 |
|---|---|---|---|---|---|---|---|
| 普通中学在校学生数 | 0.2 | 6.2 | 6.6 | 6.9 | -8.6 | -7.8 | 11.3 |
| 小学在校学生数 | -0.7 | 5.4 | 2.7 | -10.5 | -6.0 | 9.7 | 1.7 |
| **卫生** | | | | | | | |
| 卫生机构数 | 0.1 | -0.1 | -1.1 | 6.9 | -2.6 | 30.6 | -0.2 |
| 床位数 | 2.3 | 1.5 | -0.9 | 2.3 | 8.9 | 9.5 | 4.4 |
| 卫生技术人员数 | 3.5 | 3.8 | 0.7 | -1.5 | 2.7 | 9.8 | 7.3 |
| # 医生 | 4.9 | 2.5 | 0.7 | -2.0 | 2.4 | 11.4 | 8.1 |
| **主要工农业产品产量** | | | | | | | |
| 粮食 | 1.5 | 0.4 | -4.7 | -0.4 | 7.0 | 1.4 | 1.3 |
| 棉花 | -4.6 | 1.2 | -3.0 | -3.9 | -5.0 | -4.2 | -23.1 |
| 油料 | -14.6 | 11.8 | 19.4 | -4.3 | -5.7 | -1.6 | 0.6 |
| 水果 | 19.6 | 20.4 | 18.0 | 1.3 | 4.0 | 0.4 | 1.4 |
| 生猪存栏 | -2.2 | 4.8 | -1.4 | 1.3 | 6.5 | 0.4 | -2.6 |
| 水产品 | 15.8 | 18.1 | 9.8 | 4.0 | 0.7 | 2.0 | -3.4 |
| 生铁 | 12.1 | 12.2 | -6.5 | 32.7 | 14.9 | 9.3 | -0.6 |
| 铝锭 | 19.8 | 20.6 | -23.7 | 16.6 | 58.7 | | |
| 原煤 | 2.4 | 2.9 | -0.6 | 2.7 | -4.4 | -1.9 | |
| 发电量 | 12.3 | 2.7 | 4.2 | 16.1 | 5.2 | 4.5 | |
| 合成氨 | -1.3 | 2.1 | 5.2 | 14.1 | 12.4 | 7.0 | -12.2 |
| 农用化肥（折 100%） | 9.6 | -4.8 | | 13.9 | 10.2 | -1.0 | -18.6 |
| 水泥 | 28.2 | -1.0 | | 5.7 | 19.9 | -3.5 | -17.5 |
| 纱 | 8.4 | 5.0 | 9.1 | 26.3 | 28.8 | 11.6 | -20.7 |
| 布 | 10.5 | 2.8 | -10.0 | 5.2 | 8.8 | 14.4 | -11.4 |
| 机制纸及纸板 | 20.5 | 34.2 | -14.5 | 8.4 | 16.6 | -23.5 | 9.8 |
| 卷烟 | 5.1 | 0.3 | 0.2 | 10.8 | 1.1 | 1.8 | 1.6 |
| 饮料酒 | 11.9 | 18.0 | -5.7 | 19.0 | 17.7 | 5.2 | -20.8 |
| 多晶硅 | | | | | | 33.1 | -10.7 |
| 汽车起重机 | 5.2 | 10.3 | 9.7 | 37.6 | 28.2 | -26.2 | 37.1 |
| 装载机 | | | 6.5 | 39.7 | 10.0 | -14.0 | 25.6 |
| 压路机 | 1.9 | 18.8 | 5.4 | -0.3 | 23.1 | -16.9 | 26.4 |

# 1-6　主要年份徐州的一天

| 指　标 | 1978 | 1990 | 1995 | 2000 | 2005 | 2010 | 2015 | 2020 | 2022 | 2023 |
|---|---|---|---|---|---|---|---|---|---|---|
| **全市每天创造的财富** | | | | | | | | | | |
| 地区生产总值（万元） | 586 | 3092 | 11054 | 16839 | 33881 | 80862 | 146212 | 199037 | 230476 | 243848 |
| 第一产业 | 258 | 1060 | 2758 | 3240 | 4774 | 9133 | 16180 | 19636 | 21174 | 21122 |
| 第二产业 | 245 | 1230 | 5045 | 7748 | 17219 | 39093 | 63265 | 79689 | 96244 | 99242 |
| 第三产业 | 83 | 801 | 3251 | 5851 | 11888 | 32636 | 66767 | 99713 | 113058 | 123483 |
| #工业 | 221 | 1121 | 4546 | 6654 | 14693 | 33518 | 53671 | 64103 | 79232 | 81088 |
| 建筑业 | 24 | 109 | 499 | 1093 | 2526 | 5665 | 9657 | 15648 | 17058 | 18234 |
| 交通、仓储、邮电通信业 | | 198 | 810 | 1563 | 3464 | 4197 | 6855 | 8933 | 8905 | 10322 |
| 批发、零售、住宿和餐饮业 | | 187 | 869 | 1589 | 3358 | 10799 | 23578 | 32043 | 39018 | 43237 |
| 财政总收入（万元） | 90 | 280 | 693 | 1301 | 3980 | 11339 | 22272 | 24362 | 25974 | 28057 |
| #一般公共预算收入 | | | | 613 | 1513 | 6086 | 14539 | 13164 | 14176 | 14958 |
| 生铁（吨） | 416 | 801 | 1425 | 1014 | 4179 | 8354 | 13040 | 12634 | 21313 | 23558 |
| 水泥（吨） | 1827 | 8155 | 28260 | 26868 | 35498 | 87818 | 73469 | 28043 | 26259 | 27917 |
| 布（万米） | 15.00 | 33.18 | 38.04 | 22.39 | 28.91 | 43.99 | 86.27 | 47.04 | 59.99 | 60.48 |
| 机制纸及纸板（吨） | 68 | 450 | 1962 | 892 | 1340 | 2892 | 756 | 1204 | 914 | 1683 |
| 卷烟（箱） | 404 | 918 | 932 | 940 | 1577 | 1670 | 1822 | 1969 | 2039 | 2069 |
| **全市每天消费量** | | | | | | | | | | |
| 社会消费品零售总额（万元） | 211 | 1157 | 3222 | 5256 | 11350 | 27846 | 67872 | 89784 | 112403 | 121784 |
| 城镇居民每人生活费支出（元） | | 3.86 | 10.09 | 14.73 | 21.02 | 36.04 | 44.23 | 55.79 | 68.45 | 73.80 |
| #食品消费 | | 2.22 | 5.04 | 5.42 | 7.42 | 12.32 | 13.35 | 16.43 | 12.94 | 13.18 |
| 农民每人生活费支出（元） | | 1.47 | 3.12 | 4.43 | 7.78 | 14.29 | 27.05 | 36.35 | 49.07 | 54.50 |
| #食品消费 | | 0.78 | 1.86 | 1.87 | 3.31 | 5.37 | 8.64 | 11.25 | 11.48 | 12.57 |
| **每天其他经济活动** | | | | | | | | | | |
| 旅客运输量（万人次） | 5.56 | 8.65 | 16.63 | 19.82 | 22.19 | 76.06 | 42.91 | 24.45 | 8.36 | 16.41 |
| 货物运输量（万吨） | 7.15 | 16.64 | 29.75 | 26.42 | 38.42 | 101.99 | 99.75 | 151.14 | 141.24 | 157.07 |
| 邮寄函件（万件） | | 8.15 | 8.59 | 6.27 | 5.59 | 12.95 | 4.08 | 0.34 | 0.41 | 0.28 |
| **每天人口变动和婚姻** | | | | | | | | | | |
| 出生人数（人） | | 432 | 228 | 460 | 192 | 596 | 416 | 291 | 181 | 161 |
| 死亡人数（人） | | 98 | 108 | 122 | 62 | 218 | 162 | 293 | 206 | 153 |
| 结婚对数（对） | | 189 | 178 | 153 | 146 | 279 | 269 | 157 | 119 | 125 |
| 离婚对数（对） | | 1 | 3 | 4 | 17 | 30 | 60 | 74 | 40 | 51 |

# 1-7　徐州市国民经济主要指标占全省比重

（2023 年）

| 指　　标 | | 全　省 | 徐州市 | 徐州市占全省的比重（%） |
|---|---|---|---|---|
| 年末人口（常住） | （万人） | 8526 | 902.00 | 10.6 |
| 年末人口（户籍） | （万人） | 7872 | 1029.36 | 13.1 |
| 就业人数 | （万人） | 4840 | 471.60 | 9.7 |
| #职工人数 | | 1311 | 80.60 | 6.1 |
| 地区生产总值（GDP）（当年价格） | （亿元） | 128222.16 | 8900.44 | 6.9 |
| 第一产业 | | 5075.80 | 770.97 | 15.2 |
| 第二产业 | | 56909.66 | 3622.34 | 6.4 |
| #工业 | | 49244.63 | 2959.71 | 6.0 |
| 第三产业 | | 66236.70 | 4507.13 | 6.8 |
| 人均 GDP | （元） | 150487 | 98683 | 65.6 |
| 社会消费品零售总额 | （亿元） | 45547.50 | 4445.12 | 9.8 |
| 进出口总额 | （亿美元） | 7461.29 | 172.05 | 2.3 |
| #出口总额 | | 4794.37 | 142.15 | 3.0 |
| 实际使用外资 | （亿美元） | 253.42 | 3.50 | 1.4 |
| 财政总收入 | （亿元） | 18302.41 | 1024.07 | 5.6 |
| #一般公共预算收入 | | 9930.18 | 545.96 | 5.5 |
| 地方财政支出 | （亿元） | 15242.28 | 1056.90 | 6.9 |
| 职工工资总额 | （亿元） | 15722.54 | 786.61 | 5.0 |
| 城镇非私营单位在岗职工平均工资 | （元） | 127620 | 102482 | 80.3 |
| 居民人均可支配收入 | （元） | 52674 | 38089 | 72.3 |
| 城镇居民人均可支配收入 | （元） | 63211 | 44796 | 70.9 |
| 农村居民人均可支配收入 | （元） | 30488 | 27065 | 88.8 |
| 金融机构存款余额 | （亿元） | 239680 | 11637 | 4.9 |
| #住户存款 | | 105446 | 6831 | 6.5 |
| 金融机构贷款余额 | （亿元） | 233996 | 10841 | 4.6 |

1-7　续表

| 指　　标 | | 全　省 | 徐州市 | 徐州市占全省的比重（%） |
|---|---|---|---|---|
| 全社会客运量 | （万人次） | 71568 | 5992 | 8.4 |
| 全社会货运量 | （万吨） | 324766 | 57330 | 17.7 |
| 邮电业务总量 | （亿元） | 2636.44 | 193.12 | 7.3 |
| 高等学校本专科在校学生 | （万人） | 261.86 | 24.43 | 9.3 |
| 普通中学在校学生 | （万人） | 420.47 | 71.54 | 17.0 |
| 小学在校学生 | （万人） | 588.53 | 81.20 | 13.8 |
| 卫生机构数 | （个） | 39543 | 4693 | 11.9 |
| #医院、卫生院 | | 3655 | 365 | 10.0 |
| 卫生机构床位数 | （万张） | 57.88 | 6.50 | 11.2 |
| #医院、卫生院 | | 56.38 | 6.04 | 10.7 |
| 卫生技术人员数 | （万人） | 74.34 | 7.82 | 10.5 |
| #执业医师、执业助理医师 | | 29.01 | 3.02 | 10.4 |
| 主要工农业产品产量 | | | | |
| 粮食 | （万吨） | 3797.70 | 505.07 | 13.3 |
| 棉花 | （万吨） | 0.50 | 0.42 | 83.3 |
| 油料 | （万吨） | 103.42 | 11.44 | 11.1 |
| 水产品产量 | （万吨） | 523.04 | 16.48 | 3.2 |
| 水泥 | （万吨） | 14280.29 | 1018.98 | 7.1 |
| 纱 | （万吨） | 305.30 | 64.38 | 21.1 |
| 布 | （亿米） | 50.74 | 2.21 | 4.4 |

注：为与全省可比，本表中高等学校本专科在校学生含成人本专科学生数。

# 1-8 主要年份国民经济和社会发展结构指标

单位：%

| 指 标 | 1978 | 1990 | 1995 | 2000 | 2005 | 2010 | 2015 | 2020 | 2022 | 2023 |
|---|---|---|---|---|---|---|---|---|---|---|
| **人口结构** | | | | | | | | | | |
| 常住人口 | | | | | | | | | | |
| 城镇人口 | | | | | 43.3 | 53.9 | 59.7 | 65.6 | 66.8 | 67.6 |
| 农村人口 | | | | | 56.7 | 46.1 | 40.3 | 34.4 | 33.2 | 59.7 |
| 户籍人口 | | | | | | | | | | |
| 农业人口 | 88.5 | 82.9 | 80.2 | 74.2 | 65.9 | 54.2 | 42.1 | 37.7 | 37.2 | 36.8 |
| 非农业人口 | 11.5 | 17.1 | 19.8 | 25.8 | 34.1 | 45.8 | 57.9 | 62.3 | 62.8 | 63.2 |
| **就业结构** | | | | | | | | | | |
| 第一产业 | 72.1 | 61.0 | 56.9 | 56.4 | 40.3 | 39.7 | 30.8 | 19.7 | 18.6 | 18.4 |
| 第二产业 | 15.3 | 23.4 | 25.3 | 22.3 | 28.3 | 27.4 | 31.4 | 34.5 | 35.8 | 35.6 |
| 第三产业 | 12.6 | 15.6 | 17.8 | 21.3 | 31.4 | 32.9 | 37.7 | 45.8 | 45.6 | 46.0 |
| **地区生产总值产业结构** | | | | | | | | | | |
| 第一产业 | 44.0 | 34.3 | 25.0 | 19.2 | 14.1 | 11.3 | 11.1 | 9.9 | 9.2 | 8.7 |
| 第二产业 | 41.8 | 39.8 | 45.6 | 46.0 | 50.8 | 48.3 | 43.3 | 40.0 | 41.8 | 40.7 |
| 第三产业 | 14.2 | 25.9 | 29.4 | 34.7 | 35.1 | 40.4 | 45.7 | 50.2 | 49.1 | 50.6 |
| **财政总收入相当于地区生产总值比例** | **15.3** | **9.1** | **6.3** | **7.7** | **11.7** | **14.0** | **15.2** | **12.2** | **11.2** | **11.5** |
| **科教文卫事业费占财政支出的比例** | | **33.1** | **40.4** | **33.5** | **24.1** | **41.4** | **31.6** | **33.7** | **34.6** | **34.4** |
| **农林牧渔业总产值结构** | | | | | | | | | | |
| 农业 | 84.1 | 65.0 | 59.4 | 65.7 | 62.7 | 62.6 | 62.3 | 60.0 | 63.6 | 61.8 |
| 林业 | 2.7 | 2.3 | 2.4 | 2.6 | 2.7 | 2.0 | 1.7 | 1.4 | 1.7 | 2.3 |
| 牧业 | 12.5 | 30.0 | 35.0 | 26.1 | 27.2 | 28.3 | 29.1 | 24.8 | 21.3 | 25.9 |
| 渔业 | 0.7 | 2.7 | 3.2 | 5.6 | 5.4 | 5.0 | 3.9 | 8.4 | 6.7 | 4.0 |
| 农林牧渔服务业 | | | | | 2.0 | 2.1 | 3.0 | 5.4 | 6.8 | 6.1 |
| **农作物播种面积结构** | | | | | | | | | | |
| 粮食作物 | 74.1 | 86.1 | 76.8 | 59.3 | 56.3 | 65.0 | 63.4 | 65.1 | 64.7 | 64.6 |
| 经济作物 | 23.7 | 8.8 | 9.9 | 10.7 | 13.0 | 7.6 | 6.9 | 5.6 | 5.3 | 5.4 |
| 其他作物 | 2.2 | 5.1 | 13.3 | 30.0 | 30.7 | 27.4 | 29.7 | 29.3 | 30.1 | 30.1 |

1-8　续表　　　　单位：%

| 指　　标 | 1978 | 1990 | 1995 | 2000 | 2005 | 2010 | 2015 | 2020 | 2022 | 2023 |
|---|---|---|---|---|---|---|---|---|---|---|
| **货运量结构** | | | | | | | | | | |
| 铁路 | 56.7 | 43.8 | 18.6 | 17.6 | 10.6 | 26.7 | 2.7 | 9.9 | 10.8 | 9.5 |
| 公路 | 25.0 | 45.9 | 61.9 | 49.5 | 43.6 | 39.6 | 46.4 | 53.0 | 51.3 | 54.5 |
| 水运 | 3.6 | 7.6 | 10.9 | 5.8 | 6.3 | 6.8 | 15.5 | 12.6 | 9.3 | 9.3 |
| 管道 | 14.7 | 2.7 | 8.6 | 27.1 | 39.5 | 26.8 | 35.3 | 24.5 | 28.6 | 26.7 |
| **在校学生结构** | | | | | | | | | | |
| 大学生 | 0.1 | 1.0 | 1.2 | 2.4 | 5.0 | 10.2 | 9.6 | 12.6 | 13.7 | 14.9 |
| 中学生 | 32.6 | 28.6 | 30.1 | 33.2 | 53.2 | 44.5 | 31.8 | 37.2 | 42.2 | 39.9 |
| 小学生 | 67.2 | 70.4 | 68.8 | 64.5 | 41.8 | 45.3 | 58.6 | 50.1 | 44.1 | 45.3 |
| **专任教师结构** | | | | | | | | | | |
| 大学 | | 3.6 | 3.3 | 3.6 | 6.3 | 8.0 | 9.0 | 8.5 | 8.2 | 8.7 |
| 中学 | | 37.4 | 38.1 | 39.3 | 46.4 | 48.8 | 44.9 | 44.1 | 48.9 | 48.2 |
| 小学 | | 59.0 | 58.6 | 57.1 | 47.3 | 43.2 | 46.1 | 47.3 | 42.9 | 43.1 |
| **城镇居民消费结构** | | | | | | | | | | |
| 食品 | | 57.4 | 49.9 | 36.8 | 35.3 | 34.2 | 29.3 | 29.5 | 29.1 | 29.0 |
| 衣着 | | 14.0 | 15.1 | 10.0 | 9.5 | 10.8 | 8.4 | 7.8 | 7.4 | 7.3 |
| 娱乐文教 | | 8.7 | 8.7 | 14.4 | 16.5 | 11.4 | 11.4 | 10.4 | 11.0 | 12.1 |
| 居住 | | 2.3 | 6.0 | 6.3 | 11.3 | 9.2 | 19.3 | 22.2 | 21.7 | 20.2 |
| 用品及其他 | | 17.5 | 20.3 | 32.5 | 27.4 | 34.4 | 31.6 | 30.2 | 30.7 | 31.3 |
| **农村居民消费结构** | | | | | | | | | | |
| 食品 | | 53.4 | 59.9 | 42.2 | 42.6 | 37.6 | 31.9 | 30.9 | 30.9 | 30.8 |
| 衣着 | | 10.3 | 7.2 | 6.2 | 6.9 | 8.3 | 8.0 | 7.3 | 7.4 | 7.1 |
| 娱乐文教 | | 6.2 | 6.5 | 12.0 | 16.7 | 15.3 | 10.7 | 10.5 | 10.2 | 11.3 |
| 居住 | | 17.8 | 15.4 | 19.9 | 10.8 | 15.6 | 18.4 | 18.3 | 18.3 | 16.9 |
| 用品及其他 | | 18.5 | 17.6 | 31.8 | 23.0 | 23.1 | 31.0 | 33.0 | 33.2 | 33.9 |
| **卫生技术人员结构** | | | | | | | | | | |
| #医生 | 31.0 | 40.5 | 38.1 | 38.1 | 37.1 | 36.0 | 39.1 | 40.8 | 39.1 | 38.6 |
| 护师、护士 | | 28.3 | 33.4 | 28.6 | 30.3 | 36.6 | 41.4 | 45.2 | 45.7 | 46.2 |

注：2019年及以后大学在校学生包含硕士博士；城镇居民消费2013年以前为城市口径，2014年及以后城乡一体化改革后为城镇口径。

# 主要统计指标解释

**平均每年增长速度** 在我国计算平均增长速度有两种方法，一种是习惯上经常使用的“水平法”，又称几何平均法，是以间隔期最后一年的水平同基期水平对比来计算平均每年增长（或下降）速度。另一种是“累计法”，又称代数平均法或方程法，是以间隔期内各年水平的总和同基期水平对比来计算平均每年增长（或下降）速度。

在一般正常情况下，两种方法计算的平均每年增长速度比较接近，但在经济发展不平衡，出现大起大落时，两种方法计算的结果差别较大。

本《年鉴》内所列的平均每年增长速度，除固定资产投资是用“累计法”计算以外，其余均用“水平法”计算。从某年到某年平均增长速度的年份，均不包括基期年在内。如改革开放以来的平均增长速度是以1978年为基期计算的，则写为1979-2022年平均增长速度，其余类推。

**各个计划时期** 表内所用各个“时期”代表的年份如下：恢复时期为1950年到1952年；第一个五年计划时期（简称“一五”时期）为1953年到1957年；第二个五年计划时期（简称“二五”时期）为1958年到1962年；三年调整时期为1963年到1965年；第三个五年计划时期（简称“三五”时期）为1966年到1970年；第四个五年计划时期（简称“四五”时期）为1971年到1975年；第五个五年计划时期（简称“五五”时期）为1976年到1980年；第六个五年计划时期（简称“六五”时期）为1981年到1985年；第七个五年计划时期（简称“七五”时期）为1986年到1990年；第八个五年计划时期（简称“八五”时期）为1991年到1995年，第九个五年计划时期（简称“九五”时期）为1996年到2000年；第十个五年计划时期(简称“十五”时期）为2001年到2005年；第十一个五年计划时期（简称“十一五”时期）为2006年到2010年；第十二个五年计划时期（简称“十二五”时期）为2011年到2015年；第十三个五年计划时期（简称“十三五”时期）为2016年到2020年。

# 二、国民经济核算

版面负责人：徐向忠

编　　　辑：朱　烨

统计知识

# 中华人民共和国统计法

**第七条** 统计机构和统计人员依照本法规定独立行使统计调查、统计报告、统计监督的职权，不受侵犯。

地方各级人民政府、县级以上人民政府统计机构和有关部门以及各单位的负责人，不得自行修改统计机构和统计人员依法搜集、整理的统计资料，不得以任何方式要求统计机构、统计人员及其他机构、人员伪造、篡改统计资料，不得明示、暗示下级单位及其人员或者统计调查对象填报虚假统计数据，不得对依法履行职责或者拒绝、抵制统计违法行为的单位和个人打击报复。

**第八条** 国家机关、企业事业单位和其他组织以及个体工商户和个人等统计调查对象，必须依照本法和国家有关规定，真实、准确、完整、及时地提供统计调查所需的资料，不得提供不真实或者不完整的统计资料，不得迟报、拒报统计资料。

**第九条** 地方各级人民政府、县级以上人民政府统计机构和有关部门应当根据国家有关规定，将防范和惩治统计造假、弄虚作假纳入依法行政、依法履职责任范围，建立健全相关责任制，加强对领导干部统计工作的考核管理，依法对统计造假、弄虚作假行为追究法律责任。

**第十条** 统计工作应当接受社会公众的监督。任何单位和个人有权检举统计中弄虚作假等违法行为。对检举有功的单位和个人应当给予表彰和奖励。

**第十一条** 统计机构和统计人员对在统计工作中知悉的国家秘密、工作秘密、商业秘密、个人隐私和个人信息，应当予以保密，不得泄露或者向他人非法提供。

**第十二条** 任何单位和个人不得利用虚假统计资料骗取荣誉称号、物质利益或者职务职级等晋升。

## 第二章 统计调查管理

**第十三条** 统计调查项目包括国家统计调查项目、部门统计调查项目和地方统计调查项目。

国家统计调查项目是指全国性基本情况的统计调查项目。部门统计调查项目是指国务院有关部门的专业性统计调查项目。地方统计调查项目是指县级以上地方人民政府及其部门的地方性统计调查项目。

国家统计调查项目、部门统计调查项目、地方统计调查项目应当明确分工，互相衔接，不得重复。

**第十四条** 国家统计调查项目由国家统计局制定，或者由国家统计局和国务院有关部门共同制定，报国务院备案；重大的国家统计调查项目报国务院审批。

部门统计调查项目由国务院有关部门制定。统计调查对象属于本部门管辖系统的，报国家统计局备案；统计调查对象超出本部门管辖系统的，报国家统计局审批。

# 2-1 地区生产总值

（当年价格）

| 年 份 | 地区生产总值（亿元） | 第一产业 | 第二产业 | 第三产业 | #工业 | #建筑业 | #交通、仓储邮电通信业 | #批发零售、住宿餐饮业 | 人均地区生产总值（元） |
|---|---|---|---|---|---|---|---|---|---|
| 1949 | 1.73 | 1.34 | 0.13 | 0.26 | | | | | 46 |
| 1952 | 2.30 | 1.64 | 0.27 | 0.39 | | | | | 60 |
| 1957 | 3.69 | 1.72 | 1.15 | 0.82 | | | | | 83 |
| 1962 | 4.58 | 2.06 | 1.42 | 1.10 | | | | | 100 |
| 1965 | 5.67 | 2.69 | 1.90 | 1.08 | | | | | 117 |
| 1970 | 8.69 | 3.98 | 3.39 | 1.32 | | | | | 156 |
| 1975 | 12.69 | 5.35 | 5.42 | 1.92 | | | | | 207 |
| 1978 | 21.39 | 9.40 | 8.95 | 3.04 | 8.06 | 0.88 | | | 334 |
| 1979 | 24.87 | 10.71 | 10.60 | 3.55 | 9.51 | 1.09 | | | 383 |
| 1980 | 28.62 | 11.30 | 12.99 | 4.34 | 11.75 | 1.24 | | | 436 |
| 1981 | 30.37 | 12.58 | 13.20 | 4.60 | 12.08 | 1.12 | | | 456 |
| 1982 | 35.41 | 14.50 | 15.26 | 5.66 | 13.70 | 1.56 | | | 522 |
| 1983 | 42.26 | 16.91 | 17.74 | 7.61 | 15.20 | 2.53 | | | 468 |
| 1984 | 49.68 | 20.35 | 20.56 | 8.77 | 18.20 | 2.36 | | | 713 |
| 1985 | 55.57 | 22.16 | 23.76 | 9.65 | 20.72 | 3.04 | | | 790 |
| 1986 | 63.04 | 24.61 | 25.96 | 12.48 | 21.99 | 3.97 | | | 886 |
| 1987 | 71.99 | 27.26 | 29.69 | 15.04 | 25.41 | 4.28 | | | 999 |
| 1988 | 84.63 | 30.28 | 36.42 | 17.93 | 32.60 | 3.83 | | | 1152 |
| 1989 | 99.26 | 34.79 | 40.22 | 24.25 | 36.65 | 3.57 | | | 1319 |
| 1990 | 112.84 | 38.69 | 44.91 | 29.24 | 40.93 | 3.98 | 7.21 | 6.83 | 1438 |
| 1991 | 130.05 | 43.68 | 50.11 | 36.26 | 45.75 | 4.36 | 8.23 | 9.29 | 1598 |
| 1992 | 162.15 | 46.80 | 70.29 | 45.06 | 62.36 | 7.93 | 9.66 | 11.79 | 1969 |
| 1993 | 220.57 | 55.86 | 103.70 | 61.01 | 93.47 | 10.23 | 14.86 | 15.97 | 2656 |
| 1994 | 314.76 | 79.71 | 148.21 | 86.83 | 134.69 | 13.52 | 20.84 | 22.49 | 3754 |
| 1995 | 403.46 | 100.67 | 184.14 | 118.64 | 165.94 | 18.20 | 29.56 | 31.73 | 4762 |
| 1996 | 488.04 | 115.67 | 223.21 | 149.16 | 199.80 | 23.41 | 37.47 | 40.63 | 5706 |
| 1997 | 504.23 | 107.93 | 233.84 | 162.45 | 208.20 | 25.64 | 41.40 | 44.80 | 5841 |
| 1998 | 536.76 | 112.45 | 247.95 | 176.37 | 215.87 | 32.08 | 46.92 | 48.87 | 6159 |
| 1999 | 577.09 | 113.58 | 270.02 | 193.49 | 234.07 | 35.96 | 51.84 | 52.16 | 6583 |
| 2000 | 616.30 | 118.57 | 283.56 | 214.16 | 243.54 | 40.02 | 57.20 | 58.17 | 6948 |
| 2001 | 681.49 | 126.03 | 314.38 | 241.08 | 269.84 | 44.54 | 63.31 | 65.34 | 7579 |
| 2002 | 749.34 | 134.05 | 351.14 | 264.15 | 302.88 | 48.26 | 68.52 | 72.61 | 8297 |
| 2003 | 852.26 | 134.68 | 419.83 | 297.75 | 362.72 | 57.11 | 72.42 | 84.65 | 9401 |
| 2004 | 1039.51 | 161.59 | 518.66 | 359.26 | 442.37 | 76.29 | 98.74 | 98.55 | 11691 |
| 2005 | 1236.66 | 174.24 | 628.50 | 433.92 | 536.29 | 92.21 | 126.42 | 122.57 | 13974 |
| 2006 | 1476.14 | 190.05 | 766.02 | 520.07 | 657.03 | 108.99 | 155.38 | 147.56 | 16795 |
| 2007 | 1762.76 | 207.58 | 921.78 | 633.40 | 799.45 | 122.32 | 187.54 | 181.84 | 20173 |
| 2008 | 2133.71 | 230.00 | 1118.18 | 785.53 | 965.12 | 153.06 | 225.17 | 231.20 | 24521 |
| 2009 | 2412.54 | 249.90 | 1267.74 | 894.90 | 1083.98 | 183.76 | 243.88 | 273.84 | 27772 |
| 2010 | 2951.47 | 333.37 | 1426.90 | 1191.20 | 1223.42 | 206.77 | 153.19 | 394.16 | 34192 |
| 2011 | 3562.91 | 393.95 | 1701.83 | 1467.12 | 1457.44 | 248.30 | 179.74 | 529.20 | 41491 |
| 2012 | 4029.31 | 448.61 | 1924.69 | 1656.01 | 1645.08 | 280.27 | 202.88 | 597.34 | 46864 |
| 2013 | 4534.15 | 491.32 | 2093.49 | 1949.35 | 1785.86 | 310.09 | 223.25 | 688.34 | 52558 |
| 2014 | 4979.65 | 554.52 | 2202.06 | 2223.07 | 1866.27 | 337.91 | 245.92 | 785.21 | 57277 |
| 2015 | 5336.75 | 590.56 | 2309.17 | 2437.01 | 1958.98 | 352.48 | 250.20 | 860.60 | 60900 |
| 2016 | 5809.81 | 607.08 | 2450.47 | 2752.26 | 2038.14 | 414.84 | 274.90 | 955.83 | 65762 |
| 2017 | 6333.50 | 631.03 | 2622.95 | 3079.52 | 2153.33 | 472.10 | 293.91 | 1041.60 | 70905 |
| 2018 | 6710.36 | 649.58 | 2701.49 | 3359.29 | 2190.21 | 513.86 | 312.94 | 1102.19 | 74486 |
| 2019 | 7053.35 | 682.83 | 2835.17 | 3535.35 | 2282.44 | 554.97 | 322.11 | 1175.92 | 77954 |
| 2020 | 7284.77 | 718.68 | 2916.61 | 3649.48 | 2346.16 | 572.72 | 326.96 | 1172.76 | 80288 |
| 2021 | 8007.44 | 743.34 | 3310.91 | 3953.19 | 2718.81 | 594.22 | 339.45 | 1340.46 | 88419 |
| 2022 | 8412.38 | 772.85 | 3512.92 | 4126.61 | 2891.98 | 622.62 | 325.03 | 1424.15 | 93227 |
| 2023 | 8900.44 | 770.97 | 3622.34 | 4507.13 | 2959.71 | 665.55 | 376.76 | 1578.16 | 98683 |

注：根据国家统计局《三次产业划分规定》（国统字〔2012〕108 号）要求，2013 年起原第一产业中的农林牧渔服务业调整到第三产业中，原第二产业中的金属制品、机械和设备修理业调整到第三产业中，产业划分调整后，工业与建筑业合计要大于等于第二产业；1993–2004 年数据是 2004 年第一次全国经济普查调整修订数据；2006–2008 年数据是全国第二次经济普查调整修订数据；2010–2018 年数据是第四次全国经济普查调整修订数据；2004 年及以后全市数据为含 R&D 研发支出增加值口径，与往年不可比；2010 年及以后人均地区生产总值根据第七次全国人口普查修订的常住人口进行调整（下同）。

# 2-2 地区生产总值指数

（按可比价格计算、以 1978 年为 100）

| 年份 | 地区生产总值 | 第一产业 | 第二产业 | 第三产业 | #工业 | #建筑业 | #交通、仓储邮电通信业 | #批发零售、住宿餐饮业 | 人均地区生产总值 |
|---|---|---|---|---|---|---|---|---|---|
| 1978 | 100.0 | 100.0 | 100.0 | 100.0 | 100.0 | 100.0 | | | 100.0 |
| 1979 | 106.0 | 92.1 | 117.4 | 115.4 | 117.5 | 117.2 | | | 105.3 |
| 1980 | 121.3 | 96.3 | 143.7 | 133.0 | 144.5 | 136.1 | | | 119.2 |
| 1981 | 127.0 | 104.3 | 146.7 | 139.2 | 149.3 | 122.9 | | | 122.9 |
| 1982 | 145.5 | 112.8 | 171.8 | 169.7 | 172.1 | 168.9 | | | 138.4 |
| 1983 | 172.7 | 126.8 | 202.1 | 228.0 | 193.8 | 277.9 | | | 161.6 |
| 1984 | 197.5 | 144.7 | 232.9 | 256.5 | 230.3 | 256.2 | | | 182.8 |
| 1985 | 207.6 | 142.9 | 258.6 | 257.8 | 251.4 | 324.4 | | | 190.2 |
| 1986 | 224.3 | 146.3 | 276.6 | 311.3 | 261.5 | 415.3 | | | 203.2 |
| 1987 | 240.6 | 146.2 | 305.0 | 343.2 | 290.6 | 436.1 | | | 215.3 |
| 1988 | 251.0 | 132.2 | 347.5 | 334.5 | 346.1 | 360.5 | | | 220.2 |
| 1989 | 263.4 | 145.3 | 345.5 | 387.4 | 349.6 | 307.3 | | | 225.6 |
| 1990 | 291.3 | 149.0 | 384.7 | 456.7 | 389.5 | 340.4 | 100.0 | 100.0 | 239.4 |
| 1991 | 334.7 | 165.8 | 422.8 | 581.4 | 423.8 | 417.0 | 101.4 | 139.2 | 265.3 |
| 1992 | 407.0 | 176.2 | 566.1 | 707.6 | 561.5 | 611.7 | 115.9 | 162.4 | 318.6 |
| 1993 | 459.1 | 184.5 | 730.3 | 679.3 | 745.1 | 592.7 | 134.4 | 188.8 | 356.7 |
| 1994 | 537.1 | 200.2 | 867.6 | 832.8 | 885.9 | 695.8 | 176.9 | 218.4 | 399.3 |
| 1995 | 625.2 | 229.0 | 996.0 | 1012.7 | 1008.2 | 893.4 | 229.6 | 268.2 | 460.1 |
| 1996 | 722.7 | 248.0 | 1181.3 | 1171.7 | 1188.7 | 1130.2 | 245.0 | 320.3 | 524.2 |
| 1997 | 810.1 | 282.2 | 1319.5 | 1311.1 | 1326.6 | 1265.8 | 293.5 | 362.6 | 582.2 |
| 1998 | 908.9 | 306.8 | 1497.6 | 1463.2 | 1489.8 | 1620.2 | 331.9 | 385.8 | 646.8 |
| 1999 | 1000.7 | 325.8 | 1653.4 | 1632.9 | 1637.4 | 1874.6 | 374.1 | 422.5 | 707.9 |
| 2000 | 1100.8 | 341.4 | 1827.0 | 1828.8 | 1806.1 | 2120.2 | 423.9 | 475.3 | 769.6 |
| 2001 | 1221.9 | 363.6 | 2048.1 | 2044.6 | 2021.0 | 2393.7 | 469.3 | 538.0 | 842.7 |
| 2002 | 1361.2 | 386.5 | 2320.5 | 2277.7 | 2310.0 | 2599.6 | 529.4 | 604.2 | 934.6 |
| 2003 | 1531.4 | 379.5 | 2719.6 | 2576.1 | 2728.1 | 2924.6 | 591.3 | 705.1 | 1047.2 |
| 2004 | 1745.8 | 417.5 | 3135.7 | 2929.0 | 3118.2 | 3532.9 | 685.3 | 798.2 | 1185.4 |
| 2005 | 1995.4 | 434.1 | 3606.1 | 3453.3 | 3557.9 | 4278.4 | 850.0 | 955.9 | 1360.9 |
| 2006 | 2296.8 | 452.8 | 4240.7 | 3995.5 | 4187.6 | 5005.7 | 981.2 | 1120.8 | 1577.3 |
| 2007 | 2648.2 | 471.4 | 4982.8 | 4638.8 | 5016.8 | 5200.9 | 1140.6 | 1296.1 | 1829.6 |
| 2008 | 3005.7 | 498.7 | 5685.4 | 5348.5 | 5769.3 | 5601.4 | 1309.0 | 1543.5 | 2085.8 |
| 2009 | 3423.4 | 526.2 | 6504.1 | 6188.2 | 6536.6 | 6839.3 | 1445.1 | 1859.4 | 2379.9 |
| 2010 | 3902.7 | 548.3 | 7525.3 | 7066.9 | 7589.0 | 7742.1 | 1518.5 | 2221.1 | 2730.3 |
| 2011 | 4429.6 | 572.9 | 8616.4 | 8084.6 | 8765.3 | 8431.1 | 1684.2 | 2714.2 | 3115.1 |
| 2012 | 5015.6 | 602.1 | 9874.4 | 9151.7 | 10027.5 | 9729.5 | 1829.5 | 3109.9 | 3522.8 |
| 2013 | 5605.4 | 620.7 | 11079.6 | 10331.1 | 11336.7 | 10490.0 | 1978.4 | 3680.3 | 3923.8 |
| 2014 | 6191.6 | 643.6 | 12254.0 | 11529.5 | 12595.1 | 11266.3 | 2171.2 | 4112.8 | 4300.7 |
| 2015 | 6779.8 | 666.2 | 13356.9 | 12820.8 | 13665.7 | 12595.7 | 2287.3 | 4490.8 | 4672.2 |
| 2016 | 7335.8 | 679.5 | 14185.0 | 14308.0 | 14458.3 | 13628.6 | 2456.5 | 5164.5 | 5014.4 |
| 2017 | 7900.6 | 697.8 | 15021.9 | 15796.1 | 15268.0 | 14650.7 | 2650.6 | 5557.0 | 5341.4 |
| 2018 | 8232.5 | 724.3 | 14856.7 | 17201.9 | 14871.0 | 15676.3 | 2846.8 | 5862.6 | 5518.4 |
| 2019 | 8701.7 | 741.7 | 15852.1 | 18148.0 | 15867.4 | 16726.6 | 2875.2 | 6120.6 | 5807.7 |
| 2020 | 8997.6 | 762.5 | 16486.2 | 18692.5 | 16581.4 | 16977.5 | 2955.7 | 6118.4 | 5988.4 |
| 2021 | 9735.4 | 791.5 | 17838.0 | 20393.5 | 18322.4 | 16773.7 | 3277.9 | 6895.4 | 6491.5 |
| 2022 | 10029.7 | 815.6 | 18487.4 | 20909.7 | 19102.0 | 16894.2 | 3083.4 | 7168.7 | 6711.9 |
| 2023 | 10741.8 | 845.8 | 19781.5 | 22540.6 | 20400.9 | 18228.8 | 3447.3 | 7922.3 | 7191.8 |

# 2-3 地区生产总值指数

（按可比价格计算、以上年为 100）

| 年　份 | 地区生产总　值 | 第一产业 | 第二产业 | 第三产业 | #工 业 | #建筑业 | #交通、仓储邮电通信业 | #批发零售、住宿餐饮业 | 人均地区生产总值 |
|---|---|---|---|---|---|---|---|---|---|
| 1978 | 100.0 | 100.0 | 100.0 | 100.0 | 100.0 | 100.0 | | | 100.0 |
| 1979 | 106.0 | 92.1 | 117.4 | 115.4 | 117.5 | 117.2 | | | 105.3 |
| 1980 | 114.4 | 104.6 | 122.4 | 115.3 | 123.0 | 116.1 | | | 113.2 |
| 1981 | 104.7 | 108.3 | 102.1 | 104.7 | 103.3 | 90.3 | | | 103.1 |
| 1982 | 114.6 | 108.1 | 117.1 | 121.9 | 115.3 | 137.4 | | | 112.6 |
| 1983 | 118.7 | 112.4 | 117.6 | 134.4 | 112.6 | 164.5 | | | 116.8 |
| 1984 | 114.4 | 114.1 | 115.2 | 112.5 | 118.8 | 92.2 | | | 113.1 |
| 1985 | 105.1 | 98.8 | 111.0 | 100.5 | 109.2 | 126.6 | | | 104.0 |
| 1986 | 108.0 | 102.4 | 107.0 | 120.8 | 104.0 | 128.0 | | | 106.8 |
| 1987 | 107.3 | 99.9 | 110.3 | 110.2 | 111.1 | 105.0 | | | 106.0 |
| 1988 | 104.3 | 90.4 | 113.9 | 97.5 | 119.1 | 82.7 | | | 102.3 |
| 1989 | 104.9 | 109.9 | 99.4 | 115.8 | 101.0 | 85.2 | | | 102.5 |
| 1990 | 110.6 | 102.5 | 111.3 | 117.9 | 111.4 | 110.8 | | | 106.1 |
| 1991 | 114.9 | 111.3 | 109.9 | 127.3 | 108.8 | 122.5 | 101.4 | 139.2 | 110.8 |
| 1992 | 121.6 | 106.3 | 133.9 | 121.7 | 132.5 | 146.7 | 114.3 | 116.7 | 120.1 |
| 1993 | 112.8 | 104.7 | 129.0 | 96.0 | 132.7 | 96.9 | 116.0 | 116.3 | 112.0 |
| 1994 | 117.0 | 108.5 | 118.8 | 122.6 | 118.9 | 117.4 | 131.6 | 115.7 | 111.9 |
| 1995 | 116.4 | 114.4 | 114.8 | 121.6 | 113.8 | 128.4 | 129.8 | 122.8 | 115.2 |
| 1996 | 115.6 | 108.3 | 118.6 | 115.7 | 117.9 | 126.5 | 106.7 | 119.4 | 113.9 |
| 1997 | 112.1 | 113.8 | 111.7 | 111.9 | 111.6 | 112.0 | 119.8 | 113.2 | 111.1 |
| 1998 | 112.2 | 108.7 | 113.5 | 111.6 | 112.3 | 128.0 | 113.1 | 106.4 | 111.1 |
| 1999 | 110.1 | 106.2 | 110.4 | 111.6 | 109.9 | 115.7 | 112.7 | 109.5 | 109.4 |
| 2000 | 110.0 | 104.8 | 110.5 | 112.0 | 110.3 | 113.1 | 113.3 | 112.5 | 108.7 |
| 2001 | 111.0 | 106.5 | 112.1 | 111.8 | 111.9 | 112.9 | 110.7 | 113.2 | 109.5 |
| 2002 | 111.4 | 106.3 | 113.3 | 111.4 | 114.3 | 108.6 | 112.8 | 112.3 | 110.9 |
| 2003 | 112.5 | 98.2 | 117.2 | 113.1 | 118.1 | 112.5 | 111.7 | 116.7 | 112.0 |
| 2004 | 114.0 | 110.0 | 115.3 | 113.7 | 114.3 | 120.8 | 115.9 | 113.2 | 113.2 |
| 2005 | 114.3 | 104.0 | 115.0 | 117.9 | 114.1 | 121.1 | 124.0 | 119.8 | 114.8 |
| 2006 | 115.1 | 104.3 | 117.6 | 115.7 | 117.7 | 117.0 | 115.4 | 117.3 | 115.9 |
| 2007 | 115.3 | 104.1 | 117.5 | 116.1 | 119.8 | 103.9 | 116.2 | 115.6 | 116.0 |
| 2008 | 113.5 | 105.8 | 114.1 | 115.3 | 115.0 | 107.7 | 114.8 | 119.1 | 114.0 |
| 2009 | 113.9 | 105.5 | 114.4 | 115.7 | 113.3 | 122.1 | 110.4 | 120.5 | 114.1 |
| 2010 | 114.0 | 104.2 | 115.7 | 114.2 | 116.1 | 113.2 | 105.1 | 119.5 | 114.7 |
| 2011 | 113.5 | 104.5 | 114.5 | 114.4 | 115.5 | 108.9 | 110.9 | 122.2 | 114.1 |
| 2012 | 113.2 | 105.1 | 114.6 | 113.2 | 114.4 | 115.4 | 108.6 | 114.6 | 113.1 |
| 2013 | 111.8 | 103.1 | 112.2 | 112.9 | 113.1 | 107.8 | 108.1 | 118.3 | 111.4 |
| 2014 | 110.5 | 103.7 | 110.6 | 111.6 | 111.1 | 107.4 | 109.7 | 111.8 | 109.6 |
| 2015 | 109.5 | 103.5 | 109.0 | 111.2 | 108.5 | 111.8 | 105.3 | 109.2 | 108.6 |
| 2016 | 108.2 | 102.0 | 106.2 | 111.6 | 105.8 | 108.2 | 107.4 | 115.0 | 107.3 |
| 2017 | 107.7 | 102.7 | 105.9 | 110.4 | 105.6 | 107.5 | 107.9 | 107.6 | 106.5 |
| 2018 | 104.2 | 103.8 | 98.9 | 108.9 | 97.4 | 107.0 | 107.4 | 105.5 | 103.3 |
| 2019 | 105.7 | 102.4 | 106.7 | 105.5 | 106.7 | 106.7 | 101.0 | 104.4 | 105.2 |
| 2020 | 103.4 | 102.8 | 104.0 | 103.0 | 104.5 | 101.5 | 102.8 | 100.0 | 103.1 |
| 2021 | 108.2 | 103.8 | 108.2 | 109.1 | 110.5 | 98.8 | 110.9 | 112.7 | 108.4 |
| 2022 | 103.0 | 103.0 | 103.6 | 102.5 | 104.3 | 100.7 | 94.1 | 104.0 | 103.4 |
| 2023 | 107.1 | 103.7 | 107.0 | 107.8 | 106.8 | 107.9 | 111.8 | 110.5 | 107.2 |

# 2-4 市区地区生产总值

（当年价格）

| 年份 | 地区生产总值（亿元） | 第一产业 | 第二产业 | 第三产业 | # 工业 | # 建筑业 | # 交通、仓储邮电通信业 | # 批发零售、住宿餐饮业 | 人均地区生产总值（元） |
|---|---|---|---|---|---|---|---|---|---|
| 1949 | 0.30 | 0.01 | 0.12 | 0.17 | | | | | 100 |
| 1952 | 0.48 | 0.02 | 0.24 | 0.21 | | | | | 215 |
| 1957 | 1.40 | 0.03 | 1.00 | 0.37 | | | | | 367 |
| 1962 | 1.79 | 0.03 | 1.21 | 0.55 | | | | | 392 |
| 1965 | 2.00 | 0.03 | 1.45 | 0.52 | | | | | 391 |
| 1970 | 3.41 | 0.06 | 2.73 | 0.61 | | | | | 625 |
| 1975 | 5.06 | 0.11 | 4.21 | 0.74 | | | | | 841 |
| 1978 | 7.70 | 0.15 | 6.36 | 1.19 | 5.98 | 0.38 | | | 1169 |
| 1979 | 9.29 | 0.15 | 7.65 | 1.49 | 7.24 | 0.41 | | | 1347 |
| 1980 | 11.41 | 0.14 | 9.29 | 1.98 | 8.78 | 0.51 | | | 1588 |
| 1981 | 11.56 | 0.19 | 9.23 | 2.14 | 8.69 | 0.53 | | | 1564 |
| 1982 | 13.26 | 0.27 | 10.28 | 2.72 | 9.61 | 0.67 | | | 1742 |
| 1983 | 15.90 | 0.33 | 12.05 | 3.52 | 10.44 | 1.61 | | | 2031 |
| 1984 | 17.88 | 0.26 | 13.92 | 3.70 | 12.75 | 1.17 | | | 2236 |
| 1985 | 20.14 | 0.39 | 15.53 | 4.22 | 14.21 | 1.32 | | | 2469 |
| 1986 | 22.62 | 0.35 | 16.77 | 5.50 | 14.67 | 2.11 | | | 2717 |
| 1987 | 26.17 | 0.36 | 18.52 | 7.29 | 16.26 | 2.26 | | | 3086 |
| 1988 | 29.00 | 0.54 | 19.76 | 8.70 | 18.33 | 1.42 | | | 3357 |
| 1989 | 39.39 | 2.69 | 24.35 | 12.36 | 22.90 | 1.45 | | | 3036 |
| 1990 | 46.54 | 2.89 | 28.66 | 14.98 | 26.80 | 1.87 | 4.74 | 3.49 | 3486 |
| 1991 | 52.71 | 3.47 | 30.25 | 18.99 | 28.11 | 2.14 | 5.24 | 5.22 | 3864 |
| 1992 | 69.15 | 3.51 | 42.37 | 23.27 | 38.06 | 4.31 | 6.03 | 6.67 | 5005 |
| 1993 | 101.07 | 4.35 | 63.68 | 33.04 | 58.44 | 5.24 | 9.57 | 10.15 | 7217 |
| 1994 | 140.75 | 4.82 | 87.23 | 48.70 | 81.00 | 6.24 | 12.87 | 14.47 | 9922 |
| 1995 | 175.65 | 6.51 | 102.37 | 66.77 | 93.86 | 8.52 | 17.41 | 21.43 | 12199 |
| 1996 | 209.93 | 7.38 | 115.59 | 86.96 | 103.91 | 11.69 | 22.34 | 28.34 | 14356 |
| 1997 | 226.83 | 6.62 | 126.36 | 93.85 | 112.24 | 14.11 | 24.49 | 30.88 | 15291 |
| 1998 | 244.33 | 6.92 | 139.53 | 97.88 | 118.66 | 20.87 | 25.31 | 33.77 | 16224 |
| 1999 | 257.81 | 6.56 | 140.63 | 110.62 | 117.57 | 23.06 | 27.77 | 37.14 | 16945 |
| 2000 | 290.33 | 6.65 | 156.16 | 127.53 | 128.94 | 27.22 | 32.97 | 42.99 | 18551 |
| 2001 | 322.50 | 6.96 | 170.25 | 145.30 | 140.20 | 30.05 | 37.67 | 48.26 | 19959 |
| 2002 | 359.33 | 7.40 | 191.10 | 160.82 | 158.56 | 32.55 | 41.01 | 54.42 | 21970 |
| 2003 | 426.00 | 7.40 | 234.37 | 184.23 | 199.80 | 34.57 | 46.18 | 62.90 | 25672 |
| 2004 | 538.39 | 8.07 | 305.21 | 225.11 | 260.76 | 44.45 | 57.57 | 76.14 | 28544 |
| 2005 | 625.81 | 11.79 | 355.16 | 258.86 | 311.67 | 43.49 | 62.25 | 93.61 | 31203 |
| 2006 | 727.28 | 11.18 | 411.18 | 304.92 | 372.03 | 39.15 | 68.33 | 116.70 | 38836 |
| 2007 | 868.60 | 16.28 | 482.09 | 370.23 | 443.25 | 38.84 | 75.00 | 147.82 | 45407 |
| 2008 | 998.48 | 17.71 | 551.70 | 429.07 | 518.37 | 33.33 | 93.79 | 180.34 | 50586 |
| 2009 | 1143.36 | 17.42 | 618.92 | 507.02 | 577.58 | 41.34 | 107.85 | 211.93 | 56833 |
| 2010 | 1672.84 | 49.00 | 909.40 | 714.44 | 830.38 | 79.21 | 57.95 | 239.01 | 54282 |
| 2011 | 1967.87 | 58.85 | 1069.48 | 839.54 | 962.17 | 107.48 | 64.90 | 334.92 | 63969 |
| 2012 | 2172.75 | 61.30 | 1181.81 | 929.64 | 1066.44 | 115.56 | 68.69 | 382.06 | 69711 |
| 2013 | 2351.68 | 64.55 | 1266.91 | 1020.23 | 1141.38 | 125.74 | 82.70 | 416.47 | 74269 |
| 2014 | 2526.07 | 82.85 | 1307.14 | 1136.08 | 1157.46 | 149.89 | 86.84 | 472.51 | 78082 |
| 2015 | 2702.64 | 96.13 | 1332.58 | 1273.93 | 1174.68 | 158.07 | 99.32 | 501.21 | 81845 |
| 2016 | 2950.96 | 104.71 | 1385.86 | 1460.39 | 1218.18 | 167.87 | 107.63 | 546.44 | 87693 |
| 2017 | 3113.59 | 110.34 | 1345.06 | 1658.18 | 1158.75 | 186.54 | 130.47 | 573.63 | 90355 |
| 2018 | 3395.74 | 134.28 | 1383.57 | 1877.91 | 1147.10 | 236.71 | 161.01 | 609.99 | 96673 |
| 2019 | 3600.34 | 136.57 | 1472.35 | 1991.42 | 1217.26 | 255.31 | 162.19 | 646.50 | 101414 |
| 2020 | 3704.74 | 144.47 | 1526.45 | 2033.83 | 1249.82 | 276.78 | 159.61 | 639.78 | 103560 |
| 2021 | 4052.19 | 149.65 | 1715.29 | 2187.25 | 1436.15 | 279.29 | 175.13 | 714.59 | 112858 |
| 2022 | 4213.51 | 154.83 | 1832.12 | 2226.56 | 1548.96 | 283.26 | 158.85 | 738.89 | 117153 |
| 2023 | 4403.90 | 154.55 | 1862.06 | 2387.30 | 1547.32 | 314.93 | 191.90 | 804.43 | 122012 |

注：2019年及以后市区地区生产总值为鼓楼区、云龙区、泉山区、开发区、贾汪区、铜山区合计数。

# 2-5 市区地区生产总值指数

（按可比价格计算、以1978年为100）

| 年份 | 地区生产总值 | 第一产业 | 第二产业 | 第三产业 | #工业 | #建筑业 | #交通、仓储邮电通信业 | #批发零售、住宿餐饮业 | 人均地区生产总值 |
|---|---|---|---|---|---|---|---|---|---|
| 1978 | 100.0 | 100.0 | 100.0 | 100.0 | 100.0 | 100.0 | | | 100.0 |
| 1979 | 119.4 | 79.8 | 119.5 | 123.6 | 120.6 | 102.4 | | | 114.0 |
| 1980 | 145.1 | 76.4 | 144.9 | 154.7 | 145.7 | 131.5 | | | 132.9 |
| 1981 | 146.9 | 101.1 | 144.5 | 165.2 | 145.0 | 136.3 | | | 130.8 |
| 1982 | 169.5 | 131.6 | 163.3 | 207.4 | 162.9 | 169.9 | | | 146.6 |
| 1983 | 204.3 | 156.8 | 193.3 | 268.9 | 179.5 | 410.9 | | | 171.8 |
| 1984 | 228.6 | 116.8 | 222.3 | 276.0 | 217.6 | 297.1 | | | 188.2 |
| 1985 | 244.4 | 162.4 | 238.3 | 286.8 | 232.6 | 328.3 | | | 197.2 |
| 1986 | 264.7 | 131.8 | 251.9 | 349.6 | 235.3 | 514.4 | | | 209.2 |
| 1987 | 289.4 | 124.6 | 267.9 | 423.8 | 250.9 | 536.7 | | | 224.5 |
| 1988 | 286.3 | 150.9 | 265.6 | 413.3 | 262.6 | 313.0 | | | 218.2 |
| 1989 | 334.9 | 716.1 | 294.5 | 502.8 | 294.7 | 290.7 | | | 249.8 |
| 1990 | 391.6 | 711.7 | 345.8 | 595.9 | 344.1 | 372.7 | 100.0 | 100.0 | 286.5 |
| 1991 | 456.6 | 911.7 | 358.9 | 833.7 | 352.0 | 467.4 | 100.4 | 160.4 | 329.2 |
| 1992 | 591.3 | 859.7 | 479.5 | 1079.6 | 463.2 | 734.8 | 115.9 | 176.0 | 419.7 |
| 1993 | 667.0 | 1097.8 | 625.3 | 909.0 | 623.5 | 648.8 | 129.3 | 223.3 | 465.0 |
| 1994 | 779.1 | 999.0 | 704.7 | 1163.5 | 706.4 | 675.4 | 176.4 | 247.6 | 341.8 |
| 1995 | 867.9 | 1273.7 | 741.3 | 1432.3 | 733.9 | 870.6 | 230.7 | 306.8 | 417.1 |
| 1996 | 979.9 | 1348.8 | 813.9 | 1713.0 | 793.3 | 1175.3 | 262.8 | 357.4 | 455.0 |
| 1997 | 1078.9 | 1583.5 | 904.2 | 1846.6 | 873.4 | 1446.7 | 293.5 | 375.3 | 493.7 |
| 1998 | 1173.8 | 1721.3 | 1010.9 | 1913.1 | 945.0 | 2162.8 | 306.1 | 409.5 | 529.2 |
| 1999 | 1270.1 | 1772.9 | 1064.5 | 2180.9 | 985.6 | 2446.1 | 337.6 | 447.6 | 566.8 |
| 2000 | 1432.7 | 1804.8 | 1185.9 | 2529.8 | 1089.1 | 2869.3 | 419.0 | 490.6 | 621.5 |
| 2001 | 1580.3 | 1913.1 | 1279.4 | 2820.7 | 1186.0 | 3193.5 | 490.2 | 535.2 | 664.0 |
| 2002 | 1776.3 | 2012.6 | 1472.5 | 3147.9 | 1363.9 | 3445.8 | 537.7 | 587.1 | 737.4 |
| 2003 | 2064.1 | 1934.1 | 1750.8 | 3585.5 | 1668.0 | 3618.1 | 625.1 | 655.2 | 844.3 |
| 2004 | 2435.6 | 2282.2 | 1988.9 | 4105.4 | 2035.0 | 4204.2 | 715.7 | 750.2 | 987.0 |
| 2005 | 2813.2 | 2257.1 | 2337.0 | 4667.8 | 2376.8 | 5150.2 | 959.8 | 865.7 | 1072.9 |
| 2006 | 3251.5 | 2056.2 | 2731.7 | 5357.7 | 2802.3 | 5721.3 | 1104.7 | 1009.4 | 1208.0 |
| 2007 | 3765.6 | 2118.8 | 3175.0 | 6196.4 | 3262.3 | 6584.2 | 1289.4 | 1151.3 | 1369.0 |
| 2008 | 4266.4 | 2226.9 | 3603.6 | 7070.1 | 3735.3 | 7005.6 | 1454.4 | 1341.3 | 1518.1 |
| 2009 | 4890.7 | 2426.5 | 4061.7 | 8293.5 | 4178.6 | 8959.5 | 1690.1 | 1535.7 | 1706.3 |
| 2010 | 5678.0 | 2318.7 | 4613.1 | 10059.6 | 4679.6 | 11934.1 | 1789.8 | 1934.4 | 1953.0 |
| 2011 | 6401.0 | 2373.2 | 5222.1 | 11352.0 | 5248.3 | 14822.0 | 1934.8 | 2064.2 | 2208.8 |
| 2012 | 7225.8 | 2466.9 | 5913.3 | 12827.2 | 5944.3 | 16748.0 | 2153.4 | 2419.6 | 2457.0 |
| 2013 | 8042.3 | 2541.4 | 6563.8 | 14238.2 | 6598.1 | 18591.5 | 2395.1 | 2778.1 | 2679.7 |
| 2014 | 8845.7 | 2638.1 | 7400.5 | 16053.3 | 7439.6 | 20954.2 | 2425.1 | 3087.8 | 2862.8 |
| 2015 | 9444.8 | 2724.1 | 7747.4 | 16805.6 | 7747.1 | 23036.3 | 2695.8 | 3318.3 | 2994.6 |
| 2016 | 10015.0 | 2823.3 | 8078.7 | 17524.4 | 8074.0 | 24059.6 | 3065.4 | 3472.0 | 3162.0 |
| 2017 | 10524.4 | 2898.3 | 7738.2 | 20091.7 | 7624.5 | 25509.3 | 3550.6 | 3695.4 | 3310.1 |
| 2018 | 10998.0 | 2856.3 | 7908.4 | 21417.8 | 7792.2 | 25458.3 | 3777.8 | 3832.2 | 3396.7 |
| 2019 | 11745.9 | 2842.9 | 8588.5 | 22709.3 | 8529.4 | 26446.1 | 3727.2 | 3967.5 | 3589.3 |
| 2020 | 12145.2 | 2894.0 | 8949.2 | 23367.9 | 8904.6 | 27213.0 | 3775.6 | 3989.7 | 3683.0 |
| 2021 | 13104.7 | 3004.0 | 9745.7 | 25120.5 | 9910.9 | 26668.8 | 4168.3 | 4372.7 | 3963.2 |
| 2022 | 13512.9 | 3093.8 | 10096.0 | 25813.7 | 10514.2 | 27454.4 | 4051.6 | 4537.4 | 4079.7 |
| 2023 | 14319.7 | 3208.3 | 10658.1 | 27475.1 | 10978.7 | 30623.6 | 4680.6 | 4931.1 | 4308.0 |

# 2-6 市区地区生产总值指数

（按可比价格计算、以上年为 100）

| 年 份 | 地区生产总值 | 第一产业 | 第二产业 | 第三产业 | #工 业 | #建筑业 | #交通、仓储邮电通信业 | #批发零售、住宿餐饮业 | 人均地区生产总值 |
|---|---|---|---|---|---|---|---|---|---|
| 1978 | 100.0 | 100.0 | 100.0 | 100.0 | 100.0 | 100.0 | | | 100.0 |
| 1979 | 119.4 | 79.8 | 119.5 | 123.6 | 120.6 | 102.4 | | | 114.0 |
| 1980 | 121.5 | 95.7 | 121.3 | 125.2 | 120.8 | 128.4 | | | 116.6 |
| 1981 | 101.2 | 132.3 | 99.7 | 106.8 | 99.5 | 103.7 | | | 98.4 |
| 1982 | 115.4 | 130.2 | 113.0 | 125.5 | 112.3 | 124.7 | | | 112.1 |
| 1983 | 120.5 | 119.1 | 118.4 | 129.7 | 110.2 | 241.8 | | | 117.2 |
| 1984 | 111.9 | 74.5 | 115.0 | 102.6 | 121.2 | 72.3 | | | 109.5 |
| 1985 | 106.9 | 139.0 | 107.2 | 103.9 | 106.9 | 110.5 | | | 104.8 |
| 1986 | 108.3 | 81.2 | 105.7 | 121.9 | 101.2 | 156.7 | | | 106.1 |
| 1987 | 109.3 | 94.5 | 106.4 | 121.2 | 106.6 | 104.3 | | | 107.3 |
| 1988 | 98.9 | 121.1 | 99.1 | 97.5 | 104.7 | 58.3 | | | 97.2 |
| 1989 | 117.0 | 474.6 | 110.9 | 121.7 | 112.2 | 92.9 | | | 114.5 |
| 1990 | 116.9 | 99.4 | 117.4 | 118.5 | 116.8 | 128.2 | | | 114.7 |
| 1991 | 116.6 | 128.1 | 103.8 | 139.9 | 102.3 | 125.4 | 100.4 | 160.4 | 114.9 |
| 1992 | 129.5 | 94.3 | 133.6 | 129.5 | 131.6 | 157.2 | 115.4 | 109.7 | 127.5 |
| 1993 | 112.8 | 127.7 | 130.4 | 84.2 | 134.6 | 88.3 | 111.6 | 126.9 | 110.8 |
| 1994 | 116.8 | 91.0 | 112.7 | 128.0 | 113.3 | 104.1 | 136.4 | 110.9 | 73.5 |
| 1995 | 111.4 | 127.5 | 105.2 | 123.1 | 103.9 | 128.9 | 130.8 | 123.9 | 122.0 |
| 1996 | 112.9 | 105.9 | 109.8 | 119.6 | 108.1 | 135.0 | 113.9 | 116.5 | 109.1 |
| 1997 | 110.1 | 117.4 | 111.1 | 107.8 | 110.1 | 123.1 | 111.7 | 105.0 | 108.5 |
| 1998 | 108.8 | 108.7 | 111.8 | 103.6 | 108.2 | 149.5 | 104.3 | 109.1 | 107.2 |
| 1999 | 108.2 | 103.0 | 105.3 | 114.0 | 104.3 | 113.1 | 110.3 | 109.3 | 107.1 |
| 2000 | 112.8 | 101.8 | 111.4 | 116.0 | 110.5 | 117.3 | 124.1 | 109.6 | 109.7 |
| 2001 | 110.3 | 106.0 | 107.9 | 111.5 | 108.9 | 111.3 | 117.0 | 109.1 | 106.8 |
| 2002 | 112.4 | 105.2 | 115.1 | 111.6 | 115.0 | 107.9 | 109.7 | 109.7 | 111.1 |
| 2003 | 116.2 | 96.1 | 118.9 | 113.9 | 122.3 | 105.0 | 116.3 | 111.6 | 114.5 |
| 2004 | 118.0 | 118.0 | 113.6 | 114.5 | 122.0 | 116.2 | 114.5 | 114.5 | 116.9 |
| 2005 | 115.5 | 98.9 | 117.5 | 113.7 | 116.8 | 122.5 | 134.1 | 115.4 | 108.7 |
| 2006 | 115.6 | 91.1 | 116.9 | 114.8 | 117.9 | 111.1 | 115.1 | 116.6 | 112.6 |
| 2007 | 115.8 | 103.0 | 116.2 | 115.7 | 116.4 | 115.1 | 116.7 | 114.1 | 113.4 |
| 2008 | 113.3 | 105.1 | 113.5 | 114.1 | 114.5 | 106.4 | 112.8 | 116.5 | 110.9 |
| 2009 | 114.6 | 109.0 | 112.7 | 117.3 | 111.9 | 127.9 | 116.2 | 114.5 | 112.4 |
| 2010 | 116.1 | 95.6 | 113.6 | 121.3 | 112.0 | 133.2 | 105.9 | 126.0 | 116.2 |
| 2011 | 112.9 | 102.4 | 113.2 | 112.8 | 112.2 | 124.2 | 108.1 | 106.7 | 113.1 |
| 2012 | 112.7 | 103.9 | 113.2 | 113.0 | 113.3 | 113.0 | 111.3 | 117.2 | 111.2 |
| 2013 | 110.8 | 103.0 | 111.0 | 112.2 | 111.0 | 111.0 | 111.2 | 114.8 | 109.1 |
| 2014 | 109.2 | 103.8 | 112.7 | 106.8 | 112.8 | 112.7 | 101.3 | 111.1 | 106.8 |
| 2015 | 106.8 | 103.3 | 104.7 | 109.8 | 104.1 | 109.9 | 111.2 | 107.5 | 104.6 |
| 2016 | 107.6 | 103.6 | 104.3 | 108.1 | 104.2 | 104.4 | 113.7 | 104.6 | 105.6 |
| 2017 | 107.2 | 102.7 | 95.8 | 114.7 | 94.4 | 106.0 | 115.8 | 106.4 | 104.7 |
| 2018 | 104.6 | 102.0 | 102.2 | 106.6 | 102.2 | 99.8 | 106.4 | 103.7 | 102.6 |
| 2019 | 106.8 | 99.5 | 108.6 | 106.0 | 109.5 | 103.9 | 98.7 | 103.5 | 105.7 |
| 2020 | 103.4 | 101.8 | 104.2 | 102.9 | 104.4 | 102.9 | 101.3 | 100.6 | 102.6 |
| 2021 | 107.9 | 103.8 | 108.9 | 107.5 | 111.3 | 98.0 | 110.4 | 109.6 | 107.5 |
| 2022 | 103.1 | 103.0 | 103.6 | 102.8 | 106.1 | 102.9 | 97.2 | 103.8 | 102.9 |
| 2023 | 106.0 | 103.7 | 105.6 | 106.4 | 104.4 | 111.5 | 115.5 | 108.7 | 105.6 |

# 2-7 全市及市区地区生产总值构成

（当年价格）

单位：%

| 年份 | 全市地区生产总值 | 第一产业 | 第二产业 | 第三产业 | 市区地区生产总值 | 第一产业 | 第二产业 | 第三产业 |
|---|---|---|---|---|---|---|---|---|
| 1949 | 100.0 | 77.5 | 7.4 | 15.1 | 100.0 | 4.3 | 39.3 | 56.3 |
| 1952 | 100.0 | 71.4 | 11.8 | 16.8 | 100.0 | 5.1 | 50.3 | 44.6 |
| 1957 | 100.0 | 46.6 | 31.2 | 22.3 | 100.0 | 2.2 | 71.4 | 26.3 |
| 1962 | 100.0 | 44.9 | 31.0 | 24.1 | 100.0 | 1.8 | 67.6 | 30.5 |
| 1965 | 100.0 | 47.4 | 33.6 | 19.0 | 100.0 | 1.5 | 72.3 | 26.2 |
| 1970 | 100.0 | 45.8 | 39.0 | 15.2 | 100.0 | 1.9 | 80.2 | 17.9 |
| 1975 | 100.0 | 42.2 | 42.7 | 15.1 | 100.0 | 2.2 | 83.2 | 14.7 |
| 1978 | 100.0 | 44.0 | 41.8 | 14.2 | 100.0 | 1.9 | 82.6 | 15.5 |
| 1979 | 100.0 | 43.1 | 42.6 | 14.3 | 100.0 | 1.6 | 82.3 | 16.1 |
| 1980 | 100.0 | 39.5 | 45.4 | 15.2 | 100.0 | 1.2 | 81.4 | 17.4 |
| 1981 | 100.0 | 41.4 | 43.4 | 15.1 | 100.0 | 1.7 | 79.8 | 18.5 |
| 1982 | 100.0 | 40.9 | 43.1 | 16.0 | 100.0 | 2.0 | 77.5 | 20.5 |
| 1983 | 100.0 | 40.0 | 42.0 | 18.0 | 100.0 | 2.1 | 75.8 | 22.2 |
| 1984 | 100.0 | 41.0 | 41.4 | 17.6 | 100.0 | 1.4 | 77.8 | 20.7 |
| 1985 | 100.0 | 39.9 | 42.8 | 17.4 | 100.0 | 2.0 | 77.1 | 20.9 |
| 1986 | 100.0 | 39.0 | 41.2 | 19.8 | 100.0 | 1.5 | 74.1 | 24.3 |
| 1987 | 100.0 | 37.9 | 41.2 | 20.9 | 100.0 | 1.4 | 70.7 | 27.9 |
| 1988 | 100.0 | 35.8 | 43.0 | 21.2 | 100.0 | 1.9 | 68.1 | 30.0 |
| 1989 | 100.0 | 35.0 | 40.5 | 24.4 | 100.0 | 6.8 | 61.8 | 31.4 |
| 1990 | 100.0 | 34.3 | 39.8 | 25.9 | 100.0 | 6.2 | 61.6 | 32.2 |
| 1991 | 100.0 | 33.6 | 38.5 | 27.9 | 100.0 | 6.6 | 57.4 | 36.0 |
| 1992 | 100.0 | 28.9 | 43.3 | 27.8 | 100.0 | 5.1 | 61.3 | 33.7 |
| 1993 | 100.0 | 25.3 | 47.0 | 27.7 | 100.0 | 4.3 | 63.0 | 32.7 |
| 1994 | 100.0 | 25.3 | 47.1 | 27.6 | 100.0 | 3.4 | 62.0 | 34.6 |
| 1995 | 100.0 | 25.0 | 45.6 | 29.4 | 100.0 | 3.7 | 58.3 | 38.0 |
| 1996 | 100.0 | 23.7 | 45.7 | 30.6 | 100.0 | 3.5 | 55.1 | 41.4 |
| 1997 | 100.0 | 21.4 | 46.4 | 32.2 | 100.0 | 2.9 | 55.7 | 41.4 |
| 1998 | 100.0 | 20.9 | 46.2 | 32.9 | 100.0 | 2.8 | 57.1 | 40.1 |
| 1999 | 100.0 | 19.7 | 46.8 | 33.5 | 100.0 | 2.5 | 54.5 | 42.9 |
| 2000 | 100.0 | 19.2 | 46.0 | 34.7 | 100.0 | 2.3 | 53.8 | 43.9 |
| 2001 | 100.0 | 18.5 | 46.1 | 35.4 | 100.0 | 2.2 | 52.8 | 45.1 |
| 2002 | 100.0 | 17.9 | 46.9 | 35.3 | 100.0 | 2.1 | 53.2 | 44.8 |
| 2003 | 100.0 | 15.8 | 49.3 | 34.9 | 100.0 | 1.7 | 55.0 | 43.2 |
| 2004 | 100.0 | 15.5 | 49.9 | 34.6 | 100.0 | 1.5 | 56.7 | 41.8 |
| 2005 | 100.0 | 14.1 | 50.8 | 35.1 | 100.0 | 1.9 | 56.8 | 41.4 |
| 2006 | 100.0 | 12.9 | 51.9 | 35.2 | 100.0 | 1.5 | 56.5 | 41.9 |
| 2007 | 100.0 | 11.8 | 52.3 | 35.9 | 100.0 | 1.9 | 55.5 | 42.6 |
| 2008 | 100.0 | 10.8 | 52.4 | 36.8 | 100.0 | 1.8 | 55.3 | 43.0 |
| 2009 | 100.0 | 10.4 | 52.5 | 37.1 | 100.0 | 1.5 | 54.1 | 44.3 |
| 2010 | 100.0 | 11.3 | 48.3 | 40.4 | 100.0 | 2.9 | 54.4 | 42.7 |
| 2011 | 100.0 | 11.1 | 47.8 | 41.2 | 100.0 | 3.0 | 54.3 | 42.7 |
| 2012 | 100.0 | 11.1 | 47.8 | 41.1 | 100.0 | 2.8 | 54.4 | 42.8 |
| 2013 | 100.0 | 10.8 | 46.2 | 43.0 | 100.0 | 2.7 | 53.9 | 43.4 |
| 2014 | 100.0 | 11.1 | 44.2 | 44.6 | 100.0 | 3.3 | 51.7 | 45.0 |
| 2015 | 100.0 | 11.1 | 43.3 | 45.7 | 100.0 | 3.6 | 49.3 | 47.1 |
| 2016 | 100.0 | 10.4 | 42.2 | 47.4 | 100.0 | 3.5 | 47.0 | 49.5 |
| 2017 | 100.0 | 10.0 | 41.4 | 48.6 | 100.0 | 3.5 | 43.2 | 53.3 |
| 2018 | 100.0 | 9.7 | 40.3 | 50.1 | 100.0 | 4.0 | 40.7 | 55.3 |
| 2019 | 100.0 | 9.7 | 40.2 | 50.1 | 100.0 | 3.8 | 40.9 | 55.3 |
| 2020 | 100.0 | 9.9 | 40.0 | 50.2 | 100.0 | 3.9 | 41.2 | 54.9 |
| 2021 | 100.0 | 9.3 | 41.3 | 49.4 | 100.0 | 3.7 | 42.3 | 54.0 |
| 2022 | 100.0 | 9.2 | 41.8 | 49.1 | 100.0 | 3.7 | 43.5 | 52.8 |
| 2023 | 100.0 | 8.7 | 40.7 | 50.6 | 100.0 | 3.5 | 42.3 | 54.2 |

# 2-8 分行业地区生产总值（2021-2023 年）

（当年价格） 单位：亿元

| 行业 | 全市 | | | 市区 | | |
|---|---|---|---|---|---|---|
| | 2021 | 2022 | 2023 | 2021 | 2022 | 2023 |
| **地区生产总值** | **8007.44** | **8412.38** | **8900.44** | **4052.19** | **4213.51** | **4403.90** |
| 农、林、牧、渔业 | 783.70 | 825.63 | 828.65 | 155.69 | 162.87 | 163.40 |
| 农业 | 543.68 | 573.10 | 588.84 | 110.13 | 114.94 | 121.23 |
| 林业 | 11.49 | 12.32 | 12.93 | 2.13 | 2.24 | 3.40 |
| 牧业 | 128.65 | 133.64 | 118.13 | 26.99 | 27.93 | 22.22 |
| 渔业 | 59.52 | 53.79 | 51.07 | 9.68 | 9.72 | 7.70 |
| 农、林、牧、渔服务业 | 40.36 | 52.79 | 57.68 | 6.15 | 8.05 | 8.85 |
| 工业 | 2718.81 | 2891.98 | 2959.71 | 1436.15 | 1548.96 | 1547.32 |
| 采矿业 | 223.23 | 261.38 | 249.21 | 103.55 | 120.79 | 112.22 |
| 制造业 | 2370.57 | 2487.58 | 2562.06 | 1262.90 | 1333.16 | 1336.99 |
| 电力、燃气及水的生产和供应 | 125.01 | 143.02 | 148.44 | 69.70 | 95.01 | 98.11 |
| 建筑业 | 594.22 | 622.62 | 665.55 | 279.29 | 283.26 | 314.93 |
| 批发和零售业 | 1207.00 | 1292.09 | 1422.41 | 653.18 | 678.84 | 735.09 |
| 交通运输、仓储和邮政业 | 339.45 | 325.03 | 376.76 | 175.13 | 158.85 | 191.90 |
| 住宿和餐饮业 | 133.46 | 132.05 | 155.75 | 61.40 | 60.05 | 69.34 |
| 信息传输、软件和信息技术服务业 | 94.93 | 162.07 | 186.35 | 52.46 | 86.48 | 82.35 |
| 金融业 | 442.88 | 466.92 | 516.85 | 267.83 | 281.46 | 304.17 |
| 房地产业 | 483.05 | 398.15 | 409.65 | 254.06 | 221.77 | 227.44 |
| 租赁和商务服务业 | 278.15 | 292.62 | 310.81 | 185.49 | 181.75 | 197.01 |
| 科学研究和技术服务业 | 88.74 | 112.91 | 124.13 | 51.44 | 67.49 | 68.76 |
| 水利、环境和公共设施管理业 | 33.38 | 33.15 | 32.60 | 20.08 | 19.24 | 18.66 |
| 居民服务、修理和其他服务业 | 69.13 | 82.54 | 99.70 | 35.56 | 37.14 | 44.10 |
| 教育 | 194.16 | 199.60 | 207.98 | 119.81 | 118.08 | 123.06 |
| 卫生和社会工作 | 148.52 | 157.10 | 167.04 | 93.65 | 97.45 | 104.06 |
| 文化、体育和娱乐业 | 67.53 | 72.99 | 91.75 | 19.98 | 19.96 | 22.25 |
| 公共管理、社会保障和社会组织 | 330.32 | 344.91 | 344.75 | 190.99 | 189.84 | 190.06 |

# 主要统计指标解释

**国内生产总值（GDP）** 指一个国家（地区）所有常住单位在一定时期内生产活动的最终成果。国内生产总值有三种表现形态，即价值形态、收入形态和产品形态。从价值形态看，它是所有常住单位在一定时期内所生产的全部货物和服务价值超过同期投入的全部非固定资产货物和服务价值的差额，即所有常住单位的增加值之和；从收入形态看，它是所有常住单位在一定时期内所创造并分配给常住单位和非常住单位的初次分配收入之和；从产品形态看，它是所有常住单位在一定时期内最终使用的货物和服务减去进口货物和服务价值。在实际核算中，国内生产总值的三种表现形态表现为三种计算方法，即生产法、收入法和支出法。三种方法分别从不同的方面反映国内生产总值及其构成。对于地区（省、市、县），GDP 中文名称为“地区生产总值”。

**当年价格** 指报告期的实际价格，如工厂的出厂价格，农产品的收购价格，商业的零售价格等。使用当年价格计算的数字，是为了使国民经济各项指标互相衔接，便于考察当年社会经济效益，便于对生产和流通、生产和分配、生产和消费进行经济核算和综合平衡。

按当年价格计算的价值指标，在不同年份之间进行对比时，因为包含有各年间价格变动的因素，不能确切地反映实物量的增添变动。必须消除价格变动因素后，才能真实反映经济发展动态。因此，在计算增长速度时都使用按可比价格计算的数字。

**可比价格** 指在不同时期的价值指标对比时，扣除了价格变动的因素，以确切反映物量的变化。按可比价格计算有两种方法：一种是直接用产品产量乘某一年的不变价格计算；另一种是用价格指数换算。

**不变价格** 指用同类产品的年平均价格作为固定价格，来计算各年产品价值。按不变价格计算的产品价值消除了价格变动因素，不同时期对比可以反映生产的发展速度。GDP 不变价目前是以五年为一个周期，2016-2020 年的不变价编制以 2015 年为基期。

**三次产业** 根据社会生产活动历史发展的顺序对产业结构的划分，产品直接取自自然界的部门称为第一产业，对初级产品进行再加工的部门称为第二产业，为生产和消费提供各种服务的部门称为第三产业。它是世界上通用的产业结构分类，但各国的划分不尽一致。我国的三次产业划分是：

第一产业是指农、林、牧、渔业（不含农、林、牧、渔服务业）。

第二产业是指采矿业（不含开采辅助活动），制造业（不含金属制品、机械和设备修理业），电力、热力、燃气及水生产和供应业，建筑业。

第三产业即服务业，是指除第一产业、第二产业以外的其他各业。第三产业包括：批发和零售业，交通运输、仓储和邮政业，住宿和餐饮业，信息传输、软件和信息技术服务业，金融业，房地产业，租赁和商务服务业，科学研究和技术服务业，水利、环境和公共设施管理业，居民服务、修理和其他服务业，教育，卫生和社会工作，文化、体育和娱乐业，公共管理、社会保障和社会组织，国际组织，以及农、林、牧、渔业中的农、林、牧、渔服务业，采矿业中的开采辅助活动，制造业中的金属制品、机械和设备修理业。

# 三、人口

版面负责人：唐子午
编　　　辑：闫礼建

统计知识

# 中华人民共和国统计法

**第十五条** 统计调查项目的审批机关应当对调查项目的必要性、可行性、科学性进行审查，对符合法定条件的，作出予以批准的书面决定，并公布；对不符合法定条件的，作出不予批准的书面决定，并说明理由。

**第十六条** 制定统计调查项目，应当同时制定该项目的统计调查制度，并依照本法第十四条的规定一并报经审批或者备案。

统计调查制度应当对调查目的、调查内容、调查方法、调查对象、调查组织方式、调查表式、统计资料的报送和公布等作出规定。

统计调查应当按照统计调查制度组织实施。变更统计调查制度的内容，应当报经原审批机关批准或者原备案机关备案。

**第十七条** 统计调查表应当标明表号、制定机关、批准或者备案文号、有效期限等标志。

对未标明前款规定的标志或者超过有效期限的统计调查表，统计调查对象有权拒绝填报；县级以上人民政府统计机构应当依法责令停止有关统计调查活动。

**第十八条** 搜集、整理统计资料，应当以周期性普查为基础，以经常性抽样调查为主体，综合运用全面调查、重点调查等方法，并充分利用行政记录、社会大数据等资料。

重大国情国力普查由国务院统一领导，国务院和地方人民政府组织统计机构和有关部门共同实施。

**第十九条** 国家制定统一的统计标准，保障统计调查采用的指标涵义、计算方法、分类目录、调查表式和统计编码等的标准化。

国家统计标准由国家统计局制定，或者由国家统计局和国务院标准化主管部门共同制定。

国务院有关部门可以制定补充性的部门统计标准，报国家统计局审批。部门统计标准不得与国家统计标准相抵触。

**第二十条** 国家实施统一的国民经济核算制度。

国家统计局统一组织和实施地区生产总值核算工作。

**第二十一条** 县级以上人民政府统计机构根据统计任务的需要，可以在统计调查对象中推广使用计算机网络报送统计资料。

# 3-1　主要年份户数、人口数及构成（常住人口）

（年底数）

| 年　份 | 总户数（万户） | 总人口（万人） | 按性别分 | | | | 平均每户人数（人/户） | 年平均人口（万人） | 人口密度（人/平方公里） |
|---|---|---|---|---|---|---|---|---|---|
| | | | 男 | | 女 | | | | |
| | | | 人口数（万人） | 比重（%） | 人口数（万人） | 比重（%） | | | |
| 2006 | 284.06 | 872.07 | 436.91 | 50.1 | 435.16 | 49.9 | 3.07 | | |
| 2007 | 280.10 | 871.12 | 437.30 | 50.2 | 433.82 | 49.8 | 3.11 | 871.60 | 740 |
| 2008 | 275.94 | 869.21 | 436.34 | 50.2 | 432.87 | 49.8 | 3.15 | 870.17 | 739 |
| 2009 | 273.88 | 868.19 | 436.70 | 50.3 | 431.49 | 49.7 | 3.17 | 868.70 | 738 |
| 2010 | 264.88 | 858.21 | 431.68 | 50.3 | 426.53 | 49.7 | 3.24 | 863.20 | 729 |
| 2011 | 268.51 | 859.23 | 432.19 | 50.3 | 427.04 | 49.7 | 3.20 | 858.72 | 730 |
| 2012 | 273.13 | 860.35 | 431.90 | 50.2 | 428.45 | 49.8 | 3.15 | 859.79 | 731 |
| 2013 | 279.94 | 865.03 | 435.11 | 50.3 | 429.92 | 49.7 | 3.09 | 862.69 | 735 |
| 2014 | 286.48 | 873.76 | 439.50 | 50.3 | 434.26 | 49.7 | 3.05 | 869.40 | 743 |
| 2015 | 291.98 | 878.86 | 442.95 | 50.4 | 435.91 | 49.6 | 3.01 | 876.31 | 747 |
| 2016 | 298.00 | 888.05 | 447.58 | 50.4 | 440.47 | 49.6 | 2.98 | 883.46 | 755 |
| 2017 | 305.59 | 898.42 | 452.80 | 50.4 | 445.62 | 49.6 | 2.94 | 893.24 | 764 |
| 2018 | 310.43 | 903.35 | 454.39 | 50.3 | 448.96 | 49.7 | 2.91 | 900.89 | 768 |
| 2019 | 314.68 | 906.28 | 455.86 | 50.3 | 450.42 | 49.7 | 2.88 | 904.82 | 770 |
| 2020 | 319.18 | 908.39 | 457.91 | 50.4 | 450.48 | 49.6 | 2.85 | 907.34 | 772 |
| 2021 | 317.12 | 902.85 | 455.04 | 50.4 | 447.81 | 49.6 | 2.85 | 905.62 | 767 |
| 2022 | 318.67 | 901.85 | 454.53 | 50.4 | 447.32 | 49.6 | 2.83 | 902.35 | 767 |
| 2023 | 318.73 | 902.00 | 454.61 | 50.4 | 447.39 | 49.6 | 2.83 | 901.93 | 767 |

注：除普查年份外，数据均以年度人口抽样调查数据测算，普查后修正历年数据。

# 3-2　全市镇、乡村人口数及构成（常住人口）

（年底数）

| 年　份 | 总人口数（万　人） | 城　镇 | | 乡　村 | |
|---|---|---|---|---|---|
| | | 人口数（万人） | 占总人口比重（%） | 人口数（万人） | 占总人口比重（%） |
| 2006 | 872.07 | 390.69 | 44.8 | 481.38 | 55.2 |
| 2007 | 871.12 | 398.97 | 45.8 | 472.15 | 54.2 |
| 2008 | 869.21 | 416.35 | 47.9 | 452.86 | 52.1 |
| 2009 | 868.19 | 430.62 | 49.6 | 437.57 | 50.4 |
| 2010 | 858.21 | 462.58 | 53.9 | 395.63 | 46.1 |
| 2011 | 859.23 | 469.74 | 54.7 | 389.49 | 45.3 |
| 2012 | 860.35 | 476.12 | 55.3 | 384.23 | 44.7 |
| 2013 | 865.03 | 492.55 | 56.9 | 372.48 | 43.1 |
| 2014 | 873.76 | 507.83 | 58.1 | 365.93 | 41.9 |
| 2015 | 878.86 | 524.77 | 59.7 | 354.09 | 40.3 |
| 2016 | 888.05 | 542.60 | 61.1 | 345.45 | 38.9 |
| 2017 | 898.42 | 558.10 | 62.1 | 340.32 | 37.9 |
| 2018 | 903.35 | 570.56 | 63.2 | 332.79 | 36.8 |
| 2019 | 906.28 | 582.56 | 64.3 | 323.72 | 35.7 |
| 2020 | 908.39 | 596.18 | 65.6 | 312.21 | 34.4 |
| 2021 | 902.85 | 597.60 | 66.2 | 305.25 | 33.8 |
| 2022 | 901.85 | 602.53 | 66.8 | 299.32 | 33.2 |
| 2023 | 902.00 | 610.11 | 67.6 | 291.89 | 32.4 |

# 3-3 人口数及构成（户籍人口）

（年底数）

| 年份 | 总人口（万人） | 按性别分 | | | | 按户口性质分 | | | |
|---|---|---|---|---|---|---|---|---|---|
| | | 男 | | 女 | | 乡村人口 | | 城镇人口 | |
| | | 人口数（万人） | 比重（%） | 人口数（万人） | 比重（%） | 人口数（万人） | 比重（%） | 人口数（万人） | 比重（%） |
| 1949 | 372.61 | 186.90 | 50.2 | 185.71 | 49.8 | 340.89 | 91.5 | 31.72 | 8.5 |
| 1952 | 390.60 | 195.09 | 49.9 | 195.51 | 50.1 | 362.62 | 92.8 | 27.98 | 7.2 |
| 1957 | 450.86 | 225.50 | 50.0 | 225.36 | 50.0 | 401.62 | 89.1 | 49.24 | 10.9 |
| 1962 | 463.94 | 233.10 | 50.2 | 230.84 | 49.8 | 410.56 | 88.5 | 53.38 | 11.5 |
| 1965 | 490.87 | 248.12 | 50.5 | 242.75 | 49.5 | 434.30 | 88.5 | 56.57 | 11.5 |
| 1970 | 565.88 | 286.11 | 50.6 | 279.77 | 49.4 | 508.33 | 89.8 | 57.55 | 10.2 |
| 1975 | 616.98 | 313.92 | 50.9 | 303.06 | 49.1 | 549.55 | 89.1 | 67.43 | 10.9 |
| 1978 | 645.41 | 329.21 | 51.0 | 316.20 | 49.0 | 570.90 | 88.5 | 74.51 | 11.5 |
| 1979 | 652.47 | 333.30 | 51.1 | 319.44 | 48.9 | 572.40 | 87.7 | 80.34 | 12.3 |
| 1980 | 659.86 | 336.37 | 51.0 | 323.49 | 49.0 | 576.22 | 87.3 | 83.64 | 12.7 |
| 1981 | 672.02 | 343.13 | 51.1 | 328.89 | 48.9 | 585.14 | 87.1 | 86.88 | 12.9 |
| 1982 | 684.45 | 350.08 | 51.1 | 334.37 | 48.9 | 594.34 | 86.8 | 90.11 | 13.2 |
| 1983 | 692.94 | 355.10 | 51.2 | 337.84 | 48.8 | 599.89 | 86.6 | 93.05 | 13.4 |
| 1984 | 700.04 | 358.91 | 51.3 | 341.13 | 48.7 | 603.98 | 86.3 | 96.06 | 13.7 |
| 1985 | 707.56 | 363.42 | 51.4 | 344.14 | 48.6 | 605.66 | 85.6 | 101.90 | 14.4 |
| 1986 | 715.41 | 367.27 | 51.3 | 348.14 | 48.7 | 610.43 | 85.3 | 104.98 | 14.7 |
| 1987 | 725.88 | 372.76 | 51.4 | 352.12 | 48.6 | 616.53 | 84.9 | 109.35 | 15.1 |
| 1988 | 743.78 | 382.42 | 51.4 | 361.36 | 48.6 | 621.93 | 83.6 | 121.85 | 16.4 |
| 1989 | 761.81 | 390.65 | 51.3 | 371.16 | 48.7 | 629.65 | 82.7 | 132.16 | 17.3 |
| 1990 | 807.14 | 412.92 | 51.2 | 394.22 | 48.8 | 668.88 | 82.9 | 138.26 | 17.1 |
| 1991 | 820.17 | 419.73 | 51.2 | 400.44 | 48.8 | 675.69 | 82.4 | 144.48 | 17.6 |
| 1992 | 826.74 | 423.34 | 51.2 | 403.40 | 48.8 | 676.90 | 81.9 | 149.84 | 18.1 |
| 1993 | 833.94 | 427.03 | 51.2 | 406.91 | 48.8 | 678.33 | 81.3 | 155.61 | 18.7 |
| 1994 | 843.21 | 431.56 | 51.2 | 411.65 | 48.8 | 683.15 | 81.0 | 160.06 | 19.0 |
| 1995 | 851.15 | 435.79 | 51.2 | 415.36 | 48.8 | 682.53 | 80.2 | 168.62 | 19.8 |
| 1996 | 859.43 | 440.95 | 51.3 | 418.48 | 48.7 | 682.89 | 79.5 | 176.54 | 20.5 |
| 1997 | 867.16 | 444.54 | 51.3 | 422.62 | 48.7 | 684.73 | 79.0 | 182.43 | 21.0 |
| 1998 | 875.78 | 450.53 | 51.4 | 425.25 | 48.6 | 687.36 | 78.5 | 188.42 | 21.5 |
| 1999 | 877.53 | 452.68 | 51.6 | 424.85 | 48.4 | 684.36 | 78.0 | 193.17 | 22.0 |
| 2000 | 896.44 | 461.12 | 51.4 | 435.32 | 48.6 | 665.33 | 74.2 | 231.11 | 25.8 |
| 2001 | 901.86 | 463.64 | 51.4 | 438.21 | 48.6 | 661.15 | 73.3 | 240.71 | 26.7 |
| 2002 | 904.44 | 465.45 | 51.5 | 438.99 | 48.5 | 654.14 | 72.3 | 250.30 | 27.7 |
| 2003 | 908.66 | 467.80 | 51.5 | 440.86 | 48.5 | 624.16 | 68.7 | 284.50 | 31.3 |
| 2004 | 916.85 | 471.36 | 51.4 | 445.49 | 48.6 | 614.31 | 67.0 | 302.54 | 33.0 |
| 2005 | 925.31 | 476.08 | 51.5 | 449.23 | 48.5 | 609.46 | 65.9 | 315.85 | 34.1 |
| 2006 | 934.73 | 481.46 | 51.5 | 453.27 | 48.5 | 613.97 | 65.7 | 320.76 | 34.3 |
| 2007 | 940.95 | 484.56 | 51.5 | 456.39 | 48.5 | 617.49 | 65.6 | 323.46 | 34.4 |
| 2008 | 946.86 | 488.31 | 51.6 | 458.55 | 48.4 | 610.21 | 64.4 | 336.65 | 35.6 |
| 2009 | 957.61 | 494.55 | 51.6 | 463.06 | 48.4 | 579.09 | 60.5 | 378.52 | 39.5 |
| 2010 | 972.89 | 502.44 | 51.6 | 470.45 | 48.4 | 527.51 | 54.2 | 445.38 | 45.8 |
| 2011 | 976.66 | 505.72 | 51.8 | 470.94 | 48.2 | 351.16 | 36.0 | 625.50 | 64.0 |
| 2012 | 990.52 | 513.26 | 51.8 | 477.26 | 48.2 | 325.46 | 32.9 | 665.06 | 67.1 |
| 2013 | 1006.85 | 521.91 | 51.8 | 484.94 | 48.2 | 286.23 | 28.4 | 720.62 | 71.6 |
| 2014 | 1023.52 | 530.37 | 51.8 | 493.15 | 48.2 | 286.13 | 28.0 | 737.39 | 72.0 |
| 2015 | 1028.70 | 533.06 | 51.8 | 495.64 | 48.2 | 433.36 | 42.1 | 595.34 | 57.9 |
| 2016 | 1041.39 | 539.47 | 51.8 | 501.92 | 48.2 | 430.05 | 41.3 | 611.34 | 58.7 |
| 2017 | 1039.42 | 538.04 | 51.8 | 501.38 | 48.2 | 422.52 | 40.6 | 616.90 | 59.4 |
| 2018 | 1044.77 | 540.65 | 51.7 | 504.12 | 48.3 | 411.90 | 39.4 | 632.87 | 60.6 |
| 2019 | 1041.73 | 539.35 | 51.8 | 502.38 | 48.2 | 404.35 | 38.8 | 637.38 | 61.2 |
| 2020 | 1038.05 | 537.37 | 51.8 | 500.68 | 48.2 | 391.51 | 37.7 | 646.54 | 62.3 |
| 2021 | 1035.29 | 535.87 | 51.8 | 499.42 | 48.2 | 386.79 | 37.4 | 648.50 | 62.6 |
| 2022 | 1031.90 | 534.02 | 51.8 | 497.88 | 48.2 | 383.43 | 37.2 | 648.47 | 62.8 |
| 2023 | 1029.36 | 532.77 | 51.8 | 496.59 | 48.2 | 378.58 | 36.8 | 650.78 | 63.2 |

注：户籍人口由公安部门提供。

# 3-4　户数、平均人口及人口密度（户籍人口）

| 年　份 | 户　数（万户） | 平均每户人口（人） | 年平均人口（万人） | 农村人口 | 城镇人口 | 人口密度（人/平方公里） |
|---|---|---|---|---|---|---|
| 1949 | 85.85 | 4.34 | | | | 331 |
| 1952 | 91.05 | 4.29 | 384.46 | 357.37 | 27.07 | 347 |
| 1957 | 104.97 | 4.30 | 445.51 | 398.88 | 46.63 | 400 |
| 1962 | 115.02 | 4.03 | 458.18 | 402.01 | 56.17 | 412 |
| 1965 | 116.76 | 4.20 | 485.20 | 429.36 | 55.84 | 436 |
| 1970 | 124.88 | 4.53 | 557.98 | 499.57 | 58.41 | 503 |
| 1975 | 132.87 | 4.64 | 611.72 | 545.36 | 66.36 | 548 |
| 1978 | 143.57 | 4.50 | 640.77 | 567.85 | 72.92 | 573 |
| 1979 | 146.72 | 4.45 | 649.07 | 571.65 | 77.42 | 580 |
| 1980 | 149.43 | 4.42 | 656.30 | 574.31 | 81.99 | 586 |
| 1981 | 155.52 | 4.32 | 665.94 | 580.68 | 85.26 | 597 |
| 1982 | 157.29 | 4.35 | 678.24 | 589.74 | 88.50 | 608 |
| 1983 | 158.32 | 4.38 | 688.69 | 597.11 | 91.58 | 616 |
| 1984 | 161.16 | 4.34 | 696.49 | 601.93 | 94.56 | 622 |
| 1985 | 163.80 | 4.32 | 703.80 | 604.82 | 98.98 | 628 |
| 1986 | 168.46 | 4.25 | 711.48 | 608.04 | 103.44 | 635 |
| 1987 | 173.15 | 4.19 | 720.65 | 613.48 | 107.17 | 645 |
| 1988 | 182.07 | 4.09 | 734.83 | 619.23 | 115.60 | 661 |
| 1989 | 191.43 | 3.98 | 752.80 | 625.79 | 127.01 | 677 |
| 1990 | 204.40 | 3.95 | 784.47 | 649.26 | 135.21 | 717 |
| 1991 | 209.15 | 3.92 | 813.65 | 672.28 | 141.37 | 729 |
| 1992 | 214.47 | 3.85 | 823.46 | 676.30 | 147.16 | 734 |
| 1993 | 216.59 | 3.85 | 830.34 | 677.62 | 152.72 | 741 |
| 1994 | 220.58 | 3.82 | 838.58 | 680.74 | 157.84 | 749 |
| 1995 | 227.60 | 3.74 | 847.18 | 682.84 | 164.34 | 756 |
| 1996 | 232.50 | 3.70 | 855.29 | 682.71 | 172.58 | 731 |
| 1997 | 238.73 | 3.63 | 863.29 | 683.81 | 179.48 | 737 |
| 1998 | 249.75 | 3.51 | 871.47 | 686.04 | 185.43 | 744 |
| 1999 | 257.66 | 3.41 | 876.66 | 685.86 | 190.80 | 746 |
| 2000 | 270.80 | 3.31 | 886.99 | 674.85 | 212.14 | 762 |
| 2001 | 275.91 | 3.27 | 899.15 | 663.24 | 235.91 | 767 |
| 2002 | 279.22 | 3.24 | 903.15 | 657.64 | 245.51 | 769 |
| 2003 | 282.84 | 3.21 | 906.55 | 639.15 | 267.40 | 772 |
| 2004 | 285.00 | 3.22 | 912.75 | 619.23 | 293.52 | 779 |
| 2005 | 286.44 | 3.23 | 921.08 | 611.89 | 309.19 | 787 |
| 2006 | 284.25 | 3.29 | 930.02 | 611.71 | 318.31 | 795 |
| 2007 | 279.33 | 3.37 | 937.84 | 615.73 | 322.11 | 800 |
| 2008 | 277.76 | 3.41 | 943.91 | 613.86 | 330.05 | 805 |
| 2009 | 278.46 | 3.44 | 952.24 | 594.65 | 357.59 | 814 |
| 2010 | 277.28 | 3.51 | 965.25 | 553.30 | 411.95 | 827 |
| 2011 | 273.21 | 3.57 | 974.78 | 439.34 | 535.44 | 830 |
| 2012 | 274.09 | 3.61 | 983.59 | 338.31 | 645.28 | 842 |
| 2013 | 275.57 | 3.65 | 998.69 | 305.85 | 692.84 | 856 |
| 2014 | 277.82 | 3.68 | 1015.19 | 286.18 | 729.00 | 870 |
| 2015 | 277.66 | 3.70 | 1026.11 | 359.75 | 666.36 | 874 |
| 2016 | 278.49 | 3.72 | 1035.04 | 431.71 | 603.33 | 885 |
| 2017 | 278.05 | 3.74 | 1040.41 | 426.29 | 614.12 | 883 |
| 2018 | 280.98 | 3.71 | 1042.10 | 417.21 | 624.89 | 888 |
| 2019 | 281.56 | 3.71 | 1043.25 | 408.13 | 635.12 | 885 |
| 2020 | 283.01 | 3.67 | 1039.89 | 399.82 | 640.07 | 882 |
| 2021 | 284.78 | 3.64 | 1036.67 | 389.15 | 647.52 | 880 |
| 2022 | 286.07 | 3.61 | 1033.60 | 385.11 | 648.49 | 877 |
| 2023 | 287.61 | 3.58 | 1030.63 | 381.01 | 649.62 | 875 |

# 3-5 人口自然变动（户籍人口）

| 年份 | 出生 人数（人） | 出生 出生率（‰） | 死亡 人数（人） | 死亡 死亡率（‰） | 自然增长 人数（人） | 自然增长 自然增长率（‰） |
|---|---|---|---|---|---|---|
| 1949 | | 24.95 | | | | |
| 1952 | 129371 | 33.65 | | | | |
| 1957 | 138958 | 31.19 | 40675 | 9.13 | 98273 | 22.06 |
| 1962 | 164440 | 35.89 | 34635 | 7.56 | 129805 | 28.33 |
| 1965 | 181877 | 37.48 | 44313 | 9.13 | 137564 | 28.35 |
| 1970 | 185564 | 33.26 | 37511 | 6.72 | 148053 | 26.54 |
| 1975 | 125373 | 20.50 | 36260 | 5.93 | 89113 | 14.57 |
| 1978 | 102744 | 16.03 | 35276 | 5.51 | 67468 | 10.52 |
| 1979 | 85371 | 13.15 | 34814 | 5.36 | 50557 | 7.79 |
| 1980 | 125947 | 19.19 | 44562 | 6.79 | 81385 | 12.40 |
| 1981 | 120099 | 18.03 | 36366 | 5.46 | 83733 | 12.57 |
| 1982 | 119391 | 17.60 | 32890 | 4.85 | 86501 | 12.75 |
| 1983 | 98387 | 14.29 | 32972 | 4.79 | 65415 | 9.50 |
| 1984 | 98214 | 14.10 | 35109 | 5.04 | 63105 | 9.06 |
| 1985 | 85653 | 12.17 | 33919 | 4.82 | 51734 | 7.35 |
| 1986 | 97011 | 13.64 | 33463 | 4.70 | 63548 | 8.94 |
| 1987 | 110981 | 15.40 | 33568 | 4.66 | 77413 | 10.74 |
| 1988 | 169348 | 23.04 | 35284 | 4.80 | 134064 | 18.24 |
| 1989 | 170011 | 22.58 | 34013 | 4.52 | 135998 | 18.06 |
| 1990 | 157605 | 20.09 | 35867 | 4.57 | 121738 | 15.52 |
| 1991 | 156429 | 19.23 | 40402 | 4.97 | 116027 | 14.26 |
| 1992 | 101899 | 12.37 | 42462 | 5.16 | 59437 | 7.21 |
| 1993 | 99582 | 11.99 | 42517 | 5.12 | 57065 | 6.87 |
| 1994 | 113310 | 13.51 | 41946 | 5.00 | 71364 | 8.51 |
| 1995 | 83162 | 9.82 | 39442 | 4.66 | 39442 | 5.16 |
| 1996 | 81414 | 9.52 | 41982 | 4.91 | 39432 | 4.61 |
| 1997 | 99902 | 11.57 | 40210 | 4.66 | 59692 | 6.91 |
| 1998 | 91325 | 10.48 | 41298 | 4.74 | 50027 | 5.74 |
| 1999 | 71921 | 8.20 | 34545 | 3.94 | 37376 | 4.26 |
| 2000 | 167764 | 18.91 | 44483 | 5.02 | 123281 | 13.89 |
| 2001 | 69383 | 7.72 | 29094 | 3.24 | 40289 | 4.48 |
| 2002 | 69905 | 7.74 | 33811 | 3.74 | 36094 | 4.07 |
| 2003 | 85756 | 9.46 | 34229 | 3.78 | 51527 | 5.68 |
| 2004 | 132605 | 14.53 | 42775 | 4.69 | 89830 | 9.84 |
| 2005 | 125308 | 13.60 | 22775 | 2.47 | 102533 | 11.13 |
| 2006 | 138879 | 14.93 | 34254 | 3.68 | 104644 | 11.25 |
| 2007 | 190322 | 20.29 | 133825 | 14.27 | 56497 | 6.02 |
| 2008 | 170661 | 18.08 | 106845 | 11.32 | 63816 | 6.76 |
| 2009 | 182950 | 19.21 | 68358 | 7.18 | 114592 | 12.03 |
| 2010 | 217399 | 22.52 | 79390 | 8.22 | 138009 | 14.30 |
| 2011 | 177663 | 18.23 | 71598 | 7.35 | 106065 | 10.88 |
| 2012 | 193812 | 19.71 | 45778 | 4.65 | 148045 | 15.05 |
| 2013 | 211582 | 21.19 | 33430 | 3.35 | 178152 | 17.84 |
| 2014 | 205463 | 20.24 | 30120 | 2.97 | 175343 | 17.27 |
| 2015 | 151956 | 14.81 | 59174 | 5.77 | 92782 | 9.04 |
| 2016 | 184364 | 17.81 | 39293 | 3.80 | 145071 | 14.02 |
| 2017 | 161550 | 15.53 | 146280 | 14.06 | 15270 | 1.47 |
| 2018 | 139514 | 13.39 | 53436 | 5.13 | 86078 | 8.26 |
| 2019 | 106644 | 10.22 | 55763 | 5.35 | 50881 | 4.87 |
| 2020 | 106531 | 10.24 | 107236 | 10.31 | -705 | -0.07 |
| 2021 | 78341 | 7.56 | 65348 | 6.30 | 12993 | 1.25 |
| 2022 | 66245 | 6.41 | 75174 | 7.27 | -8929 | -0.86 |
| 2023 | 58829 | 5.71 | 55980 | 5.43 | 2849 | 0.28 |

注：出生人口含补报往年出生人口，死亡人口含往年死亡今年补报人口（下同）。

# 3-6　市区人口数及构成（户籍人口）

（年底数）

| 年　份 | 总人口（万人） | 按性别分 | | | | 按户口性质分 | | | |
|---|---|---|---|---|---|---|---|---|---|
| | | 男 | | 女 | | 乡村人口 | | 城镇人口 | |
| | | 人口数（万人） | 比重（%） | 人口数（万人） | 比重（%） | 人口数（万人） | 比重（%） | 人口数（万人） | 比重（%） |
| 1949 | 29.94 | 15.91 | 53.1 | 14.03 | 46.9 | 4.30 | 14.4 | 25.64 | 85.6 |
| 1952 | 22.21 | 11.53 | 51.9 | 10.68 | 48.1 | 3.19 | 14.4 | 19.02 | 85.6 |
| 1957 | 38.66 | 19.93 | 51.6 | 18.73 | 48.4 | 3.00 | 7.8 | 35.66 | 92.2 |
| 1962 | 45.35 | 23.63 | 52.1 | 21.72 | 47.9 | 8.46 | 18.7 | 36.89 | 81.3 |
| 1965 | 51.73 | 27.76 | 53.7 | 23.97 | 46.3 | 7.32 | 14.2 | 44.41 | 85.8 |
| 1970 | 53.86 | 28.68 | 53.2 | 25.18 | 46.8 | 8.82 | 16.4 | 45.04 | 83.6 |
| 1975 | 61.24 | 33.21 | 54.2 | 28.03 | 45.8 | 10.32 | 16.9 | 50.92 | 83.1 |
| 1978 | 67.07 | 36.57 | 54.5 | 30.50 | 45.5 | 11.08 | 16.5 | 55.99 | 83.5 |
| 1979 | 70.87 | 38.74 | 54.7 | 32.13 | 45.3 | 10.05 | 14.2 | 60.82 | 85.8 |
| 1980 | 72.85 | 39.71 | 54.5 | 33.14 | 45.5 | 9.92 | 13.6 | 62.93 | 86.4 |
| 1981 | 74.96 | 40.78 | 54.4 | 34.18 | 45.6 | 10.18 | 13.6 | 64.78 | 86.4 |
| 1982 | 77.29 | 42.16 | 54.5 | 35.13 | 45.5 | 10.48 | 13.6 | 66.81 | 86.4 |
| 1983 | 79.28 | 43.34 | 54.7 | 35.94 | 45.3 | 10.69 | 13.5 | 68.59 | 86.5 |
| 1984 | 80.64 | 44.04 | 54.6 | 36.60 | 45.4 | 10.73 | 13.3 | 69.91 | 86.7 |
| 1985 | 82.48 | 44.99 | 54.5 | 37.49 | 45.5 | 10.31 | 12.5 | 72.17 | 87.5 |
| 1986 | 84.08 | 45.83 | 54.5 | 38.25 | 45.5 | 10.24 | 12.2 | 73.84 | 87.8 |
| 1987 | 85.57 | 46.45 | 54.3 | 39.12 | 45.7 | 10.32 | 12.1 | 75.25 | 87.9 |
| 1988 | 87.20 | 47.27 | 54.2 | 39.93 | 45.8 | 9.88 | 11.3 | 77.32 | 88.7 |
| 1989 | 89.27 | 48.34 | 54.2 | 40.93 | 45.8 | 9.92 | 11.1 | 79.35 | 88.9 |
| 1990 | 90.66 | 48.98 | 54.0 | 41.68 | 46.0 | 10.09 | 11.1 | 80.57 | 88.9 |
| 1991 | 91.86 | 49.52 | 53.9 | 42.34 | 46.1 | 10.00 | 10.9 | 81.86 | 89.1 |
| 1992 | 93.65 | 50.48 | 53.9 | 43.17 | 46.1 | 9.64 | 10.3 | 84.01 | 89.7 |
| 1993 | 95.17 | 51.14 | 53.7 | 44.03 | 46.3 | 9.64 | 10.1 | 85.53 | 89.9 |
| 1994 | 142.84 | 74.73 | 52.3 | 68.11 | 47.7 | 49.13 | 34.4 | 93.71 | 65.6 |
| 1995 | 145.14 | 75.74 | 52.2 | 69.39 | 47.8 | 48.65 | 33.5 | 96.48 | 66.5 |
| 1996 | 147.34 | 76.91 | 52.2 | 70.42 | 47.8 | 47.13 | 32.0 | 100.21 | 68.0 |
| 1997 | 149.34 | 77.90 | 52.2 | 71.44 | 47.8 | 47.12 | 31.5 | 102.22 | 68.5 |
| 1998 | 151.87 | 79.09 | 52.1 | 72.78 | 47.9 | 47.40 | 31.2 | 104.47 | 68.8 |
| 1999 | 152.41 | 79.12 | 51.9 | 73.29 | 48.1 | 46.90 | 30.8 | 105.51 | 69.2 |
| 2000 | 160.61 | 83.28 | 51.9 | 77.33 | 48.1 | 51.51 | 32.1 | 109.10 | 67.9 |
| 2001 | 162.54 | 84.27 | 51.8 | 78.27 | 48.2 | 50.49 | 31.1 | 112.05 | 68.9 |
| 2002 | 164.55 | 85.30 | 51.8 | 79.25 | 48.2 | 43.47 | 26.4 | 121.08 | 73.6 |
| 2003 | 167.33 | 86.87 | 51.9 | 80.46 | 48.1 | 31.89 | 19.1 | 135.44 | 80.9 |
| 2004 | 167.42 | 86.76 | 51.8 | 80.66 | 48.2 | 28.76 | 17.2 | 138.66 | 82.8 |
| 2005 | 179.87 | 93.21 | 51.8 | 86.66 | 48.2 | 30.22 | 16.8 | 149.65 | 83.2 |
| 2006 | 181.61 | 94.11 | 51.8 | 87.50 | 48.2 | 27.88 | 15.4 | 153.73 | 84.6 |
| 2007 | 182.93 | 94.70 | 51.8 | 88.23 | 48.2 | 26.87 | 14.7 | 156.06 | 85.3 |
| 2008 | 184.40 | 95.38 | 51.7 | 89.02 | 48.3 | 26.42 | 14.3 | 157.98 | 85.7 |
| 2009 | 186.22 | 96.29 | 51.7 | 89.93 | 48.3 | 26.91 | 14.4 | 159.31 | 85.6 |
| 2010 | 312.72 | 161.06 | 51.5 | 151.66 | 48.5 | 108.50 | 34.7 | 204.22 | 65.3 |
| 2011 | 315.67 | 162.58 | 51.5 | 153.09 | 48.5 | 70.59 | 22.4 | 245.08 | 77.6 |
| 2012 | 320.85 | 165.27 | 51.5 | 155.58 | 48.5 | 71.07 | 22.2 | 249.78 | 77.8 |
| 2013 | 326.36 | 167.96 | 51.5 | 158.40 | 48.5 | 40.89 | 12.5 | 285.47 | 87.5 |
| 2014 | 331.47 | 170.37 | 51.4 | 161.10 | 48.6 | 38.87 | 11.7 | 292.60 | 88.3 |
| 2015 | 333.46 | 171.26 | 51.4 | 162.20 | 48.6 | 88.04 | 26.4 | 245.42 | 73.6 |
| 2016 | 337.65 | 173.17 | 51.3 | 164.48 | 48.7 | 87.27 | 25.8 | 250.38 | 74.2 |
| 2017 | 337.85 | 172.70 | 51.1 | 165.15 | 48.9 | 85.48 | 25.3 | 252.37 | 74.7 |
| 2018 | 341.81 | 174.33 | 51.0 | 167.48 | 49.0 | 85.49 | 25.0 | 256.32 | 75.0 |
| 2019 | 343.42 | 174.91 | 50.9 | 168.51 | 49.1 | 80.81 | 23.5 | 262.61 | 76.5 |
| 2020 | 344.25 | 174.94 | 50.8 | 169.31 | 49.2 | 80.50 | 23.4 | 263.75 | 76.6 |
| 2021 | 345.95 | 175.51 | 50.7 | 170.44 | 49.3 | 80.21 | 23.2 | 265.74 | 76.8 |
| 2022 | 346.99 | 175.74 | 50.6 | 171.25 | 49.4 | 80.84 | 23.3 | 266.15 | 76.7 |
| 2023 | 348.94 | 176.51 | 50.6 | 172.43 | 49.4 | 80.63 | 23.1 | 268.31 | 76.9 |

# 3-7 市区户数、平均人口及人口密度（户籍人口）

| 年 份 | 户 数（万户） | 平均每户人口（人） | 年平均人口（万人） | 乡村人口 | 城镇人口 | 人口密度（人/平方公里） |
|---|---|---|---|---|---|---|
| 1949 | 5.99 | 5.00 | | | | 667 |
| 1952 | 5.31 | 4.18 | 22.34 | 3.21 | 19.13 | 621 |
| 1957 | 8.73 | 4.43 | 38.04 | 4.50 | 33.54 | 721 |
| 1962 | 9.76 | 4.65 | 45.74 | 7.90 | 37.84 | 2153 |
| 1965 | 10.31 | 5.02 | 51.27 | 7.23 | 44.04 | 2970 |
| 1970 | 11.11 | 4.85 | 54.52 | 8.68 | 45.84 | 3092 |
| 1975 | 12.95 | 4.73 | 60.16 | 10.11 | 50.05 | 3515 |
| 1978 | 14.76 | 4.54 | 65.82 | 11.13 | 54.69 | 3636 |
| 1979 | 15.80 | 4.49 | 68.97 | 10.57 | 58.40 | 3842 |
| 1980 | 16.82 | 4.33 | 71.86 | 9.99 | 61.87 | 3950 |
| 1981 | 18.22 | 4.11 | 73.90 | 10.05 | 63.85 | 4063 |
| 1982 | 19.60 | 3.94 | 76.13 | 10.33 | 65.80 | 4189 |
| 1983 | 20.64 | 3.84 | 78.29 | 10.59 | 67.70 | 4297 |
| 1984 | 21.70 | 3.72 | 79.96 | 10.71 | 69.25 | 4371 |
| 1985 | 22.79 | 3.62 | 81.56 | 10.52 | 71.04 | 4470 |
| 1986 | 23.71 | 3.55 | 83.28 | 10.28 | 73.00 | 4557 |
| 1987 | 24.46 | 3.50 | 84.83 | 10.28 | 74.55 | 4638 |
| 1988 | 25.56 | 3.41 | 86.39 | 10.10 | 76.29 | 4726 |
| 1989 | 26.57 | 3.36 | 88.24 | 9.90 | 78.34 | 4838 |
| 1990 | 27.44 | 3.30 | 89.97 | 10.01 | 79.96 | 4914 |
| 1991 | 28.18 | 3.26 | 91.26 | 10.05 | 81.21 | 4979 |
| 1992 | 28.84 | 3.25 | 92.76 | 9.82 | 82.94 | 5076 |
| 1993 | 29.42 | 3.24 | 94.41 | 9.64 | 84.77 | 5158 |
| 1994 | 42.92 | 3.33 | 141.86 | 49.13 | 93.71 | 1483 |
| 1995 | 44.02 | 3.30 | 143.99 | 48.89 | 95.10 | 1507 |
| 1996 | 44.76 | 3.29 | 146.24 | 47.89 | 98.35 | 1530 |
| 1997 | 45.72 | 3.27 | 148.34 | 47.12 | 101.22 | 1551 |
| 1998 | 46.66 | 3.25 | 150.60 | 47.26 | 103.34 | 1577 |
| 1999 | 47.35 | 3.22 | 152.14 | 47.15 | 104.99 | 1583 |
| 2000 | 49.74 | 3.23 | 156.51 | 49.20 | 107.31 | 1547 |
| 2001 | 50.65 | 3.21 | 161.58 | 51.00 | 110.31 | 1566 |
| 2002 | 51.22 | 3.21 | 163.55 | 46.98 | 116.57 | 1576 |
| 2003 | 51.81 | 3.23 | 165.94 | 37.68 | 128.26 | 1612 |
| 2004 | 52.29 | 3.20 | 167.38 | 30.33 | 137.05 | 1613 |
| 2005 | 56.29 | 3.20 | 179.03 | 35.78 | 143.25 | 1543 |
| 2006 | 56.59 | 3.21 | 180.74 | 29.05 | 151.69 | 1566 |
| 2007 | 56.84 | 3.22 | 182.27 | 27.38 | 154.90 | 1577 |
| 2008 | 57.15 | 3.23 | 183.67 | 26.65 | 157.02 | 1590 |
| 2009 | 57.52 | 3.24 | 185.31 | 26.67 | 158.64 | 1605 |
| 2010 | 95.16 | 3.29 | 314.58 | 110.36 | 204.22 | 1021 |
| 2011 | 94.77 | 3.33 | 314.20 | 89.55 | 224.65 | 1031 |
| 2012 | 95.27 | 3.36 | 318.26 | 70.83 | 247.43 | 1048 |
| 2013 | 96.14 | 3.39 | 323.61 | 55.98 | 267.63 | 1066 |
| 2014 | 96.93 | 3.42 | 328.90 | 39.86 | 289.04 | 1082 |
| 2015 | 97.10 | 3.43 | 332.46 | 63.45 | 269.01 | 1089 |
| 2016 | 97.91 | 3.45 | 335.56 | 87.66 | 247.90 | 1103 |
| 2017 | 98.11 | 3.44 | 337.75 | 86.37 | 251.38 | 1103 |
| 2018 | 99.60 | 3.41 | 339.83 | 85.48 | 254.35 | 1116 |
| 2019 | 100.28 | 3.42 | 342.61 | 83.15 | 259.46 | 1121 |
| 2020 | 101.33 | 3.39 | 343.43 | 81.83 | 261.61 | 1124 |
| 2021 | 102.84 | 3.36 | 345.10 | 80.35 | 264.75 | 1130 |
| 2022 | 104.02 | 3.34 | 346.05 | 80.60 | 265.45 | 1133 |
| 2023 | 105.44 | 3.31 | 347.96 | 80.74 | 267.22 | 1139 |

# 3-8 市区人口自然变动（户籍人口）

| 年　份 | 出　生 | | 死　亡 | | 自然增长 | |
|---|---|---|---|---|---|---|
| | 人数（人） | 出生率（‰） | 人数（人） | 死亡率（‰） | 人数（人） | 自然增长率（‰） |
| 1949 | | | | | | 23.44 |
| 1952 | 8237 | 36.87 | 2784 | 12.46 | 5453 | 24.41 |
| 1957 | 14012 | 36.84 | 2898 | 7.62 | 11114 | 29.22 |
| 1962 | 18156 | 39.70 | 3022 | 6.61 | 15134 | 33.09 |
| 1965 | 12905 | 25.10 | 2840 | 5.50 | 10065 | 19.60 |
| 1970 | 14121 | 25.90 | 3217 | 5.90 | 10904 | 20.00 |
| 1975 | 10242 | 17.02 | 2821 | 4.69 | 7421 | 12.33 |
| 1978 | 7190 | 10.92 | 3001 | 4.56 | 4189 | 6.36 |
| 1979 | 9081 | 13.17 | 3129 | 4.54 | 5952 | 8.63 |
| 1980 | 11590 | 16.13 | 3405 | 4.74 | 8185 | 11.39 |
| 1981 | 13518 | 18.29 | 3478 | 4.71 | 10040 | 13.59 |
| 1982 | 13343 | 17.53 | 3455 | 4.54 | 9888 | 12.99 |
| 1983 | 10570 | 13.50 | 3294 | 4.21 | 7276 | 9.29 |
| 1984 | 9512 | 11.90 | 3325 | 4.16 | 6187 | 7.74 |
| 1985 | 9612 | 11.78 | 3429 | 4.20 | 6183 | 7.58 |
| 1986 | 12006 | 14.42 | 3253 | 3.91 | 8753 | 10.51 |
| 1987 | 14076 | 16.59 | 3472 | 4.09 | 10604 | 12.50 |
| 1988 | 13299 | 15.39 | 3598 | 4.17 | 9701 | 11.22 |
| 1989 | 12535 | 14.21 | 3642 | 4.13 | 8893 | 10.08 |
| 1990 | 7662 | 8.52 | 3525 | 3.92 | 4137 | 4.60 |
| 1991 | 8139 | 8.92 | 4013 | 4.40 | 4126 | 4.52 |
| 1992 | 8131 | 8.77 | 3953 | 4.26 | 4178 | 4.51 |
| 1993 | 8885 | 9.41 | 4252 | 4.50 | 4633 | 4.91 |
| 1994 | 15513 | 10.94 | 4873 | 3.44 | 10640 | 7.50 |
| 1995 | 11960 | 8.31 | 5650 | 3.92 | 6310 | 4.39 |
| 1996 | 11831 | 8.09 | 5939 | 4.06 | 5892 | 4.03 |
| 1997 | 14429 | 9.73 | 5590 | 3.77 | 8839 | 5.96 |
| 1998 | 14758 | 9.80 | 8273 | 5.49 | 6485 | 4.31 |
| 1999 | 12234 | 8.04 | 5819 | 3.82 | 6415 | 4.22 |
| 2000 | 23718 | 15.15 | 8152 | 5.21 | 15566 | 9.94 |
| 2001 | 11175 | 6.92 | 4366 | 2.70 | 6809 | 4.22 |
| 2002 | 11598 | 7.09 | 5444 | 3.33 | 6154 | 3.76 |
| 2003 | 11459 | 6.91 | 5540 | 3.34 | 5919 | 3.57 |
| 2004 | 13234 | 7.91 | 6690 | 4.00 | 6544 | 3.91 |
| 2005 | 17323 | 9.68 | 5551 | 3.10 | 11772 | 6.58 |
| 2006 | 19567 | 10.83 | 5368 | 2.97 | 14199 | 7.86 |
| 2007 | 23946 | 13.14 | 15701 | 8.61 | 8245 | 4.53 |
| 2008 | 24004 | 13.07 | 9462 | 5.15 | 14542 | 7.92 |
| 2009 | 25797 | 13.92 | 5511 | 2.97 | 20286 | 10.95 |
| 2010 | 64556 | 20.72 | 31217 | 9.92 | 33339 | 10.60 |
| 2011 | 59766 | 19.02 | 19167 | 6.10 | 40599 | 12.92 |
| 2012 | 58680 | 18.43 | 10139 | 3.18 | 48541 | 15.25 |
| 2013 | 62770 | 19.40 | 11104 | 3.43 | 51666 | 15.97 |
| 2014 | 56863 | 17.29 | 10068 | 3.06 | 46795 | 14.23 |
| 2015 | 45790 | 13.77 | 20886 | 6.28 | 24904 | 7.49 |
| 2016 | 45298 | 13.50 | 8951 | 2.67 | 36347 | 10.83 |
| 2017 | 51055 | 15.12 | 56258 | 16.66 | -5203 | -1.54 |
| 2018 | 43434 | 12.78 | 14866 | 4.37 | 28568 | 8.41 |
| 2019 | 35671 | 10.41 | 16212 | 4.73 | 19459 | 5.68 |
| 2020 | 34849 | 10.15 | 36128 | 10.52 | -1279 | -0.37 |
| 2021 | 26659 | 7.72 | 19880 | 5.76 | 6779 | 1.96 |
| 2022 | 23616 | 6.84 | 25218 | 7.30 | -1602 | -0.46 |
| 2023 | 20764 | 5.97 | 11048 | 3.18 | 9716 | 2.79 |

# 3-9 市区分区户数、人口数（户籍人口）

（2023 年底）

| 地　　区 | 总户数（户） | 总人口（人） | 男 | 女 | 乡村人口 | 城镇人口 |
|---|---|---|---|---|---|---|
| **市　区** | **1054388** | **3489350** | **1765123** | **1724227** | **806258** | **2683092** |
| 鼓楼区 | 125334 | 342466 | 168417 | 174049 | | 342466 |
| 云龙区 | 142620 | 410307 | 199899 | 210408 | | 410307 |
| 贾汪区 | 134002 | 510493 | 266739 | 243754 | 206947 | 303546 |
| 泉山区 | 199366 | 552063 | 269665 | 282398 | | 552063 |
| 铜山区 | 326185 | 1219918 | 631000 | 588918 | 580330 | 639588 |
| 港务区 | 33688 | 123524 | 63739 | 59785 | 18981 | 104543 |
| 开发区 | 93193 | 330579 | 165664 | 164915 | | 330579 |

# 3-10 市区分区人口自然变动（户籍人口）

（2023 年底）

| 年　　份 | 出　生 | | 死　亡 | | 自然增长 | |
|---|---|---|---|---|---|---|
| | 人数（人） | 出生率（‰） | 人数（人） | 死亡率（‰） | 人数（人） | 自然增长率（‰） |
| **市　区** | **20764** | **5.97** | **11048** | **3.18** | **9716** | **2.79** |
| 鼓楼区 | 2036 | 5.97 | 1650 | 4.84 | 386 | 1.13 |
| 云龙区 | 2962 | 7.28 | 816 | 2.01 | 2146 | 5.27 |
| 贾汪区 | 2723 | 5.33 | 2368 | 4.63 | 355 | 0.70 |
| 泉山区 | 3179 | 5.80 | 1247 | 2.27 | 1932 | 3.53 |
| 铜山区 | 6869 | 5.63 | 4063 | 3.33 | 2806 | 2.30 |
| 港务区 | 672 | 5.44 | 270 | 2.19 | 402 | 3.25 |
| 开发区 | 2323 | 7.07 | 634 | 1.93 | 1689 | 5.14 |

# 主要统计指标解释

**总人口数**　是指在一定时点、一定地域范围内所有的有生命的个人总和，它是由不同性别、不同年代出生的人所组成，是反映一个国家人口资源的重要指标。

人口总数随人口的出生、死亡、迁入、迁出的变动而变动，也随计算时地域范围和依据的人口范畴（户籍人口和常住人口）的不同而不同，如户籍人口统计中的人口总数和人口普查所取得的人口总数，由于统计的口径不同，在相同地域范围内得到的人口数也不尽相同。

**户籍人口**　是指在户口管理部门登记了常住户口的人。本《年鉴》内所列人口数除特别说明外均为户籍人口。

**农业人口**　依靠从事农业生产（包括林、牧、渔业）维持生活的全部人口，包括实际从事农业生产的人口以及由他们所抚养的人口。由于改革开放,一些人外出务工经商，其户口性质仍为农村户口的人也统计在农业人口范围内。

**非农业人口**　不依靠从事农业生产的职业来维持生活的人口，主要指城镇的非农业户口性质的人口。

**年平均人数**　是指一年内的各个时点人口的平均数。在实际统计工作中，由于资料的限制，无法按理论上所讲的方法计算，一般根据年初、年末人数按简单算术平均数计算，也常用年中人数来表示年平均人数。

**出生率**　一定时期内出生人数与同期平均人口数之比。又称总出生率或粗出生率。它反映人口的出生水平。出生人口数是指活产，即离开母体时有生命现象的活产婴儿总和。

出生率通常以年为单位计算，计算方法为：年出生人数除以年平均人数，以千分数表示。

**死亡率**　一定时期内（通常为一年）死亡人数与同期平均人数(或期中人数)之比。说明该时期人口的死亡强度。计算方法为：年死亡人数除以年平均人数，以千分数表示。

**自然增长率**　它是表明人口自然增长的趋势和程度(或速度）的指标，即一定时期内人口自然增长数（出生人数减死亡人数)与同期平均人口数之比。通常以一年为期计算，用千分数表示。计算公式为：

$$\text{人口自然增长率} = \frac{\text{全年出生人数} - \text{死亡人数}}{\text{年平均总人数}} \times 1000‰$$

实际工作中，一般用出生率减死亡率计算而得。

# 四、就业人员和职工工资

版面负责人：唐子午

编　　　辑：闫礼建　魏安山

统计知识

# 中华人民共和国统计法

**第二十二条** 县级以上人民政府应当将统计工作所需经费列入财政预算。

重大国情国力普查所需经费，由国务院和地方人民政府共同负担，列入相应年度的财政预算，按时拨付，确保到位。

## 第三章 统计资料的管理和公布

**第二十三条** 县级以上人民政府统计机构和有关部门以及乡、镇人民政府，应当按照国家有关规定建立统计资料的保存、管理制度。

县级以上人民政府统计机构和有关部门建立健全统计信息共享机制，明确统计信息的共享范围、标准和程序。

**第二十四条** 国家机关、企业事业单位和其他组织等统计调查对象，应当按照国家有关规定设置原始记录、统计台账，推动统计台账电子化、数字化、标准化，建立健全统计资料的审核、签署、报送、归档等管理制度。

统计资料的审核、签署人员应当对其审核、签署的统计资料的真实性、准确性和完整性负责。

**第二十五条** 县级以上人民政府有关部门应当及时向本级人民政府统计机构提供统计所需的行政记录资料和国民经济核算所需的财务资料、财政资料及其他资料，并按照统计调查制度的规定及时向本级人民政府统计机构报送其组织实施统计调查取得的有关资料。

县级以上人民政府统计机构应当及时向本级人民政府有关部门提供有关统计资料。

**第二十六条** 县级以上人民政府统计机构按照国家有关规定，定期公布统计资料。

国家统计数据以国家统计局公布的数据为准。

**第二十七条** 县级以上人民政府有关部门统计调查取得的统计资料，由本部门按照国家有关规定公布。

**第二十八条** 统计调查中获得的能够识别或者推断单个统计调查对象身份的资料，任何单位和个人不得对外提供、泄露，不得用于统计以外的目的。

**第二十九条** 县级以上人民政府统计机构和有关部门统计调查取得的统计资料，除依法应当保密的外，应当及时公开，供社会公众查询。

# 4-1 从业人员

单位：万人

| 年份 | 全社会从业人数 | 职工人数 | | | | 城镇私营企业从业人员和个体劳动者 | 其他从业人员 |
|---|---|---|---|---|---|---|---|
| | | | 国有经济单位 | 城镇集体经济单位 | 其他经济类型单位 | | |
| 1978 | 283.64 | 60.12 | 41.16 | 18.96 | | | |
| 1979 | 282.72 | 61.94 | 41.04 | 20.90 | | 0.19 | |
| 1980 | 292.22 | 64.97 | 45.16 | 19.81 | | 0.53 | |
| 1981 | 302.62 | 67.64 | 47.80 | 19.84 | | 0.74 | |
| 1982 | 314.75 | 70.10 | 50.18 | 19.92 | | 0.36 | |
| 1983 | 322.66 | 72.17 | 52.60 | 19.57 | | 0.57 | |
| 1984 | 337.62 | 76.65 | 53.40 | 23.25 | | 1.10 | |
| 1985 | 349.04 | 78.06 | 55.19 | 22.87 | | 1.56 | |
| 1986 | 357.72 | 80.41 | 56.82 | 23.58 | 0.01 | 1.15 | |
| 1987 | 367.36 | 82.15 | 58.96 | 23.17 | 0.02 | 1.44 | |
| 1988 | 381.43 | 85.87 | 61.88 | 23.96 | 0.04 | 2.29 | |
| 1989 | 390.31 | 85.39 | 61.88 | 23.42 | 0.09 | 3.16 | |
| 1990 | 408.50 | 87.35 | 63.69 | 23.53 | 0.13 | 3.27 | |
| 1991 | 419.35 | 89.59 | 65.55 | 23.85 | 0.19 | 2.60 | |
| 1992 | 421.81 | 90.25 | 67.10 | 22.87 | 0.28 | 3.04 | |
| 1993 | 423.40 | 91.83 | 69.40 | 21.54 | 0.89 | 3.62 | 1.08 |
| 1994 | 423.45 | 91.39 | 70.80 | 19.60 | 0.99 | 5.12 | 1.16 |
| 1995 | 425.43 | 92.39 | 72.52 | 19.13 | 0.74 | 8.03 | 1.24 |
| 1996 | 428.26 | 94.16 | 73.94 | 18.78 | 1.44 | 8.98 | 0.91 |
| 1997 | 432.88 | 93.85 | 74.41 | 17.76 | 1.68 | 12.42 | 1.30 |
| 1998 | 421.09 | 77.72 | 63.66 | 9.79 | 4.27 | 17.33 | 1.35 |
| 1999 | 418.65 | 75.07 | 61.95 | 9.39 | 3.73 | 17.81 | 1.42 |
| 2000 | 417.66 | 71.02 | 57.74 | 8.30 | 4.98 | 19.21 | 1.26 |
| 2001 | 415.78 | 67.64 | 53.65 | 7.01 | 6.98 | 20.58 | 1.29 |
| 2002 | 391.81 | 61.76 | 44.55 | 4.92 | 12.28 | 16.09 | 1.50 |
| 2003 | 382.03 | 59.15 | 43.32 | 4.25 | 11.58 | 17.73 | 2.15 |
| 2004 | 395.50 | 56.31 | 40.19 | 3.90 | 12.22 | 28.73 | 3.08 |
| 2005 | 452.20 | 56.07 | 40.13 | 3.60 | 12.34 | 37.74 | 10.39 |
| 2006 | 469.15 | 56.91 | 39.87 | 3.57 | 13.47 | 43.51 | 15.98 |
| 2007 | 477.21 | 57.56 | 40.00 | 3.35 | 14.21 | 53.61 | 11.49 |
| 2008 | 486.05 | 58.34 | 39.53 | 3.44 | 15.37 | 59.38 | 13.95 |
| 2009 | 501.17 | 58.29 | 38.49 | 2.99 | 16.81 | 68.93 | 15.20 |
| 2010 | 478.72 | 58.38 | 38.59 | 2.89 | 16.90 | 80.17 | 15.96 |
| 2011 | 477.95 | 59.42 | 38.94 | 2.93 | 17.55 | 88.82 | 15.56 |
| 2012 | 473.84 | 60.59 | 39.50 | 2.62 | 18.46 | 93.62 | 15.85 |
| 2013 | 474.61 | 101.54 | 32.98 | 3.04 | 65.51 | 104.88 | 16.21 |
| 2014 | 474.86 | 99.88 | 34.06 | 3.32 | 62.49 | 109.77 | 19.78 |
| 2015 | 475.59 | 97.17 | 32.05 | 3.16 | 61.95 | 112.58 | 22.49 |
| 2016 | 475.02 | 92.89 | 31.76 | 3.21 | 57.92 | 134.70 | 27.20 |
| 2017 | 479.94 | 90.43 | 31.30 | 3.04 | 56.09 | 157.50 | 6.73 |
| 2018 | 481.93 | 79.60 | 30.06 | 2.85 | 46.69 | 167.96 | 11.22 |
| 2019 | 483.44 | 69.95 | 30.68 | 2.18 | 37.09 | 173.76 | 8.50 |
| 2020 | 482.11 | 71.08 | 33.20 | 2.12 | 35.76 | | 8.98 |
| 2021 | 475.20 | 74.20 | 35.77 | 2.09 | 36.34 | | |
| 2022 | 466.68 | 76.02 | 36.28 | 2.18 | 37.56 | | |
| 2023 | 471.60 | 77.62 | 27.82 | | 49.80 | | |

注：2023年起，按登记注册统计类别分：全民所有制企业（国有企业）为国有经济单位，其他登记注册统计类别统计为其他经济类型单位，不再区分城镇集体经济单位（下同）。

# 4-2 市区从业人员

单位：万人

| 年份 | 全社会从业人数 | 职工人数 | 国有经济单位 | 城镇集体经济单位 | 其他经济类型单位 | 城镇私营企业从业人员和个体劳动者 | 其他从业人员 |
|---|---|---|---|---|---|---|---|
| 1978 | 43.76 | 39.20 | 28.07 | 11.13 | | | |
| 1979 | 46.66 | 42.12 | 28.90 | 13.22 | | 0.02 | |
| 1980 | 47.26 | 42.71 | 30.76 | 11.95 | | 0.12 | |
| 1981 | 49.16 | 44.41 | 32.44 | 11.97 | | 0.19 | |
| 1982 | 51.19 | 46.28 | 34.24 | 12.04 | | 0.21 | |
| 1983 | 53.74 | 48.37 | 36.37 | 12.00 | | 0.37 | |
| 1984 | 55.88 | 50.01 | 37.69 | 12.32 | | 0.75 | |
| 1985 | 58.14 | 51.42 | 39.51 | 11.91 | | 1.18 | |
| 1986 | 58.95 | 52.69 | 40.30 | 12.38 | 0.01 | 0.72 | |
| 1987 | 59.82 | 53.34 | 41.09 | 12.23 | 0.02 | 0.97 | |
| 1988 | 61.42 | 54.06 | 42.03 | 11.98 | 0.05 | 1.90 | |
| 1989 | 61.35 | 54.01 | 42.22 | 11.70 | 0.09 | 1.72 | |
| 1990 | 62.50 | 55.05 | 43.12 | 11.81 | 0.12 | 1.82 | |
| 1991 | 63.48 | 56.05 | 43.93 | 11.93 | 0.19 | 1.93 | |
| 1992 | 63.35 | 56.07 | 44.57 | 11.27 | 0.23 | 2.06 | |
| 1993 | 63.95 | 56.13 | 44.88 | 10.59 | 0.66 | 2.65 | 0.25 |
| 1994 | 80.20 | 55.75 | 45.21 | 9.69 | 0.85 | 3.11 | 0.63 |
| 1995 | 82.89 | 55.92 | 45.98 | 9.52 | 0.42 | 5.11 | 0.67 |
| 1996 | 82.21 | 56.12 | 45.78 | 9.30 | 1.04 | 5.24 | 0.40 |
| 1997 | 82.85 | 55.41 | 45.53 | 9.00 | 0.87 | 7.17 | 0.42 |
| 1998 | 74.39 | 44.72 | 38.92 | 3.60 | 2.20 | 10.52 | 0.28 |
| 1999 | 71.29 | 42.84 | 37.62 | 3.48 | 1.74 | 9.09 | 0.39 |
| 2000 | 72.16 | 40.10 | 34.32 | 2.88 | 2.90 | 10.61 | 0.43 |
| 2001 | 72.81 | 38.12 | 32.08 | 2.24 | 3.79 | 11.91 | 0.51 |
| 2002 | 63.22 | 34.33 | 25.23 | 1.70 | 7.40 | 6.92 | 0.71 |
| 2003 | 62.74 | 32.64 | 24.45 | 1.40 | 6.79 | 8.21 | 0.64 |
| 2004 | 71.37 | 30.71 | 21.99 | 1.21 | 7.51 | 17.42 | 1.46 |
| 2005 | 91.10 | 30.35 | 22.31 | 1.02 | 7.02 | 23.77 | 8.79 |
| 2006 | 99.74 | 30.18 | 22.00 | 1.00 | 7.18 | 26.55 | 12.75 |
| 2007 | 96.42 | 30.55 | 22.39 | 0.84 | 7.32 | 29.74 | 6.73 |
| 2008 | 99.17 | 30.30 | 21.79 | 1.14 | 7.37 | 30.19 | 9.00 |
| 2009 | 103.83 | 30.00 | 21.33 | 0.84 | 7.83 | 34.13 | 8.27 |
| 2010 | 171.88 | 35.22 | 24.17 | 1.03 | 10.02 | 43.98 | 11.51 |
| 2011 | 174.09 | 35.48 | 24.29 | 1.13 | 10.06 | 48.84 | 10.38 |
| 2012 | 176.22 | 35.82 | 24.51 | 0.87 | 10.43 | 51.59 | 6.93 |
| 2013 | 179.51 | 54.85 | 14.69 | 0.92 | 39.23 | 60.36 | 7.35 |
| 2014 | 182.96 | 52.84 | 15.03 | 0.77 | 37.04 | 62.01 | 5.28 |
| 2015 | 185.99 | 50.17 | 14.32 | 0.70 | 35.15 | 61.64 | 16.52 |
| 2016 | 189.78 | 45.80 | 14.43 | 0.71 | 30.66 | 74.43 | 19.79 |
| 2017 | 194.72 | 45.84 | 14.68 | 0.63 | 30.53 | 86.05 | 4.95 |
| 2018 | 197.21 | 41.72 | 13.49 | 1.25 | 26.98 | 90.91 | 2.91 |
| 2019 | 198.93 | 34.30 | 13.18 | 1.10 | 20.01 | 92.48 | 4.33 |
| 2020 | 200.23 | 37.96 | 15.25 | 1.15 | 21.56 | | 2.25 |
| 2021 | 196.74 | 38.73 | 17.81 | 1.17 | 19.75 | | |
| 2022 | 190.21 | 39.54 | 18.73 | 1.22 | 19.60 | | |
| 2023 | 192.98 | 40.10 | 14.31 | | 25.79 | | |

注：2010 年以后市区为包含铜山区口径，与往年不可比（下同）。

# 4-3 分三次产业全社会从业人数及构成

| 年　份 | 从业人数（万人） | 第一产业 | | 第二产业 | | 第三产业 | |
|---|---|---|---|---|---|---|---|
| | | 人数（万人） | 比重（%） | 人数（万人） | 比重（%） | 人数（万人） | 比重（%） |
| 1978 | 283.64 | 204.41 | 72.1 | 43.56 | 15.3 | 35.67 | 12.6 |
| 1979 | 282.72 | 204.52 | 72.4 | 45.06 | 15.9 | 33.14 | 11.7 |
| 1980 | 292.22 | 209.96 | 71.8 | 49.69 | 17.0 | 32.57 | 11.2 |
| 1981 | 302.62 | 216.86 | 71.7 | 51.80 | 17.1 | 33.96 | 11.2 |
| 1982 | 314.75 | 221.17 | 70.3 | 57.62 | 18.3 | 35.96 | 11.4 |
| 1983 | 322.66 | 223.59 | 69.3 | 61.30 | 19.0 | 37.77 | 11.7 |
| 1984 | 337.62 | 223.01 | 66.0 | 69.74 | 20.7 | 44.87 | 13.3 |
| 1985 | 349.04 | 222.57 | 63.8 | 78.65 | 22.5 | 47.82 | 13.7 |
| 1986 | 357.72 | 222.38 | 62.2 | 84.04 | 23.5 | 51.30 | 14.3 |
| 1987 | 367.35 | 225.07 | 61.3 | 89.84 | 24.4 | 52.45 | 14.3 |
| 1988 | 381.43 | 226.65 | 59.4 | 97.06 | 25.5 | 57.72 | 15.1 |
| 1989 | 390.31 | 235.21 | 60.2 | 95.49 | 24.5 | 59.61 | 15.3 |
| 1990 | 408.50 | 249.36 | 61.0 | 95.41 | 23.4 | 63.73 | 15.6 |
| 1991 | 419.35 | 260.56 | 62.1 | 93.90 | 22.4 | 64.89 | 15.5 |
| 1992 | 421.81 | 258.67 | 61.3 | 98.13 | 23.3 | 65.01 | 15.4 |
| 1993 | 423.40 | 247.05 | 58.3 | 105.18 | 24.9 | 71.17 | 16.8 |
| 1994 | 423.45 | 247.36 | 58.4 | 103.56 | 24.5 | 72.53 | 17.1 |
| 1995 | 425.43 | 242.09 | 56.9 | 107.66 | 25.3 | 75.68 | 17.8 |
| 1996 | 428.26 | 239.60 | 55.9 | 108.63 | 25.4 | 80.03 | 18.7 |
| 1997 | 432.88 | 240.85 | 55.6 | 106.11 | 24.5 | 85.92 | 19.9 |
| 1998 | 421.09 | 242.24 | 57.5 | 92.02 | 21.9 | 86.83 | 20.6 |
| 1999 | 418.65 | 235.80 | 56.3 | 92.26 | 22.0 | 90.59 | 21.7 |
| 2000 | 417.66 | 235.35 | 56.4 | 93.24 | 22.3 | 89.07 | 21.3 |
| 2001 | 415.78 | 230.49 | 55.4 | 95.79 | 23.0 | 89.50 | 21.6 |
| 2002 | 391.81 | 216.01 | 55.1 | 94.83 | 24.2 | 80.97 | 20.7 |
| 2003 | 382.03 | 196.26 | 51.4 | 103.31 | 27.0 | 82.46 | 21.6 |
| 2004 | 395.50 | 189.72 | 48.0 | 111.45 | 28.2 | 94.33 | 23.8 |
| 2005 | 452.20 | 182.63 | 40.3 | 127.69 | 28.3 | 141.88 | 31.4 |
| 2006 | 469.15 | 177.20 | 37.8 | 144.99 | 30.9 | 146.96 | 31.3 |
| 2007 | 477.21 | 170.31 | 35.7 | 152.18 | 31.9 | 154.72 | 32.4 |
| 2008 | 486.05 | 163.19 | 33.5 | 168.99 | 34.8 | 153.87 | 31.7 |
| 2009 | 501.17 | 162.08 | 32.4 | 180.01 | 35.9 | 159.08 | 31.7 |
| 2010 | 478.72 | 190.28 | 39.7 | 130.94 | 27.4 | 157.50 | 32.9 |
| 2011 | 477.95 | 182.76 | 38.2 | 136.68 | 28.6 | 158.51 | 33.2 |
| 2012 | 473.84 | 173.18 | 36.5 | 140.46 | 29.6 | 160.20 | 33.8 |
| 2013 | 474.61 | 165.43 | 34.9 | 145.79 | 30.7 | 163.39 | 34.4 |
| 2014 | 474.86 | 156.27 | 32.9 | 146.79 | 30.9 | 171.80 | 36.2 |
| 2015 | 475.59 | 146.54 | 30.8 | 149.52 | 31.4 | 179.53 | 37.7 |
| 2016 | 475.02 | 138.89 | 29.2 | 152.34 | 32.1 | 183.79 | 38.7 |
| 2017 | 479.94 | 127.74 | 26.6 | 155.27 | 32.4 | 196.93 | 41.0 |
| 2018 | 481.93 | 114.81 | 23.8 | 162.65 | 33.7 | 204.47 | 42.4 |
| 2019 | 483.44 | 100.34 | 20.8 | 168.15 | 34.8 | 214.95 | 44.5 |
| 2020 | 482.11 | 95.01 | 19.7 | 166.53 | 34.5 | 220.57 | 45.8 |
| 2021 | 475.20 | 86.98 | 18.3 | 167.58 | 35.3 | 220.64 | 46.4 |
| 2022 | 466.68 | 86.75 | 18.6 | 167.09 | 35.8 | 212.84 | 45.6 |
| 2023 | 471.60 | 86.81 | 18.4 | 167.86 | 35.6 | 216.93 | 46.0 |

# 4-4 市区分三次产业全社会从业人数及构成

| 年份 | 从业人数（万人） | 第一产业 | | 第二产业 | | 第三产业 | |
|---|---|---|---|---|---|---|---|
| | | 人数（万人） | 比重（%） | 人数（万人） | 比重（%） | 人数（万人） | 比重（%） |
| 1978 | 43.76 | 3.90 | 8.9 | 24.66 | 56.4 | 15.20 | 34.7 |
| 1979 | 46.66 | 3.83 | 8.2 | 27.73 | 59.4 | 15.10 | 32.4 |
| 1980 | 47.26 | 3.65 | 7.7 | 29.47 | 62.4 | 14.14 | 29.9 |
| 1981 | 49.16 | 3.65 | 7.4 | 30.60 | 62.3 | 14.91 | 30.3 |
| 1982 | 51.19 | 3.56 | 7.0 | 32.25 | 63.0 | 15.38 | 30.0 |
| 1983 | 53.74 | 3.50 | 6.5 | 34.59 | 64.4 | 15.65 | 29.1 |
| 1984 | 55.88 | 3.28 | 5.9 | 36.60 | 65.5 | 16.00 | 28.6 |
| 1985 | 58.14 | 2.78 | 4.8 | 39.89 | 66.9 | 16.47 | 28.3 |
| 1986 | 58.95 | 2.84 | 4.8 | 38.85 | 65.9 | 17.26 | 29.3 |
| 1987 | 59.82 | 2.79 | 4.6 | 40.25 | 67.3 | 16.78 | 28.1 |
| 1988 | 61.42 | 2.71 | 4.4 | 40.46 | 65.9 | 18.25 | 29.7 |
| 1989 | 51.35 | 2.86 | 4.7 | 39.94 | 65.1 | 18.55 | 30.2 |
| 1990 | 62.50 | 2.91 | 4.7 | 39.41 | 63.0 | 20.19 | 32.3 |
| 1991 | 63.48 | 2.83 | 4.4 | 39.97 | 63.0 | 20.68 | 32.6 |
| 1992 | 63.35 | 2.71 | 4.3 | 41.23 | 65.1 | 19.41 | 30.6 |
| 1993 | 63.95 | 2.24 | 3.5 | 40.79 | 63.8 | 20.92 | 32.7 |
| 1994 | 80.20 | 11.46 | 14.3 | 43.90 | 54.7 | 24.84 | 31.0 |
| 1995 | 82.89 | 11.83 | 14.3 | 45.71 | 55.1 | 25.35 | 30.6 |
| 1996 | 82.21 | 11.86 | 14.4 | 44.61 | 54.3 | 25.74 | 31.3 |
| 1997 | 82.85 | 10.96 | 13.2 | 44.24 | 53.4 | 27.65 | 33.4 |
| 1998 | 74.39 | 10.21 | 13.7 | 34.85 | 46.9 | 29.33 | 39.4 |
| 1999 | 71.29 | 10.06 | 14.1 | 33.38 | 46.8 | 27.85 | 39.1 |
| 2000 | 72.16 | 11.18 | 15.5 | 32.22 | 44.6 | 28.76 | 39.9 |
| 2001 | 72.81 | 12.78 | 17.6 | 31.19 | 42.8 | 28.84 | 39.6 |
| 2002 | 63.22 | 11.73 | 18.6 | 27.21 | 43.0 | 24.28 | 38.4 |
| 2003 | 62.75 | 10.71 | 17.1 | 26.78 | 42.7 | 25.26 | 40.2 |
| 2004 | 71.38 | 10.01 | 14.0 | 27.80 | 39.0 | 33.56 | 47.0 |
| 2005 | 91.10 | 12.06 | 13.2 | 32.08 | 35.2 | 46.95 | 51.5 |
| 2006 | 99.74 | 12.41 | 12.4 | 34.35 | 34.5 | 52.98 | 53.1 |
| 2007 | 96.42 | 9.26 | 9.6 | 33.07 | 34.3 | 54.09 | 56.1 |
| 2008 | 99.17 | 10.70 | 10.8 | 39.72 | 40.0 | 48.75 | 49.2 |
| 2009 | 103.83 | 11.82 | 11.4 | 42.22 | 40.7 | 49.79 | 47.9 |
| 2010 | 171.88 | 42.62 | 24.8 | 45.63 | 26.5 | 83.62 | 48.7 |
| 2011 | 174.09 | 40.94 | 23.5 | 48.01 | 27.6 | 85.14 | 48.9 |
| 2012 | 176.22 | 39.40 | 22.4 | 49.65 | 28.2 | 87.18 | 49.5 |
| 2013 | 179.51 | 37.87 | 21.1 | 51.83 | 28.9 | 89.81 | 50.0 |
| 2014 | 182.96 | 36.46 | 19.9 | 53.05 | 29.0 | 93.46 | 51.1 |
| 2015 | 185.99 | 34.15 | 18.4 | 54.49 | 29.3 | 97.35 | 52.3 |
| 2016 | 189.78 | 32.90 | 17.3 | 56.85 | 30.0 | 100.04 | 52.7 |
| 2017 | 194.72 | 29.90 | 15.4 | 58.90 | 30.2 | 105.92 | 54.4 |
| 2018 | 197.21 | 26.24 | 13.3 | 62.21 | 31.5 | 108.76 | 55.1 |
| 2019 | 198.93 | 22.41 | 11.3 | 64.70 | 32.5 | 111.82 | 56.2 |
| 2020 | 200.23 | 20.96 | 10.5 | 64.68 | 32.3 | 114.59 | 57.2 |
| 2021 | 196.74 | 18.34 | 9.3 | 64.82 | 33.0 | 113.58 | 57.7 |
| 2022 | 190.21 | 18.41 | 9.7 | 64.41 | 33.9 | 107.38 | 56.5 |
| 2023 | 192.98 | 18.32 | 9.5 | 64.46 | 33.4 | 110.20 | 57.1 |

# 4-5 主要年份在岗职工人数

单位：万人

| 年 份 | 全市合计 | 国有经济单位 | 城镇集体经济单位 | 其他经济类型单位 | 市区合计 | 国有经济单位 | 城镇集体经济单位 | 其他经济类型单位 |
|---|---|---|---|---|---|---|---|---|
| 1949 | 6.11 | 6.11 | | | 4.88 | 4.88 | | |
| 1952 | 8.11 | 8.11 | | | 6.00 | 6.00 | | |
| 1957 | 10.04 | 10.04 | | | 6.86 | 6.86 | | |
| 1962 | 16.94 | 16.94 | | | 16.81 | 12.21 | 4.60 | |
| 1965 | 15.18 | 15.18 | | | 15.23 | 10.45 | 4.78 | |
| 1970 | 22.12 | 22.12 | | | 18.94 | 13.84 | 5.10 | |
| 1975 | 42.69 | 29.21 | 13.48 | | 27.06 | 19.86 | 7.20 | |
| 1978 | 60.12 | 41.16 | 18.96 | | 39.20 | 28.07 | 11.13 | |
| 1979 | 61.94 | 41.04 | 20.90 | | 42.12 | 28.90 | 13.22 | |
| 1980 | 64.97 | 45.16 | 19.81 | | 42.71 | 30.76 | 11.95 | |
| 1981 | 67.64 | 47.80 | 19.84 | | 44.41 | 32.44 | 11.97 | |
| 1982 | 70.10 | 50.18 | 19.92 | | 46.28 | 34.24 | 12.04 | |
| 1983 | 72.17 | 52.60 | 19.57 | | 48.37 | 36.37 | 12.00 | |
| 1984 | 76.65 | 53.40 | 23.25 | | 50.01 | 37.69 | 12.32 | |
| 1985 | 78.06 | 55.19 | 22.87 | | 51.42 | 39.51 | 11.91 | |
| 1986 | 80.41 | 56.82 | 23.58 | 0.01 | 52.69 | 40.30 | 12.38 | 0.01 |
| 1987 | 82.15 | 58.96 | 23.17 | 0.02 | 53.34 | 41.09 | 12.23 | 0.02 |
| 1988 | 85.87 | 61.88 | 23.96 | 0.04 | 54.06 | 42.03 | 11.98 | 0.05 |
| 1989 | 85.39 | 61.88 | 23.42 | 0.09 | 54.01 | 42.22 | 11.70 | 0.09 |
| 1990 | 87.35 | 63.69 | 23.53 | 0.13 | 55.05 | 43.12 | 11.81 | 0.12 |
| 1991 | 89.59 | 65.55 | 23.85 | 0.19 | 56.05 | 43.93 | 11.93 | 0.19 |
| 1992 | 90.25 | 67.10 | 22.87 | 0.28 | 56.07 | 44.57 | 11.27 | 0.23 |
| 1993 | 91.83 | 69.40 | 21.54 | 0.89 | 56.13 | 44.88 | 10.59 | 0.66 |
| 1994 | 91.39 | 70.80 | 19.60 | 0.99 | 55.75 | 45.21 | 9.69 | 0.85 |
| 1995 | 92.39 | 72.52 | 19.13 | 0.74 | 55.92 | 45.98 | 9.52 | 0.42 |
| 1996 | 94.16 | 73.94 | 18.78 | 1.44 | 56.12 | 45.78 | 9.30 | 1.04 |
| 1997 | 93.85 | 74.41 | 17.76 | 1.68 | 55.41 | 45.53 | 9.00 | 0.87 |
| 1998 | 77.72 | 63.66 | 9.79 | 4.27 | 44.72 | 38.92 | 3.60 | 2.20 |
| 1999 | 75.07 | 61.95 | 9.39 | 3.73 | 42.84 | 37.62 | 3.48 | 1.74 |
| 2000 | 71.02 | 57.74 | 8.30 | 4.98 | 40.10 | 34.32 | 2.88 | 2.90 |
| 2001 | 67.64 | 53.65 | 7.01 | 6.98 | 38.12 | 32.08 | 2.24 | 3.79 |
| 2002 | 61.76 | 44.55 | 4.92 | 12.28 | 34.33 | 25.23 | 1.70 | 7.40 |
| 2003 | 59.15 | 43.32 | 4.25 | 11.58 | 32.64 | 24.45 | 1.40 | 6.79 |
| 2004 | 56.31 | 40.19 | 3.90 | 12.22 | 30.71 | 21.99 | 1.21 | 7.51 |
| 2005 | 56.07 | 40.13 | 3.60 | 12.34 | 30.35 | 22.31 | 1.02 | 7.03 |
| 2006 | 56.91 | 39.87 | 3.57 | 13.47 | 30.18 | 22.00 | 1.00 | 7.18 |
| 2007 | 57.56 | 40.00 | 3.35 | 14.21 | 30.55 | 22.39 | 0.84 | 7.32 |
| 2008 | 58.34 | 39.53 | 3.44 | 15.37 | 30.30 | 21.79 | 1.14 | 7.37 |
| 2009 | 58.29 | 38.49 | 2.99 | 16.81 | 30.00 | 21.33 | 0.84 | 7.83 |
| 2010 | 58.38 | 38.59 | 2.89 | 16.90 | 35.22 | 24.17 | 1.03 | 10.02 |
| 2011 | 59.42 | 38.94 | 2.93 | 17.54 | 35.48 | 24.30 | 1.13 | 10.05 |
| 2012 | 60.59 | 39.50 | 2.62 | 18.46 | 35.82 | 24.51 | 0.87 | 10.43 |
| 2013 | 101.53 | 32.98 | 3.04 | 65.51 | 54.84 | 14.69 | 0.92 | 39.23 |
| 2014 | 99.88 | 34.06 | 3.32 | 62.50 | 52.84 | 15.03 | 0.77 | 37.04 |
| 2015 | 97.17 | 32.05 | 3.16 | 61.95 | 50.17 | 14.32 | 0.70 | 35.15 |
| 2016 | 92.89 | 31.76 | 3.21 | 57.92 | 45.80 | 14.43 | 0.71 | 30.66 |
| 2017 | 90.43 | 31.30 | 3.04 | 56.09 | 45.84 | 14.68 | 0.63 | 30.53 |
| 2018 | 79.60 | 30.06 | 2.85 | 46.69 | 41.72 | 13.49 | 1.25 | 26.98 |
| 2019 | 69.95 | 30.68 | 2.18 | 37.09 | 34.30 | 13.18 | 1.10 | 20.01 |
| 2020 | 71.08 | 33.20 | 2.12 | 35.76 | 37.96 | 15.25 | 1.15 | 21.56 |
| 2021 | 74.20 | 35.77 | 2.09 | 36.34 | 38.73 | 17.81 | 1.17 | 19.75 |
| 2022 | 76.02 | 36.28 | 2.18 | 37.56 | 39.54 | 18.73 | 1.22 | 19.60 |
| 2023 | 77.62 | 27.82 | | 49.80 | 40.10 | 14.31 | | 25.79 |

注：2020 年及以后在岗职工统计方法调整为规模以下单位采取抽样调查，规模以上单位全面调查，规下单位在岗职工人数受权重影响，因四舍五入问题，存在总数不等于分项之和现象（下同）。

# 4-6 在岗职工人数

（2023 年底） 单位：人

| 项目 | 在岗职工人数 | 国有经济单位 | 其他经济类型单位 |
|---|---|---|---|
| **总计** | **776152** | **278149** | **498004** |
| **按企业、事业、机关分** | | | |
| 企业 | 493778 | 14517 | 479261 |
| 事业 | 174037 | 173659 | 378 |
| 机关 | 89827 | 89578 | 248 |
| 民间非营利组织 | 17460 | 392 | 17068 |
| 其他 | 1052 | 3 | 1049 |
| **按国民经济行业分** | | | |
| 农、林、牧、渔业 | 9598 | 527 | 9071 |
| 采矿业 | 44476 | | 44476 |
| 制造业 | 138369 | 1854 | 136514 |
| 电力、热力、燃气及水生产和供应业 | 11470 | 45 | 11426 |
| 建筑业 | 127374 | 4537 | 122837 |
| 批发和零售业 | 31124 | 1331 | 29793 |
| 交通运输、仓储和邮政业 | 24505 | 1402 | 23103 |
| 住宿和餐饮业 | 4666 | 47 | 4618 |
| 信息传输、软件和信息技术服务业 | 9991 | 931 | 9060 |
| 金融业 | 17500 | 6385 | 11115 |
| 房地产业 | 15896 | 666 | 15229 |
| 租赁和商务服务业 | 37511 | 1956 | 35555 |
| 科学研究与技术服务业 | 15798 | 3528 | 12270 |
| 水利、环境和公共设施管理业 | 7304 | 4897 | 2408 |
| 居民服务、修理和其他服务业 | 5879 | 884 | 4995 |
| 教育 | 106774 | 92121 | 14653 |
| 卫生和社会工作 | 62995 | 56222 | 6773 |
| 文化、体育和娱乐业 | 5960 | 2195 | 3766 |
| 公共管理、社会保障和社会组织 | 98962 | 98621 | 341 |

# 4-7　市区在岗职工人数

（2023 年底）　　　　单位：人

| 项　　目 | 在岗职工人数 | 国有经济单位 | 其他经济类型单位 |
|---|---|---|---|
| **总　计** | **401026** | **143132** | **257894** |
| **按企业、事业、机关分** | | | |
| 企业 | 259442 | 12574 | 246867 |
| 事业 | 84956 | 84715 | 241 |
| 机关 | 45831 | 45600 | 231 |
| 民间非营利组织 | 10546 | 242 | 10304 |
| 其他 | 250 | | 250 |
| **按国民经济行业分** | | | |
| 农、林、牧、渔业 | 2104 | 320 | 1783 |
| 采矿业 | 29837 | | 29837 |
| 制造业 | 87965 | 1819 | 86147 |
| 电力、热力、燃气及水生产和供应业 | 6288 | 19 | 6269 |
| 建筑业 | 22096 | 2953 | 19143 |
| 批发和零售业 | 17633 | 1260 | 16373 |
| 交通运输、仓储和邮政业 | 18933 | 273 | 18661 |
| 住宿和餐饮业 | 3521 | 47 | 3474 |
| 信息传输、软件和信息技术服务业 | 9307 | 783 | 8524 |
| 金融业 | 14236 | 6385 | 7851 |
| 房地产业 | 12129 | 391 | 11738 |
| 租赁和商务服务业 | 24253 | 705 | 23548 |
| 科学研究与技术服务业 | 8703 | 2095 | 6608 |
| 水利、环境和公共设施管理业 | 2733 | 2112 | 621 |
| 居民服务、修理和其他服务业 | 2386 | 484 | 1902 |
| 教育 | 52809 | 44179 | 8630 |
| 卫生和社会工作 | 32248 | 28381 | 3867 |
| 文化、体育和娱乐业 | 4040 | 1387 | 2653 |
| 公共管理、社会保障和社会组织 | 49805 | 49540 | 265 |

# 4-8 女性从业人员人数

（2023 年底） 单位：人

| 项目 | 女性从业人员人数 | 国有经济单位 | 其他经济类型单位 |
|---|---|---|---|
| **总计** | **299913** | **148132** | **151781** |
| **按企业、事业、机关分** | | | |
| 企业 | 142210 | 4433 | 137778 |
| 事业 | 112549 | 112317 | 232 |
| 机关 | 31260 | 31175 | 85 |
| 民间非营利组织 | 13471 | 207 | 13264 |
| 其他 | 423 | 1 | 422 |
| **按国民经济行业分** | | | |
| 农、林、牧、渔业 | 5353 | 215 | 5138 |
| 采矿业 | 6611 | | 6611 |
| 制造业 | 45594 | 232 | 45362 |
| 电力、热力、燃气及水生产和供应业 | 3078 | 7 | 3071 |
| 建筑业 | 12207 | 886 | 11321 |
| 批发和零售业 | 17398 | 369 | 17029 |
| 交通运输、仓储和邮政业 | 7033 | 385 | 6648 |
| 住宿和餐饮业 | 3292 | 18 | 3275 |
| 信息传输、软件和信息技术服务业 | 4112 | 390 | 3722 |
| 金融业 | 8035 | 2786 | 5248 |
| 房地产业 | 6914 | 289 | 6625 |
| 租赁和商务服务业 | 14201 | 1101 | 13100 |
| 科学研究与技术服务业 | 4458 | 1230 | 3228 |
| 水利、环境和公共设施管理业 | 2987 | 1829 | 1158 |
| 居民服务、修理和其他服务业 | 2521 | 371 | 2150 |
| 教育 | 74074 | 63143 | 10931 |
| 卫生和社会工作 | 43930 | 38867 | 5062 |
| 文化、体育和娱乐业 | 3014 | 1074 | 1940 |
| 公共管理、社会保障和社会组织 | 35100 | 34940 | 161 |

# 4-9 主要年份职工工资总额

单位：万元

| 年份 | 全市 | | | | 市区 | | | |
|---|---|---|---|---|---|---|---|---|
| | 全部职工 | 国有经济单位 | 城镇集体经济单位 | 其他经济类型单位 | 全部职工 | 国有经济单位 | 城镇集体经济单位 | 其他经济类型单位 |
| 1949 | 1962 | 1962 | | | 1707 | 1707 | | |
| 1952 | 3680 | 3680 | | | 3177 | 3177 | | |
| 1957 | 5709 | 5709 | | | 4251 | 4251 | | |
| 1962 | 10295 | 10295 | | | 8042 | 8042 | | |
| 1965 | 9418 | 9418 | | | 7106 | 7106 | | |
| 1970 | 11199 | 11199 | | | 8136 | 8136 | | |
| 1975 | 21093 | 15939 | 5154 | | 14896 | 11824 | 3072 | |
| 1978 | 31439 | 23706 | 7733 | | 22573 | 17598 | 4975 | |
| 1979 | 36925 | 27781 | 9144 | | 27260 | 21129 | 6131 | |
| 1980 | 44954 | 34084 | 10870 | | 32809 | 25473 | 7336 | |
| 1981 | 47170 | 35891 | 11279 | | 34194 | 26615 | 7579 | |
| 1982 | 51676 | 39575 | 12101 | | 37389 | 29355 | 8033 | |
| 1983 | 55388 | 43349 | 12039 | | 40701 | 32699 | 8001 | |
| 1984 | 80714 | 60828 | 19886 | | 58779 | 46285 | 12493 | |
| 1985 | 93432 | 72426 | 21006 | | 68323 | 55947 | 12376 | |
| 1986 | 110187 | 85424 | 24754 | 9 | 80480 | 65838 | 14633 | 9 |
| 1987 | 117231 | 91512 | 25689 | 30 | 84543 | 69518 | 14995 | 28 |
| 1988 | 149139 | 117615 | 31454 | 70 | 104028 | 86618 | 17340 | 64 |
| 1989 | 165525 | 132521 | 32819 | 185 | 118228 | 100083 | 17960 | 185 |
| 1990 | 185938 | 150380 | 35187 | 371 | 132593 | 112898 | 19324 | 371 |
| 1991 | 208723 | 169855 | 38397 | 471 | 149964 | 127972 | 21524 | 468 |
| 1992 | 244828 | 202261 | 41831 | 736 | 175433 | 151564 | 23203 | 666 |
| 1993 | 304255 | 253382 | 47734 | 3139 | 218454 | 189200 | 26586 | 2668 |
| 1994 | 407761 | 349729 | 53041 | 4991 | 287245 | 253793 | 28832 | 4620 |
| 1995 | 506766 | 437394 | 66563 | 2809 | 355676 | 317499 | 36295 | 1880 |
| 1996 | 584442 | 506673 | 68847 | 8922 | 402383 | 358696 | 36286 | 7401 |
| 1997 | 609772 | 534263 | 64613 | 10896 | 419217 | 375289 | 36310 | 7618 |
| 1998 | 592951 | 514526 | 48949 | 29476 | 396614 | 357549 | 23395 | 15670 |
| 1999 | 624029 | 546719 | 49089 | 28221 | 417883 | 378034 | 23453 | 16396 |
| 2000 | 653127 | 565585 | 42684 | 44858 | 439909 | 390587 | 18473 | 30849 |
| 2001 | 700349 | 596699 | 39062 | 64588 | 482073 | 423530 | 15307 | 43235 |
| 2002 | 742489 | 572711 | 31159 | 138619 | 516553 | 397782 | 13763 | 105008 |
| 2003 | 802685 | 621748 | 29756 | 151181 | 569467 | 440515 | 12119 | 116832 |
| 2004 | 894607 | 679066 | 33849 | 181692 | 641470 | 483484 | 15473 | 142513 |
| 2005 | 1072593 | 825124 | 35199 | 212270 | 763816 | 587518 | 14430 | 161868 |
| 2006 | 1250866 | 943120 | 40150 | 267595 | 888450 | 679934 | 14744 | 193772 |
| 2007 | 1367407 | 1034032 | 42865 | 290510 | 932620 | 720634 | 13729 | 198257 |
| 2008 | 1549543 | 1141926 | 56183 | 351434 | 1032278 | 776277 | 20991 | 235010 |
| 2009 | 1808200 | 1289097 | 58151 | 460952 | 1179995 | 860207 | 17196 | 302592 |
| 2010 | 1985130 | 1431819 | 70534 | 482777 | 1404233 | 1034203 | 29191 | 340839 |
| 2011 | 2347680 | 1673845 | 91401 | 582434 | 1621227 | 1187306 | 41355 | 392566 |
| 2012 | 2664762 | 1890555 | 92391 | 681817 | 1813377 | 1326132 | 33376 | 453870 |
| 2013 | 4587245 | 1617517 | 119932 | 2849796 | 2806363 | 867345 | 37131 | 1901887 |
| 2014 | 5011775 | 1782705 | 144653 | 3084417 | 2997160 | 963758 | 37083 | 1996319 |
| 2015 | 5248123 | 1957397 | 148450 | 3142276 | 3020812 | 1037061 | 36704 | 1947048 |
| 2016 | 5266856 | 2083555 | 159849 | 3023452 | 2945037 | 1119808 | 40686 | 1784543 |
| 2017 | 5591259 | 2263659 | 166049 | 3161551 | 3169448 | 1248071 | 40450 | 1880927 |
| 2018 | 5617231 | 2411299 | 195304 | 3010628 | 3350499 | 1343875 | 92919 | 1913705 |
| 2019 | 5415174 | 2609782 | 159058 | 2646334 | 3131241 | 1403164 | 95210 | 1632867 |
| 2020 | 5988522 | 3024779 | 158802 | 2804941 | 3775121 | 1869903 | 100749 | 1804469 |
| 2021 | 6974725 | 3686692 | 158479 | 3126955 | 4427183 | 2282484 | 103019 | 2041679 |
| 2022 | 7523229 | 3961904 | 168387 | 3392938 | 4711695 | 2465573 | 108189 | 2137934 |
| 2023 | 7866133 | 3383457 | | 4482677 | 4887308 | 2062671 | | 2824636 |

# 4-10 职工平均工资

单位：元

| 年份 | 全市 | | | | 市区 | | | |
|---|---|---|---|---|---|---|---|---|
| | 全部职工 | 国有经济单位 | 城镇集体经济单位 | 其他经济类型单位 | 全部职工 | 国有经济单位 | 城镇集体经济单位 | 其他经济类型单位 |
| 1949 | | | | | 349 | 349 | | |
| 1952 | 503 | 503 | | | 529 | 529 | | |
| 1957 | 573 | 573 | | | 619 | 619 | | |
| 1962 | 548 | 548 | | | 590 | 590 | | |
| 1965 | 599 | 599 | | | 594 | 680 | 407 | |
| 1970 | 553 | 553 | | | 547 | 587 | 436 | |
| 1975 | 509 | 564 | 392 | | 580 | 595 | 426 | |
| 1978 | 554 | 593 | 430 | | 605 | 664 | 446 | |
| 1979 | 605 | 676 | 459 | | 647 | 731 | 464 | |
| 1980 | 715 | 791 | 535 | | 768 | 828 | 613 | |
| 1981 | 720 | 772 | 569 | | 770 | 820 | 633 | |
| 1982 | 755 | 808 | 609 | | 807 | 857 | 667 | |
| 1983 | 780 | 840 | 621 | | 841 | 898 | 667 | |
| 1984 | 1105 | 1178 | 884 | | 1175 | 1228 | 1014 | |
| 1985 | 1231 | 1351 | 941 | | 1220 | 1303 | 944 | |
| 1986 | 1403 | 1537 | 1077 | 1828 | 1400 | 1503 | 1067 | 645 |
| 1987 | 1463 | 1601 | 1119 | 2021 | 1511 | 1625 | 1136 | 1934 |
| 1988 | 1798 | 1973 | 1349 | 2101 | 1800 | 1935 | 1329 | 1633 |
| 1989 | 1965 | 2177 | 1410 | 2224 | 2189 | 2370 | 1535 | 2189 |
| 1990 | 2179 | 2417 | 1531 | 3050 | 2708 | 2618 | 1636 | 3091 |
| 1991 | 2379 | 2644 | 1647 | 2656 | 2715 | 2913 | 1804 | 2521 |
| 1992 | 2753 | 3052 | 1867 | 2838 | 3151 | 3426 | 2068 | 3115 |
| 1993 | 3355 | 6698 | 2245 | 3702 | 3914 | 4244 | 2512 | 4119 |
| 1994 | 4524 | 5013 | 2732 | 5202 | 5186 | 5658 | 2971 | 5583 |
| 1995 | 5537 | 6101 | 3481 | 3957 | 6381 | 6938 | 3791 | 4669 |
| 1996 | 6279 | 6933 | 3707 | 6308 | 7208 | 7878 | 3916 | 7197 |
| 1997 | 6521 | 7211 | 3636 | 6580 | 7533 | 8214 | 3994 | 8764 |
| 1998 | 7717 | 8149 | 5150 | 7023 | 8999 | 9234 | 6998 | 7796 |
| 1999 | 8447 | 8955 | 5351 | 7731 | 9911 | 10169 | 7015 | 9945 |
| 2000 | 9339 | 9908 | 5243 | 9531 | 11144 | 11442 | 6706 | 11940 |
| 2001 | 10501 | 11174 | 5630 | 10171 | 12837 | 13143 | 7041 | 13710 |
| 2002 | 11887 | 12683 | 6235 | 11264 | 14929 | 15633 | 8246 | 14027 |
| 2003 | 13551 | 14327 | 6777 | 13209 | 17518 | 18073 | 8528 | 17405 |
| 2004 | 15809 | 16864 | 8387 | 14789 | 20898 | 22046 | 12735 | 18876 |
| 2005 | 18849 | 20373 | 9597 | 16670 | 24838 | 26223 | 13545 | 22230 |
| 2006 | 21896 | 23639 | 11058 | 19673 | 29191 | 30969 | 14163 | 26047 |
| 2007 | 23711 | 25791 | 12674 | 20465 | 30652 | 32299 | 15904 | 27338 |
| 2008 | 26824 | 29000 | 16253 | 23534 | 33982 | 35610 | 18075 | 31689 |
| 2009 | 31173 | 33575 | 19527 | 27715 | 39392 | 40387 | 20230 | 38766 |
| 2010 | 34243 | 37406 | 24377 | 28737 | 40254 | 43371 | 28185 | 34075 |
| 2011 | 39493 | 43102 | 30823 | 33008 | 45909 | 49355 | 36327 | 38794 |
| 2012 | 44070 | 47890 | 35540 | 37076 | 50715 | 54249 | 37936 | 43510 |
| 2013 | 47013 | 50192 | 40499 | 45680 | 51903 | 59051 | 40505 | 49445 |
| 2014 | 50268 | 53761 | 43619 | 48784 | 55387 | 63929 | 48059 | 52170 |
| 2015 | 54310 | 61794 | 47722 | 50809 | 59373 | 72206 | 52751 | 54356 |
| 2016 | 57228 | 66580 | 50405 | 52520 | 63077 | 77868 | 57621 | 56468 |
| 2017 | 63917 | 74800 | 56043 | 58277 | 71510 | 88131 | 63133 | 63718 |
| 2018 | 71457 | 81565 | 72026 | 64974 | 81357 | 100117 | 81795 | 71879 |
| 2019 | 78568 | 87360 | 73251 | 71759 | 91987 | 107247 | 86093 | 82257 |
| 2020 | 86138 | 91108 | 74907 | 78438 | 100534 | 122617 | 87608 | 83695 |
| 2021 | 96581 | 106019 | 77169 | 88360 | 115534 | 129712 | 89238 | 104336 |
| 2022 | 101290 | 112304 | 77617 | 92133 | 119781 | 136108 | 89364 | 108686 |
| 2023 | 102482 | 121101 | | 91826 | 121809 | 142588 | | 110093 |

# 4-11 职工工资总额

（2023年底） 单位：万元

| 项目 | 在岗职工工资总额 | 国有经济单位 | 其他经济类型单位 |
|---|---|---|---|
| **总计** | **7866133** | **3383457** | **4482677** |
| **按企业、事业、机关分** | | | |
| 企业 | 4538869 | 186084 | 4352785 |
| 事业 | 2198439 | 2193868 | 4571 |
| 机关 | 1000269 | 999240 | 1029 |
| 民间非营利组织 | 122977 | 4249 | 118728 |
| 其他 | 5578 | 15 | 5563 |
| **按国民经济行业分** | | | |
| 农、林、牧、渔业 | 46979 | 5593 | 41386 |
| 采矿业 | 701682 | | 701682 |
| 制造业 | 1347572 | 25526 | 1322046 |
| 电力、热力、燃气及水生产和供应业 | 138988 | 455 | 138533 |
| 建筑业 | 734755 | 38854 | 695901 |
| 批发和零售业 | 272989 | 18486 | 254503 |
| 交通运输、仓储和邮政业 | 300240 | 12740 | 287500 |
| 住宿和餐饮业 | 25819 | 308 | 25510 |
| 信息传输、软件和信息技术服务业 | 127601 | 9199 | 118402 |
| 金融业 | 299108 | 104673 | 194435 |
| 房地产业 | 162358 | 8383 | 153975 |
| 租赁和商务服务业 | 224845 | 16504 | 208341 |
| 科学研究与技术服务业 | 156370 | 38286 | 118083 |
| 水利、环境和公共设施管理业 | 63894 | 49475 | 14419 |
| 居民服务、修理和其他服务业 | 27324 | 6749 | 20574 |
| 教育 | 1295845 | 1189079 | 106766 |
| 卫生和社会工作 | 780695 | 727760 | 52935 |
| 文化、体育和娱乐业 | 48615 | 22711 | 25904 |
| 公共管理、社会保障和社会组织 | 1110456 | 1108676 | 1779 |

# 4-12　市区职工工资总额

（2023 年底）　　单位：万元

| 项　　目 | 在岗职工工资总额 | 国有经济单位 | 其他经济类型单位 |
|---|---|---|---|
| **总 计** | **4887308** | **2062671** | **2824636** |
| **按企业、事业、机关分** | | | |
| 企业 | 2916944 | 175838 | 2741106 |
| 事业 | 1305782 | 1302077 | 3705 |
| 机关 | 582475 | 581588 | 887 |
| 民间非营利组织 | 80754 | 3168 | 77586 |
| 其他 | 1352 | | 1352 |
| **按国民经济行业分** | | | |
| 农、林、牧、渔业 | 20384 | 4513 | 15872 |
| 采矿业 | 443080 | | 443080 |
| 制造业 | 953360 | 25330 | 928030 |
| 电力、热力、燃气及水生产和供应业 | 88514 | 121 | 88393 |
| 建筑业 | 195510 | 30240 | 165270 |
| 批发和零售业 | 171788 | 18114 | 153674 |
| 交通运输、仓储和邮政业 | 256127 | 2930 | 253197 |
| 住宿和餐饮业 | 19736 | 308 | 19428 |
| 信息传输、软件和信息技术服务业 | 123233 | 8001 | 115232 |
| 金融业 | 259457 | 104673 | 154784 |
| 房地产业 | 131572 | 6045 | 125527 |
| 租赁和商务服务业 | 153309 | 8210 | 145099 |
| 科学研究与技术服务业 | 104673 | 26157 | 78516 |
| 水利、环境和公共设施管理业 | 33312 | 28670 | 4642 |
| 居民服务、修理和其他服务业 | 13555 | 4821 | 8733 |
| 教育 | 745919 | 675976 | 69943 |
| 卫生和社会工作 | 481191 | 446835 | 34356 |
| 文化、体育和娱乐业 | 36365 | 16623 | 19742 |
| 公共管理、社会保障和社会组织 | 656224 | 655105 | 1119 |

# 4-13 职工平均工资

（2023 年底） 单位：元

| 项 目 | 在岗职工年平均工资 | 国有经济单位 | 其他经济类型单位 |
|---|---|---|---|
| **总 计** | **102482** | **121101** | **91826** |
| **按企业、事业、机关分** | | | |
| 企业 | 93341 | 111328 | 92700 |
| 事业 | 126645 | 126658 | 120745 |
| 机关 | 111993 | 112190 | 41428 |
| 民间非营利组织 | 70935 | 108082 | 70073 |
| 其他 | 53075 | 52178 | 53077 |
| **按国民经济行业分** | | | |
| 农、林、牧、渔业 | 48949 | 107337 | 45597 |
| 采矿业 | 157288 | | 157288 |
| 制造业 | 98175 | 113750 | 97916 |
| 电力、热力、燃气及水生产和供应业 | 122755 | 101747 | 122838 |
| 建筑业 | 61243 | 61060 | 61253 |
| 批发和零售业 | 87629 | 139203 | 85332 |
| 交通运输、仓储和邮政业 | 124297 | 89312 | 126493 |
| 住宿和餐饮业 | 58039 | 64981 | 57964 |
| 信息传输、软件和信息技术服务业 | 113961 | 99703 | 115241 |
| 金融业 | 171007 | 164484 | 174738 |
| 房地产业 | 98760 | 126593 | 97592 |
| 租赁和商务服务业 | 59623 | 84196 | 58276 |
| 科学研究与技术服务业 | 100069 | 107317 | 97925 |
| 水利、环境和公共设施管理业 | 87973 | 99946 | 62347 |
| 居民服务、修理和其他服务业 | 46589 | 76693 | 41274 |
| 教育 | 121747 | 129394 | 73422 |
| 卫生和社会工作 | 124884 | 130466 | 78633 |
| 文化、体育和娱乐业 | 81955 | 102889 | 69549 |
| 公共管理、社会保障和社会组织 | 112663 | 112872 | 52211 |

# 4-14 市区职工平均工资

（2023 年底）　　单位：元

| 项　　目 | 在岗职工年平均工资 | 国有经济单位 | 其他经济类型单位 |
|---|---|---|---|
| **总 计** | **121809** | **142588** | **110093** |
| **按企业、事业、机关分** | | | |
| 企业 | 111956 | 118111 | 111583 |
| 事业 | 154781 | 154784 | 153741 |
| 机关 | 127627 | 128081 | 38393 |
| 民间非营利组织 | 77400 | 131067 | 76127 |
| 其他 | 54054 | | 54054 |
| **按国民经济行业分** | | | |
| 农、林、牧、渔业 | 99241 | 143182 | 91277 |
| 采矿业 | 150884 | | 150884 |
| 制造业 | 109323 | 114684 | 109184 |
| 电力、热力、燃气及水生产和供应业 | 145095 | 64936 | 145340 |
| 建筑业 | 82415 | 61796 | 87773 |
| 批发和零售业 | 96860 | 144150 | 93254 |
| 交通运输、仓储和邮政业 | 137851 | 100223 | 138453 |
| 住宿和餐饮业 | 60204 | 64981 | 60134 |
| 信息传输、软件和信息技术服务业 | 117168 | 103045 | 118294 |
| 金融业 | 183236 | 164484 | 198542 |
| 房地产业 | 107916 | 151494 | 106442 |
| 租赁和商务服务业 | 62082 | 115673 | 60497 |
| 科学研究与技术服务业 | 121690 | 123971 | 120949 |
| 水利、环境和公共设施管理业 | 122627 | 136936 | 74529 |
| 居民服务、修理和其他服务业 | 57807 | 99705 | 46921 |
| 教育 | 142189 | 153843 | 82090 |
| 卫生和社会工作 | 151245 | 159736 | 89422 |
| 文化、体育和娱乐业 | 90029 | 118902 | 74746 |
| 公共管理、社会保障和社会组织 | 132183 | 132666 | 42233 |

# 4-15 城镇登记失业人数及失业率

| 年 份 | 当年需要安置的人数（人） | 当年已安置就业的人数（人） | 年末城镇登记失业人数（人） | #失业青年 | #失业女青年 | 年末城镇登记失业率（%） |
|---|---|---|---|---|---|---|
| 1981 | 42995 | 22600 | 10294 | 10294 | | 1.52 |
| 1982 | 28451 | 18432 | 5144 | 5144 | | 0.73 |
| 1983 | 20261 | 8336 | 10633 | 10633 | | 1.44 |
| 1984 | 22729 | 13584 | 8396 | 8396 | | 1.08 |
| 1985 | 27051 | 14654 | 11605 | 11605 | | 1.45 |
| 1986 | 30373 | 18158 | 11854 | 11854 | | 1.43 |
| 1987 | 32082 | 16469 | 15200 | 15200 | | 1.78 |
| 1988 | 36679 | 22722 | 13469 | 13469 | | 1.50 |
| 1989 | 74534 | 22780 | 50947 | 50947 | | 5.44 |
| 1990 | 71500 | 44775 | 22440 | 22440 | | 2.42 |
| 1991 | 50367 | 29702 | 18622 | 18622 | 12054 | 1.98 |
| 1992 | 42113 | 19787 | 18754 | 18754 | 11627 | 1.97 |
| 1993 | 37681 | 19406 | 16997 | 16275 | 9615 | 1.81 |
| 1994 | 33896 | 17241 | 15576 | 14875 | 8815 | 1.70 |
| 1995 | 31238 | 14971 | 15390 | 15078 | 8869 | 1.60 |
| 1996 | 31431 | 14568 | 15276 | 13795 | 7742 | 1.50 |
| 1997 | 29154 | 13083 | 15073 | 13181 | 7232 | 1.62 |
| 1998 | 27155 | 13481 | 13163 | 10398 | 6295 | 1.30 |
| 1999 | 28125 | 13087 | 15038 | 12981 | 8035 | 1.52 |
| 2000 | 34107 | 14078 | 18625 | 8482 | 4433 | 1.89 |
| 2001 | 44654 | 16512 | 26836 | 9956 | 5650 | 2.40 |
| 2002 | 60674 | 21098 | 38099 | | | 3.58 |
| 2003 | 66044 | 22521 | 37980 | 7430 | 3492 | 4.30 |
| 2004 | 67288 | 27905 | 37231 | 6571 | 3815 | 4.03 |
| 2005 | 66614 | 31263 | 33560 | 10385 | 5980 | 3.44 |
| 2006 | 78964 | 45611 | 32581 | 9589 | 5273 | 3.03 |
| 2007 | 84262 | 50696 | 33488 | 17268 | 9478 | 2.80 |
| 2008 | 88393 | 54628 | 33665 | | | 2.70 |
| 2009 | 96903 | 61063 | 35738 | | | 2.86 |
| 2010 | 106308 | 72665 | 33613 | | | 2.63 |
| 2011 | 115628 | 77798 | 37824 | | | 2.55 |
| 2012 | 117890 | 82521 | 35369 | | | 2.39 |
| 2013 | 156404 | 122597 | 33785 | | | 2.14 |
| 2014 | 132486 | 100534 | 31914 | | | 1.91 |
| 2015 | 155995 | 124366 | 31611 | | | 1.89 |
| 2016 | 169543 | 138586 | 30953 | | | 1.85 |
| 2017 | 170150 | 139772 | 30375 | | | 1.82 |
| 2018 | 177054 | 145947 | 31105 | | | 1.78 |
| 2019 | 168469 | 135958 | 32413 | | | 1.75 |
| 2020 | 134591 | 101921 | 32669 | | | 1.76 |
| 2021 | 123571 | 105452 | 18110 | | | 2.09 |

注：2021 年城镇登记失业人数及失业率统计口径、方式发生改变，数据与其他年份不可比；自 2022 年起不再公布使用城镇登记失业人数及失业率。

# 主要统计指标解释

**从业人员** 指从事一定社会劳动并取得劳动报酬或经营收入的全部劳动力。包括：

（1）全部职工

（2）城镇私营企业从业人员

（3）城镇个体劳动者

（4）农村社会劳动者

（5）其他社会劳动者

这一指标反映了一定时期内全部劳动力资源的实际利用情况，是研究基本国情国力的重要指标。

各单位的从业人员是指在各级国家机关、政党机关、社会团体及企业、事业单位中工作，并取得劳动报酬的全部人员。包括职工、再就业的离退休人员、民办教师以及在各单位中工作的外方人员和港、澳、台方人员。

各单位的从业人员反映了各单位实际参加生产或工作的全部劳动力。

**职工** 指在国有经济、城镇集体经济、联营经济、股份制经济、外商和港、澳、台投资经济、其他经济单位及其附属机构工作，并由其支付工资的各类人员。

**合同制职工** 指各单位根据国务院国发（1986）77号文件和国务院令第99号的规定，通过签订有固定期限劳动合同、无固定期限劳动合同和以完成一项工作为期限劳动合同所使用的职工。包括实行全员劳动合同制单位的全部职工。

**使用的农村劳动力** 指国有经济、城镇集体经济、联营经济、股份制经济、外商和港、澳、台投资经济、其他经济单位的职工中，现仍保留农村户籍关系的人员。

**长期职工** 指用工期限在一年以上（含一年）的职工。包括原固定职工、合同制职工、长期临时工以及国有单位使用的城镇集体所有制单位的人员和其他使用期限在一年以上的原计划外用工。

**临时职工** 指用工期限不超过一年的职工。包括各单位根据国家有关规定招用的，签订一年以内的劳动合同或使用期不超过一年的临时性、季节性用工。

**其他从业人员** 指劳动统计制度规定不作职工统计，但实际参加社会劳动并取得劳动报酬的人员。

各单位的其他从业人员是指单位中除职工以外的全部参加本单位生产或工作并取得劳动报酬的人员。包括再就业的离退休人员、民办教师以及在各单位中工作的外方人员和港、澳、台方人员。

**城镇集体经济单位职工** 指在城镇集体经济单位及其管理部门工作并由其支付工资的各类人员。

**其他经济单位职工** 指在联营经济、股份制经济、外商投资经济、港、澳、台投资经济单位工作，并由其支付工资的各类人员。

**城镇个体劳动者** 指经工商行政管理部门核准登记，领取营业执照，参加生产经营活动，户口在城镇的全部人员。

**城镇登记失业人员** 指有非农业户口，在一定的劳动年龄内（16岁以上及男50岁以下、女45岁以下），有劳动能力，无业而要求就业，并在当地就业服务机构进行待业登记的人员。

**城镇登记失业率** 是城镇登记失业人数同城镇在业人数加城镇登记失业人数之比。计算公式为：

$$\text{城镇登记失业率} = \frac{\text{城镇登记失业人数}}{\text{城镇在业人数} + \text{城镇登记失业人数}} \times 100\%$$

**从业人员劳动报酬** 各单位一定时期内直接支付给本单位全部从业人员的劳动报酬总额。包括职工工资总额和本单位其他从业人员劳动报酬两部分。

**职工工资总额** 指各单位在一定时期内直接支付给本单位全部职工的劳动报酬总额。

工资总额的计算原则应以直接支付给职工的全部劳动报酬为根据。各单位支付给职工的劳动报酬以及其他根据有关规定支付的工资，不论是计入成本的还是不计入成本的，不论是按国家规定列入计征奖金税项目的，还是未列入计征奖金税项目的，不论是以货币形式支付的还是以实物形式支付的，均包括在工资总额内。

**计时工资** 指按计时工资标准（包括地区生活费补贴）和工作时间支付给个人的劳动报酬，以及根据国家法律、法规和政策规定，因病、工伤、产假、计划生育假、婚丧假、事假、探亲假、定期休假、停工学习、执行国家或社会义务等原因按计时工资标准或计时工资标准的一定比例支付的工资。

**计件标准工资** 是指实行计件工资制的单位按照批准的计件单价和规定的劳动定额或工作量应支付给计件工人的劳动报酬。

**计件超额工资** 是计件工资的一部分，指计件工人超额完成定额任务后所得的工资。即计件工人实得的全部计件工资减去应得的计件标准工资后的数额。某些企业的工人由于从事生产的工作物等级高于本人工资等级，因而其计件标准工资高于本人标准工资，其计件超额工资也应是全部工资减去应得的计件标准工资后的数额。

**奖金** 指支付给职工的超额劳动报酬和增收节支的劳动报酬。

**津贴和补贴** 指为了补偿职工特殊或额外的劳动消耗和因其他特殊原因支付给职工的津贴，以及为了保证职工工资水平不受物价影响支付给职工的物价补贴。

**其他从业人员劳动报酬** 指各单位在一定时期内直接支付给本单位其他从业人员的全部劳动报酬。

**职工平均工资** 指企业、事业、机关单位的职工在一定时间内平均每人所得的货币工资额。它表明一定时期职工工资收入的高低程度，是反映职工工资水平的主要指标。计算公式为：

$$职工平均工资=\frac{报告期实际支付的全部职工工资总额}{报告期全部职工平均人数}$$

**职工平均实际工资** 指扣除物价变动因素后的职工平均工资。计算公式为：

$$职工平均实际工资=\frac{报告期职工平均工资}{报告期全部职工生活费价格指数}$$

# 五、固定资产投资

版面负责人：张　虹

编　　　辑：孙　伟

统计知识

# 中华人民共和国统计法

## 第四章　统计机构和统计人员

**第三十条**　国务院设立国家统计局，依法组织领导和协调全国的统计工作。

国家统计局根据工作需要设立的派出调查机构，承担国家统计局布置的统计调查等任务。

县级以上地方人民政府设立独立的统计机构，乡、镇人民政府设置统计工作岗位，配备专职或者兼职统计人员，依法管理、开展统计工作，实施统计调查。

**第三十一条**　县级以上人民政府有关部门根据统计任务的需要设立统计机构，或者在有关机构中设置统计人员，并指定统计负责人，依法组织、管理本部门职责范围内的统计工作，实施统计调查，在统计业务上受本级人民政府统计机构的指导。

**第三十二条**　统计机构、统计人员应当依法履行职责，如实搜集、报送统计资料，不得伪造、篡改统计资料，不得以任何方式要求任何单位和个人提供不真实的统计资料，不得有其他违反本法规定的行为。

统计人员应当坚持实事求是，恪守职业道德，对其负责搜集、审核、录入的统计资料与统计调查对象报送的统计资料的一致性负责。

**第三十三条**　统计人员进行统计调查时，有权就与统计有关的问题询问有关人员，要求其如实提供有关情况、资料并改正不真实、不准确的资料。

统计人员进行统计调查时，应当出示县级以上人民政府统计机构或者有关部门颁发的工作证件；未出示的，统计调查对象有权拒绝调查。

**第三十四条**　国家实行统计专业技术职务资格考试、评聘制度，提高统计人员的专业素质，保障统计队伍的稳定性。

统计人员应当具备与其从事的统计工作相适应的专业知识和业务能力。

县级以上人民政府统计机构和有关部门应当加强对统计人员的专业培训和职业道德教育。

## 第五章　监督检查

**第三十五条**　县级以上人民政府对下级人民政府、本级人民政府统计机构和有关部门执行本法的情况，实施监督。

**第三十六条**　国家统计局组织管理全国统计工作的监督检查，查处重大统计违法行为。

县级以上地方人民政府统计机构依法查处本行政区域内发生的统计违法行为。但是，国家统计局派出的调查机构组织实施的统计调查活动中发生的统计违法行为，由组织实施该项统计调查的调查机构负责查处。

法律、行政法规对有关部门查处统计违法行为另有规定的，从其规定。

# 5-1 全社会固定资产投资

单位：万元

| 年　份 | 全社会固定资产投资完成额 | #城镇规模以上 | #农村规模以上 | #城乡个私 | #城镇个私 |
|---|---|---|---|---|---|
| 1978 | 32052 | 32052 | | | |
| 1979 | 39965 | 39965 | | | |
| 1980 | 46737 | 46737 | | | |
| 1981 | 31140 | 31140 | | | |
| 1982 | 45100 | 45100 | | | |
| 1983 | 61776 | 61776 | | | |
| 1984 | 72575 | 72575 | | | |
| 1985 | 81993 | 81993 | | | |
| 1986 | 186435 | 111793 | 46816 | 27826 | 13530 |
| 1987 | 223523 | 120516 | 54252 | 48755 | 15040 |
| 1988 | 203704 | 101872 | 62359 | 39473 | 16000 |
| 1989 | 211255 | 88112 | 70066 | 73077 | 16730 |
| 1990 | 244092 | 117535 | 84417 | 42140 | 19460 |
| 1991 | 300167 | 153137 | 99315 | 47715 | 22890 |
| 1992 | 448089 | 256335 | 132420 | 59334 | 23160 |
| 1993 | 513891 | 308967 | 134000 | 70924 | 15986 |
| 1994 | 772145 | 407060 | 247278 | 117807 | 31959 |
| 1995 | 1036880 | 532002 | 407263 | 97615 | 20696 |
| 1996 | 1365558 | 713616 | 542778 | 109164 | 18626 |
| 1997 | 1521073 | 812015 | 573291 | 135767 | 21696 |
| 1998 | 1882611 | 1137480 | 510507 | 211098 | 7529 |
| 1999 | 2202118 | 1313145 | 404029 | 422971 | 47274 |
| 2000 | 2521865 | 1540283 | 359501 | 541440 | 81474 |
| 2001 | 2878503 | 1715698 | 137554 | 182724 | 109437 |
| 2002 | 3231237 | 1776036 | 121704 | 272936 | 128717 |
| 2003 | 3830289 | 2447598 | 412593 | 292571 | 130034 |
| 2004 | 4452726 | 3187501 | 717778 | 726871 | 281055 |
| 2005 | 6013112 | 4509921 | 950880 | 1613051 | 881267 |
| 2006 | 7529941 | 5985211 | 816056 | 2386794 | 1800453 |
| 2007 | 9607018 | 7695881 | 1027195 | 6310559 | 5364624 |
| 2008 | 12506684 | 10150379 | 1467142 | 4397099 | 3293322 |
| 2009 | 16245718 | 13375634 | 2314293 | 7555693 | 5821889 |
| 2010 | 20492595 | 16469766 | 2917392 | 9003877 | 6810346 |

注：2002 年以前城镇、农村规模以上分别为城镇、农村集体以上；2010 年以后不再统计全社会固定资产投资。

# 5-2 固定资产投资

单位：万元

| 年　份 | 全　市 | #城乡个私 | 市　区 | #城乡个私 |
|---|---|---|---|---|
| 1978 | 32052 | | 27988 | |
| 1979 | 39965 | | 34622 | |
| 1980 | 46737 | | 40763 | |
| 1981 | 31140 | | 26990 | |
| 1982 | 45100 | | 38339 | |
| 1983 | 61776 | | 54607 | |
| 1984 | 72575 | | 64757 | |
| 1985 | 81993 | | 69413 | |
| 1986 | 158609 | 27826 | 106534 | 5816 |
| 1987 | 174768 | 48755 | 118110 | 6935 |
| 1988 | 164231 | 39473 | 95271 | 7917 |
| 1989 | 158178 | 73077 | 85194 | 7378 |
| 1990 | 201952 | 42140 | 117947 | 9486 |
| 1991 | 252452 | 47715 | 142140 | 10426 |
| 1992 | 388755 | 59334 | 233176 | 9293 |
| 1993 | 442967 | 70924 | 205394 | 6145 |
| 1994 | 654338 | 117807 | 316251 | 11149 |
| 1995 | 939265 | 97615 | 425293 | 13867 |
| 1996 | 1256394 | 109164 | 584478 | 18347 |
| 1997 | 1385306 | 135767 | 752279 | 36649 |
| 1998 | 1647987 | 211098 | 1098821 | 19776 |
| 1999 | 1717174 | 422971 | 1153101 | 100599 |
| 2000 | 1899784 | 541440 | 1269190 | 150387 |
| 2001 | 1853252 | 182724 | 1401933 | 87082 |
| 2002 | 1897740 | 272936 | 1461694 | 94483 |
| 2003 | 2860191 | 292571 | 1788761 | 49681 |
| 2004 | 3905279 | 726871 | 2041714 | 130810 |
| 2005 | 5460801 | 1613051 | 2492481 | 465764 |
| 2006 | 6801267 | 2386794 | 2936655 | 631616 |
| 2007 | 8723076 | 6310559 | 3617867 | 2402901 |
| 2008 | 11617521 | 4397099 | 5218485 | 2177161 |
| 2009 | 15689927 | 7555693 | 6270237 | 2248229 |
| 2010 | 19387158 | 9003877 | 10220846 | 3953299 |
| 2011 | 22010274 | 8934776 | 11930894 | 3448110 |
| 2012 | 26858891 | 9599343 | 14485002 | 2939545 |
| 2013 | 30901313 | 12552369 | 16824224 | 4944903 |
| 2014 | 36715594 | 17262719 | 19315592 | 7573667 |
| 2015 | 42661166 | 20133071 | 21670386 | 8223614 |
| 2016 | 47973323 | 27041925 | 23542260 | 11099451 |
| 2017 | 52770269 | 33281668 | 25793017 | 15099088 |

注：2011 年起，固定资产投资统计的起点标准从计划总投资 50 万元提高到 500 万元。

# 5-3　各时期固定资产投资完成额

单位：万元

| 时　　期 | 合　　计 | 基本建设 | 更新改造 | 其他投资 | 房地产开发 |
|---|---|---|---|---|---|
| 1949 年 | 257 | 257 | | | |
| **恢复时期** | **2065** | **2065** | | | |
| **“一五”时期** | **15602** | **15602** | | | |
| **“二五”时期** | **70222** | **70222** | | | |
| **调整时期** | **14262** | **14262** | | | |
| **“三五”时期** | **18586** | **18586** | | | |
| **“四五”时期** | **63127** | **60974** | **2153** | | |
| **“五五”时期** | **151718** | **134899** | **12287** | **4532** | |
| **“六五”时期** | **292584** | **177653** | **79905** | **35026** | |
| 1981 年 | 31140 | 22524 | 5465 | 3151 | |
| 1982 年 | 45100 | 24312 | 14281 | 6507 | |
| 1983 年 | 61776 | 37279 | 17443 | 7054 | |
| 1984 年 | 72575 | 48622 | 17164 | 6789 | |
| 1985 年 | 81993 | 44916 | 25552 | 11525 | |
| **“七五”时期** | **539828** | **285696** | **180358** | **61560** | **12214** |
| 1986 年 | 111793 | 66508 | 29063 | 16222 | |
| 1987 年 | 120516 | 75020 | 31166 | 14330 | |
| 1988 年 | 101872 | 40804 | 46889 | 14179 | |
| 1989 年 | 88112 | 46274 | 34590 | 7248 | |
| 1990 年 | 117535 | 57090 | 38650 | 9581 | 12214 |
| **“八五”时期** | **1657501** | **826093** | **526087** | **151031** | **154290** |
| 1991 年 | 153137 | 74263 | 50691 | 13114 | 15069 |
| 1992 年 | 256335 | 116204 | 94656 | 29404 | 16071 |
| 1993 年 | 308967 | 126040 | 119234 | 35333 | 28360 |
| 1994 年 | 407060 | 205272 | 131971 | 35682 | 34135 |
| 1995 年 | 532002 | 304314 | 129535 | 37498 | 60655 |
| **“九五”时期** | **5516539** | **2909525** | **1257699** | **449088** | **900227** |
| 1996 年 | 713616 | 375182 | 186272 | 71520 | 80642 |
| 1997 年 | 812015 | 419068 | 202617 | 74937 | 115393 |
| 1998 年 | 1137480 | 591413 | 270144 | 90292 | 185631 |
| 1999 年 | 1313145 | 720580 | 283647 | 70847 | 238071 |
| 2000 年 | 1540283 | 803282 | 315019 | 141492 | 280490 |
| **“十五”时期** | **13636754** | **5179894** | **1925784** | **847621** | **1799272** |
| 2001 年 | 1715698 | 921817 | 359585 | 120944 | 313352 |
| 2002 年 | 1776036 | 1020760 | 398013 | 107174 | 250089 |
| 2003 年 | 2447598 | 1344223 | 520720 | 281697 | 300958 |
| 2004 年 | 3187501 | 1893094 | 647466 | 337806 | 309135 |
| 2005 年 | 4509921 | | | | 625738 |
| **“十一五”时期** | **53676871** | | | | **6661018** |
| 2006 年 | 5985211 | | | | 707983 |
| 2007 年 | 7695881 | | | | 1001097 |
| 2008 年 | 10150379 | | | | 1308123 |
| 2009 年 | 13375634 | | | | 1590593 |
| 2010 | 16469766 | | | | 2053222 |
| **“十二五”时期** | **159147238** | | | | **18847603** |
| 2011 年 | 22010274 | | | | 2551217 |
| 2012 年 | 26858891 | | | | 3100707 |
| 2013 年 | 30901313 | | | | 3804668 |
| 2014 年 | 36715594 | | | | 4688767 |
| 2015 年 | 42661166 | | | | 4702244 |
| **“十三五”时期** | | | | | **35241963** |
| 2016 年 | 47973323 | | | | 5491309 |
| 2017 年 | 52770269 | | | | 5386244 |
| 2018 年 | | | | | 7164325 |
| 2019 年 | | | | | 8529360 |
| 2020 年 | | | | | 8670725 |
| **“十四五”时期** | | | | | |
| 2021 年 | | | | | 8538827 |
| 2022 年 | | | | | 7561278 |
| 2023 年 | | | | | 7511708 |

注：2002 年以前为城镇集体以上投资，2005 年以后取消了基本建设和更新改造的分类；2011 年以前为城镇规模以上固定资产投资；2011 年起为 500 万元以上固定资产投资，不再区分城镇和农村（下同）。

# 5-4 市区固定资产投资完成额

单位：万元

| 年 份 | 合 计 | 基本建设 | 更新改造 | 其他投资 | 房地产开发 |
|---|---|---|---|---|---|
| 1978 | 27988 | 25927 | 1144 | 917 | |
| 1979 | 34622 | 28415 | 5418 | 789 | |
| 1980 | 40763 | 35533 | 3171 | 2059 | |
| 1981 | 26990 | 20409 | 4270 | 2311 | |
| 1982 | 38339 | 21143 | 11801 | 5395 | |
| 1983 | 54607 | 33224 | 15401 | 5982 | |
| 1984 | 64757 | 44088 | 14998 | 5671 | |
| 1985 | 69413 | 38898 | 22367 | 8148 | |
| 1986 | 95150 | 60380 | 24007 | 10763 | |
| 1987 | 104174 | 70483 | 24933 | 8758 | |
| 1988 | 78745 | 35361 | 36892 | 6492 | |
| 1989 | 68047 | 38675 | 27081 | 2294 | |
| 1990 | 95455 | 45083 | 32432 | 5726 | 12214 |
| 1991 | 119408 | 60097 | 39380 | 6875 | 13056 |
| 1992 | 195860 | 86709 | 75680 | 19008 | 14463 |
| 1993 | 201019 | 68547 | 88506 | 20131 | 23835 |
| 1994 | 253437 | 130328 | 78598 | 19578 | 24933 |
| 1995 | 338392 | 196442 | 76004 | 17063 | 48883 |
| 1996 | 443879 | 252482 | 91128 | 38360 | 61909 |
| 1997 | 577803 | 316030 | 134249 | 42989 | 84535 |
| 1998 | 902936 | 481654 | 205674 | 65758 | 149850 |
| 1999 | 1048339 | 614299 | 211568 | 32237 | 190235 |
| 2000 | 1205265 | 681585 | 236759 | 62123 | 224798 |
| 2001 | 1328481 | 741555 | 295767 | 62149 | 229010 |
| 2002 | 1401555 | 832978 | 325980 | 72250 | 170347 |
| 2003 | 1788761 | 1134523 | 420109 | 53217 | 180912 |
| 2004 | 2231004 | 1557209 | 448594 | 35911 | 189290 |
| 2005 | 2451166 | | | | 362170 |
| 2006 | 2924555 | | | | 451565 |
| 2007 | 3607867 | | | | 478393 |
| 2008 | 5185735 | | | | 741589 |
| 2009 | 6162667 | | | | 797912 |
| 2010 | 9664307 | | | | 1266145 |
| 2011 | 11930894 | | | | 1517773 |
| 2012 | 14485002 | | | | 1995752 |
| 2013 | 16824224 | | | | 2611336 |
| 2014 | 19315592 | | | | 2996808 |
| 2015 | 21670386 | | | | 2863281 |
| 2016 | 23542260 | | | | 3263851 |
| 2017 | 25793017 | | | | 3009665 |
| 2018 | | | | | 4554442 |
| 2019 | | | | | 5463557 |
| 2020 | | | | | 5693282 |
| 2021 | | | | | 5698661 |
| 2022 | | | | | 5132239 |
| 2023 | | | | | 5236308 |

# 5-5 各时期投资新增固定资产

单位：万元

| 时 期 | 合 计 | 基本建设 | 更新改造 | 其他投资 | 房地产开发 |
|---|---|---|---|---|---|
| 1949 年 | 248 | 248 | | | |
| **恢复时期** | **1776** | **1776** | | | |
| **“一五”时期** | **12643** | **12643** | | | |
| **“二五”时期** | **52985** | **52985** | | | |
| **调整时期** | **11619** | **11619** | | | |
| **“三五”时期** | **11759** | **11759** | | | |
| **“四五”时期** | **35169** | **35169** | | | |
| **“五五”时期** | **120222** | **108726** | **8258** | **3238** | |
| **“六五”时期** | **225890** | **129838** | **63086** | **32966** | |
| 1981 年 | 22041 | 15323 | 4097 | 2621 | |
| 1982 年 | 31357 | 15074 | 11754 | 4529 | |
| 1983 年 | 35124 | 14919 | 12514 | 7691 | |
| 1984 年 | 51932 | 30733 | 13882 | 7317 | |
| 1985 年 | 85436 | 53789 | 20839 | 10808 | |
| **“七五”时期** | **439936** | **226017** | **147703** | **54849** | **11367** |
| 1986 年 | 89636 | 48050 | 25724 | 15862 | |
| 1987 年 | 96080 | 60055 | 27876 | 8149 | |
| 1988 年 | 95252 | 48063 | 33199 | 13990 | |
| 1989 年 | 74117 | 34597 | 31245 | 8275 | |
| 1990 年 | 84851 | 35252 | 29659 | 8573 | 11367 |
| **“八五”时期** | **1130113** | **526560** | **375736** | **128774** | **99043** |
| 1991 年 | 114583 | 50726 | 39636 | 10026 | 14195 |
| 1992 年 | 186138 | 92456 | 56505 | 26802 | 10375 |
| 1993 年 | 191284 | 76848 | 84971 | 26428 | 3037 |
| 1994 年 | 252013 | 108300 | 87916 | 33537 | 22260 |
| 1995 年 | 386095 | 198230 | 106708 | 31981 | 49176 |
| **“九五”时期** | **4160683** | **2118938** | **1041554** | **417666** | **582526** |
| 1996 年 | 610805 | 319035 | 172302 | 58363 | 61105 |
| 1997 年 | 757218 | 425798 | 178475 | 67624 | 85321 |
| 1998 年 | 752613 | 303985 | 250117 | 80716 | 117795 |
| 1999 年 | 968298 | 520106 | 179786 | 86004 | 182402 |
| 2000 年 | 1071749 | 550014 | 260874 | 124958 | 135903 |
| **“十五”时期** | **8627742** | **2848831** | **1427736** | **731525** | **1122436** |
| 2001 年 | 1070252 | 582891 | 134992 | 110582 | 241787 |
| 2002 年 | 1549933 | 786760 | 559860 | 77321 | 125992 |
| 2003 年 | 1295044 | 672868 | 270887 | 225322 | 125967 |
| 2004 年 | 1718860 | 806312 | 461997 | 318300 | 132251 |
| 2005 年 | 2993653 | | | | 496439 |
| **“十一五”时期** | **36739637** | | | | **3820079** |
| 2006 年 | 3024852 | | | | 298673 |
| 2007 年 | 6163555 | | | | 448651 |
| 2008 年 | 5513772 | | | | 497972 |
| 2009 年 | 9252496 | | | | 1261300 |
| 2010 年 | 12784962 | | | | 1313483 |
| **“十二五”时期** | **124550840** | | | | **10389210** |
| 2011 年 | 15040675 | | | | 1539050 |
| 2012 年 | 20447653 | | | | 1360822 |
| 2013 年 | 24690737 | | | | 2684251 |
| 2014 年 | 30741958 | | | | 2152080 |
| 2015 年 | 33629817 | | | | 2653007 |
| **“十三五”时期** | | | | | **15126967** |
| 2016 年 | 33204575 | | | | 1984917 |
| 2017 年 | 42928427 | | | | 2505293 |
| 2018 年 | | | | | 2992531 |
| 2019 年 | | | | | 2664973 |
| 2020 年 | | | | | 4979253 |
| **“十四五”时期** | | | | | |
| 2021 年 | | | | | 3538740 |
| 2022 年 | | | | | 3290215 |
| 2023 年 | | | | | 3625693 |

# 5-6 市区投资新增固定资产

单位：万元

| 年 份 | 合 计 | 基本建设 | 更新改造 | 其他投资 | 房地产开发 |
|---|---|---|---|---|---|
| 1978 | 26866 | 25315 | 970 | 581 | |
| 1979 | 25972 | 22452 | 3066 | 454 | |
| 1980 | 35533 | 31935 | 2033 | 1565 | |
| 1981 | 18034 | 13109 | 3078 | 1847 | |
| 1982 | 25881 | 12913 | 9497 | 3471 | |
| 1983 | 29766 | 12206 | 10875 | 6685 | |
| 1984 | 44568 | 26544 | 11892 | 6132 | |
| 1985 | 75673 | 49688 | 17681 | 8204 | |
| 1986 | 73299 | 42141 | 20519 | 10629 | |
| 1987 | 80186 | 54202 | 21992 | 3891 | |
| 1988 | 75532 | 42957 | 26722 | 5853 | |
| 1989 | 55544 | 28219 | 24011 | 3314 | |
| 1990 | 64294 | 21322 | 13423 | 6171 | 11367 |
| 1991 | 84047 | 26233 | 27873 | 4974 | 13000 |
| 1992 | 150991 | 81358 | 42839 | 17559 | 9235 |
| 1993 | 119722 | 36283 | 52825 | 12914 | 16700 |
| 1994 | 135861 | 51271 | 49550 | 16641 | 18399 |
| 1995 | 207292 | 64720 | 51384 | 14704 | 43484 |
| 1996 | 375765 | 211880 | 91132 | 29017 | 43735 |
| 1997 | 537990 | 329431 | 102839 | 42557 | 62163 |
| 1998 | 553824 | 205359 | 192031 | 60488 | 95946 |
| 1999 | 731316 | 421070 | 124137 | 34668 | 151441 |
| 2000 | 772075 | 456828 | 185994 | 40513 | 88740 |
| 2001 | 662624 | 408353 | 79246 | | 175025 |
| 2002 | 1193645 | 600972 | 483374 | 41657 | 67642 |
| 2003 | 762273 | 498133 | 183849 | 31992 | 48299 |
| 2004 | 909183 | 526150 | 263125 | 38431 | 81477 |
| 2005 | 1579550 | | | | 246009 |
| 2006 | 1764597 | | | | 89433 |
| 2007 | 2344769 | | | | 448651 |
| 2008 | 2719346 | | | | 234540 |
| 2009 | 3723923 | | | | 797912 |
| 2010 | 8237121 | | | | 697580 |
| 2011 | 6991822 | | | | 826774 |
| 2012 | 10519995 | | | | 623425 |
| 2013 | 12075838 | | | | 1583159 |
| 2014 | 15337399 | | | | 1154480 |
| 2015 | 16990739 | | | | 1470955 |
| 2016 | 15731872 | | | | 923570 |
| 2017 | 19993831 | | | | 1425712 |
| 2018 | | | | | 1442383 |
| 2019 | | | | | 1898636 |
| 2020 | | | | | 3173196 |
| 2021 | | | | | 2565426 |
| 2022 | | | | | 1512406 |
| 2023 | | | | | 2445208 |

# 5-7 固定资产投资竣工的房屋建筑面积

单位：万平方米

| 年份 | 竣工的房屋建筑面积 | 基本建设 | 更新改造 | 其他投资 | 房地产开发 |
|---|---|---|---|---|---|
| 1978 | 75.6 | 64.8 | 4.2 | 6.6 | |
| 1979 | 97.3 | 78.0 | 13.4 | 5.9 | |
| 1980 | 113.5 | 96.3 | 6.8 | 10.4 | |
| 1981 | 109.4 | 84.2 | 14.4 | 10.8 | |
| 1982 | 110.1 | 60.5 | 27.5 | 22.1 | |
| 1983 | 132.4 | 63.5 | 39.0 | 29.9 | |
| 1984 | 131.6 | 68.4 | 30.5 | 32.7 | |
| 1985 | 129.2 | 63.7 | 29.3 | 36.2 | |
| 1986 | 153.0 | 63.6 | 42.4 | 47.0 | |
| 1987 | 124.2 | 60.3 | 27.2 | 36.7 | |
| 1988 | 105.1 | 44.7 | 31.0 | 29.4 | |
| 1989 | 80.9 | 42.8 | 23.9 | 14.2 | |
| 1990 | 111.8 | 38.0 | 27.7 | 8.9 | 37.2 |
| 1991 | 115.6 | 42.3 | 25.7 | 14.4 | 33.2 |
| 1992 | 129.6 | 54.7 | 25.9 | 18.2 | 30.8 |
| 1993 | 160.1 | 62.2 | 32.8 | 17.3 | 47.8 |
| 1994 | 140.3 | 43.5 | 25.4 | 15.8 | 55.6 |
| 1995 | 183.3 | 89.0 | 17.8 | 15.9 | 60.6 |
| 1996 | 224.0 | 86.0 | 37.2 | 17.8 | 83.0 |
| 1997 | 261.5 | 101.9 | 34.3 | 21.6 | 130.7 |
| 1998 | 245.4 | 84.4 | 11.7 | 21.9 | 127.4 |
| 1999 | 380.8 | 118.1 | 6.1 | 46.9 | 209.8 |
| 2000 | 294.8 | 123.7 | 23.4 | 60.7 | 87.0 |
| 2001 | 431.1 | 179.1 | 16.1 | 35.5 | 200.4 |
| 2002 | 385.5 | 186.4 | 20.4 | 46.5 | 132.3 |
| 2003 | 211.6 | 66.6 | 7.6 | 26.0 | 111.4 |
| 2004 | 199.6 | 53.0 | 13.0 | 29.3 | 104.3 |
| 2005 | 537.3 | | | | 320.1 |
| 2006 | 463.4 | | | | 172.3 |
| 2007 | 767.5 | | | | 265.7 |
| 2008 | 685.2 | | | | 224.4 |
| 2009 | 689.3 | | | | 407.9 |
| 2010 | 1409.6 | | | | 457.1 |
| 2011 | 1752.8 | | | | 562.5 |
| 2012 | 2276.7 | | | | 481.5 |
| 2013 | 2787.0 | | | | 702.7 |
| 2014 | 3436.1 | | | | 508.6 |
| 2015 | 3613.6 | | | | 671.8 |
| 2016 | 2299.3 | | | | 601.8 |
| 2017 | 1652.4 | | | | 520.5 |
| 2018 | 1117.9 | | | | 766.2 |
| 2019 | 1129.1 | | | | 657.2 |
| 2020 | | | | | 1230.7 |
| 2021 | | | | | 838.7 |
| 2022 | | | | | 921.7 |
| 2023 | | | | | 743.3 |

# 5-8 市区固定资产投资竣工的房屋建筑面积

单位：万平方米

| 年 份 | 竣工的房屋建筑面积 | 基本建设 | 更新改造 | 其他投资 | 房地产开发 |
|---|---|---|---|---|---|
| 1978 | 60.7 | 53.5 | 2.0 | 5.2 | |
| 1979 | 80.9 | 64.5 | 11.1 | 5.3 | |
| 1980 | 86.5 | 72.5 | 5.1 | 8.9 | |
| 1981 | 85.2 | 68.0 | 9.1 | 8.1 | |
| 1982 | 78.2 | 41.9 | 19.0 | 17.3 | |
| 1983 | 104.4 | 48.4 | 31.3 | 24.7 | |
| 1984 | 103.4 | 51.7 | 25.3 | 26.4 | |
| 1985 | 98.4 | 46.7 | 25.4 | 26.3 | |
| 1986 | 112.8 | 52.0 | 33.5 | 27.3 | |
| 1987 | 65.3 | 41.3 | 21.0 | 3.0 | |
| 1988 | 52.1 | 26.0 | 19.0 | 7.1 | |
| 1989 | 51.9 | 31.0 | 17.3 | 3.6 | |
| 1990 | 75.2 | 22.2 | 20.0 | 2.0 | 31.0 |
| 1991 | 67.0 | 20.3 | 17.8 | 2.4 | 26.5 |
| 1992 | 76.0 | 28.0 | 9.0 | 11.0 | 28.0 |
| 1993 | 97.4 | 29.6 | 17.7 | 7.7 | 42.4 |
| 1994 | 84.9 | 18.2 | 14.6 | 7.6 | 44.5 |
| 1995 | 97.2 | 31.2 | 5.1 | 7.3 | 53.6 |
| 1996 | 116.1 | 35.6 | 13.7 | 5.2 | 61.6 |
| 1997 | 136.9 | 39.7 | 10.1 | 10.0 | 77.1 |
| 1998 | 159.6 | 35.2 | 7.3 | 7.0 | 110.1 |
| 1999 | 261.1 | 64.3 | 3.8 | 11.9 | 181.1 |
| 2000 | 162.2 | 64.1 | 16.5 | 23.9 | 57.7 |
| 2001 | 194.3 | 48.6 | 8.9 | 17.1 | 119.6 |
| 2002 | 167.6 | 71.2 | 12.4 | 17.7 | 66.3 |
| 2003 | 75.6 | 32.5 | 6.6 | | 36.5 |
| 2004 | 102.8 | 19.6 | 7.0 | 4.3 | 71.9 |
| 2005 | 231.8 | | | | 127.7 |
| 2006 | 186.5 | | | | 43.9 |
| 2007 | 248.2 | | | | 86.4 |
| 2008 | 251.1 | | | | 76.4 |
| 2009 | 375.0 | | | | 233.5 |
| 2010 | 732.4 | | | | 227.0 |
| 2011 | 710.5 | | | | 276.0 |
| 2012 | 966.8 | | | | 179.2 |
| 2013 | 1223.6 | | | | 403.9 |
| 2014 | 1401.2 | | | | 170.4 |
| 2015 | 1636.1 | | | | 302.2 |
| 2016 | 1014.2 | | | | 252.7 |
| 2017 | 656.6 | | | | 181.5 |
| 2018 | 428.5 | | | | 277.4 |
| 2019 | 611.6 | | | | 413.8 |
| 2020 | | | | | 599.1 |
| 2021 | | | | | 554.4 |
| 2022 | | | | | 445.3 |
| 2023 | | | | | 430.3 |

# 5-9 固定资产投资竣工的住宅建筑面积

单位：万平方米

| 年 份 | 竣工的房屋住宅面积 | 基本建设 | 更新改造 | 其他投资 | 房地产开发 |
|---|---|---|---|---|---|
| 1978 | 36.4 | 33.7 | 0.4 | 2.3 | |
| 1979 | 50.5 | 44.7 | 3.6 | 2.2 | |
| 1980 | 61.2 | 58.2 | 0.2 | 2.8 | |
| 1981 | 64.3 | 53.3 | 7.7 | 3.3 | |
| 1982 | 58.8 | 37.3 | 9.9 | 11.6 | |
| 1983 | 73.8 | 38.5 | 16.1 | 19.2 | |
| 1984 | 65.8 | 35.2 | 12.3 | 18.3 | |
| 1985 | 67.1 | 32.3 | 10.4 | 24.4 | |
| 1986 | 76.1 | 31.9 | 18.1 | 26.1 | |
| 1987 | 48.7 | 25.6 | 6.9 | 16.2 | |
| 1988 | 33.0 | 15.5 | 8.1 | 9.4 | |
| 1989 | 29.7 | 18.0 | 7.3 | 4.4 | |
| 1990 | 58.4 | 12.2 | 9.4 | 2.1 | 34.7 |
| 1991 | 55.4 | 19.3 | 5.1 | 3.4 | 27.6 |
| 1992 | 64.6 | 26.2 | 6.8 | 4.8 | 26.8 |
| 1993 | 74.3 | 25.4 | 8.0 | 1.6 | 39.3 |
| 1994 | 73.8 | 21.1 | 4.3 | 6.4 | 42.0 |
| 1995 | 91.9 | 31.5 | 2.7 | 2.8 | 54.9 |
| 1996 | 114.1 | 31.7 | 8.4 | 3.0 | 71.0 |
| 1997 | 134.7 | 41.0 | 2.1 | 6.1 | 85.5 |
| 1998 | 140.6 | 26.9 | 0.4 | 6.0 | 107.3 |
| 1999 | 228.3 | 32.9 | 0.1 | 7.3 | 188.0 |
| 2000 | 143.6 | 31.9 | 3.5 | 33.7 | 74.5 |
| 2001 | 213.4 | 63.2 | | 7.0 | 143.2 |
| 2002 | 155.7 | 43.0 | 0.9 | 9.3 | 102.6 |
| 2003 | 101.4 | 8.0 | 2.2 | 1.0 | 90.2 |
| 2004 | 92.8 | 3.7 | | | 89.1 |
| 2005 | 255.9 | | | | 250.2 |
| 2006 | 149.3 | | | | 136.7 |
| 2007 | 226.5 | | | | 225.6 |
| 2008 | 198.4 | | | | 198.4 |
| 2009 | 357.5 | | | | 356.1 |
| 2010 | 395.2 | | | | 378.6 |
| 2011 | 589.5 | | | | 494.1 |
| 2012 | 554.3 | | | | 426.2 |
| 2013 | 706.7 | | | | 615.6 |
| 2014 | 623.7 | | | | 431.1 |
| 2015 | 709.8 | | | | 520.8 |
| 2016 | 551.9 | | | | 488.7 |
| 2017 | 529.6 | | | | 442.1 |
| 2018 | 654.0 | | | | 628.8 |
| 2019 | 545.1 | | | | 521.9 |
| 2020 | | | | | 920.6 |
| 2021 | | | | | 653.8 |
| 2022 | | | | | 695.4 |
| 2023 | | | | | 550.8 |

# 5-10 市区固定资产投资竣工的住宅建筑面积

单位：万平方米

| 年 份 | 竣工的房屋住宅面积 | 基本建设 | 更新改造 | 其他投资 | 房地产开发 |
|---|---|---|---|---|---|
| 1978 | 32.2 | 30.4 | | 1.8 | |
| 1979 | 43.9 | 38.7 | 3.2 | 2.0 | |
| 1980 | 50.8 | 48.3 | 0.2 | 2.3 | |
| 1981 | 50.9 | 42.7 | 5.6 | 2.6 | |
| 1982 | 46.8 | 29.0 | 7.6 | 10.2 | |
| 1983 | 63.1 | 31.9 | 13.6 | 17.6 | |
| 1984 | 57.0 | 28.6 | 11.4 | 17.0 | |
| 1985 | 53.4 | 24.2 | 9.2 | 20.0 | |
| 1986 | 68.8 | 27.6 | 16.6 | 24.6 | |
| 1987 | 36.5 | 19.5 | 5.8 | 11.2 | |
| 1988 | 22.9 | 10.2 | 11.5 | 1.2 | |
| 1989 | 22.1 | 14.8 | 6.3 | 1.0 | |
| 1990 | 48.8 | 8.0 | 6.8 | 1.0 | 33.0 |
| 1991 | 39.8 | 19.3 | 5.1 | 3.4 | 12.0 |
| 1992 | 46.0 | 20.0 | 6.8 | 4.0 | 15.2 |
| 1993 | 54.4 | 12.2 | 3.8 | 1.5 | 36.9 |
| 1994 | 48.8 | 8.7 | 3.2 | 3.8 | 33.1 |
| 1995 | 63.7 | 15.2 | 0.5 | | 48.0 |
| 1996 | 70.9 | 14.5 | 2.7 | 0.2 | 53.5 |
| 1997 | 81.0 | 16.8 | 1.1 | 2.6 | 60.5 |
| 1998 | 101.7 | 7.9 | 0.4 | | 93.4 |
| 1999 | 173.6 | 11.3 | | | 162.3 |
| 2000 | 73.0 | 7.5 | 3.5 | 14.6 | 47.4 |
| 2001 | 94.9 | 13.5 | | 2.8 | 78.6 |
| 2002 | 65.3 | 16.2 | 0.9 | 1.7 | 46.5 |
| 2003 | 30.8 | 1.6 | 2.2 | | 27.0 |
| 2004 | 91.3 | 19.6 | 7.0 | 4.3 | 60.4 |
| 2005 | 102.0 | | | | 102.0 |
| 2006 | 46.7 | | | | 36.7 |
| 2007 | 65.9 | | | | 65.9 |
| 2008 | 55.9 | | | | 55.9 |
| 2009 | 196.3 | | | | 196.3 |
| 2010 | 177.0 | | | | 176.9 |
| 2011 | 254.8 | | | | 252.6 |
| 2012 | 167.0 | | | | 167.0 |
| 2013 | 377.7 | | | | 355.7 |
| 2014 | 246.7 | | | | 137.8 |
| 2015 | 236.2 | | | | 230.7 |
| 2016 | 251.6 | | | | 209.7 |
| 2017 | 144.0 | | | | 133.2 |
| 2018 | 222.5 | | | | 222.1 |
| 2019 | 348.8 | | | | 347.8 |
| 2020 | | | | | 462.0 |
| 2021 | | | | | 432.0 |
| 2022 | | | | | 312.5 |
| 2023 | | | | | 289.4 |

# 5-11　主要年份房地产投资与销售情况

| 项　　目 | 2015 | 2016 | 2017 | 2018 | 2019 | 2020 | 2021 | 2022 | 2023 |
|---|---|---|---|---|---|---|---|---|---|
| **企业个数　（个）** | **394** | **432** | **384** | **530** | **571** | **508** | **564** | **610** | **535** |
| **投资完成额　（万元）** | **4702244** | **5491309** | **5386244** | **7164325** | **8529360** | **8670725** | **8538827** | **7561278** | **7511708** |
| **按构成分** | | | | | | | | | |
| 建筑工程 | 3652336 | 4075039 | 3764131 | 4253666 | 5604569 | 5594775 | 5979561 | 5418877 | 5270138 |
| 安装工程 | 441134 | 570022 | 609430 | 626793 | 508508 | 471900 | 417703 | 389039 | 429940 |
| 设备工器具购置 | 63407 | 206973 | 107861 | 68054 | 161514 | 116971 | 98194 | 85126 | 82872 |
| 其他费用 | 545367 | 639275 | 904822 | 2215812 | 2254769 | 2487079 | 2043369 | 1668236 | 1728758 |
| **按工程用途分** | | | | | | | | | |
| 住宅 | 3387992 | 4150360 | 4218147 | 5853139 | 7105562 | 7060922 | 7140156 | 6271120 | 6180500 |
| 办公楼 | 274486 | 255195 | 220503 | 144153 | 128262 | 256941 | 258794 | 285962 | 277072 |
| 商业营业用房 | 762179 | 847687 | 740041 | 719706 | 799317 | 834495 | 704579 | 553920 | 481904 |
| 其他 | 277587 | 238067 | 207553 | 447327 | 496219 | 518367 | 435298 | 450276 | 572232 |
| **按资金来源分** | | | | | | | | | |
| #国内贷款 | 982918 | 763638 | 1084605 | 1097471 | 1914618 | 2633456 | 1175848 | 1439614 | 1202500 |
| 利用外资 | 12000 | | 31955 | 130942 | 4991 | 13482 | 29932 | | |
| 自筹投资 | 3084313 | 2035800 | 1419793 | 2243680 | 1668134 | 3000884 | 3181285 | 2572450 | 1926689 |
| 其他投资 | 3602887 | 4323183 | 5332103 | 689446 | 605450 | 297076 | 362772 | 992763 | 1039704 |
| **房屋建筑面积　（万平方米）** | | | | | | | | | |
| 施工面积 | 3816.70 | 4290.41 | 4690.59 | 5842.17 | 6630.97 | 7337.03 | 7736.98 | 6933.35 | 6223.06 |
| #住宅 | 2866.42 | 3334.84 | 3698.34 | 4662.14 | 5285.54 | 5792.33 | 6123.62 | 5511.20 | 4972.13 |
| 竣工面积 | 671.77 | 601.79 | 520.53 | 766.19 | 657.24 | 1230.66 | 838.68 | 921.74 | 743.25 |
| #住宅 | 520.82 | 488.73 | 442.07 | 628.80 | 521.85 | 920.62 | 653.79 | 695.44 | 550.79 |
| **土地开发及购置　（万平方米）** | | | | | | | | | |
| 本年土地购置面积 | 165.85 | 280.96 | 135.84 | 365.31 | 169.00 | 316.50 | 188.76 | 41.48 | |
| **商品房销售情况** | | | | | | | | | |
| 商品房销售面积（万平方米） | 790.51 | 1071.43 | 1183.80 | 1253.45 | 1474.07 | 1657.69 | 1658.59 | 1196.91 | 1180.61 |
| #住宅 | 684.83 | 917.89 | 1077.78 | 1160.67 | 1371.25 | 1577.03 | 1534.39 | 1101.60 | 1090.06 |
| 商品房销售额　（万元） | 4312938 | 5878184 | 7420007 | 8630837 | 11773125 | 14785106 | 14616459 | 9457009 | 9299285 |

注：2023年及以后本年土地购置面积不再统计。

# 主要统计指标解释

**固定资产投资额** 指以货币形式表现的在一定时期内建造和购置固定资产的工作量以及与此有关的费用的总称。

**计划总投资** 是反应固定资产投资在建总规模的重要指标，也是检查工程进度，计算建设周期的依据之一。

计划总投资是指在建的建设工程按照总体设计（或按设计概算或预算）规定的内容全部建成计划需要的总投资。没有总体设计的建设工程，分别按报告期施工工程的计划总投资合计数填报。单纯购置单位应填报单纯购置的计划总投资。

**自开始建设累计完成投资** 是指建设项目从开始建设到本年底止累计完成的全部投资。它是反映整个建设项目或企、事业单位建设总进度的指标，其计算范围原则上应与“计划总投资”指标包括的工程内容相一致。报告期前已建成投产或停、缓建工程完成的投资以及拆除、报废工程的投资，仍应包括在内，但转出的“在建工程”累计投资应予以扣除，转入的"在建工程"以前年度完成的投资应当包括。

**本年完成投资** 指从本年1月1日起至本年最后一天止完成的全部投资额。本年完成投资是反映本年的实际投资规模，计算有关投资效果，进行国民经济核算和经济分析的重要指标。

**建筑工程** 是指各种房屋、建筑物的建造工程，又称建筑工作量。这部分投资额必须兴工动料，通过施工活动才能实现，是固定资产投资额的重要组成部分。

安装工程 指各种设备、装置的安装工程，又称安装工作量。

**设备工器具购置** 是指报告期内购置或自制的，达到固定资产标准的设备、工具、器具的价值。新建单位及扩建单位的新建车间，按照设计或计划要求购置或自制的全部设备、工具、器具，不论是否达到固定资产标准均计入“设备工器具购置”中。

**其他费用** 指在固定资产建造和购置过程中发生的，除建筑安装工程和设备、工器具购置投资完成额以外的应当分摊计入固定资产投资的费用，不指经营中财务上的其他费用。

**本年新增固定资产** 指报告期内交付使用的固定资产价值。包括本年内建成投入生产或使用的工程投资和达到固定资产标准的设备工器具的投资以及有关应摊入的费用。

# 六、对外经济贸易和国际旅游

版面负责人：吕延婷
编　　　辑：王海龙

统计知识

# 中华人民共和国统计法

**第三十七条** 县级以上人民政府有关部门应当积极协助本级人民政府统计机构查处统计违法行为，及时向本级人民政府统计机构移送有关统计违法案件材料。

**第三十八条** 县级以上人民政府统计机构在调查统计违法行为或者核查统计数据时，有权采取下列措施：

（一）发出统计检查查询书，向检查对象查询有关事项；

（二）要求检查对象提供有关原始记录和凭证、统计台账、统计调查表、会计资料及其他相关证明和资料；

（三）就与检查有关的事项询问有关人员；

（四）进入检查对象的业务场所和统计数据处理信息系统进行检查、核对；

（五）经本机构负责人批准，登记保存检查对象的有关原始记录和凭证、统计台账、统计调查表、会计资料及其他相关证明和资料；

（六）对与检查事项有关的情况和资料进行记录、录音、录像、照相和复制。

县级以上人民政府统计机构进行监督检查时，监督检查人员不得少于二人，并应当出示执法证件；未出示的，有关单位和个人有权拒绝检查。

**第三十九条** 县级以上人民政府统计机构履行监督检查职责时，有关单位和个人应当如实反映情况，提供相关证明和资料，不得拒绝、阻碍检查，不得转移、隐匿、篡改、毁弃原始记录和凭证、统计台账、统计调查表、会计资料及其他相关证明和资料。

### 第六章 法律责任

**第四十条** 地方各级人民政府、县级以上人民政府统计机构或者有关部门、单位的负责人有下列行为之一的，由任免机关、单位或者监察机关依法给予处分，并由县级以上人民政府统计机构予以通报：

（一）自行修改统计资料、编造虚假统计数据的；

（二）要求统计机构、统计人员或者其他机构、人员伪造、篡改统计资料的；

（三）明示、暗示下级单位及其人员或者统计调查对象填报虚假统计数据的；

（四）对本地方、本部门、本单位发生的统计数据严重失实情况和严重统计违法行为失察的；

（五）有其他统计造假、弄虚作假行为的。

对依法履行职责或者拒绝、抵制统计违法行为的单位和个人打击报复的，依照前款规定给予处分和予以通报。

# 6-1 利用外资签订协议（合同）情况

| 年 份 | 合 计 | | 对外借款 | | 外商直接投资 | |
|---|---|---|---|---|---|---|
| | 合同数（个） | 合同外资额（万美元） | 合同数（个） | 合同外资额（万美元） | 合同数（个） | 合同外资额（万美元） |
| 1980 | 3 | 506 | 2 | 206 | | |
| 1981 | | | | | | |
| 1982 | 3 | 3678 | | | | |
| 1983 | 2 | 29 | | | | |
| 1984 | 2 | 55 | | | | |
| 1985 | 9 | 406 | | | 2 | 41 |
| 1986 | 5 | 414 | 2 | 290 | 3 | 124 |
| 1987 | 11 | 973 | | | 1 | 66 |
| 1988 | 17 | 3574 | 5 | 2106 | 8 | 470 |
| 1989 | 17 | 2475 | 5 | 1530 | 11 | 937 |
| 1990 | 10 | 1604 | 4 | 1113 | 6 | 491 |
| 1991 | 27 | 1978 | 1 | 1281 | 26 | 697 |
| 1992 | 218 | 8111 | 3 | 525 | 215 | 7586 |
| 1993 | 432 | 25022 | 11 | 433 | 421 | 24589 |
| 1994 | 173 | 19516 | | | 173 | 19516 |
| 1995 | 159 | 10866 | | | 159 | 10866 |
| 1996 | 122 | 20791 | 6 | 3283 | 116 | 17508 |
| 1997 | 59 | 23626 | 8 | 13390 | 51 | 10236 |
| 1998 | 83 | 27817 | 4 | 5162 | 79 | 22655 |
| 1999 | 56 | 24468 | | | 56 | 24468 |
| 2000 | 99 | 25720 | | | 99 | 25720 |
| 2001 | 62 | 29078 | | | 62 | 29078 |
| 2002 | 119 | 44066 | | | 119 | 44060 |
| 2003 | 166 | 57301 | | | 166 | 57301 |
| 2004 | 186 | 69689 | | | 186 | 69689 |
| 2005 | 173 | 81733 | | | 173 | 81733 |
| 2006 | 151 | 81095 | | | 151 | 81095 |
| 2007 | 166 | 135827 | | | 166 | 135827 |
| 2008 | 122 | 172608 | | | 122 | 172608 |
| 2009 | 145 | 110956 | | | 145 | 110956 |
| 2010 | 204 | 189233 | | | 204 | 189233 |
| 2011 | 218 | 258369 | | | 218 | 258369 |
| 2012 | 211 | 243884 | | | 211 | 243884 |
| 2013 | 171 | 244661 | | | 171 | 244661 |
| 2014 | 189 | 30142 | | | 189 | 302142 |
| 2015 | 109 | 158941 | | | 109 | 158941 |
| 2016 | 166 | 351188 | | | 166 | 351188 |
| 2017 | 188 | 425776 | | | 188 | 425776 |
| 2018 | 263 | 571690 | | | 263 | 571690 |
| 2019 | 212 | 541586 | | | 212 | 541586 |
| 2020 | 187 | 726795 | | | 187 | 726795 |
| 2021 | 227 | 884908 | | | 227 | 884908 |
| 2022 | 146 | 504114 | | | 146 | 504114 |
| 2023 | 108 | 106116 | | | 108 | 106116 |

注：2004 年及以后合同数、合同工外资金额分三部分：对外借款、外商直接投资、外商其他投资。本表中不含外商其他投资。1990 年及以后合同数、合同外资额包括两部分：对外借款、外商直接投资。2005 年及以后合同数、合同外资金额为新批外商投资项目个数和新签协议注册外资额（下同）。

# 6-2 实际使用外资情况

单位：万美元

| 年 份 | 合 计 | 对外借款 | 外商直接投资 |
|---|---|---|---|
| 1985 | 55 | | |
| 1986 | 618 | 253 | |
| 1987 | 214 | | 40 |
| 1988 | 434 | 37 | 127 |
| 1989 | 2191 | 1022 | 371 |
| 1990 | 1324 | 578 | 110 |
| 1991 | 1225 | 978 | 247 |
| 1992 | 2378 | 1578 | 800 |
| 1993 | 4161 | 433 | 3728 |
| 1994 | 6898 | 1237 | 5661 |
| 1995 | 10432 | | 10432 |
| 1996 | 17284 | 3232 | 14052 |
| 1997 | 19020 | 10091 | 8929 |
| 1998 | 22816 | | 22816 |
| 1999 | 20184 | | 20184 |
| 2000 | 20790 | | 20790 |
| 2001 | 21840 | | 21840 |
| 2002 | 25023 | | 25023 |
| 2003 | 34095 | | 34095 |
| 2004 | 30399 | | 30399 |
| 2005 | 26057 | | 26057 |
| 2006 | 24433 | | 24433 |
| 2007 | 44291 | | 44291 |
| 2008 | 58251 | | 58251 |
| 2009 | 69781 | | 69781 |
| 2010 | 101330 | | 101330 |
| 2011 | 146569 | | 146569 |
| 2012 | 170021 | | 170021 |
| 2013 | 150047 | | 150047 |
| 2014 | 165786 | | 165786 |
| 2015 | 142788 | | 142788 |
| 2016 | 150574 | | 150574 |
| 2017 | 165991 | | 165991 |
| 2018 | 189848 | | 189848 |
| 2019 | 208997 | | 208997 |
| 2020 | 220059 | | 220059 |
| 2021 | 242250 | | 242250 |
| 2022 | 122439 | | 122439 |
| 2023 | 35039 | | 35039 |

注：2005年及以后实际使用外资为实际使用注册外资（下同）。

# 6-3 主要年份对外经济情况

| 指　　标 | 1990 | 1995 | 2000 | 2005 | 2010 | 2015 | 2020 | 2021 | 2022 | 2023 |
|---|---|---|---|---|---|---|---|---|---|---|
| 自营进出口总额　（万美元） | 1015 | 24696 | 32896 | 112621 | 416053 | 541263 | 1543267 | 1764499 | 1779957 | 1720208 |
| 自营出口 | 599 | 14724 | 18715 | 75196 | 263060 | 438935 | 1248495 | 1462900 | 1510693 | 1421414 |
| #三资企业 | 599 | 5626 | 7794 | 36282 | 111952 | 129468 | 130348 | 129478 | 159054 | 120855 |
| 自营进口 | 416 | 9972 | 14181 | 37425 | 152993 | 102328 | 294773 | 301598 | 269263 | 298794 |
| #三资企业 | 416 | 8454 | 9765 | 29056 | 98975 | 40728 | 65432 | 66757 | 70586 | 52939 |
| 新批外商投资项目个数（个） | 10 | 159 | 99 | 173 | 204 | 109 | 187 | 227 | 146 | 108 |
| 新批协议注册外资额（万美元） | 1604 | 10866 | 25720 | 81733 | 189233 | 158941 | 726795 | 884908 | 504114 | 106116 |
| 实际到账注册外资额（万美元） | 1324 | 10432 | 20790 | 26057 | 101330 | 142788 | 220059 | 242250 | 122439 | 35039 |
| 新签对外承包工程劳务合同额 | | 3256 | 8010 | 31500 | 12648 | 17674 | 4422 | 86 | 39000 | 6111 |
| 对外承包工程劳务营业额 | | 2228 | | 30000 | 14610 | 23067 | 9739 | 5185 | 4596 | 6558 |
| 期末在外人数　（人） | | 2316 | 6995 | 18200 | 1761 | | | | 1045 | 387 |
| 新批海外投资企业　（家） | | 1 | | 1 | 6 | 26 | 32 | 22 | 20 | 30 |
| 年末实有三资企业　（家） | 31 | 877 | 553 | 599 | 944 | 1320 | 2087 | 2128 | 2107 | 2033 |
| #投产开业企业 | 20 | 486 | 415 | 599 | 944 | 1320 | 2087 | 2128 | 2107 | 2033 |

注：1999 年及以后进出口总额为海关数；2000 年期末在外人数为当年新派人数。

# 6-4 主要年份国际旅游人数和收入

| 指　　标 | 1990 | 1995 | 2000 | 2005 | 2010 | 2015 | 2020 | 2021 | 2022 | 2023 |
|---|---|---|---|---|---|---|---|---|---|---|
| **过夜旅游者人数　（人）** | **4325** | **4988** | **17825** | **73010** | **158277** | **33776** | **12130** | **15324** | **9952** | **29314** |
| 外国人 | 971 | 2985 | 11324 | 51417 | 121446 | 24834 | 8958 | 11752 | 7674 | 24028 |
| 港澳台同胞 | 3354 | 2003 | 6501 | 21593 | 36831 | 8942 | 3172 | 3572 | 2278 | 5286 |
| **过夜者人天数　（人天）** | **10318** | **19749** | **320914** | **521067** | **1019251** | **127958** | **100352** | **133379** | | |
| 外国人 | 3131 | 12926 | 182885 | 346684 | 724714 | 95003 | 77684 | 99874 | | |
| 港澳台同胞 | 7187 | 6823 | 138029 | 174383 | 294537 | 32956 | 22668 | 33505 | | |
| **过夜的外国人按国别分（人）** | | | | | | | | | | |
| 日本 | 401 | 792 | 2720 | 5992 | 13409 | | | | | |
| 菲律宾 | 7 | 13 | 20 | 519 | 3815 | | | | | |
| 新加坡 | 9 | 89 | 1006 | 2107 | 8304 | | | | | |
| 泰国 | 33 | 37 | 23 | 727 | 3763 | | | | | |
| 印度尼西亚 | 1 | 64 | 51 | 915 | 1485 | | | | | |
| 美国 | 109 | 494 | 3305 | 9361 | 15615 | | | | | |
| 加拿大 | 17 | 56 | 383 | 3020 | 4876 | | | | | |
| 英国 | 41 | 74 | 198 | 2277 | 7961 | | | | | |
| 法国 | 25 | 134 | 68 | 2121 | 5374 | | | | | |
| 德国 | 100 | 342 | 244 | 6803 | 12568 | | | | | |
| 意大利 | 13 | 66 | 81 | 1009 | 1976 | | | | | |
| 俄罗斯 | 50 | 51 | 141 | 1027 | 3282 | | | | | |
| 澳大利亚 | 35 | 62 | 390 | 3225 | 4869 | | | | | |
| 新西兰 | 6 | 8 | 22 | 1523 | 2536 | | | | | |
| 马来西亚 | | 115 | 83 | 860 | 3603 | | | | | |
| 韩国 | | 216 | 1454 | 2543 | 12362 | | | | | |
| 西班牙 | | 15 | 10 | 553 | 489 | | | | | |
| **国际旅游收入　（万美元）** | | **229** | **1307** | **5658** | **15287** | **3861** | **2054** | **2861** | **1794** | **5919** |

注：俄罗斯旅游人数 1992 年及以前为苏联数，德国 1991 年及以前的数字为西德数，2014 年及以后不再分国别统计入境人数；2013 年及以后国家旅游局对过夜旅游者的统计口径进行了调整，从原来的入境旅游者调整为过夜入境旅游者；2022 年及以后不再统计过夜者人天数。

# 主要统计指标解释

**利用外资** 指我国各级政府、部门、企业和其他经济组织通过对外借款、吸收外商直接投资以及用其他方式筹措的境外现汇、设备、技术等。

**对外借款** 是我国利用外资的主要部分。包括我国通过外国政府贷款，国际金融组织贷款，外国银行商业贷款，出口信贷以及对外发行债券、股票等方式，从境外筹措的资金。

**外商直接投资** 是指外国企业和经济组织或个人（包括华侨、港澳台同胞以及我国在境外注册的企业）按我国有关政策、法规，用现汇、实物、技术等在我国境内开办外商独资企业、与我国境内的企业或经济组织共同举办中外合资经营企业、合作经营企业或合作开发资源的投资（包括外商投资收益的再投资）以及政府有关部门批准的项目投资总额内，企业从境外借入的资金。

**对外承包工程** 包括各对外承包公司以招标议标承包方式承揽的下列业务：(1) 承包国外工程建设项目；(2) 承包我国对外经援项目；(3) 承包我国驻外机构的工程建设项目；(4) 承包我国境内利用外资进行建设的工程项目；(5) 与外国承包公司合营或联合承包工程项目时我国公司分包部分；(6) 以服务成果向业主收费的技术服务项目（包括承担地形地貌测绘；地质资源勘探与普查；建设区域规划；提供设计文件、图纸、生产工艺技术资料和工程技术经济咨询；工程项目的可行性考察、研究和评估；进行技术指导和培训人员等）；(7) 对外承包兼营的房屋开发业务。对外承包工程的营业额是以货币表现的本期内完成的对外承包工程的工作量，包括以前年度签订的合同和本年度新签订的合同在报告期完成的工作量。

**对外劳务合作** 指以收取工资的形式向业主或承包商提供技术和劳动服务的活动。我国对外承包公司在境外开办的合营企业，中国公司同时又提供劳务的，其劳务部分也纳入劳务合计统计。劳务合作营业额按报告期内向雇主提交的结算数（包括工资、加班费和奖金等）统计。

**旅游人数** 指来我国参观、访问、旅行、探亲、访友、休养、考察、参加会议和从事经济、科技、文化、教育、体育、宗教等活动的外国人、华侨、港澳和台湾同胞的人数。不包括外国在我国的常住机构，如使领馆、通讯社、企业办事处的工作人员；来我国常驻的外国专家、留学生以及在岸逗留不过夜人员。

**旅游外汇收入** 指国内各部门为来我国旅游的外国人、华侨、港澳和台湾同胞提供商品和劳务而获得的外汇收入。包括供应商品、饮食和提供住宿、交通、邮电、文化娱乐、导游等各项服务所得到的全部外汇收入。

# 七、能源消费与库存

版面负责人：高　皓　冯洋洋
编　　　辑：刘永冉　张力文

统计知识

# 中华人民共和国统计法

**第四十一条**　县级以上人民政府统计机构或者有关部门有下列行为之一的，由本级人民政府、上级人民政府统计机构或者本级人民政府统计机构责令改正，予以通报；对负有责任的领导人员和直接责任人员，由任免机关或者监察机关依法给予处分：

（一）未经批准或者备案擅自组织实施统计调查的；

（二）未经批准或者备案擅自变更统计调查制度的内容的；

（三）伪造、篡改统计资料的；

（四）要求统计调查对象或者其他机构、人员提供不真实的统计资料的；

（五）未按照统计调查制度的规定报送有关资料的。

统计人员有前款第三项至第五项所列行为之一的，责令改正，依法给予处分。

**第四十二条**　县级以上人民政府统计机构或者有关部门有下列行为之一的，对负有责任的领导人员和直接责任人员由任免机关或者监察机关依法给予处分：

（一）违法公布统计资料的；

（二）泄露或者向他人非法提供统计调查对象的商业秘密、个人隐私、个人信息的；

（三）对外提供、泄露在统计调查中获得的能够识别或者推断单个统计调查对象身份的资料的；

（四）违反国家有关规定，造成统计资料毁损、灭失的。

统计人员有前款所列行为之一的，依法给予处分。

**第四十三条**　统计机构、统计人员泄露国家秘密、工作秘密的，依法追究法律责任。

**第四十四条**　作为统计调查对象的国家机关、企业事业单位或者其他组织有下列行为之一的，由县级以上人民政府统计机构责令改正，给予警告，可以予以通报；其负有责任的领导人员和直接责任人员属于公职人员的，由任免机关、单位或者监察机关依法给予处分：

（一）拒绝提供统计资料或者经催报后仍未按时提供统计资料的；

（二）提供不真实或者不完整的统计资料的；

（三）拒绝答复或者不如实答复统计检查查询书的；

（四）拒绝、阻碍统计调查、统计检查的；

（五）转移、隐匿、篡改、毁弃或者拒绝提供原始记录和凭证、统计台账、统计调查表及其他相关证明和资料的。

企业事业单位或者其他组织有前款所列行为之一的，可以并处十万元以下的罚款；情节严重的，并处十万元以上五十万元以下的罚款。

个体工商户有本条第一款所列行为之一的，由县级以上人民政府统计机构责令改正，给予警告，可以并处一万元以下的罚款。

# 7-1 规模以上工业企业综合能源分行业消费量

单位：吨标准煤

| 指标 | 综合能源消耗量 | |
|---|---|---|
| | 2023 | 2022 |
| **总计** | **21327531** | **19403709** |
| **按行业门类分** | | |
| 采矿业 | 1007246 | 942209 |
| 煤炭开采和洗选业 | 997874 | 931894 |
| 黑色金属矿采选业 | 6552 | 6641 |
| 有色金属矿采选业 | 146 | 206 |
| 非金属矿采选业 | 2673 | 3467 |
| 制造业 | 11588465 | 10596382 |
| 农副食品加工业 | 106098 | 110052 |
| 食品制造业 | 68019 | 57342 |
| 酒、饮料和精制茶制造业 | 106850 | 112401 |
| 烟草制品业 | 9558 | 9632 |
| 纺织业 | 272685 | 235704 |
| 纺织服装、服饰业 | 2974 | 2740 |
| 皮革、毛皮、羽毛及其制品和制鞋业 | 6706 | 5996 |
| 木材加工和木、竹、藤、棕、草制品业 | 69927 | 68823 |
| 家具制造业 | 6744 | 5305 |
| 造纸和纸制品业 | 119601 | 88004 |
| 印刷和记录媒介复制业 | 6782 | 6508 |
| 文教、工美、体育和娱乐用品制造业 | 1425 | 1336 |
| 石油、煤炭及其他燃料加工业 | 1649717 | 847351 |
| 化学原料和化学制品制造业 | 747613 | 690197 |
| 医药制造业 | 45979 | 53008 |
| 化学纤维制造业 | 169813 | 39271 |
| 橡胶和塑料制品业 | 121594 | 103268 |
| 非金属矿物制品业 | 1427194 | 1295424 |
| 黑色金属冶炼和压延加工业 | 4492027 | 4634062 |
| 有色金属冶炼和压延加工业 | 160274 | 131181 |
| 金属制品业 | 136911 | 138954 |
| 通用设备制造业 | 129448 | 143655 |
| 专用设备制造业 | 88669 | 94940 |
| 汽车制造业 | 35935 | 26276 |
| 铁路、船舶、航空航天和其他运输设备制造业 | 30444 | 25943 |
| 电气机械和器材制造业 | 169699 | 70957 |
| 计算机、通信和其他电子设备制造业 | 1338359 | 1504865 |
| 仪器仪表制造业 | 3285 | 3346 |
| 其他制造业 | 2357 | 1891 |
| 废弃资源综合利用业 | 61776 | 87950 |
| 金属制品、机械和设备修理业 | 3 | 2 |
| 电力、热力、燃气及水生产和供应业 | 8731820 | 7865117 |
| 电力、热力生产和供应业 | 8691611 | 7823128 |
| 燃气生产和供应业 | 672 | 573 |
| 水的生产和供应业 | 39538 | 41416 |

# 7-2 规模以上工业企业能源购进、消费及库存

（2023 年）

| 能源名称 | 年初库存量 | 工业生产消费量 | #用于原材料 | #运输工具消费 | 期末库存量 |
|---|---|---|---|---|---|
| 原煤（吨） | 1317194 | 35321259 | 269678 | | 1088782 |
| 无烟煤 | 12431 | 293167 | 269678 | | 3676 |
| 炼焦烟煤 | 216159 | 9898089 | | | 1394 |
| 一般烟煤 | 1028401 | 23486753 | | | 1018899 |
| 褐煤 | 60204 | 1643250 | | | 64813 |
| 洗精煤（用于炼焦）（吨） | 124008 | 9537619 | | | 272823 |
| 其他洗煤（吨） | 104217 | 2544639 | | | 154123 |
| 煤制品（吨） | | | | | |
| 焦炭（吨） | 120193 | 3314734 | 47228 | | 301732 |
| 其他焦化产品（吨） | 28084 | 189931 | 57370 | | 30528 |
| 焦炉煤气（万立方米） | | 175240 | 119400 | | |
| 高炉煤气（万立方米） | | 1217325 | | | |
| 转炉煤气（万立方米） | | 103193 | | | |
| 天然气（万立方米） | | 52594 | 2536 | | |
| 液化天然气（万立方米） | 418 | 20479 | | 5109 | 78 |
| 氢气（万立方米） | | 3583 | | | |
| 汽油（吨） | 45 | 2853 | | 2329 | 45 |
| 煤油（吨） | | | | | |
| 柴油（吨） | 2699 | 50615 | | 23518 | 3028 |
| 燃料油（吨） | 223 | 1927 | | | 63 |
| 液化石油气（吨） | | 142 | | | |
| 润滑油（吨） | 454 | 8741 | 2 | | 363 |
| 石蜡（吨） | | 54 | 54 | | |
| 溶剂油（吨） | | 10 | | | |
| 石油焦（吨） | 2164 | 48441 | 48441 | | 1410 |
| 石油沥青（吨） | | | | | |
| 其他石油制品（吨） | | 15 | | | |
| 热力（百万千焦） | | 26833415 | | | |
| 电力（万千瓦时） | | 2641420 | | 8645 | |
| 城市生活垃圾（用于燃料）（吨） | 82273 | 2370154 | | | 93554 |
| 生物质能（用于燃料）（吨） | 54590 | 430265 | | | 23410 |
| 余热余压（百万千焦） | | 15338123 | | | |
| 工业废料（用于燃料）（吨） | | | | | |
| 其他燃料（吨标准煤） | | | | | |
| 能源合计（吨标准煤） | | 46708230 | 1111882 | 57297 | |

# 7-3 规模以上加工转换工业企业能源消费、投入及产出

（2023年）

| 能源名称 | 工业生产消费量 | #加工转换投入合计 | 火力发电 | 供热 | 原煤入洗 | 炼焦 | 制气 | 能源加工转换产出 | 回收利用 |
|---|---|---|---|---|---|---|---|---|---|
| 原煤（吨） | 35043083 | 33664220 | 22005503 | 1819684 | 9839032 | | | | |
| 洗精煤（用于炼焦）（吨） | 9537619 | 9537619 | | | | 9537619 | | 6647851 | |
| 其他洗煤（吨） | 2529170 | 1480290 | 658550 | 821740 | | | | 1206310 | |
| 煤制品（吨） | | | | | | | | | |
| 焦炭（吨） | 3257184 | | | | | | | 6370967 | |
| 其他焦化产品（吨） | 179669 | | | | | | | 591432 | |
| 焦炉煤气（万立方米） | 171827 | 19323 | 17698 | 1625 | | | | 183774 | |
| 高炉煤气（万立方米） | 1211165 | 397022 | 397022 | | | | | | 1217325 |
| 转炉煤气（万立方米） | 103193 | 84994 | 84994 | | | | | | 103193 |
| 天然气（万立方米） | 16235 | 9199 | | 7697 | | | 1502 | | |
| 氢气（万立方米） | 3509 | | | | | | | 2989 | |
| 汽油（吨） | 186 | | | | | | | | |
| 柴油（吨） | 24892 | | | | | | | | |
| 润滑油（吨） | 2772 | | | | | | | | |
| 其他石油制品（吨） | | | | | | | | | |
| 热力（百万千焦） | 8222471 | | | | | | | 48022006 | |
| 电力（万千万时） | 1255945 | | | | | | | 5464040 | |
| 城市生活垃圾（用于燃料）（吨） | 2370154 | 2370154 | 2212978 | 157176 | | | | | |
| 生物质能（用于燃料）（吨） | 374887 | 374887 | 283487 | 91400 | | | | | |
| 余热余压（百万千焦） | 15338123 | 14817358 | 14817358 | | | | | | 15791041 |
| 能源合计（吨标准煤） | 43360062 | 34162156 | 16640710 | 1876223 | 7015664 | 8609588 | 19971 | 23010201 | 2370498 |

# 7-4 工业企业分行业用水量

单位：万立方米

| 指　　标 | 取水量 | | 外供水量 | |
|---|---|---|---|---|
| | 2023 | 2022 | 2023 | 2022 |
| **总　计** | **114233.48** | **105173.14** | **86910.03** | **79974.53** |
| **按行业门类分** | | | | |
| 采矿业 | 1418.83 | 1530.87 | | |
| 煤炭开采和洗选业 | 1187.37 | 1302.56 | | |
| 黑色金属矿采选业 | 231.43 | 228.28 | | |
| 有色金属矿采选业 | 0.00 | 0.00 | | |
| 非金属矿采选业 | 0.03 | 0.03 | | |
| 制造业 | 11307.82 | 9959.41 | | |
| 农副食品加工业 | 308.64 | 235.86 | | |
| 食品制造业 | 279.66 | 251.11 | | |
| 酒、饮料和精制茶制造业 | 344.44 | 397.04 | | |
| 烟草制品业 | 33.80 | 33.34 | | |
| 纺织业 | 664.87 | 508.25 | | |
| 纺织服装、服饰业 | 21.40 | 20.28 | | |
| 皮革、毛皮、羽毛及其制品和制鞋业 | 75.20 | 67.84 | | |
| 木材加工和木、竹、藤、棕、草制品业 | 35.27 | 35.77 | | |
| 家具制造业 | 3.15 | 4.81 | | |
| 造纸和纸制品业 | 82.66 | 67.69 | | |
| 印刷和记录媒介复制业 | 11.56 | 9.49 | | |
| 文教、工美、体育和娱乐用品制造业 | 2.48 | 2.43 | | |
| 石油、煤炭及其他燃料加工业 | 808.74 | 482.48 | | |
| 化学原料和化学制品制造业 | 1210.22 | 1218.41 | | |
| 医药制造业 | 146.81 | 160.43 | | |
| 化学纤维制造业 | 157.41 | 57.39 | | |
| 橡胶和塑料制品业 | 100.92 | 96.80 | | |
| 非金属矿物制品业 | 632.14 | 526.18 | | |
| 黑色金属冶炼和压延加工业 | 1695.69 | 1694.08 | | |
| 有色金属冶炼和压延加工业 | 228.68 | 161.20 | | |
| 金属制品业 | 118.33 | 115.68 | | |
| 通用设备制造业 | 261.75 | 274.71 | | |
| 专用设备制造业 | 229.07 | 225.33 | | |
| 汽车制造业 | 97.39 | 90.93 | | |
| 铁路、船舶、航空航天和其他运输设备制造业 | 163.93 | 145.91 | | |
| 电气机械和器材制造业 | 1094.97 | 268.01 | | |
| 计算机、通信和其他电子设备制造业 | 2428.24 | 2744.45 | | |
| 仪器仪表制造业 | 16.81 | 15.84 | | |
| 其他制造业 | 6.85 | 6.84 | | |
| 废弃资源综合利用业 | 46.38 | 40.64 | | |
| 金属制品、机械和设备修理业 | 0.38 | 0.20 | | |
| 电力、热力、燃气及水生产和供应业 | 101506.82 | 93682.86 | 86910.03 | 79974.53 |
| 电力、热力生产和供应业 | 11895.26 | 10903.77 | | |
| 燃气生产和供应业 | 7.69 | 7.53 | | |
| 水的生产和供应业 | 89603.87 | 82771.56 | 86910.03 | 79974.53 |

# 7-5　工业企业重复用水量

单位：万立方米

| 指　　标 | 重复用水量 | |
|---|---|---|
| | 2023 | 2022 |
| **总　计** | **626604.43** | **551279.16** |
| **按行业门类分** | | |
| 采矿业 | 42111.60 | 39115.23 |
| 煤炭开采和洗选业 | 41880.17 | 38886.95 |
| 黑色金属矿采选业 | 231.43 | 228.28 |
| 制造业 | 193465.88 | 150959.36 |
| 农副食品加工业 | 12.60 | 3.85 |
| 食品制造业 | 14.25 | 18.26 |
| 酒、饮料和精制茶制造业 | 368.06 | 423.86 |
| 烟草制品业 | 918.31 | 908.25 |
| 纺织业 | 3235.25 | 3999.33 |
| 纺织服装、服饰业 | | 0.07 |
| 皮革、毛皮、羽毛及其制品和制鞋业 | 6.47 | 7.79 |
| 木材加工和木、竹、藤、棕、草制品业 | | 0.02 |
| 家具制造业 | | |
| 造纸和纸制品业 | 161.94 | 190.36 |
| 印刷和记录媒介复制业 | | |
| 石油、煤炭及其他燃料加工业 | 8717.66 | 1046.32 |
| 化学原料和化学制品制造业 | 16982.32 | 17684.54 |
| 医药制造业 | 13.00 | 13.00 |
| 化学纤维制造业 | 113.73 | 7.44 |
| 橡胶和塑料制品业 | 3.12 | 2.36 |
| 非金属矿物制品业 | 6307.84 | 5047.21 |
| 黑色金属冶炼和压延加工业 | 28389.72 | 9072.04 |
| 有色金属冶炼和压延加工业 | 0.56 | 0.53 |
| 金属制品业 | 303.69 | 283.84 |
| 通用设备制造业 | 6.71 | 7.97 |
| 专用设备制造业 | 49.13 | 49.12 |
| 电气机械和器材制造业 | 15.55 | 15.59 |
| 计算机、通信和其他电子设备制造业 | 127761.04 | 112094.34 |
| 仪器仪表制造业 | | |
| 其他制造业 | 0.12 | 0.14 |
| 废弃资源综合利用业 | 84.78 | 83.14 |
| 电力、热力、燃气及水生产和供应业 | 391026.96 | 361204.58 |
| 电力、热力生产和供应业 | 391026.96 | 361204.58 |

# 7-6 工业企业用水情况

单位：万立方米

| 指　　标 | 取水量 | | 外供水量 | |
|---|---|---|---|---|
| | 2023 | 2022 | 2023 | 2022 |
| **合计** | **114233.48** | **105173.14** | **86910.03** | **79974.53** |
| **按水源分** | | | | |
| 地表淡水 | 100636.85 | 94149.33 | 6297.22 | 5387.11 |
| 地下淡水 | 5356.82 | 3411.58 | | 0.88 |
| 自来水 | 5243.76 | 4269.47 | 80612.81 | 74586.54 |
| 海水 | | | | |
| 陆地苦咸水 | | | | |
| 矿井水 | | | | |
| 雨水 | 8.86 | 12.99 | | |
| 再生水（中水） | 2934.45 | 3306.25 | | |
| 海水淡化水 | | | | |
| 其他水 | 52.74 | 23.53 | | … |

# 7-7 主要年份全社会用电情况

单位：万千瓦时

| 指标 | 2000 | 2005 | 2010 | 2015 | 2020 | 2021 | 2022 | 2023 |
|---|---|---|---|---|---|---|---|---|
| **全社会用电量** | **670550** | **1382016** | **2460074** | **3441896** | **3649592** | **3935549** | **4308646** | **4528542** |
| 全行业用电 | 597739 | 1255025 | 2175168 | 2987551 | 2954999 | 3191450 | 3437940 | 3640964 |
| 农林牧渔水利业 | 55689 | 49166 | 30234 | 55063 | 72017 | 84396 | 101460 | 103495 |
| # 排灌 | 41439 | 33672 | 12969 | 17146 | 15905 | 14660 | 20149 | 17474 |
| 工业 | 494267 | 1096270 | 1918967 | 2543638 | 2191710 | 2293987 | 2491991 | 2605917 |
| 建筑业 | 5401 | 9734 | 18841 | 36251 | 69783 | 71845 | 64743 | 51396 |
| 交通运输、仓储和邮政业 | 18183 | 19110 | 35385 | 66856 | 110808 | 131219 | 126674 | 148082 |
| # 交通运输业 | 10735 | 12925 | 28022 | 56484 | | | | |
| 邮电通信业 | 2448 | 2915 | 2073 | 2311 | | | | |
| 批发和零售业、住宿和餐饮业 | 11280 | 31478 | 54311 | 84703 | 147226 | 180534 | 194686 | 234744 |
| 公共服务及管理组织业 | 17919 | 49269 | 102367 | 107663 | 202158 | 232190 | 243812 | 267552 |
| # 公共照明业 | 987 | 1587 | 6486 | 10520 | 15823 | 13911 | 14170 | 15078 |
| 城乡居民生活用电 | 72811 | 126991 | 284906 | 454345 | 694593 | 744099 | 870706 | 887578 |
| 乡村 | 38639 | 65654 | 133924 | 275558 | 286866 | 435624 | 513169 | 525446 |
| 城镇 | 34172 | 61337 | 150982 | 178787 | 407727 | 308475 | 357537 | 362132 |

注：商业、住宿和餐饮业对应批发和零售业、住宿和餐饮业合计，其他事业合计对应公共服务及管理组织业（下同）。

# 7-8 市区主要年份全社会用电情况

单位：万千瓦时

| 指标 | 2000 | 2005 | 2010 | 2015 | 2020 | 2021 | 2022 | 2023 |
|---|---|---|---|---|---|---|---|---|
| **全社会用电量** | **417022** | **487927** | **1499408** | **1143738** | **1050671** | **1146519** | **1378141** | **1323357** |
| 全行业用电 | 386628 | 435880 | 1357449 | 1017440 | 861861 | 944294 | 1144745 | 1089629 |
| 农林牧渔水利业 | 4372 | 5065 | 9330 | 3652 | 2759 | 2357 | 2387 | 2297 |
| # 排灌 | 1375 | 465 | 1731 | 1223 | 893 | 657 | 832 | 798 |
| 工业 | 349333 | 364398 | 1195500 | 815917 | 557786 | 591971 | 789229 | 687371 |
| 建筑业 | 2342 | 3768 | 11073 | 9844 | 16531 | 16359 | 16273 | 14533 |
| 交通运输、仓储和邮政业 | 9309 | 11673 | 27369 | 41848 | 61419 | 70342 | 61631 | 77439 |
| # 交通运输业 | 7789 | 8038 | 24253 | 39289 | | | | |
| 邮电通信业 | 1520 | 1944 | 1388 | 871 | | | | |
| 批发和零售业、住宿和餐饮业 | 6927 | 18212 | 34289 | 41484 | 55462 | 65611 | 68514 | 82746 |
| 公共服务及管理组织业 | 14345 | 32764 | 72116 | 49827 | 74994 | 86234 | 88076 | 98436 |
| # 公共照明业 | 729 | 633 | 3040 | 4264 | 5228 | 4353 | 3892 | 4124 |
| 城乡居民生活用电 | 30394 | 52047 | 141959 | 126298 | 188810 | 202225 | 233396 | 233728 |
| 乡村 | 5389 | 9894 | 53882 | 25491 | 25668 | 30026 | 36818 | 39571 |
| 城镇 | 25005 | 42153 | 88077 | 100807 | 163142 | 172199 | 196578 | 194157 |

# 7-9 全社会用电分行业、分地区情况

（2023 年）　　　　单位：万千瓦时

| 指　　标 | 合计 | 丰　县 | 沛　县 | 铜山区 | 睢宁县 | 新沂市 | 邳州市 |
|---|---|---|---|---|---|---|---|
| **全社会用电总计** | **4528542** | **352926** | **612729** | **580208** | **357386** | **479915** | **486118** |
| **全行业用电合计** | **3640964** | **266611** | **516173** | **453597** | **259098** | **398751** | **363359** |
| 第一产业 | 72715 | 5830 | 9629 | 15563 | 17062 | 9773 | 10730 |
| 　农林牧渔水利业 | 103495 | 8022 | 17134 | 21685 | 21945 | 13978 | 14830 |
| 第二产业 | 2653001 | 201740 | 439164 | 325935 | 163615 | 313549 | 258806 |
| 　工业 | 2605917 | 197068 | 434359 | 317751 | 158203 | 309799 | 253789 |
| 　　采矿业 | 184824 | 1347 | 117969 | 8947 | 26 | 191 | 65 |
| 　　　煤炭开采和洗选业 | 160149 |  | 107494 |  | 5 |  | 8 |
| 　　　石油和天然气开采业 | 3 |  | 2 |  |  | 1 |  |
| 　　　黑色金属矿采选业 | 4793 |  | 229 | 4564 |  |  |  |
| 　　　有色金属矿采选业 | 2593 |  |  | 2585 |  |  | 1 |
| 　　　非金属矿采选业 | 2239 | 1231 | 3 | 694 | 8 | 166 | 17 |
| 　　　其他采矿业 | 15047 | 116 | 10241 | 1104 | 13 | 24 | 39 |
| 　　制造业 | 2130419 | 168540 | 279632 | 270161 | 130788 | 277446 | 216196 |
| 　　　农副食品加工业 | 59186 | 8021 | 11931 | 11308 | 7310 | 5630 | 9282 |
| 　　　食品制造业 | 38695 | 18354 | 3966 | 7215 | 1504 | 2961 | 2137 |
| 　　　酒、饮料及精制茶制造业 | 7022 | 100 | 313 | 84 | 952 | 3627 | 252 |
| 　　　烟草制品业 | 4105 |  |  | 2 |  |  |  |
| 　　　纺织业 | 173004 | 7511 | 57079 | 1753 | 46064 | 45809 | 4713 |
| 　　　纺织服装、服饰业 | 28568 | 355 | 3929 | 759 | 6946 | 13045 | 591 |
| 　　　皮革、毛皮、羽毛及其制品和制鞋业 | 3321 | 235 | 65 | 128 | 2399 | 179 | 197 |
| 　　　木材加工和木、竹、藤、棕、草制品业 | 55036 | 11990 | 955 | 2005 | 4629 | 7763 | 26871 |
| 　　　家具制造业 | 27815 | 1964 | 401 | 1815 | 12444 | 467 | 5961 |
| 　　　造纸及纸制品业 | 20775 | 89 | 852 | 5748 | 1589 | 465 | 181 |
| 　　　印刷业和记录媒介复制业 | 3822 | 416 | 481 | 688 | 121 | 79 | 237 |
| 　　　文教、工美、体育和娱乐用品制造业 | 2805 | 304 | 229 | 109 | 386 | 295 | 986 |
| 　　　石油、煤炭及其他燃料加工业 | 110702 | 9390 | 13494 | 114 | 738 | 16 | 86866 |
| 　　　化学原料及化学制品制造业 | 130551 | 55257 | 981 | 659 | 628 | 19461 | 3917 |
| 　　　医药制造业 | 12567 | 68 | 316 | 1990 | 1450 | 1891 | 604 |
| 　　　化学纤维制造业 | 5201 | 1034 | 2851 | 101 | 134 | 183 | 762 |
| 　　　橡胶和塑料制品业 | 65950 | 1453 | 29353 | 2718 | 5706 | 6571 | 8480 |
| 　　　非金属矿物制品业 | 416317 | 7079 | 11708 | 25660 | 8785 | 30565 | 10952 |
| 　　　黑色金属冶炼及压延加工业 | 254298 | 37 | 65336 | 97603 | 55 | 87649 |  |
| 　　　有色金属冶炼及压延加工业 | 27657 | 70 | 24304 | 608 | 83 | 1625 | 276 |
| 　　　金属制品业 | 80741 | 7414 | 8628 | 13710 | 5234 | 11471 | 5683 |
| 　　　通用设备制造业 | 110253 | 10840 | 10766 | 33699 | 2446 | 1033 | 6601 |
| 　　　专用设备制造业 | 22554 | 477 | 572 | 1784 | 1937 | 2648 | 2441 |
| 　　　汽车制造业 | 18829 | 3969 | 3184 | 2314 | 1240 | 382 | 3033 |
| 　　　铁路．船舶．航空航天和其他运输设备制造业 | 30206 | 13667 | 556 | 4298 | 1229 | 63 | 499 |
| 　　　电气机械和器材制造业 | 143216 | 4748 | 5360 | 44013 | 10513 | 26824 | 13672 |
| 　　　计算机、通信和其他电子设备制造业 | 233121 | 2132 | 18127 | 3031 | 3331 | 1779 | 5518 |
| 　　　仪器仪表制造业 | 2237 | 11 | 31 | 145 | 3 | 28 | 1689 |
| 　　　其他制造业 | 14361 | 649 | 1833 | 3055 | 1520 | 3568 | 961 |
| 　　　废弃资源综合利用业 | 23192 | 862 | 1824 | 2890 | 1280 | 1260 | 12622 |
| 　　　金属制品、机械和设备修理业 | 4312 | 44 | 207 | 155 | 132 | 109 | 212 |
| 　　电力、燃气及水的生产和供应业 | 290674 | 27181 | 36758 | 38643 | 27389 | 32162 | 37528 |
| 　　　电力、热力的生产和供应业 | 237888 | 22890 | 31752 | 29648 | 23336 | 24339 | 29372 |
| 　　　燃气生产和供应业 | 2411 | 58 | 167 | 177 | 116 | 111 | 865 |
| 　　　水的生产和供应业 | 50375 | 4233 | 4839 | 8818 | 3937 | 7712 | 7291 |
| 　建筑业 | 51396 | 4716 | 5012 | 8339 | 5544 | 3859 | 5229 |
| 第三产业 | 915248 | 59041 | 67380 | 112099 | 78421 | 75429 | 93823 |
| 　交通运输、仓储和邮政业 | 148082 | 2606 | 2108 | 22142 | 10963 | 13581 | 15674 |
| 　信息传输、软件和信息技术服务业 | 56516 | 4491 | 4673 | 8532 | 5786 | 4934 | 6160 |
| 　批发和零售业 | 194705 | 20904 | 16877 | 14826 | 23868 | 17455 | 22848 |
| 　住宿和餐饮业 | 40039 | 3578 | 4072 | 5330 | 3034 | 3526 | 4483 |
| 　金融业 | 7675 | 599 | 773 | 818 | 664 | 612 | 877 |
| 　房地产业 | 134080 | 6120 | 8984 | 9813 | 5093 | 7136 | 10192 |
| 　租赁和商务服务业 | 31507 | 224 | 2147 | 2597 | 1838 | 1941 | 595 |
| 　公共服务及管理组织 | 267552 | 18283 | 20034 | 41764 | 22160 | 21930 | 28682 |
| **城乡居民生活用电合计** | **887578** | **86315** | **96556** | **126611** | **98288** | **81164** | **122759** |
| 　城镇 | 362132 | 29053 | 31032 | 25704 | 29082 | 14793 | 30042 |
| 　乡村 | 525446 | 57262 | 65524 | 100907 | 69206 | 66371 | 92717 |

# 主要统计指标解释

**能源消费量** 指能源使用单位在报告期内实际消费的一次能源或二次能源的数量。就每种能源的实物消耗而言，是其消费量；如果将实际消费的各种能源折标准量相加所得到的能源消费量合计数据是企业投入消费的全部能源，没有扣除能源品种加工转换的重复因素。

**工业企业的能源消费量** 包括工业企业在生产过程中作为燃料、动力、原料、辅助材料使用的能源以及工艺用能、非生产用能。

**工业生产能源消费** 指工业企业为进行工业生产活动所消费的能源。

**用作原材料的能源消费** 指能源产品不作能源使用，即不作燃料、动力使用，而作为生产另外一种产品（非能源产品）的原料或作为辅助材料使用，作原料使用时通常构成这种产品的实体。

**能源库存量** 指企业能源库存量，它是企业在报告期的某时间点所拥有的各种能源数量。根据企业的生产经营活动性质，企业库存量分为生产企业产成品库存、经销企业（批发、零售企业）用于经营销售的库存、使用企业用于消费的库存。

**综合能源消费量** 指报告期内工业企业在工业生产活动中实际消费的各种能源的总和净值。计算综合能源消费量时，需要先将使用的各种能源折算成标准燃料后再进行计算。

**取水量** 指企业从各种水源直接提取或者从市场购买的用于厂区、办公区内工业生产活动的水量，以实际获得的新水量为准。用于工业生产活动的水量，包括主要生产用水、辅助生产用水（如机修、运输、空压站等）和附属生产用水（如绿化、办公室、浴室、食堂、厕所、保健站等），不包括非工业生产单位的用水量（如基建用水、厂内居民家庭用水和企业附属幼儿园、学校、对外营业的浴室、游泳池等的用水量）和居民生活用水量。

**外供水量** 指企业外供给其他单位的水或水产品的量，以离厂水量为准。包括外供给其他企业或市场的原水、自来水、再生水（中水）、海水淡化水、矿泉水、纯净水等。不包括直流冷却水量、未利用直接排放的矿井水和雨水量、北方地区供暖企业供给城镇热力网内循环的热水量、进入城镇污水管网和直接排到自然环境中的水量。

**陆地地表水** 指河流、湖泊、水库等地表水源的水，不包括海水。地表水分为淡水和咸水。陆地咸水湖的水为咸水。一般的河流、湖泊、水库的水是淡水。

**地表淡水** 指陆地表面形成的径流及地表贮存的淡水。包括江、河、淡水湖、水库等。

**地下淡水** 指地下径流或埋藏于地下的，经过提取可被利用的淡水。包括井水、地热水等。

**自来水** 指自来水厂将地表淡水、地下淡水经过“混凝、沉淀、过滤、消毒”等净水工序，达到国家饮用水标准，通过城镇自来水管网供给工业生产、居民生活使用的水。

**海水** 指海洋的水。海水的取水量包括企业用来淡化、制盐、化工生产等海水资源利用所提取的海水量，以及用于海水循环冷却补充水、脱硫、洗涤、除尘、冲渣、印染等的海水直接利用量，不包括海水直流冷却水量。

**其他水** 指上述水资源品种没有涵盖的，或者界定不清的水及水的产品。包括软化水、除盐水、蒸汽（需折算成同等质量的水）、蒸汽冷凝水、管道供应的热水（不含北方地区城镇热力网内循环的热水）、瓶（桶）装纯净水、矿泉水、经过初步处理未达到自来水标准的水。不包括地热水、碳酸饮料、茶饮料、果汁饮料、酒类、污（废）水。

**重复用水量** 指在确定的用水单元或系统内，所有未经处理和处理后又重复使用的水量总和。

# 八、财政、金融和保险

版面负责人：冯洋洋
编　　　辑：张力文

统计知识

# 中华人民共和国统计法

**第四十五条** 作为统计调查对象的国家机关、企业事业单位或者其他组织迟报统计资料，或者未按照国家有关规定设置原始记录、统计台账的，由县级以上人民政府统计机构责令改正，给予警告，可以予以通报；其负有责任的领导人员和直接责任人员属于公职人员的，由任免机关、单位或者监察机关依法给予处分。

企业事业单位或者其他组织有前款所列行为之一的，可以并处五万元以下的罚款。

个体工商户迟报统计资料的，由县级以上人民政府统计机构责令改正，给予警告，可以并处一千元以下的罚款。

**第四十六条** 县级以上人民政府统计机构查处统计违法行为时，认为对有关公职人员依法应当给予处分的，应当向该公职人员的任免机关、单位提出给予处分的建议，该公职人员的任免机关、单位应当依法及时作出决定，并将结果书面通知县级以上人民政府统计机构；向监察机关移送的，由监察机关按照有关规定办理。

**第四十七条** 作为统计调查对象的个人在重大国情国力普查活动中拒绝、阻碍统计调查，或者提供不真实或者不完整的普查资料的，由县级以上人民政府统计机构责令改正，予以批评教育。

**第四十八条** 违反本法规定，利用虚假统计资料骗取荣誉称号、物质利益或者职务职级等晋升的，除对其编造虚假统计资料或者要求他人编造虚假统计资料的行为依法追究法律责任外，由作出有关决定的单位或者其上级单位、监察机关取消其荣誉称号，追缴获得的物质利益，撤销晋升的职务职级等。

**第四十九条** 当事人对县级以上人民政府统计机构作出的行政处罚决定不服的，可以依法申请行政复议或者提起行政诉讼。对国家统计局派出的调查机构作出的行政处罚决定不服的，向国家统计局申请行政复议。

**第五十条** 违反本法规定，造成人身损害、财产损失的，依法承担民事责任；构成犯罪的，依法追究刑事责任。

### 第七章　附　则

**第五十一条** 本法所称县级以上人民政府统计机构，是指国家统计局及其派出的调查机构、县级以上地方人民政府统计机构。

**第五十二条** 民间统计调查活动的管理办法，由国务院制定。

中华人民共和国境外的组织、个人需要在中华人民共和国境内进行统计调查活动的，应当按照国务院的规定报请审批。

利用统计调查危害国家安全、损害社会公共利益或者进行欺诈活动的，依法追究法律责任。

**第五十三条** 本法自 2010 年 1 月 1 日起施行。

# 8-1 主要年份财政收入、支出情况

| 年份 | 全市 | | | 市区 | | |
|---|---|---|---|---|---|---|
| | 财政收入（万元） | 财政支出（万元） | 财政收入占地区生产总值比重（%） | 财政收入（万元） | 财政支出（万元） | 财政收入占地区生产总值比重（%） |
| 1952 | 2770 | 1324 | 12.1 | 660 | 752 | 13.8 |
| 1957 | 6476 | 4202 | 17.5 | 3327 | 1573 | 23.8 |
| 1962 | 7564 | 3339 | 16.5 | 4720 | 687 | 26.3 |
| 1965 | 8638 | 4686 | 15.2 | 5327 | 1121 | 26.6 |
| 1970 | 15069 | 6026 | 17.3 | 10772 | 2293 | 31.6 |
| 1975 | 19456 | 9608 | 15.3 | 12721 | 3610 | 25.1 |
| 1978 | 32674 | 17690 | 15.3 | 22950 | 7887 | 29.8 |
| 1979 | 32484 | 18707 | 13.1 | 24081 | 6877 | 25.9 |
| 1980 | 35715 | 17982 | 12.5 | 26814 | 6714 | 23.5 |
| 1981 | 38273 | 17563 | 12.6 | 28497 | 6339 | 24.6 |
| 1982 | 43114 | 21655 | 12.2 | 30670 | 7981 | 23.1 |
| 1983 | 43887 | 25921 | 10.4 | 30492 | 9779 | 19.2 |
| 1984 | 47454 | 30779 | 9.6 | 32250 | 12009 | 18.0 |
| 1985 | 57538 | 33704 | 10.4 | 39448 | 13366 | 19.6 |
| 1986 | 65741 | 45505 | 10.4 | 45248 | 19051 | 20.0 |
| 1987 | 71134 | 49005 | 9.9 | 48746 | 20550 | 18.6 |
| 1988 | 82796 | 58865 | 9.8 | 55880 | 23409 | 19.3 |
| 1989 | 95384 | 74502 | 9.6 | 65610 | 30589 | 16.7 |
| 1990 | 102326 | 85640 | 9.1 | 70338 | 34593 | 15.1 |
| 1991 | 103467 | 98117 | 8.0 | 70215 | 41538 | 13.3 |
| 1992 | 109670 | 95599 | 6.8 | 73690 | 37513 | 10.7 |
| 1993 | 147114 | 122174 | 6.7 | 95765 | 50567 | 9.5 |
| 1994 | 197489 | 143559 | 6.3 | 128227 | 62329 | 9.1 |
| 1995 | 253020 | 180186 | 6.3 | 160606 | 78225 | 9.1 |
| 1996 | 302406 | 213530 | 6.2 | 188190 | 85349 | 9.0 |
| 1997 | 351388 | 250673 | 7.0 | 221624 | 103183 | 9.8 |
| 1998 | 395108 | 283443 | 7.4 | 254176 | 119325 | 10.4 |
| 1999 | 436074 | 311862 | 7.6 | 282311 | 130573 | 11.0 |
| 2000 | 476168 | 345246 | 7.7 | 311151 | 153038 | 10.7 |
| 2001 | 525924 | 400797 | 7.7 | 338498 | 172809 | 10.5 |
| 2002 | 655566 | 520174 | 8.7 | 438281 | 258477 | 12.2 |
| 2003 | 828226 | 624582 | 9.7 | 559422 | 301885 | 13.1 |
| 2004 | 1102216 | 717332 | 10.7 | 768436 | 318329 | 14.3 |
| 2005 | 1452629 | 1050786 | 12.0 | 1034482 | 511441 | 16.2 |
| 2006 | 1808512 | 1270099 | 12.7 | 1231212 | 576615 | 16.5 |
| 2007 | 2207263 | 1474369 | 13.1 | 1509317 | 623115 | 16.8 |
| 2008 | 2685991 | 1990464 | 13.4 | 1782700 | 842950 | 17.2 |
| 2009 | 3188865 | 2565349 | 13.3 | 1987842 | 1048541 | 19.2 |
| 2010 | 4138904 | 3257198 | 14.0 | 2887987 | 1621085 | 16.2 |
| 2011 | 5553294 | 4542420 | 15.6 | 3726172 | 2240383 | 17.6 |
| 2012 | 5976325 | 5300461 | 14.8 | 3864175 | 2376158 | 16.1 |
| 2013 | 6599518 | 5956105 | 14.6 | 4207502 | 2776771 | 15.9 |
| 2014 | 7325949 | 6618386 | 14.7 | 4571862 | 3012921 | 16.4 |
| 2015 | 8129311 | 7524638 | 15.2 | 5034367 | 3205677 | 17.3 |
| 2016 | 8020168 | 7979911 | 13.8 | 4974722 | 3501263 | 16.2 |
| 2017 | 8448300 | 8273338 | 13.3 | 5417378 | 3866008 | 15.9 |
| 2018 | 9168709 | 8808594 | 13.7 | 5625673 | 4000651 | 16.6 |
| 2019 | 8971429 | 8822062 | 12.7 | 5865938 | 4006838 | 16.3 |
| 2020 | 8916475 | 9581879 | 12.2 | 5754529 | 4311440 | 15.5 |
| 2021 | 9976742 | 10043962 | 12.5 | 6352983 | 4608025 | 15.7 |
| 2022 | 9480669 | 10318150 | 11.2 | 6082577 | 4768007 | 14.3 |
| 2023 | 10240745 | 10568958 | 11.5 | 6401773 | 4980539 | 14.5 |

# 8-2 财政收入

单位：万元

| 指标 | 全市 | | | 市区 | | |
|---|---|---|---|---|---|---|
| | 2021 | 2022 | 2023 | 2021 | 2022 | 2023 |
| **财政总收入** | **9976742** | **9480669** | **10240745** | **6352983** | **6082577** | **6401773** |
| **上划中央收入** | **4603610** | **4306416** | **4781151** | **3154850** | **3057003** | **3240176** |
| 增值税 | 1905799 | 1501274 | 1984701 | 922411 | 725274 | 939007 |
| 消费税 | 1547994 | 1643692 | 1737623 | 1484246 | 1570012 | 1660376 |
| 企业所得税 | 827438 | 888485 | 789306 | 567011 | 598812 | 485158 |
| 个人所得税 | 322379 | 272965 | 269521 | 181182 | 162905 | 155635 |
| **一般公共预算收入** | **5373132** | **5174253** | **5459594** | **3198133** | **3025574** | **3161597** |
| 税收收入 | 4292017 | 3614412 | 4156949 | 2469924 | 2036830 | 2335377 |
| 增值税 | 1888911 | 1474579 | 1981530 | 913717 | 704706 | 935637 |
| 营业税 | | | | | | |
| 企业所得税 | 540488 | 523305 | 539685 | 367292 | 330299 | 337647 |
| 个人所得税（款） | 214918 | 181976 | 179680 | 120786 | 108601 | 103757 |
| 资源税 | 29147 | 39864 | 32122 | 6479 | 5805 | 6975 |
| 城市维护建设税 | 380156 | 335458 | 345049 | 257391 | 240463 | 247242 |
| 房产税 | 132365 | 146629 | 148961 | 88337 | 89049 | 87358 |
| 印花税 | 70209 | 59409 | 75059 | 41366 | 34795 | 46756 |
| 城镇土地使用税 | 105616 | 111674 | 102261 | 57134 | 59610 | 53907 |
| 土地增值税 | 362834 | 242647 | 194710 | 259414 | 178988 | 159384 |
| 车船税（款） | 48274 | 51705 | 52805 | 23582 | 24941 | 25247 |
| 耕地占用税（款） | 26062 | 46144 | 47769 | 11129 | 19073 | 27875 |
| 契税（款） | 464220 | 374985 | 434468 | 305971 | 223874 | 289513 |
| 环境保护税（款） | 28176 | 25923 | 22790 | 16938 | 16562 | 14047 |
| 非税收入 | 1081115 | 1559841 | 1302645 | 728209 | 988744 | 826220 |
| 专项收入 | 332468 | 420280 | 424080 | 180020 | 256988 | 331511 |
| 行政事业性收费收入 | 234801 | 313133 | 246546 | 172375 | 164318 | 125027 |
| 罚没收入 | 251268 | 383656 | 292994 | 164471 | 252514 | 142160 |
| 国有资本经营收入 | | 9674 | 31978 | | 9674 | 21178 |
| 国有资源（资产）有偿使用收入 | 205955 | 369809 | 251900 | 133824 | 250747 | 157478 |
| 捐赠收入 | 9489 | 7077 | 4921 | 374 | 3518 | 1973 |
| 政府住房基金收入 | 40593 | 40546 | 44920 | 40080 | 39899 | 44269 |
| 其他收入（款） | 6541 | 15666 | 5306 | 1358 | 11086 | 2624 |
| **政府性基金收入** | **10352255** | **8289917** | **6978241** | **5795550** | **4341559** | **3723287** |

# 8-3 财政支出

单位：万元

| 指标 | 全市 | | | 市区 | | |
|---|---|---|---|---|---|---|
| | 2021 | 2022 | 2023 | 2021 | 2022 | 2023 |
| **公共财政预算支出** | **10043962** | **10318150** | **10568958** | **4608025** | **4768007** | **4980539** |
| 一般公共服务 | 898511 | 898719 | 901040 | 499859 | 469852 | 465845 |
| 国防 | 12456 | 14672 | 14137 | 8469 | 9753 | 8618 |
| 公共安全 | 630319 | 772756 | 619194 | 407431 | 525449 | 382090 |
| 教育 | 2106185 | 2150160 | 2194448 | 987262 | 963267 | 996874 |
| 科学技术 | 251215 | 220025 | 248751 | 142862 | 121248 | 120897 |
| 文化体育与传媒 | 184887 | 142501 | 132257 | 84128 | 54364 | 52389 |
| 社会保障和就业 | 1310538 | 1414101 | 1510440 | 530468 | 581153 | 658624 |
| 医疗卫生 | 914792 | 1053759 | 1064734 | 362231 | 462871 | 471318 |
| 环境保护 | 171000 | 143670 | 139543 | 71117 | 68156 | 62598 |
| 城乡社区事务 | 1267886 | 1225631 | 1175845 | 470474 | 389316 | 389873 |
| 农林水事务 | 1048135 | 952197 | 1006692 | 364895 | 280105 | 332509 |
| 交通运输 | 295905 | 393894 | 326842 | 166287 | 256488 | 226593 |
| 资源勘探电力信息等事务 | 218434 | 303075 | 447952 | 158443 | 256318 | 350436 |
| 商业服务业等事务 | 33118 | 39360 | 51775 | 23327 | 27623 | 41885 |
| 金融监管支出 | 6855 | 11865 | 10412 | 5037 | 10130 | 9280 |
| 援助其他地区支出 | 14219 | 13587 | 18256 | 10638 | 10066 | 14642 |
| 国土资源气象等事务 | 126660 | 91065 | 101042 | 42295 | 27092 | 30245 |
| 住房保障支出 | 350242 | 292951 | 407524 | 174782 | 167349 | 268064 |
| 粮油物资管理事务 | 16331 | 6406 | 12861 | 4499 | 2414 | 5243 |
| 其他支出 | 78839 | 66373 | 67515 | 44879 | 34084 | 38603 |
| 债务付息支出 | 106940 | 110756 | 117083 | 48394 | 50552 | 53579 |
| 债务发行费用支出 | 495 | 627 | 615 | 248 | 357 | 334 |
| **政府性基金支出** | **10552983** | **9079884** | **7670797** | **6391316** | **5001733** | **4064913** |
| 一般公共服务 | | | | | | |
| 教育 | | | | | | |
| 文化体育与传媒 | 455 | 421 | 279 | 309 | 246 | 14 |
| 社会保障和就业 | 3618 | 3301 | 3612 | 1597 | 1091 | 576 |
| 城乡社区事务 | 9425037 | 8105058 | 6880167 | 5687567 | 4468907 | 3659464 |
| 农林水事务 | | | | | | |
| 交通运输 | 243769 | 23400 | 72185 | 238109 | 16921 | 65057 |
| 资源勘探电力信息等事务 | | | | | | |
| 其他支出 | 560647 | 574287 | 308965 | 304258 | 322314 | 131275 |
| 债务付息支出 | 310132 | 367445 | 403681 | 155327 | 187364 | 207720 |
| 债务发行费用支出 | 1707 | 2244 | 1886 | 1051 | 1162 | 785 |
| 抗疫特别国债安排的支出 | 7618 | 3728 | 22 | 3098 | 3728 | 22 |

注：从2015年1月1日起，将政府性基金预算中用于提供基本公共服务以及主要用于人员和机构运转等方面的项目收支转列一般公共预算，具体包括地方教育附加、文化事业建设费、残疾人就业保障金、从地方土地出让收益计提的农田水利建设和教育资金、转让政府还贷道路收费权收入、育林基金、森林植被恢复费、水利建设基金、船舶港务费、长江口航道维护收入等11项基金。

# 8-4 主要年份金融机构人民币存贷款

（年底数）

| 年份 | 全市 | | | | 市区 | | | |
|---|---|---|---|---|---|---|---|---|
| | 金融机构各项存款余额（万元） | #居民储蓄 | 金融机构各项贷款余额（万元） | 人均储蓄（元/人） | 金融机构各项存款余额（万元） | #居民储蓄 | 金融机构各项贷款余额（万元） | 人均储蓄（元/人） |
| 1970 | | 2442 | | 4 | | 1449 | | 27 |
| 1975 | | 4839 | | 8 | | 2694 | | 44 |
| 1978 | 60759 | 8921 | 105787 | 14 | 45019 | 4299 | 73384 | 64 |
| 1979 | 28597 | 13499 | 47821 | 21 | 11793 | 6018 | 17239 | 85 |
| 1980 | 123807 | 20596 | 108921 | 31 | 100870 | 8868 | 64142 | 122 |
| 1981 | 86748 | 27635 | 137656 | 41 | 44213 | 11249 | 62784 | 150 |
| 1982 | 96635 | 36462 | 156417 | 53 | 47298 | 14836 | 71216 | 192 |
| 1983 | 121321 | 52715 | 193450 | 76 | 59799 | 19645 | 87887 | 248 |
| 1984 | 160671 | 74664 | 266637 | 107 | 77453 | 26601 | 119256 | 330 |
| 1985 | 176808 | 97867 | 311936 | 138 | 89970 | 37810 | 162538 | 458 |
| 1986 | 251158 | 140701 | 391209 | 197 | 131915 | 51139 | 223965 | 608 |
| 1987 | 367499 | 191242 | 496401 | 263 | 217669 | 69314 | 290223 | 810 |
| 1988 | 495318 | 246993 | 596632 | 332 | 219746 | 88630 | 320346 | 1016 |
| 1989 | 559847 | 327806 | 671512 | 430 | 257604 | 125709 | 413739 | 1408 |
| 1990 | 724345 | 446418 | 804071 | 553 | 349864 | 174611 | 433478 | 1926 |
| 1991 | 891658 | 555370 | 963003 | 677 | 425565 | 213526 | 492026 | 2324 |
| 1992 | 1064281 | 668470 | 1089149 | 809 | 508880 | 258326 | 565390 | 2758 |
| 1993 | 1360184 | 857542 | 1346993 | 1028 | 670666 | 319747 | 735634 | 3360 |
| 1994 | 1758108 | 1110985 | 1618177 | 1318 | 944480 | 477133 | 899760 | 3340 |
| 1995 | 2329318 | 1400566 | 2046385 | 1645 | 1282165 | 578274 | 1155867 | 3984 |
| 1996 | 2950050 | 1828200 | 2388715 | 2217 | 1624215 | 811756 | 1323614 | 5510 |
| 1997 | 3484093 | 2163437 | 3005351 | 2495 | 1905377 | 970956 | 1672573 | 6502 |
| 1998 | 3768104 | 2438696 | 3226763 | 2785 | 2053563 | 1110556 | 1752920 | 7313 |
| 1999 | 4135005 | 2692128 | 3341758 | 3068 | 2349069 | 1297842 | 1885371 | 8515 |
| 2000 | 4614682 | 3058002 | 3249902 | 3411 | 3124162 | 1860652 | 2230387 | 11585 |
| 2001 | 5297006 | 3576909 | 3742657 | 3966 | 3581695 | 2202744 | 2536851 | 13552 |
| 2002 | 6180183 | 4167882 | 3982506 | 4608 | 4195444 | 2592741 | 2678214 | 15756 |
| 2003 | 7277202 | 4822259 | 4614147 | 5307 | 4254019 | 3024793 | 2598658 | 18077 |
| 2004 | 8414573 | 5563129 | 4751280 | 6068 | 4768459 | 3445990 | 2640115 | 20584 |
| 2005 | 10108940 | 6506064 | 4911786 | 7031 | 5806876 | 3997284 | 2758306 | 22223 |
| 2006 | 11937168 | 7228920 | 5650749 | 7734 | 6865004 | 4377454 | 3133756 | 24105 |
| 2007 | 14038244 | 7886337 | 6842230 | 8409 | 8170216 | 3488669 | 4015157 | 19140 |
| 2008 | 17191438 | 9745131 | 7965786 | 10292 | 10066026 | 5850811 | 4749346 | 31729 |
| 2009 | 21726238 | 11397620 | 11325649 | 11902 | 15272845 | 6911095 | 7926396 | 37112 |
| 2010 | 26321873 | 13243885 | 14364443 | 13613 | 18281038 | 7908879 | 9901281 | 25291 |
| 2011 | 29809912 | 14954211 | 17348392 | 17415 | 20386726 | 8684472 | 11820976 | 28230 |
| 2012 | 33644736 | 17947175 | 20472296 | 20874 | 22500556 | 10292339 | 13785329 | 33022 |
| 2013 | 38844633 | 20897714 | 23608014 | 24224 | 25950180 | 11833905 | 15528718 | 37373 |
| 2014 | 42864617 | 23774417 | 27247917 | 27346 | 28455976 | 13066281 | 17965025 | 40388 |
| 2015 | 47470104 | 27805980 | 30699020 | 31731 | 30631822 | 15196592 | 20009860 | 46020 |
| 2016 | 54953059 | 30902119 | 36202134 | 34979 | 33728605 | 16492141 | 23834094 | 49009 |
| 2017 | 63963815 | 33494523 | 41731982 | 37498 | 39701953 | 17841084 | 27030658 | 51774 |
| 2018 | 71073928 | 36048424 | 49124733 | 40014 | 44383247 | 19215559 | 32072275 | 54705 |
| 2019 | 80365597 | 40236620 | 57772825 | 44469 | 51467918 | 21144586 | 38160418 | 59560 |
| 2020 | 91419858 | 45133803 | 69520802 | 49743 | 58873795 | 23801157 | 45241432 | 66532 |
| 2021 | 99148125 | 49885722 | 81285062 | 55254 | 64030582 | 26247859 | 51400542 | 73077 |
| 2022 | 105536160 | 59027114 | 93388453 | 65415 | 67225002 | 31384635 | 57815641 | 87262 |
| 2023 | 116369457 | 68311793 | 108413428 | 75740 | 72115997 | 36346339 | 64523779 | 100699 |

注：因区划调整，2010 年以后市区人均储蓄存款余额与往年不可比；2015 年及以后居民储蓄调整为住户存款，与往年不可比。

# 8-5 金融机构人民币综合存贷款（2011-2014）

单位：万元

| 指　　标 | 2011 | 2012 | 2013 | 2014 |
|---|---|---|---|---|
| **金融机构综合存款余额** | **29809912** | **33644736** | **38844633** | **42864617** |
| #单位存款 | 14164769 | 14945580 | 16552677 | 17494391 |
| #活期 | 5773196 | 6244340 | 6673685 | 7355691 |
| 定期 | 2959156 | 3125577 | 4102170 | 3311470 |
| 通知存款 | 269304 | 266907 | 202542 | 286074 |
| 保证金存款 | 3235769 | 3483542 | 3322085 | 2952952 |
| 个人存款 | 15026698 | 18068666 | 21549845 | 24658403 |
| #储蓄存款 | 14954211 | 17947175 | 20897714 | 23774417 |
| 财政性存款 | 344933 | 395272 | 439596 | 481903 |
| 临时性存款 | 112162 | 153309 | 230912 | 112963 |
| 委托存款 | 95215 | 5030 | 52 | 38 |
| 其他存款 | 66135 | 76880 | 71551 | 116919 |
| **金融机构综合贷款余额** | **17348392** | **20472296** | **23608014** | **27247917** |
| #境内贷款 | 17347561 | 20471064 | 23606855 | 27246873 |
| #短期贷款 | 9690876 | 11658992 | 13038233 | 13978987 |
| #个人贷款及透支 | 2307267 | 2237878 | 2434476 | 2396867 |
| #个人消费贷款 | 139702 | 123742 | 214832 | 231495 |
| 单位普通贷款及透支 | 6364647 | 8359953 | 9519093 | 10601066 |
| #经营贷款 | 6246368 | 8223920 | 9245248 | 10329363 |
| 中长期贷款 | 6872802 | 7832488 | 9480629 | 11622666 |
| #个人贷款 | 3417032 | 4187147 | 5179181 | 6206421 |
| #个人消费贷款 | 2844302 | 3427429 | 4295733 | 5255813 |
| #单位普通贷款 | 2760690 | 2684676 | 3247886 | 4449368 |
| #经营贷款 | 471935 | 575330 | 661909 | 947907 |
| 融资租赁 | | | | 2061 |
| 票据融资 | 772570 | 881273 | 1018095 | 1537915 |
| 各项垫款 | 11314 | 98311 | 69897 | 105244 |

注：自 2015 年及以后人民银行总行对存贷款口径有所调整，为便于使用，2014 年及以前资料留存，编入表 8-5。

# 8-6 金融机构人民币各项存贷款

单位：万元

| 指 标 | 2021 | 2022 | 2023 |
|---|---|---|---|
| **金融机构各项存款余额** | **99148125** | **105536160** | **116369457** |
| 境内存款 | 99097822 | 105496026 | 116336788 |
| 住户存款 | 49885722 | 59027114 | 68311793 |
| 活期存款 | 17421268 | 19103406 | 19561902 |
| 定期及其他存款 | 32464454 | 39923708 | 48749891 |
| 非金融企业存款 | 31462168 | 29964258 | 30964000 |
| 活期存款 | 11204086 | 9242794 | 10270497 |
| 定期及其他存款 | 20258082 | 20721464 | 20693502 |
| 广义政府存款 | 17196816 | 15755302 | 15300469 |
| 财政性存款 | 795714 | 1299122 | 1202556 |
| 机关团体存款 | 16401103 | 14456179 | 14097913 |
| 非银行业金融机构存款 | 553115 | 749352 | 1760526 |
| 境外存款 | 50304 | 40134 | 32670 |
| **金融机构各项贷款余额** | **81285062** | **93388453** | **108413428** |
| 境内贷款 | 81241919 | 93387392 | 108412452 |
| 住户贷款 | 38237469 | 41155758 | 43715857 |
| 短期贷款 | 7670591 | 9329629 | 10854416 |
| 消费贷款 | 2059604 | 2383532 | 2764400 |
| 经营贷款 | 5610987 | 6946097 | 8090016 |
| 中长期贷款 | 30566877 | 31826129 | 32861441 |
| 消费贷款 | 27312060 | 28029164 | 27766461 |
| 经营贷款 | 3254817 | 3796965 | 5094980 |
| 非金融企业及机关团体贷款 | 42971450 | 52136634 | 64637596 |
| 短期贷款 | 12551072 | 15994564 | 20108976 |
| 中长期贷款 | 24743389 | 29335604 | 37504485 |
| 票据融资 | 5375406 | 6591464 | 6786732 |
| 融资租赁 | 300487 | 210265 | 227861 |
| 各项垫款 | 1096 | 4736 | 9541 |
| 非银行业金融机构贷款 | 33000 | 95000 | 59000 |
| 境外贷款 | 43143 | 1061 | 976 |

# 8-7 主要年份保险业务主要指标

| 指　　标 | 2015 | 2016 | 2017 | 2018 | 2019 | 2020 | 2021 | 2022 | 2023 |
|---|---|---|---|---|---|---|---|---|---|
| **保险公司数　（个）** | **56** | **60** | **61** | **69** | **72** | **77** | **78** | **78** | **79** |
| 财产保险公司 | 23 | 23 | 23 | 24 | 26 | 29 | 29 | 29 | 29 |
| 人寿保险公司 | 33 | 37 | 38 | 45 | 46 | 48 | 49 | 49 | 50 |
| **保险收入（万元）** | **1327536** | **1664340** | **2093418** | **2204673** | **2444052** | **2545009** | **2515110** | **2542357** | **2793554** |
| 财产险 | 427288 | 500902 | 581380 | 607849 | 711811 | 784220 | 833465 | 900985 | 971382 |
| # 企业财产险 | 13741 | 12647 | 12464 | 13265 | 14856 | 19204 | 24093 | 21219 | 26776 |
| 家庭财产险 | 723 | 1093 | 1913 | 3727 | 4206 | 5010 | 5777 | 8467 | 11278 |
| 机动车辆保险 | 355280 | 411810 | 469983 | 484847 | 531294 | 573507 | 561445 | 581417 | 598017 |
| 运输及责任险 | 9937 | 15179 | 21041 | 23271 | 27197 | 32330 | 41561 | 40153 | 49786 |
| 人寿险 | 900248 | 1163438 | 1512038 | 1596824 | 1732241 | 1760789 | 1681645 | 1641372 | 1822171 |
| # 人身意外伤害险 | 16562 | 20200 | 22056 | 24761 | 28598 | 30626 | 31263 | 25902 | 43192 |
| 健康险 | 11344 | 22176 | 33964 | 61481 | 89518 | 401797 | 393216 | 391423 | 502194 |
| 寿险 | 557559 | 662735 | 953300 | 788953 | 1614125 | 1328367 | 1257166 | 1224048 | 1392347 |
| **各项赔款和给付** | **422310** | **526780** | **581688** | **612388** | **631504** | **773363** | **788767** | **857755** | **1149793** |
| 财产险 | 207201 | 244448 | 277723 | 331932 | 367522 | 426635 | 493294 | 533083 | 628005 |
| # 企业财产险 | 3717 | 6639 | 4728 | 6915 | 7249 | 5920 | 9230 | 14588 | 10420 |
| 家庭财产险 | 50 | 172 | 216 | 1599 | 2538 | 2199 | 1760 | 1377 | 1679 |
| 机动车辆保险 | 175819 | 202762 | 230698 | 263647 | 274446 | 310760 | 350846 | 349779 | 393393 |
| 运输及责任险 | 3028 | 3967 | 6118 | 8291 | 11601 | 11546 | 7825 | 16127 | 20873 |
| 人寿险 | 215109 | 282332 | 303965 | 280456 | 263982 | 346728 | 295473 | 324672 | 521788 |
| # 人身意外伤害险 | 4379 | 5142 | 5622 | 6188 | 6161 | 6155 | 7397 | 6147 | 13032 |
| 健康险 | 7418 | 11344 | 19157 | 36387 | 49415 | 137574 | 142310 | 88493 | 165560 |
| 寿险 | 41836 | 41066 | 80683 | 76185 | 208406 | 202999 | 145766 | 100085 | 249765 |

注：2021 年及以后除保险公司数外的各项数据不包含辖内华夏人寿、天安人寿、天安财险。

# 主要统计指标解释

**财政收入** 指国家财政参与社会产品分配所取得的收入，是实现国家职能的财力保证。按我省口径，财政总收入为公共财政预算收入、基金收入和上划中央四税之和。

**财政支出** 国家财政将筹集起来的资金进行分配使用，以满足经济建设和各项事业的需要。

**存款** 指企业、机关、团体或居民根据资金必须收回的原则，把货币资金存入银行或其他信用机构保管并取得一定利息的一种信用活动形式。根据存款对象的不同可划分为企业存款、财政存款、机关团体存款、基本建设存款、城镇储蓄存款、农村存款等科目。它是银行信贷资金的主要来源。

**贷款** 指银行或其他信用机构根据资金必须归还的原则，按一定利率，为企业、个人等提供资金的一种信用活动形式。我国银行贷款分为流动资金贷款、固定资产贷款、城乡个体工商户贷款以及农业贷款等科目。

**保险公司** 经保险监管机构批准设立，并依法登记注册经营保险业务的公司。

**保险金额** 保险人承担赔偿或者给付保险金责任的最高限额。

**保费** 投保人为取得保险保障，按保险合同约定向保险人支付的费用。

**赔款** 保险人对保险事故造成的损失，根据合同约定向被保险人或受益人给予的经济补偿。

**给付** 人身保险合同中，保险人向被保险人或受益人给付保险金的行为。包括死伤医疗给付、满期给付和年金给付。死伤医疗给付指因人寿保险及长期健康保险业务的被保险人在保险期内发生保险责任范围内的保险事故，保险公司按保险合同约定支付给被保险人（或受益人）的保险金。满期给付指因人寿保险业务的被保险人生存至保险期满，保险公司按保险合同约定支付给被保险人的满期保险金。年金给付指保险公司因年金保险业务的被保险人生存至规定的年龄，按保险合同约定支付给被保险人的给付金额。

# 九、物价指数

版面负责人：梅文婷
编　　　辑：张欣桐

统计知识

# 统计执法监督检查办法

（2017 年 7 月 5 日中华人民共和国国家统计局令第 21 号公布
根据 2018 年 11 月 20 日《国家统计局关于修改〈统计执法监督检查办法〉的决定》修订
根据 2019 年 11 月 14 日《国家统计局关于修改〈统计执法监督检查办法〉的决定》修订）

## 第一章　总　　则

**第一条**　为了规范统计执法监督检查工作，保护公民、法人和其他组织的合法权益，保障和提高统计数据质量，根据《中华人民共和国统计法》《中华人民共和国行政处罚法》和《中华人民共和国统计法实施条例》等法律、行政法规，制定本办法。

**第二条**　本办法适用于县级以上人民政府统计机构对执行统计法律法规规章情况的监督检查和对统计违法行为的查处。

**第三条**　国家统计局统计执法监督局在国家统计局领导下，具体负责对全国统计执法监督检查工作的组织管理，指导监督地方统计机构和国家调查队统计执法监督检查机构工作，检查各地方、各部门统计法执行情况，查处重大统计违法行为。

省级及市级统计执法监督检查机构在所属统计局或者国家调查队领导下，具体负责指导监督本地区、本系统统计执法监督检查工作，对本地区、本系统统计法执行情况的检查和查处统计违法行为。县级统计执法监督检查机构或者执法检查人员在所属统计局或者国家调查队领导下，依据法定分工负责本地区、本系统统计执法监督检查工作。

地方统计机构和国家调查队应当建立统计执法监督检查沟通协作机制。

**第四条**　县级以上人民政府有关部门在同级人民政府统计机构的组织指导下，负责监督本部门统计调查中执行统计法情况，对本部门统计调查中发生的统计违法行为，移交同级人民政府统计机构予以处理。

**第五条**　各级人民政府统计机构应当建立行政执法监督检查责任制和问责制，切实保障统计执法监督检查所需的人员、经费和其他工作条件。

# 9-1 城市（市区）物价总指数

（以上年价格为 100）

| 年 份 | 居民消费价格总指数 | 商品零售价格总指数 |
|---|---|---|
| 1978 | 100.0 | 100.1 |
| 1979 | 100.6 | 101.1 |
| 1980 | 102.4 | 102.6 |
| 1981 | 100.4 | 100.8 |
| 1982 | 101.0 | 101.4 |
| 1983 | 100.1 | 100.7 |
| 1984 | 103.3 | 102.4 |
| 1985 | 108.7 | 108.3 |
| 1986 | 106.2 | 105.9 |
| 1987 | 109.8 | 110.0 |
| 1988 | 122.6 | 122.8 |
| 1989 | 115.6 | 115.6 |
| 1990 | 104.5 | 103.9 |
| 1991 | 108.6 | 108.8 |
| 1992 | 109.2 | 108.0 |
| 1993 | 117.6 | 115.1 |
| 1994 | 125.3 | 123.3 |
| 1995 | 116.9 | 113.2 |
| 1996 | 110.0 | 107.4 |
| 1997 | 101.9 | 99.9 |
| 1998 | 100.0 | 98.3 |
| 1999 | 98.2 | 96.2 |
| 2000 | 100.0 | 98.2 |
| 2001 | 100.3 | 99.3 |
| 2002 | 99.2 | 98.6 |
| 2003 | 101.5 | 100.0 |
| 2004 | 103.7 | 102.8 |
| 2005 | 102.2 | 101.0 |
| 2006 | 101.5 | 100.7 |
| 2007 | 104.4 | 103.1 |
| 2008 | 104.9 | 105.3 |
| 2009 | 99.9 | 99.8 |
| 2010 | 103.6 | 102.1 |
| 2011 | 105.2 | 103.8 |
| 2012 | 102.6 | 102.4 |
| 2013 | 102.3 | 101.2 |
| 2014 | 102.1 | 101.6 |
| 2015 | 101.5 | 101.3 |
| 2016 | 102.3 | 100.5 |
| 2017 | 101.7 | 101.8 |
| 2018 | 102.3 | 103.0 |
| 2019 | 103.3 | 103.3 |
| 2020 | 102.8 | 102.0 |
| 2021 | 101.1 | 102.1 |
| 2022 | 102.2 | 102.9 |
| 2023 | 100.4 | |

注：2023 年及以后，商品零售价格总指数不再统计。

# 9-2 城市（市区）居民消费价格指数

（以上年价格为 100）

| 指　　标 | 2023 |
|---|---|
| **居民消费价格总指数** | **100.4** |
| **食品烟酒** | **100.4** |
| 食品 | 99.9 |
| 粮食 | 101.2 |
| # 大米 | 99.0 |
| 面粉 | 97.3 |
| 薯类 | 101.9 |
| 豆类 | 101.4 |
| 食用油 | 103.3 |
| 菜及食用菌 | 100.0 |
| # 鲜菜 | 99.3 |
| 畜肉类 | 93.8 |
| # 猪肉 | 84.4 |
| 牛肉 | 97.9 |
| 羊肉 | 95.8 |
| 禽肉类 | 103.1 |
| # 鸡 | 103.5 |
| 鸭 | 104.9 |
| 水产品 | 99.4 |
| 蛋类 | 97.8 |
| 奶类 | 101.8 |
| 干鲜瓜果类 | 102.7 |
| 糖果糕点类 | 102.6 |
| 调味品 | 106.5 |
| # 食用盐 | 103.8 |
| 其他食品类 | 100.7 |
| 茶及饮料 | 102.8 |
| 烟酒 | 105.4 |
| # 卷烟 | 107.5 |
| 酒类 | 102.5 |
| 在外餐饮 | 99.5 |
| **衣着** | **100.3** |
| 服装 | 100.2 |
| # 男式服装 | 98.7 |
| 女式服装 | 101.8 |
| 儿童服装 | 97.5 |
| 衣着材料及配件 | 99.5 |
| 其他衣着材料及配件 | 100.0 |
| 衣着服务费 | 106.1 |
| 鞋类 | 100.8 |
| # 鞋 | 100.8 |
| 鞋类服务 | 100.0 |
| **居住** | **99.9** |
| 租赁房房租 | 99.5 |
| 住房保养维修及管理 | 101.7 |
| 水电燃料 | 99.9 |
| 自有住房 | 99.6 |
| **生活用品及服务** | **101.4** |
| 家具及室内装饰品 | 106.3 |
| # 家具 | 106.6 |

9-2 续表

| 指标 | 2023 | 指标 | 2023 |
| --- | --- | --- | --- |
| 家用器具 | 98.4 | 教育用品 | 104.4 |
| 大型家用器具 | 98.3 | 教育服务 | 105.2 |
| #洗衣机 | 98.8 | 文化娱乐 | 103.4 |
| 电冰箱 | 96.7 | 文娱耐用消费品 | 100.0 |
| 空调器 | 98.3 | 其他文娱用品 | 101.9 |
| 热水器 | 97.0 | 文化娱乐服务 | 104.1 |
| 小家电 | 98.9 | 旅游 | 105.7 |
| 家用纺织品 | 98.6 | **医疗保健** | **101.6** |
| 家庭日用杂品 | 100.9 | 药品及医疗器具 | 98.5 |
| 个人护理用品 | 102.0 | 中药 | 100.9 |
| 家庭服务 | 103.7 | 西药 | 99.1 |
| **交通通信** | **97.1** | 滋补保健品 | 100.8 |
| 交通 | 97.0 | 医疗卫生器具 | 84.5 |
| 交通工具 | 96.0 | 保健器具 | 102.2 |
| 交通工具用燃料 | 94.5 | 医疗服务 | 102.8 |
| 交通工具使用和维修 | 101.5 | 综合医疗类 | 100.7 |
| 交通费 | 102.4 | 治疗类 | 110.7 |
| 通信 | 97.5 | 康复类 | 100.0 |
| 通信工具 | 97.3 | 中医医疗服务类 | 99.8 |
| 通信服务 | 97.2 | 其他医疗保健服务 | 100.0 |
| 邮递服务 | 100.0 | **其他用品及服务** | **103.5** |
| **教育文化娱乐** | **104.5** | 其他用品 | 105.1 |
| 教育 | 105.2 | 其他服务 | 101.9 |

# 9-3 城市（市区）居民消费价格指数

（2023 年）

| 指标 | 以去年同月价格为 100 | | | | | |
|---|---|---|---|---|---|---|
| | 1 月 | 2 月 | 3 月 | 4 月 | 5 月 | 6 月 |
| 居民消费价格总指数 | 102.1 | 101.4 | 100.8 | 100.2 | 100.8 | 100.5 |
| 食品烟酒 | 104.1 | 101.3 | 101.1 | 99.2 | 102.6 | 103.4 |
| 食品 | 104.9 | 101.7 | 100.7 | 97.5 | 102.4 | 104.7 |
| #粮食 | 103.5 | 102.8 | 103.3 | 105.1 | 103.3 | 103.3 |
| 食用油 | 106.4 | 103.7 | 107.1 | 107.0 | 107.6 | 106.5 |
| 菜及食用菌 | 104.5 | 99.5 | 91.2 | 81.0 | 105.6 | 119.2 |
| #鲜菜 | 103.5 | 98.1 | 89.3 | 78.9 | 105.2 | 120.4 |
| 畜肉类 | 105.0 | 101.9 | 102.6 | 98.9 | 100.0 | 98.5 |
| 禽肉类 | 104.9 | 103.4 | 103.3 | 102.9 | 105.2 | 105.0 |
| 水产品 | 100.1 | 95.5 | 97.1 | 94.6 | 100.4 | 103.8 |
| 蛋类 | 108.4 | 106.1 | 106.6 | 99.2 | 97.7 | 98.5 |
| 干鲜瓜果 | 117.5 | 105.8 | 106.2 | 102.4 | 102.3 | 107.1 |
| 烟酒 | 103.1 | 104.1 | 108.7 | 108.2 | 106.8 | 106.0 |
| 衣着 | 98.6 | 98.8 | 101.1 | 101.4 | 99.0 | 98.7 |
| 居住 | 99.4 | 100.1 | 99.9 | 100.3 | 99.7 | 99.6 |
| 生活用品及服务 | 103.0 | 103.5 | 102.0 | 101.1 | 101.0 | 100.7 |
| 交通通信 | 101.3 | 99.8 | 97.3 | 96.0 | 95.6 | 93.5 |
| 教育文化和娱乐 | 106.3 | 106.9 | 105.7 | 106.0 | 107.1 | 105.2 |
| 医疗保健 | 102.1 | 102.1 | 101.3 | 101.0 | 101.0 | 101.3 |
| 其他用品和服务 | 104.0 | 102.6 | 101.8 | 103.1 | 103.0 | 102.1 |

9-3 续表

| 指　　标 | 以去年同月价格为100 | | | | | |
|---|---|---|---|---|---|---|
| | 7月 | 8月 | 9月 | 10月 | 11月 | 12月 |
| 居民消费价格总指数 | 99.9 | 100.0 | 100.0 | 99.5 | 99.6 | 100.4 |
| 食品烟酒 | 99.9 | 98.7 | 98.4 | 98.4 | 98.5 | 100.4 |
| 食品 | 98.9 | 97.8 | 96.8 | 97.1 | 97.4 | 99.9 |
| #粮食 | 101.3 | 99.5 | 97.3 | 98.1 | 97.8 | 101.2 |
| 食用油 | 102.0 | 98.5 | 100.8 | 101.7 | 98.5 | 103.3 |
| 菜及食用菌 | 101.7 | 95.2 | 99.2 | 107.9 | 105.6 | 100.0 |
| #鲜菜 | 100.9 | 94.3 | 98.9 | 108.8 | 105.8 | 99.3 |
| 畜肉类 | 87.0 | 90.0 | 83.9 | 84.7 | 88.2 | 93.8 |
| 禽肉类 | 104.4 | 101.6 | 100.7 | 101.2 | 101.9 | 103.1 |
| 水产品 | 102.6 | 99.0 | 101.5 | 98.6 | 97.1 | 99.4 |
| 蛋类 | 95.3 | 99.0 | 89.5 | 86.4 | 88.0 | 97.8 |
| 干鲜瓜果 | 104.5 | 100.9 | 100.5 | 95.4 | 94.8 | 103.2 |
| 烟酒 | 106.4 | 103.8 | 103.5 | 104.7 | 104.4 | 105.4 |
| 衣着 | 98.7 | 100.5 | 103.0 | 102.9 | 102.3 | 100.3 |
| 居住 | 99.9 | 100.3 | 100.6 | 99.0 | 99.6 | 99.9 |
| 生活用品及服务 | 101.2 | 101.3 | 100.6 | 101.0 | 101.0 | 101.4 |
| 交通通信 | 94.5 | 98.5 | 98.3 | 96.8 | 96.6 | 97.1 |
| 教育文化和娱乐 | 105.9 | 101.1 | 101.3 | 101.7 | 101.4 | 104.5 |
| 医疗保健 | 101.8 | 101.8 | 101.7 | 101.8 | 101.8 | 101.6 |
| 其他用品和服务 | 104.3 | 105.0 | 104.6 | 104.2 | 103.7 | 103.5 |

# 主要统计指标解释

**物价指数** 是说明两个时期商品价格水平变动趋势和程度的相对数指标。它是以报告期的价格水平与基期的价格水平进行直接对比计算的。当物价指数大于100时，说明价格水平上涨，反之则说明价格水平下跌。编制物价指数的目的是反映市场物价水平的变化情况，分析和研究物价变动对城乡人民生活和国家财政支出的影响程度。

**居民消费价格指数** 简称CPI，是度量一定时期内居民消费商品和服务价格水平变动的相对数，综合反映居民消费商品和服务价格水平的变动趋势和变动程度。调查范围包括食品烟酒、衣着、居住、生活用品及服务、交通通信、教育文化娱乐、医疗保健、其他用品及服务等八大类268个基本分类。CPI是宏观经济分析和决策、价格总水平监测和调控以及国民经济核算需要的重要指标，其按年度计算的变动率通常被用来反映通货膨胀或紧缩的程度。

# 十、人民生活

版面负责人：柳　震
编　　　辑：高惠媛　杨公正

# 统计执法监督检查办法

**第六条** 统计执法监督检查应当贯彻有法必依、执法必严、违法必究的方针，坚持预防、查处和整改相结合，坚持教育与处罚相结合，坚持实事求是、客观公正、统一规范、文明执法、高效廉洁原则。

统计执法监督检查中，与执法监督检查对象有利害关系以及其他可能影响公正性的人员，应当回避。

**第七条** 县级以上人民政府统计机构应当畅通统计违法举报渠道，公布统计违法举报电话、通信地址、网络专栏、电子邮箱等，认真受理、核实、办理统计违法举报。

**第八条** 县级以上人民政府统计机构应当建立统计违法行为查处情况报告制度，定期向上一级统计机构报告统计违法举报、统计执法监督检查和统计违法行为查处情况。

## 第二章 统计执法监督检查机构和执法检查人员

**第九条** 县级以上人民政府统计机构健全统计执法监督检查队伍，完善统计执法监督检查机制，建立统计执法骨干人才库，确保在库人员服从设库机构的调用。

**第十条** 统计执法监督检查机构和执法检查人员的主要职责是：

（一）起草制定统计法律法规规章和规范性文件；

（二）宣传、贯彻统计法律法规规章；

（三）组织、指导、监督、管理统计执法监督检查工作；

（四）依法查处统计违法行为，防范和惩治统计造假、弄虚作假；

（五）组织实施统计执法“双随机”抽查，受理、办理、督办统计违法举报；

（六）建立完善统计信用制度，建立实施对统计造假、弄虚作假的联合惩戒机制；

（七）监督查处涉外统计调查活动和民间统计调查活动中的违法行为；

（八）法律、法规和规章规定的其他职责。

# 10－1 主要年份居民家庭收支情况

单位：元

| 年　　份 | 人均可支配收入 | | | 人均消费支出 | | |
|---|---|---|---|---|---|---|
| | 全体居民 | 城镇居民 | 农村居民 | 全体居民 | 城镇居民 | 农村居民 |
| 2014 | 18744 | 24080 | 12811 | 12167 | 15005 | 9011 |
| 2015 | 20425 | 26219 | 13982 | 13174 | 16143 | 9873 |
| 2016 | 22348 | 28421 | 15274 | 14321 | 17255 | 11059 |
| 2017 | 25116 | 30987 | 16697 | 15688 | 18234 | 12038 |
| 2018 | 27385 | 33586 | 18206 | 16818 | 19463 | 12902 |
| 2019 | 29736 | 36215 | 19873 | 18048 | 20805 | 13850 |
| 2020 | 31166 | 37523 | 21229 | 17642 | 20418 | 13303 |
| 2021 | 34217 | 40842 | 23694 | 21278 | 24146 | 16723 |
| 2022 | 35950 | 42610 | 25210 | 22277 | 24984 | 17911 |
| 2023 | 38089 | 44796 | 27065 | 24273 | 26937 | 19894 |

# 10－2 居民家庭基本情况与人均收入情况

（2023 年）

| 指　　标 | | 全体居民 | 城镇居民 | 农村居民 |
|---|---|---|---|---|
| **调查户数** | | **1860** | **1190** | **670** |
| 平均每户家庭人口 | （人） | 3.04 | 3.06 | 3.01 |
| 平均每户就业人口 | （人） | 1.71 | 1.63 | 1.86 |
| 平均每一就业人口负担人数 | （人） | 1.78 | 1.88 | 1.62 |
| 平均每户就业面 | （%） | 56.25 | 53.28 | 61.63 |
| 平均每人现住房建筑面积 | （平方米） | 49.99 | 45.56 | 58.00 |
| **人均可支配收入** | **（元）** | **38088.79** | **44795.69** | **27065.28** |
| 工资性收入 | | 21390.54 | 26579.89 | 12861.30 |
| 工资 | | 20602.13 | 25530.62 | 12501.63 |
| 实物福利 | | 99.93 | 129.36 | 51.57 |
| 其他 | | 688.48 | 919.91 | 308.10 |
| 经营净收入 | | 7428.97 | 5997.25 | 9782.14 |
| 第一产业经营净收入 | | 3026.23 | 1100.03 | 6192.15 |
| 第二产业经营净收入 | | 866.85 | 643.38 | 1234.15 |
| 第三产业经营净收入 | | 3535.88 | 4253.84 | 2355.84 |
| 财产净收入 | | 2135.83 | 3191.67 | 400.43 |
| #利息净收入 | | 50.30 | 55.05 | 42.49 |
| 红利收入 | | 102.95 | 143.48 | 36.32 |
| 储蓄性保险净收益 | | 6.66 | 8.55 | 3.56 |
| 转让承包土地经营权租金净收入 | | 239.34 | 184.06 | 330.19 |
| 出租房屋财产性收入 | | 381.73 | 583.20 | 50.60 |
| 出租机械、专利、版权等资产的收入 | | 12.32 | 19.42 | 0.64 |
| 转移净收入 | | 7133.45 | 9026.88 | 4021.42 |
| #养老金或离退休金 | | 5494.30 | 8202.40 | 1043.27 |
| 社会救济和补助 | | 85.62 | 65.14 | 119.29 |
| 报销医疗费 | | 505.80 | 709.57 | 170.88 |
| 家庭外出从业人员寄回带回收入 | | 1691.20 | 1289.70 | 2351.12 |
| 赡养收入 | | 563.48 | 617.43 | 474.81 |
| 其他经常转移收入 | | 152.95 | 167.32 | 129.34 |
| **人均非收入所得** | **（元）** | **1965.58** | **2205.19** | **1571.76** |
| **人均借贷性所得** | **（元）** | **696.88** | **611.46** | **837.29** |

# 10-3 居民家庭人均支出情况

（2023 年） 单位：元

| 指 标 | 全体居民 | 城镇居民 | 农村居民 |
|---|---|---|---|
| **人均消费支出** | **24272.74** | **26936.97** | **19893.80** |
| 食品烟酒 | 7185.09 | 7823.58 | 6135.68 |
| 食品 | 4726.77 | 4810.28 | 4589.50 |
| 谷物 | 696.72 | 700.75 | 690.10 |
| 薯类 | 86.85 | 76.47 | 103.90 |
| 豆类 | 94.58 | 81.29 | 116.44 |
| 食用油 | 236.75 | 225.08 | 255.93 |
| 蔬菜和食用菌 | 458.44 | 465.93 | 446.13 |
| 肉类 | 1053.89 | 1114.85 | 953.69 |
| 禽类 | 290.59 | 308.68 | 260.86 |
| 水产品 | 268.79 | 284.24 | 243.39 |
| 蛋类 | 205.81 | 198.21 | 218.31 |
| 奶类 | 388.92 | 393.08 | 382.10 |
| 干鲜瓜果类 | 543.49 | 574.74 | 492.14 |
| 糖果糕点类 | 184.21 | 195.94 | 164.93 |
| 其他食品 | 217.73 | 191.03 | 261.62 |
| 烟酒 | 775.83 | 827.07 | 691.61 |
| 烟草 | 436.19 | 473.03 | 375.62 |
| 酒类 | 339.64 | 354.04 | 315.98 |
| 饮料 | 174.18 | 180.61 | 163.59 |
| 饮食服务 | 1508.33 | 2005.62 | 690.98 |
| 食堂用餐 | 196.75 | 204.24 | 184.44 |
| 其他在外饮食 | 1257.73 | 1716.92 | 502.98 |
| 食品加工服务费 | 4.11 | 4.45 | 3.55 |
| 衣着 | 1756.66 | 1971.81 | 1403.04 |
| 衣类 | 1319.89 | 1521.43 | 988.64 |
| 鞋类 | 436.77 | 450.38 | 414.41 |
| 居住 | 4654.96 | 5438.55 | 3367.06 |
| # 租赁房房租 | 115.12 | 152.31 | 54.00 |
| 住房维修及管理 | 912.78 | 1002.22 | 765.79 |
| 水电燃料及其他 | 943.89 | 1042.75 | 781.42 |
| 生活用品及服务 | 1826.82 | 2016.90 | 1514.41 |
| 家具及室内装饰品 | 326.76 | 376.48 | 245.05 |
| 家用器具 | 426.45 | 489.66 | 322.54 |
| 家用纺织品 | 139.02 | 154.26 | 113.97 |
| 家庭日用杂品 | 458.90 | 461.43 | 454.76 |
| 个人用品 | 396.96 | 430.46 | 341.90 |
| 家庭服务 | 78.73 | 104.60 | 36.19 |
| 交通通信 | 3481.01 | 3700.31 | 3120.56 |
| 交通 | 2402.34 | 2596.84 | 2082.65 |
| 交通工具 | 995.87 | 1076.58 | 863.20 |
| 交通费 | 156.21 | 165.12 | 141.56 |
| 交通工具用燃料 | 666.10 | 734.19 | 554.17 |
| 交通工具使用及维修 | 577.95 | 610.94 | 523.72 |
| # 车辆保险支出 | 232.61 | 271.91 | 168.01 |
| 通信 | 1078.68 | 1103.48 | 1037.91 |
| 通信工具 | 387.97 | 402.20 | 364.57 |
| 通信服务 | 686.93 | 701.28 | 663.34 |

10-3 续表

单位：元

| 指　　标 | 全体居民 | 城镇居民 | 农村居民 |
|---|---|---|---|
| 教育文化娱乐 | 2881.46 | 3264.66 | 2251.64 |
| 教育 | 1330.86 | 1412.29 | 1197.01 |
| 学前教育 | 169.46 | 201.42 | 116.92 |
| 小学教育 | 192.06 | 208.03 | 165.82 |
| 初中教育 | 240.93 | 276.96 | 181.71 |
| 高中教育 | 273.49 | 271.50 | 276.76 |
| 中专职高教育 | 39.86 | 25.95 | 62.71 |
| 大专及以上教育 | 330.06 | 335.85 | 320.56 |
| 成人教育 | 84.99 | 92.58 | 72.53 |
| 文化娱乐 | 1550.61 | 1852.37 | 1054.63 |
| 文娱耐用消费品 | 524.23 | 543.36 | 492.77 |
| 其他文娱用品 | 487.01 | 501.48 | 463.23 |
| 文化娱乐服务 | 539.37 | 807.53 | 98.63 |
| 医疗保健 | 1874.15 | 1989.34 | 1684.81 |
| 医疗器具及药品 | 757.51 | 824.80 | 646.92 |
| 医疗服务 | 1116.64 | 1164.54 | 1037.89 |
| 门诊总费用 | 407.12 | 414.19 | 395.48 |
| 住院总费用 | 709.52 | 750.35 | 642.41 |
| 其他用品和服务 | 612.57 | 731.82 | 416.58 |
| 其他用品 | 306.50 | 347.80 | 238.62 |
| 其他服务 | 306.08 | 384.03 | 177.96 |
| **人均生产经营费用支出** | **4679.09** | **3514.90** | **6592.56** |
| 第一产业经营费用支出 | 2291.62 | 1092.26 | 4262.91 |
| 第二产业经营费用支出 | 1079.11 | 846.48 | 1461.45 |
| 第三产业经营费用支出 | 1308.36 | 1576.17 | 868.20 |
| **人均财产性支出** | **193.86** | **260.38** | **84.53** |
| 生活贷款利息支出 | 187.49 | 257.97 | 71.64 |
| 其他财产性支出 | 6.38 | 2.42 | 12.89 |
| **人均转移性支出** | **1796.52** | **2376.79** | **842.78** |
| 个人所得税 | 68.25 | 97.66 | 19.91 |
| 社会保障支出 | 1463.55 | 1934.65 | 689.24 |
| 个人缴纳的养老保险 | 938.56 | 1310.58 | 327.10 |
| 个人缴纳的医疗保险 | 459.31 | 525.02 | 351.30 |
| 个人缴纳的失业保险 | 24.79 | 37.37 | 4.11 |
| 其他社会保障支出 | 40.89 | 61.67 | 6.73 |
| 外来从业人员寄给家人的支出 | 15.15 | 10.59 | 22.65 |
| 赡养支出 | 170.58 | 229.60 | 73.57 |
| 其他转移性支出 | 78.99 | 104.30 | 37.41 |
| **人均部分商业保险支出** | **214.14** | **278.07** | **109.07** |
| **人均购置资产及非经常性转移支出** | **4341.54** | **5223.72** | **2891.59** |
| 购置资产支出 | 1192.59 | 1607.97 | 509.86 |
| 非经常性转移支出 | 3148.96 | 3615.76 | 2381.73 |
| **人均借贷性支出** | **1623.42** | **2065.05** | **897.56** |

# 10-4　居民家庭年末平均每百户耐用消费品拥有量情况

（2023年）

| 指　　标 | | 全体居民 | 城镇居民 | 农村居民 |
|---|---|---|---|---|
| 家用汽车 | （辆） | 46.5 | 52.7 | 35.5 |
| 摩托车 | （辆） | 12.6 | 7.4 | 21.9 |
| 助力车 | （辆） | 161.4 | 152.6 | 177.0 |
| 洗衣机 | （台） | 103.0 | 104.0 | 101.2 |
| 电冰箱 | （柜） | 100.1 | 101.0 | 98.4 |
| 微波炉 | （台） | 69.1 | 76.1 | 56.7 |
| 彩色电视机 | （台） | 108.1 | 110.9 | 103.1 |
| 空调 | （台） | 189.9 | 210.5 | 153.1 |
| 热水器 | （台） | 88.1 | 94.5 | 76.8 |
| 洗碗机 | （台） | 1.9 | 2.6 | 0.6 |
| 排油烟机 | （台） | 77.1 | 89.8 | 54.5 |
| 固定电话 | （部） | 3.3 | 4.0 | 2.1 |
| 移动电话 | （部） | 248.1 | 249.3 | 245.8 |
| #接入互联网 | | | | |
| 计算机 | （台） | 46.6 | 57.3 | 27.6 |
| #接入互联网 | | | | |
| 照相机 | （台） | 3.8 | 5.3 | 1.2 |
| 中高档乐器 | （架） | 3.9 | 5.5 | 0.9 |
| 健身器材 | （套） | 4.8 | 6.1 | 2.5 |

# 10-5　居民家庭住房情况

（2023年）

| 指　　标 | | 全体居民 | 城镇居民 | 农村居民 |
|---|---|---|---|---|
| **调查户数** | **（户）** | **1860** | **1190** | **670** |
| **人均现住房建筑面积** | **（平方米）** | **49.99** | **45.56** | **58.00** |
| **人均期内新建住房竣工建筑面积** | | | | |

# 10-6 居民家庭人均全年购买主要消费品

（2023 年）

| 指　　标 | | 全体居民 | 城镇居民 | 农村居民 |
|---|---|---|---|---|
| 谷物 | （公斤） | 83.16 | 74.99 | 97.92 |
| 食用油 | （公斤） | 8.20 | 7.48 | 9.49 |
| 蔬菜和食用菌 | （公斤） | 100.45 | 99.85 | 101.55 |
| 猪肉 | （公斤） | 19.17 | 18.29 | 20.76 |
| 牛肉 | （公斤） | 2.94 | 3.23 | 2.41 |
| 羊肉 | （公斤） | 2.91 | 2.93 | 2.89 |
| 禽类 | （公斤） | 13.08 | 12.76 | 13.67 |
| 水产品 | （公斤） | 11.81 | 11.93 | 11.60 |
| 蛋类 | （公斤） | 19.42 | 18.74 | 20.64 |
| 奶类 | （公斤） | 15.27 | 15.97 | 13.99 |
| 干鲜瓜果类 | （公斤） | 75.75 | 76.57 | 74.27 |
| 糖果糕点类 | （公斤） | 3.64 | 3.69 | 3.55 |
| 茶叶 | （公斤） | 0.05 | 0.06 | 0.02 |
| 卷烟 | （元） | 482.51 | 479.54 | 487.87 |
| 酒类 | （公斤） | 8.44 | 8.58 | 8.18 |
| 水 | （吨） | 38.85 | 45.92 | 26.06 |
| 电 | （度） | 915.02 | 966.95 | 821.16 |
| 煤炭 | （公斤） | 4.64 | 3.43 | 6.82 |
| 管道天然气 | （立方米） | 27.95 | 40.59 | 5.11 |
| 罐装液化石油气 | （公斤） | 8.57 | 5.74 | 13.67 |

# 10-7 居民家庭平均每百户全年购买主要消费品

（2023年）

| 指标 | | 全体居民 | 城镇居民 | 农村居民 |
|---|---|---|---|---|
| 洗衣机 | （台） | 6.94 | 7.40 | 6.12 |
| 电冰箱 | （柜） | 5.97 | 5.63 | 6.57 |
| 空调器 | （台） | 12.05 | 12.52 | 11.20 |
| 吸尘器 | （台） | 1.61 | 1.85 | 1.19 |
| 抽油烟机 | （台） | 3.65 | 4.12 | 2.83 |
| 微波炉 | （台） | 1.72 | 2.02 | 1.19 |
| 非太阳能热水器 | （台） | 5.75 | 5.72 | 5.83 |
| 太阳能热水器 | （台） | 1.94 | 2.02 | 1.79 |
| 燃气炉具 | （套） | 10.11 | 9.41 | 11.35 |
| 太阳能炉具 | （套） | 0.11 | 0.08 | 0.15 |
| 洗碗机 | （台） | 0.22 | 0.25 | 0.15 |
| 消毒碗柜 | （台） | 0.22 | 0.34 | |
| 汽车 | （辆） | 2.58 | 3.11 | 1.64 |
| 摩托车 | （辆） | 0.32 | 0.42 | 0.15 |
| 自行车 | （辆） | 4.03 | 4.45 | 3.29 |
| 电动自行车 | （辆） | 14.63 | 14.71 | 14.49 |
| 电话机 | （部） | 0.54 | 0.25 | 1.05 |
| 移动电话机 | （部） | 35.57 | 37.10 | 32.86 |
| 组合音响 | （套） | 0.05 | 0.08 | |
| 彩色电视机 | （台） | 3.33 | 4.03 | 2.09 |
| 影碟机 | （台） | | | |
| 摄像机 | （台） | 0.32 | 0.25 | 0.45 |
| 照相机 | （台） | 0.11 | 0.17 | |
| 家用台式电脑 | （台） | 0.75 | 0.92 | 0.45 |
| 家用笔记本电脑 | （台） | 2.85 | 3.11 | 2.39 |

# 10-8　市辖各区居民家庭收支及住房情况

（2023 年）

| 指　　标 | | 市辖区 | | | 鼓楼区 | 云龙区 | 泉山区 | 开发区 |
|---|---|---|---|---|---|---|---|---|
| | | 全体居民 | 城镇居民 | 农村居民 | 城镇居民 | 城镇居民 | 城镇居民 | 城镇居民 |
| **人均可支配收入** | **（元）** | **45654** | **49555** | **30673** | **45888** | **47851** | **54591** | **46025** |
| 工资性收入 | | 24724 | 26902 | 16359 | 25041 | 27688 | 30409 | 26327 |
| 经营净收入 | | 8446 | 8260 | 9163 | 8476 | 6810 | 5844 | 8806 |
| 财产净收入 | | 3335 | 4052 | 581 | 3616 | 3800 | 5112 | 4507 |
| 转移净收入 | | 9149 | 10341 | 4570 | 8755 | 9552 | 13226 | 6385 |
| **人均生活消费支出** | **（元）** | **29969** | **32314** | **20965** | **30237** | **33418** | **39034** | **31413** |
| 食品烟酒 | | 8256 | 8859 | 5940 | 8522 | 9231 | 10631 | 8821 |
| 衣着 | | 1849 | 2009 | 1236 | 1972 | 2032 | 2257 | 1962 |
| 居住 | | 5206 | 5761 | 3073 | 5927 | 5743 | 6982 | 5084 |
| 生活用品及服务 | | 2399 | 2623 | 1542 | 2303 | 2673 | 3392 | 1987 |
| 交通通信 | | 4787 | 4978 | 4054 | 4235 | 5247 | 6280 | 5241 |
| 教育文化娱乐 | | 3405 | 3689 | 2315 | 3296 | 4019 | 4529 | 3635 |
| 医疗保健 | | 3229 | 3452 | 2372 | 3118 | 2815 | 3011 | 3413 |
| 其他用品和服务 | | 838 | 943 | 434 | 865 | 1658 | 1952 | 1269 |
| **人均现住房建筑面积** | **（平方米）** | **46.5** | **43.1** | **57.6** | **36.8** | **38.6** | **37.5** | **41.9** |

| 指　　标 | | 贾汪区 | | | 铜山区 | | |
|---|---|---|---|---|---|---|---|
| | | 全体居民 | 城镇居民 | 农村居民 | 全体居民 | 城镇居民 | 农村居民 |
| **人均可支配收入** | **（元）** | **36945** | **44132** | **27722** | **42074** | **50332** | **31769** |
| 工资性收入 | | 24532 | 32580 | 14105 | 26840 | 33329 | 18743 |
| 经营净收入 | | 7862 | 6556 | 9638 | 8425 | 7087 | 10096 |
| 财产净收入 | | 890 | 1130 | 583 | 1662 | 2558 | 544 |
| 转移净收入 | | 3660 | 3866 | 3396 | 5147 | 7359 | 2387 |
| **人均生活消费支出）** | **（元）** | **22635** | **27761** | **16056** | **27793** | **33963** | **20093** |
| 食品烟酒 | | 6469 | 7805 | 4639 | 8013 | 9762 | 5830 |
| 衣着 | | 1981 | 2503 | 1312 | 2550 | 3433 | 1449 |
| 居住 | | 3988 | 4987 | 2705 | 3311 | 3442 | 3147 |
| 生活用品及服务 | | 1995 | 2392 | 1485 | 1804 | 2371 | 1096 |
| 交通通信 | | 2924 | 3700 | 1928 | 4357 | 5312 | 3165 |
| 教育文化娱乐 | | 2944 | 3658 | 2028 | 5415 | 6872 | 3597 |
| 医疗保健 | | 1676 | 1810 | 1503 | 1871 | 2086 | 1602 |
| 其他用品和服务 | | 614 | 906 | 356 | 472 | 685 | 207 |
| **人均现住房建筑面积** | **（平方米）** | **52.1** | **46.3** | **56.7** | **54.3** | **51.1** | **58.8** |

# 主要统计指标解释

**居民家庭常住人口** 指住户成员中，经常在家居住或者调查期内居住时间超过一半的人员，以及本住户供养的学生。

**居民家庭就业人口** 指 16 周岁及以上，从事一定的社会劳动或经营活动、并取得劳动报酬或经营收入的人口。包括在党政机关、社会团体、企业、事业单位、私营企业、个体工商经营户或家庭中工作的在岗职工、再就业的离退休人员、民办教师、兼职人员及家庭帮工、雇工或自由职业等各类从业人员；私营企业和个体工商经营户的自营就业者。

**居民可支配收入** 指调查户可用于最终消费支出和储蓄的总和，即调查户可以用来自由支配的收入。可支配收入既包括现金，也包括实物收入。按照收入的来源，可支配收入包含四项，分别为：工资性收入、经营净收入、财产净收入和转移净收入。

**居民消费支出** 指住户用于满足家庭日常生活消费需要的全部支出，包括用于消费品的支出和用于服务性消费的支出。根据用途不同，消费支出可划分为食品烟酒、衣着、居住、生活用品及服务、交通通信、教育文化娱乐、医疗保健、其他用品及服务八大类。

# 十一、自然资源、城市概况和环境保护

版面负责人：冯洋洋
编　　　辑：张力文

统计知识

# 统计执法监督检查办法

**第十一条** 执法检查人员应当参加培训，经考试合格，取得由国家统计局统一颁发的统计执法证。

经县级以上人民政府统计机构批准，可以聘用专业技术人员参与统计执法监督检查。

**第十二条** 统计执法监督检查机构应当加强对所属执法检查人员的法律法规、统计业务知识、职业道德教育和执法监督检查技能培训，健全管理、考核和奖惩制度。

## 第三章 统计执法监督检查

**第十三条** 县级以上人民政府统计机构和有关部门应当建立统计执法监督检查工作机制和相关制度，综合运用“双随机”抽查、专项检查、重点检查、实地核查等方式，组织开展本地区、本部门、本单位统计执法监督检查工作。

按照国家有关规定，实施统计执法监督检查全过程记录制度。

**第十四条** 统计执法监督检查事项包括：

（一）地方各级人民政府、政府统计机构和有关部门以及各单位及其负责人遵守、执行统计法律法规规章和国家统计规则、政令情况；

（二）地方各级人民政府、政府统计机构和有关部门建立防范和惩治统计造假、弄虚作假责任制和问责制情况；

（三）统计机构和统计人员依法独立行使统计调查、统计报告、统计监督职权情况；

（四）国家机关、企业事业单位和其他组织以及个体工商户和个人等统计调查对象遵守统计法律法规规章、统计调查制度情况；

（五）依法开展涉外统计调查和民间统计调查情况；

（六）法律法规规章规定的其他事项。

# 11-1 主要年份自然资源

| 指标 | 2010 | 2015 | 2016 | 2017 | 2018 | 2019 | 2020 | 2021 | 2022 | 2023 |
|---|---|---|---|---|---|---|---|---|---|---|
| **土地资源**（千公顷） | | | | | | | | | | |
| 耕地面积 | 610.73 | 609.03 | 608.02 | 608.89 | 611.15 | 576.67 | 573.35 | 572.50 | 573.93 | |
| 园地 | 57.08 | 56.02 | 55.69 | 55.38 | 55.13 | 60.50 | 60.27 | 59.21 | 57.28 | |
| 林地面积 | 25.31 | 24.96 | 24.86 | 24.80 | 24.75 | 68.12 | 68.85 | 73.08 | 74.21 | |
| 草地面积 | 6.18 | 6.22 | 6.17 | 6.07 | 5.95 | 5.80 | 5.91 | 6.07 | | |
| 城镇及工矿用地面积 | 200.99 | 206.67 | 209.12 | 210.75 | 211.40 | 235.55 | 236.83 | 233.96 | 232.95 | |
| 交通用地面积 | 46.97 | 48.42 | 49.20 | 49.47 | 49.81 | 37.22 | 38.08 | 38.68 | 23.42 | |
| 水域面积 | 207.87 | 202.20 | 200.46 | 198.41 | 196.55 | 168.16 | 168.01 | 167.34 | 154.52 | |
| 未利用土地面积 | | | | | | 95.94 | 92.99 | 93.31 | | |
| 其他 | 21.36 | 22.97 | 22.92 | 22.74 | 21.75 | 24.47 | 25.19 | 25.66 | 60.17 | |
| **林木资源** | | | | | | | | | | |
| 活立木总蓄积量（万立方米） | 2472.60 | 3053.00 | 3083.00 | 3113.00 | 3143.00 | 3173.00 | | | | |
| 森林面积（千公顷） | 330.70 | 338.39 | 334.38 | 336.30 | 338.50 | 340.60 | 341.90 | 349.60 | 352.40 | 353.60 |
| 森林蓄积量（万立方米） | 2459.90 | 3028.00 | 3058.00 | 3088.00 | 3118.00 | 3148.00 | | | | |
| 森林覆盖率（%） | 30.90 | 28.05 | 27.70 | 27.87 | 28.06 | 26.85 | 27.15 | 27.80 | | |
| **水利资源**（亿立方米） | | | | | | | | | | |
| 水资源总量 | 20.24 | 32.31 | 43.38 | 38.86 | 51.02 | 34.22 | 47.49 | 64.38 | 30.67 | 30.54 |
| 地表径流 | 8.30 | 12.68 | 20.42 | 17.76 | 28.08 | 16.44 | 37.43 | 52.58 | 22.60 | 20.58 |
| 地下（浅层）水量 | 14.70 | 20.35 | 23.84 | 21.89 | 23.98 | 18.48 | 17.01 | 20.63 | 12.77 | 14.82 |
| **矿产资源（基础储量/探明资源量）（万吨）** | | | | | | | | | | |
| 煤炭 | 135101 | 104933 | 103398 | 102579 | 100957 | 99963 | 73394 | 72881 | 56297 | 55636 |
| 铁 | 1581 | 1942 | 1925 | 1851 | 1780 | 1627 | 551 | 1416 | 873 | 807 |
| 岩盐 | 13091 | 12237 | 11857 | 11640 | 11388 | 11126 | 30009 | 101706 | 1312499 | 130894 |
| 石膏 | 34395 | 31926 | 31926 | 31926 | 31926 | 31926 | 1811 | 1811 | 1811 | 1811 |
| 制碱用灰岩 | 20091 | 20091 | 20091 | 20091 | 20091 | 20091 | 1210 | 1210 | 773 | 773 |
| 水泥用灰岩 | 28755 | 28201 | 27449 | 27063 | 26478 | 26030 | 14608 | 14608 | 14248 | 14248 |

注：2010年及以后土地资源指标因国家土地利用现状分类标准有变化，部分数据与往年不可比；因矿产资源统计调查改革，2020年及以后矿产资源（基础储量）口径调整为矿产资源探明资源量，与往年不可比；2022年及以后不再对森林覆盖率进行监测；2023年国土变更调查尚未完成，土地资源相关数据暂未公布。

# 11-2　主要年份气象、水文概况

| 指　　标 | 2000 | 2005 | 2010 | 2015 | 2020 | 2021 | 2022 | 2023 |
|---|---|---|---|---|---|---|---|---|
| **温度　（摄氏度）** | | | | | | | | |
| 年平均气温 | 15.1 | 15.0 | 15.2 | 15.3 | 16.0 | 16.2 | 16.4 | 16.4 |
| 年极端最高气温 | 37.4 | 38.3 | 37.6 | 36.9 | 38.1 | 37.9 | 39.2 | 37.9 |
| 出现日期 | 5月21日 | 6月23日 | 7月6日 | 7月13日 | 6月4日 | 6月7日 | 6月17日 | 6月9日 |
| 年极端最低气温 | -9.4 | -9.3 | -9.4 | -9.2 | -10.8 | -12.5 | -8.4 | -11.8 |
| 出现日期 | 2月1日 | 1月1日 | 1月13日 | 11月27日 | 12月31日 | 1月7日 | 12月23日 | 12月22日 |
| **降水** | | | | | | | | |
| 年降水量　（毫米） | 979.6 | 1162.9 | 612.0 | 928.2 | 1067.7 | 1204.8 | 801.3 | 954.6 |
| 年降水日　（天） | 90 | 90 | 68 | 93 | 109 | 96 | 78 | 96 |
| 一日最大降水量　（毫米） | 151.3 | 99.1 | 100.2 | 57.9 | 109.8 | 158.6 | 140.8 | 101 |
| 出现日期 | 7月12日 | 7月8日 | 9月7日 | 6月24日 | 7月11日 | 7月28日 | 7月30日 | 7月13日 |
| **日照** | | | | | | | | |
| 市区年日照时数　（小时） | 2064.5 | 2204.6 | 2230.6 | 2141.0 | 1685.3 | 1790.6 | 2231.0 | 2028.8 |
| 年蒸发量　（毫米） | 1727.6 | 1062.5 | 1076.6 | 999.3 | 990.1 | 895.7 | 1157.4 | 1200.3 |
| 年平均相对湿度　（%） | 69 | 67 | 63 | 69 | 68 | 69 | 64 | 64 |
| 年平均风力　（米/秒） | 2.2 | 2.1 | 2.1 | 1.6 | 1.6 | 1.7 | 1.7 | 1.6 |
| 年平均气压　（百帕） | 1011.6 | 1012.0 | 1011.5 | 1012.1 | 1013.0 | 1011.3 | 1012.0 | 1011.7 |
| 年无霜期　（天） | 158 | 235 | 195 | 205 | 231 | 208 | 202 | 234 |
| **霜期** | | | | | | | | |
| 初霜日期 | 11月1日 | 10月27日 | 11月2日 | 11月3日 | 10月23日 | 10月17日 | 10月11日 | 11月7日 |
| 终霜日期 | 4月6日 | 3月25日 | 4月5日 | 4月8日 | 3月5日 | 3月22日 | 3月22日 | 3月18日 |
| **雪期** | | | | | | | | |
| 初雪日期 | 1月8日 | 11月25日 | 11月28日 | 11月24日 | 12月30日 | 11月7日 | 11月29日 | 12月15日 |
| 终雪日期 | 2月5日 | 3月2日 | 3月8日 | 1月31日 | 2月15日 | 2月19日 | 2月22日 | 2月29日 |
| **水文（蔺家坝）　（米）** | | | | | | | | |
| 最高水位 | 32.15 | 33.59 | 32.84 | 31.95 | 33.94 | 33.86 | 32.87 | 32.72 |
| 出现日期 | 7月29日 | 9月30日 | 10月13日 | 6月30日 | 8月8日 | 9月5日 | 7月30日 | 10月17日 |
| 最低水位 | 28.77 | 31.47 | 31.33 | 30.90 | 31.99 | 31.46 | 31.75 | 31.48 |
| 出现日期 | 6月21日 | 6月20日 | 6月27日 | 6月18日 | 7月8日 | 6月13日 | 6月8日 | 6月15日 |
| 年均水位 | 31.07 | 32.63 | 32.39 | 31.44 | 32.71 | 32.48 | 32.18 | 32.15 |

注：表中水位为废黄河口积面。

# 11-3 市区分月气象情况

（2022年）

| 月　　份 | 平均气温（摄氏度） | 降水量（毫米） | 日照时数（小时） |
|---|---|---|---|
| **全　年** | **16.4** | **801.3** | **2231.0** |
| 1月 | 2.3 | 11.4 | 88.8 |
| 2月 | 3.6 | 1.8 | 157.8 |
| 3月 | 11.7 | 45.3 | 173.7 |
| 4月 | 17.9 | 6.5 | 211.3 |
| 5月 | 22.1 | 4.1 | 279.2 |
| 6月 | 29.3 | 93.7 | 275.9 |
| 7月 | 28.3 | 476.4 | 148.2 |
| 8月 | 29.2 | 77.5 | 201.9 |
| 9月 | 23.1 | 0.2 | 207.8 |
| 10月 | 15.8 | 56.8 | 191.3 |
| 11月 | 11.9 | 27.4 | 115.1 |
| 12月 | 1.2 | 0.2 | 179.8 |

# 11-4 市区分月气象情况

（2023年）

| 月　　份 | 平均气温（摄氏度） | 降水量（毫米） | 日照时数（小时） |
|---|---|---|---|
| **全　年** | **16.4** | **954.6** | **2028.8** |
| 1月 | 2.0 | 26 | 181.2 |
| 2月 | 5.1 | 31.1 | 122.8 |
| 3月 | 12.9 | 10 | 196.7 |
| 4月 | 16.4 | 60.1 | 171.3 |
| 5月 | 21.8 | 202.8 | 178.6 |
| 6月 | 26.6 | 70.6 | 186.6 |
| 7月 | 28.8 | 254.3 | 131.9 |
| 8月 | 28.3 | 126 | 204.7 |
| 9月 | 23.9 | 127.3 | 147.9 |
| 10月 | 18.3 | 8.6 | 190.5 |
| 11月 | 10.0 | 18.5 | 166.7 |
| 12月 | 2.3 | 19.3 | 149.9 |

# 11-5 城市（市区）建设基本情况

| 年份 | 市区面积（平方公里） | #建成区面积 | 市区人口密度（人/平方公里） | 年末实有房屋建筑面积（万平方米） | #住宅 | 公共交通 年底运营车辆数（辆） | 公共交通 年底运营线路网长度（公里） |
|---|---|---|---|---|---|---|---|
| 1978 | 184.5 | 41.3 | 3636 | 884 | 351 | 140 | |
| 1979 | 184.5 | 42.7 | 3842 | 955 | 392 | 161 | |
| 1980 | 184.5 | 43.8 | 3950 | 1029 | 440 | 144 | |
| 1981 | 184.5 | 44.3 | 4063 | 1105 | 487 | 160 | |
| 1982 | 184.5 | 45.2 | 4189 | 1174 | 528 | 165 | |
| 1983 | 184.5 | 45.6 | 4297 | 1276 | 590 | 162 | |
| 1984 | 184.5 | 45.9 | 4371 | | 641 | 168 | |
| 1985 | 184.5 | 46.5 | 4470 | 1467 | 691 | 174 | |
| 1986 | 184.5 | 47.0 | 4557 | 1863 | 920 | 182 | |
| 1987 | 184.5 | 47.3 | 4638 | 1964 | 967 | 185 | |
| 1988 | 184.5 | 48.1 | 4726 | 2030 | 1000 | 183 | |
| 1989 | 184.5 | 48.9 | 4838 | 2145 | 1030 | 196 | |
| 1990 | 184.5 | 61.8 | 4914 | 2245 | 1076 | 202 | |
| 1991 | 184.5 | 63.8 | 4979 | 2352 | 1127 | 211 | |
| 1992 | 184.5 | 67.0 | 5076 | 2465 | 1180 | 258 | |
| 1993 | 184.5 | 67.7 | 5158 | 2622 | 1253 | 308 | 313 |
| 1994 | 963.0 | 70.7 | 1483 | 2690 | 1293 | 838 | 329 |
| 1995 | 963.0 | 59.1 | 1507 | 2751 | 1325 | 1072 | 335 |
| 1996 | 963.0 | 60.3 | 1530 | 2870 | 1381 | 854 | 337 |
| 1997 | 963.0 | 61.5 | 1551 | 2980 | 1442 | 903 | 343 |
| 1998 | 963.0 | 64.7 | 1577 | 3104 | 1514 | 932 | 343 |
| 1999 | 963.0 | 67.6 | 1583 | 3337 | 1672 | 919 | 368 |
| 2000 | 1037.7 | 71.7 | 1547 | 3507 | 1787 | 946 | 541 |
| 2001 | 1037.7 | 77.9 | 1566 | 3650 | 1858 | 1119 | 595 |
| 2002 | 1037.7 | 81.9 | 1576 | 3781 | 1897 | 922 | 586 |
| 2003 | 1037.7 | 89.1 | 1612 | 3835 | 1914 | 1006 | 600 |
| 2004 | 1037.7 | 96.8 | 1613 | 3934 | 1964 | 1076 | 622 |
| 2005 | 1159.9 | 118.0 | 1551 | 5994 | 4196 | 1452 | 650 |
| 2006 | 1159.9 | 127.1 | 1566 | 6079 | 4199 | 1654 | 700 |
| 2007 | 1159.9 | 160.0 | 1577 | 6304 | 4392 | 1741 | 978 |
| 2008 | 1159.9 | 186.6 | 1590 | 6584 | 4615 | 1790 | 655 |
| 2009 | 1159.9 | 205.6 | 1605 | 6597 | 4307 | 1969 | 679 |
| 2010 | 3037.6 | 239.0 | 1029 | 8463 | 5404 | 1908 | 3997 |
| 2011 | 3037.6 | 249.0 | 1013 | 7581 | 5003 | 2685 | 3648 |
| 2012 | 3040.0 | 253.0 | 1025 | 7992 | 5211 | 2602 | 4719 |
| 2013 | 3040.0 | 253.0 | 1042 | 8668 | 5615 | 2429 | 3786 |
| 2014 | 3040.0 | 255.2 | 1064 | 9256 | 5906 | 2802 | 4946 |
| 2015 | 3040.0 | 255.2 | 1086 | 9843 | 6393 | 2338 | 4098 |
| 2016 | 3040.0 | 261.0 | 1107 | | | 2359 | 4002 |
| 2017 | 3062.5 | 265.0 | 1125 | | | 2377 | 4092 |
| 2018 | 3062.5 | 271.3 | 1147 | | | 2613 | 4184 |
| 2019 | 3062.5 | 282.2 | 1159 | | | 2656 | 4304 |
| 2020 | 3062.5 | 289.6 | 1168 | | | 2786 | 4453 |
| 2021 | 3062.5 | 289.6 | 1173 | | | 2259 | 4261 |
| 2022 | 3062.7 | 293.0 | 1176 | | | 2526 | 3986 |
| 2023 | 3062.7 | 293.7 | 1179 | | | 2559 | 3340 |

注：2010 年及以后运营线路网长度统计口径扩大到乡村，与往年不可比；2011 年及以后运营线路网长度不包含农村客运班线。

11-5　续表 1

| 年　份 | 铺装道路长度（公里） | 铺装道路面积（万平方米） | 全社会供水 生产能力（万立方米/日） | 全社会供水 供水总量（万立方米） | #生活用水量 | 人工煤气供应总量（万立方米） | 液化石油气供应总量（吨） | 用气人口数（万人） |
|---|---|---|---|---|---|---|---|---|
| 1978 | 67 | 67 | 8.5 | 3052 | 1427 | | | |
| 1979 | 69 | 72 | 9.4 | 3425 | 1886 | | | |
| 1980 | 72 | 76 | 10.9 | 3970 | 2232 | | | |
| 1981 | 89 | 88 | 12.0 | 4377 | 2416 | | | |
| 1982 | 125 | 102 | 12.8 | 4806 | 2071 | | | |
| 1983 | 128 | 108 | 13.4 | 5097 | 2005 | | | |
| 1984 | 136 | 114 | 14.1 | 5619 | 2392 | | 269 | |
| 1985 | 138 | 119 | 16.3 | 5963 | 2685 | 146 | 681 | |
| 1986 | 284 | 238 | 34.2 | 12207 | 2968 | 285 | 1947 | |
| 1987 | 296 | 243 | 34.0 | 12308 | 3303 | 358 | 3128 | |
| 1988 | 300 | 249 | 34.1 | 12658 | 3564 | 404 | 4108 | |
| 1989 | 345 | 265 | 37.2 | 12901 | 4677 | 446 | 4443 | 17.6 |
| 1990 | 297 | 263 | 37.9 | 10744 | 4328 | 464 | 7110 | 25.5 |
| 1991 | 301 | 269 | 42.0 | 10643 | 4669 | 474 | 5939 | 26.1 |
| 1992 | 355 | 464 | 56.0 | 12129 | 5203 | 509 | 7736 | 26.8 |
| 1993 | 367 | 496 | 56.0 | 14718 | 6076 | 522 | 13737 | 44.5 |
| 1994 | 372 | 747 | 63.0 | 15506 | 7498 | 939 | 15168 | 61.2 |
| 1995 | 579 | 802 | 86.9 | 14877 | 7010 | 2830 | 16064 | 68.8 |
| 1996 | 590 | 830 | 74.6 | 14067 | 7653 | 3967 | 18886 | 72.0 |
| 1997 | 592 | 846 | 72.0 | 13677 | 7627 | 4926 | 21400 | 74.4 |
| 1998 | 593 | 863 | 74.5 | 13498 | 7366 | 4888 | 24788 | 77.3 |
| 1999 | 593 | 908 | 75.5 | 12859 | 6958 | 4779 | 23753 | 80.0 |
| 2000 | 621 | 987 | 75.5 | 12464 | 6926 | 4585 | 26196 | 83.4 |
| 2001 | 690 | 1134 | 75.6 | 12397 | 7060 | 4638 | 24000 | 85.6 |
| 2002 | 760 | 1222 | 72.5 | 11748 | 7088 | 4192 | 22400 | 88.6 |
| 2003 | 822 | 1299 | 72.6 | 14354 | 7232 | 4580 | 24600 | 106.8 |
| 2004 | 865 | 1357 | 55.0 | 14008 | 7499 | 4057 | 29400 | 118.5 |
| 2005 | 1075 | 1434 | 55.4 | 15456 | 7962 | 4831 | 39300 | 126.8 |
| 2006 | 1168 | 1494 | 49.0 | 11931 | 6218 | 5699 | 33860 | 113.0 |
| 2007 | 1202 | 1623 | 49.8 | 11509 | 7605 | 5699 | 33750 | 125.4 |
| 2008 | 1307 | 1855 | 67.9 | 16155 | 7718 | 5125 | 32208 | 128.8 |
| 2009 | 1352 | 1956 | 87.4 | 19001 | 8926 | 4392 | 29937 | 137.6 |
| 2010 | 1600 | 2467 | 94.2 | 19957 | 8962 | 1662 | 29336 | 150.2 |
| 2011 | 1620 | 2604 | 117.9 | 21543 | 7963 | | 28050 | 140.9 |
| 2012 | 2110 | 3239 | 95.5 | 22029 | 6906 | | 31030 | 149.9 |
| 2013 | 2600 | 3750 | 93.0 | 23363 | 6579 | | 28480 | 165.8 |
| 2014 | 2699 | 4310 | 113.2 | 23960 | 7880 | | 28054 | 167.2 |
| 2015 | 2722 | 4484 | 111.9 | 24350 | 6420 | | 26856 | 185.0 |
| 2016 | 2549 | 4463 | 137.0 | 26199 | 6491 | | 20925 | 179.2 |
| 2017 | 2577 | 4554 | 135.2 | 26708 | 8156 | | 21094 | 198.7 |
| 2018 | 2607 | 4644 | 142.5 | 31805 | 9932 | | 18474 | 206.7 |
| 2019 | 2665 | 4783 | 158.6 | 31073 | 10349 | | 25908 | 207.2 |
| 2020 | 2680 | 4863 | 158.3 | 38640 | 10994 | | 15834 | 207.6 |
| 2021 | 2603 | 4710 | 160.6 | 43124 | 8017 | | 20012 | 207.8 |
| 2022 | 2671 | 4772 | 164.6 | 43433 | 8702 | | 21210 | 212.0 |
| 2023 | 2707 | 4819 | 174.7 | 45152 | 8871 | | 27087 | 212.0 |

注：用气人口含液化石油气和天然气人口，其中 2023 年液化石油气用气人口 15.53 万人，天然气用气人口 196.48 万人。

11-5 续表 2

| 年 份 | 排水管道长度（公里） | 路灯数（盏） | 园林绿地面积（公顷） | 建成区绿化覆盖率（%） | 公园数（个） | 污水排放量（万吨） | 垃圾粪便清运量（万吨） | 公共厕所数（座） |
|---|---|---|---|---|---|---|---|---|
| 1978 | 118 | 3243 | 219 | 10.4 | | | | |
| 1979 | 124 | 3482 | 249 | 11.8 | | | | |
| 1980 | 130 | 3750 | 249 | 11.8 | | | | |
| 1981 | 138 | 3920 | 310 | 7.6 | | | | |
| 1982 | 155 | 3594 | 320 | 7.7 | | | | |
| 1983 | 162 | 4088 | 365 | 9.8 | | | | |
| 1984 | 170 | 4225 | 367 | 11.8 | | | | |
| 1985 | 182 | 4545 | 367 | 12.4 | | | | |
| 1986 | 216 | 5546 | 735 | 14.9 | | | | |
| 1987 | 223 | 6110 | 848 | 15.1 | | | | |
| 1988 | 248 | 6950 | 1108 | 15.1 | | | | |
| 1989 | 253 | 6989 | 1317 | 15.9 | 15 | | 25 | 508 |
| 1990 | 257 | 7507 | 1214 | 27.4 | 15 | 9965 | 23 | 503 |
| 1991 | 262 | 7779 | 1432 | 30.7 | 12 | 9955 | 26 | 587 |
| 1992 | 281 | 8551 | 2358 | 30.8 | 13 | 7964 | 28 | 537 |
| 1993 | 281 | 13581 | 2822 | 31.0 | 10 | 7964 | 29 | 403 |
| 1994 | 326 | 11688 | 2822 | 31.6 | 14 | 9700 | 28 | 448 |
| 1995 | 432 | 15463 | 2844 | 33.1 | 12 | 8818 | 32 | 455 |
| 1996 | 395 | 16140 | 2881 | 33.2 | 15 | 7846 | 38 | 328 |
| 1997 | 399 | 16923 | 2947 | 33.6 | 13 | 7646 | 36 | 277 |
| 1998 | 403 | 20393 | 3048 | 33.7 | 13 | 7682 | 29 | 258 |
| 1999 | 483 | 26187 | 3392 | 34.3 | 13 | 7876 | 35 | 238 |
| 2000 | 643 | 30937 | 3662 | 34.4 | 13 | 5931 | 36 | 225 |
| 2001 | 728 | 32577 | 3625 | 24.5 | 29 | 5540 | 36 | 212 |
| 2002 | 825 | 36836 | 3889 | 26.6 | 31 | 5620 | 37 | 266 |
| 2003 | 896 | 45231 | 4226 | 29.5 | 33 | 6689 | 40 | 312 |
| 2004 | 926 | 46087 | 6455 | 36.6 | 33 | 7692 | 45 | 249 |
| 2005 | 918 | 52678 | 6455 | 36.3 | 36 | 10775 | 47 | 258 |
| 2006 | 930 | 53000 | 6659 | 37.6 | 30 | 11704 | 49 | 297 |
| 2007 | 970 | 60000 | 8125 | 38.8 | 34 | 12700 | 50 | 338 |
| 2008 | 1198 | 56798 | 9242 | 40.1 | 40 | 13924 | 45 | 482 |
| 2009 | 1046 | 19651 | 10422 | 40.4 | 41 | 14910 | 40 | 606 |
| 2010 | 1334 | 50723 | 12913 | 41.3 | 60 | 18106 | 48 | 592 |
| 2011 | 1362 | 46683 | 13400 | 41.9 | 70 | 19286 | 54 | 600 |
| 2012 | 1569 | 267204 | 14436 | 42.2 | 70 | 19690 | 52 | 488 |
| 2013 | 2016 | 188541 | 15269 | 42.9 | 70 | 19998 | 59 | 493 |
| 2014 | 2094 | 272114 | 15462 | 43.3 | 70 | 20190 | 79 | 711 |
| 2015 | 2129 | 294770 | 15727 | 43.7 | 73 | 21571 | 80 | 759 |
| 2016 | 2196 | 293971 | 15983 | 43.8 | 74 | 22294 | 92 | 813 |
| 2017 | 2351 | 299018 | 16165 | 43.8 | 75 | 23024 | 104 | 820 |
| 2018 | 2073 | 110381 | 16363 | 43.6 | 75 | 23822 | 119 | 891 |
| 2019 | 2242 | 121172 | 16793 | 43.7 | 76 | 26529 | 130 | 892 |
| 2020 | 2336 | 130094 | 17362 | 43.1 | 56 | 28242 | 118 | 895 |
| 2021 | 3920 | 121739 | 17749 | 43.3 | 56 | 28938 | 248 | 903 |
| 2022 | 3808 | 121578 | 17844 | 44.6 | 57 | 25916 | | 964 |
| 2023 | 3862 | 139604 | 17456 | 43.2 | 61 | 26709 | | 964 |

注：2009 年及以后路灯盏数统计口径改变，与往年不可比；2010 年及以后公园数统计口径改变，与往年不可比；2016 年及以后垃圾粪便清运量为生活垃圾口径，与往年不可比；2022 年起不再统计粪便清运量。

# 11-6 城市（市区）设施水平

| 年　份 | 用　水普及率（%） | 煤气液化气普　及　率（%） | 每万人拥有公共汽车辆（标台） | 人均拥有铺装道路面积（平方米） | 人均公共绿地面积（平方米） | 每万人拥有公共厕所（座） | 排水管道密　　度（公里/平方公里） |
|---|---|---|---|---|---|---|---|
| 1978 | 85.7 | | | | 2.7 | | 2.9 |
| 1979 | 83.3 | | | | 2.7 | | 2.9 |
| 1980 | 82.6 | | | | 2.7 | | 3.0 |
| 1981 | 93.8 | | | | 1.5 | | 3.1 |
| 1982 | 94.2 | | | | 1.5 | | 3.4 |
| 1983 | 95.0 | | | | 2.0 | | 3.6 |
| 1984 | 95.0 | 2.4 | | | 2.0 | | 3.7 |
| 1985 | 94.2 | 6.7 | | | 2.4 | | 3.9 |
| 1986 | 92.0 | 8.4 | | | 2.9 | | 4.6 |
| 1987 | 94.2 | 17.8 | | | 2.9 | | 4.7 |
| 1988 | 96.0 | 19.5 | | | 2.9 | | 5.2 |
| 1989 | 98.0 | 22.2 | 3.2 | 3.3 | 2.9 | 6.6 | 5.2 |
| 1990 | 98.0 | 31.7 | 3.5 | 3.9 | 3.5 | 6.4 | 5.2 |
| 1991 | 100.0 | 37.8 | 4.1 | 3.9 | 6.3 | 7.4 | 4.1 |
| 1992 | 100.0 | 37.8 | 4.5 | 6.6 | 6.3 | 6.7 | 4.2 |
| 1993 | 100.0 | 61.6 | 4.9 | 6.9 | 7.4 | 4.9 | 4.2 |
| 1994 | 100.0 | 75.2 | 9.0 | 9.2 | 7.5 | 3.6 | 4.6 |
| 1995 | 100.0 | 84.0 | 9.2 | 9.8 | 7.9 | 4.7 | 7.3 |
| 1996 | 100.0 | 85.1 | 6.5 | 9.8 | 7.9 | 3.3 | 6.6 |
| 1997 | 100.0 | 86.4 | 7.0 | 9.8 | 9.5 | 2.7 | 6.5 |
| 1998 | 100.0 | 87.9 | 7.1 | 9.8 | 9.9 | 2.9 | 6.2 |
| 1999 | 100.0 | 90.1 | 7.7 | 10.2 | 10.2 | 2.8 | 7.2 |
| 2000 | 100.0 | 90.8 | 8.1 | 10.7 | 10.5 | 2.4 | 9.0 |
| 2001 | 100.0 | 75.8 | 10.1 | 10.0 | 6.6 | 2.3 | 9.3 |
| 2002 | 100.0 | 76.9 | 8.6 | 10.6 | 6.9 | 2.3 | 10.1 |
| 2003 | 100.0 | 90.2 | 9.1 | 11.0 | 7.0 | 2.6 | 10.1 |
| 2004 | 100.0 | 99.7 | 10.8 | 11.4 | 7.4 | 2.1 | 9.6 |
| 2005 | 100.0 | 96.5 | 9.8 | 10.9 | 8.0 | 2.0 | 7.8 |
| 2006 | 100.0 | 96.6 | 12.9 | 12.8 | 9.4 | 2.2 | 7.9 |
| 2007 | 100.0 | 100.0 | 18.1 | 12.9 | 12.1 | 2.7 | 6.1 |
| 2008 | 99.9 | 96.4 | 17.2 | 13.9 | 13.0 | 3.6 | 6.4 |
| 2009 | 98.5 | 98.5 | 17.9 | 14.0 | 13.6 | 4.4 | 5.1 |
| 2010 | 99.4 | 99.0 | 19.2 | 16.3 | 14.7 | 1.9 | 5.6 |
| 2011 | 97.8 | 94.2 | 11.5 | 17.7 | 16.0 | 1.9 | 5.5 |
| 2012 | 98.1 | 99.3 | 13.7 | 21.5 | 16.1 | 1.6 | 6.2 |
| 2013 | 99.4 | 99.5 | 16.1 | 22.5 | 16.3 | 1.5 | 8.0 |
| 2014 | 97.5 | 98.2 | 11.3 | 25.3 | 16.2 | 2.2 | 8.2 |
| 2015 | 99.8 | 98.5 | 12.5 | 23.9 | 15.3 | 2.3 | 8.3 |
| 2016 | 99.8 | 98.0 | 15.8 | 24.4 | 15.7 | 2.5 | 8.4 |
| 2017 | 100.0 | 100.0 | 16.6 | 22.9 | 14.7 | 2.5 | 6.9 |
| 2018 | 100.0 | 100.0 | 15.7 | 23.9 | 14.3 | 2.4 | 7.9 |
| 2019 | 100.0 | 99.8 | 17.0 | 23.1 | 15.4 | 2.5 | 6.8 |
| 2020 | 100.0 | 100.0 | 18.6 | 23.4 | 16.6 | 2.6 | 6.7 |
| 2021 | 100.0 | 100.0 | 17.5 | 22.7 | 17.8 | 2.5 | 12.9 |
| 2022 | 100.0 | 100.0 | 19.2 | 22.5 | 17.6 | 2.7 | 12.3 |
| 2023 | 100.0 | 100.0 | 18.9 | 22.7 | 17.6 | 2.7 | 12.5 |

注：2007年及以后人均公共绿地面积统计口径改为人均公园绿地面积（下同）。

# 11-7 主要年份城市（市区）公用事业基本情况

| 指　　标 | 1990 | 1995 | 2000 | 2005 | 2010 | 2015 | 2020 | 2021 | 2022 | 2023 |
|---|---|---|---|---|---|---|---|---|---|---|
| **城市用地及建筑物面积（平方公里）** | | | | | | | | | | |
| 城市面积 | 184.5 | 963.0 | 1037.7 | 1159.9 | 3037.6 | 3040.0 | 3062.5 | 3062.7 | 3062.7 | 3062.7 |
| #建成区面积 | 61.80 | 59.10 | 71.70 | 118.00 | 239.00 | 255.20 | 289.64 | 289.64 | 292.98 | 293.71 |
| 城市建设用地面积 | 45.10 | 56.80 | 69.43 | 104.45 | 184.60 | 239.27 | 287.55 | 287.58 | 292.98 | 293.71 |
| #居住用地 | 18.30 | 10.90 | 13.48 | 24.24 | 58.18 | 58.35 | 91.66 | 87.01 | 88.80 | 75.93 |
| 公共设施用地 | | 4.70 | 8.75 | 16.43 | 31.79 | 21.61 | 19.11 | 41.84 | 35.99 | 31.66 |
| 工业用地 | 17.10 | 12.70 | 14.68 | 20.96 | 35.15 | 27.64 | 49.97 | 49.97 | 46.46 | 58.35 |
| 仓储用地 | 2.60 | 2.70 | 2.73 | 3.05 | 4.22 | 21.58 | 4.58 | 4.58 | 12.67 | 4.98 |
| 对外交通用地 | 4.00 | 6.80 | 7.13 | 7.13 | 10.20 | 13.99 | 48.52 | 48.54 | 50.62 | 50.64 |
| 道路广场用地 | | 2.70 | 4.56 | 13.39 | 23.06 | 58.46 | | | | |
| 市政公用设施用地 | | 1.10 | 2.54 | 3.00 | 5.44 | 21.61 | 7.78 | 12.44 | 12.56 | 12.56 |
| 绿地 | | 3.60 | 3.75 | 4.36 | 14.38 | | 43.20 | 43.20 | 45.88 | 59.59 |
| 特殊用地 | | 11.70 | 11.81 | 11.89 | 2.18 | | | | | |
| **供水、供气及供热** | | | | | | | | | | |
| 全社会供水 | | | | | | | | | | |
| 供水综合生产能力（万吨／日） | 37.9 | 86.9 | 75.5 | 55.4 | 94.2 | 111.9 | 158.3 | 160.6 | 164.6 | 174.7 |
| 供水管道长度（公里） | 506 | 569 | 724 | 1025 | 2760 | 2433 | 3443 | 3666 | 3650 | 4132 |
| 供水总量（万立方米） | 10744 | 14877 | 12464 | 15456 | 19957 | 24350 | 38640 | 43124 | 43433 | 45152 |
| #生产用水量 | 5684 | 7867 | 3574 | 3478 | 8036 | 10102 | 10522 | 13739 | 12474 | 13777 |
| 生活用水量 | 4328 | 7010 | 6926 | 7962 | 8962 | 6420 | 10494 | 8017 | 8702 | 8871 |
| 人均日生活用水量（升） | 137 | 198 | 171 | 123 | 164 | 113 | 168 | 122 | 133 | 150 |
| 用水普及率（%） | 98.00 | 100 | 100 | 100 | 99.40 | 99.79 | 100 | 100 | 100 | 100 |
| 水厂个数（个） | 4 | 4 | 4 | 4 | 4 | 13 | 17 | 8 | 17 | 8 |
| 人工煤气 | | | | | | | | | | |
| 储气能力（系统内）（万立方米） | 2 | 12 | 12 | 12 | | | | | | |
| 煤气管道长度（公里） | 32 | 237 | 647 | 763 | 230 | | | | | |
| 供气总量（万立方米） | 464 | 2830 | 4585 | 4831 | 1662 | | | | | |
| #家庭用量 | 437 | 1899 | 3326 | 3562 | 1205 | | | | | |
| 家庭用气户数（户） | 10343 | 61372 | 110758 | 148102 | 34000 | | | | | |
| 用气人口数（万人） | 4.2 | 20.3 | 34.7 | 47.4 | 10.2 | | | | | |
| 液化石油气 | | | | | | | | | | |
| 储气能力（吨） | 275 | 450 | 420 | 2402 | 4394 | 4983 | 772 | 1311 | 1397 | 1409 |
| 供气总量（吨） | 7110 | 16064 | 26169 | 39300 | 29336 | 26856 | 15834 | 20012 | 21210 | 27087 |
| #家庭用量 | 7074 | 15084 | 23158 | 35100 | 23466 | 19714 | 11144 | 4708 | 17124 | 18964 |
| 家庭用气户数（户） | 60706 | 146628 | 155723 | 289500 | 193243 | 127966 | 54987 | 157219 | 85821 | 92326 |
| 用气人口数（万人） | 21.30 | 48.50 | 48.80 | 79.40 | 59.70 | 45.02 | 31.14 | 11.83 | 15.62 | 15.53 |
| 煤气和液化石油气普及率（%） | 31.7 | 84.0 | 90.8 | 96.5 | 99.0 | 98.5 | 100 | 100 | 100 | 100 |
| 天然气 | | | | | | | | | | |
| 储气能力（万立方米） | | | | | 26 | 108 | 140 | 129 | 130 | 430.4 |
| 供气管道长度（公里） | | | | | 1253 | 1890 | 2998 | 5060 | 5146 | 3469 |
| 供气总量（万立方米） | | | | | 13524 | 26582 | 66769 | 52250 | 57615 | 65105 |
| #家庭用量 | | | | | 2927 | 7256 | 14438 | 14941 | 15773 | 24337 |
| 家庭用气户数（户） | | | | | 270824 | 446716 | 735681 | 786323 | 834653 | 885905 |
| 用气人口数（万人） | | | | | 80.00 | 139.53 | 177.41 | 196.00 | 196.39 | 196.48 |
| 集中供热面积（万平方米） | | | | 910 | 1201 | | | 2943 | 3522 | 3983 |
| #住宅 | | | | | 911 | | | 2943 | 2943 | 3983 |

注：根据第三次全国国土普查分类，2019 年及以后对外交通用地和道路广场用地合并改为道路与交通设施用地、绿地改为绿化与广场用地，均与往年不可比；因口径调整，2023 年天然气储气能力和供气管道长度与往年不可比。

11-7 续表

| 指　　　标 | 1990 | 1995 | 2000 | 2005 | 2010 | 2015 | 2020 | 2021 | 2022 | 2023 |
|---|---|---|---|---|---|---|---|---|---|---|
| **城市市政设施情况** | | | | | | | | | | |
| 实有道路长度（公里） | 297 | 579 | 621 | 1075 | 1600 | 2722 | 2680 | 2603 | 2671 | 2707 |
| 道路面积（万平方米） | 263 | 802 | 987 | 1434 | 2467 | 4484 | 4863 | 4710 | 4772 | 4819 |
| 人行道面积（万平方米） | 35 | 74 | 110 | 208 | 421 | 759 | 736 | 730 | 745 | 755 |
| 排水管道长度（公里） | 257 | 432 | 643 | 918 | 1334 | 2129 | 2336 | 3920 | 3808 | 3862 |
| 污水年排放量（万立方米） | 9965 | 8818 | 5931 | 10775 | 18106 | 21571 | 28242 | 28938 | 25916 | 26709 |
| 桥梁数（座） | 51 | 68 | 102 | 132 | 118 | 305 | 267 | 266 | 271 | 276 |
| 路灯盏数（盏） | 7507 | 15463 | 30937 | 52678 | 50723 | 294770 | 130094 | 121739 | 121578 | 139604 |
| 防洪堤长度（公里） | 27.0 | 52.0 | 34.1 | 44.6 | 67.0 | 185.2 | | | | |
| **公共交通** | | | | | | | | | | |
| 公共汽车营运车数（辆） | 202 | 1072 | 946 | 1452 | 1908 | 2338 | 2786 | 2259 | 2526 | 2559 |
| 标准营运车数（标台） | 238 | 752 | 739 | 1290 | 2286 | 2917 | 3377 | 2806 | 3088 | 3096 |
| 客运总量（万人次） | 8511 | 10740 | 17040 | 25750 | 33436 | 36258 | 18880 | 10091 | 4497 | 9125 |
| 平均每日客运量（万人次） | 23.3 | 29.4 | 46.7 | 70.5 | 91.6 | 99.3 | 51.7 | 27.6 | 12.3 | 25.0 |
| 出租汽车营运车数（辆） | 259 | 955 | 2872 | 4230 | 3760 | 4319 | 4319 | 4066 | 3707 | 3707 |
| **城市园林绿化** | | | | | | | | | | |
| 绿化覆盖面积（公顷） | 1324 | 2927 | 3823 | 7017 | 14726 | 16231 | 18006 | 18421 | 19774 | 19387 |
| #建城区 | 891 | 1956 | 2463 | 4283 | 9680 | 11160 | 12484 | 12541 | 13064 | 12677 |
| 园林绿地面积（公顷） | 1214 | 2844 | 3662 | 6455 | 12913 | 15727 | 17362 | 17749 | 17844 | 17456 |
| #公共绿地 | 235 | 647 | 961 | 1046 | 2234 | 2865 | 3440 | 3685 | 3726 | 3726 |
| 公园个数（个） | 15 | 12 | 13 | 36 | 60 | 73 | 56 | 56 | 57 | 61 |
| 公园面积（公顷） | 104 | 521 | 650 | 358 | 198 | 1804 | 2117 | 2117 | 2196 | 2456 |
| 游人量（万人次） | 1054 | 463 | 323 | 2340 | 210 | 807 | | | | |
| 人均公园绿地面积（平方米） | 3.5 | 7.9 | 10.5 | 8.0 | 14.7 | 15.3 | 16.6 | 17.8 | 17.6 | 17.6 |
| 建成区绿化覆盖率（%） | 27.4 | 33.1 | 34.4 | 36.3 | 41.3 | 43.7 | 43.1 | 43.3 | 44.6 | 43.2 |
| **城市房屋和住宅情况（万平方米）** | | | | | | | | | | |
| 实有房屋建筑面积 | 2245 | 2751 | 3507 | 5994 | 13368 | 9813 | | | | |
| 实有住宅建筑面积 | 1076 | 1325 | 1787 | 4196 | 8972 | 6393 | | | | |
| **城市清洁卫生情况** | | | | | | | | | | |
| 道路清扫保洁面积（万平方米） | 148 | 350 | 418 | 780 | 2032 | 2410 | 3587 | 3827 | 3938 | 4035 |
| 生活垃圾清运量（万吨） | 21.40 | 30.00 | 34.60 | 47.00 | 44.40 | 79.78 | 117.65 | 132.33 | 129.43 | 129.88 |
| 粪便清运量（万吨） | 1.6 | 2.0 | 1.0 | | 0.2 | 1.2 | | | | |
| 垃圾粪便无害化处理量（万吨） | | 32.00 | 35.60 | 47.00 | 44.40 | 79.78 | 117.65 | 132.33 | 129.43 | 129.88 |
| 环卫机械总数（台） | 113 | 167 | 172 | 156 | 362 | 651 | 975 | 986 | 986 | 1376 |
| 公共厕所数（座） | 503 | 455 | 225 | 258 | 592 | 759 | 895 | 903 | 964 | 964 |

注：2019年及以后不再统计粪便清运量。

# 11-8　主要年份工业企业污染治理情况

| 指　　标 | | 2001 | 2003 | 2005 | 2010 | 2014 | 2015 |
|---|---|---|---|---|---|---|---|
| **单位数** | **（个）** | **65** | **81** | **74** | **22** | **572** | **574** |
| **当年施工项目投资来源** | **（万元）** | **6272** | **18228** | **47263** | **12516** | **14174** | **55365** |
| 排污费补助 | | | | | 40 | | |
| 政府其他补助 | | | | | 375 | 304 | 1000 |
| 企业自筹 | | | | | 12756 | 13870 | 54365 |
| #银行贷款 | | | | | 1980 | 2756 | 7835 |
| 国家预算内资金 | | 1 | 300 | 30 | | | |
| 环保专项资金 | | 90 | 55 | 2912 | | | |
| 银行贷款 | | 150 | 1396 | 2580 | | | |
| 其他资金 | | 6031 | 16476 | 44321 | | | |
| **当年施工项目累计完成投资额** | **（万元）** | **6272** | **18228** | **47263** | **13171** | **14174** | **55445** |
| 治理废水 | | 4142 | 9640 | 7396 | 3907 | 739 | 3135 |
| 治理废气 | | 1818 | 8088 | 38555 | 8084 | 10035 | 51580 |
| 治理固体废物 | | 292 | 500 | 330 | 1000 | | |
| 治理噪声 | | 15 | | 622 | | | |
| 其他 | | 5 | | 361 | 180 | 3401 | 730 |
| **当年安排治理项目** | **（个）** | **84** | **105** | **54** | **34** | **19** | **35** |
| 治理废水 | | 42 | 26 | 34 | 11 | 2 | 3 |
| 治理废气 | | 36 | 78 | 38 | 21 | 14 | 27 |
| 治理固体废物 | | 3 | 1 | 3 | 1 | | |
| 治理噪声 | | 2 | | 3 | | | |
| 其他 | | 1 | | 6 | 1 | 3 | 5 |
| **当年竣工项目** | **（个）** | **61** | **58** | **73** | **20** | **19** | **23** |
| 治理废水 | | 21 | 13 | 27 | 6 | 2 | 1 |
| 治理废气 | | 35 | 44 | 35 | 14 | 14 | 19 |
| 治理固体废物 | | 2 | 1 | 3 | | | |
| 治理噪声 | | 2 | | 3 | | | |
| 其他 | | 1 | | 5 | | 3 | 3 |
| **当年竣工项目新增设计处理利用“三废”能力** | | | | | | | |
| 废水 | （吨/日） | 39453 | 31472 | 28122 | 215400 | 2000 | 2475 |
| 废气 | （万标立方米/时） | 84 | 130 | 234 | 129 | 128 | 12 |
| 固体废物 | （吨/日） | 358 | 180 | 305 | | | |
| **主要污染物减排情况** | | | | | | | |
| 化学需氧量（COD） | （万吨） | | | 6.35 | 5.54 | 1.05 | 1.14 |
| 二氧化硫（$SO_2$） | （万吨） | | | 20.01 | 8.96 | 9.85 | 10.22 |

# 11-9 主要年份重点调查工业企业污染治理设施情况

| 指标 | 2016 | 2017 | 2018 | 2019 | 2020 | 2021 | 2022 | 2023 |
|---|---|---|---|---|---|---|---|---|
| 工业企业数（个） | 650 | 515 | 531 | 525 | 520 | 477 | 543 | 592 |
| 废水治理设施数（套） | 214 | 252 | 259 | 247 | 253 | 188 | 260 | 346 |
| 废水治理设施处理能力（万吨/日） | 210.47 | 55.19 | 40.38 | 49.92 | 39.87 | 30.11 | 37.96 | 49.47 |
| 废水治理设施运行费用（万元） | 32197.20 | 34755.73 | 19470.63 | 21321.20 | 32593.39 | 12757.09 | 14215.27 | 13222.30 |
| 工业废水处理量（万吨） | 98455.76 | 6884.53 | 5496.24 | 6191.29 | 4934.00 | 3997.32 | 4507.52 | 6050.59 |
| 工业废水排放量（万吨） | 8693.94 | 3007.53 | 2659.32 | 3174.39 | 2543.66 | 3050.77 | 3334.67 | 3968.73 |
| 其中：直接排入环境的 | 5367.92 | 786.96 | 652.46 | 646.58 | 146.33 | 62.29 | 319.42 | 494.98 |
| 排入污水处理厂的 | 3326.02 | 2220.57 | 2006.86 | 2527.81 | 2397.34 | 2988.49 | 3015.25 | 3473.74 |
| 工业锅炉数（台） | 350 | 294 | 330 | 303 | 282 | 166 | 175 | 166 |
| 其中：20蒸吨以上的 | 104 | 100 | 101 | 98 | 81 | 13 | 16 | 19 |
| 安装脱硫设施的 | 56 | 80 | 75 | 66 | 58 | 1 | 2 | |
| 废气治理设施数（套） | 1167 | 2249 | 2643 | 2827 | 1541 | 1282 | 1664 | 1924 |
| 废气治理设施处理能力（万立方米/时） | 6668.39 | 898135.40 | 201176.18 | 201926.26 | 13178.85 | 17069.95 | 21035.17 | 25251.37 |
| 废气治理设施运行费用（万元） | 155592.90 | 153134.40 | 149560.36 | 118827.71 | 134061.89 | 130393.69 | 134819.13 | 140252.10 |
| 脱硫设施数（套） | 107 | 267 | 201 | 152 | 107 | 88 | 126 | 147 |
| 脱硝设施数（套） | 73 | 149 | 114 | 144 | 92 | 83 | 99 | 113 |
| 除尘设施数（套） | 290 | 1113 | 1051 | 990 | 828 | 675 | 888 | 979 |
| VOCs挥发性有机化合物（套） | 41 | 146 | 407 | 442 | 410 | 326 | 426 | 498 |
| 工业废气排放量（亿立方米） | 5782.57 | 3971.62 | 3206.51 | 3967.40 | 4574.97 | 6057.00 | 6436.99 | 7348.79 |

# 11-10 重点工业企业“三废”排放及处理情况

（2023 年）

| 指 标 | 汇总工业企业数（个） | 工业废水排放总量（万吨） | 化学需氧量产生量（吨） | 化学需氧量排放量（吨） | 氨氮产生量（吨） |
|---|---|---|---|---|---|
| **总 计** | **592** | **3968.73** | **42730.01** | **1694.01** | **9763.01** |
| 农、林、牧、渔专业及辅助性活动 | 2 | | | | |
| 煤炭开采和洗选业 | 5 | 265.30 | 213.57 | 8.13 | |
| 农副食品加工业 | 43 | 375.73 | 3915.77 | 323.41 | 131.75 |
| 食品制造业 | 11 | 146.42 | 2646.91 | 129.76 | 107.91 |
| 酒、饮料和精制茶制造业 | 8 | 199.17 | 4131.04 | 119.63 | 113.32 |
| 烟草制品业 | 1 | 10.19 | 25.58 | 3.22 | 2.37 |
| 纺织业 | 24 | 202.17 | 1214.26 | 36.96 | 16.09 |
| 纺织服装、服饰业 | 1 | 0.11 | 0.07 | 0.03 | … |
| 皮革、毛皮、羽毛及其制品和制鞋业 | 5 | 90.25 | 111.13 | 28.08 | 11.64 |
| 木材加工和木、竹、藤、棕、草制品业 | 51 | | | | |
| 家具制造业 | 20 | 0.15 | 0.44 | 0.01 | … |
| 造纸和纸制品业 | 8 | 245.70 | 1809.90 | 77.58 | 12.04 |
| 印刷和记录媒介复制业 | 3 | 2.97 | 0.10 | 0.05 | 0.01 |
| 石油、煤炭及其他燃料加工业 | 5 | 0.23 | 5455.14 | 0.07 | 619.40 |
| 化学原料和化学制品制造业 | 42 | 534.46 | 2467.89 | 267.66 | 7589.17 |
| 医药制造业 | 16 | 97.40 | 462.67 | 28.27 | 9.41 |
| 化学纤维制造业 | 4 | 58.55 | 265.92 | 22.33 | 2.62 |
| 橡胶和塑料制品业 | 7 | 47.22 | 61.35 | 9.46 | 4.91 |
| 非金属矿物制品业 | 87 | 161.34 | 121.33 | 33.31 | 12.41 |
| 黑色金属冶炼和压延加工业 | 4 | | 222.35 | | |
| 有色金属冶炼和压延加工业 | 13 | 111.10 | 261.70 | 60.71 | 190.13 |
| 金属制品业 | 43 | 17.33 | 51.13 | 8.69 | 1.63 |
| 通用设备制造业 | 25 | 39.39 | 79.49 | 22.20 | 0.85 |
| 专用设备制造业 | 29 | 54.77 | 118.76 | 27.94 | 4.57 |
| 汽车制造业 | 30 | 70.96 | 270.21 | 57.72 | 6.35 |
| 铁路、船舶、航空航天和其他运输设备制造业 | 36 | 42.83 | 271.11 | 91.08 | 1.14 |
| 电气机械和器材制造业 | 15 | 493.02 | 988.69 | 173.80 | 284.91 |
| 计算机、通信和其他电子设备制造业 | 11 | 533.78 | 165.71 | 107.54 | 1.33 |
| 仪器仪表制造业 | 1 | | | | |
| 其他制造业 | 1 | 4.56 | 21.62 | 1.08 | 0.07 |
| 废弃资源综合利用业 | 6 | 4.55 | 26.82 | 5.34 | 0.04 |
| 电力、热力生产和供应业 | 34 | 83.33 | 17279.32 | 42.75 | 622.95 |
| 水的生产和供应业 | 1 | 75.76 | 70.04 | 7.21 | 15.98 |

11-10 续表 1

| 指　　标 | 氨氮排放量（吨） | 工业废气排放总量（亿标立方米） | 二氧化硫产生量（吨） | 二氧化硫排放量（吨） | 氮氧化物产生量（吨） | 氮氧化物排放量（吨） |
|---|---|---|---|---|---|---|
| **总　计** | **143.03** | **7348.79** | **353799.27** | **8615.86** | **85372.26** | **15850.18** |
| 农、林、牧、渔专业及辅助性活动 | | 0.24 | 7.14 | 7.14 | 0.71 | 0.71 |
| 煤炭开采和洗选业 | | 0.76 | 0.01 | 0.01 | 2.82 | 2.82 |
| 农副食品加工业 | 13.15 | 6.56 | 95.61 | 95.54 | 11.60 | 8.29 |
| 食品制造业 | 10.95 | 2.46 | 1.26 | 1.26 | 6.74 | 6.71 |
| 酒、饮料和精制茶制造业 | 8.88 | 6.67 | 1.92 | 1.92 | 44.84 | 18.65 |
| 烟草制品业 | 0.35 | 0.57 | 0.48 | 0.48 | 2.81 | 2.81 |
| 纺织业 | 1.17 | 13.84 | 1.13 | 1.13 | 3.98 | 3.67 |
| 纺织服装、服饰业 | … | | | | | |
| 皮革、毛皮、羽毛及其制品和制鞋业 | 0.37 | 0.10 | | | | |
| 木材加工和木、竹、藤、棕、草制品业 | | 64.31 | 91.40 | 91.26 | 45.52 | 38.12 |
| 家具制造业 | | 36.22 | 0.01 | 0.01 | 0.16 | 0.16 |
| 造纸和纸制品业 | 1.05 | 1.28 | 4.26 | 4.26 | 2.73 | 0.95 |
| 印刷和记录媒介复制业 | 0.01 | 3.73 | | | | |
| 石油、煤炭及其他燃料加工业 | … | 386.92 | 1516.98 | 438.63 | 5082.22 | 1033.70 |
| 化学原料和化学制品制造业 | 61.42 | 111.52 | 3436.92 | 336.08 | 1474.04 | 919.68 |
| 医药制造业 | 0.91 | 10.06 | 0.17 | 0.17 | 1.96 | 1.96 |
| 化学纤维制造业 | 0.32 | 18.73 | 9.61 | 9.61 | 5.85 | 5.35 |
| 橡胶和塑料制品业 | 0.11 | 332.86 | 1.18 | 1.18 | 19.52 | 19.52 |
| 非金属矿物制品业 | 0.36 | 502.61 | 14853.76 | 1448.61 | 3169.82 | 1387.29 |
| 黑色金属冶炼和压延加工业 | | 2647.72 | 11630.30 | 2205.64 | 14083.98 | 5828.77 |
| 有色金属冶炼和压延加工业 | 2.69 | 67.79 | 23986.60 | 16.48 | 2439.01 | 45.00 |
| 金属制品业 | 0.33 | 235.29 | 30.62 | 6.60 | 52.57 | 48.16 |
| 通用设备制造业 | 0.72 | 121.89 | 0.19 | 0.19 | 60.24 | 18.83 |
| 专用设备制造业 | 0.58 | 170.42 | 1.73 | 0.77 | 191.32 | 23.68 |
| 汽车制造业 | 0.56 | 96.49 | 3.66 | 2.29 | 25.78 | 11.67 |
| 铁路、船舶、航空航天和其他运输设备制造业 | 0.07 | 100.95 | 1.13 | 1.13 | 21.12 | 11.55 |
| 电气机械和器材制造业 | 32.88 | 60.10 | 0.10 | 0.10 | 9.51 | 4.14 |
| 计算机、通信和其他电子设备制造业 | 1.14 | 70.19 | | | 7.59 | 7.59 |
| 仪器仪表制造业 | | 1.06 | | | | |
| 其他制造业 | 0.01 | 0.20 | … | … | 1.27 | 1.27 |
| 废弃资源综合利用业 | 0.02 | 78.18 | 18.80 | 7.93 | 19.52 | 5.23 |
| 电力、热力生产和供应业 | 4.84 | 2199.06 | 298104.29 | 3937.45 | 58585.05 | 6393.93 |
| 水的生产和供应业 | 0.16 | | | | | |

11-10 续表 2

| 指　　标 | 烟（粉）尘产生量（吨） | 烟（粉）尘排放量（吨） | 工业固体废物产生量（万吨） | 工业固体废物综合利用量（含往贮存量）（万吨） | 工业固体废物贮存量（万吨） | 工业固体废物处置量（吨） |
|---|---|---|---|---|---|---|
| **总 计** | **4878747.67** | **6878.23** | **1633.48** | **1595.99** | **51.27** | **7.14** |
| 农、林、牧、渔专业及辅助性活动 | 0.35 | … | 0.13 | 0.13 | | |
| 煤炭开采和洗选业 | 3323.15 | 2.59 | 251.29 | 260.90 | | |
| 农副食品加工业 | 17.87 | 5.11 | 8.50 | 6.24 | 0.86 | 1.40 |
| 食品制造业 | 134.64 | 4.03 | 0.68 | 0.54 | 0.14 | … |
| 酒、饮料和精制茶制造业 | 4.52 | 4.52 | 18.07 | 17.92 | 0.15 | |
| 烟草制品业 | | | 0.08 | | 0.08 | |
| 纺织业 | 6.54 | 1.37 | 0.50 | 0.06 | 0.45 | 0.01 |
| 纺织服装、服饰业 | | | | | | |
| 皮革、毛皮、羽毛及其制品和制鞋业 | 2.56 | 0.26 | 0.67 | 0.67 | … | |
| 木材加工和木、竹、藤、棕、草制品业 | 1289.13 | 129.12 | 2.60 | 2.34 | 0.26 | |
| 家具制造业 | 126.05 | 8.33 | 0.04 | 0.03 | 0.01 | |
| 造纸和纸制品业 | 1.25 | 0.01 | 0.62 | 0.57 | 0.03 | 0.02 |
| 印刷和记录媒介复制业 | | | 0.05 | 0.01 | 0.04 | |
| 石油、煤炭及其他燃料加工业 | 54829.21 | 199.64 | 3.10 | 2.33 | 0.77 | … |
| 化学原料和化学制品制造业 | 14172.85 | 309.02 | 29.51 | 24.38 | 5.13 | … |
| 医药制造业 | 1.04 | 0.06 | 0.26 | 0.20 | 0.06 | 0.01 |
| 化学纤维制造业 | 0.83 | … | 0.13 | … | 0.13 | |
| 橡胶和塑料制品业 | 450.98 | 18.05 | 0.48 | 0.38 | 0.10 | |
| 非金属矿物制品业 | 204470.70 | 1957.62 | 5.83 | 5.21 | 0.58 | 0.06 |
| 黑色金属冶炼和压延加工业 | 514751.72 | 3023.74 | 426.62 | 419.99 | 6.63 | 0.50 |
| 有色金属冶炼和压延加工业 | 52984.64 | 18.87 | 8.42 | 7.04 | 1.84 | 0.07 |
| 金属制品业 | 2386.49 | 133.68 | 6.02 | 5.58 | 0.55 | … |
| 通用设备制造业 | 1058.68 | 52.64 | 2.27 | 0.82 | 1.44 | 0.01 |
| 专用设备制造业 | 217.89 | 23.52 | 4.12 | 2.95 | 1.17 | … |
| 汽车制造业 | 204.02 | 18.72 | 1.77 | 1.38 | 0.40 | … |
| 铁路、船舶、航空航天和其他运输设备制造业 | 53.58 | 31.19 | 0.67 | 0.63 | 0.04 | … |
| 电气机械和器材制造业 | 62.81 | 2.94 | 2.36 | 0.42 | 1.94 | … |
| 计算机、通信和其他电子设备制造业 | 48.65 | 7.57 | 1.02 | 0.01 | 1.02 | … |
| 仪器仪表制造业 | | | 0.04 | 0.04 | | |
| 其他制造业 | | | 0.03 | 0.03 | | |
| 废弃资源综合利用业 | 732.15 | 38.14 | 0.04 | 0.04 | … | |
| 电力、热力生产和供应业 | 4027415.40 | 887.49 | 857.53 | 835.16 | 27.41 | 5.06 |
| 水的生产和供应业 | | | 0.04 | | 0.04 | |

# 主要统计指标解释

**自来水综合生产能力** 指年底城建部门管理的自来水厂和各单位自备水源的取水、净化、送水、出厂输水干管等环节的实际生产能力。

**全年供水总量** 指公用自来水厂和社会单位自备水源全年的供水总量，包括有效供水量及损失水量。

**城市人口用水普及率** 指城市市区用水的非农业人口数（不包括临时人口和流动人口）与市区非农业人口总数之比。

**煤气供气总量** 指城市煤气企业向城市生产用户、生活用户和其他用户供应全部煤气量。包括外购煤气量的损失量。

**城市气化率** 指使用煤气（包括人工煤气、液化石油气）的市区非农业人口数（不包括临时人口和流动人口）与市区非农业人口总数之比。

**年末实有铺装道路长度** 指除土路外，路面经过铺装宽度在 3.5 米以上的道路，包括高级、次高级道路和普通道路。

**营运标准车台** 是指营运车数按标台换算系数折合的标准车台总数。用以综合反映公交企业的运输能力。标准车台是以每辆车长度 10 米为 1 标准台，如营运车长 8.7 米，折合 0.87 标台，营运车长 14 米，折合 1.4 标台。计算方法：

$$\text{标准车台（标台）} = \frac{\text{各类营运车辆长度之和（米）}}{\text{标台换算系数（10 米）}}$$

**营运车数** 是指经上级主管机关核准，可参加营运的全部车辆数。包括技术完好的、在修的、待修的、长期停驶的，以及拟报废尚未经上级主管机关批准的。但不包括非营运车辆，如架线车、货车、油罐车、工程车及其他专用车辆和借入的运客车辆。

**营运线路长度** 是指固定的营运线路长度，包括郊区营运线路长度，不包括临时行驾的线路长度。营运线路长度应以营运线路的起点站至终点站往返路程的二分之一长度计算。

**公共绿地** 指供游览休息的各种公园（包括植物园、陵园、游乐园和风景名胜公园等）、动物园、广场绿地、河（湖）滨绿地和宽在八米以上设置有行人休息设施的林荫道绿地等。

**建成区绿化覆盖率** 反映建成区的绿化覆盖情况，其计算方法：

$$\text{建成区绿化覆盖率（\%）} = \frac{\text{建成区园林绿化面积} + \text{建成区道路绿化面积}}{\text{建成区面积}} \times 100\%$$

**工业废水排放总量** 指经过工业企业厂区所有排放口排到企业外部的工业废水量。包括外排的直接冷却水、超标排放的矿井地下水和与工业废水混排的厂区生活污水，不包括外排的间接冷却水（清污不分流的间接冷却水应计算在内）。

**工业废气排放总量** 指工业企业厂区内燃料燃烧和生产工艺过程中排放的各种废气总量。以标准状态下（0℃，101325Pa）每年万标立方米表示（每小时排放量的算术平均值 × 年排放小时数）。

**工业烟尘排放量** 指工业企业在厂区内的燃料燃烧过程中排入环境的烟尘量。

**工业粉尘排放量** 指工业企业在生产工艺过程中排放的固体微粒总重量。如钢铁企业的耐火材料粉尘，焦化企业的筛焦系统粉尘、烧结机的粉尘，石灰窑的粉尘、建材企业的水泥粉尘等。不包括电厂排入大气的烟尘。

# 十二、农林牧渔业

版面负责人：顾元林　徐　勇
编　　　辑：秦伟伟　陈露露
　　　　　　李银浩

统计知识

# 统计执法监督检查办法

**第十五条** 县级以上人民政府统计机构对接到的举报应当严格按照规定予以受理，经审核可能存在统计违法行为的，应当采取立案查处、执法检查办理，市级以上人民政府统计机构也可以按照规定将举报转交下级统计机构办理。

**第十六条** 县级以上人民政府统计机构在组织实施统计执法监督检查前应当拟定检查方案，明确检查的依据、时间、范围、内容和组织形式等。

**第十七条** 统计执法监督检查机构或者执法检查人员组织实施执法监督检查前，应报所属人民政府统计机构负责人批准。

**第十八条** 统计执法监督检查机构进行执法监督检查时，执法检查人员不得少于 2 名，并应当出示国家统计局统一颁发的统计执法证，告知检查对象和有关单位实施检查的人民政府统计机构名称，检查的依据、范围、内容和方式，以及相应的权利、义务和法律责任。未出示统计执法证的，有关单位和个人有权拒绝接受检查。

**第十九条** 县级以上人民政府统计机构调查统计违法行为或者核查统计数据时，依据《统计法》第三十五条的规定，行使统计执法监督检查职权。

**第二十条** 检查对象和有关单位应当按照统计法律法规规定，积极配合执法监督检查工作，为检查工作提供必要的条件保障。有关人员应当如实回答询问、反映情况，提供相关证明和资料，核实笔录，并在有关证明、资料和笔录上签字，涉及单位的加盖公章。拒绝签字或者盖章的，由执法检查人员现场记录原因并录音录像。

有关地方、部门、单位应当及时通知相关人员按照要求接受检查。

**第二十一条** 统计执法监督检查机构在执法监督检查过程中，应当及时按规定制作执法文书，如实记录执法检查人员询问情况和检查对象反映的情况以及提供的证明和资料，由执法检查人员在有关笔录上签名。

# 12-1 主要年份农村基层组织情况

| 指　　标 | 1985 | 1990 | 1995 | 2000 | 2005 | 2010 | 2015 | 2020 | 2021 | 2022 | 2023 |
|---|---|---|---|---|---|---|---|---|---|---|---|
| **农村组织情况** | | | | | | | | | | | |
| 镇个数（含城乡镇）（个） | 9 | 35 | 55 | 107 | 114 | 113 | 98 | 97 | 97 | 97 | 97 |
| 村委会个数　（个） | 3543 | 3517 | 3511 | 3493 | 2364 | 2166 | 2030 | 2022 | 1977 | 1983 | 2018 |
| 村民小组个数　（个） | 26723 | 27041 | 27028 | 26793 | 22033 | 21716 | 20873 | 20961 | 20612 | 20875 | 21239 |
| **乡村户数、人口** | | | | | | | | | | | |
| 乡村户数　（万户） | 135.83 | 204.39 | 170.02 | 174.45 | 178.83 | 187.25 | 176.47 | 171.71 | 169.16 | 167.83 | 166.83 |
| 乡村人口　（万人） | 595.82 | 656.06 | 674.08 | 680.81 | 690.39 | 703.90 | 675.28 | 668.19 | 656.56 | 650.37 | 644.14 |
| **乡村从业人员　（万人）** | **271.99** | **321.78** | **330.58** | **335.71** | **348.00** | **366.23** | **358.48** | **349.84** | **348.62** | **349.23** | **344.45** |
| #农林牧渔业　（万人） | 220.26 | 247.48 | 239.66 | 233.14 | 180.78 | 159.67 | 132.75 | 117.62 | 114.51 | 112.56 | 111.99 |

注：2022年及以后不再统计乡村从业人员分性别、分行业数据。

# 12-2 主要年份耕地面积

| 年份 | 年末实有耕地面积（千公顷） | #水田 | #水浇地 | 年内减少（千公顷） | #国家基建占地 | 人均占有耕地 按乡村人口计算（亩/人） | 人均占有耕地 按农林牧渔业劳动力计算（亩/人） |
|---|---|---|---|---|---|---|---|
| 1949 | 836.89 | | | | | 3.68 | |
| 1952 | 859.85 | | | | | 3.56 | |
| 1957 | 834.76 | | | 25.09 | | 3.12 | |
| 1962 | 701.87 | | | 23.06 | | 2.56 | |
| 1965 | 678.81 | | | 5.90 | | 2.34 | |
| 1970 | 672.84 | | | 5.95 | | 1.99 | |
| 1975 | 651.79 | | | 21.05 | | 1.78 | |
| 1978 | 642.93 | | | 9.24 | | 1.69 | |
| 1979 | 640.61 | | | 1.87 | | 1.68 | |
| 1980 | 637.80 | | | 2.88 | | 1.66 | |
| 1981 | 635.89 | | | 1.65 | | 1.63 | |
| 1982 | 634.57 | | | 2.33 | | 1.60 | |
| 1983 | 633.74 | | | 0.34 | | 1.58 | 4.41 |
| 1984 | 632.69 | | | 0.66 | | 1.57 | 4.35 |
| 1985 | 630.46 | | | 2.82 | | 1.56 | 4.29 |
| 1986 | 626.84 | 143.02 | | 3.06 | 2.10 | 1.54 | 4.21 |
| 1987 | 625.33 | 150.71 | | 1.50 | 1.08 | 1.52 | 4.19 |
| 1988 | 623.13 | 145.97 | | 2.20 | 1.49 | 1.50 | 4.16 |
| 1989 | 621.90 | 153.86 | | 1.23 | 1.13 | 1.48 | 3.99 |
| 1990 | 619.58 | 170.25 | | 2.32 | 1.88 | 1.39 | 3.75 |
| 1991 | 617.73 | 184.04 | | 1.88 | 1.10 | 1.37 | 3.69 |
| 1992 | 613.77 | 191.94 | | 4.01 | 3.07 | 1.36 | 3.58 |
| 1993 | 611.15 | 161.03 | | 2.62 | 1.24 | 1.35 | 3.73 |
| 1994 | 608.12 | 156.38 | | 3.12 | 1.34 | 1.34 | 3.71 |
| 1995 | 604.63 | 161.10 | | 4.79 | 1.31 | 1.33 | 3.78 |
| 1996 | 602.65 | 170.39 | | 2.16 | 0.96 | 1.32 | 3.81 |
| 1997 | 615.40 | 186.44 | | 1.17 | 0.85 | 1.35 | 3.87 |
| 1998 | 616.07 | 191.99 | | 1.38 | 0.52 | 1.36 | 3.85 |
| 1999 | 615.52 | 213.85 | | 1.54 | 1.03 | 1.36 | 3.95 |
| 2000 | 611.77 | 200.59 | | 3.81 | 0.59 | 1.35 | 3.94 |
| 2001 | 609.69 | 195.31 | | 2.72 | 1.63 | 1.33 | 4.01 |
| 2002 | 609.51 | 185.33 | | 1.05 | 0.43 | 1.33 | 4.27 |
| 2003 | 609.00 | 205.05 | | 3.35 | 0.63 | 1.33 | 4.70 |
| 2004 | 606.65 | 205.04 | | 2.53 | 1.55 | 1.32 | 4.84 |
| 2005 | 599.64 | 207.82 | | 1.87 | 1.39 | 1.30 | 4.98 |
| 2006 | 596.21 | 214.34 | | 3.47 | 2.30 | 1.29 | 5.10 |
| 2007 | 594.78 | 210.18 | | 2.62 | 1.78 | 1.28 | 5.40 |
| 2008 | 595.00 | 199.64 | | 5.29 | 3.85 | 1.28 | 5.55 |
| 2009 | 611.94 | 197.55 | | 2.17 | 1.03 | 1.31 | 5.77 |
| 2010 | 610.73 | 190.53 | 410.73 | 2.02 | | 1.25 | 5.50 |
| 2011 | 610.65 | 190.07 | 411.00 | 2.01 | | 1.30 | 6.12 |
| 2012 | 609.48 | 189.56 | 410.54 | | | 1.33 | 6.33 |
| 2013 | 608.69 | 189.11 | 410.22 | | | 1.34 | 6.52 |
| 2014 | 609.06 | | | | | 1.35 | 6.70 |
| 2015 | 609.03 | | | | | 1.35 | 6.88 |
| 2016 | 608.03 | | | | | 1.35 | 6.99 |
| 2017 | 608.89 | | | | | 1.34 | 7.11 |
| 2018 | 611.15 | | | | | 1.35 | 7.26 |
| 2019 | 576.67 | 190.68 | 20.83 | | | 1.28 | 7.07 |
| 2020 | 573.35 | 189.53 | 20.87 | | | 1.29 | 7.31 |
| 2021 | 572.50 | 188.59 | 25.89 | | | 1.32 | 7.63 |
| 2022 | 573.93 | 189.91 | 26.97 | | | 1.34 | 7.69 |

注：”水浇地”2010-2013为“旱地”口径；2023年国土变更调查尚未完成，耕地相关数据暂未公布（后同）。

# 12-3 主要年份农林牧渔业总产值

（1990年不变价格） 单位：万元

| 年 份 | 农林牧渔业总产值 | 农 业 | 林 业 | 牧 业 | 渔 业 | 农林牧渔服务业 |
|---|---|---|---|---|---|---|
| 1949 | 80236 | 65097 | 2218 | 12040 | 881 | |
| 1952 | 95905 | 78558 | 3212 | 12971 | 1164 | |
| 1957 | 102414 | 78186 | 4835 | 18055 | 1338 | |
| 1962 | 96791 | 72700 | 3662 | 19008 | 1421 | |
| 1965 | 125348 | 92907 | 8997 | 21106 | 2338 | |
| 1970 | 158029 | 118837 | 4644 | 32891 | 1657 | |
| 1975 | 228677 | 178457 | 10942 | 37175 | 2103 | |
| 1978 | 248804 | 191076 | 14128 | 40533 | 3067 | |
| 1979 | 288101 | 223399 | 16178 | 45551 | 2973 | |
| 1980 | 308986 | 243256 | 13413 | 48123 | 4194 | |
| 1981 | 329627 | 262760 | 10473 | 51967 | 4427 | |
| 1982 | 373565 | 289122 | 12941 | 66584 | 4918 | |
| 1983 | 432382 | 344386 | 13184 | 69111 | 5701 | |
| 1984 | 503683 | 388672 | 14530 | 94357 | 6124 | |
| 1985 | 509617 | 366471 | 15818 | 119353 | 7975 | |
| 1986 | 539701 | 388306 | 14658 | 125615 | 11122 | |
| 1987 | 558965 | 395672 | 15192 | 135192 | 12909 | |
| 1988 | 575531 | 383071 | 14627 | 163882 | 13951 | |
| 1989 | 584300 | 388451 | 15261 | 165123 | 15465 | |
| 1990 | 617106 | 388974 | 14882 | 196316 | 16934 | |
| 1991 | 653321 | 407091 | 11738 | 215982 | 18510 | |
| 1992 | 714847 | 435995 | 13686 | 244515 | 20651 | |
| 1993 | 796478 | 453399 | 21894 | 295714 | 25471 | |
| 1994 | 871817 | 482183 | 22290 | 337104 | 30240 | |
| 1995 | 1027284 | 555518 | 29108 | 401517 | 41141 | |
| 1996 | 1137525 | 605564 | 28439 | 459140 | 44382 | |
| 1997 | | 659292 | 28712 | 300797 | 45901 | |
| 1998 | 1102308 | 688264 | 29955 | 331947 | 52142 | |
| 1999 | 1173788 | 724032 | 32957 | 359148 | 57651 | |
| 2000 | 1231562 | 754514 | 33273 | 379129 | 64646 | |
| 2001 | 1314282 | 804945 | 35204 | 405637 | 68496 | |
| 2002 | 1394896 | 862345 | 36692 | 423099 | 72760 | |
| 2003 | 1355438 | 730532 | 39101 | 455613 | 72950 | 57242 |
| 2004 | 1480373 | 868038 | 40318 | 468235 | 76990 | 26792 |
| 2005 | 1539166 | 878862 | 42879 | 499465 | 84986 | 32974 |
| 2006 | 1610241 | 936506 | 44729 | 477791 | 115570 | 35645 |
| 2007 | 1698325 | 988077 | 46628 | 499172 | 120259 | 44189 |
| 2008 | 1864125 | 1045344 | 49540 | 588406 | 131358 | 49477 |
| 2009 | 2027368 | 1135354 | 46615 | 650514 | 150175 | 44709 |
| 2010 | 2281034 | 1286430 | 47923 | 737808 | 155040 | 53834 |
| 2011 | 2740180 | 1496852 | 51747 | 961918 | 161547 | 68117 |
| 2012 | 3157689 | 1745489 | 58632 | 1093536 | 179682 | 80350 |
| 2013 | 3558253 | 1976164 | 66061 | 1212637 | 203191 | 100200 |
| 2014 | 4020839 | 2270183 | 71294 | 1335872 | 222247 | 121243 |
| 2015 | 4329292 | 2436033 | 76860 | 1437091 | 236240 | 143069 |
| 2016 | 4638739 | 2605223 | 86059 | 1526914 | 265088 | 156455 |
| 2017 | 5097132 | 2858899 | 93900 | 1667850 | 288339 | 188144 |
| 2018 | 5360792 | 3045074 | 100543 | 1706888 | 294457 | 213830 |
| 2019 | 5705004 | 3152107 | 107308 | 1887858 | 312369 | 245362 |
| 2020 | 6024059 | 3356993 | 117105 | 1969813 | 319355 | 260793 |
| 2021 | 6192885 | 3659605 | 144154 | 1784079 | 321495 | 283553 |
| 2022 | 6506937 | 3877357 | 150784 | 1843272 | 278364 | 357160 |
| 2023 | 6522894 | 4028557 | 151839 | 1687609 | 259156 | 395733 |

# 12-4　农林牧渔业分项产值

（2023 年）

| 指　　标 | 总产值（当年价格）（万元） | 构　成（%） |
|---|---|---|
| **农林牧渔业总产值** | **13648991** | **100** |
| **农业总产值** | **8992002** | **65.9** |
| 种植业产值 | 8992002 | 65.9 |
| # 粮食 | 1471960 | 10.8 |
| 油料 | 79937 | 0.6 |
| 棉花 | 13393 | 0.1 |
| 麻类 | | |
| 其他农作物 | 229 | … |
| 蔬菜园艺作物 | 6154195 | 45.1 |
| 茶、桑、水果 | 1269013 | 9.3 |
| 药材 | 3297 | … |
| **林业产值** | **228000** | **1.7** |
| 林木培养和种植 | 150183 | 1.1 |
| 竹木采运 | 65100 | 0.5 |
| 林产品 | 12717 | 0.1 |
| **牧业产值** | **2556998** | **18.7** |
| 牲畜 | 464088 | 3.4 |
| # 牛 | 99538 | 0.7 |
| 羊 | 287341 | 2.1 |
| 猪 | 1129072 | 8.3 |
| 家禽的饲养 | 891249 | 6.5 |
| 其他动物产品 | 72589 | 0.5 |
| **渔业产值** | **847001** | **6.2** |
| # 淡水产品 | 847001 | 6.2 |
| **农林牧渔服务业产值** | **1024990** | **7.5** |

# 12-5 主要年份农林牧渔业总产值、中间消耗及增加值

（当年价格）　　单位：万元

| 指　　标 | 1990 | 1995 | 2000 | 2005 | 2010 | 2015 | 2020 | 2021 | 2022 | 2023 |
|---|---|---|---|---|---|---|---|---|---|---|
| **农林牧渔业总产值** | **648481** | **1909331** | **2258028** | **3330682** | **5147300** | **9769328** | **12483408** | **12973621** | **13612444** | **13648991** |
| 农业产值 | 421660 | 1133427 | 1483459 | 2087542 | 3224250 | 6089117 | 7492590 | 8168000 | 8654009 | 8992002 |
| 林业产值 | 14643 | 45823 | 58415 | 88590 | 102871 | 164988 | 175795 | 216400 | 226354 | 228000 |
| 牧业产值 | 194679 | 669430 | 588828 | 905295 | 1458808 | 2841446 | 3094812 | 2803001 | 2896001 | 2556998 |
| 渔业产值 | 17499 | 60651 | 127326 | 181405 | 252765 | 385147 | 1044003 | 1050999 | 910002 | 847001 |
| 农林牧渔服务业 | | | | 67850 | 108606 | 288630 | 676208 | 735221 | 926078 | 1024990 |
| **农林牧渔业中间消耗** | **265505** | **899941** | **1072317** | **1631111** | **2391135** | **4528360** | **4925408** | **5136620** | **5376508** | **5362415** |
| 农业中间消耗 | 139355 | 408638 | 606074 | 869347 | 1301285 | 2470776 | 2204441 | 2731227 | 2930593 | 3103624 |
| 林业中间消耗 | 5703 | 15207 | 21485 | 35128 | 53493 | 66586 | 71970 | 101455 | 103128 | 98659 |
| 牧业中间消耗 | 116534 | 443072 | 386418 | 609154 | 875858 | 1748368 | 1861209 | 1516514 | 1561649 | 1375652 |
| 渔业中间消耗 | 3913 | 33024 | 58340 | 90200 | 120315 | 147415 | 482753 | 455806 | 372092 | 336327 |
| 农林牧渔服务业 | | | | 27282 | 40184 | 95215 | 305035 | 331618 | 409046 | 448153 |
| **农林牧渔业增加值** | **372976** | **1009390** | **1185711** | **1699571** | **2756165** | **5240968** | **7558000** | **7837001** | **8235936** | **8286576** |
| 农业增加值 | 271509 | 724789 | 877385 | 1218195 | 1922965 | 3618341 | 5288149 | 5436773 | 5723416 | 5888378 |
| 林业增加值 | 8939 | 30616 | 36930 | 53462 | 49378 | 98402 | 103825 | 114945 | 123226 | 129341 |
| 牧业增加值 | 78145 | 226358 | 202410 | 296141 | 582950 | 1093078 | 1233603 | 1286487 | 1334352 | 1181346 |
| 渔业增加值 | 14383 | 27627 | 68986 | 91205 | 132450 | 237732 | 561250 | 595193 | 537910 | 510674 |
| 农林牧渔服务业 | | | | 40568 | 68422 | 193415 | 371173 | 403603 | 517032 | 576837 |

注：2003 年及以后农林牧渔业总产值、中间消耗、增加值含农林牧渔服务业（下同）；按照统一核算制度改革要求，对 2018 年农林牧渔业总产值进行了修订（下同）。

# 12-6 主要年份农林牧渔业总产值、中间消耗及增加值构成

（当年价格）　　单位：%

| 指　　标 | 1990 | 1995 | 2000 | 2005 | 2010 | 2015 | 2020 | 2021 | 2022 | 2023 |
|---|---|---|---|---|---|---|---|---|---|---|
| **农林牧渔业总产值** | **100.0** | **100.0** | **100.0** | **100.0** | **100.0** | **100.0** | **100.0** | **100.0** | **100.0** | **100.0** |
| 农业产值 | 65.0 | 59.4 | 65.7 | 62.7 | 62.6 | 62.3 | 60.0 | 63.0 | 63.6 | 65.9 |
| 林业产值 | 2.3 | 2.4 | 2.6 | 2.7 | 2.0 | 1.7 | 1.4 | 1.7 | 1.7 | 1.7 |
| 牧业产值 | 30.0 | 35.0 | 26.1 | 27.2 | 28.3 | 29.1 | 24.8 | 21.6 | 21.3 | 18.7 |
| 渔业产值 | 2.7 | 3.2 | 5.6 | 5.4 | 5.0 | 3.9 | 8.4 | 8.1 | 6.7 | 6.2 |
| 农林牧渔服务业 | | | | 2.0 | 2.1 | 3.0 | 5.4 | 5.7 | 6.8 | 7.5 |
| **农林牧渔业中间消耗** | **100.0** | **100.0** | **100.0** | **100.0** | **100.0** | **100.0** | **100.0** | **100.0** | **100.0** | **100.0** |
| 农业中间消耗 | 52.5 | 45.4 | 56.5 | 53.3 | 54.4 | 54.6 | 44.7 | 53.2 | 54.5 | 57.9 |
| 林业中间消耗 | 2.1 | 1.7 | 2.0 | 2.2 | 2.2 | 1.5 | 1.5 | 2.0 | 1.9 | 1.8 |
| 牧业中间消耗 | 43.9 | 49.2 | 36.0 | 37.3 | 36.6 | 38.6 | 37.8 | 29.5 | 29.0 | 25.6 |
| 渔业中间消耗 | 1.5 | 3.7 | 5.5 | 5.5 | 5.1 | 3.3 | 9.8 | 8.9 | 6.9 | 6.3 |
| 农林牧渔服务业 | | | | 1.7 | 1.7 | 2.1 | 6.2 | 6.5 | 7.6 | 8.4 |
| **农林牧渔业增加值** | **100.0** | **100.0** | **100.0** | **100.0** | **100.0** | **100.0** | **100.0** | **100.0** | **100.0** | **100.0** |
| 农业增加值 | 72.8 | 71.8 | 74.0 | 71.7 | 69.8 | 69.0 | 70.0 | 69.4 | 69.5 | 71.1 |
| 林业增加值 | 2.4 | 3.0 | 3.1 | 3.1 | 1.8 | 1.9 | 1.4 | 1.5 | 1.5 | 1.6 |
| 牧业增加值 | 21.0 | 22.4 | 17.1 | 17.4 | 21.1 | 20.9 | 16.3 | 16.4 | 16.2 | 14.3 |
| 渔业增加值 | 3.8 | 2.8 | 5.8 | 5.4 | 4.8 | 4.5 | 7.4 | 7.6 | 6.5 | 6.2 |
| 农林牧渔服务业 | | | | 2.4 | 2.5 | 3.7 | 4.9 | 5.1 | 6.3 | 7.0 |

# 12-7 主要年份农作物播种面积

| 年份 | 总播种面积（千公顷） | 粮食作物 | | 在粮食作物播种面积中 | | | | |
|---|---|---|---|---|---|---|---|---|
| | | 播种面积（千公顷） | 占总播种面积（%） | 小麦（千公顷） | 稻谷（千公顷） | 薯类（千公顷） | 玉米（千公顷） | 大豆（千公顷） |
| 1957 | 1177.89 | 908.19 | 77.1 | 430.05 | 16.85 | 102.38 | 73.84 | 262.07 |
| 1962 | 950.53 | 738.01 | 77.6 | 328.84 | 4.69 | 157.03 | 56.30 | 182.15 |
| 1965 | 948.59 | 678.22 | 71.5 | 259.94 | 22.67 | 139.35 | 46.67 | 146.59 |
| 1970 | 901.52 | 701.41 | 77.8 | 315.96 | 63.93 | 126.21 | 45.11 | 129.20 |
| 1975 | 947.18 | 713.49 | 75.3 | 309.46 | 58.41 | 119.87 | 39.87 | 130.48 |
| 1978 | 951.43 | 705.09 | 74.1 | 296.74 | 79.95 | 147.32 | 78.10 | 90.07 |
| 1979 | 968.45 | 729.18 | 75.3 | 318.46 | 125.48 | 113.87 | 47.08 | 71.39 |
| 1980 | 942.88 | 729.57 | 77.4 | 306.49 | 179.40 | 102.33 | 46.32 | 83.03 |
| 1981 | 979.52 | 814.85 | 83.2 | 298.89 | 168.43 | 92.35 | 41.24 | 76.57 |
| 1982 | 969.44 | 831.59 | 85.8 | 365.49 | 127.95 | 76.38 | 118.47 | 65.49 |
| 1983 | 984.09 | 852.18 | 86.6 | 388.61 | 133.06 | 89.93 | 137.95 | 86.32 |
| 1984 | 1014.64 | 872.44 | 86.0 | 417.20 | 150.06 | 77.11 | 136.81 | 74.39 |
| 1985 | 1029.63 | 855.12 | 83.1 | 412.26 | 141.52 | 62.80 | 157.29 | 68.23 |
| 1986 | 1037.58 | 873.57 | 84.2 | 417.35 | 137.65 | 60.62 | 172.19 | 72.44 |
| 1987 | 1045.15 | 874.63 | 83.7 | 419.93 | 132.73 | 58.12 | 186.04 | 66.87 |
| 1988 | 1023.02 | 845.62 | 82.7 | 414.33 | 134.01 | 56.93 | 163.01 | 56.63 |
| 1989 | 1023.21 | 867.63 | 84.8 | 423.58 | 141.54 | 51.87 | 186.99 | 52.18 |
| 1990 | 988.39 | 850.59 | 86.1 | 427.27 | 157.77 | 47.15 | 174.55 | 34.87 |
| 1991 | 1021.19 | 859.15 | 84.1 | 427.42 | 181.57 | 41.77 | 171.87 | 27.43 |
| 1992 | 1022.63 | 848.47 | 83.0 | 424.84 | 187.59 | 36.48 | 163.96 | 27.41 |
| 1993 | 1002.96 | 808.94 | 80.7 | 403.64 | 147.43 | 35.62 | 175.00 | 39.78 |
| 1994 | 988.14 | 768.44 | 77.8 | 378.34 | 141.85 | 30.96 | 168.50 | 39.72 |
| 1995 | 967.30 | 743.12 | 76.8 | 372.20 | 151.26 | 29.84 | 150.25 | 30.29 |
| 1996 | 967.11 | 744.03 | 77.0 | 370.00 | 164.40 | 31.91 | 139.52 | 29.53 |
| 1997 | 982.83 | 753.81 | 76.7 | 370.71 | 178.09 | 27.76 | 133.48 | 35.18 |
| 1998 | 1014.34 | 745.58 | 73.5 | 360.92 | 185.69 | 25.10 | 136.21 | 31.93 |
| 1999 | 990.28 | 686.62 | 69.3 | 326.16 | 203.25 | 21.95 | 105.35 | 21.74 |
| 2000 | 990.73 | 587.54 | 59.3 | 276.33 | 158.30 | 21.67 | 87.70 | 35.09 |
| 2001 | 999.24 | 536.91 | 53.7 | 256.38 | 140.67 | 18.51 | 83.51 | 30.91 |
| 2002 | 1001.78 | 512.26 | 51.1 | 240.85 | 134.71 | 18.36 | 82.19 | 28.91 |
| 2003 | 985.81 | 465.79 | 47.2 | 212.58 | 115.87 | 18.09 | 83.32 | 28.75 |
| 2004 | 1001.27 | 539.29 | 53.9 | 238.34 | 161.72 | 14.90 | 89.53 | 28.98 |
| 2005 | 1024.73 | 576.99 | 56.3 | 260.21 | 177.69 | 10.76 | 90.16 | 31.63 |
| 2006 | 1015.26 | 613.22 | 60.4 | 279.82 | 184.78 | 8.92 | 101.92 | 32.77 |
| 2007 | 1040.39 | 672.42 | 64.6 | 311.13 | 184.67 | 6.90 | 133.98 | 33.73 |
| 2008 | 1010.10 | 666.84 | 66.2 | 307.82 | 185.77 | 6.29 | 127.55 | 37.57 |
| 2009 | 1056.60 | 689.28 | 65.2 | 319.96 | 185.76 | 5.04 | 135.32 | 41.12 |
| 2010 | 1099.09 | 714.05 | 65.0 | 340.15 | 184.93 | 4.33 | 143.51 | 39.23 |
| 2011 | 1110.29 | 727.26 | 65.5 | 341.71 | 188.68 | 3.92 | 152.40 | 38.28 |
| 2012 | 1124.64 | 730.55 | 65.0 | 346.98 | 189.69 | 3.59 | 152.03 | 37.16 |
| 2013 | 1126.58 | 729.75 | 64.8 | 346.24 | 190.07 | 4.85 | 153.14 | 34.33 |
| 2014 | 1127.21 | 732.96 | 65.0 | 349.16 | 189.38 | 4.48 | 156.57 | 32.44 |
| 2015 | 1160.62 | 736.27 | 63.4 | 350.52 | 187.94 | 4.40 | 160.99 | 31.60 |
| 2016 | 1162.34 | 762.63 | 65.6 | 359.89 | 180.20 | 4.36 | 196.70 | 20.23 |
| 2017 | 1172.32 | 767.53 | 65.5 | 354.25 | 178.27 | 4.29 | 203.14 | 26.23 |
| 2018 | 1178.48 | 765.66 | 64.9 | 351.87 | 179.02 | 3.42 | 195.56 | 35.31 |
| 2019 | 1177.92 | 761.81 | 64.7 | 350.93 | 178.56 | 3.57 | 191.04 | 37.21 |
| 2020 | 1180.37 | 767.90 | 65.1 | 353.08 | 179.21 | 3.86 | 194.45 | 37.11 |
| 2021 | 1181.95 | 767.50 | 64.9 | 353.17 | 179.09 | 3.53 | 196.58 | 34.61 |
| 2022 | 1189.87 | 769.28 | 64.7 | 353.26 | 179.62 | 3.25 | 195.83 | 36.92 |
| 2023 | 1192.52 | 770.07 | 64.6 | 353.77 | 179.95 | 2.70 | 191.83 | 41.53 |

12-7 续表

| 年份 | 经济作物 | | 在经济作物播种面积中 | | | | 其它作物（千公顷） | |
|---|---|---|---|---|---|---|---|---|
| | 播种面积（千公顷） | 占总播种面积（%） | 棉花（千公顷） | 油菜籽（千公顷） | 花生（千公顷） | 甜菜（千公顷） | | #蔬菜 |
| 1957 | 210.40 | 17.9 | 49.93 | 0.87 | 25.17 | | 9.30 | 1.48 |
| 1962 | 200.32 | 21.3 | 29.04 | 0.29 | 14.23 | | 10.20 | 3.94 |
| 1965 | 256.34 | 27.0 | 42.17 | | 26.67 | | 14.03 | 11.04 |
| 1970 | 182.27 | 20.2 | 52.05 | | 8.75 | | 17.84 | 13.45 |
| 1975 | 214.48 | 22.6 | 54.84 | 0.92 | 10.43 | | 19.21 | |
| 1978 | 225.31 | 23.7 | 48.48 | 1.90 | 9.30 | | 21.03 | 17.92 |
| 1979 | 217.95 | 22.5 | 54.65 | 2.01 | 10.57 | | 20.87 | 14.80 |
| 1980 | 194.84 | 20.7 | 47.95 | 6.01 | 16.93 | | 18.47 | 14.59 |
| 1981 | 165.47 | 16.9 | 59.48 | 7.81 | 13.62 | | 23.59 | 17.25 |
| 1982 | 137.85 | 14.2 | 65.43 | 6.81 | 10.37 | | 25.47 | 20.18 |
| 1983 | 104.08 | 10.6 | 69.17 | 14.59 | 14.31 | | 27.83 | 18.02 |
| 1984 | 114.72 | 11.3 | 83.67 | 9.81 | 13.49 | | 27.48 | 20.93 |
| 1985 | 137.25 | 13.3 | 77.32 | 23.02 | 24.26 | 0.33 | 37.26 | 28.17 |
| 1986 | 118.57 | 11.4 | 57.81 | 30.76 | 22.31 | | 45.44 | 33.75 |
| 1987 | 123.99 | 11.9 | 68.53 | 30.92 | 18.62 | | 46.53 | 35.01 |
| 1988 | 125.32 | 12.3 | 90.30 | 11.62 | 16.79 | | 52.08 | 39.40 |
| 1989 | 100.59 | 9.8 | 64.83 | 9.37 | 16.08 | | 54.99 | 43.78 |
| 1990 | 87.19 | 8.8 | 61.68 | 4.65 | 13.91 | | 50.61 | 42.47 |
| 1991 | 114.15 | 11.2 | 77.80 | 9.83 | 15.55 | 0.40 | 47.89 | 39.99 |
| 1992 | 119.50 | 11.7 | 80.62 | 6.76 | 17.18 | | 54.99 | 44.93 |
| 1993 | 90.45 | 9.0 | 57.68 | 5.46 | 21.14 | | 103.57 | 73.81 |
| 1994 | 100.31 | 10.2 | 60.97 | 9.82 | 25.63 | 0.57 | 119.39 | 99.11 |
| 1995 | 95.85 | 9.9 | 62.15 | 7.10 | 23.81 | 0.17 | 128.33 | 113.38 |
| 1996 | 71.23 | 7.4 | 43.65 | 4.98 | 19.50 | 0.71 | 151.84 | 134.73 |
| 1997 | 67.17 | 6.8 | 37.54 | 3.35 | 21.64 | 0.08 | 161.85 | 138.68 |
| 1998 | 68.40 | 6.7 | 35.85 | 2.90 | 27.82 | 0.21 | 200.36 | 165.70 |
| 1999 | 68.55 | 6.9 | 23.48 | 2.90 | 38.33 | 0.05 | 235.11 | 215.05 |
| 2000 | 106.46 | 10.7 | 42.78 | 6.19 | 53.68 | 0.06 | 296.73 | 244.94 |
| 2001 | 131.18 | 13.1 | 61.51 | 7.54 | 57.26 | 0.20 | 331.15 | 299.16 |
| 2002 | 120.46 | 12.0 | 54.30 | 9.12 | 53.49 | 0.08 | 369.06 | 326.41 |
| 2003 | 141.16 | 14.3 | 72.23 | 9.96 | 50.83 | | 370.85 | 338.12 |
| 2004 | 154.29 | 15.4 | 70.17 | 8.19 | 32.03 | 0.07 | 307.69 | 301.98 |
| 2005 | 133.26 | 13.0 | 53.33 | 8.83 | 43.75 | | 314.48 | 310.97 |
| 2006 | 111.05 | 10.9 | 46.19 | 7.77 | 34.06 | | 290.99 | 288.24 |
| 2007 | 74.30 | 7.1 | 40.89 | 5.43 | 27.98 | | 293.67 | 270.63 |
| 2008 | 87.10 | 8.6 | 36.15 | 4.41 | 25.88 | | 276.58 | 254.58 |
| 2009 | 84.72 | 8.0 | 30.45 | 5.41 | 27.76 | | 282.08 | 280.08 |
| 2010 | 83.81 | 7.6 | 30.20 | 4.61 | 26.55 | | 301.23 | 293.30 |
| 2011 | 81.00 | 7.3 | 29.40 | 3.62 | 25.22 | | 302.03 | 297.20 |
| 2012 | 83.24 | 7.4 | 28.54 | 3.15 | 23.96 | | 310.85 | 304.97 |
| 2013 | 80.45 | 7.1 | 25.68 | 2.52 | 22.92 | | 316.38 | 310.67 |
| 2014 | 77.99 | 6.9 | 21.20 | 1.74 | 24.13 | | 316.26 | 311.84 |
| 2015 | 79.95 | 6.9 | 16.18 | 1.47 | 24.25 | | 344.40 | 339.12 |
| 2016 | 59.48 | 5.1 | 8.47 | 1.07 | 16.52 | | 340.23 | 338.57 |
| 2017 | 61.15 | 5.2 | 7.32 | 0.71 | 20.37 | | 343.64 | 339.18 |
| 2018 | 68.36 | 5.8 | 7.31 | 0.91 | 26.52 | | 344.46 | 341.58 |
| 2019 | 69.95 | 5.9 | 6.37 | 1.72 | 27.65 | | 346.16 | 343.50 |
| 2020 | 65.54 | 5.6 | 4.80 | 1.60 | 24.61 | | 346.93 | 344.29 |
| 2021 | 64.43 | 5.5 | 3.91 | 1.68 | 24.46 | | 350.02 | 347.75 |
| 2022 | 63.44 | 5.3 | 3.10 | 1.40 | 23.60 | | 357.15 | 355.02 |
| 2023 | 63.92 | 5.4 | 2.70 | 1.84 | 23.58 | | 358.53 | 355.85 |

# 12-8　农作物播种面积和产量

| 指　　标 | 2021 | | | 2022 | | | 2023 | | |
|---|---|---|---|---|---|---|---|---|---|
| | 播种面积（千公顷） | 每公顷产量（公斤） | 总产量（吨） | 播种面积（千公顷） | 每公顷产量（公斤） | 总产量（吨） | 播种面积（千公顷） | 每公顷产量（公斤） | 总产量（吨） |
| **农作物总播种面积** | **1181.95** | | | **1189.87** | | | **1192.52** | | |
| 粮食 | 767.50 | 6538 | 5017882 | 769.28 | 6531 | 5023985 | 770.07 | 6559 | 5050696 |
| 夏收粮食 | 353.48 | 6007 | 2123474 | 353.58 | 6029 | 2131740 | 354.06 | 6023 | 2132526 |
| 夏收谷物 | 353.31 | 6009 | 2123000 | 353.40 | 6031 | 2131232 | 353.91 | 6024 | 2132022 |
| #小麦 | 353.17 | 6009 | 2122246 | 353.26 | 6031 | 2130476 | 353.77 | 6024 | 2131273 |
| 稻谷 | 179.09 | 8598 | 1539847 | 179.62 | 8596 | 1543970 | 179.95 | 8634 | 1553615 |
| #籼稻 | | | | | | | | | |
| 玉米 | 196.58 | 6302 | 1238723 | 195.83 | 6290 | 1231806 | 191.83 | 6428 | 1233143 |
| 秋收豆类 | 34.79 | 2613 | 90917 | 37.00 | 2547 | 94247 | 41.53 | 2708 | 112492 |
| #大豆 | 34.61 | 2614 | 90465 | 36.92 | 2551 | 94182 | 41.53 | 2709 | 112477 |
| 秋收薯类 | 3.53 | 7002 | 24693 | 3.25 | 6838 | 22223 | 2.70 | 7005 | 18919 |
| 棉花 | 3.91 | 1504 | 5870 | 3.10 | 1505 | 4665 | 2.70 | 1543 | 4165 |
| 油料 | 26.14 | 4467 | 116772 | 25.03 | 4539 | 113616 | 25.43 | 4500 | 114426 |
| #花生 | 24.46 | 4602 | 112568 | 23.60 | 4662 | 110030 | 23.58 | 4656 | 109780 |
| 油菜籽 | 1.68 | 2502 | 4204 | 1.40 | 2499 | 3498 | 1.84 | 2472 | 4548 |
| 蔬菜瓜类 | 381.06 | 38769 | 14773431 | 389.38 | 39656 | 15441377 | 390.79 | 40835 | 15958057 |
| #蔬菜（含菜用瓜） | 347.75 | 38551 | 13406210 | 355.02 | 39410 | 13991415 | 355.85 | 40508 | 14414720 |
| 瓜类（果用瓜） | 33.31 | 41045 | 1367221 | 34.36 | 42199 | 1449963 | 34.94 | 44171 | 1543337 |
| 其他农作物 | 2.27 | | | 2.13 | | | 2.68 | | |

# 12-9 主要年份主要农产品产量

| 年份 | 粮食（万吨） | 棉花（万吨） | 油料（万吨） | 蚕茧（吨） | 水果（万吨） | 大牲畜年末数（万头） | 生猪存栏（万头） | 猪牛羊肉（万吨） | 水产品（万吨） |
|---|---|---|---|---|---|---|---|---|---|
| 1949 | 74.66 | 0.20 | 1.95 | 70 | 1.01 | 32.71 | 22.19 | 0.51 | 0.29 |
| 1952 | 97.42 | 0.40 | 2.52 | 90 | 1.25 | 38.80 | 25.85 | 0.50 | 0.37 |
| 1957 | 84.23 | 0.75 | 1.62 | 245 | 1.01 | 39.63 | 46.65 | 1.60 | 0.34 |
| 1962 | 76.21 | 0.39 | 0.78 | 110 | 0.50 | 29.56 | 47.66 | 1.36 | 0.34 |
| 1965 | 90.95 | 0.95 | 1.82 | 320 | 0.75 | 32.12 | 68.92 | 2.17 | 0.49 |
| 1970 | 124.85 | 2.97 | 1.05 | 255 | 1.48 | 38.21 | 80.08 | 2.38 | 0.17 |
| 1975 | 174.66 | 3.41 | 1.21 | 485 | 2.37 | 35.28 | 129.15 | 4.77 | 0.52 |
| 1978 | 206.15 | 2.47 | 1.59 | 525 | 2.62 | 31.47 | 149.25 | 5.18 | 0.72 |
| 1979 | 235.53 | 2.00 | 2.07 | 705 | 3.93 | 30.09 | 148.45 | 6.15 | 1.03 |
| 1980 | 249.94 | 4.46 | 3.14 | 885 | 3.74 | 28.20 | 144.07 | 7.18 | 1.20 |
| 1981 | 275.10 | 4.32 | 5.04 | 915 | 4.67 | 27.52 | 144.07 | 7.80 | 1.18 |
| 1982 | 293.46 | 5.69 | 7.54 | 990 | 4.66 | 26.32 | 146.64 | 10.20 | 0.99 |
| 1983 | 367.85 | 7.32 | 5.68 | 1175 | 5.84 | 26.54 | 152.79 | 8.50 | 1.04 |
| 1984 | 405.71 | 9.32 | 5.09 | 1675 | 5.93 | 24.38 | 149.46 | 10.24 | 1.18 |
| 1985 | 379.70 | 7.05 | 10.48 | 2030 | 5.77 | 23.59 | 189.96 | 12.90 | 1.77 |
| 1986 | 410.34 | 6.24 | 10.63 | 2715 | 7.76 | 25.58 | 189.36 | 13.11 | 2.44 |
| 1987 | 403.42 | 7.48 | 10.60 | 3135 | 7.56 | 27.18 | 180.57 | 14.67 | 3.01 |
| 1988 | 370.10 | 8.84 | 4.81 | 3784 | 12.83 | 29.53 | 158.27 | 16.08 | 3.16 |
| 1989 | 404.40 | 4.69 | 4.99 | 5258 | 11.28 | 30.98 | 163.39 | 16.78 | 3.37 |
| 1990 | 399.00 | 5.57 | 4.77 | 6022 | 14.13 | 32.06 | 170.36 | 18.73 | 3.69 |
| 1991 | 411.83 | 7.96 | 6.32 | 7533 | 13.16 | 33.13 | 170.36 | 19.59 | 4.11 |
| 1992 | 418.87 | 5.45 | 5.52 | 11838 | 16.61 | 36.15 | 172.42 | 21.11 | 4.62 |
| 1993 | 407.30 | 4.79 | 7.12 | 14814 | 21.33 | 39.27 | 192.04 | 23.15 | 5.75 |
| 1994 | 378.99 | 4.23 | 9.33 | 22410 | 24.03 | 43.36 | 203.01 | 26.14 | 6.92 |
| 1995 | 406.13 | 5.91 | 8.35 | 22105 | 35.78 | 49.54 | 215.78 | 28.71 | 8.49 |
| 1996 | 423.01 | 4.94 | 6.38 | 14424 | 49.15 | 53.30 | 216.89 | 36.17 | 9.80 |
| 1997 | 436.51 | 4.27 | 7.87 | 14555 | 58.15 | 44.57 | 176.51 | 24.92 | 10.66 |
| 1998 | 386.00 | 3.92 | 9.55 | 14230 | 66.27 | 24.50 | 209.82 | 26.79 | 12.02 |
| 1999 | 418.96 | 2.50 | 14.35 | 14320 | 75.74 | 17.46 | 190.04 | 25.52 | 12.83 |
| 2000 | 319.50 | 5.08 | 20.28 | 15176 | 81.91 | 17.92 | 201.07 | 27.51 | 13.52 |
| 2001 | 309.43 | 6.79 | 23.10 | 16841 | 90.80 | 16.78 | 198.43 | 28.80 | 14.17 |
| 2002 | 297.55 | 6.34 | 22.23 | 16560 | 92.93 | 19.10 | 206.02 | 28.60 | 14.57 |
| 2003 | 210.44 | 4.43 | 10.29 | 15153 | 80.57 | 17.22 | 206.80 | 30.10 | 14.73 |
| 2004 | 319.02 | 8.37 | 19.91 | 14788 | 90.46 | 17.73 | 207.35 | 31.79 | 15.57 |
| 2005 | 314.13 | 4.17 | 16.26 | 13212 | 87.52 | 18.22 | 214.26 | 35.05 | 16.43 |
| 2006 | 357.87 | 4.92 | 14.63 | 14270 | 93.99 | 18.55 | 180.57 | 32.41 | 17.26 |
| 2007 | 374.74 | 4.19 | 11.19 | 13238 | 98.95 | 11.59 | 190.93 | 35.78 | 17.32 |
| 2008 | 389.34 | 4.17 | 10.70 | 9966 | 104.58 | 16.07 | 220.49 | 31.90 | 16.65 |
| 2009 | 427.67 | 3.84 | 12.56 | 10214 | 104.88 | 18.80 | 248.95 | 39.40 | 16.95 |
| 2010 | 440.20 | 3.23 | 12.11 | 6805 | 106.31 | 20.99 | 293.19 | 46.58 | 17.04 |
| 2011 | 455.30 | 3.39 | 11.45 | 7510 | 114.21 | 23.07 | 315.36 | 48.13 | 17.50 |
| 2012 | 471.73 | 3.67 | 10.63 | 6941 | 118.77 | 21.50 | 313.49 | 52.97 | 18.14 |
| 2013 | 451.13 | 3.63 | 9.96 | 6815 | 92.81 | 20.87 | 297.20 | 47.87 | 18.37 |
| 2014 | 469.18 | 3.24 | 10.62 | 7977 | 116.11 | 20.21 | 306.91 | 51.11 | 18.60 |
| 2015 | 470.92 | 2.60 | 11.20 | 6512 | 108.47 | 18.12 | 299.61 | 50.09 | 18.79 |
| 2016 | 484.70 | 1.18 | 9.84 | 3674 | 110.07 | 16.06 | 275.05 | 44.91 | 18.88 |
| 2017 | 500.30 | 1.14 | 9.34 | 4676 | 115.33 | 13.55 | 243.46 | 42.12 | 17.32 |
| 2018 | 484.48 | 1.03 | 12.32 | 4536 | 83.62 | 10.02 | 233.46 | 38.77 | 16.87 |
| 2019 | 501.54 | 1.20 | 13.18 | 4714 | 114.89 | 8.34 | 125.85 | 25.96 | 16.08 |
| 2020 | 501.92 | 0.70 | 11.55 | 4122 | 116.37 | 6.89 | 263.28 | 29.12 | 15.80 |
| 2021 | 501.79 | 0.59 | 11.68 | 4080 | 110.42 | 7.21 | 273.06 | 36.01 | 16.17 |
| 2022 | 502.40 | 0.47 | 11.36 | 3403 | 114.68 | 6.92 | 271.33 | 36.05 | 16.39 |
| 2023 | 505.07 | 0.42 | 11.44 | 2475 | 117.96 | 7.45 | 249.06 | 37.03 | 16.48 |

# 12-10　主要年份蚕桑、水果生产情况

| 指　　标 | 2000 | 2005 | 2010 | 2015 | 2020 | 2021 | 2022 | 2023 |
|---|---|---|---|---|---|---|---|---|
| **蚕茧产量　（吨）** | **15176** | **13212** | **6805** | **6512** | **4122** | **4080** | **3403** | **2475** |
| **水果产量　（吨）** | **819139** | **875179** | **1063147** | **1084712** | **1163682** | **1104175** | **1146806** | **1179603** |
| #苹果 | 554403 | 465347 | 500570 | 525887 | 498161 | 479909 | 484139 | 486768 |
| 梨 | 131368 | 184550 | 229087 | 172045 | 224440 | 206186 | 229371 | 245909 |
| 葡萄 | 13423 | 28527 | 48548 | 95742 | 113944 | 99428 | 113727 | 124661 |
| 桃子 | 92833 | 152802 | 213566 | 245448 | 286045 | 283624 | 283873 | 289555 |
| 红枣 | 1360 | 5055 | 3476 | 5555 | 985 | 888 | 828 | 260 |
| **桑园面积　（公顷）** | **13667** | **13307** | **7734** | **7333** | **3925** | **3799** | **3242** | **2669** |
| **果园面积　（公顷）** | **82139** | **82056** | **75990** | **75435** | **68003** | **63466** | **62024** | **57472** |
| #苹果园 | 35720 | 32528 | 30909 | 28824 | 24905 | 24477 | 24355 | 22291 |
| 梨园 | 20136 | 19733 | 13305 | 11425 | 10605 | 10013 | 9788 | 9263 |
| 葡萄园 | 1363 | 2793 | 2489 | 7038 | 6843 | 6337 | 6183 | 6119 |

# 12-11　主要年份林业生产情况

| 指　　标 | 2000 | 2005 | 2010 | 2015 | 2020 | 2021 | 2022 | 2023 |
|---|---|---|---|---|---|---|---|---|
| 造林面积　（公顷） | 4300 | 7450 | 5999 | 3408 | 13606 | 7387 | 4737 | 3339 |
| #用材林 | 1893 | 2346 | 1459 | 307 | 3208 | 1074 | 969 | 366 |
| 经济林 | 2387 | 2538 | 1003 | 1172 | 2603 | 2141 | 407 | 314 |
| 防护林 | 20 | 2566 | 3538 | 1922 | 7795 | 4170 | 3358 | 2658 |
| 林产品产量　（吨） | | | | | | | | |
| 板栗 | 2203 | 3096 | 2690 | 1704 | 1254 | 1391 | 1413 | 1139 |
| 白果 | 910 | 1260 | 2333 | 4641 | 8253 | 5423 | 4454 | 4545 |
| 迹地更新面积　（公顷） | 1230 | 972 | 802 | 257 | 927 | 1488 | 2263 | 1312 |
| 四旁植树　（万株） | 1493 | 1790 | 2202 | 1195 | 854 | 633 | 756 | 488 |
| 林木种子采集量　（吨） | 80 | 80 | 350 | 4319 | 4455 | 603 | 300 | 12 |
| 本年育苗面积　（公顷） | 931 | 2578 | 3818 | 8331 | 9442 | 9298 | 8746 | 7253 |
| 中、幼龄林抚育面积（公顷） | | | | | 10350 | | 4188 | 6750 |
| 低产林改造面积　（公顷） | | 24 | | 36 | | | 1343 | 1286 |
| 木材采伐量　（万立方米） | 41.68 | | | 23.66 | | 10.02 | 27.16 | 27.47 |
| 年末实有林地面积　（公顷） | 154458 | | | 273929 | 272992 | 279883 | 282364 | 283463 |

# 12-12　主要年份畜牧业生产情况

| 指　　　标 | 1978 | 1985 | 1990 | 1995 | 2000 | 2005 | 2010 | 2015 | 2020 | 2021 | 2022 | 2023 |
|---|---|---|---|---|---|---|---|---|---|---|---|---|
| **牲畜年末头数** | | | | | | | | | | | | |
| 大牲畜　　（万头） | 31.47 | 23.59 | 32.06 | 49.54 | 17.92 | 18.22 | 20.99 | 18.12 | 6.89 | 7.21 | 6.92 | 7.45 |
| #役畜 | | | | 26.60 | 7.43 | 2.59 | 3.84 | 2.46 | | | | |
| 牛 | 21.00 | 11.27 | 17.17 | 33.70 | 8.82 | 15.34 | 17.54 | 16.12 | 6.35 | 7.15 | 6.87 | 7.41 |
| 马 | 3.88 | 3.03 | 1.70 | 1.68 | 0.63 | 0.21 | 0.20 | 0.11 | 0.03 | 0.01 | | |
| 驴 | 5.60 | 7.55 | 11.33 | 12.33 | 7.78 | 2.25 | 2.35 | 1.36 | 0.26 | 0.04 | 0.05 | 0.04 |
| 骡 | 0.99 | 1.74 | 1.86 | 1.83 | 0.69 | 0.42 | 0.90 | 0.65 | 0.25 | 0.01 | | |
| 猪　　　（万头） | 149.25 | 189.96 | 170.36 | 215.78 | 201.07 | 214.26 | 293.19 | 299.61 | 263.28 | 273.06 | 271.33 | 249.06 |
| 羊　　　（万只） | 82.79 | 80.71 | 206.01 | 353.98 | 175.48 | 263.68 | 208.14 | 228.85 | 74.35 | 75.86 | 79.83 | 83.21 |
| #山羊 | 39.14 | 59.08 | 179.66 | 326.05 | 163.38 | 267.24 | 202.60 | 217.09 | 65.29 | 62.01 | 64.67 | 66.55 |
| 兔　　　（万只） | | 89.01 | 109.12 | 444.22 | 655.83 | 667.16 | 1056.77 | 1023.82 | 153.99 | 136.24 | 139.46 | 107.23 |
| 家禽　　（万只） | 491.80 | 1613.08 | 2403.44 | 4298.00 | 3545.39 | 4735.11 | 9270.77 | 9618.31 | 5568.12 | 5486.64 | 5763.74 | 6139.27 |
| **畜产品产量** | | | | | | | | | | | | |
| 肉猪出栏头数（万头） | 67.01 | 130.74 | 163.11 | 250.95 | 238.83 | 308.56 | 460.74 | 549.88 | 346.26 | 411.35 | 416.12 | 433.55 |
| 肉类总产量　（吨） | | 142336 | 217108 | 403509 | 366391 | 501563 | 885070 | 1014486 | 572902 | 652913 | 660977 | 648316 |
| #猪肉 | 51847 | 123325 | 161363 | 248224 | 240487 | 293027 | 414173 | 429977 | 267950 | 334593 | 334702 | 344445 |
| 牛肉 | | 1715 | 9243 | 2747 | 10958 | 15656 | 8864 | 11645 | 8650 | 9920 | 9810 | 9894 |
| 羊肉 | | 3948 | 16685 | 36107 | 23665 | 41844 | 42736 | 59302 | 14620 | 15559 | 15982 | 15920 |
| 禽肉 | | 11421 | 25876 | 67770 | 67528 | 113626 | 340256 | 444393 | 270390 | 281343 | 290100 | 268602 |
| 兔肉 | | 1927 | 2635 | 18736 | 19739 | 24524 | 60603 | 62528 | 10006 | 9836 | 9179 | 8308 |
| 其他畜产品产量（吨） | | | | | | | | | | | | |
| 牛奶 | 3814 | 6997 | 9889 | 20821 | 59035 | 183851 | 266981 | 166594 | 121440 | 153311 | 144529 | 150784 |
| 绵羊毛 | 1520 | 1059 | 1479 | 1730 | 743 | 386 | 273 | 300 | 165 | 165 | 220 | 227 |
| 蜂蜜 | 121 | 283 | 1035 | 335 | 120 | 289 | 556 | 390 | 333 | 353 | 329 | 296 |
| 禽蛋 | | 71541 | 148806 | 325152 | 354001 | 422021 | 486249 | 576481 | 358290 | 358134 | 365013 | 366471 |

# 12-13　主要年份水产品生产情况

| 指　　　标 | 1978 | 1985 | 1990 | 1995 | 2000 | 2005 | 2010 | 2015 | 2020 | 2021 | 2022 | 2023 |
|---|---|---|---|---|---|---|---|---|---|---|---|---|
| **水产品产量　　（吨）** | **7160** | **17745** | **36897** | **84928** | **135168** | **164298** | **170395** | **187919** | **158040** | **161689** | **163906** | **164765** |
| 按生产性质分 | | | | | | | | | | | | |
| 捕捞产量 | 1825 | 4523 | 9574 | 18409 | 19061 | 25140 | 16306 | 15511 | 13454 | 10687 | 11560 | 12237 |
| 养殖产量 | 5335 | 13222 | 27323 | 66519 | 116107 | 139158 | 154089 | 172408 | 144586 | 151002 | 152346 | 152528 |
| 按类别分 | | | | | | | | | | | | |
| 鱼类 | 6427 | 14258 | 37847 | 76287 | 116203 | 116952 | 151286 | 168703 | 125889 | 127352 | 126002 | 125641 |
| 虾蟹类 | 39 | 41 | 72 | 177 | 14967 | 19665 | 15240 | 15604 | 16114 | 20832 | 23536 | 23924 |
| 贝类 | 746 | 926 | 1587 | 2972 | 2957 | 629 | 1974 | 1936 | 440 | 436 | 442 | 434 |
| 其他 | 53 | 97 | 201 | 342 | 1046 | 1912 | 1895 | 1676 | 2143 | 2382 | 2366 | 2539 |
| **水产养殖面积（公顷）** | **9493** | **17309** | **16751** | **26787** | **31363** | **35879** | **25694** | **26589** | **19235** | **16324** | **13155** | **13127** |

# 12-14 主要年份农业现代化情况

| 指 标 | 1980 | 1985 | 1990 | 1995 | 2000 | 2005 | 2010 | 2015 | 2020 | 2021 | 2022 | 2023 |
|---|---|---|---|---|---|---|---|---|---|---|---|---|
| **农业机械化情况** | | | | | | | | | | | | |
| 机耕面积 （千公顷） | 490.40 | 520.11 | 515.45 | 549.51 | 534.16 | 685.76 | 637.73 | 791.89 | 1072.37 | 1113.97 | 1106.97 | 1112.46 |
| 机播面积 （千公顷） | 100.00 | 212.00 | 325.98 | 277.65 | 253.76 | 401.28 | 413.29 | 644.57 | 885.88 | 924.27 | 942.55 | 968.80 |
| #机播小麦面积 | 161.38 | 198.74 | 325.55 | 254.22 | 231.76 | 282.30 | 275.05 | 319.49 | 330.11 | 338.74 | 342.26 | 343.62 |
| 机械开沟面积 （千公顷） | | | 206.56 | 206.08 | 159.38 | | | | | | | |
| 机械植保面积 （千公顷） | | | 227.29 | 522.48 | 575.64 | 683.64 | 625.67 | 764.02 | 980.93 | 1093.75 | 1114.70 | 1134.68 |
| 机械收获面积 （千公顷） | | 160.67 | 286.39 | 367.64 | 419.90 | 516.46 | 505.42 | 685.38 | 854.73 | 899.61 | 919.19 | 948.33 |
| **农村电气化情况** | | | | | | | | | | | | |
| 农村用电量 （万千瓦时） | 29675 | 75513 | 185943 | 163273 | 297446 | 462664 | 502295 | 663065 | 696919 | 709563 | | |
| **农业化学化情况** | | | | | | | | | | | | |
| 农用化肥施用量(折纯量)(吨) | 250379 | 314738 | 440900 | 567001 | 671296 | 696985 | 703405 | 621636 | 541729 | 530124 | 520857 | 515917 |
| #氮肥 | 163916 | 194643 | 259564 | 299171 | 311692 | 316672 | 328439 | 284806 | 251250 | 244626 | 240470 | 237676 |
| 磷肥 | 60658 | 94386 | 98522 | 114582 | 122556 | 104933 | 104733 | 86001 | 70097 | 66778 | 65001 | 64408 |
| 钾肥 | 7374 | 5536 | 21899 | 36576 | 71045 | 71824 | 70820 | 62284 | 52527 | 50709 | 49727 | 49368 |
| 复合肥 | 18430 | 17502 | 60916 | 116672 | 166003 | 203556 | 199413 | 188545 | 167855 | 168011 | 165659 | 164464 |
| 每公顷耕地施用量（公斤） | 397 | 507 | 728 | 927 | 1120 | 1182 | 1201 | | | | | |
| 农用塑料薄膜使用量（吨） | | 7343 | 6948 | 8583 | 9057 | 12150 | 12934 | 13418 | 12877 | 12707 | 12521 | 12630 |
| 农药使用量 （吨） | | 6268 | 15162 | 15047 | 14341 | 12556 | 12441 | 10169 | 8341 | 8037 | 7869 | 7767 |
| **农田水利情况** | | | | | | | | | | | | |
| 有效灌溉面积 （千公顷） | | 443.28 | 444.67 | 461.12 | 495.45 | 480.08 | 491.98 | 511.47 | 537.86 | 546.83 | 540.08 | 542.07 |
| 旱涝保收面积 （千公顷） | | | 360.51 | 395.89 | 348.12 | 420.70 | 428.00 | 463.47 | 492.53 | 494.60 | 429.34 | 429.34 |
| **农村基础设施情况 （个）** | | | | | | | | | | | | |
| 自来水受益村数 | | | 550 | 1270 | 1161 | 1813 | 1946 | 1974 | 2000 | | | |
| 通电话村数 | | | 2228 | 3493 | 2364 | 2207 | 2166 | | | | | |
| 通宽带村数 | | | | | | | | 2015 | 2005 | | | |

注：2021 年及以后旱涝保收面积、自来水受益村数、通电话村数、通宽带村数不再统计。

# 12-15 主要年份主要农业机械拥有量

（年底数）

| 指标 | 1990 | 1995 | 2000 | 2005 | 2010 | 2015 | 2020 | 2021 | 2022 | 2023 |
|---|---|---|---|---|---|---|---|---|---|---|
| **农业机械总动力（万千瓦）** | **205.11** | **374.66** | **437.73** | **547.63** | **563.71** | **684.57** | **765.19** | **770.89** | **798.97** | **823.03** |
| #柴油机 | 134.87 | 295.07 | 350.53 | 469.94 | 483.25 | 570.03 | 651.45 | 654.71 | 680.8 | 702.63 |
| 电动机 | 62.09 | 76.34 | 83.01 | 71.97 | 6.68 | 97.22 | 90.31 | 92.45 | 93.11 | 92.68 |
| **主要农业机械** | | | | | | | | | | |
| 大中型拖拉机（台） | 4335 | 7574 | 7101 | 11332 | 13772 | 27922 | 31125 | 29689 | 32352 | 33445 |
| （万千瓦） | 16.43 | 25.43 | 25.39 | 44.51 | 57.28 | 137.95 | 99.57 | 203.67 | 221.34 | 232.96 |
| 小型拖拉机（台） | 86976 | 143011 | 156367 | 279005 | 274908 | 203599 | 117302 | 105842 | 107729 | 103958 |
| （万千瓦） | 77.22 | 129.96 | 143.47 | 250.64 | 250.64 | 203.13 | 145.64 | 131.81 | 138.04 | 132.71 |
| 农用排灌动力机械（台） | 51576 | 52506 | 60907 | 59669 | 61047 | 86320 | | | | |
| （万千瓦） | 53.79 | 60.91 | 70.15 | 66.23 | 67.61 | 88.60 | | | | |
| #柴油机（台） | 12154 | 12339 | 18720 | 21553 | 22276 | 33538 | | | | |
| （万千瓦） | 11.84 | 11.80 | 19.18 | 19.96 | 20.71 | 26.64 | | | | |
| 电动机（台） | 39422 | 40167 | 42116 | 38116 | 38771 | 49386 | | | | |
| （万千瓦） | 41.94 | 49.11 | 50.76 | 46.27 | 46.91 | 61.53 | | | | |
| 农用水泵（台） | 50561 | 77396 | 71639 | 79572 | 82443 | 111310 | 133885 | 132740 | 132246 | 133162 |
| 节水灌溉机械（套） | 7012 | 17841 | 21406 | 21560 | 21866 | 35304 | 30216 | 34294 | 34570 | 35036 |
| 联合收割机（台） | 426 | 6039 | 9822 | 14046 | 15435 | 26008 | 31221 | 28307 | 34855 | 36452 |
| 机动脱粒机（台） | 8794 | 68050 | 31345 | 21445 | 21005 | 12771 | 7459 | 10114 | 6106 | 6167 |
| 机动喷雾（粉）机（万部） | 0.88 | 1.62 | 1.87 | 2.24 | 2.50 | 5.21 | | | | |
| 农产品加工机械动力（万千瓦） | 21.37 | 22.11 | 22.48 | 25.83 | 25.33 | 31.51 | 48.37 | 48.23 | 42.66 | 44.85 |
| 低速载货汽车（辆） | 3346 | 6536 | | 17886 | 17897 | 17109 | | | | |
| （万千瓦） | 25.14 | 11.69 | | 29.25 | 28.98 | 32.54 | | | | |

# 12-16 主要年份农林牧渔业主要经济效益指标

| 指标 | 1985 | 1990 | 1995 | 2000 | 2005 | 2010 | 2015 | 2020 | 2021 | 2022 | 2023 |
|---|---|---|---|---|---|---|---|---|---|---|---|
| 每个农业劳动力创造的农林牧渔业总产值（元） | 1446 | 2855 | 4815 | 9685 | 18424 | 32237 | 73592 | 106133 | 113297 | 120934 | 121875 |
| 每个农业劳动力创造的农林牧渔业增加值（元） | | 1161 | 3053 | 5086 | 9401 | 17262 | 39480 | 64258 | 68439 | 73168 | 73993 |
| 每公顷耕地创造的种植业产值（元） | | 5811 | 17876 | 22959 | 14498 | 52793 | 99981 | 130681 | 151162 | 156674 | |
| 每公顷耕地创造的种植业增加值（元） | | 4380 | 12014 | 13927 | 20315 | 31486 | 59412 | 92232 | 99972 | 102597 | |
| 每个农业劳动力生产的粮食产量（公斤） | 1724 | 1757 | 1904 | 1370 | 1738 | 2757 | 3547 | 4267 | 4382 | 4463 | 4510 |
| 每个农业劳动力生产的棉花产量（公斤） | 32 | 25 | 28 | 22 | 23 | 20 | 20 | 6 | 5 | 4 | 4 |
| 每个农业劳动力生产的油料产量（公斤） | 47 | 21 | 39 | 87 | 81 | 76 | 84 | 98 | 102 | 101 | 102 |
| 每个农业劳动力生产的肉类产量（公斤） | 64 | 82 | 146 | 157 | 277 | 554 | 764 | 486 | 560 | 587 | 579 |
| 每个农业劳动力生产的水产品产量（公斤） | 8 | 16 | 40 | 58 | 91 | 107 | 142 | 134 | 141 | 146 | 148 |
| 农民人均纯收入（元） | 389 | 661 | 1800 | 3230 | 4443 | 7955 | 13982 | 21229 | 23694 | 25210 | 27065 |

# 主要统计指标解释

**乡村劳动力** 是指乡村人口中经常参加合作经济组织（包括乡村办企业事业单位）和从事家庭经营生产劳动的整、半劳动力。凡是在农村由合作经济组织分配劳动任务或者承包各种生产任务，并从中直接取得实物、货币收入的劳动力，不管他们从事何种劳动，都统计为乡村劳动力。国家向乡村调用的建勤民工，由集体经费支付工资或补贴的乡村半脱产管理干部，乡村分配到全民所有制单位和城镇集体所有制单位工作而收入交合作经济组织，并从中取得实物、货币收入的合同工、临时工、亦工亦农人员；自行外出，但户口没有转出的劳动力，都包括在内。

16周岁以上的在校学生和由国家支付工资的职工都不统计为乡村劳动力。

**农林牧渔业总产值** 指以货币表现的农、林、牧、渔业全部产品和对农业生产进行各种支持性服务活动的总量，它反映一定时期内农业生产总规模和总成果。从2003年开始农林牧渔业总产值执行新的国民经济行业分类标准，包括农业、林业、牧业、渔业、农林牧渔服务业，不再包括农民兼营商品性工业。农林牧渔业总产值中的农、林、牧、渔四业的计算方法通常是按农、林、牧、渔业产品及其副产品的产量分别乘以各自单位产品价格求得，现行价格从2003年开始使用生产价格调查的价格；少数生产周期较长，当年没有产品或产品产量不易统计的，则采用间接方法匡算其产值；然后将四业产品产值与农林牧渔服务业相加即为农林牧渔业总产值。

**农林牧渔业增加值** 指农、林、牧、渔及农林牧渔服务业在生产货物或提供服务活动的过程中而增加的价值，为农林牧渔业现价总产值扣除农林牧渔业现价中间投入后的余额，是指各单位生产经营的最终成果。

**农林牧渔业中间消耗** 是指当年在农林牧渔业生产过程中所投入或消耗的各种物质产品和劳务价值的总和。包括中间物质消耗和对非物质生产部门的劳务支出两部分。

**农作物总产量** 是指本年度内生产的各种农作物的总产量。不论计划内外，数量多少，耕地上还是非耕地〔包括荒山、坡及江、河、湖、海滩（涂）、十边隙地等〕上的农作物产量都统计在内。农作物产量是指全社会产量，不仅要把国有农场等全民所有制生产单位和乡、村集体所有制生产单位的农作物产量统计在内，农户自营地、工矿企业职工家属办的农场和其他经营单位的农作物产量也统计在内。不仅统计卖给国家的农作物产量，生产单位自产自用的农作物产量也统计在内。农作物产量只统计晒干入库的产量。

**粮食产量** 指全社会的产量。包括国有经济经营的、集体统一经营的和农民家庭经营的粮食产量，还包括工矿企业家属办的农场和其他生产单位的产量。粮食除包括稻谷、小麦、玉米、高粱、谷子及其他杂粮外，还包括薯类和大豆。其产量计算方法，豆类按去豆荚后的干豆计算；薯类（包括甘薯和马铃薯，不包括芋头和木薯）1963年以前按每4公斤鲜薯折1公斤粮食计算，从1964年开始及以后改为按5公斤鲜薯折1公斤粮食计算。城市郊区作为蔬菜的薯类（如马铃薯等）按鲜品计算,并且不作为粮食统计。其他粮食一律按脱粒后的原粮计算。

**油料产量** 指全部油料作物的生产量。包括花生、油菜籽、芝麻、向日葵籽、胡麻籽（亚麻籽）和其他油料。不包括大豆，也不包括木本油料和野生油料。花生以带壳干花生计算。

**蚕茧产量** 是指本年度内生产的全部蚕茧产量，不论自用的或出售的，都统计在内。在计算蚕茧产量时，把土茧、改良茧和种茧都包括在内。蚕茧产量均按鲜茧的重量计算。

**猪、牛、羊肉产量** 指当年出栏并已屠宰后除去头蹄下水后带骨肉（即胴体重）的重量。

**水产品产量** 是指人工养殖并捕捞的水产品和捕捞天然生产的水产品产量。不论自食的或出售的，都计算在内。用作继续扩大再生产的水产品（如鱼苗、苗种、亲鱼、鱼饵及转塘鱼、存塘鱼等）不作水产品产量统计。在渔业生产单位出售以前已经变质的水产品，不论是改作饲料、肥料还是其他用途，也不作水产品产量统计。

**生猪出栏量** 是指国有农场等全民所有制生产单位、乡（镇）、村各种合作经济组织和农户、机关、学校、工矿企业、部队以及城镇居民饲养的，可供屠宰并已出栏的全部肉猪数量。不仅包括卖给国家及其他购买者的肉猪，还包括集体和城乡居民自宰的肉猪。

**期初（末）畜禽存栏头（只）数** 指本期期初（末）农村各种合作经济组织和国有农场、农民个人、机关、团体、学校、工矿企业、部队等单位以及城镇居民饲养的大牲畜、猪、羊、家禽等畜禽的存栏头（只）数。

**谷物** 指籽实主要供作粮食的作物。这类作物包括稻谷、小麦、玉米、谷子、高粱和其他谷物，不包括豆类和薯类作物。

**林产品产量** 指不经砍伐竹木的根本而取得的各种林产品数量。包括生漆、棕片、五倍子、松脂、笋干、油桐籽、油茶籽、乌桕子、核桃、板栗、白果等各种林木籽实以及修剪竹木所获得的枝叶（如荆条、柳条、蒲葵叶）等。不包括桑叶、茶叶、水果。也不包括野生的林产品。

**耕地面积** 是指种植农作物，并经常进行耕锄的田地。

统计范围包括熟地、当年新开荒地、连续撂荒未满三年的耕地和当年的休闲地（轮歇地）。以种植农作物为主并附带种植桑树、茶树、果树和其他林木的土地以及沿海、沿湖地区已围垦利用的“海涂”“湖田”等也包括在内。但专业性的桑园、茶园、果园、果木苗圃、林地、芦苇地、天然草原等都不包括在内。

**农作物播种面积** 指实际播种或移植有农作物的面积。凡是实际种植有农作物的面积，不论种植在耕地上还是种植在非耕地上，均包括在农作物播种面积中，同时还包括因遭灾而重新改种和补种的农作物面积，种一公顷算一公顷。

**有效灌溉面积** 是指具有一定的水源，地块比较平整，灌溉工程或设备已经配套，在一般年景下当年能够进行正常灌溉的耕地面积。包括机灌、电灌和自流灌溉面积三部分。

**造林面积** 是指报告期内在荒山、荒地、沙丘等一切可以造林的土地上，采用人工播种、植苗、飞机播种等方法新植的成片乔木和灌木林面积，符合“造林技术规程”要求的株数，经过检查验收，成活率在85%以上的面积。四旁植树如一侧在四行以上，连续成片面积达一亩以上，也统计在造林面积内。在造林面积中，不包括补植面积、治沙种草面积、经济林复垦面积、迹地更新面积和低产林改造面积。

**农用化肥施用量** 指在本年度内实际用于农业生产的化肥数量。包括氮肥、磷肥、钾肥和复合肥。按折纯法计算化肥数量，即把氮肥、磷肥、钾肥分别按含氮、含五氧化二磷、含氧化钾100%折算。

**农村用电量** 是指在本年度内，扣除在农村中的全民所有制工业、交通、基建单位用电量以后农村生产和生活上的全年用电总量（按全年累计数统计）。从电的来源看，既包括国家电网的供电量，也包括农村自办电站的供电量。

**农业机械总动力** 是指主要用于农、林、牧、渔业生产和运输的所有动力机械的动力总和。包括耕作机械、排灌机械、收获机械、农产品加工机械、运输机械、植保机械、牧业机械、林业机械、渔业机械和其他机械［内燃机按引擎马力折成瓦（特）计算，电动机按功率折成瓦（特）计算］。不包括专门用于乡（镇）、村以及村以下办工业、基本建设、非农业运输、科学试验和教学等非农业生产方面用的动力机械和作业机械。但从事农副产品初级加工的村户工业的机械应统计在内。

**农业机械年末拥有量** 是指国有经济、集体经济农业生产单位和合作经济组织及农户在年末统计时实际拥有的各种农业机械设备数量。包括能用未用的、需要修复的（指中修、大修）、储存备用的。但已经损坏报废的、购买（或调进）而未提货的、从非农业生产单位调来临时支援的，均不包括在内。

# 十三、工业

版面负责人：丁　磊
编　　　辑：宋　蕊

统计知识

# 统计执法监督检查办法

**第二十二条** 县级以上人民政府统计机构和执法检查人员对在执法监督检查过程中知悉的国家秘密、商业秘密、个人信息资料和能够识别或者推断单个调查对象身份的资料，负有保密义务。

**第二十三条** 统计执法监督检查机构应当在调查结束后，及时向所属人民政府统计机构提交监督检查报告，报告检查中发现的问题并提出处理建议。处理建议包括：

（一）发现有统计违法行为，符合立案查处条件的，予以立案查处；

（二）发现统计违法事实不清、证据不足或者程序错误的，应当及时补充或者重新调查；

（三）按照违法行为性质、情节，提请上一级或者移交下级人民政府统计机构立案查处；

（四）未发现统计违法行为或者统计违法事实轻微，依法不应追究法律责任的，不予处理。

## 第四章 统计违法行为的处罚

**第二十四条** 查处统计违法案件应当做到事实清楚，证据确凿，定性准确，处理恰当，适用法律正确，符合法定程序。

**第二十五条** 国家统计局负责查处情节严重或影响恶劣的统计造假、弄虚作假案件，对国家重大统计部署贯彻不力的案件，重大国情国力调查中发生的严重统计造假、弄虚作假案件，其他重大统计违法案件。

省级统计局依法负责查处本行政区域内统计造假、弄虚作假案件，违反国家统计调查制度以及重要的地方统计调查制度的案件。但是国家调查总队组织实施的统计调查中发生的统计造假、弄虚作假案件，违反国家统计调查制度案件，由组织实施统计调查的国家调查总队进行查处。

市级、县级统计局和国家统计局市级、县级调查队，发现本行政区域内统计造假、弄虚作假违法行为的，应当及时报告省级统计机构依法查处；依法负责查处本行政区域内其他统计违法案件。

# 13-1　主要年份规模以上工业企业主要经济指标

| 年　份 | 企业个数（个） | 两项资金占用（万元） |
|---|---|---|
| 1998 | 638 | 1005882 |
| 1999 | 634 | 1021559 |
| 2000 | 675 | 950855 |
| 2001 | 662 | 811298 |
| 2002 | 743 | 939259 |
| 2003 | 835 | 959127 |
| 2004 | 1223 | 1143367 |
| 2005 | 1253 | 1237961 |
| 2006 | 1586 | 1462580 |
| 2007 | 1941 | 1814542 |
| 2008 | 2289 | 2569139 |
| 2009 | 3108 | 2848331 |
| 2010 | 3412 | 4196654 |
| 2011 | 2788 | 871219 |
| 2012 | 2859 | 11235951 |
| 2013 | 2874 | 8734485 |
| 2014 | 2861 | 9270151 |
| 2015 | 2875 | 9678459 |
| 2016 | 2992 | 9608893 |
| 2017 | 2412 | 11252344 |
| 2018 | 2461 | 11692282 |
| 2019 | 1778 | 11082144 |
| 2020 | 2024 | 13490087 |
| 2021 | 2557 | 15469536 |
| 2022 | 3046 | 18197250 |
| 2023 | 3421 | 19078827 |

# 13-2 规模以上工业企业主要经济指标

（2023 年）

| 指　　标 | 企业个数（个） | 资产总计（万元） | #流动资产合　计 | 负债合计（万元） |
|---|---|---|---|---|
| **总计** | **3421** | **79608423** | **46047345** | **45760721** |
| **按登记注册类型分** | | | | |
| 内资企业 | 3265 | 68099224 | 39624896 | 41178116 |
| 国有企业 | 4 | 968436 | 660392 | 793524 |
| 中央企业 | 1 | 36178 | 30670 | 1474 |
| 地方企业 | 3 | 932258 | 629722 | 792050 |
| 集体企业 | 4 | 6630 | 3772 | 3101 |
| 股份合作企业 | 2 | 10259 | 6439 | 8084 |
| 联营企业 | | | | |
| 有限责任公司 | 3128 | 59553080 | 34734262 | 37665344 |
| 国有独资公司 | 22 | 7315242 | 5216085 | 3778792 |
| 私营有限责任公司 | 2714 | 27202576 | 15170950 | 17194309 |
| 其他有限责任公司 | 392 | 25035262 | 14347227 | 16692243 |
| 股份有限公司 | 94 | 7418001 | 4141670 | 2626001 |
| 私营股份有限公司 | 83 | 3921453 | 2544322 | 1308033 |
| 其他股份有限公司 | 11 | 3496549 | 1597348 | 1317968 |
| 私营企业 | 2830 | 31266847 | 17793633 | 18584405 |
| 个人独资企业 | 32 | 137290 | 77856 | 79885 |
| 合伙企业 | 1 | 5527 | 505 | 2178 |
| 私营有限责任公司 | 2714 | 27202576 | 15170950 | 17194309 |
| 私营股份有限公司 | 83 | 3921453 | 2544322 | 1308033 |
| 其他内资企业 | | | | |
| 港、澳、台商投资企业 | 69 | 7486365 | 3956553 | 2330073 |
| 港澳台投资有限责任公司 | 68 | 7451521 | 3925581 | 2303356 |
| 港澳台投资股份有限公司 | 1 | 34843 | 30972 | 26717 |
| 港澳台投资合伙企业 | | | | |
| 其他港澳台投资企业 | | | | |
| 外商投资企业 | 87 | 4022834 | 2465896 | 2252532 |
| 外商投资有限责任公司 | 85 | 3804730 | 2283568 | 2171129 |
| 外商投资股份有限公司 | 2 | 218105 | 182328 | 81403 |
| 外商投资合伙企业 | | | | |
| 其他外商投资企业 | | | | |
| 在总计中：亏损企业 | 492 | 16471397 | 8643837 | 12132043 |
| 在总计中：国有控股企业 | 139 | 26544418 | 16989138 | 16337250 |
| **按轻重工业分** | | | | |
| 轻工业 | 1049 | 12958623 | 7623719 | 5997845 |
| 重工业 | 2372 | 66649800 | 38423626 | 39762876 |
| **按企业规模分** | | | | |
| 大型企业 | 44 | 32662041 | 20177049 | 17113867 |
| 中型企业 | 170 | 17951361 | 10086311 | 11416070 |
| 小型企业 | 2697 | 25892765 | 14406744 | 15346147 |
| 微型企业 | 510 | 3102255 | 1377241 | 1884636 |

13-2 续表 1

| 指　　标 | 企业个数（个） | 资产总计（万元） | #流动资产合　计 | 负债合计（万元） |
|---|---|---|---|---|
| **按行业分** | | | | |
| 煤炭开采和洗选业 | 3 | 4197823 | 1841050 | 1637751 |
| 黑色金属矿采选业 | 2 | 67009 | 30212 | 29862 |
| 有色金属矿采选业 | 1 | 3312 | 1013 | 520 |
| 非金属矿采选业 | 2 | 26431 | 8817 | 3239 |
| 农副食品加工业 | 207 | 1656367 | 802412 | 1007607 |
| 食品制造业 | 52 | 556012 | 207851 | 303324 |
| 酒、饮料和精制茶制造业 | 16 | 359490 | 193495 | 148568 |
| 烟草制品业 | 1 | 2572228 | 2200315 | 214896 |
| 纺织业 | 208 | 1589867 | 965334 | 1015365 |
| 纺织服装、服饰业 | 62 | 244720 | 156346 | 90737 |
| 皮革、毛皮、羽毛及其制品和制鞋业 | 15 | 235631 | 179394 | 123512 |
| 木材加工和木、竹、藤、棕、草制品业 | 369 | 1431672 | 665390 | 773757 |
| 家具制造业 | 45 | 265606 | 134811 | 151663 |
| 造纸和纸制品业 | 21 | 146712 | 59482 | 128968 |
| 印刷和记录媒介复制业 | 25 | 205322 | 106260 | 113819 |
| 文教、工美、体育和娱乐用品制造业 | 24 | 84197 | 40742 | 41759 |
| 石油、煤炭及其他燃料加工业 | 12 | 1495761 | 660096 | 1004331 |
| 化学原料和化学制品制造业 | 69 | 2367335 | 1219356 | 1214569 |
| 医药制造业 | 32 | 1776217 | 1116450 | 557963 |
| 化学纤维制造业 | 15 | 917517 | 238371 | 648612 |
| 橡胶和塑料制品业 | 144 | 932857 | 531430 | 476189 |
| 非金属矿物制品业 | 405 | 9996487 | 5450536 | 4227940 |
| 黑色金属冶炼和压延加工业 | 26 | 3660148 | 1606506 | 2669083 |
| 有色金属冶炼和压延加工业 | 74 | 1196969 | 796580 | 710275 |
| 金属制品业 | 309 | 3236176 | 2011157 | 1852506 |
| 通用设备制造业 | 315 | 6735743 | 4473984 | 3819689 |
| 专用设备制造业 | 225 | 9777237 | 7388618 | 6990628 |
| 汽车制造业 | 54 | 4544089 | 3494077 | 3664418 |
| 铁路、船舶、航空航天和其他运输设备制造业 | 77 | 1191162 | 740347 | 720564 |
| 电气机械和器材制造业 | 263 | 4598714 | 2967339 | 3396686 |
| 计算机、通信和其他电子设备制造业 | 139 | 4268245 | 2115262 | 2230408 |
| 仪器仪表制造业 | 49 | 961910 | 557515 | 398183 |
| 其他制造业 | 8 | 45483 | 30191 | 22357 |
| 废弃资源综合利用业 | 38 | 1228091 | 802419 | 649104 |
| 金属制品、机械和设备修理业 | 1 | 3540 | 2612 | 3381 |
| 电力、热力生产和供应业 | 70 | 4874560 | 1569076 | 3222388 |
| 燃气生产和供应业 | 20 | 608777.2 | 178188.3 | 402824 |
| 水的生产和供应业 | 23 | 1549005.6 | 504314 | 1093277 |

13-2 续表 2

| 指 标 | 销售费用（万元） | 管理费用（万元） | 财务费用（万元） | 从业人员平均人数（人） |
|---|---|---|---|---|
| **总计** | **1498049** | **1762115** | **314488** | **392101** |
| **按登记注册类型分** | | | | |
| 内资企业 | 1384848 | 1485780 | 302251 | 352948 |
| 国有企业 | 46768 | 13245 | -13236 | 2227 |
| 中央企业 | 1521 | 3857 | -338 | 342 |
| 地方企业 | 45247 | 9388 | -12898 | 1885 |
| 集体企业 | 563 | 524 | 47 | 173 |
| 股份合作企业 | 75 | 239 | -13 | 160 |
| 联营企业 | | | | |
| 有限责任公司 | 1110977 | 1296647 | 308998 | 319548 |
| 国有独资公司 | 101900 | 121499 | -18584 | 9118 |
| 私营有限责任公司 | 486511 | 729708 | 195390 | 219674 |
| 其他有限责任公司 | 522566 | 445440 | 132191 | 90756 |
| 股份有限公司 | 225209 | 172871 | 6106 | 29032 |
| 私营股份有限公司 | 208252 | 105859 | 10743 | 19813 |
| 其他股份有限公司 | 16957 | 67012 | -4638 | 9219 |
| 私营企业 | 696019 | 837820 | 206482 | 241295 |
| 个人独资企业 | 1244 | 2235 | 346 | 1764 |
| 合伙企业 | 12 | 18 | 2 | 44 |
| 私营有限责任公司 | 486511 | 729708 | 195390 | 219674 |
| 私营股份有限公司 | 208252 | 105859 | 10743 | 19813 |
| 其他内资企业 | | | | |
| 港、澳、台商投资企业 | 44048 | 145798 | -6862 | 19766 |
| 港澳台投资有限责任公司 | 41024 | 143860 | -6635 | 19567 |
| 港澳台投资股份有限公司 | 3025 | 1938 | -226 | 199 |
| 港澳台投资合伙企业 | | | | |
| 其他港澳台投资企业 | | | | |
| 外商投资企业 | 69153 | 130538 | 19098 | 19387 |
| 外商投资有限责任公司 | 65293 | 125538 | 18262 | 18682 |
| 外商投资股份有限公司 | 3860 | 5000 | 837 | 705 |
| 外商投资合伙企业 | | | | |
| 其他外商投资企业 | | | | |
| 在总计中：亏损企业 | 242856 | 367879 | 138679 | 74579 |
| 在总计中：国有控股企业 | 597834 | 453218 | 54003 | 69080 |
| **按轻重工业分** | | | | |
| 轻工业 | 412895 | 378509 | 29245 | 113156 |
| 重工业 | 1085155 | 1383606 | 285243 | 278945 |
| **按企业规模分** | | | | |
| 大型企业 | 723484 | 581924 | -1177 | 104691 |
| 中型企业 | 296167 | 384056 | 106928 | 84707 |
| 小型企业 | 460716 | 746779 | 179865 | 195745 |
| 微型企业 | 17683 | 49356 | 28872 | 6958 |

13-2 续表 3

| 指　　标 | 销售费用（万元） | 管理费用（万元） | 财务费用（万元） | 从业人员平均人数（人） |
|---|---|---|---|---|
| **按行业分** | | | | |
| 煤炭开采和洗选业 | 6171 | 123542 | -5728 | 22685 |
| 黑色金属矿采选业 | 244 | 9134 | -110 | 1165 |
| 有色金属矿采选业 | 51 | 37 | 29 | 24 |
| 非金属矿采选业 | 475 | 2434 | 25 | 133 |
| 农副食品加工业 | 42413 | 52062 | 13330 | 20599 |
| 食品制造业 | 20002 | 19535 | 5340 | 6892 |
| 酒、饮料和精制茶制造业 | 4802 | 10414 | -225 | 2570 |
| 烟草制品业 | 26324 | 74729 | -35589 | |
| 纺织业 | 25569 | 44312 | 13759 | 23721 |
| 纺织服装、服饰业 | 2220 | 8372 | 346 | 8102 |
| 皮革、毛皮、羽毛及其制品和制鞋业 | 2350 | 7993 | 5 | 2472 |
| 木材加工和木、竹、藤、棕、草制品业 | 15032 | 24741 | 6828 | 22696 |
| 家具制造业 | 4601 | 5763 | 868 | 3295 |
| 造纸和纸制品业 | 3106 | 6201 | 1656 | 1633 |
| 印刷和记录媒介复制业 | 3631 | 11246 | 1319 | 2310 |
| 文教、工美、体育和娱乐用品制造业 | 1238 | 4412 | 532 | 2277 |
| 石油、煤炭及其他燃料加工业 | 9392 | 20636 | 10548 | 4774 |
| 化学原料和化学制品制造业 | 42054 | 100781 | 8876 | 11072 |
| 医药制造业 | 213729 | 39177 | 4157 | 6761 |
| 化学纤维制造业 | 2503 | 11760 | 8491 | 3540 |
| 橡胶和塑料制品业 | 20778 | 35135 | 9025 | 11573 |
| 非金属矿物制品业 | 90953 | 176402 | 13295 | 25826 |
| 黑色金属冶炼和压延加工业 | 18891 | 73373 | 15414 | 11399 |
| 有色金属冶炼和压延加工业 | 12271 | 31421 | 9683 | 7295 |
| 金属制品业 | 61543 | 104218 | 19586 | 22708 |
| 通用设备制造业 | 140704 | 160159 | 5196 | 38303 |
| 专用设备制造业 | 385270 | 187192 | 45588 | 32221 |
| 汽车制造业 | 166872 | 49183 | 17514 | 13939 |
| 铁路、船舶、航空航天和其他运输设备制造业 | 33852 | 38680 | 4829 | 12869 |
| 电气机械和器材制造业 | 56242 | 91625 | 20505 | 25323 |
| 计算机、通信和其他电子设备制造业 | 27257 | 107493 | 8193 | 21809 |
| 仪器仪表制造业 | 29755 | 27086 | 4347 | 5074 |
| 其他制造业 | 1753 | 1611 | 11 | 590 |
| 废弃资源综合利用业 | 8197 | 19324 | 22963 | 5177 |
| 金属制品、机械和设备修理业 | 168 | 542 | … | 27 |
| 电力、热力生产和供应业 | 3443 | 50512 | 75063 | 6307 |
| 燃气生产和供应业 | 8836 | 14545 | 4381 | 1571 |
| 水的生产和供应业 | 5359 | 16333 | 4439 | 3369 |

# 13-3 国有控股工业企业主要经济指标

（2023年）

| 指标 | 企业个数（个） | 资产总计（万元） | #流动资产合计 | 负债合计（万元） |
|---|---|---|---|---|
| **总计** | **139** | **26544418** | **16989138** | **16337250** |
| **按登记注册类型分组** | | | | |
| 内资企业 | 131 | 25301624 | 16104984 | 15310817 |
| 国有企业 | 4 | 968436 | 660392 | 793524 |
| 有限责任公司 | 125 | 21951760 | 14290968 | 13714657 |
| 国有独资公司 | 22 | 7315242 | 5216085 | 3778792 |
| 其他有限责任公司 | 103 | 14636518 | 9074883 | 9935865 |
| 股份有限公司 | 2 | 2381428 | 1153624 | 802636 |
| 外商投资企业 | 8 | 1242794 | 884154 | 1026433 |
| **在总计中：亏损企业** | **31** | **4470977** | **2947470** | **3845414** |
| 在总计中：轻工业 | 15 | 2940297 | 2362323 | 470251 |
| 重工业 | 124 | 23604122 | 14626816 | 15867000 |
| 在总计中：大型企业 | 13 | 17491427 | 12477820 | 9902329 |
| 中型企业 | 30 | 5045055 | 2603141 | 3594686 |
| 小型企业 | 84 | 3776618 | 1829484 | 2712089 |
| 微型企业 | 12 | 231319 | 78694 | 128146 |
| **按行业分** | | | | |
| 煤炭开采和洗选业 | 2 | 4170415 | 1815169 | 1623674 |
| 黑色金属矿采选业 | 1 | 59576 | 23372 | 23306 |
| 农副食品加工业 | 3 | 43241 | 14329 | 30975 |
| 食品制造业 | 1 | 62830 | 13846 | 42892 |
| 酒、饮料和精制茶制造业 | 4 | 107957 | 59065 | 52130 |
| 烟草制品业 | 1 | 2572228 | 2200315 | 214896 |
| 印刷和记录媒介复制业 | 4 | 15211 | 9579 | 14182 |
| 化学原料和化学制品制造业 | 2 | 65483 | 17231 | 40329 |
| 医药制造业 | 1 | 6738 | 2817 | 2481 |
| 化学纤维制造业 | 1 | 132092 | 62372 | 112695 |
| 非金属矿物制品业 | 17 | 693189 | 347936 | 448702 |
| 有色金属冶炼和压延加工业 | 2 | 27361 | 13037 | 19717 |
| 金属制品业 | 5 | 213973 | 145921 | 124483 |
| 通用设备制造业 | 14 | 3636092 | 2513842 | 2121619 |
| 专用设备制造业 | 18 | 6658074 | 5177683 | 5340105 |
| 汽车制造业 | 7 | 3357161 | 2854088 | 2816132 |
| 铁路、船舶、航空航天和其他运输设备制造业 | 2 | 48189 | 41086 | 34813 |
| 电气机械和器材制造业 | 1 | 22795 | 15840 | 11074 |
| 计算机、通信和其他电子设备制造业 | 2 | 354544 | 306950 | 295114 |
| 仪器仪表制造业 | 1 | 13587 | 13097 | 5047 |
| 废弃资源综合利用业 | 2 | 49690 | 32948 | 25651 |
| 金属制品、机械和设备修理业 | 1 | 3540 | 2612 | 3381 |
| 电力、热力生产和供应业 | 27 | 2710741 | 809334 | 1852934 |
| 燃气生产和供应业 | 4 | 50382 | 10204 | 30340 |
| 水的生产和供应业 | 16 | 1469331 | 486467 | 1050578 |

13-3 续表

| 指　　标 | 销售费用（万元） | 管理费用（万元） | 财务费用（万元） | 从业人员平均人数（人） |
|---|---|---|---|---|
| **总　计** | **597834** | **453218** | **54003** | **69080** |
| **按登记注册类型分组** | | | | |
| 内资企业 | 572114.7 | 421329.6 | 42340.7 | 65232 |
| 国有企业 | 46768 | 13245 | -13236 | 2227 |
| 有限责任公司 | 520608 | 358237 | 65394 | 55999 |
| 国有独资公司 | 101900 | 121499 | -18584 | 9118 |
| 其他有限责任公司 | 418708 | 236738 | 83977 | 46881 |
| 股份有限公司 | 4739 | 49847 | -9817 | 7006 |
| 外商投资企业 | 25719 | 31888 | 11662 | 3848 |
| **在总计中：亏损企业** | **100350** | **57532** | **43548** | **8990** |
| 在总计中：轻工业 | 29587 | 84173 | -30785 | 2536 |
| 重工业 | 568247 | 369044 | 84788 | 66544 |
| 在总计中：大型企业 | 482381 | 294556 | -19613 | 44768 |
| 中型企业 | 79923 | 90742 | 44902 | 14860 |
| 小型企业 | 35187 | 67262 | 25136 | 9368 |
| 微型企业 | 342 | 657 | 3577 | 84 |
| **按行业分** | | | | |
| 煤炭开采和洗选业 | 6171 | 123495 | -5728 | 22320 |
| 黑色金属矿采选业 | 244 | 9113 | -119 | 1145 |
| 农副食品加工业 | 1609 | 985 | 111 | 207 |
| 食品制造业 | 756 | 1005 | 782 | 141 |
| 酒、饮料和精制茶制造业 | 15 | 3805 | -90 | 1341 |
| 烟草制品业 | 26324 | 74729 | -35589 | |
| 印刷和记录媒介复制业 | 381 | 1395 | 112 | 458 |
| 化学原料和化学制品制造业 | 334 | 262 | -3 | 112 |
| 医药制造业 | 342 | 193 | -1 | 18 |
| 化学纤维制造业 | 159 | 2061 | 3890 | 371 |
| 非金属矿物制品业 | 6584 | 20388 | 8910 | 1767 |
| 有色金属冶炼和压延加工业 | 251 | 559 | 338 | 171 |
| 金属制品业 | 3127 | 6599 | 243 | 1029 |
| 通用设备制造业 | 84426 | 46113 | -9927 | 10076 |
| 专用设备制造业 | 313992 | 69397 | 38923 | 13850 |
| 汽车制造业 | 136122 | 18979 | 9673 | 6749 |
| 铁路、船舶、航空航天和其他运输设备制造业 | 1778 | 1702 | 211 | 65 |
| 电气机械和器材制造业 | 69 | 3077 | -60 | 79 |
| 计算机、通信和其他电子设备制造业 | 5384 | 17698 | 1752 | 897 |
| 仪器仪表制造业 | 312 | 571 | 404 | 335 |
| 废弃资源综合利用业 | 235.8 | 1321.1 | 288 | 312 |
| 金属制品、机械和设备修理业 | 168.2 | 541.9 | … | 27 |
| 电力、热力生产和供应业 | 3354.7 | 32917.4 | 36546.8 | 4315 |
| 燃气生产和供应业 | 344.4 | 1246.9 | 613.7 | 141 |
| 水的生产和供应业 | 5353 | 15067 | 2724 | 3154 |

# 13-4 规模以上私营工业企业主要经济指标

（2023 年）

| 指标 | 企业个数（个） | 资产总计（万元） | #流动资产合计 | 负债合计（万元） |
|---|---|---|---|---|
| **总 计** | **2830** | **31266847** | **17793633** | **18584405** |
| **按登记注册类型分组** | | | | |
| 个人独资企业 | 32 | 137290 | 77856 | 79885 |
| 合伙企业 | 1 | 5527 | 505 | 2178 |
| 私营有限责任公司 | 2714 | 27202576 | 15170950 | 17194309 |
| 私营股份有限公司 | 83 | 3921453 | 2544322 | 1308033 |
| **在总计中：亏损企业** | **343** | **7035850** | **3594788** | **4954451** |
| 在总计中：国有控股企业 | | | | |
| 在总计中：轻工业 | 895 | 6307505 | 3424363 | 3404670 |
| 重工业 | 1935 | 24959342 | 14369270 | 15179735 |
| 在总计中：大型企业 | 16 | 6586372 | 3399285 | 4014701 |
| 中型企业 | 92 | 6707730 | 4077721 | 4333211 |
| 小型企业 | 2281 | 16139115 | 9412712 | 9049248 |
| 微型企业 | 441 | 1833630 | 903915 | 1187245 |
| **按行业分** | | | | |
| 煤炭开采和洗选业 | 1 | 27408 | 25881 | 14077 |
| 黑色金属矿采选业 | 1 | 7433 | 6840 | 6556 |
| 有色金属矿采选业 | 1 | 3312 | 1013 | 520 |
| 非金属矿采选业 | 1 | 16838 | 1725 | 3201 |
| 农副食品加工业 | 165 | 1168858 | 589331 | 684410 |
| 食品制造业 | 45 | 429296 | 164553 | 225420 |
| 酒、饮料和精制茶制造业 | 5 | 123450 | 88234 | 40721 |
| 纺织业 | 194 | 1048351 | 613933 | 753384 |
| 纺织服装、服饰业 | 53 | 136631 | 71680 | 71495 |
| 皮革、毛皮、羽毛及其制品和制鞋业 | 10 | 62640 | 42365 | 37922 |
| 木材加工和木、竹、藤、棕、草制品业 | 358 | 1243044 | 600847 | 650964 |
| 家具制造业 | 42 | 247332 | 123622 | 135939 |
| 造纸和纸制品业 | 17 | 68332 | 33057 | 46088 |
| 印刷和记录媒介复制业 | 16 | 83111 | 34003 | 55485 |
| 文教、工美、体育和娱乐用品制造业 | 20 | 64676 | 27449 | 31574 |
| 石油、煤炭及其他燃料加工业 | 8 | 990031 | 442700 | 865914 |
| 化学原料和化学制品制造业 | 52 | 1598071 | 860342 | 875314 |
| 医药制造业 | 24 | 1017009 | 654661 | 235724 |
| 化学纤维制造业 | 12 | 48887 | 24172 | 20547 |
| 橡胶和塑料制品业 | 132 | 762751 | 461030 | 371483 |
| 非金属矿物制品业 | 354 | 3761863 | 2195684 | 2267431 |
| 黑色金属冶炼和压延加工业 | 26 | 3660148 | 1606506 | 2669083 |
| 有色金属冶炼和压延加工业 | 63 | 751467 | 530340 | 363795 |
| 金属制品业 | 275 | 2127597 | 1367858 | 1255519 |
| 通用设备制造业 | 266 | 2345012 | 1474784 | 1423930 |
| 专用设备制造业 | 170 | 1839092 | 1219448 | 1052528 |
| 汽车制造业 | 33 | 448439 | 191245 | 385187 |
| 铁路、船舶、航空航天和其他运输设备制造业 | 69 | 1037747 | 643740 | 618710 |
| 电气机械和器材制造业 | 227 | 2529405 | 1569889 | 1757183 |
| 计算机、通信和其他电子设备制造业 | 97 | 1202210 | 743802 | 474819 |
| 仪器仪表制造业 | 42 | 834662 | 454367 | 329114 |
| 其他制造业 | 7 | 39870 | 28857 | 21157 |
| 废弃资源综合利用业 | 27 | 962411 | 642614 | 529487 |
| 电力、热力生产和供应业 | 12 | 527248 | 246381 | 281462 |
| 燃气生产和供应业 | 3 | 29567 | 8153 | 14627 |
| 水的生产和供应业 | 2 | 22649 | 2527 | 13637 |

13-4 续表

| 指　　标 | 销售费用（万元） | 管理费用（万元） | 财务费用（万元） | 从业人员平均人数（人） |
|---|---|---|---|---|
| **总　计** | **696019** | **837820** | **206482** | **241295** |
| **按登记注册类型分组** | | | | |
| 个人独资企业 | 1244 | 2235 | 346 | 1764 |
| 合伙企业 | 12 | 18 | 2 | 44 |
| 私营有限责任公司 | 486511 | 729708 | 195390 | 219674 |
| 私营股份有限公司 | 208252 | 105859 | 10743 | 19813 |
| **在总计中：亏损企业** | **93307** | **197854** | **64457** | **43805** |
| 在总计中：国有控股企业 | | | | |
| 在总计中：轻工业 | 323786 | 198514 | 38281 | 82676 |
| 重工业 | 372234 | 639306 | 168201 | 158619 |
| 在总计中：大型企业 | 202868 | 131105 | 36361 | 33782 |
| 中型企业 | 139785 | 171767 | 39514 | 46325 |
| 小型企业 | 337878 | 499743 | 117009 | 154977 |
| 微型企业 | 15489 | 35204 | 13599 | 6211 |
| **按行业分** | | | | |
| 煤炭开采和洗选业 | | 47 | … | 365 |
| 黑色金属矿采选业 | | 21 | 9 | 20 |
| 有色金属矿采选业 | 51 | 37 | 29 | 24 |
| 非金属矿采选业 | 475 | 2172 | 25 | 85 |
| 农副食品加工业 | 25424 | 36381 | 8578 | 16200 |
| 食品制造业 | 13911 | 14618 | 4177 | 5674 |
| 酒、饮料和精制茶制造业 | 3011 | 3521 | -1009 | 661 |
| 纺织业 | 15516 | 32880 | 11778 | 16589 |
| 纺织服装、服饰业 | 1926 | 5949 | 304 | 6846 |
| 皮革、毛皮、羽毛及其制品和制鞋业 | 685 | 2323 | 108 | 1114 |
| 木材加工和木、竹、藤、棕、草制品业 | 14620 | 22540 | 5131 | 21532 |
| 家具制造业 | 4101 | 4444 | 866 | 3067 |
| 造纸和纸制品业 | 1388 | 4686 | 695 | 1009 |
| 印刷和记录媒介复制业 | 1219 | 2824 | 1196 | 1006 |
| 文教、工美、体育和娱乐用品制造业 | 934 | 2801 | 226 | 1322 |
| 石油、煤炭及其他燃料加工业 | 8255 | 15936 | 12166 | 3100 |
| 化学原料和化学制品制造业 | 33403 | 66959 | 8768 | 7764 |
| 医药制造业 | 205699 | 22757 | -1192 | 4478 |
| 化学纤维制造业 | 943 | 1253 | 404 | 639 |
| 橡胶和塑料制品业 | 18106 | 28969 | 7051 | 10263 |
| 非金属矿物制品业 | 68061 | 82761 | 20983 | 20220 |
| 黑色金属冶炼和压延加工业 | 18891 | 73373 | 15414 | 11399 |
| 有色金属冶炼和压延加工业 | 9653 | 17449 | 5794 | 4009 |
| 金属制品业 | 42765 | 68314 | 15603 | 17195 |
| 通用设备制造业 | 46033 | 88257 | 14201 | 23427 |
| 专用设备制造业 | 40812 | 55316 | 11278 | 11457 |
| 汽车制造业 | 5929 | 11414 | 5995 | 3916 |
| 铁路、船舶、航空航天和其他运输设备制造业 | 27409 | 31908 | 4620 | 11245 |
| 电气机械和器材制造业 | 40711 | 67620 | 14606 | 18065 |
| 计算机、通信和其他电子设备制造业 | 14688 | 30320 | 453 | 9463 |
| 仪器仪表制造业 | 24140 | 22787 | 2597 | 4019 |
| 其他制造业 | 1674 | 1128 | -30 | 386 |
| 废弃资源综合利用业 | 5468 | 12166 | 21545 | 4231 |
| 电力、热力生产和供应业 | | 2850 | 13276 | 330 |
| 燃气生产和供应业 | 80 | 821 | 396 | 84 |
| 水的生产和供应业 | 6 | 218 | 443 | 91 |

# 13－5　规模以上“三资”工业企业主要经济指标

（2023 年）

| 指　　标 | 企业个数（个） | 资产总计（万元） | #流动资产合　计 | 负债合计（万元） |
|---|---|---|---|---|
| **总　计** | **156** | **11509199** | **6422449** | **4582604** |
| **按登记注册类型分组** | | | | |
| 港、澳、台投资企业 | 69 | 7486365 | 3956553 | 2330073 |
| 港澳台投资有限责任公司 | 68 | 7451521 | 3925581 | 2303356 |
| 港澳台投资股份有限公司 | 1 | 34843 | 30972 | 26717 |
| 港澳台投资合伙企业 | | | | |
| 其他港澳台投资企业 | | | | |
| 外商投资企业 | 87 | 4022834 | 2465896 | 2252532 |
| 外商投资有限责任公司 | 85 | 3804730 | 2283568 | 2171129 |
| 外商投资股份有限公司 | 2 | 218105 | 182328 | 81403 |
| 外商投资合伙企业 | | | | |
| 其他外商投资企业 | | | | |
| **在总计中：亏损企业** | **34** | **1356281** | **838766** | **671897** |
| 在总计中：国有控股企业 | 8 | 1242794 | 884154 | 1026433 |
| 在总计中：轻工业 | 46 | 1267295 | 800042 | 574700 |
| 重工业 | 110 | 10241904 | 5622407 | 4007904 |
| 在总计中：大型企业 | 9 | 6560149 | 3706648 | 2053158 |
| 中型企业 | 21 | 1877032 | 1289076 | 932842 |
| 小型企业 | 108 | 2427519 | 1192234 | 1275094 |
| 微型企业 | 18 | 644499 | 234491 | 321511 |
| **按行业分** | | | | |
| 农副食品加工业 | 7 | 103767 | 37007 | 87311 |
| 酒、饮料和精制茶制造业 | 6 | 132978 | 42049 | 65618 |
| 纺织业 | 11 | 521442 | 337600 | 247416 |
| 纺织服装、服饰业 | 5 | 100928 | 80250 | 18585 |
| 皮革、毛皮、羽毛及其制品和制鞋业 | 4 | 138446 | 131657 | 56419 |
| 木材加工和木、竹、藤、棕、草制品业 | 7 | 46884 | 28158 | 36705 |
| 印刷和记录媒介复制业 | 2 | 78115 | 45986 | 31978 |
| 文教、工美、体育和娱乐用品制造业 | 1 | 6004 | 4149 | 1580 |
| 石油、煤炭及其他燃料加工业 | 2 | 178613 | 27592 | 21621 |
| 化学原料和化学制品制造业 | 4 | 272846 | 163389 | 122829 |
| 医药制造业 | 2 | 130257 | 90664 | 47141 |
| 橡胶和塑料制品业 | 3 | 14811 | 12595 | 6816 |
| 非金属矿物制品业 | 7 | 4672719 | 2315703 | 928400 |
| 有色金属冶炼和压延加工业 | 2 | 268240 | 158979 | 223842 |
| 金属制品业 | 8 | 260836 | 140255 | 122849 |
| 通用设备制造业 | 17 | 592967 | 394807 | 186569 |
| 专用设备制造业 | 16 | 1019982 | 798499 | 423559 |
| 汽车制造业 | 4 | 639038 | 517059 | 551008 |
| 铁路、船舶、航空航天和其他运输设备制造业 | 1 | 5597 | 4208 | 249 |
| 电气机械和器材制造业 | 9 | 165538 | 117380 | 86416 |
| 计算机、通信和其他电子设备制造业 | 8 | 523235 | 421473 | 327444 |
| 仪器仪表制造业 | 3 | 108268 | 87933 | 53008 |
| 其他制造业 | 1 | 5613 | 1334 | 1200 |
| 废弃资源综合利用业 | 3 | 127872 | 82000 | 36353 |
| 电力、热力生产和供应业 | 13 | 872508 | 238991 | 552537 |
| 燃气生产和供应业 | 9 | 491274 | 139515 | 331068 |
| 水的生产和供应业 | 1 | 30420 | 3217 | 14085 |

13-5 续表

| 指　　标 | 销售费用（万元） | 管理费用（万元） | 财务费用（万元） | 从业人员平均人数（人） |
|---|---|---|---|---|
| **总　计** | **113201** | **276336** | **12236** | **39153** |
| **按登记注册类型分组** | | | | |
| 港、澳、台投资企业 | 44048 | 145798 | -6862 | 19766 |
| 港澳台投资有限责任公司 | 41024 | 143860 | -6635 | 19567 |
| 港澳台投资股份有限公司 | 3025 | 1938 | -226 | 199 |
| 港澳台投资合伙企业 | | | | |
| 其他港澳台投资企业 | | | | |
| 外商投资企业 | 69153 | 130538 | 19098 | 19387 |
| 外商投资有限责任公司 | 65293 | 125538 | 18262 | 18682 |
| 外商投资股份有限公司 | 3860 | 5000 | 837 | 705 |
| 外商投资合伙企业 | | | | |
| 其他外商投资企业 | | | | |
| **在总计中：亏损企业** | **17770** | **47417** | **8423** | **6218** |
| 在总计中：国有控股企业 | 25719 | 31888 | 11662 | 3848 |
| 在总计中：轻工业 | 19697 | 33437 | 5467 | 12854 |
| 重工业 | 93504 | 242899 | 6769 | 26299 |
| 在总计中：大型企业 | 46620 | 116439 | -15380 | 16347 |
| 中型企业 | 32230 | 59890 | 5030 | 10771 |
| 小型企业 | 33584 | 90426 | 14050 | 11830 |
| 微型企业 | 768 | 9581 | 8537 | 205 |
| **按行业分** | | | | |
| 农副食品加工业 | 3862 | 3382 | 2558 | 733 |
| 酒、饮料和精制茶制造业 | 1764 | 2978 | 868 | 826 |
| 纺织业 | 9926 | 10858 | 1954 | 6928 |
| 纺织服装、服饰业 | 248 | 1695 | 40 | 811 |
| 皮革、毛皮、羽毛及其制品和制鞋业 | 1665 | 5595 | -219 | 1340 |
| 木材加工和木、竹、藤、棕、草制品业 | 164 | 470 | 35 | 585 |
| 印刷和记录媒介复制业 | 1569 | 4608 | 44 | 455 |
| 文教、工美、体育和娱乐用品制造业 | 41 | 254 | -66 | 85 |
| 石油、煤炭及其他燃料加工业 | 584 | 734 | -220 | 158 |
| 化学原料和化学制品制造业 | 3278 | 10945 | -1332 | 1053 |
| 医药制造业 | 206 | 1550 | 178 | 905 |
| 橡胶和塑料制品业 | 88 | 994 | -44 | 150 |
| 非金属矿物制品业 | 6917 | 57018 | -18121 | 1464 |
| 有色金属冶炼和压延加工业 | 2257 | 10715 | 2789 | 2785 |
| 金属制品业 | 5575 | 13946 | 1208 | 1207 |
| 通用设备制造业 | 7694 | 20919 | -161 | 3363 |
| 专用设备制造业 | 25706 | 53697 | 5320 | 5504 |
| 汽车制造业 | 20415 | 11273 | 6087 | 2649 |
| 铁路、船舶、航空航天和其他运输设备制造业 | 80 | 246 | -46 | 101 |
| 电气机械和器材制造业 | 1183 | 3689 | 716 | 871 |
| 计算机、通信和其他电子设备制造业 | 5976 | 30865 | 1741 | 4015 |
| 仪器仪表制造业 | 5001 | 3105 | 1622 | 849 |
| 其他制造业 | 79 | 483 | 41 | 204 |
| 废弃资源综合利用业 | 112 | 1218 | 256 | 82 |
| 电力、热力生产和供应业 | 941 | 13254 | 13985 | 761 |
| 燃气生产和供应业 | 7871 | 11499 | 3310 | 1238 |
| 水的生产和供应业 | | 347 | 334 | 31 |

# 13-6 主要年份主要工业产品产量

| 年 份 | 铁矿石（成品矿）（万吨） | 生 铁（万吨） | 原 煤（万吨） | 发电量（亿千瓦时） | 铝 锭（吨） | 硫 酸（吨） | 合成氨（万吨） | 农用化肥（折 100%） | 水 泥（万吨） |
|---|---|---|---|---|---|---|---|---|---|
| 1949 | | | 81 | 0.07 | | | | | |
| 1952 | 21.93 | | 112 | 0.20 | | | | | |
| 1957 | 38.57 | 0.13 | 180 | 0.90 | | | | | |
| 1962 | 39.39 | 1.66 | 447 | 3.76 | 672 | | | 0.01 | 1.06 |
| 1965 | 45.98 | 1.63 | 472 | 4.43 | 930 | 5594 | 0.05 | 0.32 | 14.52 |
| 1970 | 31.69 | 4.61 | 633 | 7.24 | 1453 | 7746 | 1.03 | 0.89 | 23.09 |
| 1975 | 25.12 | 11.08 | 899 | 15.99 | 2103 | 10840 | 3.41 | 2.68 | 33.29 |
| 1978 | 40.95 | 15.19 | 1445 | 27.08 | 3135 | 22162 | 7.07 | 4.91 | 66.68 |
| 1979 | 44.49 | 18.16 | 1510 | 38.65 | 3616 | 21559 | 9.72 | 6.96 | 79.77 |
| 1980 | 29.55 | 16.36 | 1506 | 47.78 | 2721 | 31856 | 12.40 | 9.96 | 93.68 |
| 1981 | 23.36 | 12.18 | 1451 | 50.48 | 3686 | 21690 | 12.64 | 10.14 | 109.32 |
| 1982 | 24.74 | 11.71 | 1492 | 52.37 | 3614 | 34902 | 12.98 | 10.67 | 133.52 |
| 1983 | 30.02 | 14.73 | 1580 | 53.70 | 3378 | 50119 | 14.12 | 11.99 | 152.45 |
| 1984 | 30.80 | 15.74 | 1682 | 54.84 | 3210 | 44138 | 15.07 | 12.45 | 169.47 |
| 1985 | 30.48 | 16.52 | 1803 | 58.35 | 3062 | 35469 | 14.33 | 11.59 | 203.03 |
| 1986 | 30.75 | 19.90 | 1770 | 74.67 | 5629 | 34370 | 14.03 | 12.65 | 249.80 |
| 1987 | 33.59 | 22.82 | 1866 | 89.98 | 5649 | 46067 | 15.05 | 14.03 | 293.35 |
| 1988 | 47.35 | 24.80 | 1931 | 102.97 | 5574 | 51157 | 14.11 | 13.38 | 344.49 |
| 1989 | 51.57 | 23.39 | 2042 | 105.64 | 5929 | 56695 | 13.50 | 13.22 | 291.01 |
| 1990 | 27.62 | 29.22 | 2032 | 104.40 | 7568 | 62041 | 13.40 | 12.52 | 297.67 |
| 1991 | 26.25 | 28.60 | 2118 | 106.75 | 8096 | 83813 | 11.32 | 13.17 | 348.87 |
| 1992 | 32.33 | 31.84 | 2115 | 103.74 | 11241 | 77784 | 9.42 | 10.89 | 437.21 |
| 1993 | 98.53 | 35.63 | 2138 | 111.92 | 12081 | 60200 | 11.68 | 10.68 | 542.69 |
| 1994 | 113.60 | 41.34 | 1967 | 114.37 | 12347 | 65275 | 14.75 | 16.73 | 590.36 |
| 1995 | 95.00 | 52.00 | 2344 | 119.38 | 19385 | 85610 | 14.86 | 19.76 | 1031.48 |
| 1996 | 110.91 | 48.96 | 2301 | 118.91 | 11735 | 67841 | 14.28 | 24.60 | 1040.45 |
| 1997 | 49.62 | 55.78 | 2243 | 139.17 | 11294 | 87388 | 16.98 | 24.01 | 975.83 |
| 1998 | 17.82 | 49.89 | 2134 | 134.55 | 10321 | 81131 | 19.22 | 20.13 | 864.35 |
| 1999 | 17.82 | 40.36 | 2089 | 136.65 | 11828 | 3746 | 16.69 | 16.68 | 937.84 |
| 2000 | 43.30 | 37.10 | 2271 | 146.87 | 5002 | | 19.16 | 15.42 | 983.36 |
| 2001 | 15.34 | 51.05 | 2261 | 155.29 | 12055 | | 19.08 | 16.49 | 892.69 |
| 2002 | 14.63 | 48.75 | 2404 | 170.31 | 12354 | 45100 | 22.66 | 19.96 | 1008.34 |
| 2003 | 15.54 | 95.10 | 2572 | 198.95 | 12566 | 50000 | 21.55 | 17.89 | 1134.82 |
| 2004 | 24.77 | 136.69 | 2528 | 235.10 | 12866 | 72000 | 17.75 | 21.89 | 1285.58 |
| 2005 | 14.45 | 152.53 | 2597 | 309.97 | 10764 | 66600 | 36.96 | 29.58 | 1295.66 |
| 2006 | 19.69 | 230.72 | 2827 | 363.02 | 69741 | 116000 | 52.11 | 38.00 | 1538.60 |
| 2007 | 21.74 | 245.76 | 2363 | 316.56 | 98474 | 249105 | 55.97 | 38.15 | 1812.31 |
| 2008 | 23.86 | 194.85 | 2314 | 342.44 | 100007 | 181950 | 62.36 | 41.88 | 1867.36 |
| 2009 | 50.31 | 246.60 | 2236 | 330.77 | 106997 | 64400 | 61.11 | 43.93 | 2654.32 |
| 2010 | 65.64 | 304.92 | 2072 | 399.57 | 108668 | 37100 | 66.40 | 48.05 | 3205.35 |
| 2011 | 75.18 | 337.63 | 2025 | 453.66 | 109980 | 77200 | 82.35 | 52.73 | 2850.29 |
| 2012 | 74.44 | 375.37 | 2016 | 527.69 | 112506 | 95886 | 74.82 | 53.36 | 2778.85 |
| 2013 | 75.99 | 522.43 | 1972 | 574.70 | 57076 | 143983 | 98.61 | 53.98 | 2488.69 |
| 2014 | 78.72 | 437.80 | 1980 | 517.28 | 12194 | 180019 | 93.00 | 54.23 | 2749.01 |
| 2015 | 90.63 | 475.96 | 1885 | 497.22 | | 99295 | 93.21 | 45.76 | 2681.63 |
| 2016 | 98.35 | 607.09 | 1342 | 506.21 | | 140881 | 67.30 | 26.94 | 2755.19 |
| 2017 | 72.88 | 273.42 | 1278 | 522.50 | | 160104 | 55.29 | 4.60 | 2660.04 |
| 2018 | 70.60 | 97.89 | | | | 2560 | 48.77 | 12.55 | 1362.41 |
| 2019 | 70.76 | 236.04 | | | | | 52.10 | 16.83 | 1472.22 |
| 2020 | 61.95 | 462.42 | | | | | 48.74 | 16.34 | 1026.38 |
| 2021 | 67.53 | 550.43 | | | | | 37.29 | 6.65 | 953.55 |
| 2022 | 74.63 | 777.94 | | | | | 22.13 | | 958.46 |
| 2023 | 99.15 | 859.88 | | | | | 22.17 | | 1018.98 |

13-6　续表

| 年　份 | 纱（万吨） | 布（万米） | 机制纸及纸板（万吨） | 卷　烟（万箱） | 饮料酒（万千升） | 多晶硅（吨） | 锻压机械（吨） | 起重机（吨） | 装载机（辆） | 压路机（台） |
|---|---|---|---|---|---|---|---|---|---|---|
| 1949 | … | | | 0.86 | 0.02 | | | | | |
| 1952 | 0.03 | 129 | … | 2.73 | 0.15 | | | | | |
| 1957 | 0.04 | 291 | 0.23 | 2.47 | 0.30 | | | | | |
| 1962 | 0.10 | 493 | 0.40 | 2.60 | 0.35 | | | | | |
| 1965 | 0.41 | 796 | 0.36 | 6.89 | 0.31 | | | | | |
| 1970 | 0.84 | 1811 | 0.91 | 10.93 | 0.49 | | | | | |
| 1975 | 1.12 | 3474 | 1.12 | 12.00 | 0.90 | | | | | |
| 1978 | 1.68 | 5474 | 2.47 | 14.74 | 1.35 | | | | | |
| 1979 | 1.87 | 5873 | 2.56 | 16.72 | 1.64 | | | | | |
| 1980 | 2.11 | 7487 | 3.15 | 19.45 | 2.02 | | | | | |
| 1981 | 2.26 | 8604 | 3.35 | 22.26 | 2.51 | | | 321 | | 362 |
| 1982 | 2.45 | 8860 | 4.19 | 26.23 | 2.67 | | | 245 | | 485 |
| 1983 | 2.28 | 7979 | 4.85 | 23.03 | 2.82 | | | 256 | | 413 |
| 1984 | 2.29 | 7307 | 5.69 | 26.04 | 2.54 | | | 244 | | 520 |
| 1985 | 2.43 | 7350 | 6.48 | 26.10 | 2.84 | | | 325 | | 730 |
| 1986 | 2.67 | 7954 | 8.61 | 30.12 | 3.23 | | | 414 | | 957 |
| 1987 | 3.07 | 8981 | 11.62 | 31.02 | 3.88 | | | 382 | | 1247 |
| 1988 | 3.54 | 11032 | 13.87 | 32.22 | 4.38 | | | 438 | | 1224 |
| 1989 | 4.36 | 13504 | 15.31 | 33.00 | 4.96 | | | 428 | | 858 |
| 1990 | 3.63 | 12112 | 16.44 | 33.50 | 4.99 | | | 419 | | 802 |
| 1991 | 3.25 | 10769 | 17.66 | 34.00 | 5.66 | | | 496 | | 993 |
| 1992 | 3.93 | 11938 | 18.83 | 34.00 | 6.85 | | | 696 | 723 | 1392 |
| 1993 | 3.65 | 12790 | 22.36 | 35.06 | 7.66 | | | 1067 | 1026 | 2281 |
| 1994 | 4.20 | 11673 | 32.13 | 33.09 | 9.80 | | | 1005 | 929 | 2183 |
| 1995 | 4.64 | 13883 | 71.60 | 34.00 | 11.42 | | | 683 | 1298 | 1897 |
| 1996 | 5.16 | 12807 | 69.65 | 34.02 | 13.85 | | 14977 | 414 | 1358 | 1979 |
| 1997 | 5.48 | 9077 | 79.33 | 34.00 | 13.31 | | 12329 | 480 | 1739 | 2066 |
| 1998 | 4.49 | 7361 | 44.67 | 34.50 | 13.18 | | 9451 | 516 | 1706 | 2478 |
| 1999 | 5.70 | 7721 | 23.53 | 34.50 | 9.00 | | 7392 | 710 | 1890 | 3110 |
| 2000 | 7.16 | 8196 | 32.65 | 34.40 | 8.50 | | 11942 | 1087 | 1777 | 2466 |
| 2001 | 7.36 | 6954 | 28.41 | 36.50 | 14.47 | | 12669 | 1586 | 2791 | 2832 |
| 2002 | 8.89 | 6315 | 43.52 | 37.80 | 14.43 | | 13430 | 2961 | 3997 | 3816 |
| 2003 | 11.30 | 6884 | 48.88 | 40.00 | 16.69 | | 16297 | 4664 | 8098 | 5825 |
| 2004 | 47.38 | 7231 | 58.74 | 55.20 | 42.16 | | 12653 | 5264 | 10146 | 4724 |
| 2005 | 23.01 | 10551 | 48.91 | 57.57 | 20.28 | | 19847 | 5368 | 9442 | 2434 |
| 2006 | 33.64 | 7800 | 69.62 | 57.45 | 21.50 | | 24119 | 7298 | 8799 | 2697 |
| 2007 | 44.14 | 14832 | 129.81 | 60.48 | 27.26 | | 30218 | 10349 | 11010 | 2025 |
| 2008 | 48.84 | 13016 | 99.11 | 56.68 | 27.99 | 1849 | 22668 | 12932 | 11623 | 2721 |
| 2009 | 61.75 | 16591 | 122.40 | 59.00 | 30.11 | 7318 | 16353 | 16053 | 9494 | 4675 |
| 2010 | 81.58 | 16056 | 105.54 | 60.94 | 45.73 | 17799 | | 18623 | 15212 | 6874 |
| 2011 | 77.76 | 11064 | 79.13 | 64.01 | 52.37 | 29414 | | 18695 | 23895 | 5070 |
| 2012 | 83.89 | 16966 | 123.11 | 64.41 | 66.23 | 37097 | | 390261 | 19199 | 3604 |
| 2013 | 103.88 | 18059 | 38.34 | 68.46 | 68.02 | 50440 | | 319676 | 18967 | 4460 |
| 2014 | 152.92 | 27015 | 44.40 | 71.73 | 64.00 | 66876 | | 342894 | 11945 | 4048 |
| 2015 | 141.21 | 31490 | 27.58 | 66.50 | 58.85 | 74358 | | 194941 | 7142 | 2721 |
| 2016 | 156.63 | 34119 | 38.66 | 70.30 | 58.14 | 69345 | | 199038 | 8298 | 3379 |
| 2017 | 185.87 | 36141 | 32.31 | 71.38 | 59.40 | 74818 | | 412681 | 13103 | 7063 |
| 2018 | 44.03 | 11238 | 14.30 | 73.30 | 58.06 | 63540 | | 649366 | 16240 | 8258 |
| 2019 | 47.67 | 12114 | 36.95 | 75.70 | 16.47 | 41623 | | 663869 | 21028 | 7338 |
| 2020 | 44.22 | 17218 | 44.07 | 72.07 | 18.39 | 42189 | | 945806 | 22364 | 8796 |
| 2021 | 48.36 | 18380 | 43.76 | 74.15 | 14.10 | 47610 | | 1139457 | 28078 | 11145 |
| 2022 | 52.40 | 21896 | 33.38 | 74.44 | 14.10 | 99035 | | 755497 | 28206 | 9307 |
| 2023 | 64.38 | 22076 | 61.42 | 75.51 | 12.29 | 96968 | | 729259 | 23139 | 8478 |

注：2012年及以后汽车起重机的单位由台改为吨。

# 13-7 主要工业产品产量

（2023 年）

| 产品名称 | | 产量 | 产品名称 | | 产量 |
|---|---|---|---|---|---|
| 铁矿石成品矿 | （万吨） | 99.15 | 塑料树脂及共聚物（初级形态塑料） | （万吨） | 34.49 |
| 配合饲料 | （万吨） | 154.40 | 轮胎外胎 | （万条） | 309.92 |
| 发酵酒精（商品量） | （万千升） | 22.55 | 塑料制品 | （万吨） | 25.19 |
| 饮料酒（商品量） | （万千升） | 12.29 | #农业用薄膜 | （万吨） | 0.58 |
| 卷烟 | （万箱） | 75.51 | 水泥 | （万吨） | 1018.98 |
| 纱 | （万吨） | 64.38 | 生铁 | （万吨） | 859.88 |
| 布 | （万米） | 22075.76 | 饮料 | （万吨） | 44.76 |
| 化学纤维 | （万吨） | 109.56 | 钢材 | （万吨） | 846.48 |
| 家用电冰箱 | （万台） | 62.29 | #焊接钢管 | （万吨） | 10.88 |
| 丝（蚕丝） | （吨） | 237.12 | 铝材 | （万吨） | 55.13 |
| 多晶硅 | （吨） | 96968 | 起重机 | （吨） | 729259 |
| 服装 | （万件） | 2343.71 | 矿山专用设备 | （吨） | 143167 |
| 液体乳 | （万吨） | 34.89 | 人造板 | （万立方米） | 600.44 |
| 机制纸及纸板 | （万吨） | 61.42 | 装载机 | （辆） | 23139 |
| 合成氨 | （万吨） | 22.17 | 压路机 | （台） | 8478 |
| 化学农药 | （万吨） | 10.58 | 组合音响 | （万台） | 482.37 |
| 太阳能电池（光伏电池） | （万千瓦） | 2134.76 | 摩托车 | （万辆） | 52.63 |
| 锂离子电池 | （万只） | 62.57 | 新能源汽车 | （辆） | 16774 |

# 主要统计指标解释

**工业** 指从事自然资源的开采，对采掘品和农产品进行加工和再加工的物质生产部门。具体包括：（1）对自然资源的开采，如采矿、晒盐、森林采伐等（但不包括禽兽捕猎和水产捕捞）；（2）对农副产品的加工、再加工，如粮油加工、食品加工、轧花、缫丝、纺织、制革等；（3）对采掘品的加工、再加工，如炼铁、炼钢、化工生产、石油加工、机器制造、木材加工等，以及电力、自来水、煤气的生产和供应等；（4）对工业品的修理、翻新，如机器设备的修理、交通运输工具（包括小卧车）的修理等。

1984年以前农村的村及村以下办工业归属农业，1984年以后划归工业。

**国有企业** 指企业全部资产归国家所有，并按《中华人民共和国企业法人登记管理条例》规定登记注册的非公司制的经济组织。不包括有限责任公司中的国有独资公司。

**国有控股企业** 包括：（1）在企业的全部实收资本中，国有经济成分的出资人拥有的实收资本（股本）所占企业全部实收资本(股本)的比例大于50%的国有绝对控股。（2）在企业的全部实收资本中，国有经济成分的出资人拥有的实收资本（股本）所占比例虽未大于50%，但相对大于其他任何一方经济成分的出资人所占比例的国有相对控股；或者虽不大于其他经济成分，但根据协议规定拥有企业实际控制权的国有协议控股。（3）投资双方各占50%，且未明确由谁绝对控股的企业，若其中一方为国有经济成分的，一律按国有控股处理。

**集体企业** 指企业资产归集体所有，并按《中华人民共和国企业法人登记管理条例》规定登记注册的经济组织。

**股份合作企业** 指以合作制为基础，由企业职工共同出资入股，吸收一定比例的社会资产投资组建，实行自主经营，自负盈亏，共同劳动，民主管理，按劳分配与按股分红相结合的一种集体经济组织。

**联营企业** 指两个及两个以上相同或不同所有制性质的企业法人或事业单位法人，按自愿、平等、互利的原则，共同投资组成的经济组织。联营企业包括国有联营企业、集体联营企业、国有与集体联营企业和其他联营企业。

**有限责任公司** 指根据《中华人民共和国公司登记管理条例》规定登记注册，由两个以上，五十个以下的股东共同出资，每个股东以其所认缴的出资额对公司承担有限责任，公司以其全部资产对其债务承担责任的经济组织。有限责任公司包括国有独资公司以及其他有限责任公司。

**股份有限公司** 指根据《中华人民共和国公司登记管理条例》规定登记注册，其全部注册资本由等额股份构成并通过发行股票筹集资本，股东以其认购的股份对公司承担有限责任，公司以其全部资产对其债务承担责任的经济组织。

**私营企业** 指由自然人投资设立或由自然人控股，以雇佣劳动为基础的营利性经济组织。包括按照《公司法》《合伙企业法》《私营企业暂行条例》以及《个人独资企业法》规定登记注册的私营独资企业、私营合伙企业、私营有限责任公司、私营股份有限公司和个人独资企业。

**与港澳台商合资经营企业** 指港澳台地区投资者与内地的企业依照《中华人民共和国中外合资经营企业法》及有关法律的规定，按合同规定的比例投资设立，分享利润和分担风险的企业。

**与港澳台商合作经营企业** 指港澳台地区投资者与内地企业依照《中华人民共和国中外合作经营企业法》及有关法律的规定，依照合作合同的约定进行投资或提供条件设立，分配利润、分担风险和亏损的企业。

**港澳台商独资经营企业** 指依照《中华人民共和国外资企业法》及有关法律的规定，在内地由港澳台地区投资者全额投资设立的企业。

**港澳台商投资股份有限公司** 指根据国家有关规定，经商务部（原外经贸部）批准设立，并且其中港、澳、台商的股本占公司注册资本的比例达25%以上的股份有限公司。凡其中港、澳、台商的股本占公司注册资本的比例小于25%的，属于内资中的股份有限公司。

**中外合资经营企业** 指外国企业或外国人与中国内地企业依照《中华人民共和国中外合资经营企业法》及有关法律的规定，按合同规定的比例投资设立，分享利润和分担风险的企业。

**中外合作经营企业** 指外国企业或外国人与中国内地企业依照《中华人民共和国中外合作经营企业法》及有关法律的规定，依照合作合同的约定进行投资或提供条件设立，分配利润、分担风险和亏损的企业。

**外资企业** 指依照《中华人民共和国外资企业法》及有关法律的规定，在中国内地由外国投资者全额投资设立的企业。

**外商投资股份有限公司** 指根据国家有关规定，经商务部（原外经贸部）批准设立，并且其中外资的股本占公司注册资本的比例达25%以上的股份有限公司。凡其中外资股本占公司注册资本的比例小于25%的，属于内资中的股份有限公司。

**轻工业** 指主要提供生活消费品和制作手工工具的工业。按其所使用的原料不同，可分为两大类：（1）以农产品为原料的轻工业是指直接或间接以农产品为基本原料的轻工业。主要包括食品制造、饮料制造、烟草加工、纺织、缝纫、皮革和毛皮制作，造纸以及印刷等工业；（2）以非农产品为原料的轻工业，是指以工业品为原料的轻工业。主要包括文教体育用品、化学药品制造、合成纤维制造、日用化学制品、日用玻璃制品、日用金属制品、手工工具制造、医疗器械制造、文化和办公用机械制造等工业。

**重工业** 是指为国民经济各部门提供物质技术基础的主要生产资料的工业。按其生产性质和产品用途，可以分为下列三类：（1）采掘（伐）工业，是指对自然资源的开采，包括石油开采、煤炭开采、金属矿开采、非金属矿开采和木材采伐等工业；（2）原材料工业，指向国民经济各部门提供基本材料、动力和燃料的工业。包括金属冶炼及加工、炼焦及焦炭化学、化工原料、水泥、人造板以及电力、石油和煤炭加工等工业；（3）加工工业，是指对工业原材料进行再加工制造的工业。包括装备国民经济各部门的机械设备制造工业、金属结构、水泥制品等工业，以及为农业提供的生产资料如化肥、农药等工业。

根据上述划分原则，修理业中以重工业产品为修理作业对象的划为重工业，反之划为轻工业。

**资产总计** 指企业过去的交易或者事项形成的、由企业拥有或者控制的、预期会给企业带来经济利益的资源。资产一般按流动性（资产的变现或耗用时间长短）分为流动资产和非流动资产。其中流动资产可分为货币资金、交易性金融资产、应收票据、应收账款、预付款项、其他应收款、存货等；非流动资产可分为长期股权投资、固定资产、无形资产及其他非流动资产等。根据会计“资产负债表”中“资产总计”项目的期末余额数填报。

**流动资产合计** 资产满足以下条件之一应归为流动资产：（1）预计在一个正常营业周期中变现、出售或耗用，主要包括存货、应收账款等；（2）主要为交易目的而持有；（3）预计在资产负债表日起一年内（含一年）变现；（4）自资产负债日起一年内，交换其他资产或清偿负债的能力不受限制的现金或现金等价物。包括货币资金、应收票据、应收账款、存货等项目。根据会计“资产负债表”中“流动资产合计”项目的期末余额数填报。

**固定资产合计** 指企业为生产商品、提供劳务、出租或经营管理而持有的，使用寿命超过一个会计年度的有形资产。包括使用期限超过一年的房屋、建筑物、机器、机械、运输工具以及其他与生产、经营有关的设备、器具、工具等。固定资产合计是时点指标，表示固定资产经过扣减折旧、减值准备等后的期末余额。根据会计“资产负债表”中“固定资产净额”项目的期末余额数填报。

**负债合计** 指企业过去的交易或者事项形成的，预期会导致经济利益流出企业的现时义务。负债一般按偿还期长短分为流动负债和非流动负债。根据会计“资产负债表”中“负债合计”项目的期末余额数填报。

**销售费用** 指企业在销售商品和材料、提供劳务的过程中发生的各种费用，包括保险费、包装费、展览费和广告费、商品维修费、预计产品质量保证损失、运输费、装卸费等以及为销售本企业商品而专设的销售机构（含销售网点、售后服务网点等）的职工薪酬、业务费、折旧费等经营费用。建筑业企业销售费用指企业从事施工生产活动过程中发生的各项费用，包括应由企业负担的运输费、装卸费、包装费、保险费、维修费、展览费、差旅费、广告费和其他经费。房地产企业销售费用指企业在从事主要经营业务过程中所发生的各项销售费用，包括转让、销售、结算和出租开发产品等。

**管理费用** 指企业为组织和管理企业生产经营所发生的费用，包括企业在筹建期间内发生的开办费、董事会和行政管理部门在企业经营管理中发生的，或者应当由企业统一负担的公司经费等。根据会计“利润表”中“管理费用”项目的本年累计数填报。

**财务费用** 指企业为筹集生产经营所需资金等而发生的筹资费用，包括企业生产经营期间发生的利息支出（减利息收入）、汇兑损失（减汇兑收益）以及相关的手续费等。根据会计“利润表”中“财务费用”项目的本年累计数填报。

**平均用工人数** 指报告期企业平均实际拥有的、参与本企业生产经营活动的人员数。

# 十四、建筑业

版面负责人：张　虹
编　　　辑：刘云祥

统计知识

# 统计执法监督检查办法

**第二十六条** 统计执法监督检查机构具体负责查处统计违法行为，统计执法队接受所属统计机构委托开展有关执法检查工作。

**第二十七条** 对下列统计违法行为，县级以上人民政府统计机构应当依法立案：

（一）各地方、各部门、各单位及其负责人违反统计法律法规规章的；

（二）县级以上人民政府统计机构及其工作人员违反统计法律法规规章的；

（三）国家机关、企业事业单位和其他组织以及个体工商户等调查对象违反统计法律法规规章的；

（四）违反国家统计规则、政令的；

（五）违反涉外统计调查和民间统计调查有关法律法规规章的；

（六）其他按照法律法规规章规定应当立案的。

**第二十八条** 立案查处的统计违法行为，应当同时具备下列条件：

（一）有明确的行为人；

（二）有违反本办法第二十七条所列行为，依法应当追究法律责任；

（三）属于人民政府统计机构职责权限和管辖范围。

统计执法监督检查机构或者执法检查人员按照前款规定的条件，对拟立案的有关材料进行初步审查并提出初步处理意见，报送所属人民政府统计机构负责人批准后，予以立案查处。

**第二十九条** 立案查处的案件，一般案件执法检查人员不得少于2人，重大案件应当按规定组成执法检查组。

**第三十条** 执法检查人员应当合法、客观、全面地收集证据。收集证据过程中，执法检查人员应当及时制作《现场检查笔录》《调查笔录》等文书，并整理制作《证据登记表》。

案件证据应当与本案件有关联，包括书证、物证、电子数据、视听资料、证人证言、当事人陈述、鉴定结论和勘验笔录等以及其他可证明违法事实的材料。

# 14-1　建筑业企业主要经济指标

| 项　　目 | 2015 | 2016 | 2017 | 2018 | 2019 | 2020 | 2021 | 2022 | 2023 |
|---|---|---|---|---|---|---|---|---|---|
| 企业个数　（个） | 430 | 455 | 529 | 551 | 600 | 728 | 934 | 1104 | 1253 |
| #国有及国有控股企业 | 35 | 34 | 33 | 24 | 26 | 26 | 29 | 30 | 33 |
| #内资企业 | 426 | 451 | 525 | 549 | 598 | 726 | 932 | 1102 | 1251 |
| 港、澳、台商投资企业 | 3 | 3 | 3 | 2 | 2 | 2 | 2 | 2 | 2 |
| 外商投资企业 | 1 | 1 | 1 | | | | | | |
| 期末从业人数　（人） | 496929 | 521047 | 545227 | 520933 | 469362 | 423843 | 487309 | 443239 | 467355 |
| 建筑业总产值　（亿元） | 1361.22 | 1390.66 | 1493.02 | 1554.63 | 1512.05 | 1559.53 | 1698.01 | 1795.74 | 1904.12 |
| #建筑工程 | 1299.00 | 133.90 | 143.72 | 1495.90 | 1430.69 | 1482.30 | 1595.67 | 1658.92 | 1749.34 |
| 安装工程 | 41.93 | 34.00 | 38.36 | 52.73 | 73.52 | 64.74 | 83.47 | 97.18 | 108.30 |
| 竣工产值　（亿元） | 1118.16 | 1164.20 | 1191.82 | 1155.36 | 1116.45 | 1076.97 | 1077.30 | 1159.42 | 1072.81 |
| 利润总额　（亿元） | 51.92 | 52.63 | 62.79 | | 51.06 | 72.83 | 63.85 | 56.88 | 64.11 |
| 税金总额　（亿元） | 38.90 | 25.42 | 62.86 | | 63.51 | 29.30 | 65.13 | 50.34 | 50.30 |
| 房屋建筑施工面积（万平方米） | 11718.43 | 11880.35 | 11642.81 | 10980.20 | 10029.50 | 9993.25 | 10649.29 | 9667.94 | 8701.75 |
| #本年新开工面积 | 5373.14 | 5371.02 | 5036.01 | 4764.56 | 4008.83 | 4027.45 | 4400.85 | 3086.36 | 2914.12 |
| 房屋建筑竣工面积（万平方米） | 4970.80 | 4613.18 | 4355.87 | 3982.97 | 3668.38 | 3340.21 | 2849.14 | 3486.02 | 2405.10 |
| 房屋建筑面积竣工率　（%） | 42.42 | 38.83 | 37.41 | 36.30 | 36.58 | 33.42 | 26.75 | 36.06 | 27.64 |

# 14-2 建筑业总承包和专业承包生产经营情况

（2023 年）

| 项　目 | 单位个数（个） | 签订的建筑合同额（万元） | 上年结转 | 本年新签 | 直接从建设单位承揽工程完成的产值（万元） | 自行完成施工产值 | 分包出去工程的产值 |
|---|---|---|---|---|---|---|---|
| **总　计** | **1253** | **24475747** | **8140555** | **16335192** | **17521330** | **17453284** | **68046** |
| **按行业分** | | | | | | | |
| 房屋建筑业 | 732 | 18276156 | 6500249 | 11775907 | 12904225 | 12879529 | 24696 |
| 土木工程建筑业 | 298 | 4591957 | 1408048 | 3183909 | 3404390 | 3380856 | 23534 |
| 建筑安装业 | 71 | 682369 | 119582 | 562787 | 509317 | 499508 | 9809 |
| 建筑装饰和其他建筑业 | 152 | 925265 | 112676 | 812589 | 703398 | 693391 | 10006 |
| **按登记注册类型分** | | | | | | | |
| 内资企业 | 1251 | 24466696 | 8139148 | 16327547 | 17512381 | 17444335 | 68046 |
| 国有企业 | 33 | 2217929 | 923156 | 1294773 | 1888862 | 1884162 | 4700 |
| 集体企业 | 10 | 738322 | 50873 | 687450 | 251303 | 251303 | |
| 联营 | 1 | 87840 | 34669 | 53171 | 53178 | 53178 | |
| 有限责任公司 | 91 | 4509060 | 1674852 | 2834209 | 3325467 | 3308614 | 16853 |
| 股份有限公司 | 8 | 639565 | 113997 | 525569 | 486072 | 486072 | |
| 私营企业 | 1106 | 16270506 | 5341367 | 10929139 | 11504371 | 11457878 | 46493 |
| 其他企业 | 2 | 3472 | 235 | 3237 | 3129 | 3129 | |
| 港、澳、台商投资企业 | 2 | 9051 | 1407 | 7645 | 8949 | 8949 | |
| 与港澳台商合资经营企业 | 1 | 118 | | 118 | 118 | 118 | |
| 与港澳台商合作经营企业 | 1 | 8933 | 1407 | 7526 | 8831 | 8831 | |
| **按企业控股情况分** | | | | | | | |
| 国有控股 | 78 | 5405222 | 1886174 | 3519048 | 4160651 | 4151281 | 9370 |
| 集体控股 | 24 | 2306579 | 817452 | 1489127 | 1469199 | 1463699 | 5500 |
| 私人控股 | 1148 | 16502610 | 5255528 | 11247083 | 11864798 | 11811623 | 53176 |
| 其他 | 3 | 261336 | 181402 | 79934 | 26682 | 26682 | |
| **按资质等级分** | | | | | | | |
| 施工总承包序列 | 910 | 22095338 | 7691967 | 14403371 | 15684478 | 15636637 | 47842 |
| 施工总承包序列特级工程 | 3 | 2375415 | 678726 | 1696689 | 1867305 | 1867305 | |
| 施工总承包序列一级工程 | 61 | 9203986 | 3163273 | 6040713 | 6550617 | 6549638 | 980 |
| 施工总承包序列二级工程 | 245 | 7294880 | 3017278 | 4277602 | 5014746 | 5005514 | 9232 |
| 施工总承包序列三级工程 | 601 | 3221057 | 832690 | 2388367 | 2251810 | 2214180 | 37630 |
| 专业承包序列 | 343 | 2380409 | 448588 | 1931821 | 1836852 | 1816648 | 20204 |
| 专业承包序列一级工程 | 62 | 1124047 | 191395 | 932652 | 801343 | 790536 | 10808 |
| 专业承包序列二级工程 | 180 | 962124 | 219294 | 742830 | 801382 | 795698 | 5684 |
| 专业承包序列三级工程 | 84 | 257576 | 22699 | 234877 | 211874 | 208162 | 3713 |
| 专业承包序列不分等级工程 | 17 | 36662 | 15200 | 21463 | 22253 | 22253 | |

14-2 续表 1

| 项 目 | 从建设单位以外承揽工程完成的产值（万元） | 建筑业总产值（万元） | 建筑工程 | 安装工程 | 其他建筑业 | #装饰装修 | #装配式建筑工程 | #在外省完成 |
|---|---|---|---|---|---|---|---|---|
| **总 计** | **1587938** | **19041223** | **17493380** | **1082958** | **464885** | **375590** | **86652** | **5306234** |
| **按行业分** | | | | | | | | |
| 房屋建筑业 | 869557 | 13749086 | 13039682 | 547547 | 161857 | 93697 | 26967 | 4053935 |
| 土木工程建筑业 | 338099 | 3718955 | 3242016 | 231615 | 245324 | 10375 | 13806 | 597728 |
| 建筑安装业 | 73402 | 572910 | 324898 | 237581 | 10431 | 2061 | | 143660 |
| 建筑装饰和其他建筑业 | 306881 | 1000272 | 886784 | 66215 | 47273 | 269456 | 45879 | 510911 |
| **按登记注册类型分** | | | | | | | | |
| 内资企业 | 1587938 | 19032274 | 17484431 | 1082958 | 464885 | 375590 | 86652 | 5299906 |
| 国有企业 | 12529 | 1896692 | 1860630 | 36062 | | 4850 | | 73955 |
| 集体企业 | 5660 | 256963 | 247066 | 9898 | | | | 14075 |
| 联营 | | 53178 | 53178 | | | | | |
| 有限责任公司 | 210804 | 3519418 | 3168538 | 175532 | 175347 | 17467 | 13909 | 1381722 |
| 股份有限公司 | | 486072 | 481097 | | 4975 | | | 32846 |
| 私营企业 | 1358945 | 12816823 | 11670794 | 861466 | 284563 | 353273 | 72743 | 3797308 |
| 其他企业 | | 3129 | 3129 | | | | | |
| 港、澳、台商投资企业 | | 8949 | 8949 | | | | | 6329 |
| 与港澳台商合资经营企业 | | 118 | 118 | | | | | |
| 与港澳台商合作经营企业 | | 8831 | 8831 | | | | | 6329 |
| **按企业控股情况分** | | | | | | | | |
| 国有控股 | 133101 | 4284382 | 3981843 | 122762 | 179776 | 8352 | | 980046 |
| 集体控股 | 46361 | 1510060 | 1456785 | 53265 | 11 | 634 | | 461348 |
| 私人控股 | 1408476 | 13220099 | 12030511 | 905576 | 284012 | 362153 | 86652 | 3847720 |
| 其他 | | 26682 | 24241 | 1355 | 1087 | 4450 | | 17121 |
| **按资质等级分** | | | | | | | | |
| 施工总承包序列 | 1066021 | 16702658 | 15586432 | 732323 | 383902 | 113630 | 38742 | 4536729 |
| 施工总承包序列特级工程 | 4440 | 1871745 | 1596598 | 110381 | 164767 | 12818 | | 1333371 |
| 施工总承包序列一级工程 | 290995 | 6840633 | 6416271 | 365834 | 58528 | 9591 | 7614 | 2297137 |
| 施工总承包序列二级工程 | 446090 | 5451604 | 5293065 | 81441 | 77098 | 38640 | 13917 | 647846 |
| 施工总承包序列三级工程 | 324496 | 2538676 | 2280498 | 174668 | 83510 | 52580 | 17212 | 258375 |
| 专业承包序列 | 521917 | 2338565 | 1906948 | 350634 | 80983 | 261960 | 47910 | 769506 |
| 专业承包序列一级工程 | 245119 | 1035654 | 796404 | 207274 | 31977 | 165690 | 19 | 581925 |
| 专业承包序列二级工程 | 213604 | 1009302 | 876264 | 94258 | 38781 | 91220 | 45900 | 157940 |
| 专业承包序列三级工程 | 52439 | 260601 | 201273 | 49103 | 10225 | 5050 | 1991 | 19783 |
| 专业承包序列不分等级工程 | 10755 | 33008 | 33008 | | | | | 9857 |

14-2 续表 2

| 项　目 | 竣工产值（万元） | 房屋施工面积（平方米） | 房屋新开工面积（平方米） |
|---|---|---|---|
| **总　计** | **10728093** | **8701746** | **2914120** |
| **按行业分** | | | |
| 房屋建筑业 | 8029735 | 8393796 | 2766673 |
| 土木工程建筑业 | 1943672 | 205390 | 97651 |
| 建筑安装业 | 201703 | 48596 | 9152 |
| 建筑装饰和其他建筑业 | 552983 | 53964 | 40644 |
| **按登记注册类型分** | | | |
| 内资企业 | 10719144 | 8701746 | 2914120 |
| 国有企业 | 800337 | 660728 | 253883 |
| 集体企业 | 191568 | 176170 | 98259 |
| 联营 | 13981 | 4839 | |
| 有限责任公司 | 1567823 | 1927620 | 546899 |
| 股份有限公司 | 159566 | 46434 | 43884 |
| 私营企业 | 7984846 | 5885213 | 1970450 |
| 其他企业 | 1023 | 744 | 744 |
| 港、澳、台商投资企业 | 8949 | | |
| 与港澳台商合资经营企业 | 118 | | |
| 与港澳台商合作经营企业 | 8831 | | |
| **按企业控股情况分** | | | |
| 国有控股 | 1626354 | 2055093 | 612652 |
| 集体控股 | 919313 | 685483 | 306643 |
| 私人控股 | 8178527 | 5849787 | 1973601 |
| 其他 | 3900 | 111383 | 21223 |
| **按资质等级分** | | | |
| 施工总承包序列 | 9600276 | 8462764 | 2793046 |
| 施工总承包序列特级工程 | 1450209 | 1076521 | 472058 |
| 施工总承包序列一级工程 | 4358462 | 3830006 | 1286613 |
| 施工总承包序列二级工程 | 2478775 | 2613456 | 681353 |
| 施工总承包序列三级工程 | 1312830 | 942782 | 353023 |
| 专业承包序列 | 1127818 | 238982 | 121073 |
| 专业承包序列一级工程 | 538404 | 30387 | 3110 |
| 专业承包序列二级工程 | 494248 | 199542 | 115309 |
| 专业承包序列三级工程 | 85583 | 7377 | 2614 |
| 专业承包序列不分等级工程 | 9582 | 1676 | 40 |

# 14-3 建筑业总承包和专业承包从业人员情况

（2023年）

| 项目 | 单位个数（个） | 从事生产经营活动的平均人数（人） | 建筑从业人员期末人数（人） | #工程技术人员（人） |
|---|---|---|---|---|
| **总 计** | **1253** | **644261** | **467355** | **48585** |
| **按行业分** | | | | |
| 房屋建筑业 | 732 | 499287 | 366374 | 33125 |
| 土木工程建筑业 | 298 | 99438 | 68608 | 11029 |
| 建筑安装业 | 71 | 15563 | 11719 | 1746 |
| 建筑装饰和其他建筑业 | 152 | 29973 | 20654 | 2685 |
| **按登记注册类型分** | | | | |
| 内资企业 | 1251 | 643948 | 467091 | 48496 |
| 国有企业 | 33 | 62765 | 36640 | 9327 |
| 集体企业 | 10 | 8449 | 1746 | 410 |
| 联营 | 1 | 1800 | 950 | 14 |
| 有限责任公司 | 91 | 106673 | 83982 | 6616 |
| 股份有限公司 | 8 | 15230 | 14927 | 1192 |
| 私营企业 | 1106 | 448919 | 328731 | 30930 |
| 其他企业 | 2 | 112 | 115 | 7 |
| 港、澳、台商投资企业 | 2 | 313 | 264 | 89 |
| 与港澳台商合资经营企业 | 1 | 15 | 13 | 3 |
| 与港澳台商合作经营企业 | 1 | 298 | 251 | 86 |
| **按企业控股情况分** | | | | |
| 国有控股 | 78 | 135181 | 104410 | 12716 |
| 集体控股 | 24 | 47264 | 23330 | 1915 |
| 私人控股 | 1148 | 459994 | 337905 | 33902 |
| 其他 | 3 | 1822 | 1710 | 52 |
| **按资质等级分** | | | | |
| 施工总承包序列 | 910 | 572763 | 414969 | 34177 |
| 施工总承包序列特级工程 | 3 | 51448 | 31542 | 1082 |
| 施工总承包序列一级工程 | 61 | 236818 | 179112 | 7487 |
| 施工总承包序列二级工程 | 245 | 184346 | 131991 | 14096 |
| 施工总承包序列三级工程 | 601 | 100151 | 72324 | 11512 |
| 专业承包序列 | 343 | 71498 | 52386 | 14408 |
| 专业承包序列一级工程 | 62 | 22009 | 17856 | 1867 |
| 专业承包序列二级工程 | 180 | 39300 | 27084 | 10861 |
| 专业承包序列三级工程 | 84 | 8811 | 6657 | 1575 |
| 专业承包序列不分等级工程 | 17 | 1378 | 789 | 105 |

# 14-4 建筑业总承包和专业承包财务状况

（2023 年）

| 项目 | 单位 / 项目个数（个） | 应收账款（万元） | 应收工程款（万元） | 固定资产折旧（万元） | 资产（万元） |
|---|---|---|---|---|---|
| **总　计** | **1253** | **4352866** | **3885532** | **128529** | **13876855** |
| **按行业分** | | | | | |
| 房屋建筑业 | 732 | 2573999 | 2304541 | 63678 | 8749947 |
| 土木工程建筑业 | 298 | 1324191 | 1160433 | 40814 | 4049410 |
| 建筑安装业 | 71 | 193270 | 180163 | 6164 | 451653 |
| 建筑装饰和其他建筑业 | 152 | 261406 | 240395 | 17873 | 625845 |
| **按登记注册类型分** | | | | | |
| 内资企业 | 1251 | 4346496 | 3879162 | 128512 | 13868197 |
| 国有企业 | 33 | 441926 | 440513 | 5906 | 1203346 |
| 集体企业 | 10 | 32502 | 32172 | 299 | 95234 |
| 联营 | 1 | 2223 | 2223 | 2 | 11394 |
| 有限责任公司 | 91 | 829660 | 745237 | 22166 | 3564450 |
| 股份有限公司 | 8 | 39182 | 37382 | 571 | 216231 |
| 私营企业 | 1106 | 2998662 | 2621622 | 99549 | 8774893 |
| 其他企业 | 2 | 2342 | 13 | 21 | 2650 |
| 港、澳、台商投资企业 | 2 | 6370 | 6370 | 16 | 8658 |
| 与港澳台商合资经营企业 | 1 | 186 | 186 | | 480 |
| 与港澳台商合作经营企业 | 1 | 6184 | 6184 | 16 | 8178 |
| **按企业控股情况分** | | | | | |
| 国有控股 | 78 | 936985 | 880807 | 21402 | 3770270 |
| 集体控股 | 24 | 298438 | 288885 | 5132 | 651007 |
| 私人控股 | 1148 | 3114016 | 2712413 | 101934 | 9442184 |
| 其他 | 3 | 3427 | 3427 | 60 | 13394 |
| **按资质等级分** | | | | | |
| 施工总承包序列 | 910 | 3643043 | 3257690 | 93988 | 12217389 |
| 施工总承包序列特级工程 | 3 | 332142 | 325267 | 14192 | 1035781 |
| 施工总承包序列一级工程 | 61 | 1249623 | 1082609 | 13609 | 3413804 |
| 施工总承包序列二级工程 | 245 | 1207572 | 1147895 | 27549 | 4887011 |
| 施工总承包序列三级工程 | 601 | 853707 | 701920 | 38638 | 2880794 |
| 专业承包序列 | 343 | 709823 | 627841 | 34541 | 1659466 |
| 专业承包序列一级工程 | 62 | 280411 | 246141 | 16927 | 775804 |
| 专业承包序列二级工程 | 180 | 283083 | 249996 | 10063 | 565978 |
| 专业承包序列三级工程 | 84 | 134179 | 119714 | 6847 | 287176 |
| 专业承包序列不分等级工程 | 17 | 12150 | 11991 | 704 | 30507 |

14-4 续表 1

单位：万元

| 项　目 | 负债 | 营业收入 | 营业成本 | 税金及附加 |
|---|---|---|---|---|
| **总　计** | **7224283** | **15399644** | **13693608** | **105866** |
| **按行业分** | | | | |
| 房屋建筑业 | 4436743 | 10843983 | 9671895 | 80562 |
| 土木工程建筑业 | 2219328 | 3300310 | 2924008 | 19209 |
| 建筑安装业 | 232361 | 518388 | 457150 | 3014 |
| 建筑装饰和其他建筑业 | 335851 | 736962 | 640555 | 3081 |
| **按登记注册类型分** | | | | |
| 内资企业 | 7217176 | 15393602 | 13687821 | 105803 |
| 国有企业 | 751763 | 1394270 | 1238039 | 8151 |
| 集体企业 | 44511 | 228211 | 213447 | 2528 |
| 联营 | 8537 | 34534 | 33190 | 4 |
| 有限责任公司 | 2287273 | 2810370 | 2505462 | 14166 |
| 股份有限公司 | 95506 | 366477 | 273567 | 1696 |
| 私营企业 | 4027111 | 10556627 | 9421521 | 79255 |
| 其他企业 | 2475 | 3113 | 2595 | 3 |
| 港、澳、台商投资企业 | 7107 | 6042 | 5787 | 63 |
| 与港澳台商合资经营企业 | 84 | 109 | 84 | … |
| 与港澳台商合作经营企业 | 7022 | 5933 | 5703 | 63 |
| **按企业控股情况分** | | | | |
| 国有控股 | 2397769 | 3439983 | 3052937 | 19500 |
| 集体控股 | 302729 | 1082547 | 988195 | 5828 |
| 私人控股 | 4516565 | 10849145 | 9625811 | 80509 |
| 其他 | 7220 | 27969 | 26666 | 30 |
| **按资质等级分** | | | | |
| 施工总承包序列 | 6296437 | 13342389 | 11851129 | 93874 |
| 施工总承包序列特级工程 | 508144 | 1478226 | 1380231 | 7566 |
| 施工总承包序列一级工程 | 1690044 | 5555927 | 4953946 | 43889 |
| 施工总承包序列二级工程 | 2510556 | 4090307 | 3609492 | 29128 |
| 施工总承包序列三级工程 | 1587694 | 2217929 | 1907460 | 13291 |
| 专业承包序列 | 927845 | 2057255 | 1842479 | 11992 |
| 专业承包序列一级工程 | 478388 | 828147 | 742313 | 4785 |
| 专业承包序列二级工程 | 286077 | 941215 | 846219 | 6027 |
| 专业承包序列三级工程 | 148619 | 258896 | 229814 | 965 |
| 专业承包序列不分等级工程 | 14762 | 28998 | 24133 | 216 |

14-4　续表 2　　单位：万元

| 项　　目 | 投资收益 | 利润总额 | 应付职工薪酬 | 应交增值税 |
|---|---|---|---|---|
| **总　计** | **3322** | **641117** | **3563369** | **397150** |
| **按行业分** | | | | |
| 房屋建筑业 | 950 | 445495 | 2788319 | 294210 |
| 土木工程建筑业 | 2632 | 145846 | 522528 | 72295 |
| 建筑安装业 | -209 | 23494 | 72921 | 11796 |
| 建筑装饰和其他建筑业 | -51 | 26282 | 179602 | 18851 |
| **按登记注册类型分** | | | | |
| 内资企业 | 3322 | 640894 | 3561649 | 396952 |
| 国有企业 | -68 | 62755 | 305051 | 34749 |
| 集体企业 | | 10495 | 47531 | 7407 |
| 联营 | | 1026 | 7793 | 90 |
| 有限责任公司 | 1892 | 100585 | 553636 | 75436 |
| 股份有限公司 | | 23016 | 86061 | 5537 |
| 私营企业 | 1498 | 442913 | 2560969 | 273625 |
| 其他企业 | | 104 | 607 | 108 |
| 港、澳、台商投资企业 | | 223 | 1720 | 198 |
| 与港澳台商合资经营企业 | | -11 | 67 | 6 |
| 与港澳台商合作经营企业 | | 235 | 1653 | 192 |
| **按企业控股情况分** | | | | |
| 国有控股 | 1823 | 154786 | 686769 | 86079 |
| 集体控股 | | 34634 | 262711 | 28332 |
| 私人控股 | 1498 | 451011 | 2605850 | 282431 |
| 其他 | | 687 | 8040 | 309 |
| **按资质等级分** | | | | |
| 施工总承包序列 | 3471 | 575750 | 3194557 | 352883 |
| 施工总承包序列特级工程 | 343 | 42713 | 476463 | 53124 |
| 施工总承包序列一级工程 | 705 | 262383 | 1374438 | 165533 |
| 施工总承包序列二级工程 | 1959 | 173515 | 885813 | 84980 |
| 施工总承包序列三级工程 | 464 | 97138 | 457843 | 49246 |
| 专业承包序列 | -149 | 65367 | 368813 | 44268 |
| 专业承包序列一级工程 | -253 | 25134 | 142949 | 22369 |
| 专业承包序列二级工程 | 71 | 29011 | 178295 | 15225 |
| 专业承包序列三级工程 | 34 | 9696 | 41125 | 5686 |
| 专业承包序列不分等级工程 | | 1526 | 6444 | 988 |

# 主要统计指标解释

**建筑业总产值（即自行完成施工产值）** 指建筑业企业或附属施工单位自行完成的按工程进度计算的建筑安装生产总值。施工产值包括：

①建筑工程产值：指列入建筑工程预算内的各种工程价值。

②设备安装工程产值：指设备安装工程价值。

③房屋、构筑物修理产值：指房屋、构筑物修理所完成的价值，但不包括被修理房屋、构筑物本身的价值和生产设备的修理价值。

④非标准设备制造产值：指加工制造没有定型的、非标准的生产设备的加工费和原材料价值，不论是现场还是附属加工厂为本单位承建工程制造的非标准设备的价值，都应计算产值。

**竣工产值** 指在报告期内，按照设计所规定的工程内容全部完成，达到了设计规定的交工条件，经有关部门检查验收鉴定合格的单位工程价值之和。

**房屋建筑施工面积** 指在报告期内施工的全部房屋建筑面积。包括本期内新开工的、上期施工跨入本期继续施工、上期停建本期复工的房屋建筑面积；不包括上期开工后又停工，本期未施工的房屋建筑面积。

**房屋建筑竣工面积** 指在报告期内，按照设计所规定的工程内容全部完成，达到了设计规定的交工条件，经有关部门检查验收鉴定合格的房屋建筑面积。

**住宅竣工面积** 指房屋建筑竣工面积中供居住用的房屋建筑竣工面积。

**工程结算收入** 指企业（或单位）按工程的分部分项自行完成的建筑产品价值并已与甲方在报告期内办理结算手续的工程价款收入，以及向甲方收取的除工程价款以外的按规定列作营业收入的各种款项，如临时设施费、劳动保险费、施工机械调迁费等以及向甲方收取的各种索赔款。

**工程结算利润** 指已结算工程实现的利润，如为亏损以“–”号表示。其计算公式为：

工程结算利润 = 工程结算收入 – 工程结算成本
– 工程结算税金及附加

**企业总收入** 指与企业生产经营直接有关的各项收入，包括工程结算收入和其他业务收入，即：

企业总收入 = 工程结算收入 + 其他业务收入

# 十五、交通运输和邮电

版面负责人：冯洋洋

编　　　辑：尹玉赟

统计知识

# 统计执法监督检查办法

**第三十一条** 调查结束后，执法检查组或者执法检查人员应当及时形成监督检查报告，报送所属人民政府统计机构负责人。

监督检查报告内容包括：立案依据、检查情况、违法事实、法律依据、违法性质、法律责任、酌定情形、处理意见等。

**第三十二条** 统计执法监督检查机构应当及时组织召开会议，对案件进行讨论审理，确定统计违法行为性质和处理决定，报统计机构负责人审查。对情节复杂或者重大违法行为给予较重的行政处罚，应当集体讨论决定。

在审理过程中发现统计违法事实不清、证据不足或者程序错误的，应当责成执法检查组或者执法检查人员及时补充或者重新调查。

**第三十三条** 统计违法案件审理终结，应当分别以下情况作出处理：

（一）违反统计法律法规规章证据不足，或者统计违法事实情节轻微，依法不应追究法律责任的，即行销案；

（二）违反统计法律法规规章事实清楚、证据确凿的，依法作出处理；

（三）违反统计法律法规规章和国家统计规则、政令，应当给予处分的，移送任免机关或者纪检监察机关处理；

（四）违反统计法律法规规章和国家统计规则、政令，被认定为统计严重失信的，按照国家有关规定进行公示和惩戒；

（五）涉嫌违反其他法律法规规定的，移交有关行政机关处理；

**第三十四条** 统计违法事实清楚、证据确凿，依法决定予以行政处罚的，应当在作出行政处罚决定前，制作《统计行政处罚决定告知书》，向处罚对象告知给予行政处罚的事实、理由、依据和处罚对象依法享有的权利。处罚对象对处罚决定进行陈述、申辩，提出不同意见时，统计执法监督检查机构应当认真听取。处罚对象提出新的事实、理由和证据，统计执法监督检查机构应当进行复核，复核成立的，予以采纳。

# 15-1 全社会客、货运量

| 年　份 | 全社会客运量（万人） | #铁路 | #公路 | 全社会货运量（万吨） | #铁路 | #公路 | #水运 |
|---|---|---|---|---|---|---|---|
| 1978 | 2030 | 636 | 1394 | 2608 | 1480 | 652 | 93 |
| 1979 | 2305 | 671 | 1634 | 3154 | 1555 | 681 | 89 |
| 1980 | 2724 | 712 | 2012 | 3252 | 1588 | 724 | 75 |
| 1981 | 2958 | 741 | 2217 | 3026 | 1468 | 703 | 59 |
| 1982 | 3174 | 806 | 2368 | 3230 | 1561 | 825 | 72 |
| 1983 | 3133 | 859 | 2274 | 3605 | 1642 | 894 | 71 |
| 1984 | 3358 | 943 | 2415 | 5428 | 1727 | 2314 | 100 |
| 1985 | 3590 | 967 | 2617 | 6280 | 1814 | 2643 | 326 |
| 1986 | 3570 | 964 | 2600 | 7866 | 1850 | 4264 | 335 |
| 1987 | 3602 | 1073 | 2528 | 6962 | 1944 | 2966 | 649 |
| 1988 | 3790 | 1166 | 2624 | 7022 | 2007 | 2996 | 550 |
| 1989 | 3471 | 985 | 2486 | 6394 | 2078 | 2673 | 330 |
| 1990 | 3156 | 800 | 2356 | 6073 | 2021 | 2115 | 350 |
| 1991 | 2962 | 809 | 2153 | 6189 | 2040 | 2789 | 351 |
| 1992 | 3766 | 846 | 2920 | 11069 | 2041 | 7289 | 611 |
| 1993 | 4288 | 852 | 3435 | 8832 | 2127 | 4475 | 780 |
| 1994 | 4652 | 839 | 3811 | 10350 | 2051 | 6760 | 564 |
| 1995 | 6071 | 852 | 5216 | 10859 | 2022 | 6717 | 1182 |
| 1996 | 8396 | 703 | 7691 | 8792 | 1981 | 5184 | 1170 |
| 1997 | 7552 | 764 | 6786 | 7851 | 1736 | 4396 | 754 |
| 1998 | 6863 | 807 | 6048 | 8573 | 1558 | 4608 | 514 |
| 1999 | 6647 | 827 | 5812 | 8884 | 1663 | 4367 | 655 |
| 2000 | 7255 | 802 | 6443 | 9669 | 1700 | 4788 | 565 |
| 2001 | 7411 | 793 | 6610 | 9785 | 1613 | 4906 | 605 |
| 2002 | 7544 | 758 | 6775 | 9907 | 1561 | 5004 | 611 |
| 2003 | 7056 | 755 | 6292 | 10066 | 1543 | 5052 | 620 |
| 2004 | 7391 | 775 | 6601 | 11348 | 1535 | 5225 | 662 |
| 2005 | 8099 | 878 | 7202 | 14022 | 1487 | 6114 | 889 |
| 2006 | 8688 | 946 | 7712 | 16459 | 1635 | 7494 | 1006 |
| 2007 | 10007 | 1074 | 8892 | 18480 | 1924 | 8678 | 1211 |
| 2008 | 21787 | 1218 | 20529 | 23852 | 2264 | 11508 | 1982 |
| 2009 | 24042 | 1263 | 22728 | 25708 | 2191 | 12577 | 2133 |
| 2010 | 27761 | 1770 | 25926 | 37227 | 9944 | 14758 | 2548 |
| 2011 | 23238 | 1879 | 21275 | 35772 | 5582 | 16829 | 2870 |
| 2012 | 24892 | 1627 | 23168 | 34851 | 1300 | 18697 | 3268 |
| 2013 | 16758 | 1832 | 14814 | 33926 | 1054 | 15455 | 4799 |
| 2014 | 17282 | 2093 | 15063 | 35659 | 944 | 16967 | 5015 |
| 2015 | 15660 | 2182 | 13347 | 36408 | 979 | 16909 | 5656 |
| 2016 | 15660 | 2295 | 13217 | 37896 | 697 | 17586 | 5801 |
| 2017 | 13662 | 2207 | 11013 | 40152 | 598 | 19485 | 6287 |
| 2018 | 12750 | 2535 | 9960 | 46819 | 4796 | 21164 | 6456 |
| 2019 | 12440 | 2705 | 9434 | 54108 | 5080 | 27576 | 6707 |
| 2020 | 8948 | 2056 | 6672 | 55316 | 5495 | 29299 | 6972 |
| 2021 | 6046 | 2266 | 3519 | 55232 | 5465 | 31424 | 4317 |
| 2022 | 3053 | 1420 | 1498 | 51552 | 5584 | 26453 | 4777 |
| 2023 | 5992 | 3158 | 2535 | 57330 | 5453 | 31252 | 5310 |

注：铁路货运量统计口径为发货量；2008 年及以后公路客货运量统计口径变化，与往年不可比（下同）；2013 年及以后公路和水路等交通行业开展专项调查，统计口径调整，与往年不可比；公路水运运输量均为营业性数据；公路货运量 2019 年数据按 2019 年道路货运量专项调查数据测算，与往年不可比。

# 15-2 全社会客、货运周转量

| 年 份 | 全社会旅客周转量（万人公里） | #铁路 | #公路 | 全社会货物周转量（万吨公里） | #铁路 | #公路 | #水运 |
|---|---|---|---|---|---|---|---|
| 1978 | 249885 | 209321 | 40564 | 1461029 | 1211408 | 8148 | 4175 |
| 1979 | 280183 | 232768 | 47415 | 1945564 | 1257756 | 7108 | 4254 |
| 1980 | 328530 | 271097 | 27433 | 2035244 | 1306257 | 8292 | 5341 |
| 1981 | 354602 | 291774 | 62828 | 2014909 | 1313585 | 8012 | 6048 |
| 1982 | 396156 | 324347 | 71089 | 2153718 | 1427133 | 27578 | 27401 |
| 1983 | 446877 | 370740 | 76137 | 2443326 | 1550139 | 30261 | 29023 |
| 1984 | 524323 | 435110 | 89213 | 2769988 | 1659775 | 31759 | 39641 |
| 1985 | 636545 | 519962 | 116583 | 3972158 | 1885098 | 86866 | 60720 |
| 1986 | 700973 | 566359 | 134614 | 3357828 | 2028709 | 117208 | 64142 |
| 1987 | 761646 | 622238 | 139408 | 3513177 | 2166558 | 107961 | 159184 |
| 1988 | 863036 | 698324 | 164712 | 3757313 | 2292214 | 120665 | 157360 |
| 1989 | 811599 | 655742 | 155857 | 3692471 | 2411734 | 118930 | 75266 |
| 1990 | 731765 | 594649 | 137116 | 3646275 | 2440213 | 100950 | 85224 |
| 1991 | 765362 | 641282 | 124080 | 3640834 | 2448681 | 105308 | 129739 |
| 1992 | 876627 | 690096 | 186531 | 4104274 | 2616319 | 335316 | 247925 |
| 1993 | 952195 | 703043 | 249152 | 3982741 | 2585799 | 289800 | 294285 |
| 1994 | 975802 | 733088 | 241388 | 4387480 | 2751855 | 510032 | 357622 |
| 1995 | 1133265 | 722493 | 410772 | 4532499 | 2913515 | 418798 | 482039 |
| 1996 | 1255579 | 649085 | 606494 | 4351716 | 2881365 | 453610 | 303121 |
| 1997 | 1169395 | 672572 | 492123 | 4217829 | 2738316 | 374707 | 424301 |
| 1998 | 1124114 | 682681 | 433247 | 4347608 | 2616333 | 379284 | 262986 |
| 1999 | 1085420 | 750026 | 326643 | 4545083 | 2596163 | 315891 | 339687 |
| 2000 | 1245191 | 798664 | 436691 | 5144815 | 2932469 | 360929 | 290348 |
| 2001 | 1275512 | 798041 | 468827 | 5328880 | 2986021 | 380641 | 284023 |
| 2002 | 1320343 | 827071 | 482892 | 5442417 | 3133544 | 388254 | 288283 |
| 2003 | 1226127 | 777297 | 440100 | 5665478 | 3291712 | 380600 | 292100 |
| 2004 | 1433951 | 952020 | 466991 | 6287747 | 3387300 | 393350 | 313013 |
| 2005 | 910143 | 390075 | 500744 | 5472847 | 2043649 | 415973 | 322130 |
| 2006 | 983361 | 420286 | 533069 | 7882829 | 3247052 | 494458 | 370967 |
| 2007 | 1134788 | 477154 | 616228 | 9197322 | 3820996 | 576538 | 438112 |
| 2008 | 1894734 | 541130 | 1313499 | 10979772 | 4496224 | 1310599 | 595947 |
| 2009 | 2071224 | 560914 | 1459164 | 11297204 | 4351249 | 1435633 | 642617 |
| 2010 | 2525059 | 786149 | 1673070 | 27608783 | 19747916 | 1787616 | 781570 |
| 2011 | 2141370 | 891641 | 1165102 | 32106411 | 23393492 | 2173726 | 914555 |
| 2012 | 2153325 | 780924 | 1274989 | 15071042 | 5820209 | 2464381 | 1055362 |
| 2013 | 1796552 | 929866 | 805737 | 16143302 | 4717912 | 3686573 | 1545684 |
| 2014 | 3081596 | 1004496 | 809600 | 16141672 | 4225227 | 4057467 | 1695912 |
| 2015 | 1975600 | 1047125 | 796627 | 13037518 | 4381882 | 4279115 | 1944553 |

注：铁路客、货运周转量 2005 年以前为徐州铁路分局辖区数，2005 年及以后为徐州铁路段辖区数。2011 年及以后公路水路运输量数据为营业性数据；2016 年及以后全社会旅客周转量、全社会货物周转量不再统计。

# 15-3 主要年份运输线路长度

| 指标 | 1990 | 1995 | 2000 | 2005 | 2010 | 2015 | 2020 | 2021 | 2022 | 2023 |
|---|---|---|---|---|---|---|---|---|---|---|
| **民用航空** | | | | | | | | | | |
| 民用航空线条数（条） | 4 | 2 | 13 | 13 | 22 | 25 | 42 | 36 | 33 | 33 |
| **铁路（公里）** | | | | | | | | | | |
| 铁路正线延展里程 | 465 | 465 | 711 | 736 | | 672 | | | | |
| 铁路营业里程 | 258 | 258 | 359 | 381 | | 349 | | | | |
| **公路线路里程（公里）** | | | | | | | | | | |
| 按技术级别分类 | | | | | | | | | | |
| 等级公路里程 | 2964 | 2930 | 2658 | 10167 | 14965 | 15396 | 15918 | 15859 | 15906 | 15999 |
| 高速 | | | | 299 | 412 | 459 | 464 | 464 | 464 | 464 |
| 一级 | | 435 | 634 | 732 | 1039 | 1195 | 1329 | 1343 | 1365 | 1449 |
| 二级 | 616 | 378 | 581 | 1273 | 1527 | 1539 | 1583 | 1593 | 1643 | 1666 |
| 三级 | 214 | 344 | 572 | 996 | 1195 | 1324 | 1593 | 1602 | 1616 | 1638 |
| 四级 | 1781 | 1507 | 871 | 6867 | 10792 | 10860 | 10950 | 10856 | 10818 | 10782 |
| 等外公路 | 353 | 266 | | 739 | 1210 | 1116 | | | | |
| 按行政级别分类 | | | | | | | | | | |
| 国道 | 307 | 306 | 362 | 589 | 730 | 730 | 1024 | 1024 | 1024 | 1078 |
| 省道 | 515 | 518 | 466 | 703 | 735 | 862 | 850 | 876 | 1784 | 1039 |
| 县道 | 892 | 872 | 842 | 693 | 2309 | 2307 | 2465 | 2484 | 2487 | 2421 |
| 乡道 | 1049 | 1073 | 988 | 8921 | 5888 | 5885 | 6479 | 6436 | 6415 | 6401 |
| **内河航道通航里程（公里）** | **534** | **540** | **639** | **1039** | **1039** | **1058** | **1058** | **1058** | **1058** | **1058** |
| **输油管道里程** | | | | | | | | | | |
| 管道条数（条） | 3 | 3 | 8 | 14 | 28 | 35 | 32 | 33 | 33 | 25 |
| 延展长度（公里） | 1252 | 1252 | 2375 | 4652 | 5891 | 6573 | 6626 | 7422 | 6273 | 6265 |

注：公路线路里程 2001 年以前为交通部门养管里程，2001 年及以后为全社会口径；2007 年开展县道网规划，将低级公路升级为县道；输油管道为中石化全公司口径；铁路里程为徐州市境内铁路线里程，上海铁路局徐州办事处已撤销，2018 年及以后不再统计相关线路长度数据；民用航空线条数 2019 年以后为民用航空通航城市数；2020 年及以后等外公路不再统计。

# 15-4　全社会交通运输量

（2023 年）

| 指　　标 | 客运量（万人次） | 货运量（万吨） |
|---|---|---|
| **全市合计** | **5992** | **57330** |
| 航空 | 299 | 1 |
| 铁路 | 3158 | 5453 |
| 公路 | 2535 | 31252 |
| 水运 | | 5310 |
| 管道 | | 15315 |
| **内河港口吞吐量** | | **5946** |

# 15-5　市区全社会交通运输量

（2023 年）

| 指　　标 | 客运量（万人次） | 货运量（万吨） |
|---|---|---|
| **合计** | **4672** | **24489** |
| 航空 | 299 | 1 |
| 铁路 | 3158 | 5453 |
| 公路 | 1215 | 3416 |
| 水运 | | 305 |
| 管道 | | 15315 |
| **内河港口吞吐量** | | **2454** |

# 15-6 主要年份全社会民用车辆船舶数

| 指　　标 | | 1990 | 1995 | 2000 | 2005 | 2010 | 2011 | 2012 | 2013 |
|---|---|---|---|---|---|---|---|---|---|
| **机动车总计** | **（辆）** | **105958** | **194285** | **497359** | **752002** | **1136878** | **1128630** | **1263934** | **1339294** |
| #私人车辆拥有量 | | 78370 | 139813 | 433885 | 701767 | 1050715 | 1031943 | 1161686 | 1232192 |
| 汽车 | | 39949 | 78185 | 214713 | 308628 | 432612 | 526776 | 624472 | 684546 |
| #私人车辆拥有量 | | 2872 | 7446 | 19412 | 262656 | 356532 | 441700 | 501796 | 591203 |
| #载客汽车 | | 7674 | 17748 | 29031 | 78349 | 160323 | 220992 | 478173 | 532586 |
| #大（中）型 | | 1390 | 1940 | 2574 | 8023 | 293120 | 383701 | 12768 | 12175 |
| 小（微）型 | | 6282 | 15808 | 26457 | 70326 | 11865 | 12606 | 465405 | 520411 |
| 载货汽车 | | 21773 | 39651 | 35666 | 36177 | 281255 | 371095 | 112214 | 121542 |
| #重（中）型 | | 16109 | 27592 | 24086 | 20319 | 87464 | 101461 | 66632 | 73083 |
| 轻（微）型 | | 5664 | 12059 | 11580 | 15858 | 53111 | 61868 | 45582 | 48459 |
| 其他汽车 | | 10502 | 20786 | 150016 | 194102 | 34353 | 39593 | 34085 | 30418 |
| 摩托车 | | 14361 | 48131 | 253357 | 438479 | 687361 | 581717 | 617291 | 630345 |
| 全挂车 | | 5655 | 7446 | 2955 | 658 | 545 | 457 | 438 | 406 |
| 半挂车 | | | | 4465 | 4234 | 16357 | 19677 | 21730 | 23996 |
| **运输船舶总计** | **（艘）** | | **5751** | **6740** | **5428** | **4374** | **4356** | **4310** | **4272** |
| 机动船数 | （艘） | | 3045 | 2176 | 655 | 806 | 931 | 1019 | 1146 |
| #货船 | | | 2705 | 1679 | 351 | 518 | 618 | 711 | 843 |
| 拖船 | | | 340 | 441 | 304 | 288 | 313 | 430 | 303 |
| 货船载重量 | （吨位） | | 146701 | 177780 | 54583 | 311516 | 524603 | 681650 | 873700 |
| 驳船数 | （艘） | | 2706 | 4564 | 4773 | 3568 | 3425 | 3291 | 3126 |
| 载重量 | （吨位） | | 223321 | 645466 | 1625614 | 1591410 | 1631804 | 1621674 | 1593750 |

| 指　　标 | 2014 | 2015 | 2016 | 2017 | 2018 | 2019 | 2020 | 2021 | 2022 | 2023 |
|---|---|---|---|---|---|---|---|---|---|---|
| **机动车总计　（辆）** | **1402414** | **1402085** | **1366616** | **1438416** | **1590080** | **1735979** | **1889753** | **2060006** | **2182436** | **2274214** |
| #私人车辆拥有量 | 1298413 | 1301094 | 1263543 | 1324326 | 1462882 | 1600740 | 1745710 | 1891990 | 1996117 | 2097181 |
| 汽车 | 756003 | 851541 | 1016085 | 1202546 | 1366429 | 1514027 | 1665419 | 1825790 | 1944481 | 2043371 |
| #私人车辆拥有量 | 664639 | 763005 | 926406 | 1102910 | 1255296 | 1395093 | 1539706 | 1687986 | 1791779 | 1890374 |
| #载客汽车 | 615452 | 722443 | 878035 | 1046296 | 1193084 | 1330262 | 1465467 | 1606519 | 1722383 | 1820905 |
| #大（中）型 | 10614 | 9837 | 9317 | 9382 | 9580 | 9342 | 9355 | 8977 | 8942 | 8562 |
| 小（微）型 | 604838 | 712606 | 868718 | 1036914 | 1183504 | 1320920 | 1456112 | 1597542 | 1713441 | 1812343 |
| 载货汽车 | 117598 | 109264 | 115728 | 132399 | 148145 | 158085 | 177939 | 193378 | 196225 | 197422 |
| #重（中）型 | 70304 | 64987 | 67511 | 77221 | 83895 | 86066 | 92454 | 101350 | 98915 | 94937 |
| 轻（微）型 | 47294 | 44277 | 48217 | 55178 | 64250 | 72019 | 81985 | 92028 | 97310 | 102485 |
| 其他汽车 | 22953 | 19834 | 22322 | 23851 | 25200 | 25680 | 25513 | 25893 | 25873 | 25044 |
| 摩托车 | 623305 | 526981 | 324023 | 204687 | 188326 | 185506 | 183850 | 191436 | 195346 | 188545 |
| 全挂车 | | | | | | | | | | |
| 半挂车 | 23105 | 23562 | 26508 | 31183 | 35325 | 36446 | 40484 | 42780 | 42609 | 42298 |
| **运输船舶总计（艘）** | **4084** | **4100** | **4154** | **3540** | **3457** | **3176** | **3140** | **3005** | **2677** | **2685** |
| 机动船数　（艘） | 1186 | 1297 | 1315 | 1220 | 1381 | 1477 | 1486 | 1486 | 1405 | 1471 |
| #货船 | 857 | 958 | 977 | 896 | 1077 | 1166 | 1205 | 1213 | 1111 | 1222 |
| 拖船 | 329 | 339 | 338 | 324 | 304 | 309 | 279 | 273 | 294 | 247 |
| 货船载重量（吨位） | 988815 | 1203100 | 1281040 | 1264295 | 1346792 | 1702030 | 1606366 | 1787668 | 1757713 | 1838998 |
| 驳船数　（艘） | 2898 | 2803 | 2839 | 2320 | 2076 | 1699 | 1654 | 1519 | 1272 | 1214 |
| 载重量　（吨位） | 1552199 | 1747641 | 1956416 | 1801938 | 1703981 | 1640839 | 1356376 | 1544607 | 1458467 | 1396775 |

注：2004年以前载客汽车和载货汽车均未含专用（特种）车；2007年及以后运输船舶按现有检验次数统计。

# 15-7 主要年份邮政电信情况

| 指 标 | 1990 | 1995 | 2000 | 2005 | 2010 | 2015 | 2020 | 2021 | 2022 | 2023 |
|---|---|---|---|---|---|---|---|---|---|---|
| 邮电局总数（处） | 262 | 316 | 372 | 812 | | 235 | 233 | 234 | 233 | 233 |
| 邮路总长度（公里） | 4002 | 5047 | 5368 | 5900 | 5753 | 10675 | 31944 | 40551 | 33734 | |
| 农村投递线路长度（公里） | 20477 | 21706 | 21961 | 21666 | 25495 | 26903 | 23176 | 21469 | 21406 | |
| 电话局用交换机总容量（万门） | 5.04 | 45.35 | 136.25 | 348.78 | 1131.70 | | | | | |
| 固定电话年末用户（万户） | 7.23 | 29.45 | 77.51 | 278.53 | 177.21 | 138.50 | 79.33 | 76.15 | 74.38 | 72.32 |
| #城市 | 5.61 | 23.19 | 39.05 | 165.65 | 86.09 | 110.50 | | | | |
| 移动电话年末用户（万户） | | 1.36 | 32.27 | 154.97 | 600.72 | 756.44 | 963.96 | 1003.78 | 1044.51 | 1073.23 |
| 互联网宽带接入用户数（万户） | | | | 21.41 | 70.10 | 188.29 | 358.15 | 398.31 | 435.63 | 475.34 |
| 邮电业务总量（亿元） | 0.62 | 3.88 | 17.73 | 36.26 | 73.39 | 193.39 | 883.24 | 162.54 | 170.79 | 193.12 |
| 邮电业务收入（亿元） | | | 13.06 | 27.05 | 48.14 | 74.11 | 122.57 | 141.18 | 151.79 | 171.69 |
| 函件（万件） | 2463 | 2579 | 2289 | 2041 | 4728 | 1488 | 125 | 107 | 151 | 102 |
| 包裹（万件） | 26 | 71 | 39 | 49 | 26 | 13 | 12 | 9 | 9 | 15 |
| 汇兑（万笔） | 97 | 108 | 96 | 71 | 1267 | 71 | 7 | 4 | 3 | 2 |
| 订销报刊累计（万份） | 10291 | 17075 | 16451 | 9116 | 10845 | 11015 | 10136 | 9539 | 9294 | 9840 |
| 集邮（万枚） | 301 | 1257 | 4525 | 533 | | 481 | 266 | 188 | 195 | 230 |
| 特快专递（万件） | … | 44 | 34 | 78 | 306 | 955 | 595 | 697 | 914 | 1410 |

注：1995年以前本地电话年末用户为年末电话机数（下同）；2006年前电话局用交换机总容量为电信局一家数据，2006年及以后为所有电信部门的数据（下同）；2006年及以前邮电业务总量中电信业务总量为电信业务收入；2013年及以后邮政方面数据为市邮政管理局全辖数（下同）；2019年及以后不再统计城市固定电话用户数；邮电业务总量和业务收入均不包含邮政储蓄银行直接营业收入。2023年邮路总长度和农村投递线路长度不进行统计。

# 主要统计指标解释

**铁路营业里程** 又称营业长度，指办理客货运输业务的铁路正线总长度。凡是全线或部分建成双线及以上的线路，以第一线的实际长度计算；复线、站线、段管线、岔线和特殊用途线以及不计算运费的联络线都不计算营业里程。铁路营业里程是反映铁路运输业基础设施发展水平的重要指标，也是计算客货周转量、运输密度和机车车辆运用效率等指标的基础资料。

**公路里程** 指在一定时期内实际达到《公路工程技术标准 JTJO1–88》规定的等级公路，并经公路主管部门正式验收交付使用的公路里程数。它包括大中城市的郊区公路以及通过小城镇街道部分的公路里程，也包括桥梁、渡口的长度，但不包括大中城市的街道、厂矿、林区生产用道和农业生产用道的里程。两条或多条公路共同经由同一路段，只计算一次，不得重复计算里程长度。公路里程是反映公路建设发展规模的重要指标，也是计算运输网密度等指标的基础资料。

**内河航道里程** 也称“内河通航里程”，是反映内河水运网规模、水平和发展情况的主要指标，是指在一定时期内，能通航运输船舶及排筏的天然河流、湖泊水库、运河及通航渠道的长度。包括全年季节性通航累计三个月以上的航道，但不包括仅供零散流放竹、木排的河道。

**输油（气）管道长度** 也称“输油（气）里程”，是反映管道运输发展规模和水平的主要指标，是指油品（或天然气）的实际输送距离，一般按输油（气）管道的单线长度计算。若包括复线和备用线长度则称为输油（气）管道延展长度，是指管道铺设的实际长度。我们通常使用的是不包括复线的“输油（气）管道里程”。

**货（客）运量** 指在一定时期内，各运输部门实际运送的货（旅客）数量。是反映运输业为国民经济和人民生活服务的数量指标，也是制定和检查运输生产计划，研究运输发展规模和速度的重要指标。货运按吨计算，客运按人计算。货物不论运输距离长短，货物类别，均按实际重量统计；旅客不论行程远近或票价多少，均按一人一次作为客运量统计。半价票、小孩票也按一人统计。

**货物（旅客）周转量** 指在一定时期内，由各种运输工具运送的货物（旅客）数量与其相应运输距离的乘积之总和，是反映运输业生产总成果的重要指标，也是编制和检查运输生产计划，计算运输效率、劳动生产率以及核算运输单位成本的主要基础资料。通常以吨公里和人公里为计算单位。计算货物周转量通常按发出站与到达站之间的最短距离，也就是计费距离计算。

**内河主要港口货物吞吐量** 指由水运进出内河主要港区范围，并经过装卸的货物数量。吞吐量可以分为进口、出口，又可以分为国内贸易和对外贸易。货物吞吐量的货种分类及其主要流向流量，反映了港口在国内外物资交流和对外贸易运输中的地位和作用。

**邮电业务总量** 指以价值量形式表现的邮电通信企业为社会提供各类邮电通信服务的总数量。邮电业务量按专业分类包括函件、包件、汇票、报刊发行、邮政快件、特快专递，邮政储蓄、集邮、公众电报、用户电报、传真、长途电话、出租电路、无线寻呼、移动电话、分组交换数据通信、出租代维等。计算方法为各类产品乘以相应的平均单价（不变价）之和，再加上出租电路和设备、代用户维护电话交换机和线路等的服务收入。它综合反映了一定时期邮电业务发展的总成果，是研究邮电业务量构成和发展趋势的重要指标。计算公式为：

$$
\begin{aligned}
\text{邮电业务总量} &= \sum(\text{各类邮电业务量} \times \text{不变单价}) \\
&\quad + \text{出租代维及其他业务收入} \\
&= \text{邮政业务总量} + \text{电信业务总量}
\end{aligned}
$$

**移动电话用户** 是指通过移动电话交换机进入移动电话网、占用移动电话号码的电话用户。用户数量以报告期末在移动电话营业部门实际办理登记手续进入移动电话网的户数进行计算，一部移动电话统计为一户。

**电话用户** 指接入国家公众固定电话网，并按固定电话业务进行经营管理的电话用户。1997 年以前，电话用户分为市内电话用户和农村电话用户。从 1997 年起，电话用户数分组调整为以用户所在区域划分为“城市电话用户”和“乡村电话用户”，与过去的按市内电话和农村电话划分方法不同，而电话用户总数、电话机总部数统计范围不变。

**城市电话用户** 指直辖市、省辖市、地级市、县级市的市区、市郊区及县城（包括县人民政府所在地的县城关区或行政建制相当于县人民政府所在地的镇）范围内接入局用交换机的电话用户数，包括分布在农村地区的独立工矿区、林区、驻军等接入局用交换机的电话用户数。

# 十六、批发零售和住宿餐饮业

版面负责人：吕延婷
编　　　辑：王海龙

统计知识

# 统计执法监督检查办法

**第三十五条** 县级以上人民政府统计机构作出对法人或者其他组织 5 万元以上罚款，对个体工商户作出 2000 元以上罚款的行政处罚决定前，应当告知处罚对象有要求举行听证的权利。处罚对象要求听证的，作出处罚决定的统计机构应当依法组织听证。

处罚对象应当在收到《统计行政处罚决定告知书》3 日内向作出处罚决定的统计机构提出听证要求，作出处罚决定的统计机构应当在听证的 7 日前通知处罚对象举行听证的时间和地点。

听证由统计机构指定的非本案执法检查人员主持，处罚对象认为主持人与本案有直接利害关系的，有权申请回避。举行听证时，执法检查人员提出处罚对象违法的事实、证据和处罚建议，处罚对象进行申辩和质证。听证应当制作笔录，笔录应当交处罚对象审核无误后签字或者盖章。

听证结束后，统计机构依照本办法第三十三条作出处罚决定。

**第三十六条** 统计违法行为应当给予行政处罚的，依法作出处罚决定，制作《统计行政处罚决定书》。《统计行政处罚决定书》应当载明下列事项：

（一）处罚对象的名称或者姓名、地址；

（二）违反统计法律法规规章的事实和证据；

（三）统计行政处罚的种类和依据；

（四）统计行政处罚的履行方式和期限；

（五）不服统计行政处罚决定，申请行政复议或者提起行政诉讼的途径和期限；

（六）作出统计行政处罚决定的统计机构名称和作出决定的日期。

统计行政处罚决定书必须盖有作出统计行政处罚决定的统计机构的印章。

# 16-1 主要年份社会消费品零售总额

单位：万元

| 年份 | 社会消费品零售总额 | 按地区分 | | | 按行业分 | | | | |
|---|---|---|---|---|---|---|---|---|---|
| | | 市的零售额 | 县的零售额 | 县以下的零售额 | 批发零售贸易业 | 餐饮业 | 住宿业 | 制造业 | 其他行业 |
| 1949 | 9756 | | 6521 | | | | | | |
| 1952 | 11421 | | 5531 | | | | | | |
| 1957 | 22284 | | 9574 | | | | | | |
| 1962 | 28486 | | 14124 | | | | | | |
| 1965 | 29808 | | 12426 | | | | | | |
| 1970 | 34332 | | 13706 | | | | | | |
| 1975 | 57492 | | 23318 | | | | | | |
| 1978 | 77058 | | 31480 | | 64672 | 2955 | | 6196 | 3235 |
| 1979 | 92351 | | 37555 | | 72497 | 4201 | | 10787 | 4866 |
| 1980 | 109523 | | 46069 | | 85005 | 4626 | | 14022 | 5870 |
| 1981 | 123791 | | 52831 | | 91751 | 5244 | | 17841 | 8955 |
| 1982 | 138439 | | 59336 | | 105869 | 5455 | | 15607 | 11508 |
| 1983 | 150638 | 64850 | 27128 | 58660 | 114633 | 6005 | | 18157 | 11843 |
| 1984 | 176386 | 77927 | 31616 | 66843 | 130149 | 7393 | | 25637 | 13207 |
| 1985 | 233620 | 106745 | 43967 | 82908 | 166598 | 12733 | | 33341 | 20948 |
| 1986 | 266086 | 119792 | 52153 | 94141 | 188243 | 14597 | | 36897 | 26349 |
| 1987 | 304226 | 137513 | 51646 | 115067 | 211763 | 17205 | | 44859 | 30399 |
| 1988 | 370405 | 173147 | 66514 | 130744 | 255523 | 19743 | | 56087 | 39052 |
| 1989 | 410589 | 202384 | 71509 | 136696 | 282528 | 20163 | | 60085 | 47813 |
| 1990 | 422271 | 227011 | 59028 | 136232 | 285048 | 19888 | | 58860 | 58475 |
| 1991 | 458294 | 255898 | 62850 | 139546 | 308487 | 22575 | | 60204 | 67028 |
| 1992 | 500332 | 313996 | 47930 | 138406 | 323658 | 26251 | | 70302 | 80121 |
| 1993 | 630132 | 396431 | 62112 | 171589 | 421659 | 31609 | | 75688 | 101176 |
| 1994 | 891616 | 605436 | 75607 | 210573 | 577913 | 67146 | | 86509 | 160048 |
| 1995 | 1176000 | 790888 | 107038 | 278074 | 744581 | 99884 | | 112829 | 218706 |
| 1996 | 1443022 | 960114 | 125326 | 357582 | 910302 | 122359 | | 142344 | 268017 |
| 1997 | 1587144 | 1039250 | 139797 | 408097 | 996392 | 138004 | | 158401 | 294347 |
| 1998 | 1670963 | 1089481 | 159366 | 422116 | 1090676 | 150874 | | 140843 | 288570 |
| 1999 | 1783569 | 1153559 | 175363 | 454647 | 1198854 | 180961 | | 120650 | 283104 |
| 2000 | 1923562 | 1226494 | 184077 | 512991 | 1322600 | 217538 | | 105332 | 278092 |
| 2001 | 2106155 | 1314302 | 214514 | 577339 | 1484550 | 233319 | | 103925 | 284361 |
| 2002 | 2359400 | 1443768 | 248934 | 666698 | 1658933 | 272855 | | 116694 | 310918 |
| 2003 | 2549333 | 1600636 | 249438 | 699259 | 2190101 | 323468 | | | 35764 |
| 2004 | 3626261 | 2256976 | 403917 | 965368 | 3154980 | 431070 | 13483 | | 26728 |
| 2005 | 4142921 | 2586630 | 483718 | 1072573 | 3608492 | 473494 | 30739 | | 30196 |
| 2006 | 4826128 | 3025146 | 563502 | 1237480 | 4131249 | 619258 | 42764 | | 32857 |
| 2007 | 5720811 | 3604544 | 654338 | 1461929 | 4895655 | 719858 | 65306 | | 39992 |
| 2008 | 7399251 | 4662620 | 857163 | 1879468 | 6195896 | 1029172 | 116622 | | 57561 |
| 2009 | 8509073 | 5369172 | 989039 | 2150862 | 7178070 | 1198836 | 132167 | | |
| 2010 | 10163827 | 8122723 | 2041104 | | 9044632 | 1049200 | 69995 | | |
| 2011 | 12200262 | 9729178 | 2471084 | | 10856382 | 1231799 | 112081 | | |
| 2012 | 14080457 | 11293641 | 2786816 | | 12587243 | 1381216 | 111998 | | |
| 2013 | 15989125 | 12821046 | 3168079 | | 14278757 | 1583941 | 126427 | | |
| 2014 | 22006399 | 13793585 | 8212814 | | 20189567 | 1446082 | 370750 | | |
| 2015 | 24773322 | 15462598 | 9310724 | | 22757034 | 1609663 | 406625 | | |
| 2016 | 27906690 | 17369198 | 10537492 | | 25536511 | 1928373 | 441806 | | |
| 2017 | 31327110 | 19479220 | 11847890 | | 28710615 | 2141560 | 474935 | | |
| 2018 | 33735224 | 15813694 | 17921530 | | 30984357 | 2271078 | 479789 | | |
| 2019 | 35331872 | 16556375 | 18775497 | | 32466487 | 2598229 | 267156 | | |
| 2020 | 32860868 | 15566837 | 17294031 | | 30264500 | 2356462 | 239906 | | |
| 2021 | 40380176 | 18611157 | 21769019 | | 37109470 | 2974181 | 296524 | | |
| 2022 | 41027251 | 19102981 | 21924271 | | | | | | |
| 2023 | 44451152 | 20604097 | 23847054 | | | | | | |

注：2003年及以后按行业划分的批发零售贸易业中包括原制造业和其他行业中原农民对非农业居民的零售额；1992–2018年数据根据“四经普”进行调整；2022年及以后不再统计社会消费品零售总额分行业数据。

# 16-2 市区社会消费品零售总额

单位：万元

| 年 份 | 社会消费品零售总额 | 按行业分 | | | | |
|---|---|---|---|---|---|---|
| | | 批发零售贸易业 | 餐饮业 | 住宿业 | 制造业 | 其他行业 |
| 1978 | 31480 | 25956 | 1373 | | 2327 | 1824 |
| 1979 | 37555 | 30176 | 1786 | | 3214 | 2379 |
| 1980 | 46069 | 34685 | 2398 | | 5835 | 3151 |
| 1981 | 52831 | 39758 | 2683 | | 6501 | 3889 |
| 1982 | 59336 | 46294 | 2709 | | 5775 | 4558 |
| 1983 | 63751 | 50417 | 2741 | | 5989 | 4604 |
| 1984 | 76175 | 57009 | 3099 | | 10318 | 5749 |
| 1985 | 104827 | 73051 | 6071 | | 14954 | 10751 |
| 1986 | 117965 | 82599 | 6462 | | 15130 | 13774 |
| 1987 | 135320 | 97190 | 7038 | | 14772 | 16320 |
| 1988 | 169583 | 120988 | 8250 | | 19756 | 20589 |
| 1989 | 198822 | 141665 | 8326 | | 19760 | 29071 |
| 1990 | 210156 | 148845 | 9103 | | 16750 | 35458 |
| 1991 | 236824 | 165088 | 10795 | | 17056 | 43885 |
| 1992 | 313996 | 213428 | 16627 | | 21805 | 62136 |
| 1993 | 396431 | 269511 | 18329 | | 25210 | 83381 |
| 1994 | 605436 | 401048 | 48638 | | 21529 | 134221 |
| 1995 | 790888 | 499974 | 67576 | | 42173 | 181165 |
| 1996 | 960114 | 600007 | 85907 | | 47926 | 226274 |
| 1997 | 1039250 | 624898 | 97889 | | 63913 | 252550 |
| 1998 | 1089481 | 663455 | 113377 | | 63667 | 248982 |
| 1999 | 1153559 | 746934 | 131069 | | 38081 | 237475 |
| 2000 | 1226494 | 837473 | 160403 | | 16326 | 212292 |
| 2001 | 1314302 | 931874 | 158282 | | 9721 | 214425 |
| 2002 | 1443768 | 1021392 | 179056 | | 8679 | 234641 |
| 2003 | 1600636 | 1365068 | 211156 | | | 24412 |
| 2004 | 2256976 | 2001458 | 218874 | 11365 | | 25279 |
| 2005 | 2586630 | 2262533 | 262738 | 34350 | | 27009 |
| 2006 | 3025146 | 2633777 | 325815 | 33778 | | 31776 |
| 2007 | 3604544 | 3157699 | 362535 | 53217 | | 31093 |
| 2008 | 4662620 | 3965681 | 558663 | 79788 | | 58488 |
| 2009 | 5369172 | 4625600 | 653964 | 89608 | | |
| 2010 | 8122723 | 7425332 | 649205 | 48186 | | |
| 2011 | 9729178 | 8876894 | 795117 | 57167 | | |
| 2012 | 11293641 | 10196176 | 1026739 | 70726 | | |
| 2013 | 12821046 | 11375801 | 1332595 | 112650 | | |
| 2014 | 13793585 | 12655507 | 918944 | 219134 | | |
| 2015 | 15462598 | 14244987 | 981016 | 236595 | | |
| 2016 | 17369198 | 15929989 | 1173047 | 266162 | | |
| 2017 | 19479220 | 17894543 | 1292984 | 291693 | | |
| 2018 | 15813694 | 14501776 | 1080233 | 231685 | | |
| 2019 | 16556375 | 15128071 | 1300978 | 127326 | | |
| 2020 | 15566837 | | | | | |
| 2021 | 18611157 | | | | | |
| 2022 | 19102981 | | | | | |
| 2023 | 20604097 | | | | | |

# 16-3 限额以上批发和零售业、住宿和餐饮业基本情况

（2023 年）

| 指　　标 | 法人企业数（个） | 产业活动单位数（个） | 年末从业人员（人） |
|---|---|---|---|
| **总　计** | **5151** | **6832** | **89187** |
| **批发和零售业小计** | **4382** | **6068** | **74429** |
| **批发业** | **2410** | **2797** | **33193** |
| #国有控股 | 84 | 420 | 6673 |
| **按登记注册类型分** | | | |
| 内资企业 | 2387 | 2777 | 31165 |
| 国有企业 | 29 | 49 | 2379 |
| 集体企业 | 2 | 2 | 134 |
| 有限责任公司 | 88 | 92 | 4752 |
| 股份有限公司 | 14 | 224 | 1023 |
| 联营企业 | 1 | 1 | |
| 私营企业 | 2228 | 2388 | 22708 |
| #私营有限责任公司 | 2106 | 2283 | 21532 |
| 其他企业 | 24 | 20 | 168 |
| 港、澳、台商投资企业 | 14 | 12 | 1904 |
| 外商投资企业 | 9 | 8 | 124 |
| **按国民经济行业分** | | | |
| 农、林、牧、渔产品批发 | 109 | 96 | 1550 |
| 食品、饮料及烟草制品批发 | 180 | 166 | 4256 |
| #米、面制品及食用油批发 | 34 | 28 | 448 |
| 烟草制品批发 | 1 | 8 | 1074 |
| 纺织、服装及家庭用品批发 | 89 | 84 | 1784 |
| #纺织品、针织品及原料批发 | 13 | 10 | 96 |
| 文化、体育用品及器材批发 | 45 | 45 | 496 |
| 医药及医疗器材批发 | 148 | 523 | 6740 |
| 矿产品、建材及化工产品批发 | 1390 | 1453 | 11770 |
| #煤炭及制品批发 | 436 | 374 | 3796 |
| 石油及制品批发 | 36 | 247 | 735 |
| 金属及金属矿批发 | 446 | 407 | 2887 |
| 机械设备、五金交电及电子产品批发 | 358 | 355 | 5490 |
| #农业机械批发 | 28 | 26 | 385 |
| 汽车及零配件批发 | 64 | 74 | 853 |
| 其他未列明批发业 | 76 | 64 | 962 |
| **零售业** | **1972** | **3271** | **41236** |
| #国有控股 | 1972 | 3271 | 41236 |
| **按经济注册类型分** | | | |
| 内资企业 | 1958 | 3175 | 35854 |
| 国有企业 | 4 | 3 | 175 |

16-3 续表 1

| 指　　标 | 法人企业数（个） | 产业活动单位数（个） | 年末从业人员（人） |
|---|---|---|---|
| 集体企业 | 15 | 18 | 384 |
| 股份合作企业 | 2 | 2 | 57 |
| 有限责任公司 | 52 | 255 | 4201 |
| 股份有限公司 | 6 | 8 | 618 |
| 私营企业 | 1833 | 2843 | 29831 |
| 其他企业 | 46 | 46 | 588 |
| 港、澳、台商投资企业 | 10 | 91 | 4885 |
| 外商投资企业 | 4 | 5 | 497 |
| **按国民经济行业分** | | | |
| 综合零售 | 115 | 452 | 9011 |
| # 百货零售 | 23 | 21 | 1398 |
| 超级市场零售 | 75 | 366 | 7089 |
| 其他综合零售 | 5 | 5 | 253 |
| 食品、饮料及烟草制品专门零售 | 151 | 224 | 1777 |
| 纺织、服装及日用品专门零售 | 215 | 307 | 6905 |
| 文化、体育用品及器材专门零售 | 145 | 143 | 1467 |
| # 图书、报刊零售 | 10 | 9 | 167 |
| 医药及医疗器材专门零售 | 54 | 881 | 3580 |
| 汽车、摩托车、燃料及零配件专门零售 | 345 | 347 | 8089 |
| # 汽车新车零售 | 227 | 245 | 7007 |
| 家用电器及电子产品专门零售 | 216 | 261 | 3133 |
| # 日用家电设备零售 | 60 | 59 | 710 |
| 计算机、软件及辅助设备零售 | 48 | 38 | 437 |
| 五金、家具及室内装修材料专门零售 | 192 | 169 | 1629 |
| # 五金零售 | 80 | 69 | 510 |
| 家具零售 | 13 | 13 | 339 |
| 货摊、无店铺及其他零售业 | 539 | 487 | 5645 |
| **按经营方式分** | | | |
| 独立门店 | 1449 | 1691 | 26936 |
| 连锁总店（总部） | 24 | 805 | 7147 |
| 连锁门店 | 16 | 252 | 1306 |
| 其他 | 473 | 514 | 5441 |
| **按零售业态分** | | | |
| 百货店 | 24 | 20 | 1551 |
| 超市 | 90 | 406 | 7665 |
| 仓储会员店 | 3 | 9 | |
| 专业店 | 913 | 1828 | 15351 |
| 品牌专卖店 | 357 | 450 | 10439 |
| **住宿和餐饮业小计** | **769** | **764** | **14758** |
| **住宿业** | **235** | **227** | **5230** |
| # 国有控股 | 11 | 16 | 833 |

16-3 续表 2

| 指　　标 | 法人企业数（个） | 产业活动单位数（个） | 年末从业人员（人） |
|---|---|---|---|
| **按登记注册类型分** | | | |
| 内资企业 | 233 | 225 | 4941 |
| 国有企业 | 5 | 5 | 421 |
| 集体企业 | 2 | 2 | 43 |
| 有限责任公司 | 14 | 17 | 963 |
| 私营企业 | 211 | 200 | 3482 |
| 其他内资 | | | |
| **按国民经济行业分** | | | |
| 旅游饭店 | 25 | 34 | 1705 |
| 一般旅馆 | 206 | 190 | 3496 |
| **按星级等级分** | | | |
| 一星 | 1 | 1 | 12 |
| 二星 | 2 | 2 | 24 |
| 三星 | 11 | 11 | 228 |
| 四星 | 6 | 6 | 427 |
| 五星 | 4 | 4 | 685 |
| 其他 | 211 | 203 | 3854 |
| **按经营方式分** | | | |
| #独立门店 | 174 | 168 | 3918 |
| **餐饮业** | **534** | **537** | **9528** |
| #国有控股 | 10 | 8 | 363 |
| **按登记注册类型分** | | | |
| 内资企业 | 531 | 534 | 9358 |
| 国有企业 | 3 | 2 | 120 |
| 集体企业 | 4 | 4 | 138 |
| 有限责任公司 | 23 | 23 | 489 |
| 股份有限公司 | 4 | 25 | 164 |
| 私营企业 | 497 | 480 | 8447 |
| #私营独资企业 | 31 | 41 | 1024 |
| 私营有限责任公司 | 464 | 437 | 7418 |
| 其他内资 | | | |
| 港澳台投资企业 | 3 | 3 | 170 |
| **按国民经济行业分** | | | |
| 正餐服务 | 482 | 455 | 7570 |
| 快餐服务 | 20 | 30 | 923 |
| 饮料及冷饮服务 | 11 | 27 | 224 |
| 其他餐饮业 | 4 | 5 | 110 |
| **按经营方式分** | | | |
| 独立门店 | 487 | 471 | 7462 |
| 连锁店总店（总部） | | | |
| 连锁门店 | | | |
| 其他 | 41 | 55 | 1802 |

# 16-4 限额以上批发和零售业商品销售、库存总额

（2023年） 单位：万元

| 指 标 | 销售总额 | 批 发 | 零 售 | 年末库存总 额 |
|---|---|---|---|---|
| **总 计** | **60424076** | **49219623** | **11204453** | **2227228** |
| **批发业** | **50568192** | **49074367** | **1493825** | **1671879** |
| #国有控股 | 12225125 | 11323774 | 901350 | 958264 |
| **按登记注册类型分** | | | | |
| 内资企业 | 49916075 | 48434810 | 1481265 | 1604266 |
| 国有企业 | 2453272 | 2430029 | 23243 | 256989 |
| 集体企业 | 9285 | 9285 | | 987 |
| 有限责任公司 | 11223004 | 11051882 | 171123 | 711042 |
| #其他有限责任公司 | 8264877 | 8096164 | 168713 | 474891 |
| 股份有限公司 | 1655482 | 834053 | 821430 | 75828 |
| 私营企业 | 34430504 | 33969063 | 461441 | 552861 |
| #私营有限责任公司 | 33365898 | 32915195 | 450703 | 530532 |
| 港、澳、台商投资企业 | 570313 | 564085 | 6228 | 66085 |
| 外商投资企业 | 81804 | 75472 | 6333 | 1528 |
| **按国民经济行业分** | | | | |
| 农、林、牧、渔产品批发 | 1484881 | 1472869 | 12012 | 82433 |
| 食品、饮料及烟草制品批发 | 2984381 | 2803596 | 180785 | 113445 |
| #米、面制品及食用油批发 | 244825 | 225688 | 19137 | 9857 |
| 烟草制品批发 | 1105210 | 1105210 | | 59887 |
| 纺织、服装及日用品批发 | 1469285 | 1343518 | 125767 | 53703 |
| #纺织品、针织品及原料批发 | 396008 | 396008 | | 1539 |
| 医药及医疗器材批发 | 3040174 | 2852705 | 187469 | 195285 |
| 矿产品、建材及化工产品批发 | 29724626 | 28850126 | 874500 | 463873 |
| #煤炭及制品批发 | 14863833 | 14857606 | 6227 | 239964 |
| 石油及制品批发 | 1732456 | 945716 | 786740 | 55416 |
| 机械设备、五金交电及电子产品批发 | 9744007 | 9645827 | 98180 | 723709 |
| 其他批发 | 1745578 | 1735640 | 9938 | 36252 |
| **零售业** | **9855884** | **145256** | **9710628** | **555349** |
| #国有控股 | 439503 | 25413 | 414090 | 36791 |
| **按登记注册类型分** | | | | |
| 内资企业 | 9432598 | 90735 | 9341863 | 502413 |
| 国有企业 | 6974 | | 6974 | 1658 |
| 集体企业 | 63478 | 2266 | 61212 | 2200 |

16-4 续表

单位：万元

| 指　　标 | 销售总额 | 批 发 | 零 售 | 年末库存总　额 |
|---|---|---|---|---|
| 股份合作企业 | 1967 | | 1967 | 148 |
| 有限责任公司 | 1085559 | 9159 | 1076400 | 67779 |
| #其他有限责任公司 | 1045915 | 9159 | 1036756 | 65730 |
| 股份有限公司 | 344839 | 25339 | 319500 | 20737 |
| 私营企业 | 7809023 | 53971 | 7755052 | 409508 |
| #私营有限责任公司 | 7465185 | 51660 | 7413526 | 399761 |
| 其他内资 | 120759 | | 120759 | 383 |
| 港、澳、台商投资企业 | 363954 | 54521 | 309433 | 50639 |
| 外商投资企业 | 59331 | | 59331 | 2298 |
| **按国民经济行业分** | | | | |
| 综合零售 | 1089787 | 2963 | 1086824 | 51056 |
| #百货零售 | 422051 | 217 | 421834 | 10570 |
| 超级市场零售 | 608171 | 2077 | 606094 | 39222 |
| 食品、饮料及烟草制品专门零售 | 532338 | 1140 | 531198 | 21868 |
| 纺织、服装及日用品专门零售 | 963993 | 58495 | 905498 | 90162 |
| 文化、体育用品及器材专门零售 | 434352 | 8595 | 425757 | 20457 |
| #图书、报刊零售 | 154730 | 7879 | 146851 | 688 |
| 医药及医疗器材专门零售 | 645765 | 26088 | 619677 | 43200 |
| 汽车、摩托车、燃料及零配件专门零售 | 3426045 | 27906 | 3398139 | 258112 |
| #汽车新车零售 | 3090001 | 10705 | 3079296 | 249750 |
| 家用电器及电子产品专门零售 | 739951 | 2141 | 737810 | 22405 |
| #日用家电零售 | 114202 | 884 | 113319 | 10642 |
| 五金、家具及室内装修材料专门零售 | 533558 | 12399 | 521159 | 14285 |
| 货摊、无店铺及其他零售 | 1490095 | 5530 | 1484566 | 33803 |
| **按经营方式分** | | | | |
| 独立门店 | 7532708 | 48906 | 7483803 | 415442 |
| 连锁总店（总部） | 478380 | 54997 | 423383 | 61444 |
| 连锁门店 | 192754 | 200 | 192554 | 14668 |
| 其他 | 1652042 | 41154 | 1610889 | 63796 |
| **按零售业态分** | | | | |
| 百货店 | 412450 | | 412450 | 10692 |
| 超市 | 673221 | 3042 | 670179 | 43812 |
| 专业店 | 4394468 | 57385 | 4337082 | 196365 |
| 品牌专卖店 | 2732230 | 61404 | 2670826 | 258649 |

# 16-5 限额以上住宿餐饮业经营情况

（2023 年）　　单位：万元

| 指　　标 | 营业额 | 客房收入 | 餐费收入 | 商品销售收　入 | 其他收入 |
|---|---|---|---|---|---|
| **总　计** | **546252** | **140061** | **381757** | **18201** | **6233** |
| **住宿业** | **179027** | **125986** | **42645** | **6380** | **4015** |
| #国有控股 | 27495 | 11889 | 14333 | 486 | 787 |
| **按登记注册类型分** | | | | | |
| 内资企业 | 169775 | 122032 | 38514 | 6380 | 2849 |
| 　国有企业 | 9270 | 3918 | 4948 | 94 | 309 |
| 　集体企业 | 1825 | 640 | 1126 | 58 | |
| 　有限责任公司 | 33345 | 16016 | 15391 | 864 | 1074 |
| 　#其他有限责任公司 | 33345 | 16016 | 15391 | 864 | 1074 |
| 　股份有限公司 | | | | | |
| 　私营企业 | 124569 | 101038 | 16711 | 5356 | 1464 |
| 　#私营有限责任公司 | 117907 | 96121 | 15332 | 5035 | 1419 |
| 　其他内资 | | | | | |
| **按国民经济行业分** | | | | | |
| 旅游饭店 | 49814 | 23721 | 23380 | 1203 | 1511 |
| 一般旅馆 | 127488 | 100698 | 19171 | 5114 | 2504 |
| **按星级登记分** | | | | | |
| 一星 | 231 | 221 | 10 | 1 | |
| 二星 | 999 | 999 | … | | |
| 三星 | 4479 | 3778 | 362 | 21 | 318 |
| 四星 | 9041 | 4778 | 3800 | 190 | 273 |
| 五星 | 23470 | 10837 | 11688 | 230 | 715 |
| 其他 | 140807 | 105374 | 26785 | 5939 | 2709 |
| **餐饮业** | **367225** | **14075** | **339112** | **11820** | **2218** |
| #国有控股 | 8483 | 1681 | 6482 | 63 | 257 |
| **按登记注册类型分** | | | | | |
| 内资企业 | 364133 | 13027 | 337095 | 11820 | 2191 |
| 　国有企业 | 5015 | 863 | 4069 | 42 | 40 |
| 　集体企业 | 5016 | 1080 | 3863 | 72 | |
| 　有限责任公司 | 15755 | 1998 | 13236 | 32 | 490 |
| 　#其他有限责任公司 | 13698 | 1180 | 12050 | 32 | 436 |
| 　股份有限公司 | 6978 | | 6927 | 5 | 46 |
| 　私营企业 | 331369 | 9085 | 309000 | 11669 | 1615 |
| 　#私营独资企业 | 34136 | 431 | 33052 | 652 | 1 |
| 　　私营有限责任公司 | 296933 | 8654 | 275648 | 11016 | 1614 |
| 　其他内资 | | | | | |
| 外商投资企业 | | | | | |
| **按国民经济行业分** | | | | | |
| 正餐服务 | 307768 | 14075 | 280068 | 11462 | 2165 |
| 快餐服务 | 22398 | | 22221 | 177 | |
| 其他餐饮服务 | 2723 | | 2671 | 52 | |
| **按经营方式分** | | | | | |
| 独立经营 | 302299 | 10972 | 278863 | 10624 | 1840 |
| 连锁总店（总部） | | | | | |
| 连锁门店 | 6332 | 752 | 5403 | 103 | 74 |
| 其他 | 58595 | 2351 | 54846 | 1094 | 304 |

# 16-6 亿元以上商品交易市场基本情况

（2023 年）

| 指　　标 | 市场个数（个） | 营业面积（平方米） | 摊位总量（个） | 已出租摊位（个） | 出租率（%） | 本期商品成交额（万元） |
|---|---|---|---|---|---|---|
| **合　计** | **21** | **1863988** | **27134** | **24197** | **89.2** | **4353950** |
| **按经营环境分** | | | | | | |
| 封闭式 | 18 | 1193988 | 22461 | 19677 | 87.6 | 3592593 |
| 其他 | 3 | 670000 | 4673 | 4520 | 96.7 | 761357 |
| **按经营方式分** | | | | | | |
| 批发 | 12 | 1225874 | 20292 | 18992 | 93.6 | 3752552 |
| 零售 | 9 | 638114 | 6842 | 5205 | 76.1 | 601398 |
| **按市场类别分** | | | | | | |
| 综合市场 | 6 | 758790 | 10202 | 8975 | 88.0 | 624369 |
| 生产资料综合市场 | 1 | 18790 | 5376 | 5315 | 98.9 | 138503 |
| 农产品综合市场 | 2 | 460000 | 2091 | 1753 | 83.8 | 404807 |
| 专业市场 | 15 | 1105198 | 16932 | 15222 | 89.9 | 3729581 |
| 生产资料市场 | 5 | 449484 | 3324 | 2191 | 65.9 | 735620 |
| 农用生产资料市场 | 2 | 110500 | 185 | 147 | 79.5 | 63561 |
| 木材市场 | | | | | | |
| 建材市场 | 1 | 260000 | 1050 | 790 | 75.2 | 288626 |
| 金属材料市场 | 2 | 78984 | 2089 | 1254 | 60.0 | 383433 |
| 农产品市场 | 3 | 216000 | 4951 | 4781 | 96.6 | 719318 |
| 干鲜果品市场 | 1 | 190000 | 3260 | 3260 | 100.0 | 604520 |
| 其他农产品市场 | 2 | 26000 | 1691 | 1521 | 89.9 | 114798 |
| 食品、饮料及烟酒市场 | | | | | | |
| 食品饮料市场 | | | | | | |
| 纺织、服装、鞋帽市场 | 2 | 172600 | 6944 | 6838 | 98.5 | 2101500 |
| 服装市场 | 1 | 152900 | 6578 | 6578 | 100.0 | 2080000 |
| 鞋帽市场 | 1 | 19700 | 366 | 260 | 71.0 | 21500 |
| 日用品及文化用品市场 | 1 | 5000 | 66 | 66 | 100.0 | 21184 |
| 电器、通讯器材、电子设备市场 | 1 | 2322 | 344 | 155 | 45.1 | 31127 |
| 计算机及辅助设备市场 | 1 | 2322 | 344 | 155 | 45.1 | 31127 |
| 家具、五金及装饰材料市场 | 3 | 259792 | 1303 | 1191 | 91.4 | 120832 |
| 家具市场 | 2 | 84792 | 353 | 291 | 82.4 | 35832 |
| 装饰材料市场 | 1 | 175000 | 950 | 900 | 94.7 | 85000 |
| 五金材料市场 | | | | | | |
| 其他专业市场 | | | | | | |

# 16-7 限额以上批发零售业企业财务状况

（2023 年） 单位：万元

| 指标 | 年末资产负债 | | | | |
|---|---|---|---|---|---|
| | 流动资产合计 | #存货 | 固定资产原价 | 累计折旧 | #本年折旧 |
| **总计** | **17784050** | **2638206** | **2290789** | **847333** | **172640** |
| **批发业** | **15249715** | **1988225** | **1466068** | **507147** | **107104** |
| #国有控股 | 5773439 | 1115383 | 465878 | 182046 | 25467 |
| **按登记注册类型分** | | | | | |
| 内资企业 | 14930919 | 1956134 | 1460307 | 505451 | 106840 |
| 国有企业 | 1000665 | 347350 | 191281 | 78643 | 10861 |
| 集体企业 | 8365 | 1494 | 2963 | 1921 | 69 |
| 股份合作企业 | 300 | 23 | 49 | 47 | 4 |
| 联营企业 | | | | | |
| 有限责任公司 | 5609036 | 768153 | 267793 | 82413 | 15279 |
| 股份有限公司 | 248941 | 89829 | 172027 | 76447 | 7611 |
| 私营企业 | 8034118 | 744716 | 821109 | 264880 | 72666 |
| #私营有限责任公司 | 7703897 | 721922 | 783576 | 255806 | 69488 |
| 其他内资 | 29494 | 4569 | 5085 | 1101 | 351 |
| 港、澳、台商投资企业 | 291213 | 27633 | 1391 | 209 | 48 |
| 外商投资企业 | 27583 | 4457 | 4369 | 1487 | 216 |
| **按国民经济行业分** | | | | | |
| 农、林、牧、渔产品批发 | 468252 | 139865 | 97851 | 27317 | 4179 |
| 食品、饮料及烟草制品批发 | 953189 | 117104 | 312905 | 116974 | 21078 |
| #米、面制品及食用油批发 | 178668 | 11408 | 140573 | 43059 | 8252 |
| 烟草制品批发 | 305605 | 48937 | 65832 | 41970 | 4205 |
| 纺织、服装及日用品批发 | 425399 | 45044 | 15728 | 3827 | 934 |
| #纺织品、针织品及原料批发 | 72089 | 1897 | 3675 | 894 | 200 |
| 医药及医疗器材批发 | 1078383 | 153311 | 49102 | 19495 | 3170 |
| 矿产品、建材及化工产品批发 | 6048607 | 490521 | 761940 | 254119 | 54170 |
| #煤炭及制品批发 | 2269073 | 183295 | 340789 | 99569 | 27527 |
| 金属及金属矿批发 | 1575937 | 150986 | 97718 | 24949 | 6926 |
| 机械设备、五金交电及电子产品批发 | 5868661 | 998313 | 198098 | 72141 | 20373 |
| #农业机械批发 | 103564 | 10904 | 10842 | 5113 | 531 |
| 汽车及零配件批发 | 307159 | 55311 | 60055 | 20095 | 7259 |
| 其他机械设备及电子产品批发 | 5244724 | 911956 | 106459 | 40327 | 9969 |
| 其他批发 | 291540 | 34467 | 20539 | 10605 | 2408 |
| **按经营方式分** | | | | | |
| 独立门店 | 6564175 | 778318 | 1037264 | 360729 | 78819 |
| 连锁总店（总部） | 5600 | 1187 | 1207 | 321 | 81 |
| 连锁门店 | 15224 | 6573 | 1453 | 671 | 136 |
| 其他 | 8664716 | 1202146 | 426144 | 145426 | 28068 |

16-7 续表 1

单位：万元

| 指　　标 | 年末资产负债 | | | | |
|---|---|---|---|---|---|
| | 流动资产合　计 | # 存货 | 固定资产原　价 | 累计折旧 | # 本年折旧 |
| **零售业** | **2534335** | **649981** | **824721** | **340186** | **65535** |
| # 国有控股 | 204737 | 38088 | 53606 | 28020 | 2365 |
| **按登记注册类型分** | | | | | |
| 内资企业 | 2394748 | 588793 | 735152 | 281290 | 60940 |
| 国有企业 | 5787 | 1943 | 5809 | 2563 | 132 |
| 集体企业 | 13475 | 2577 | 6129 | 2153 | 268 |
| 股份合作企业 | 469 | 153 | 78 | 45 | 10 |
| 联营企业 | | | | | |
| 有限责任公司 | 405798 | 74526 | 142791 | 56363 | 6901 |
| 股份有限公司 | 241435 | 21312 | 51586 | 21329 | 2248 |
| 私营企业 | 1718267 | 487588 | 509434 | 192257 | 48756 |
| # 私营有限责任公司 | 1617808 | 479190 | 463265 | 171289 | 43891 |
| 其他企业 | 9517 | 696 | 19326 | 6580 | 2626 |
| 港、澳、台商投资企业 | 118212 | 55838 | 41573 | 18878 | 2679 |
| 外商投资企业 | 21375 | 5350 | 47996 | 40018 | 1916 |
| **按国民经济行业分** | | | | | |
| 综合零售 | 517671 | 51789 | 217644 | 109571 | 10746 |
| # 百货零售 | 242220 | 8824 | 97544 | 43982 | 4065 |
| 超级市场零售 | 241663 | 41853 | 109808 | 60081 | 5795 |
| 食品、饮料及烟草制品专门零售 | 129486 | 27208 | 21382 | 11884 | 1580 |
| 纺织、服装及日用品专门零售 | 258334 | 115860 | 165298 | 40363 | 17480 |
| 文化、体育用品及器材专门零售 | 126322 | 34794 | 28834 | 7855 | 1855 |
| # 图书、报刊零售 | 37197 | 11899 | 3141 | 177 | 60 |
| 医药及医疗器材专门零售 | 256617 | 47009 | 49484 | 22907 | 2512 |
| 汽车、摩托车、燃料及零配件专门零售 | 731891 | 235480 | 168602 | 72007 | 17305 |
| # 汽车新车零售 | 651746 | 222542 | 139123 | 61810 | 14994 |
| 家用电器及电子产品专门零售 | 216750 | 81849 | 24742 | 8645 | 2456 |
| # 日用家电零售 | 80182 | 13196 | 3943 | 1201 | 390 |
| 计算机、软件及辅助设备零售 | 26948 | 3574 | 5508 | 1752 | 471 |
| 五金、家具及室内装修材料专门零售 | 103045 | 17522 | 74924 | 44410 | 4540 |
| # 五金零售 | 41321 | 4002 | 19261 | 4325 | 1295 |
| 家具零售 | 8968 | 3020 | 40500 | 35687 | 2173 |
| 货摊、无店铺及其他零售 | 194220 | 38471 | 73810 | 22545 | 7061 |
| **按经营方式分** | | | | | |
| 独立门店 | 1885155 | 490927 | 679118 | 281402 | 55952 |
| 连锁总店（总部） | 215913 | 80382 | 32930 | 10417 | 1096 |
| 连锁门店 | 61393 | 17121 | 11990 | 6703 | 776 |
| 其他 | 371874 | 61552 | 100683 | 41664 | 7713 |
| **按零售业态分** | | | | | |
| 超市 | 266074 | 47638 | 159894 | 100401 | 8360 |
| 仓储会员店 | 383 | 486 | 10 | 4 | 3 |
| 百货店 | 238300 | 8267 | 99642 | 44571 | 4204 |
| 专业店 | 1054003 | 238883 | 304289 | 123408 | 28739 |
| 品牌专卖店 | 694316 | 307178 | 148142 | 46704 | 14907 |

16-7　续表 2

单位：万元

| 指　　　标 | 年末资产负债 | |
|---|---|---|
| | 资产总计 | 负债合计 |
| **总　计** | **21811136** | **16084349** |
| **批发业** | **17825831** | **13649479** |
| #国有控股 | 6717715 | 5485421 |
| **按登记注册类型分** | | |
| 内资企业 | 17496089 | 13326591 |
| 国有企业 | 1208606 | 707608 |
| 集体企业 | 9407 | 3843 |
| 股份合作企业 | 8216 | 785 |
| 联营企业 | | |
| 有限责任公司 | 6256717 | 5609107 |
| 股份有限公司 | 525978 | 320397 |
| 私营企业 | 9452417 | 6667538 |
| #私营有限责任公司 | 9059766 | 6488888 |
| 其他内资 | 34749 | 17313 |
| 港、澳、台商投资企业 | 299248 | 313174 |
| 外商投资企业 | 30494 | 9714 |
| **按国民经济行业分** | | |
| 农、林、牧、渔产品批发 | 623782 | 388459 |
| 食品、饮料及烟草制品批发 | 1262927 | 711602 |
| #米、面制品及食用油批发 | 311519 | 275208 |
| 烟草制品批发 | 333032 | 50010 |
| 纺织、服装及日用品批发 | 443162 | 366230 |
| #纺织品、针织品及原料批发 | 77225 | 63572 |
| 医药及医疗器材批发 | 1150064 | 1035781 |
| 矿产品、建材及化工产品批发 | 7367073 | 4917191 |
| #煤炭及制品批发 | 2736438 | 1741392 |
| 金属及金属矿批发 | 1744995 | 1276411 |
| 机械设备、五金交电及电子产品批发 | 6519183 | 5903357 |
| #农业机械批发 | 123070 | 105675 |
| 汽车及零配件批发 | 345044 | 336453 |
| 其他机械设备及电子产品批发 | 5816882 | 5277041 |
| 其他批发 | 333021 | 236339 |
| **按经营方式分** | | |
| 独立门店 | 7813545 | 5221557 |
| 连锁总店（总部） | 6905 | 5604 |
| 连锁门店 | 16029 | 13264 |
| 其他 | 9989352 | 8409054 |

16–7 续表 3

单位：万元

| 指　　标 | 年末资产负债 | |
|---|---|---|
| | 资产总计 | 负债合计 |
| **零售业** | **3985306** | **2434870** |
| #国有控股 | 256402 | 227627 |
| **按登记注册类型分** | | |
| 内资企业 | 3753352 | 2219292 |
| 国有企业 | 10343 | 34053 |
| 集体企业 | 18353 | 5387 |
| 股份合作企业 | 469 | 376 |
| 联营企业 | | |
| 有限责任公司 | 1159231 | 381536 |
| 股份有限公司 | 292354 | 218840 |
| 私营企业 | 2242464 | 1571553 |
| #私营有限责任公司 | 2081738 | 1470936 |
| 其他内资 | 30139 | 7548 |
| 港、澳、台商投资企业 | 161087 | 121318 |
| 外商投资企业 | 70866 | 94261 |
| **按国民经济行业分** | | |
| 综合零售 | 755998 | 615180 |
| #百货零售 | 343347 | 218907 |
| 超级市场零售 | 373764 | 360051 |
| 食品、饮料及烟草制品专门零售 | 143322 | 105018 |
| 纺织、服装及日用品专门零售 | 444891 | 307151 |
| 文化、体育用品及器材专门零售 | 152331 | 96952 |
| #图书、报刊零售 | 37426 | 31022 |
| 医药及医疗器材专门零售 | 878448 | 243471 |
| 汽车、摩托车、燃料及零配件专门零售 | 925024 | 660247 |
| #汽车新车零售 | 810063 | 592252 |
| 家用电器及电子产品专门零售 | 248310 | 148657 |
| #日用家电零售 | 83764 | 45624 |
| 计算机、软件及辅助设备零售 | 31611 | 17485 |
| 五金、家具及室内装修材料专门零售 | 176144 | 124950 |
| #五金零售 | 58712 | 32651 |
| 家具零售 | 46654 | 55675 |
| 货摊、无店铺及其他零售 | 260839 | 133245 |
| **按经营方式分** | | |
| 独立门店 | 2602987 | 1851739 |
| 连锁总店（总部） | 839359 | 215769 |
| 连锁门店 | 87424 | 70894 |
| 其他 | 455536 | 296468 |
| **按零售业态分** | | |
| 超市 | 440643 | 435770 |
| 仓储会员店 | 678 | 625 |
| 百货店 | 339462 | 238344 |
| 专业店 | 1362856 | 858657 |
| 品牌专卖店 | 862414 | 660703 |

16-7 续表 4

单位：万元

| 指　　标 | 损益及分配 | | | | |
|---|---|---|---|---|---|
| | 营业收入 | 营业成本 | 税　金及附加 | 销售费用 | 管理费用 |
| **总　计** | **53923536** | **49551727** | **313387** | **1600025** | **607543** |
| **批发业** | **45216204** | **41947874** | **279374** | **1099848** | **408342** |
| #国有控股 | 11134207 | 10516244 | 144068 | 114715 | 74419 |
| **按登记注册类型分** | | | | | |
| 内资企业 | 44598723 | 41481479 | 277538 | 960784 | 407271 |
| 国有企业 | 2194079 | 1856448 | 134141 | 21911 | 45893 |
| 集体企业 | 9655 | 8449 | 22 | 507 | 629 |
| 股份合作企业 | 15 | 1 | | 34 | 172 |
| 联营企业 | | | | | |
| 有限责任公司 | 10214488 | 9707463 | 14417 | 255068 | 40474 |
| 股份有限公司 | 1465261 | 1394846 | 2343 | 48355 | 9190 |
| 私营企业 | 30574608 | 28381288 | 125537 | 634370 | 309587 |
| #私营有限责任公司 | 29622243 | 27520138 | 117339 | 618333 | 299777 |
| 其他内资 | 140617 | 132984 | 1078 | 539 | 1326 |
| 港、澳、台商投资企业 | 540990 | 396500 | 1708 | 137379 | 270 |
| 外商投资企业 | 76491 | 69895 | 128 | 1685 | 801 |
| **按国民经济行业分** | | | | | |
| 农、林、牧、渔产品批发 | 1367121 | 1329000 | 2370 | 12280 | 12796 |
| 食品、饮料及烟草制品批发 | 2689082 | 2165589 | 137490 | 106265 | 71370 |
| #米、面制品及食用油批发 | 212792 | 194537 | 1081 | 1813 | 5106 |
| 烟草制品批发 | 978769 | 678770 | 132887 | 12576 | 37545 |
| 纺织、服装及日用品批发 | 1290741 | 1142987 | 3622 | 101850 | 15490 |
| #纺织品、针织品及原料批发 | 352763 | 339971 | 394 | 1582 | 606 |
| 医药及医疗器材批发 | 2707899 | 2213112 | 13441 | 392172 | 34168 |
| 矿产品、建材及化工产品批发 | 26270422 | 24712292 | 84477 | 306545 | 186885 |
| #煤炭及制品批发 | 13096591 | 12104028 | 48549 | 158136 | 95976 |
| 金属及金属矿批发 | 7434175 | 7190527 | 22685 | 47853 | 32319 |
| 机械设备、五金交电及电子产品批发 | 8986697 | 8580061 | 31829 | 152887 | 71564 |
| #农业机械批发 | 224375 | 214993 | 172 | 3982 | 2881 |
| 汽车及零配件批发 | 684673 | 639462 | 995 | 10963 | 10089 |
| 其他机械设备及电子产品批发 | 7289584 | 7007091 | 28614 | 124842 | 42223 |
| 其他批发 | 1552505 | 1476584 | 5601 | 18108 | 11633 |
| **按经营方式分** | | | | | |
| 独立门店 | 24962212 | 23011564 | 213428 | 384244 | 279495 |
| 连锁总店（总部） | 104031 | 79814 | 315 | 20129 | 2360 |
| 连锁门店 | 38115 | 29007 | 74 | 6763 | 1674 |
| 其他 | 20111846 | 18827490 | 65556 | 688711 | 124813 |

16-7 续表 5

单位：万元

| 指　　标 | 损益及分配 | | | | |
|---|---|---|---|---|---|
| | 营业收入 | 营业成本 | 税　金及附加 | 销售费用 | 管理费用 |
| **零售业** | **8707332** | **7603853** | **34013** | **500177** | **199201** |
| #国有控股 | 399512 | 358909 | 1065 | 22559 | 10242 |
| **按登记注册类型分** | | | | | |
| 内资企业 | 8346195 | 7343757 | 32735 | 422038 | 186813 |
| 国有企业 | 7034 | 5427 | 12 | 610 | 1813 |
| 集体企业 | 56107 | 46387 | 182 | 3312 | 2447 |
| 股份合作企业 | 1778 | 1394 | 6 | 18 | 309 |
| 联营企业 | | | | | |
| 有限责任公司 | 947943 | 816298 | 3537 | 67247 | 22898 |
| 股份有限公司 | 285014 | 266003 | 758 | 7443 | 7069 |
| 私营企业 | 6940532 | 6119688 | 27105 | 341080 | 150217 |
| #私营有限责任公司 | 6637263 | 5858842 | 25517 | 327943 | 143344 |
| 其他内资 | 107787 | 88560 | 1136 | 2329 | 2060 |
| 港、澳、台商投资企业 | 322987 | 231754 | 1273 | 72301 | 5461 |
| 外商投资企业 | 38151 | 28343 | 5 | 5838 | 6927 |
| **按国民经济行业分** | | | | | |
| 综合零售 | 942196 | 760935 | 5127 | 93410 | 39570 |
| #百货零售 | 354185 | 283260 | 3416 | 20237 | 14956 |
| 超级市场零售 | 532353 | 432275 | 1361 | 67398 | 23054 |
| 食品、饮料及烟草制品专门零售 | 479112 | 437962 | 837 | 14056 | 10813 |
| 纺织、服装及日用品专门零售 | 857616 | 672693 | 5912 | 88448 | 25233 |
| 文化、体育用品及器材专门零售 | 399470 | 305051 | 1883 | 54759 | 8455 |
| #图书、报刊零售 | 151816 | 92831 | 94 | 45462 | 1739 |
| 医药及医疗器材专门零售 | 571517 | 500765 | 1840 | 36353 | 13900 |
| 汽车、摩托车、燃料及零配件专门零售 | 2998279 | 2807132 | 8816 | 99337 | 47481 |
| #汽车新车零售 | 2701152 | 2546410 | 7645 | 90639 | 40740 |
| 家用电器及电子产品专门零售 | 619365 | 550259 | 2231 | 20437 | 13216 |
| #日用家电零售 | 101936 | 90867 | 216 | 5330 | 2530 |
| 计算机、软件及辅助设备零售 | 121595 | 107160 | 552 | 2469 | 1987 |
| 五金、家具及室内装修材料专门零售 | 474778 | 419044 | 2502 | 10136 | 16237 |
| #五金零售 | 178099 | 163003 | 748 | 2431 | 3878 |
| 家具零售 | 25756 | 18806 | 18 | 2832 | 6981 |
| 货摊、无店铺及其他零售 | 1364998 | 1150013 | 4866 | 83240 | 24297 |
| **按经营方式分** | | | | | |
| 独立门店 | 6621711 | 5864785 | 26545 | 315416 | 149962 |
| 连锁总店（总部） | 410942 | 300329 | 1714 | 83864 | 16899 |
| 连锁门店 | 176313 | 132172 | 510 | 34087 | 4276 |
| 其他 | 1498366 | 1306568 | 5244 | 66810 | 28064 |
| **按零售业态分** | | | | | |
| 超市 | 596814 | 483497 | 1433 | 75798 | 30213 |
| 仓储会员店 | 3781 | 3705 | 1 | | 7 |
| 百货店 | 346254 | 274484 | 3462 | 19022 | 16503 |
| 专业店 | 3868266 | 3420620 | 16322 | 168213 | 83237 |
| 品牌专卖店 | 2388659 | 2155218 | 7833 | 140272 | 39626 |

16-7 续表 6

单位：万元

| 指　　标 | 损益及分配 | | | | | |
|---|---|---|---|---|---|---|
| | 财务费用 | #利息费用 | 营业利润 | 利润总额 | 所得税费用 | 本年应交增值税 |
| **总　计** | **126845** | **45911** | **1759872** | **1821388** | **274320** | **809041** |
| **批发业** | **87575** | **36756** | **1425051** | **1477013** | **221732** | **692090** |
| #国有控股 | 17296 | 20367 | 247311 | 253950 | 73256 | 76043 |
| **按登记注册类型分** | | | | | | |
| 内资企业 | 87261 | 36689 | 1414397 | 1466325 | 221150 | 678740 |
| 国有企业 | -1525 | 3051 | 135150 | 140360 | 35269 | 43187 |
| 集体企业 | 39 | | 8 | 8 | 5 | 225 |
| 股份合作企业 | | | -193 | -135 | | 4 |
| 联营企业 | | | | | | |
| 有限责任公司 | 23470 | 20028 | 146224 | 146981 | 38588 | 52903 |
| 股份有限公司 | 3948 | 340 | 6020 | 6911 | 1800 | 6418 |
| 私营企业 | 61209 | 13252 | 1122144 | 1167157 | 145155 | 575636 |
| #私营有限责任公司 | 58394 | 12629 | 1066767 | 1111196 | 138313 | 562996 |
| 其他内资 | 121 | 18 | 5044 | 5044 | 334 | 368 |
| 港、澳、台商投资企业 | 67 | 67 | 6763 | 6719 | 156 | 12538 |
| 外商投资企业 | 248 | | 3891 | 3969 | 425 | 811 |
| **按国民经济行业分** | | | | | | |
| 农、林、牧、渔产品批发 | 4424 | 1347 | 8496 | 15066 | 1496 | 3507 |
| 食品、饮料及烟草制品批发 | -4593 | 2622 | 218356 | 224568 | 43385 | 58791 |
| #米、面制品及食用油批发 | 2829 | 2303 | 9260 | 9513 | 1799 | 3672 |
| 烟草制品批发 | -7508 | | 124884 | 124644 | 31394 | 38037 |
| 纺织、服装及日用品批发 | 1196 | 366 | 29167 | 31870 | 7112 | 20689 |
| #纺织品、针织品及原料批发 | 286 | | 9901 | 10521 | 2363 | 1976 |
| 医药及医疗器材批发 | 6493 | 3456 | 49606 | 53228 | 7704 | 55024 |
| 矿产品、建材及化工产品批发 | 63996 | 16268 | 927530 | 940841 | 124705 | 412620 |
| #煤炭及制品批发 | 34670 | 8044 | 675240 | 680390 | 88372 | 188975 |
| 金属及金属矿批发 | 10716 | 3102 | 127468 | 129767 | 20236 | 166689 |
| 机械设备、五金交电及电子产品批发 | 14796 | 11618 | 136709 | 148344 | 32204 | 90709 |
| #农业机械批发 | 621 | 234 | 1641 | 1613 | 155 | 424 |
| 汽车及零配件批发 | 3790 | 652 | 18652 | 21745 | 1410 | 7388 |
| 其他机械设备及电子产品批发 | 5885 | 10477 | 84308 | 92322 | 28134 | 71167 |
| 其他批发 | 2037 | 1012 | 45661 | 53500 | 3465 | 48574 |
| **按经营方式分** | | | | | | |
| 独立门店 | 60585 | 24117 | 1051784 | 1072202 | 150001 | 442402 |
| 连锁总店（总部） | 201 | | 1213 | 1224 | 67 | 816 |
| 连锁门店 | 172 | 152 | 424 | 583 | 85 | 6988 |
| 其他 | 26617 | 12487 | 371630 | 403005 | 71579 | 241884 |

16-7 续表 7

单位：万元

| 指　　标 | 损益及分配 | | | | | |
|---|---|---|---|---|---|---|
| | 财务费用 | #利息费用 | 营业利润 | 利润总额 | 所得税费用 | 本年应交增值税 |
| **零售业** | **39269** | **9155** | **334821** | **344375** | **52588** | **116951** |
| #国有控股 | 3108 | 2686 | 2660 | 4917 | 2321 | 5437 |
| **按登记注册类型分** | | | | | | |
| 内资企业 | 36657 | 9104 | 330200 | 336051 | 52514 | 105810 |
| 国有企业 | -8 | 3 | -1065 | -1064 | 1 | 70 |
| 集体企业 | 60 | 8 | 3926 | 3917 | 650 | 1012 |
| 股份合作企业 | 17 | | 44 | 44 | 4 | 61 |
| 联营企业 | | | | | | |
| 有限责任公司 | 3573 | 1359 | 33974 | 34183 | 10521 | 18061 |
| 股份有限公司 | 3909 | 4358 | -467 | 1713 | 1455 | 2089 |
| 私营企业 | 28191 | 3338 | 280688 | 284262 | 38811 | 82638 |
| #私营有限责任公司 | 23195 | 3316 | 265406 | 268571 | 37322 | 78931 |
| 其他内资 | 915 | 39 | 13101 | 12996 | 1072 | 1879 |
| 港、澳、台商投资企业 | 120 | 50 | 10158 | 13881 | 10 | 10769 |
| 外商投资企业 | 2493 | | -5537 | -5557 | 65 | 373 |
| **按国民经济行业分** | | | | | | |
| 综合零售 | 11426 | 2786 | 33102 | 34198 | 9186 | 18648 |
| #百货零售 | 3307 | 1900 | 29129 | 29249 | 6988 | 11065 |
| 超级市场零售 | 7423 | 879 | 1912 | 2846 | 1904 | 6723 |
| 食品、饮料及烟草制品专门零售 | 905 | 191 | 15397 | 15362 | 2556 | 5396 |
| 纺织、服装及日用品专门零售 | 4532 | 189 | 59830 | 63927 | 5729 | 19997 |
| 文化、体育用品及器材专门零售 | 1430 | 96 | 22403 | 22940 | 3901 | 4776 |
| #图书、报刊零售 | 171 | | 6785 | 6850 | 1906 | 26 |
| 医药及医疗器材专门零售 | 3356 | 2817 | 16127 | 18534 | 3992 | 9422 |
| 汽车、摩托车、燃料及零配件专门零售 | 8064 | 2614 | 36607 | 36816 | 9603 | 25808 |
| #汽车新车零售 | 6740 | 2563 | 18973 | 19242 | 7020 | 21724 |
| 家用电器及电子产品专门零售 | 2137 | 294 | 29421 | 29370 | 3498 | 7348 |
| #日用家电零售 | 260 | 20 | 2035 | 2112 | 352 | 1277 |
| 计算机、软件及辅助设备零售 | 494 | 64 | 8330 | 8300 | 581 | 2267 |
| 五金、家具及室内装修材料专门零售 | 3882 | 38 | 24214 | 24759 | 2527 | 7889 |
| #五金零售 | 321 | 17 | 8685 | 8739 | 986 | 3045 |
| 家具零售 | 2118 | | -4981 | -4919 | 30 | 67 |
| 货摊、无店铺及其他零售 | 3538 | 130 | 97721 | 98469 | 11598 | 17669 |
| **按经营方式分** | | | | | | |
| 独立门店 | 31188 | 5162 | 232873 | 237459 | 37561 | 84400 |
| 连锁总店（总部） | 1151 | 627 | 7491 | 11762 | 1518 | 13075 |
| 连锁门店 | 1442 | 110 | 5987 | 5920 | 3012 | 3814 |
| 其他 | 5489 | 3256 | 88470 | 89235 | 10497 | 15663 |
| **按零售业态分** | | | | | | |
| 超市 | 9957 | 918 | -3037 | -2076 | 1989 | 7110 |
| 仓储会员店 | | | 3 | 3 | 1 | |
| 百货店 | 3110 | 1909 | 29876 | 29995 | 7094 | 11205 |
| 专业店 | 16235 | 4385 | 172852 | 173916 | 22825 | 45294 |
| 品牌专卖店 | 5907 | 1777 | 34033 | 40403 | 10297 | 28445 |

# 16-8 限额以上住宿餐饮业企业财务状况

（2023 年） 单位：万元

| 指标 | 年末资产负债 | | | | |
|---|---|---|---|---|---|
| | 流动资产合计 | #存货 | 固定资产原价 | 累计折旧 | #本年折旧 |
| **总计** | **207347** | **9199** | **283148** | **97745** | **18428** |
| **住宿业** | **84906** | **3141** | **157144** | **64069** | **9903** |
| #国有控股 | 17292 | 379 | 13892 | 10880 | 725 |
| **按登记注册类型分** | | | | | |
| 内资企业 | 78810 | 3038 | 122770 | 54623 | 8510 |
| 国有企业 | 5444 | 196 | 4778 | 3187 | 123 |
| 集体企业 | 763 | 32 | 931 | 473 | 66 |
| 有限责任公司 | 16176 | 482 | 48027 | 30443 | 1819 |
| 股份有限公司 | | | | | |
| 私营企业 | 56295 | 2326 | 64033 | 20097 | 6293 |
| 其他企业 | | | | | |
| **按国民经济行业分** | | | | | |
| 旅游饭店 | 23887 | 614 | 80703 | 37201 | 3438 |
| 一般旅馆 | 60815 | 2509 | 75525 | 26688 | 6414 |
| **按星级等级分** | | | | | |
| 一星 | 57 | | 79 | 26 | 3 |
| 二星 | 185 | 6 | 120 | 68 | 22 |
| 三星 | 2561 | 230 | 8561 | 6000 | 351 |
| 四星 | 3631 | 228 | 16255 | 8950 | 548 |
| 五星 | 4739 | 135 | 52667 | 21872 | 1696 |
| 其他 | 73735 | 2543 | 79461 | 27153 | 7283 |
| **餐饮业** | **122440** | **6058** | **126004** | **33677** | **8525** |
| #国有控股 | 2784 | 109 | 1431 | 713 | 149 |
| **按登记注册类型分** | | | | | |
| 内资企业 | 122440 | 6058 | 126004 | 33677 | 8525 |
| 国有企业 | 1092 | 93 | 800 | 290 | 33 |
| 集体企业 | 1466 | 348 | 4545 | 840 | 214 |
| 有限责任公司 | 8249 | 181 | 5041 | 1275 | 373 |
| 股份有限公司 | 5386 | 105 | 2779 | 2373 | 134 |
| 私营企业 | 99644 | 5213 | 112196 | 28536 | 7629 |
| 私营独资企业 | 4859 | 286 | 8578 | 3778 | 665 |
| 私营有限责任公司 | 94668 | 4918 | 103618 | 24759 | 6964 |
| 其他 | | | | | |
| **按国民经济行业分** | | | | | |
| 正餐服务 | 103765 | 5253 | 115894 | 29055 | 7654 |
| 快餐服务 | 7180 | 553 | 4722 | 2522 | 527 |
| 其他餐饮服务 | 1272 | 2 | 590 | 190 | 40 |
| **按经营方式** | | | | | |
| 独立门店 | 93011 | 5409 | 116086 | 29862 | 7530 |
| 连锁总店（总部） | | | | | |
| 连锁门店 | 8769 | 111 | 882 | 439 | 181 |
| 其他 | 20660 | 538 | 9036 | 3375 | 813 |

16-8　续表 1

单位：万元

| 指　　标 | 资产总计 | 负债合计 | 营业收入 |
| --- | --- | --- | --- |
| **总　计** | **504732** | **339906** | **519540** |
| **住宿业** | **237363** | **177826** | **169863** |
| # 国有控股 | 23589 | 19537 | 26850 |
| **按登记注册类型分** | | | |
| 内资企业 | 198704 | 152493 | 160886 |
| 国有企业 | 7897 | 8413 | 8334 |
| 集体企业 | 16119 | 11768 | 1771 |
| 有限责任公司 | 38224 | 38359 | 32234 |
| 股份有限公司 | | | |
| 私营企业 | 131331 | 93924 | 117804 |
| 其他企业 | | | |
| **按国民经济行业分** | | | |
| 旅游饭店 | 84636 | 60251 | 47853 |
| 一般旅馆 | 151343 | 117223 | 120361 |
| **按星级等级分** | | | |
| 一星 | 111 | 106 | 197 |
| 二星 | 235 | 125 | 948 |
| 三星 | 7714 | 6995 | 4286 |
| 四星 | 12508 | 25716 | 7948 |
| 五星 | 44363 | 32720 | 22124 |
| 其他 | 172432 | 112164 | 134361 |
| **餐饮业** | **267369** | **162080** | **349677** |
| # 国有控股 | 4189 | 7985 | 6846 |
| **按登记注册类型分** | | | |
| 内资企业 | 267369 | 162080 | 349677 |
| 国有企业 | 1608 | 2453 | 3627 |
| 集体企业 | 6552 | 723 | 4807 |
| 有限责任公司 | 18889 | 18091 | 15052 |
| 股份有限公司 | 6818 | 4159 | 6592 |
| 私营企业 | 226555 | 134771 | 316686 |
| 私营独资企业 | 11140 | 7276 | 33003 |
| 私营有限责任公司 | 215297 | 127271 | 283390 |
| 其他 | | | |
| **按国民经济行业分** | | | |
| 正餐服务 | 239839 | 142180 | 293361 |
| 快餐服务 | 10214 | 7213 | 21631 |
| 其他餐饮服务 | 2210 | 565 | 2613 |
| **按经营方式** | | | |
| 独立门店 | 202512 | 110733 | 288731 |
| 连锁总店（总部） | | | |
| 连锁门店 | 10213 | 4118 | 5966 |
| 其他 | 54644 | 47228 | 54980 |

16-8　续表 2

单位：万元

| 指　　标 | 损益及分配 | | | |
|---|---|---|---|---|
| | 营业成本 | 税金及附加 | 销售费用 | 管理费用 |
| **总　计** | **359182** | **2448** | **61989** | **68622** |
| **住宿业** | **97322** | **561** | **28990** | **36995** |
| # 国有控股 | 10302 | 60 | 7245 | 8197 |
| **按登记注册类型分** | | | | |
| 内资企业 | 95702 | 514 | 24547 | 35077 |
| 国有企业 | 2639 | 9 | 3262 | 2637 |
| 集体企业 | 1244 | 1 | 64 | 321 |
| 有限责任公司 | 13369 | 163 | 9507 | 7375 |
| 股份有限公司 | | | | |
| 私营企业 | 77970 | 337 | 11591 | 24629 |
| 其他企业 | | | | |
| **按国民经济行业分** | | | | |
| 旅游饭店 | 19848 | 140 | 14865 | 11151 |
| 一般旅馆 | 76424 | 408 | 14102 | 25637 |
| **按星级等级分** | | | | |
| 一星 | 196 | | 2 | 22 |
| 二星 | 853 | 1 | 3 | 15 |
| 三星 | 2165 | 26 | 927 | 1297 |
| 四星 | 3968 | 105 | 1740 | 2184 |
| 五星 | 4593 | 16 | 10414 | 5251 |
| 其他 | 85547 | 413 | 15905 | 28228 |
| **餐饮业** | **261860** | **1887** | **32999** | **31627** |
| # 国有控股 | 5310 | 15 | 1376 | 996 |
| **按登记注册类型分** | | | | |
| 内资企业 | 261860 | 1887 | 32999 | 31627 |
| 国有企业 | 3315 | 4 | 538 | 614 |
| 集体企业 | 3542 | 10 | 751 | 133 |
| 有限责任公司 | 8827 | 64 | 3218 | 2563 |
| 股份有限公司 | 2763 | 25 | 2621 | 1837 |
| 私营企业 | 241693 | 1782 | 24776 | 25898 |
| 私营独资企业 | 25457 | 70 | 3117 | 1879 |
| 私营有限责任公司 | 216095 | 1712 | 21486 | 24013 |
| 其他 | | | | |
| **按国民经济行业分** | | | | |
| 正餐服务 | 219219 | 1831 | 24786 | 26837 |
| 快餐服务 | 16069 | 31 | 3399 | 1222 |
| 其他餐饮服务 | 1885 | 4 | 315 | 293 |
| **按经营方式** | | | | |
| 独立门店 | 216263 | 1706 | 25262 | 26221 |
| 连锁总店（总部） | | | | |
| 连锁门店 | 2685 | 3 | 2778 | 856 |
| 其他 | 42913 | 178 | 4959 | 4551 |

16-8 续表 3

单位：万元

| 指　　标 | 损益及分配 | | | | |
|---|---|---|---|---|---|
| | 财务费用 | #利息支出 | 营业利润 | 利润总额 | 所得税费用 |
| **总　计** | **5249** | **600** | **23999** | **25011** | **1920** |
| **住宿业** | **1880** | **551** | **4486** | **4927** | **505** |
| #国有控股 | 205 | 121 | 1096 | 1083 | 90 |
| **按登记注册类型分** | | | | | |
| 内资企业 | 1710 | 392 | 3709 | 4179 | 505 |
| 国有企业 | 54 | 44 | -113 | -88 | |
| 集体企业 | 32 | | -46 | -43 | |
| 有限责任公司 | 221 | 115.6 | 1727 | 1927 | 157 |
| 股份有限公司 | | | | | |
| 私营企业 | 1403 | 233 | 2123 | 2365 | 348 |
| 其他企业 | | | | | |
| **按国民经济行业分** | | | | | |
| 旅游饭店 | 279 | 155 | 1856 | 2062 | 114 |
| 一般旅馆 | 1600 | 396 | 2277 | 2511 | 353 |
| **按星级等级分** | | | | | |
| 一星 | … | | -6 | -6 | |
| 二星 | 7 | | 57 | 56 | 2 |
| 三星 | 70 | | -199 | -173 | 10 |
| 四星 | 68 | 4 | -22 | 7 | 14.1 |
| 五星 | 142 | 111 | 1795 | 1924 | |
| 其他 | 1593 | 436 | 2862 | 3118 | 479 |
| **餐饮业** | **3368** | **49** | **19513** | **20084** | **1415** |
| #国有控股 | 28 | 2 | -218 | -193 | 2 |
| **按登记注册类型分** | | | | | |
| 内资企业 | 3368 | 49 | 19513 | 20084 | 1415 |
| 国有企业 | 1 | 2 | -181 | -155 | |
| 集体企业 | 70 | | 301 | 315 | 28 |
| 有限责任公司 | 124 | -1 | 170 | 113 | 54 |
| 股份有限公司 | 37 | | -284 | -266 | 2 |
| 私营企业 | 3134 | 46 | 19995 | 20558 | 1331 |
| 私营独资企业 | 159 | 8.0 | 2360 | 2422 | 147 |
| 私营有限责任公司 | 2974 | 38 | 17664 | 18159 | 1183 |
| 其他 | | | | | |
| **按国民经济行业分** | | | | | |
| 正餐服务 | 3166 | 32 | 18102 | 18442 | 1325 |
| 快餐服务 | 146 | -1 | 783 | 807 | 49 |
| 其他餐饮服务 | 2 | | 115 | 138 | 5 |
| **按经营方式** | | | | | |
| 独立门店 | 2314 | 50 | 17766 | 18031 | 1298 |
| 连锁总店（总部） | | | | | |
| 连锁门店 | 15 | | -314 | -303 | 9 |
| 其他 | 1039 | | 2061 | 2357 | 108 |

# 主要统计指标解释

**社会消费品零售额** 是指各种经济类型的批发零售贸易业、餐饮业、制造业和其他行业对城乡居民和社会集团的消费品零售额和农民对非农业居民的零售额总和。这个指标反映通过各种商品流通渠道向居民和社会集团供应生活消费品来满足他们生活需要的情况，是研究人民生活、社会消费品购买力、货币流通等问题的重要指标。

**批发零售贸易业** 是指专门从事批发和零售贸易活动的经济部门。

**批发零售贸易业商品购销存总额** 是指除个体经济以外的各种经济类型的独立核算批发零售贸易业法人企业以及其他独立核算法人企业和单位附营的各类批发零售贸易单位的商品购销存总额。

**商品购进总额** 指批发零售贸易业各企业（附营单位）从本企业（单位）以外的单位和个人购进（包括从国外直接进口）作为转卖或加工后转卖的商品。本指标由从生产者购进额、从批发零售贸易业购进额、进口额和其他购进额项目组成。这个指标反映批发零售贸易业从国内、国外市场上购进商品总量。

**商品销售总额** 指批发零售贸易业各企业（附营单位）对本企业（单位）以外的单位和个人出售（包括对国（境）外直接出口）的商品（包括售给本单位消费用的商品）。本指标由对生产经营单位批发额、对批发零售贸易业批发额、出口额和对居民和社会集团商品零售额项目组成。这个指标反映批发零售贸易业在国内市场上销售商品以及出口商品的总量。

**期末库存** 指批发零售贸易企业（附营单位）已取得所有权的全部商品。这个指标反映批发零售贸易企业的商品库存情况，对市场商品供应的保证程度。

**资本金总额** 是指批发零售贸易业、餐饮业企业在工商行政管理部门登记的注册资金。资本金按投资主体分为国家资本金、法人资本金、个人资本金和外商资本金等。

**流动资产** 指可以在一年内或者超过一年的一个营业周期内变现或者耗用的资产。包括货币资产、短期投资、应收票据、应收账款、坏账准备、应收账款净额、预付账款、其他应收款、存货、待转其他业务支出、待摊费用、待处理流动资产净损失、一年内到期的长期债券投资、其他流动资产等项。

**商品销售收入** 指批发零售贸易企业商品销售收入、接受其他单位委托代销商品的收入和餐饮企业的营业收入（包括餐费收入、冷热饮收入、服务收入和其他收入）。

**商品销售成本** 指批发零售贸易企业已销商品应负担的进货原价和餐饮企业的原材料成本，商品进价成本。

**利润总额** 指企业全年实现的利润。包括营业利润、投资净收益以及营业外收支净额。

# 十七、科技和教育

版面负责人：唐子午　冯洋洋
编　　　辑：董志娟　尹玉赟

统计知识

# 统计执法监督检查办法

**第三十七条** 县级以上人民政府统计机构应当在《统计行政处罚决定书》作出后7日内送达处罚对象。处罚对象应当在送达回执上签字盖章，并注明签收日期。处罚对象拒绝接收的，应当在其他人员见证下，由送达人员、见证人员在送达回执上签字并注明理由，将《统计行政处罚决定书》留置；处罚对象不能接收的，应当在其他人员见证下，由送达人员、见证人员在送达回执上签字并注明理由。

邮寄送达的，应当通过中国邮政挂号寄送。

**第三十八条** 统计行政处罚决定作出后，处罚对象应当在统计行政处罚决定的期限内予以履行。处罚对象对统计行政处罚决定不服，申请行政复议或者提起行政诉讼的，统计行政处罚不停止执行。

统计执法监督检查机构应当及时掌握统计行政处罚的执行情况。

**第三十九条** 立案查处的统计违法行为，应当在立案后3个月内处理完毕；因特殊情况需要延长办理期限的，应当按规定报经批准，但延长期限不得超过3个月。

**第四十条** 统计违法事实清楚并有法定依据，对法人或者其他组织予以警告或者警告并处1000元以下罚款行政处罚的，可以适用简易处罚程序，当场作出统计行政处罚决定。

**第四十一条** 统计违法行为处理决定执行后，应当及时结案。

结案应当撰写结案报告，报送所属人民政府统计机构负责人同意，予以结案。

**第四十二条** 县级以上人民政府统计机构在查处统计违法案件时，认为对有关国家工作人员应当给予处分处理的，应当按照有关规定提出处分处理建议，并将案件材料和处分处理建议移送具有管辖权的任免机关或者纪检机关、监察机关、组织（人事）部门。

# 17-1 主要年份科学技术事业情况

| 指　　标 | 1985 | 1990 | 1995 | 2000 | 2005 | 2010 | 2011 | 2012 | 2013 |
|---|---|---|---|---|---|---|---|---|---|
| **科学研究机构　（个）** | | | | | | | | | |
| 国有独立科研机构 | 21 | 28 | 26 | 30 | 25 | 20 | 19 | 19 | 19 |
| 民办科技型企业 | 3 | 76 | 139 | 460 | 896 | 1470 | 2534 | 4846 | 6546 |
| **各类专业技术人员　（人）** | **60726** | **125300** | **184010** | **228441** | **217572** | **271799** | **396344** | **419953** | **436000** |
| #中级职称以上人员 | 5992 | 32568 | 55036 | 87954 | 76264 | 113977 | 134448 | 149644 | 166000 |
| **科学研究成果　（项）** | | | | | | | | | |
| 通过鉴定成果 | 48 | 61 | 55 | 192 | 131 | 203 | 179 | 172 | 297 |
| #达到国际水平 | 1 | 1 | 1 | 15 | 12 | 66 | 39 | 43 | 65 |
| 填补国内空白 | 3 | 12 | 18 | 37 | 96 | 52 | 51 | 62 | 90 |
| 达到省内先进水平 | 8 | 32 | 51 | 76 | 20 | 81 | | 4 | 5 |
| 填补省内空白 | 10 | 2 | 47 | 17 | 3 | 4 | | | |
| 专利申请授权量 | | | | 201 | 779 | 4928 | 6821 | 10000 | 10647 |

| 指　　标 | 2015 | 2016 | 2017 | 2018 | 2019 | 2020 | 2021 | 2022 | 2023 |
|---|---|---|---|---|---|---|---|---|---|
| **科学研究机构　（个）** | | | | | | | | | |
| 国有独立科研机构 | 29 | 34 | 39 | 36 | 18 | 16 | 13 | 15 | 12 |
| 民办科技型企业 | 7912 | 9915 | 10279 | 10454 | 10708 | 11023 | 10234 | 10384 | |
| **各类专业技术人员　（人）** | **441000** | **452500** | **478000** | **516500** | **567600** | **600000** | **625200** | **650400** | **669200** |
| #中级职称以上人员 | 182000 | 190000 | 205000 | 227000 | 255400 | 278000 | 286600 | 295200 | 365000 |
| **科学研究成果　（项）** | | | | | | | | | |
| 通过鉴定成果 | 179 | 240 | | | | | | | |
| #达到国际水平 | 34 | 72 | | | | | | | |
| 填补国内空白 | 75 | 61 | | | | | | | |
| 达到省内先进水平 | 8 | 12 | | | | | | | |
| 填补省内空白 | | | | | | | | | |
| 专利申请授权量 | 8599 | 11458 | 10523 | 11247 | 12603 | 27368 | 41895 | 27541 | 19219 |

注：2013 年及以后各类专业技术人员数统计口径由全社会改为国有、集体单位（下同）；2017 年及以后通过鉴定成果及其中项不再统计；2023 年未开展民办科技型企业数量统计。

# 17-2　规模以上工业企业科技机构情况

（2023 年）

| 指　　标 | 机构数（个） | 机构人员合　计（人） | #博士毕业 | #硕士毕业 | 机构经费支　出（万元） | 仪器和设备原价（万元） |
|---|---|---|---|---|---|---|
| **总　计** | **474** | **13548** | **257** | **2350** | **780242** | **711529** |
| **按企业规模分组** | | | | | | |
| 大型 | 40 | 5867 | 59 | 1449 | 435126 | 248257 |
| 中型 | 56 | 3387 | 60 | 417 | 191213 | 347832 |
| 小型 | 348 | 4170 | 123 | 471 | 151460 | 112032 |
| 微型 | 30 | 124 | 15 | 13 | 2443 | 3409 |
| **按隶属关系分组** | | | | | | |
| 中央 | 4 | 605 | 10 | 90 | 29110 | 11184 |
| 地方 | 18 | 2825 | 16 | 1285 | 255616 | 201988 |
| 其他 | 7 | 439 | 7 | 111 | 28033 | 18748 |
| **按登记注册类型分组** | | | | | | |
| 内资企业 | 444 | 12008 | 226 | 2217 | 725139 | 682352 |
| 港、澳、台商投资企业 | 13 | 955 | 2 | 13 | 25487 | 11678 |
| 外商投资企业 | 17 | 585 | 29 | 120 | 29615 | 17500 |
| **按经济成分分组** | | | | | | |
| 公有经济 | 25 | 3704 | 26 | 1481 | 302465 | 225087 |
| 非公有经济 | 449 | 9844 | 231 | 869 | 477777 | 486443 |
| **按企业控股情况分组** | | | | | | |
| 国有控股 | 23 | 3681 | 26 | 1480 | 301448 | 224477 |
| 集体控股 | 2 | 23 | | 1 | 1017 | 610 |
| 私人控股 | 423 | 8425 | 201 | 744 | 427878 | 462020 |
| 港澳台商控股 | 13 | 955 | 2 | 13 | 25487 | 11678 |
| 外商控股 | 13 | 464 | 28 | 112 | 24411 | 12745 |
| 其他 | | | | | | |

17-2 续表

| 指标 | 机构数（个） | 机构人员合计（人） | #博士毕业 | #硕士毕业 | 机构经费支出（万元） | 仪器和设备原价（万元） |
|---|---|---|---|---|---|---|
| **按国民经济行业大类分组** | | | | | | |
| 采矿业 | 1 | 553 | 10 | 82 | 28161 | 9302 |
| 煤炭开采和洗选业 | 1 | 553 | 10 | 82 | 28161 | 9302 |
| 石油和天然气开采业 | | | | | | |
| 黑色金属矿采选业 | | | | | | |
| 有色金属矿采选业 | | | | | | |
| 非金属矿采选业 | | | | | | |
| 开采专业及辅助性活动 | | | | | | |
| 其他采矿业 | | | | | | |
| 制造业 | 469 | 12932 | 245 | 2256 | 750240 | 701126 |
| 农副食品加工业 | 14 | 161 | 9 | 42 | 8429 | 1360 |
| 食品制造业 | 7 | 147 | | 14 | 2859 | 3108 |
| 酒、饮料和精制茶制造业 | 2 | 49 | 1 | 6 | 2563 | 4951 |
| 烟草制品业 | | | | | | |
| 纺织业 | 27 | 951 | 12 | 26 | 21554 | 16833 |
| 纺织服装、服饰业 | 2 | 42 | | 2 | 142 | 49 |
| 皮革、毛皮、羽毛及其制品和制鞋业 | | | | | | |
| 木材加工和木、竹、藤、棕、草制品业 | 4 | 40 | | 5 | 1345 | 336 |
| 家具制造业 | 3 | 17 | | 3 | 373 | 190 |
| 造纸和纸制品业 | 2 | 20 | | | 1567 | 776 |
| 印刷和记录媒介复制业 | 4 | 18 | 2 | 4 | 892 | 570 |
| 文教、工美、体育和娱乐用品制造业 | 4 | 51 | | 6 | 348 | 85 |
| 石油、煤炭及其他燃料加工业 | | | | | | |
| 化学原料和化学制品制造业 | 23 | 676 | 11 | 45 | 14546 | 13864 |
| 医药制造业 | 10 | 403 | 8 | 118 | 31682 | 25176 |
| 化学纤维制造业 | 3 | 496 | 2 | 15 | 4622 | 6975 |
| 橡胶和塑料制品业 | 11 | 244 | 4 | 17 | 5392 | 2187 |
| 非金属矿物制品业 | 64 | 661 | 16 | 58 | 23910 | 23959 |
| 黑色金属冶炼和压延加工业 | 2 | 268 | 1 | 2 | 75605 | 2646 |
| 有色金属冶炼和压延加工业 | 11 | 344 | 6 | 14 | 22011 | 11061 |
| 金属制品业 | 36 | 347 | 14 | 25 | 20732 | 8625 |
| 通用设备制造业 | 48 | 1615 | 24 | 554 | 92928 | 38496 |
| 专用设备制造业 | 42 | 2268 | 51 | 856 | 194691 | 186722 |
| 汽车制造业 | 13 | 738 | 4 | 158 | 38967 | 15897 |
| 铁路、船舶、航空航天和其他运输设备制造业 | 20 | 723 | 3 | 27 | 22994 | 33681 |
| 电气机械和器材制造业 | 51 | 1333 | 21 | 51 | 81983 | 272599 |
| 计算机、通信和其他电子设备制造业 | 31 | 551 | 19 | 69 | 19268 | 19957 |
| 仪器仪表制造业 | 29 | 510 | 11 | 68 | 15595 | 3349 |
| 其他制造业 | 1 | 9 | | 2 | 233 | 54 |
| 废弃资源综合利用业 | 5 | 250 | 26 | 69 | 45013 | 7623 |
| 金属制品、机械和设备修理业 | | | | | | |
| 电力、热力、燃气及水生产和供应业 | 4 | 63 | 2 | 12 | 1840 | 1102 |
| 电力、热力生产和供应业 | 3 | 53 | 1 | 10 | 1013 | 802 |
| 燃气生产和供应业 | | | | | | |
| 水的生产和供应业 | 1 | 10 | 1 | 2 | 828 | 300 |

# 17-3 规模以上工业企业科技活动人员情况

（2023 年）　　单位：人

| 指　　标 | 科技活动人员 | 参加项目人员 | 管理和服务人员 |
|---|---|---|---|
| **总 计** | **31926** | **30034** | **1892** |
| **按企业规模分组** | | | |
| 大型 | 10196 | 9636 | 560 |
| 中型 | 7714 | 7327 | 387 |
| 小型 | 13516 | 12595 | 921 |
| 微型 | 500 | 476 | 24 |
| **按隶属关系分组** | | | |
| 中央 | 1116 | 1054 | 62 |
| 地方 | 4957 | 4835 | 122 |
| 其他 | 702 | 669 | 33 |
| **按登记注册类型分组** | | | |
| 内资企业 | 29049 | 27265 | 1784 |
| 港、澳、台商投资企业 | 1407 | 1366 | 41 |
| 外商投资企业 | 1470 | 1403 | 67 |

17-3 续表

单位：人

| 指　　标 | 科技活动人员 | 参加项目人员 | 管理和服务人员 |
|---|---|---|---|
| **按国民经济行业大类分组** | | | |
| 采矿业 | 1135 | 1061 | 74 |
| 煤炭开采和洗选业 | 1116 | 1042 | 74 |
| 石油和天然气开采业 | | | |
| 黑色金属矿采选业 | | | |
| 有色金属矿采选业 | 5 | 5 | |
| 非金属矿采选业 | 14 | 14 | |
| 开采辅助活动 | | | |
| 其他采矿业 | | | |
| 制造业 | 30418 | 28622 | 1796 |
| 农副食品加工业 | 939 | 866 | 73 |
| 食品制造业 | 448 | 434 | 14 |
| 酒、饮料和精制茶制造业 | 121 | 111 | 10 |
| 烟草制品业 | | | |
| 纺织业 | 1461 | 1403 | 58 |
| 纺织服装、服饰业 | 180 | 176 | 4 |
| 皮革、毛皮、羽毛及其制品和制鞋业 | 80 | 67 | 13 |
| 木材加工和木、竹、藤、棕、草制品业 | 643 | 596 | 47 |
| 家具制造业 | 119 | 111 | 8 |
| 造纸和纸制品业 | 60 | 56 | 4 |
| 印刷和记录媒介复制业 | 91 | 84 | 7 |
| 文教、工美、体育和娱乐用品制造业 | 71 | 66 | 5 |
| 石油加工、炼焦和核燃料加工业 | 513 | 491 | 22 |
| 化学原料和化学制品制造业 | 1550 | 1470 | 80 |
| 医药制造业 | 1313 | 1257 | 56 |
| 化学纤维制造业 | 643 | 504 | 139 |
| 橡胶和塑料制品业 | 1052 | 943 | 109 |
| 非金属矿物制品业 | 1894 | 1784 | 110 |
| 黑色金属冶炼和压延加工业 | 768 | 752 | 16 |
| 有色金属冶炼和压延加工业 | 755 | 725 | 30 |
| 金属制品业 | 1686 | 1573 | 113 |
| 通用设备制造业 | 3320 | 3101 | 219 |
| 专用设备制造业 | 4215 | 4031 | 184 |
| 汽车制造业 | 1955 | 1884 | 71 |
| 铁路、船舶、航空航天和其他运输设备制造业 | 800 | 716 | 84 |
| 电气机械和器材制造业 | 2500 | 2333 | 167 |
| 计算机、通信和其他电子设备制造业 | 1931 | 1834 | 97 |
| 仪器仪表制造业 | 949 | 916 | 33 |
| 其他制造业 | 15 | 13 | 2 |
| 废弃资源综合利用业 | 346 | 325 | 21 |
| 金属制品、机械和设备修理业 | | | |
| 电力、热力、燃气及水生产和供应业 | 373 | 351 | 22 |
| 电力、热力生产和供应业 | 299 | 283 | 16 |
| 燃气生产和供应业 | 27 | 24 | 3 |
| 水的生产和供应业 | 47 | 44 | 3 |
| **按经济成分分组** | | | |
| 公有经济 | 6507 | 6308 | 199 |
| 非公有经济 | 25419 | 23726 | 1693 |
| **按企业控股情况分组** | | | |
| 国有控股 | 6458 | 6260 | 198 |
| 集体控股 | 49 | 48 | 1 |
| 私人控股 | 23315 | 21708 | 1607 |
| 港澳台商控股 | 1272 | 1231 | 41 |
| 外商控股 | 832 | 787 | 45 |
| 其他 | | | |

# 17-4 规模以上工业企业 R&D 经费情况

（2023 年）

单位：万元

| 指标 | R&D 经费内部支出合计 | 按支出类型分组 | | | 按资金来源分组 | | |
|---|---|---|---|---|---|---|---|
| | | #经常费支出 | #人员劳务费 | #资产性支出 | 政府资金 | 企业资金 | 其他资金 |
| **总计** | **1479387** | **1306818** | **358096** | **172568** | **4703** | **1471897** | **2787** |
| **按企业规模分组** | | | | | | | |
| 大型 | 595291 | 575045 | 160463 | 20246 | 1088 | 594203 | |
| 中型 | 313290 | 300885 | 93131 | 12405 | 324 | 310434 | 2532 |
| 小型 | 555011 | 415389 | 102121 | 139622 | 3252 | 551505 | 255 |
| 微型 | 15795 | 15499 | 2381 | 296 | 40 | 15755 | |
| **按隶属关系分组** | | | | | | | |
| 中央 | 9545 | 8800 | 3268 | 745 | | 9545 | |
| 地方 | 379991 | 373644 | 119284 | 6347 | 50 | 379895 | 46 |
| 其他 | 27128 | 25841 | 8148 | 1287 | 32 | 27096 | |
| **按登记注册类型分组** | | | | | | | |
| 内资企业 | 1373219 | 1201398 | 332947 | 171822 | 4609 | 1365824 | 2787 |
| 港、澳、台商投资企业 | 54009 | 53659 | 7986 | 350 | 63 | 53946 | |
| 外商投资企业 | 52159 | 51762 | 17163 | 397 | 32 | 52127 | |

17-4 续表 单位：万元

| 指标 | R&D经费内部支出合计 | #经常费支出 | #人员劳务费 | #资产性支出 | 政府资金 | 企业资金 | 境外资金 | 其他资金 |
|---|---|---|---|---|---|---|---|---|
| | | 按支出类型分组 | | | 按资金来源分组 | | | |
| **按国民经济行业大类分组** | | | | | | | | |
| 采矿业 | 9974 | 9227 | 2045 | 746 | | 9974 | | |
| 煤炭开采和洗选业 | 7945 | 7200 | 1970 | 745 | | 7945 | | |
| 石油和天然气开采业 | | | | | | | | |
| 黑色金属矿采选业 | | | | | | | | |
| 有色金属矿采选业 | 133 | 133 | 30 | | | 133 | | |
| 非金属矿采选业 | 1895 | 1895 | 45 | 1 | | 1895 | | |
| 开采辅助活动 | | | | | | | | |
| 其他采矿业 | | | | | | | | |
| 制造业 | 1457982 | 1288012 | 354485 | 169970 | 3119 | 1450492 | 606 | 2787 |
| 农副食品加工业 | 35920 | 35457 | 5603 | 463 | 230 | 35742 | 124 | |
| 食品制造业 | 7983 | 7623 | 2176 | 360 | | 7699 | | |
| 酒、饮料和精制茶制造业 | 3967 | 3283 | 1116 | 685 | | 3955 | | |
| 烟草制品业 | | | | | | | | |
| 纺织业 | 22451 | 21875 | 5341 | 576 | 213 | 22429 | | |
| 纺织服装、服饰业 | 1156 | 1055 | 494 | 101 | | 1156 | | |
| 皮革、毛皮、羽毛及其制品和制鞋业 | 979 | 973 | 560 | 6 | | 979 | | |
| 木材加工和木、竹、藤、棕、草制品业 | 13132 | 12867 | 1846 | 265 | | 13132 | 195 | |
| 家具制造业 | 2304 | 2119 | 473 | 185 | | 2304 | | |
| 造纸和纸制品业 | 2655 | 1524 | 235 | 1130 | | 2655 | | |
| 印刷和记录媒介复制业 | 3930 | 3465 | 1337 | 465 | | 3930 | | |
| 文教、工美、体育和娱乐用品制造业 | 871 | 801 | 237 | 70 | | 871 | | |
| 石油加工、炼焦和核燃料加工业 | 10507 | 10507 | 837 | | | 10507 | | |
| 化学原料和化学制品制造业 | 44321 | 41420 | 12291 | 2901 | 29 | 43605 | | |
| 医药制造业 | 86250 | 82812 | 28543 | 3437 | 33 | 86250 | | |
| 化学纤维制造业 | 14157 | 8040 | 2731 | 6116 | | 14157 | | |
| 橡胶和塑料制品业 | 33821 | 31712 | 7941 | 2110 | | 33821 | | |
| 非金属矿物制品业 | 84444 | 80105 | 12006 | 4339 | 76 | 84444 | | |
| 黑色金属冶炼和压延加工业 | 15017 | 14998 | 655 | 20 | | 15017 | | |
| 有色金属冶炼和压延加工业 | 25720 | 24259 | 4071 | 1460 | 349 | 25623 | | 46 |
| 金属制品业 | 65517 | 62024 | 14038 | 3493 | 650 | 65502 | 116 | |
| 通用设备制造业 | 181328 | 176174 | 54509 | 5154 | 155 | 180975 | | 84 |
| 专用设备制造业 | 363972 | 255347 | 86301 | 108625 | 583 | 363315 | | |
| 汽车制造业 | 85606 | 83459 | 33100 | 2147 | 12 | 84518 | | |
| 铁路、船舶、航空航天和其他运输设备制造业 | 27950 | 27657 | 6982 | 292 | | 27937 | | |
| 电气机械和器材制造业 | 137099 | 122725 | 22737 | 14374 | 163 | 134128 | | 2532 |
| 计算机、通信和其他电子设备制造业 | 110380 | 106760 | 28962 | 3619 | 149 | 110124 | 173 | 124 |
| 仪器仪表制造业 | 29032 | 27867 | 13940 | 1166 | 232 | 28251 | | |
| 其他制造业 | 665 | 622 | 84 | 44 | | 665 | | |
| 废弃资源综合利用业 | 46848 | 40480 | 5341 | 6368 | 216 | 46800 | | |
| 金属制品、机械和设备修理业 | | | | | | | | |
| 电力、热力、燃气及水生产和供应业 | 11431 | 9579 | 1566 | 1853 | 748 | 11431 | | |
| 电力、热力生产和供应业 | 7106 | 6636 | 1347 | 470 | 748 | 7106 | | |
| 燃气生产和供应业 | 3136 | 1768 | 87 | 1369 | | 3136 | | |
| 水的生产和供应业 | 1190 | 1176 | 132 | 14 | | 1190 | | |
| **按经济成分分组** | | | | | | | | |
| 公有经济 | 408199 | 400359 | 128788 | 7840 | 1403 | 407794 | | 46 |
| 非公有经济 | 1071188 | 906459 | 229307 | 164729 | 2464 | 1064103 | 606 | 2740 |
| **按企业控股情况分组** | | | | | | | | |
| 国有控股 | 406056 | 398361 | 128335 | 7695 | 1403 | 405928 | | 46 |
| 集体控股 | 2143 | 1998 | 453 | 145 | | 1866 | | |
| 私人控股 | 990000 | 826540 | 210674 | 163460 | 2233 | 982977 | 606 | 2740 |
| 港澳台商控股 | 53427 | 53077 | 7784 | 350 | | 53364 | | |
| 外商控股 | 27762 | 26843 | 10850 | 919 | 232 | 27762 | | |
| 其他 | | | | | | | | |

# 17-5 规模以上工业企业新产品产出情况

（2023 年）

| 指标 | 新产品开发项目数（项） | 新产品开发经费支出（万元） | 新产品销售收入（万元） | #出口 |
|---|---|---|---|---|
| **总 计** | **4263** | **1467791** | **15385445** | **1193690** |
| **按企业规模分组** | | | | |
| 大型 | 633 | 589369 | 8009695 | 931281 |
| 中型 | 821 | 307097 | 3888572 | 79187 |
| 小型 | 2629 | 554968 | 3457212 | 183151 |
| 微型 | 180 | 16357 | 29966 | 71 |
| **按隶属关系分组** | | | | |
| 中央 | 125 | 22357 | 333503 | |
| 地方 | 469 | 387138 | 4378293 | 829702 |
| 其他 | 81 | 22908 | 809358 | 7665 |
| **按登记注册类型分组** | | | | |
| 内资企业 | 3867 | 1292585 | 12824648 | 1075203 |
| 港、澳、台商投资企业 | 178 | 84987 | 1652125 | 17467 |
| 外商投资企业 | 218 | 90219 | 908672 | 101020 |

17-5 续表

| 指标 | 新产品开发项目数（项） | 新产品开发经费支出（万元） | 新产品销售收入（万元） | #出口 |
|---|---|---|---|---|
| **按国民经济行业大类分组** | | | | |
| 采矿业 | 85 | 25269 | 289642 | |
| 煤炭开采和洗选业 | 81 | 23279 | 289642 | |
| 石油和天然气开采业 | | | | |
| 黑色金属矿采选业 | | | | |
| 有色金属矿采选业 | 1 | 108 | | |
| 非金属矿采选业 | 3 | 1882 | | |
| 开采辅助活动 | | | | |
| 其他采矿业 | | | | |
| 制造业 | 4156 | 1434982 | 15075110 | 1193690 |
| 农副食品加工业 | 95 | 38609 | 81193 | 52 |
| 食品制造业 | 81 | 13021 | 39553 | 512 |
| 酒、饮料和精制茶制造业 | 22 | 3541 | 26919 | 709 |
| 烟草制品业 | | | | |
| 纺织业 | 189 | 33790 | 475998 | 19641 |
| 纺织服装、服饰业 | 23 | 2208 | 4701 | |
| 皮革、毛皮、羽毛及其制品和制鞋业 | 2 | 295 | 1925 | 230 |
| 木材加工和木、竹、藤、棕、草制品业 | 143 | 28972 | 8812 | |
| 家具制造业 | 21 | 3218 | 4881 | |
| 造纸和纸制品业 | 2 | 958 | 21749 | 335 |
| 印刷和记录媒介复制业 | 11 | 3489 | 848 | |
| 文教、工美、体育和娱乐用品制造业 | 9 | 1162 | 75 | |
| 石油加工、炼焦和核燃料加工业 | 13 | 11844 | | |
| 化学原料和化学制品制造业 | 154 | 45911 | 882356 | 43673 |
| 医药制造业 | 247 | 73226 | 438157 | 309 |
| 化学纤维制造业 | 47 | 14154 | 45994 | |
| 橡胶和塑料制品业 | 134 | 29513 | 310643 | 34260 |
| 非金属矿物制品业 | 284 | 103198 | 1339544 | 38139 |
| 黑色金属冶炼和压延加工业 | 36 | 41198 | 913037 | 238 |
| 有色金属冶炼和压延加工业 | 119 | 41755 | 560111 | 15585 |
| 金属制品业 | 237 | 50270 | 580070 | 17359 |
| 通用设备制造业 | 468 | 177699 | 1502775 | 234523 |
| 专用设备制造业 | 671 | 335495 | 2451007 | 643104 |
| 汽车制造业 | 202 | 80460 | 1680365 | 58892 |
| 铁路、船舶、航空航天和其他运输设备制造业 | 103 | 31506 | 576063 | 41203 |
| 电气机械和器材制造业 | 376 | 107424 | 1567603 | 14674 |
| 计算机、通信和其他电子设备制造业 | 292 | 132903 | 1236138 | 23016 |
| 仪器仪表制造业 | 150 | 26040 | 142257 | 4295 |
| 其他制造业 | 2 | 542 | 4644 | |
| 废弃资源综合利用业 | 23 | 2583 | 177695 | 2942 |
| 金属制品、机械和设备修理业 | | | | |
| 电力、热力、燃气及水生产和供应业 | 22 | 7540 | 20693 | |
| 电力、热力生产和供应业 | 19 | 6140 | | |
| 燃气生产和供应业 | 2 | 986 | | |
| 水的生产和供应业 | 1 | 415 | 20693 | |
| **按经济成分分组** | | | | |
| 公有经济 | 618 | 420550 | 5242278 | 829702 |
| 非公有经济 | 3645 | 1047241 | 10143167 | 363988 |
| **按企业控股情况分组** | | | | |
| 国有控股 | 603 | 417737 | 5231452 | 829702 |
| 集体控股 | 15 | 2814 | 10827 | |
| 私人控股 | 3389 | 932224 | 8370606 | 269986 |
| 港澳台商控股 | 146 | 76615 | 1472369 | 17467 |
| 外商控股 | 110 | 38402 | 300192 | 76535 |
| 其他 | | | | |

# 17-6　规模以上工业企业自主知识产权保护情况

（2023 年）　　单位：件

| 指　　标 | 专利申请数 | #发明专利 | 有效发明专利数 | #已被实施 |
|---|---|---|---|---|
| **总 计** | **8113** | **3200** | **10597** | **5450** |
| **按企业规模分组** | | | | |
| 大型 | 1760 | 824 | 2723 | 1991 |
| 中型 | 1742 | 736 | 1935 | 943 |
| 小型 | 4359 | 1562 | 5708 | 2468 |
| 微型 | 252 | 78 | 231 | 48 |
| **按隶属关系分组** | | | | |
| 中央 | 124 | 44 | 134 | 76 |
| 地方 | 2097 | 1028 | 2596 | 1954 |
| 其他 | 111 | 46 | 127 | 55 |
| **按登记注册类型分组** | | | | |
| 内资企业 | 7535 | 2985 | 9880 | 5146 |
| 港、澳、台商投资企业 | 195 | 51 | 215 | 112 |
| 外商投资企业 | 383 | 164 | 502 | 192 |

17-6 续表

单位：件

| 指标 | 专利申请数 | #发明专利 | 有效发明专利数 | #已被实施 |
|---|---|---|---|---|
| **按国民经济行业大类分组** | | | | |
| 采矿业 | 47 | 13 | 30 | 27 |
| 煤炭开采和洗选业 | 47 | 13 | 30 | 27 |
| 石油和天然气开采业 | | | | |
| 黑色金属矿采选业 | | | | |
| 有色金属矿采选业 | | | | |
| 非金属矿采选业 | | | | |
| 开采辅助活动 | | | | |
| 其他采矿业 | | | | |
| 制造业 | 8042 | 3180 | 10520 | 5391 |
| 农副食品加工业 | 154 | 65 | 199 | 62 |
| 食品制造业 | 49 | 33 | 106 | 77 |
| 酒、饮料和精制茶制造业 | 28 | 1 | 1 | 1 |
| 烟草制品业 | | | | |
| 纺织业 | 158 | 48 | 182 | 69 |
| 纺织服装、服饰业 | | | | |
| 皮革、毛皮、羽毛及其制品和制鞋业 | | | 5 | |
| 木材加工和木、竹、藤、棕、草制品业 | 34 | 14 | 4 | 4 |
| 家具制造业 | 21 | 8 | 19 | 17 |
| 造纸和纸制品业 | 10 | 1 | 30 | 20 |
| 印刷和记录媒介复制业 | 25 | 15 | 6 | 5 |
| 文教、工美、体育和娱乐用品制造业 | 10 | 1 | 12 | |
| 石油加工、炼焦和核燃料加工业 | 6 | 1 | 8 | 8 |
| 化学原料和化学制品制造业 | 260 | 104 | 437 | 188 |
| 医药制造业 | 155 | 99 | 370 | 281 |
| 化学纤维制造业 | 9 | 2 | 16 | 16 |
| 橡胶和塑料制品业 | 239 | 73 | 353 | 261 |
| 非金属矿物制品业 | 374 | 123 | 569 | 235 |
| 黑色金属冶炼和压延加工业 | 32 | 8 | 21 | 10 |
| 有色金属冶炼和压延加工业 | 75 | 42 | 154 | 59 |
| 金属制品业 | 620 | 194 | 516 | 231 |
| 通用设备制造业 | 1436 | 545 | 1948 | 1122 |
| 专用设备制造业 | 1749 | 907 | 2150 | 1312 |
| 汽车制造业 | 604 | 223 | 536 | 423 |
| 铁路、船舶、航空航天和其他运输设备制造业 | 306 | 48 | 545 | 72 |
| 电气机械和器材制造业 | 761 | 246 | 924 | 338 |
| 计算机、通信和其他电子设备制造业 | 551 | 257 | 793 | 330 |
| 仪器仪表制造业 | 311 | 97 | 486 | 210 |
| 其他制造业 | | | 1 | 1 |
| 废弃资源综合利用业 | 65 | 25 | 129 | 39 |
| 金属制品、机械和设备修理业 | | | | |
| 电力、热力、燃气及水生产和供应业 | 24 | 7 | 47 | 32 |
| 电力、热力生产和供应业 | 15 | 6 | 40 | 32 |
| 燃气生产和供应业 | | | 1 | |
| 水的生产和供应业 | 9 | 1 | 6 | |
| **按经济成分分组** | | | | |
| 公有经济 | 2269 | 1091 | 2790 | 2090 |
| 非公有经济 | 5844 | 2109 | 7807 | 3360 |
| **按企业控股情况分组** | | | | |
| 国有控股 | 2221 | 1072 | 2730 | 2030 |
| 集体控股 | 48 | 19 | 60 | 60 |
| 私人控股 | 5443 | 1944 | 7285 | 3180 |
| 港澳台商控股 | 187 | 48 | 211 | 111 |
| 外商控股 | 214 | 117 | 311 | 69 |
| 其他 | | | | |

# 17-7 规模以上工业企业技术改造、技术获取情况

（2023 年） 单位：万元

| 指标 | 技术改造经费支出 | 购买境内技术经费支出 | 引进境外技术经费支出 | 引进境外技术的消化吸收经费支出 |
|---|---|---|---|---|
| **总计** | **129028** | **3041** | **13** | **34** |
| **按企业规模分组** | | | | |
| 大型 | 59484 | 212 | | |
| 中型 | 50056 | 1200 | | |
| 小型 | 19406 | 1629 | 13 | 34 |
| 微型 | 82 | | | |
| **按隶属关系分组** | | | | |
| 中央 | 18877 | | | |
| 地方 | 44825 | | | |
| 其他 | 2941 | | 10 | 30 |
| **按登记注册类型分组** | | | | |
| 内资企业 | 124408 | 1841 | 3 | 4 |
| 港、澳、台商投资企业 | 3839 | | | |
| 外商投资企业 | 781 | 1200 | 10 | 30 |

17-7　续表

单位：万元

| 指　　标 | 技术改造经费支出 | 购买境内技术经费支出 | 引进境外技术经费支出 | 引进境外技术的消化吸收经费支出 |
|---|---|---|---|---|
| **按国民经济行业大类分组** | | | | |
| 采矿业 | 1164 | | | |
| 煤炭开采和洗选业 | 1164 | | | |
| 石油和天然气开采业 | | | | |
| 黑色金属矿采选业 | | | | |
| 有色金属矿采选业 | | | | |
| 非金属矿采选业 | | | | |
| 开采辅助活动 | | | | |
| 其他采矿业 | | | | |
| 制造业 | 109906 | 3041 | 13 | 34 |
| 农副食品加工业 | 665 | 7 | | |
| 食品制造业 | 89 | | | |
| 酒、饮料和精制茶制造业 | | | | |
| 烟草制品业 | | | | |
| 纺织业 | 3853 | 2 | 3 | 4 |
| 纺织服装、服饰业 | | | | |
| 皮革、毛皮、羽毛及其制品和制鞋业 | 8 | | | |
| 木材加工和木、竹、藤、棕、草制品业 | | | | |
| 家具制造业 | | | | |
| 造纸和纸制品业 | | | | |
| 印刷和记录媒介复制业 | | | | |
| 文教、工美、体育和娱乐用品制造业 | | | | |
| 石油加工、炼焦和核燃料加工业 | | | | |
| 化学原料和化学制品制造业 | 4024 | 12 | | |
| 医药制造业 | 909 | | | |
| 化学纤维制造业 | | | | |
| 橡胶和塑料制品业 | 29540 | | | |
| 非金属矿物制品业 | 13063 | 1500 | | |
| 黑色金属冶炼和压延加工业 | | | | |
| 有色金属冶炼和压延加工业 | 503 | | | |
| 金属制品业 | 37 | | | |
| 通用设备制造业 | 8456 | | | |
| 专用设备制造业 | 36737 | | 10 | 30 |
| 汽车制造业 | 947 | 1200 | | |
| 铁路、船舶、航空航天和其他运输设备制造业 | 26 | | | |
| 电气机械和器材制造业 | 92 | | | |
| 计算机、通信和其他电子设备制造业 | 4797 | | | |
| 仪器仪表制造业 | 18 | 120 | | |
| 其他制造业 | | | | |
| 废弃资源综合利用业 | 6144 | 200 | | |
| 金属制品、机械和设备修理业 | | | | |
| 电力、热力、燃气及水生产和供应业 | 17957 | | | |
| 电力、热力生产和供应业 | 17957 | | | |
| 燃气生产和供应业 | | | | |
| 水的生产和供应业 | | | | |
| **按经济成分分组** | | | | |
| 公有经济 | 63701 | | | |
| 非公有经济 | 65327 | 3041 | 13 | 34 |
| **按企业控股情况分组** | | | | |
| 国有控股 | 63701 | | | |
| 集体控股 | | | | |
| 私人控股 | 61080 | 1841 | 3 | 4 |
| 港澳台商控股 | 3839 | | | |
| 外商控股 | 408 | 1200 | 10 | 30 |
| 其他 | | | | |

# 17-8 规模以上工业企业政府相关政策落实情况

（2023 年）

单位：万元

| 指　标 | 来自政府部门的科技活动资金 | 研究开发费用加计扣除减免税 | 高新技术企业减免税 |
| --- | --- | --- | --- |
| **总 计** | **764413** | **140062** | **117765** |
| **按企业规模分组** | | | |
| 大型 | 312048 | 51351 | 76037 |
| 中型 | 217132 | 51062 | 22772 |
| 小型 | 231748 | 37234 | 18927 |
| 微型 | 3485 | 415 | 29 |
| **按隶属关系分组** | | | |
| 中央 | 8014 | 1257 | 3 |
| 地方 | 243944 | 35498 | 14492 |
| 其他 | 12505 | 1937 | 893 |
| **按登记注册类型分组** | | | |
| 内资企业 | 687699 | 117573 | 70044 |
| 港、澳、台商投资企业 | 31174 | 6108 | 43782 |
| 外商投资企业 | 45539 | 16380 | 3938 |

17-8 续表

单位：万元

| 指　　标 | 来自政府部门的科技活动资金 | 研究开发费用加计扣除减免税 | 高新技术企业减免税 |
|---|---|---|---|
| **按国民经济行业大类分组** | | | |
| 采矿业 | 6366 | 1293 | |
| 煤炭开采和洗选业 | 6240 | 1286 | |
| 石油和天然气开采业 | | | |
| 黑色金属矿采选业 | | | |
| 有色金属矿采选业 | 126 | 6 | |
| 非金属矿采选业 | | | |
| 开采辅助活动 | | | |
| 其他采矿业 | | | |
| 制造业 | 753476 | 137766 | 117765 |
| 农副食品加工业 | 9742 | 2261 | 27 |
| 食品制造业 | 2389 | 357 | 106 |
| 酒、饮料和精制茶制造业 | 1016 | 254 | |
| 烟草制品业 | | | |
| 纺织业 | 12025 | 1693 | 6409 |
| 纺织服装、服饰业 | 0 | | |
| 皮革、毛皮、羽毛及其制品和制鞋业 | 242 | 6 | |
| 木材加工和木、竹、藤、棕、草制品业 | 2896 | 9 | |
| 家具制造业 | 854 | | |
| 造纸和纸制品业 | 670 | | 144 |
| 印刷和记录媒介复制业 | 717 | 115 | |
| 文教、工美、体育和娱乐用品制造业 | 61 | 166 | |
| 石油加工、炼焦和核燃料加工业 | | | |
| 化学原料和化学制品制造业 | 28100 | 9237 | 5923 |
| 医药制造业 | 75645 | 11010 | 15342 |
| 化学纤维制造业 | 6078 | 1052 | |
| 橡胶和塑料制品业 | 10511 | 1254 | 3903 |
| 非金属矿物制品业 | 46048 | 8112 | 38324 |
| 黑色金属冶炼和压延加工业 | 3595 | | |
| 有色金属冶炼和压延加工业 | 18376 | 8854 | 2042 |
| 金属制品业 | 42423 | 4153 | 3785 |
| 通用设备制造业 | 126458 | 14838 | 8338 |
| 专用设备制造业 | 144114 | 32070 | 21379 |
| 汽车制造业 | 47157 | 14065 | 9 |
| 铁路、船舶、航空航天和其他运输设备制造业 | 20578 | 4457 | 1383 |
| 电气机械和器材制造业 | 65330 | 5769 | 5044 |
| 计算机、通信和其他电子设备制造业 | 57648 | 8904 | 3465 |
| 仪器仪表制造业 | 25605 | 9029 | 2022 |
| 其他制造业 | | | |
| 废弃资源综合利用业 | 5200 | 104 | 119 |
| 金属制品、机械和设备修理业 | | | |
| 电力、热力、燃气及水生产和供应业 | 4572 | 1003 | |
| 电力、热力生产和供应业 | 4079 | 625 | |
| 燃气生产和供应业 | 492 | 378 | |
| 水的生产和供应业 | | | |
| **按经济成分分组** | | | |
| 公有经济 | 253405 | 37041 | 14505 |
| 非公有经济 | 511008 | 103020 | 103259 |
| **按企业控股情况分组** | | | |
| 国有控股 | 251958 | 36755 | 14495 |
| 集体控股 | 1447 | 287 | 10 |
| 私人控股 | 459590 | 82258 | 50496 |
| 港澳台商控股 | 30387 | 6033 | 42872 |
| 外商控股 | 21031 | 14730 | 9892 |
| 其他 | | | |

# 17-9 各类学校数

单位：所

| 年份 | 普通高等学校 | 中等专业学校 | 技工学校 | 职业高中 | 普通中学 | 小学 |
|---|---|---|---|---|---|---|
| 1949 | | 4 | | | 16 | 1803 |
| 1952 | | 8 | | | 21 | 2641 |
| 1957 | | 5 | | | 62 | 3109 |
| 1962 | 3 | 7 | | | 140 | 3773 |
| 1965 | 2 | 11 | | | 142 | 4390 |
| 1970 | 2 | 2 | | | 179 | 5183 |
| 1975 | 2 | 9 | | | 228 | 5113 |
| 1978 | 2 | 14 | 9 | | 234 | 4260 |
| 1979 | 2 | 14 | 9 | | 236 | 4115 |
| 1980 | 2 | 13 | 10 | | 274 | 3446 |
| 1981 | 3 | 13 | 10 | | 395 | 4316 |
| 1982 | 3 | 14 | 10 | | 478 | 3964 |
| 1983 | 4 | 14 | 10 | | 494 | 3822 |
| 1984 | 5 | 15 | 11 | 18 | 512 | 3674 |
| 1985 | 5 | 17 | 11 | 36 | 551 | 3618 |
| 1986 | 5 | 16 | 11 | 28 | 612 | 3490 |
| 1987 | 5 | 17 | 11 | 29 | 643 | 3413 |
| 1988 | 5 | 17 | 11 | 31 | 648 | 3472 |
| 1989 | 4 | 17 | 12 | 41 | 654 | 3441 |
| 1990 | 4 | 16 | 12 | 43 | 640 | 3409 |
| 1991 | 4 | 15 | 11 | 45 | 639 | 3408 |
| 1992 | 4 | 15 | 14 | 55 | 621 | 3391 |
| 1993 | 4 | 15 | 14 | 49 | 610 | 3390 |
| 1994 | 4 | 16 | 14 | 51 | 581 | 3347 |
| 1995 | 4 | 16 | 14 | 52 | 553 | 3338 |
| 1996 | 4 | 16 | 14 | 50 | 546 | 3305 |
| 1997 | 4 | 16 | 14 | 52 | 525 | 3288 |
| 1998 | 4 | 16 | 13 | 48 | 523 | 3250 |
| 1999 | 5 | 14 | 14 | 47 | 513 | 3147 |
| 2000 | 5 | 13 | 13 | 42 | 492 | 2902 |
| 2001 | 5 | 12 | 10 | 41 | 498 | 2710 |
| 2002 | 6 | 11 | 10 | 35 | 476 | 2333 |
| 2003 | 6 | 11 | 11 | 31 | 371 | 945 |
| 2004 | 7 | 11 | 11 | 28 | 366 | 908 |
| 2005 | 7 | 11 | 11 | 21 | 367 | 902 |
| 2006 | 7 | 12 | 8 | 25 | 369 | 907 |
| 2007 | 7 | 12 | 8 | 26 | 367 | 917 |
| 2008 | 7 | 12 | 8 | 25 | 357 | 899 |
| 2009 | 7 | 12 | 8 | 25 | 350 | 879 |
| 2010 | 7 | 11 | 8 | 21 | 331 | 871 |
| 2011 | 8 | 11 | 8 | 18 | 326 | 856 |
| 2012 | 9 | 10 | 8 | 9 | 321 | 860 |
| 2013 | 9 | 10 | 8 | 14 | 321 | 870 |
| 2014 | 9 | 14 | 6 | 14 | 319 | 906 |
| 2015 | 9 | 13 | 8 | 12 | 328 | 924 |
| 2016 | 10 | 14 | 8 | 10 | 337 | 928 |
| 2017 | 10 | 14 | 5 | 11 | 344 | 932 |
| 2018 | 10 | 13 | 6 | 11 | 353 | 924 |
| 2019 | 10 | 13 | 6 | 12 | 353 | 930 |
| 2020 | 10 | 13 | 6 | 12 | 355 | 917 |
| 2021 | 10 | 14 | 6 | 12 | 365 | 884 |
| 2022 | 12 | 15 | 7 | 12 | 375 | 868 |
| 2023 | 12 | 15 | 8 | 16 | 386 | 819 |

注：2006年及以前职业高中为农职业中学口径（下同）；2022年及以后普通高等学校数包含徐海学院、科文学院两所民办本科院校。

# 17-10 各类学校在校学生数

| 年份 | 普通高等学校（人） | 中等专业学校（人） | 技工学校（人） | 职业高中（人） | 普通中学（人） | 小学（万人） |
|---|---|---|---|---|---|---|
| 1949 | | 737 | | | 6679 | 14.31 |
| 1952 | | 1645 | | | 13117 | 27.25 |
| 1957 | | 2312 | | | 37302 | 40.85 |
| 1962 | 2797 | 2402 | | | 59064 | 44.14 |
| 1965 | 1027 | 1913 | | | 59971 | 67.94 |
| 1970 | | | | | 175039 | 61.87 |
| 1975 | 1455 | 2903 | | | 224829 | 103.54 |
| 1978 | 2080 | 2869 | 1826 | | 459841 | 95.62 |
| 1979 | 2704 | 5063 | 2070 | | 408046 | 98.81 |
| 1980 | 2585 | 6382 | 3510 | | 362789 | 96.94 |
| 1981 | 5634 | 4573 | 2919 | | 298335 | 95.27 |
| 1982 | 4260 | 4810 | 2859 | | 289862 | 91.28 |
| 1983 | 6109 | 5606 | 2580 | | 290956 | 91.98 |
| 1984 | 7173 | 6884 | 2716 | 6913 | 292253 | 90.41 |
| 1985 | 9955 | 8708 | 2915 | 10369 | 311015 | 88.01 |
| 1986 | 10486 | 8880 | 3659 | 13577 | 328873 | 85.69 |
| 1987 | 11410 | 9711 | 3454 | 14355 | 327280 | 83.44 |
| 1988 | 11886 | 10339 | 3609 | 11882 | 314401 | 81.65 |
| 1989 | 11783 | 11101 | 4151 | 12344 | 317647 | 81.92 |
| 1990 | 11586 | 11091 | 4898 | 14440 | 313758 | 84.77 |
| 1991 | 12507 | 11670 | 5086 | 17497 | 309649 | 89.90 |
| 1992 | 12962 | 12176 | 5918 | 20398 | 313487 | 93.66 |
| 1993 | 14238 | 12918 | 7639 | 20098 | 327372 | 97.07 |
| 1994 | 16354 | 16127 | 10211 | 20401 | 374698 | 103.31 |
| 1995 | 18590 | 24480 | 10971 | 22459 | 424685 | 110.34 |
| 1996 | 19720 | 36831 | 11181 | 24848 | 463226 | 118.08 |
| 1997 | 21162 | 43831 | 11793 | 24969 | 481154 | 127.42 |
| 1998 | 24763 | 45113 | 11970 | 22549 | 512475 | 130.99 |
| 1999 | 32236 | 42072 | 10133 | 19832 | 543390 | 129.32 |
| 2000 | 46091 | 34072 | 10317 | 19334 | 584255 | 126.06 |
| 2001 | 58730 | 29616 | 11362 | 21425 | 638488 | 119.84 |
| 2002 | 67863 | 31610 | 14175 | 21222 | 718597 | 109.43 |
| 2003 | 71811 | 33368 | 18500 | 21821 | 802270 | 96.28 |
| 2004 | 86858 | 40989 | 23117 | 27028 | 831882 | 83.06 |
| 2005 | 92666 | 51166 | 23000 | 40492 | 815113 | 72.24 |
| 2006 | 104140 | 59648 | 26900 | 65365 | 777895 | 64.62 |
| 2007 | 113774 | 59787 | 26086 | 72768 | 733413 | 58.75 |
| 2008 | 120094 | 62043 | 27421 | 56712 | 670459 | 53.72 |
| 2009 | 125676 | 57091 | 26922 | 57385 | 593875 | 51.79 |
| 2010 | 118828 | 57543 | 24553 | 60233 | 520662 | 53.02 |
| 2011 | 131747 | 39331 | 23936 | 53811 | 463610 | 57.10 |
| 2012 | 133631 | 47217 | 22005 | 45498 | 426055 | 62.85 |
| 2013 | 136313 | 48143 | 22707 | 47906 | 375213 | 66.18 |
| 2014 | 137239 | 47125 | 22221 | 46227 | 359258 | 75.40 |
| 2015 | 137631 | 43627 | 19540 | 45734 | 347417 | 84.13 |
| 2016 | 140825 | 42515 | 20311 | 37623 | 361022 | 90.54 |
| 2017 | 142630 | 41370 | 21006 | 35239 | 399373 | 94.02 |
| 2018 | 145496 | 52458 | 22942 | 29336 | 455654 | 95.58 |
| 2019 | 150774 | 54545 | 21446 | 30706 | 522980 | 94.67 |
| 2020 | 160910 | 56313 | 21459 | 30736 | 593766 | 91.69 |
| 2021 | 175460 | 45368 | 20529 | 51704 | 652878 | 87.81 |
| 2022 | 190176 | 47164 | 20616 | 62051 | 694524 | 84.07 |
| 2023 | 200090 | 49396 | 18789 | 75101 | 715414 | 81.20 |

注：2015年及以后普通高等学校在校学生数不包含成人高等教育学生数。

# 17-11 各类学校专任教师数

单位：人

| 年　份 | 普通高等学　校 | 中等专业学　校 | 技　工学　校 | 职　业高　中 | 普　通中　学 | 小　学 |
|---|---|---|---|---|---|---|
| 1978 | 423 | | 83 | | | |
| 1979 | 444 | | 184 | | 16932 | 37511 |
| 1980 | 451 | | 336 | | | |
| 1981 | 1178 | 591 | 364 | | 15910 | 38804 |
| 1982 | 1441 | 686 | 398 | | 15341 | 38004 |
| 1983 | 1512 | 813 | 419 | | 14643 | 32669 |
| 1984 | 1740 | 843 | 444 | 270 | 14568 | 32295 |
| 1985 | 1803 | 984 | 444 | 528 | 15785 | 31831 |
| 1986 | 2073 | 1053 | 476 | 661 | 16859 | 33445 |
| 1987 | 2210 | 1173 | 441 | 759 | 17162 | 32519 |
| 1988 | 2135 | 1142 | 596 | 862 | 17668 | 32948 |
| 1989 | 2170 | 1114 | 659 | 890 | 18380 | 33787 |
| 1990 | 2086 | 1087 | 642 | 1047 | 19097 | 34520 |
| 1991 | 2065 | 1112 | 661 | 1144 | 19371 | 35723 |
| 1992 | 2020 | 1110 | 725 | 1377 | 19502 | 36367 |
| 1993 | 2037 | 1083 | 677 | 1348 | 19741 | 36499 |
| 1994 | 2028 | 1074 | 848 | 1440 | 20416 | 37915 |
| 1995 | 2160 | 1102 | 845 | 1575 | 21642 | 38649 |
| 1996 | 2045 | 1165 | 843 | 1688 | 22987 | 39911 |
| 1997 | 2117 | 1204 | 762 | 1983 | 24222 | 40670 |
| 1998 | 2244 | 1270 | 951 | 2053 | 24944 | 42305 |
| 1999 | 2681 | 1242 | 820 | 1965 | 26165 | 44577 |
| 2000 | 2883 | 1236 | 801 | 1816 | 27658 | 45798 |
| 2001 | 3198 | 1357 | 807 | 1586 | 29200 | 46575 |
| 2002 | 3635 | 1133 | 587 | 1461 | 32131 | 44837 |
| 2003 | 4061 | 1041 | 680 | 1575 | 34232 | 41806 |
| 2004 | 4686 | 1114 | 789 | 1431 | 35744 | 39864 |
| 2005 | 5298 | 1251 | 785 | 1718 | 37644 | 39156 |
| 2006 | 5586 | 1456 | 711 | 2185 | 38821 | 38719 |
| 2007 | 6203 | 1693 | 966 | 2375 | 39686 | 38350 |
| 2008 | 6433 | 1766 | 957 | 2556 | 39514 | 36999 |
| 2009 | 6670 | 1959 | 1005 | 2489 | 39112 | 36553 |
| 2010 | 6257 | 1926 | 987 | 2524 | 38379 | 33991 |
| 2011 | 7015 | 1808 | 1047 | 2279 | 37714 | 33517 |
| 2012 | 7418 | 1642 | 1147 | 2557 | 37179 | 35419 |
| 2013 | 7596 | 1704 | 1161 | 2487 | 34591 | 36511 |
| 2014 | 7734 | 1834 | 1187 | 2395 | 34013 | 38210 |
| 2015 | 7879 | 2537 | 1074 | 1856 | 33673 | 40445 |
| 2016 | 8217 | 2139 | 1351 | 1874 | 33695 | 42716 |
| 2017 | 8366 | 2077 | 1329 | 1798 | 34781 | 44606 |
| 2018 | 8569 | 2631 | 1407 | 2160 | 36253 | 47692 |
| 2019 | 8815 | 2053 | 1420 | 1946 | 39269 | 50731 |
| 2020 | 9219 | 2021 | 1315 | 2094 | 43469 | 51010 |
| 2021 | 9037 | 2536 | 1199 | 2400 | 48809 | 51872 |
| 2022 | 9732 | 2666 | 1197 | 2484 | 53055 | 51053 |
| 2023 | 9981 | 2877 | 1080 | 2884 | 55362 | 49489 |

# 17-12 每一专任教师平均负担在校学生数

单位：人

| 年份 | 普通高等学校 | 中等专业学校 | 技工学校 | 职业高中 | 普通中学 | 小学 |
|---|---|---|---|---|---|---|
| 1978 | 4.9 | | 22.0 | | | |
| 1979 | 6.1 | | 11.3 | | | |
| 1980 | 5.7 | | 10.4 | | 21.4 | 25.8 |
| 1981 | 4.8 | 7.7 | 8.0 | | 18.8 | 24.6 |
| 1982 | 3.0 | 7.0 | 7.2 | | 18.9 | 24.0 |
| 1983 | 4.0 | 6.9 | 6.2 | | 19.9 | 28.2 |
| 1984 | 4.1 | 8.2 | 6.1 | 25.6 | 20.1 | 28.0 |
| 1985 | 5.5 | 8.8 | 6.6 | 19.6 | 19.7 | 27.6 |
| 1986 | 5.1 | 8.4 | 7.7 | 20.5 | 19.5 | 25.6 |
| 1987 | 5.2 | 8.3 | 7.8 | 18.9 | 19.1 | 25.7 |
| 1988 | 5.6 | 9.1 | 16.1 | 13.8 | 17.8 | 24.8 |
| 1989 | 5.4 | 10.0 | 6.3 | 13.9 | 17.3 | 24.2 |
| 1990 | 5.6 | 10.2 | 7.6 | 13.8 | 16.4 | 24.6 |
| 1991 | 6.1 | 10.5 | 7.7 | 15.3 | 16.0 | 25.2 |
| 1992 | 6.4 | 11.0 | 8.2 | 14.8 | 16.1 | 25.8 |
| 1993 | 7.0 | 11.9 | 11.3 | 15.0 | 16.6 | 26.6 |
| 1994 | 8.1 | 15.0 | 12.0 | 14.2 | 18.4 | 27.2 |
| 1995 | 8.6 | 22.2 | 13.0 | 14.3 | 19.6 | 28.5 |
| 1996 | 9.6 | 31.6 | 13.3 | 14.7 | 20.2 | 29.6 |
| 1997 | 10.0 | 36.4 | 15.5 | 12.6 | 19.9 | 31.3 |
| 1998 | 11.0 | 35.5 | 12.6 | 11.0 | 20.5 | 31.0 |
| 1999 | 12.1 | 33.9 | 12.4 | 10.1 | 20.8 | 29.0 |
| 2000 | 16.0 | 27.6 | 12.9 | 10.6 | 21.1 | 27.5 |
| 2001 | 18.4 | 21.8 | 14.1 | 13.5 | 21.9 | 25.7 |
| 2002 | 18.7 | 27.9 | 24.1 | 14.5 | 22.4 | 24.4 |
| 2003 | 17.7 | 32.1 | 27.2 | 13.9 | 23.4 | 23.0 |
| 2004 | 18.5 | 36.8 | 29.3 | 18.9 | 23.3 | 20.8 |
| 2005 | 17.5 | 40.9 | 29.3 | 23.6 | 21.7 | 18.4 |
| 2006 | 18.6 | 41.0 | 37.8 | 26.6 | 20.0 | 16.7 |
| 2007 | 18.3 | 35.3 | 27.0 | 30.6 | 18.5 | 15.3 |
| 2008 | 18.7 | 35.1 | 28.7 | 22.2 | 17.0 | 14.5 |
| 2009 | 18.8 | 29.1 | 26.8 | 23.1 | 15.2 | 14.2 |
| 2010 | 19.0 | 29.9 | 24.9 | 23.9 | 13.6 | 15.6 |
| 2011 | 18.8 | 21.8 | 22.9 | 23.6 | 12.3 | 17.0 |
| 2012 | 18.0 | 28.8 | 19.2 | 17.8 | 11.5 | 17.7 |
| 2013 | 17.9 | 28.3 | 14.9 | 19.3 | 10.8 | 18.1 |
| 2014 | 17.6 | 25.7 | 18.7 | 19.3 | 10.6 | 19.7 |
| 2015 | 20.6 | 17.2 | 18.2 | 24.6 | 10.3 | 20.8 |
| 2016 | 17.1 | 19.9 | 15.0 | 20.1 | 10.7 | 21.2 |
| 2017 | 21.4 | 20.5 | 15.8 | 19.6 | 11.5 | 21.1 |
| 2018 | 17.0 | 19.9 | 16.3 | 13.6 | 12.6 | 20.0 |
| 2019 | 17.1 | 26.6 | 15.1 | 15.8 | 13.3 | 18.7 |
| 2020 | 17.5 | 27.5 | 16.3 | 14.7 | 13.7 | 18.0 |
| 2021 | 19.4 | 17.9 | 17.1 | 21.5 | 13.4 | 16.9 |
| 2022 | 19.5 | 17.7 | 17.2 | 25.0 | 13.1 | 16.5 |
| 2023 | 20.0 | 17.2 | 17.4 | 26.0 | 12.9 | 16.4 |

# 17-13 各级各类教育事业

（2023 年）

| 指　　标 | 学校数（所） | 毕业生数（人） | 招生数（人） | 在校学生数（人） | 教职工数（人） | #专任教师 |
|---|---|---|---|---|---|---|
| **基础教育合计** | **2380** | **499352** | **436814** | **1795622** | **148985** | **125050** |
| 学前教育 | 1161 | 122701 | 66128 | 263343 | 36329 | 19570 |
| 小学 | 819 | 154845 | 127692 | 812042 | | 49489 |
| 普通中学 | 386 | 221124 | 242143 | 715414 | | 55362 |
| 初中 | 282 | 161824 | 153540 | 477320 | | 36312 |
| 高中 | 104 | 59300 | 88603 | 238094 | | 19050 |
| 特殊教育学校 | 13 | 682 | 817 | 4789 | 678 | 619 |
| 专门学校 | 1 | | 34 | 34 | 15 | 10 |
| **中等职业教育** | **31** | **28139** | **46035** | **124497** | **6456** | **5761** |
| 调整后中职业学校 | 3 | 3848 | 4341 | 13150 | 818 | 752 |
| 普通中专学校 | 10 | 6613 | 10937 | 32033 | 2073 | 1755 |
| 成人中专学校 | 2 | 276 | 316 | 1010 | 241 | 174 |
| 职业高中学校 | 16 | 14986 | 29997 | 75101 | 3253 | 2884 |
| **中等技工学校** | **8** | **4143** | **4915** | **18789** | **1356** | **1080** |
| **普通高等学校** | **12** | **83827** | **92835** | **267012** | **14245** | **9981** |

注：2023 年因口径调整，教职工数不再区分小学及普通中学；普通高等学校在校学生数包含成人高等教育学生数。

# 17-14 普通高等学校和中等专业学校基本情况

（2023年） 单位：人

| 指 标 | 毕业生数 | 招生数 | 在校学生数 | 教职工数 | #专任教师 |
|---|---|---|---|---|---|
| **普通高等学校** | **83827** | **92835** | **267012** | **14245** | **9981** |
| 中国矿业大学 | 18155 | 13261 | 45617 | 3438 | 2157 |
| 徐州医科大学 | 7251 | 5892 | 22119 | 1557 | 980 |
| 江苏师范大学 | 12816 | 15684 | 44574 | 2656 | 1858 |
| 徐州工程学院 | 8958 | 8765 | 30078 | 1840 | 1403 |
| 九州职业技术学院 | 4452 | 6274 | 14739 | 500 | 392 |
| 徐州工业职业技术学院 | 8118 | 9003 | 22300 | 917 | 741 |
| 中国矿业大学徐海学院 | 2124 | 2273 | 9041 | 307 | 179 |
| 徐州幼儿师范高等专科学校 | 2858 | 4377 | 9537 | 450 | 277 |
| 徐州生物工程职业技术学院 | 3028 | 6355 | 14355 | 531 | 445 |
| 江苏师范大学科文学院 | 3024 | 4750 | 14684 | 421 | 215 |
| 江苏建筑职业技术学院 | 9947 | 8823 | 25410 | 1018 | 825 |
| 江苏安全技术职业学院 | 3096 | 7378 | 14558 | 610 | 509 |
| **中等职业教育学校** | **5817** | **7375** | **21229** | **1807** | **1540** |
| #江苏省徐州医药高等职业学校 | 1272 | 1478 | 4419 | 274 | 257 |
| 江苏省徐州财经高等职业技术学校 | 1377 | 1579 | 4917 | 298 | 281 |
| 徐州经贸高等职业学校 | 1199 | 1284 | 3814 | 246 | 214 |
| 江苏省徐州市中等专业学校 | 887 | 1186 | 3074 | 255 | 221 |
| 徐州体育运动学校 | 160 | 207 | 878 | 205 | 110 |
| 江苏模特艺术学校 | 335 | 659 | 1674 | 197 | 182 |
| 运河高等师范学校 | 270 | 396 | 1014 | 148 | 105 |
| 徐州高等师范学校 | 317 | 586 | 1439 | 184 | 170 |

注：普通高等学校在校学生数包含成人高等教育学生数。

# 17-15 各阶段教育入学、升学情况

（2023 年）

单位：%

| 地　　区 | 入学率 | | 升学率/毕业率 | |
|---|---|---|---|---|
| | 小学阶段入学率 | 初中阶段入学率 | 小学毕业生升学率 | 初中毕业生毕业率 |
| 全　市 | 100 | 100 | 100 | 100 |
| 市　区 | 100 | 100 | 100 | 100 |
| 丰　县 | 100 | 100 | 100 | 100 |
| 沛　县 | 100 | 100 | 100 | 100 |
| 铜山区 | 100 | 100 | 100 | 100 |
| 睢宁县 | 100 | 100 | 100 | 100 |
| 新沂市 | 100 | 100 | 100 | 100 |
| 邳州市 | 100 | 100 | 100 | 100 |

# 主要统计指标解释

**自然科学技术人员**　指已取得科学技术职称，或大学、中专的理、工、农、医科系毕业，以及国民经济各部门从工作实践中提拔，从事理、工、农、医等自然科学技术的研究、教学、生产的专业人员和在机关、企业、事业中从事科学技术业务管理工作的专业人员。

**工程技术人员**　指在国民经济各行业从事工程技术工作的自然科学技术专业人员，包括：高级工程师、工程师、助理工程师、技术员和未评定职称的技术人员。

**农业技术人员**　指在国民经济各行业从事农业技术工作的自然科学技术专业人员，包括：高级农艺师、农艺师、助理农艺师、技术员和未评定职称的技术人员。

**科学研究人员**　指在国民经济各行业从事科学技术活动的自然科学技术专业人员，包括：正副研究员、助理研究员、研究实习员、技术员和未评定职称的技术人员。

**教学人员**　指在国民经济各行业从事自然科学技术方面教学活动的专业人员，包括：正副教授、讲师、助教、教师和在中学从事自然科学技术方面教学活动的人员。

**普通高等学校**　指按照国家规定的设置标准和审批程序批准举办，通过国家统一招生考试，招收高中毕业生为主要培养对象，实施高等教育的全日制大学、独立设置的学院和高等专科学校、短期职业大学。

**成人高等学校**　指按照国家有关规定审批，招收通过全国成人高教统一招生考试的具有高中毕业或同等学历的在职从业人员利用脱产、半脱产、业余或函授等多种形式对其实施高等学历教育，培养高等教育专科或本科毕业水平的专门人才，修业年限、课程设置和总学时数均按高等学历教育要求付诸实施的学校。包括广播电视大学、职工高等学校、农民高等学校、管理干部学院、教育学院、独立设置的函授学院等。

**招生数**　指新学年开学时，一年级实际招收入学的新生数。不包括留级生和复学生数。

**在校学生数**　指学年初具有学籍的在校学生总数。

**专任教师数**　指主要从事教育工作的人员数。包括临时（一年以内）调去帮助做其他工作的教学人员。高等学校函授部、夜大学的专任教师和承招科研任务、未担任教学工作仍属教师编制的人员，也计入专任教师中。专任教师不包括调离教学岗位，担任行政领导工作或其他工作的原教学人员。

# 十八、卫生和社会服务

版面负责人：冯洋洋
编　　　辑：聂恒可

# 统计执法监督检查办法

**第四十三条** 立案查处和执法检查的典型、严重统计违法案件，应当按照有关规定予以曝光。

对具有严重统计造假弄虚作假情形的，应当依法认定为统计上严重失信，按照有关规定予以公示和惩戒。

## 第五章 法律责任

**第四十四条** 县级以上人民政府统计机构负责人、执法检查人员及其相关人员在统计执法监督检查中有下列行为之一的，由统计机构予以通报，由任免机关或者纪检监察机关给予处分：

（一）包庇、纵容统计违法行为；

（二）瞒案不报，压案不查；

（三）未按规定受理、核查、处理统计违法举报；

（四）未按法定权限、程序和要求开展统计执法监督检查，造成不良后果；

（五）违反保密规定，泄露举报人或者案情；

（六）滥用职权，徇私舞弊；

（七）其他违纪违法行为。

**第四十五条** 县级以上人民政府统计机构负责人、执法检查人员及其相关人员在统计执法监督检查中，违反有关纪律的，依纪依法给予处分。

**第四十六条** 县级以上人民政府统计机构负责人、执法检查人员及其相关人员泄露在检查过程中知悉的国家秘密、商业秘密、个人信息资料和能够识别或者推断单个调查对象身份的资料，依纪依法给予处分。

## 第六章 附 则

**第四十七条** 本办法自公布之日起施行。

# 18-1 主要年份卫生机构数

单位：个

| 年 份 | 总 计 | 医 院<br>卫生院 | #医 院 | 疗养院、所 | 门诊部、所 |
|---|---|---|---|---|---|
| 1978 | 652 | | | | |
| 1979 | 683 | | | | |
| 1980 | 858 | | | | |
| 1981 | 952 | | | | |
| 1982 | 969 | 231 | 35 | 1 | 678 |
| 1983 | 1004 | 232 | 42 | 1 | 712 |
| 1984 | 1027 | 233 | 43 | 1 | 734 |
| 1985 | 1053 | 237 | 48 | 1 | 753 |
| 1986 | 1030 | 236 | 47 | 1 | 731 |
| 1987 | 1024 | 234 | 47 | 1 | 727 |
| 1988 | 1023 | 228 | 47 | 1 | 732 |
| 1989 | 1042 | 229 | 47 | 1 | 751 |
| 1990 | 1058 | 228 | 46 | 1 | 767 |
| 1991 | 1088 | 228 | 46 | 1 | 798 |
| 1992 | 1049 | 228 | 46 | 1 | 759 |
| 1993 | 1051 | 228 | 46 | 1 | 761 |
| 1994 | 1051 | 231 | 46 | 1 | 758 |
| 1995 | 1052 | 231 | 46 | 1 | 758 |
| 1996 | 1052 | 231 | 45 | 1 | 757 |
| 1997 | 1053 | 232 | 42 | 1 | 757 |
| 1998 | 1261 | 233 | 43 | 1 | 966 |
| 1999 | 954 | 275 | 43 | 1 | 456 |
| 2000 | 993 | 274 | 42 | 1 | 473 |
| 2001 | 1071 | 211 | 43 | 1 | 449 |
| 2002 | 1047 | 226 | 113 | | 778 |
| 2003 | 1120 | 229 | 116 | 1 | 847 |
| 2004 | 1344 | 232 | 119 | 1 | 926 |
| 2005 | 1384 | 230 | 119 | 1 | 1105 |
| 2006 | 1327 | 227 | 116 | 1 | 917 |
| 2007 | 1483 | 238 | 117 | 1 | 921 |
| 2008 | 1116 | 251 | 108 | 1 | 732 |
| 2009 | 1169 | 268 | 102 | 1 | 828 |
| 2010 | 1213 | 256 | 99 | 1 | 864 |
| 2011 | 1365 | 266 | 108 | 1 | 1009 |
| 2012 | 1311 | 274 | 114 | 1 | 948 |
| 2013 | 4454 | 277 | 118 | 1 | 815 |
| 2014 | 4620 | 281 | 122 | 1 | 835 |
| 2015 | 4601 | 283 | 124 | 1 | 983 |
| 2016 | 4584 | 291 | 131 | 1 | 971 |
| 2017 | 4509 | 296 | 135 | 1 | 935 |
| 2018 | 4599 | 322 | 161 | 1 | 1029 |
| 2019 | 4594 | 339 | 177 | | 1109 |
| 2020 | 4552 | 336 | 177 | | 1156 |
| 2021 | 4580 | 341 | 182 | | 1233 |
| 2022 | 4501 | 354 | 195 | | 1254 |
| 2023 | 4693 | 365 | 205 | | 1459 |

18-1 续表

单位：个

| 年 份 | 专科防治所、站 | 疾病预防控制中心（防疫站） | 妇幼保健院、所、站 | 药品检验所、站 | 医学研究机构 | 其他卫生机构 |
|---|---|---|---|---|---|---|
| 1978 | | | | | | |
| 1979 | | | | | | |
| 1980 | | | | | | |
| 1981 | | | | | | |
| 1982 | | 14 | | | | |
| 1983 | 4 | 15 | 10 | 7 | 2 | 17 |
| 1984 | 4 | 15 | 10 | 7 | 2 | 17 |
| 1985 | 9 | 15 | 12 | 7 | 2 | 13 |
| 1986 | 10 | 15 | 12 | 7 | 2 | 12 |
| 1987 | 10 | 14 | 12 | 7 | 2 | 13 |
| 1988 | 10 | 14 | 12 | 7 | 2 | 13 |
| 1989 | 9 | 14 | 12 | 7 | 2 | 13 |
| 1990 | 10 | 14 | 12 | 7 | 2 | 13 |
| 1991 | 10 | 15 | 12 | 7 | 2 | 12 |
| 1992 | 10 | 14 | 12 | 7 | 2 | 13 |
| 1993 | 9 | 14 | 13 | 7 | 2 | 7 |
| 1994 | 8 | 14 | 14 | 7 | 2 | 7 |
| 1995 | 8 | 14 | 14 | 7 | 2 | 8 |
| 1996 | 9 | 14 | 13 | 7 | 3 | 8 |
| 1997 | 9 | 14 | 13 | 7 | 3 | 8 |
| 1998 | 8 | 14 | 13 | 7 | 3 | 8 |
| 1999 | 8 | 14 | 14 | 7 | 3 | 9 |
| 2000 | 8 | 14 | 14 | 7 | 3 | 9 |
| 2001 | 8 | 14 | 14 | | 3 | 9 |
| 2002 | 8 | 14 | 13 | | 3 | 5 |
| 2003 | 6 | 14 | 14 | | 3 | 6 |
| 2004 | | 14 | 14 | | 3 | 154 |
| 2005 | | 14 | 14 | | 3 | 17 |
| 2006 | | 14 | 14 | | 3 | 151 |
| 2007 | | 14 | 13 | | 3 | 293 |
| 2008 | | 14 | 13 | | 3 | 102 |
| 2009 | | 14 | 13 | | 3 | 42 |
| 2010 | | 13 | 12 | | 3 | 64 |
| 2011 | | 13 | 12 | | 3 | 61 |
| 2012 | 1 | 13 | 12 | | 3 | 925 |
| 2013 | 1 | 13 | 12 | | 3 | 5 |
| 2014 | 1 | 13 | 12 | | 3 | 7 |
| 2015 | 1 | 12 | 12 | | 3 | 6 |
| 2016 | 1 | 11 | 13 | | 3 | 7 |
| 2017 | 2 | 11 | 13 | | 3 | 6 |
| 2018 | 2 | 11 | 14 | | 3 | 6 |
| 2019 | 2 | 12 | 14 | | 3 | 8 |
| 2020 | 3 | 12 | 13 | | 3 | 10 |
| 2021 | 3 | 12 | 13 | | 3 | 11 |
| 2022 | 3 | 12 | 13 | | 3 | 10 |
| 2023 | 3 | 12 | 13 | | 3 | 11 |

注：1998 年及以后门诊部所中包括个体开业，2009 年包括卫生所、医务室、社区卫生服务站等；2001 年以前医院为县及县以上医院数；2008-2012 年村卫生室不再作为卫生机构统计。

# 18-2　主要年份卫生机构人员数

单位：人

| 年　　份 | 总　计 | 卫生技术人员 | #执业（助理）医师 | | | | | #注册护士 | 每千人口医生数 |
|---|---|---|---|---|---|---|---|---|---|
| | | | | #中医类别 | #临床类别 | #口腔类别 | #公共卫生类别 | | |
| 1978 | | 15690 | 4857 | | | | | | 0.9 |
| 1979 | | 16477 | 4982 | | | | | | 0.8 |
| 1980 | | 17095 | 5765 | | | | | | 0.8 |
| 1981 | 22581 | 17696 | 6542 | | | | | 2888 | 1.0 |
| 1982 | 23956 | 18539 | 7203 | 574 | | | | 3496 | 1.1 |
| 1983 | 25237 | 19267 | 7635 | 1079 | | | | 4298 | 1.1 |
| 1984 | 25885 | 19694 | 7671 | 1085 | | | | 4366 | 1.1 |
| 1985 | 27354 | 20602 | 7881 | 1080 | | | | 4603 | 1.1 |
| 1986 | 28234 | 21295 | 8097 | 1094 | | | | 4799 | 1.1 |
| 1987 | 28710 | 21337 | 8023 | 1017 | | | | 4917 | 1.1 |
| 1988 | 29477 | 22381 | 8804 | 1176 | | | | 5438 | 1.2 |
| 1989 | 30960 | 23615 | 9598 | 1158 | | | | 6430 | 1.3 |
| 1990 | 32029 | 24427 | 9888 | 1169 | | | | 6914 | 1.2 |
| 1991 | 33771 | 25818 | 10298 | 1108 | | | | 7289 | 1.3 |
| 1992 | 35051 | 26825 | 10216 | 1062 | | | | 7351 | 1.2 |
| 1993 | 36383 | 27895 | 10488 | 1101 | | | | 7617 | 1.3 |
| 1994 | 37741 | 28928 | 10891 | 1074 | | | | 7881 | 1.3 |
| 1995 | 38533 | 29380 | 11204 | 1082 | | | | 8167 | 1.3 |
| 1996 | 39027 | 29771 | 11525 | 1046 | | | | 8277 | 1.3 |
| 1997 | 40472 | 31125 | 12025 | 1044 | | | | 8424 | 1.4 |
| 1998 | 40454 | 31188 | 11756 | 986 | | | | 8350 | 1.3 |
| 1999 | 39411 | 30394 | 11349 | 933 | | | | 8421 | 1.3 |
| 2000 | 39366 | 30481 | 11622 | 925 | | | | 8720 | 1.3 |
| 2001 | 39099 | 30275 | 11635 | 963 | | | | 8863 | 1.3 |
| 2002 | 36997 | 29282 | 11396 | | | | | | 1.3 |
| 2003 | 35369 | 28030 | 10692 | | | | | 8421 | 1.2 |
| 2004 | 36163 | 28297 | 10480 | | | | | 8479 | 1.1 |
| 2005 | 35809 | 28284 | 10494 | 721 | | | | 8574 | 1.1 |
| 2006 | 36174 | 28922 | 10532 | 723 | | | | 8677 | 1.2 |
| 2007 | 38048 | 29668 | 11137 | | | | | 9329 | 1.2 |
| 2008 | 38746 | 30396 | 11557 | | | | | 9985 | 1.2 |
| 2009 | 39408 | 30821 | 11613 | | | | | 10801 | 1.0 |
| 2010 | 41238 | 32368 | 12165 | | | | | 11961 | 1.0 |
| 2011 | 43623 | 34543 | 12273 | 80 | | | | 13411 | 1.4 |
| 2012 | 47429 | 38091 | 13167 | 1250 | 12014 | 544 | 649 | 15909 | 1.5 |
| 2013 | 51601 | 43573 | 14578 | 1448 | 13389 | 666 | 672 | 17859 | 1.9 |
| 2014 | 67552 | 47007 | 17518 | 1558 | 14527 | 708 | 725 | 19687 | 2.3 |
| 2015 | 71316 | 51567 | 20172 | 1863 | 16608 | 766 | 935 | 21355 | 2.3 |
| 2016 | 75957 | 55523 | 21836 | 1965 | 18101 | 857 | 913 | 24349 | 2.5 |
| 2017 | 77117 | 57537 | 22870 | 2209 | 18754 | 965 | 942 | 25334 | 2.6 |
| 2018 | 87602 | 67412 | 25776 | 3121 | 21141 | 1158 | 941 | 31719 | 2.9 |
| 2019 | 90967 | 70767 | 28042 | 2864 | 22927 | 1276 | 975 | 32166 | 3.2 |
| 2020 | 92711 | 73219 | 29840 | 3462 | 23940 | 1425 | 1013 | 33067 | 3.3 |
| 2021 | 94047 | 74867 | 29122 | 3391 | 23314 | 1532 | 885 | 34527 | 3.2 |
| 2022 | 94696 | 76327 | 29872 | 3249 | 23956 | 1674 | 993 | 34852 | 3.3 |
| 2023 | 96596 | 78207 | 30200 | 3634 | 23677 | 1866 | 1023 | 36167 | 3.4 |

# 18-3 主要年份卫生机构床位数

单位：张

| 年　份 | 总　计 | 医　院<br>卫生院 | #医院 | 疗养院 | 门诊部、所 | 其　他<br>卫生机构 | 每千人口<br>医　院<br>病床位数 |
|---|---|---|---|---|---|---|---|
| 1978 | 11325 | | | | | | |
| 1979 | 11971 | | | | | | |
| 1980 | 12299 | | | | | | |
| 1981 | 13392 | | | | | | |
| 1982 | 13644 | | | | | | |
| 1983 | 14067 | 12167 | 7185 | 200 | 1550 | 150 | 1.8 |
| 1984 | 15046 | 13133 | 8109 | 200 | 1473 | 240 | 1.9 |
| 1985 | 15432 | 13269 | 8608 | 200 | 1762 | 200 | 1.9 |
| 1986 | 15771 | 13653 | 8925 | 200 | 1718 | 200 | 1.9 |
| 1987 | 16147 | 13845 | 9107 | 200 | 1802 | 300 | 1.9 |
| 1988 | 16809 | 14390 | 9549 | 200 | 1919 | 300 | 1.9 |
| 1989 | 17004 | 14483 | 9609 | 200 | 1921 | 400 | 1.9 |
| 1990 | 17303 | 14660 | 9630 | 200 | 2043 | 400 | 1.8 |
| 1991 | 17557 | 15059 | 10186 | 200 | 1898 | 400 | 1.8 |
| 1992 | 18100 | 15490 | 10459 | 200 | 1987 | 400 | 1.9 |
| 1993 | 18747 | 15813 | 10668 | 200 | 2310 | 400 | 1.9 |
| 1994 | 18650 | 15686 | 10791 | 200 | 2310 | 400 | 1.9 |
| 1995 | 18596 | 15647 | 10783 | 200 | 2310 | 400 | 1.8 |
| 1996 | 18733 | 15814 | 10883 | 200 | 2310 | 370 | 1.8 |
| 1997 | 18700 | 15751 | 10713 | 200 | 2310 | 400 | 1.8 |
| 1998 | 18637 | 15703 | 10645 | 200 | 2310 | 400 | 1.8 |
| 1999 | 17992 | 17368 | 10621 | 200 | | 400 | 2.0 |
| 2000 | 17736 | 17091 | 10562 | 200 | | | 1.9 |
| 2001 | 17505 | 16964 | 10417 | 200 | | 317 | 1.9 |
| 2002 | 18210 | 18210 | 13944 | | | | 2.0 |
| 2003 | 18487 | 17961 | 13650 | 200 | | 326 | 2.0 |
| 2004 | 18792 | 18252 | 13905 | 200 | | 340 | 2.1 |
| 2005 | 19888 | 19287 | 14647 | 200 | 5 | 104 | 2.2 |
| 2006 | 20264 | 19749 | 14975 | 40 | | 475 | 2.2 |
| 2007 | 21488 | 20238 | 15737 | 40 | | 1210 | 2.3 |
| 2008 | 24430 | 23248 | 17614 | 40 | | 1142 | 2.6 |
| 2009 | 26600 | 25081 | 18852 | 40 | 28 | 1451 | 2.8 |
| 2010 | 30500 | 27783 | 21496 | 40 | 130 | 2547 | 2.9 |
| 2011 | 32960 | 30283 | 23119 | 40 | 148 | 2601 | 2.7 |
| 2012 | 38489 | 35703 | 27091 | 40 | 60 | 2686 | 3.2 |
| 2013 | 43138 | 40179 | 30829 | 40 | 57 | 40 | 3.3 |
| 2014 | 46213 | 43175 | 33532 | 40 | 21 | 40 | 3.9 |
| 2015 | 47949 | 44550 | 34552 | 40 | 20 | 40 | 4.0 |
| 2016 | 52247 | 48926 | 38223 | 40 | 40 | 40 | 4.4 |
| 2017 | 55589 | 51444 | 39764 | 40 | | 40 | 4.5 |
| 2018 | 58588 | 54265 | 41553 | 40 | | 40 | 4.7 |
| 2019 | 60988 | 56683 | 43616 | | 16 | | 4.9 |
| 2020 | 59392 | 54704 | 41628 | | 16 | | 4.6 |
| 2021 | 61191 | 56230 | 42962 | | 42 | | 4.8 |
| 2022 | 62506 | 57614 | 43953 | | 49 | | 4.9 |
| 2023 | 64991 | 60428 | 46409 | | | | 5.1 |

# 18-4 卫生机构、床位、人员数

（2023 年）

| 机构类别 | 机构数（个） | 床位数（张） | 诊疗人数（万人） | 入院人数（万人） | 工作人员数（人） | #卫生技术人员 | 执业医师数 |
|---|---|---|---|---|---|---|---|
| **总　计** | **4693** | **64991** | **6459.04** | **232.32** | **96596** | **78207** | **23304** |
| 医院合计 | 205 | 46409 | 2532.05 | 176.68 | 51924 | 43308 | 13560 |
| 综合医院 | 96 | 26755 | 1717.09 | 117.58 | 30858 | 26386 | 8518 |
| 中医医院 | 22 | 6017 | 374.86 | 24.84 | 8230 | 6798 | 1992 |
| 中西医结合医院 | 2 | 119 | 1.70 | 0.65 | 116 | 98 | 28 |
| 专科医院 | 65 | 11327 | 435.62 | 33.11 | 12155 | 9609 | 2952 |
| #口腔医院 | 9 | 140 | 48.80 | 0.10 | 788 | 599 | 287 |
| 耳鼻喉科医院 | 1 | 88 | 2.36 | 0.16 | 84 | 69 | 20 |
| 肿瘤医院 | 1 | 1000 | 31.04 | 4.16 | 1412 | 1165 | 426 |
| 儿童医院 | 1 | 1370 | 99.41 | 8.05 | 1682 | 1370 | 417 |
| 精神病医院 | 12 | 3166 | 45.13 | 2.55 | 1510 | 1100 | 299 |
| 传染病医院 | 1 | 501 | 6.72 | 0.41 | 404 | 326 | 84 |
| 皮肤病医院 | 1 | 80 | 5.46 | 0.05 | 80 | 56 | 13 |
| 职业病医院 | 1 | 60 | 4.34 | 0.10 | 30 | 24 | 15 |
| 康复医院 | 6 | 1046 | 7.27 | 1.48 | 794 | 633 | 160 |
| 美容医院 | 4 | 80 | 4.17 | 0.04 | 210 | 172 | 64 |
| 其他专科医院 | 28 | 3796 | 180.92 | 16.01 | 5161 | 4095 | 1167 |
| 疗养院 | | | | | | | |
| 社区卫生服务中心 | 53 | 3217 | 559.18 | 7.65 | 5400 | 4627 | 1237 |
| 卫生院 | 160 | 14019 | 1624.89 | 42.87 | 19483 | 16561 | 3832 |
| 门诊部、所 | 1459 | | 409.32 | | 7564 | 6718 | 2867 |
| #私营门诊部、所 | 1029 | | 284.43 | | 4886 | 4380 | 1889 |
| 急救中心（站） | 6 | 5 | 11.36 | | 156 | 86 | 23 |
| 采供血机构 | 1 | | | | 170 | 121 | 3 |
| 妇幼保健院（所、站） | 13 | 946 | 91.19 | 4.62 | 1865 | 1516 | 503 |
| #妇幼保健院 | 6 | 946 | 88.27 | 4.62 | 1631 | 1361 | 419 |
| 妇幼保健所 | 5 | | 1.93 | | 154 | 114 | 67 |
| 疾病预防控制中心（防疫站） | 12 | | | | 992 | 808 | 330 |
| 卫生监督所 | 11 | | | | 304 | 276 | |
| 医学科学研究机构 | 3 | | | | 64 | 39 | 24 |
| 其他卫生机构 | 11 | | | | 355 | 248 | 72 |

18-4 续表

| 机构类别 | 执业助理医师数 | 注册护士 | 药剂人员 | 技师 | 其他 | 其他技术人员（人） | 管理人员（人） | 工勤人员（人） |
|---|---|---|---|---|---|---|---|---|
| **总 计** | **6896** | **36167** | **3913** | **4774** | **2882** | **4507** | **5231** | **6373** |
| 医院合计 | 619 | 23149 | 2107 | 2875 | 998 | 2521 | 3517 | 3739 |
| 综合医院 | 349 | 14319 | 1153 | 1534 | 513 | 1343 | 2150 | 1832 |
| 中医医院 | 91 | 3364 | 532 | 564 | 255 | 518 | 468 | 539 |
| 中西医结合医院 | 4 | 57 | 4 | 2 | 3 | 5 | 10 | 3 |
| 专科医院 | 154 | 5123 | 399 | 760 | 221 | 637 | 863 | 1246 |
| #口腔医院 | 14 | 254 | 13 | 13 | 18 | 29 | 89 | 81 |
| 耳鼻喉科医院 | 3 | 37 | 4 | 2 | 3 |  | 12 | 6 |
| 肿瘤医院 |  | 592 | 37 | 66 | 44 | 72 | 44 | 131 |
| 儿童医院 | 4 | 778 | 69 | 97 | 5 |  | 38 | 274 |
| 精神病医院 | 14 | 627 | 60 | 63 | 37 | 191 | 56 | 176 |
| 传染病医院 | 1 | 192 | 25 | 21 | 3 | 27 | 11 | 49 |
| 皮肤病医院 | 3 | 33 | 4 | 3 |  | 6 | 7 | 11 |
| 职业病医院 |  | 4 | 2 | 3 |  | 2 | 1 | 3 |
| 康复医院 | 8 | 255 | 37 | 162 | 11 | 63 | 47 | 63 |
| 美容医院 | 2 | 95 | 5 | 4 | 2 | 4 | 33 | 14 |
| 其他专科医院 | 105 | 2256 | 143 | 326 | 98 | 243 | 525 | 438 |
| 疗养院 |  |  |  |  |  |  |  |  |
| 社区卫生服务中心 | 537 | 1946 | 372 | 344 | 191 | 328 | 158 | 346 |
| 卫生院 | 3291 | 6254 | 932 | 994 | 1258 | 996 | 663 | 1666 |
| 门诊部、所 | 373 | 2891 | 294 | 151 | 142 | 261 | 561 | 248 |
| #私营门诊部、所 | 2491 | 1916 | 168 | 86 | 79 | 164 | 344 | 146 |
| 急救中心（站） | 17 | 30 | 3 | 1 | 12 | 13 | 28 | 36 |
| 采供血机构 |  | 82 | 2 | 33 | 1 | 15 | 2 | 32 |
| 妇幼保健院（所、站） | 43 | 733 | 68 | 139 | 30 | 145 | 81 | 136 |
| #妇幼保健院 | 35 | 696 | 65 | 119 | 27 | 119 | 40 | 124 |
| 妇幼保健所 | 4 | 26 | 2 | 12 | 3 | 21 | 11 | 8 |
| 疾病预防控制中心（防疫站） | 32 | 41 | 17 | 164 | 224 | 121 | 76 | 33 |
| 卫生监督所 |  |  |  |  | 6 | 9 | 11 | 15 |
| 医学科学研究机构 |  | 5 | 1 | 8 | 1 | 11 | 11 | 8 |
| 其他卫生机构 | 13 | 121 | 3 | 36 | 2 | 19 | 22 | 69 |

# 18-5 市区卫生机构、床位、人员数

| 指标 | 2021 | 2022 | 2023 | 指标 | 2021 | 2022 | 2023 |
|---|---|---|---|---|---|---|---|
| 医院 | 137 | 145 | 148 | 卫生院 | 7018 | 7287 | 7495 |
| 卫生院 | 88 | 88 | 89 | 卫生技术人员 | 56041 | 57590 | 59163 |
| 门诊部、所 | 934 | 946 | 1108 | 执业医师 | 17077 | 17892 | 18475 |
| 专科防治所、站 | 2 | 2 | 2 | 执业助理医师 | 3913 | 3905 | 3740 |
| 疾病预防控制中心 | 9 | 9 | 9 | 注册护士 | 26635 | 26932 | 28205 |
| 妇幼保健院（所、站） | 10 | 10 | 10 | 药剂人员 | 2629 | 2746 | 2977 |
| 卫生监督所 | 8 | 8 | 8 | 技师 | 3177 | 3272 | 3607 |
| 医学科学研究机构 | 3 | 3 | 3 | 其他卫生技术人员 | 2422 | 2662 | 1983 |
| 急救站和采供血机构 | 4 | 5 | 5 | 其他技术人员 | 3692 | 3555 | 3608 |
| **病床数（张）** | **45347** | **45961** | **47291** | 管理人员 | 3651 | 4096 | 4408 |
| 医院 | 34466 | 34834 | 36192 | 工勤人员 | 5111 | 4755 | 4655 |

# 18-6 医院诊疗基本情况

（2023年）

| 指标 | 县及县以上医院合计 | 非营利性 | 营利性 | 乡（镇）卫生院合计 |
|---|---|---|---|---|
| 诊疗人次（万人次） | 2532.05 | 2203.52 | 328.53 | 1624.89 |
| #门、急诊 | 2471.18 | 2147.08 | 324.09 | 1549.61 |
| 入院人数（人） | 1766810 | 1539288 | 227522 | 428682 |
| 每百门急诊的入院人数（人） | 7.15 | 7.17 | 7.02 | 2.77 |
| 病床周转次数（次） | 39.61 | 40.98 | 32.25 | 31.01 |
| 病床工作日（日） | 308.94 | 321.11 | 244.03 | 239.61 |
| 病床使用率（%） | 84.64 | 87.97 | 66.86 | 65.65 |
| 出院者平均住院日（日） | 7.63 | 7.69 | 7.24 | 7.19 |

# 18-7 城市（市区）前十位疾病死亡原因和构成

（2022 年）

| 顺位 | 合计 | | 男性 | | 女性 | |
|---|---|---|---|---|---|---|
| | 死因 | 占死亡总数（%） | 死因 | 占死亡总数（%） | 死因 | 占死亡总数（%） |
| | **十种死因合计** | **95.81** | **十种死因合计** | **96.93** | **十种死因合计** | 94.35 |
| 1 | 脑血管病 | 27.73 | 脑血管病 | 27.11 | 脑血管病 | 28.55 |
| 2 | 心脏病 | 22.96 | 肿瘤 | 24.19 | 心脏病 | 25.33 |
| 3 | 肿瘤 | 21.56 | 心脏病 | 21.18 | 肿瘤 | 18.05 |
| 4 | 呼吸系统疾病 | 9.81 | 呼吸系统疾病 | 10.61 | 呼吸系统疾病 | 8.75 |
| 5 | 损伤和中毒 | 5.83 | 损伤和中毒 | 6.22 | 损伤和中毒 | 5.30 |
| 6 | 内分泌，营养和代谢疾病 | 3.95 | 内分泌、营养和代谢疾病 | 3.34 | 内分泌、营养和代谢疾病 | 4.77 |
| 7 | 消化系统疾病 | 1.48 | 消化系统疾病 | 1.73 | 神经系统疾病 | 1.36 |
| 8 | 神经系统疾病 | 1.21 | 神经系统疾病 | 1.10 | 消化系统疾病 | 1.14 |
| 9 | 泌尿生殖系统疾病 | 0.84 | 泌尿生殖系统疾病 | 0.93 | 泌尿生殖系统疾病 | 0.72 |
| 10 | 传染病和寄生虫病 | 0.44 | 传染病和寄生虫病 | 0.51 | 精神和行为障碍 | 0.38 |

# 18-8 城市（市区）前十位疾病死亡原因和构成

（2023 年）

| 顺位 | 合计 | | 男性 | | 女性 | |
|---|---|---|---|---|---|---|
| | 死因 | 占死亡总数（%） | 死因 | 占死亡总数（%） | 死因 | 占死亡总数（%） |
| | **十种死因合计** | **96.34** | **十种死因合计** | **97.13** | **十种死因合计** | **95.30** |
| 1 | 脑血管病 | 26.24 | 脑血管病 | 24.61 | 脑血管病 | 28.37 |
| 2 | 肿瘤 | 21.71 | 肿瘤 | 24.06 | 心脏病 | 22.76 |
| 3 | 心脏病 | 20.79 | 心脏病 | 19.27 | 肿瘤 | 18.64 |
| 4 | 呼吸系统疾病 | 14.24 | 呼吸系统疾病 | 15.86 | 呼吸系统疾病 | 12.12 |
| 5 | 损伤和中毒 | 6.10 | 损伤和中毒 | 6.55 | 损伤和中毒 | 5.52 |
| 6 | 内分泌，营养和代谢疾病 | 3.12 | 内分泌、营养和代谢疾病 | 2.64 | 内分泌、营养和代谢疾病 | 3.73 |
| 7 | 消化系统疾病 | 1.74 | 消化系统疾病 | 1.80 | 消化系统疾病 | 1.67 |
| 8 | 神经系统疾病 | 1.17 | 神经系统疾病 | 1.04 | 神经系统疾病 | 1.34 |
| 9 | 泌尿生殖系统疾病 | 0.78 | 泌尿生殖系统疾病 | 0.83 | 泌尿生殖系统疾病 | 0.71 |
| 10 | 传染病和寄生虫病 | 0.45 | 传染病和寄生虫病 | 0.46 | 传染病和寄生虫病 | 0.44 |

# 18-9 主要年份民政事业发展情况

| 指标 | | 2000 | 2005 | 2010 | 2015 | 2020 | 2021 | 2022 | 2023 |
|---|---|---|---|---|---|---|---|---|---|
| **民政事业、企业情况** | | | | | | | | | |
| 收养类单位数 | （个） | 368 | 230 | 250 | 260 | 283 | 266 | 238 | 208 |
| 职工人数 | （人） | 1812 | 1416 | 2458 | 3473 | 4570 | 4356 | 3270 | 3262 |
| 社会福利企业单位数 | （个） | 297 | 196 | 117 | 84 | | | | |
| 职工人数 | （人） | 14824 | 7430 | 10952 | 6246 | | | | |
| 优抚安置单位数 | （个） | 18 | 20 | 22 | 22 | 92 | 7 | | |
| 职工人数 | （人） | 280 | 199 | 314 | 257 | 457 | 142 | | |
| 救助类单位数 | （个） | 2 | 2 | 3 | 10 | | | | |
| 职工人数 | （人） | 76 | 65 | 72 | 110 | | | | |
| 殡仪服务事业单位数 | （个） | 11 | 19 | 20 | 27 | 21 | 21 | 21 | 10 |
| 职工人数 | （人） | 335 | 405 | 486 | 501 | 476 | 164 | 164 | 613 |
| 彩票募捐单位数 | （个） | 8 | 10 | 8 | 8 | 8 | 8 | 8 | 8 |
| 职工人数 | （人） | 45 | 67 | 76 | 81 | 80 | 70 | 70 | 73 |
| 社区服务单位数 | （个） | 30 | 40 | 84 | 4169 | 4548 | 4566 | 4566 | |
| 职工人数 | （人） | 655 | 321 | 519 | 30408 | 28854 | 28685 | 28685 | |
| 老龄事业单位数 | （个） | | | 11 | 9 | | | | |
| 职工人数 | （人） | | | 62 | 60 | | | | |
| 婚姻登记服务单位 | （个） | | | 4 | 6 | 5 | 5 | 5 | 11 |
| 职工人数 | （人） | | | 67 | 96 | 50 | 50 | 50 | 95 |
| **优抚对象优待抚恤情况** | | | | | | | | | |
| 享受定期抚恤金人数 | （人） | 3506 | 2873 | 2143 | 977 | 5695 | 5786 | 5843 | 5882 |
| #城镇 | | | 377 | 272 | 177 | 654 | 638 | 596 | 564 |
| #烈属 | | 2271 | 2065 | 1349 | 424 | 188 | 169 | 146 | 131 |
| 享受定期补助人数 | （人） | 16491 | 14027 | 21550 | 47757 | 32783 | 35847 | 36360 | 36040 |
| #在乡复员军人 | | 12937 | 9301 | 8784 | 3130 | 1089 | 912 | 687 | 530 |
| 优待优抚对象户数 | （户） | 34696 | 31597 | 21404 | 63633 | 43575 | 43183 | 42799 | 42486 |
| **社会救济情况** | | | | | | | | | |
| 城镇居民最低生活保障人数 | （人） | 7496 | 49437 | 43193 | 27327 | 13195 | 11593 | 11593 | 8832 |
| #失业人员 | | 1154 | 9959 | 9573 | 10412 | | | | |
| 城镇居民最低生活保障家庭数 | （户） | | 18460 | 18729 | 13905 | 7241 | 6473 | 6473 | 5016 |
| 农村居民最低生活保障人数 | （人） | 30136 | 122710 | 231938 | 155694 | 112122 | 107352 | 107352 | 94047 |
| 农村居民最低生活保障家庭数 | （户） | | 65051 | 116162 | 82112 | 56074 | 54102 | 54102 | 47384 |
| 城镇临时救济人次数 | （人次） | 19578 | 7206 | 199 | 1224 | 12063 | 7627 | 7627 | 9266 |
| 农村临时救济人次数 | （人次） | 187629 | 152990 | 796 | 6569 | | | | |
| 农村定期救济人数 | （人） | 4227 | 33413 | 4524 | | | | | |
| 农村五保供养户数 | （户） | | 25289 | 42580 | 33656 | 30328 | 28609 | 28609 | 28093 |
| **城镇社区服务情况** | | | | | | | | | |
| 城镇社区服务设施数 | （个） | 1033 | 2872 | 3462 | 4169 | 1383 | 1352 | 1352 | |
| 城镇社区服务从业人员 | （人） | 7767 | 45409 | 5561 | 30408 | 28828 | 28685 | 28685 | |
| 城镇便民、利民服务网点数 | （个） | 4809 | 7255 | 11756 | 7658 | | | | |
| **社会团体机构情况** | | | | | | | | | |
| 年末实有社团数 | （个） | 721 | 1061 | 1727 | 7122 | 3861 | 3921 | 3921 | 3209 |
| #地级社团机构数 | | 274 | 333 | 400 | 512 | 639 | 652 | 652 | 653 |

注：2007 年及以后社会救济城镇低保失业人员为登记失业人员、彩票募捐单位数为福利彩票发行单位数；2016 年及以后城乡临时救济人次数改为城乡临时救助人次数，且临时救助不分城镇农村；2017 年及以后不再统计社会福利企业单位数和职工人数；2018 年及以后不再统计救助类单位数和职工人数、老龄事业单位数和职工人数以及城镇便民、利民服务网点数；2021 年及以后优抚安置单位数及职工人数口径改变，与往年不可比；社区服务相关数据 2023 年起不再统计。

# 18-10 社会福利事业基本情况

（2023 年）

| 指　　标 | 院数（个） | 年末职工人数（人） | 年末床位（张） | 年末在院人员（人） |
|---|---|---|---|---|
| **总　计** | **208** | **3262** | **47326** | **14160** |
| 社会福利院 | 1 | 97 | 640 | 302 |
| 社会福利医院 | 1 | 191 | 570 | 513 |
| 农村五保供养服务机构 | 108 | 2082 | 24243 | 2109 |
| 养老公寓等各类养老机构 | 206 | 2974 | 46116 | 13345 |

注：2023 年起养老公寓等各类养老机构指标为公办和民营全口径数据。

# 18-11 主要年份自然灾害情况

| 指　　标 | 1990 | 1995 | 2000 | 2005 | 2010 | 2015 | 2020 | 2021 | 2022 | 2023 |
|---|---|---|---|---|---|---|---|---|---|---|
| **受灾面积（千公顷）** | **383.43** | **303.98** | **463.18** | **48.19** | **412.06** | **65.74** | **77.48** | **9.15** | **0.4** | |
| #旱灾 | 88.93 | 54.88 | 359.45 | | 319.35 | | | | | |
| 水灾 | 249.43 | 22.52 | 26.50 | 19.42 | 57.95 | | 70.04 | 7.25 | | |
| 风雹灾 | 27.13 | 133.67 | 54.57 | 4.67 | 34.58 | 40.86 | 7.44 | 1.9 | 0.4 | |
| 霜冻 | 7.47 | 34.33 | 22.66 | | 0.18 | 24.88 | | | | |
| 病虫 | 60.43 | 28.49 | | | | | | | | |
| **成灾面积（千公顷）** | **317.05** | **235.20** | **256.01** | **31.13** | **235.16** | **33.15** | **31.37** | **1.49** | **0.04** | |
| #旱灾 | 32.39 | 45.87 | 188.57 | | 184.76 | | | | | |
| 水灾 | 205.88 | 17.54 | 19.67 | 12.93 | 33.41 | | 28.41 | 1.14 | | |
| 风雹灾 | 21.69 | 103.36 | 33.77 | 2.64 | 16.96 | 22.21 | 2.96 | 0.35 | 0.04 | |
| 霜冻 | 5.53 | 25.67 | 14.00 | | 0.03 | 10.94 | | | | |
| 病虫 | 54.54 | 19.06 | | | | | | | | |
| **因灾损失情况** | | | | | | | | | | |
| 经济损失总值（万元） | | 86146 | 18448 | 155890 | 249142 | 82976 | 42861 | 1013 | 734 | |
| 死亡人口（人） | 22 | 8 | 7 | | 1 | | 1 | | | |
| 减产粮食（万吨） | 39.03 | 35.95 | 52.07 | 22.65 | | | | | | |
| 死亡大牲畜（头） | 893 | 424 | 4 | 15 | | | | | | |
| 倒塌房屋（间） | 45814 | 5289 | 2841 | 6972 | 386 | 174 | 27 | 4 | | |
| 损坏房屋（间） | 52870 | 15521 | 6498 | 24183 | 2627 | 724 | 352 | 132 | 14 | |
| **成灾人口（万人）** | **353.58** | **238.83** | **370.96** | **139.66** | **611.85** | **72.93** | **69.82** | **3.99** | **0.14** | **0.04** |
| 因灾缺粮人口（万人） | 123.33 | 123.64 | 119.82 | 65.12 | 49.84 | | | | | |
| 因灾缺粮数量（吨） | 67360 | 81778 | 51168 | 13681 | 29905 | | | | | |
| **得到国家救济人次数（人次）** | **1087266** | **764550** | **328076** | **96080** | **498400** | **102678** | **60336** | **23655** | | |

# 18-12 职工基本养老保险情况

单位：人

| 年　份 | 在职职工人数 | 企 业 | 事业、机关 | 其 他 | 离休、退休退职人员数 | 企 业 | 事业、机关 | 其 他 |
|---|---|---|---|---|---|---|---|---|
| 1987 | 377943 | 377943 | | | 65317 | 65317 | | |
| 1988 | 500278 | 500278 | | | 82466 | 82466 | | |
| 1989 | 576379 | 572999 | | 3380 | 93430 | 93430 | | |
| 1990 | 580996 | 574437 | | 6559 | 95435 | 95435 | | |
| 1991 | 635907 | 626848 | | 9059 | 100668 | 100668 | | |
| 1992 | 593063 | 592998 | | 65 | 105992 | 105992 | | |
| 1993 | 464939 | 464939 | | | 97979 | 97979 | | |
| 1994 | 606073 | 605999 | | 74 | 119593 | 119593 | | |
| 1995 | 601093 | 601020 | | 73 | 121249 | 121249 | | |
| 1996 | 588555 | 588482 | | 73 | 128265 | 128265 | | |
| 1997 | 779430 | 589567 | 189790 | 73 | 168099 | 135144 | 32955 | |
| 1998 | 759978 | 567398 | 191890 | 690 | 180354 | 143652 | 36702 | |
| 1999 | 745830 | 573526 | 168664 | 3640 | 184275 | 151910 | 32307 | 58 |
| 2000 | 691112 | 558247 | 121154 | 11711 | 188876 | 161900 | 26733 | 243 |
| 2001 | 692144 | 535201 | 112134 | 44809 | 193605 | 170241 | 23195 | 169 |
| 2002 | 673307 | 498608 | 87419 | 87280 | 200480 | 181011 | 19217 | 252 |
| 2003 | 661950 | 471888 | 64099 | 125963 | 207514 | 190284 | 16455 | 775 |
| 2004 | 633583 | 410727 | 55236 | 167620 | 217615 | 199374 | 15991 | 2250 |
| 2005 | 654863 | 602574 | 52289 | | 227905 | 211607 | 16298 | |
| 2006 | 713907 | 661822 | 52085 | | 237805 | 221466 | 16339 | |
| 2007 | 769214 | 714570 | 54644 | | 259488 | 240812 | 18676 | |
| 2008 | 824778 | 770052 | 54726 | | 273659 | 254314 | 19345 | |
| 2009 | 886247 | 832302 | 53945 | | 287908 | 268259 | 19649 | |
| 2010 | 928684 | 875018 | 53666 | | 300249 | 280125 | 20124 | |
| 2011 | 1005339 | 951248 | 54091 | | 313181 | 292477 | 20704 | |
| 2012 | 1015065 | 539611 | 64686 | 475454 | 312400 | 268869 | 31891 | 43531 |
| 2013 | 1081964 | 560531 | 64696 | 521433 | 521433 | 322510 | 28224 | 50068 |
| 2014 | 1142559 | 578912 | 54253 | 563647 | 348609 | 288718 | 21682 | 59891 |
| 2015 | 1164834 | 594646 | 63441 | 570188 | 364916 | 294873 | 33215 | 70034 |
| 2016 | 1238177 | 616418 | 61939 | 559820 | 413964 | 300700 | 34461 | 78803 |
| 2017 | 1344829 | 633675 | 158527 | 552627 | 474083 | 307433 | 78249 | 88401 |
| 2018 | 1425545 | 676816 | 166568 | 582161 | 515330 | 319103 | 95002 | 101225 |
| 2019 | 1522540 | 736748 | 167848 | 617944 | 537577 | 329256 | 98809 | 109512 |
| 2020 | 1578010 | 792852 | 178393 | 606765 | 560906 | 339221 | 103164 | 118521 |
| 2021 | 1394048 | 864006 | 184675 | 345367 | 572757 | 334121 | 107658 | 130973 |
| 2022 | 1425336 | 913109 | 184676 | 327551 | 609181 | 347720 | 112080 | 149381 |
| 2023 | 1426044 | 907075 | 182903 | 336066 | 640466 | 353983 | 118979 | 167504 |

注：因城镇职工基本养老保险参保人数统计口径调整，2021 年及以后参保人数与往年不可比。

# 18-13 城乡居民基本养老保险基本情况

| 年 份 | 基金积累（万元） | 当年保费收入（万元） | 当年参保人数（万人） | 总参保人数（万人） | 当年领取人数（万人） |
|---|---|---|---|---|---|
| 1992 | 610 | 570 | 3.24 | 3.24 | 0.01 |
| 1993 | 1668 | 1090 | 8.52 | 11.76 | 0.04 |
| 1994 | 4014 | 2163 | 14.32 | 26.08 | 0.10 |
| 1995 | 9051 | 3556 | 18.16 | 44.24 | 0.11 |
| 1996 | 11660 | 1558 | 16.89 | 61.13 | 0.13 |
| 1997 | 13238 | 1327 | 7.47 | 68.60 | 0.14 |
| 1998 | 14367 | 670 | 1.35 | 69.95 | 0.15 |
| 1999 | 14899 | 322 | 0.60 | 70.55 | 0.18 |
| 2000 | 14960 | 180 | 0.20 | 70.75 | 0.20 |
| 2001 | 14963 | 165 | 0.16 | 70.91 | 0.23 |
| 2002 | 15160 | 162 | 0.56 | 71.47 | 0.36 |
| 2003 | 15375 | 149 | 0.14 | 71.61 | 0.56 |
| 2004 | 15625 | 236 | 0.25 | 71.86 | 0.70 |
| 2005 | 15887 | 385 | 0.18 | 72.04 | 0.86 |
| 2006 | 17041 | 1290 | 0.38 | 72.03 | 1.03 |
| 2007 | 20155 | 3154 | 0.18 | 73.22 | 1.25 |
| 2008 | 22517 | 3012 | 4.68 | 77.33 | 1.40 |
| 2009 | 30314 | 8646 | 28.80 | 95.69 | 1.92 |
| 2010 | 80886 | 52488 | 119.67 | 215.37 | 88.21 |
| 2011 | 123331 | 35626 | 5.31 | 220.69 | 97.32 |
| 2012 | 161707 | 35415 |  | 203.38 | 107.29 |
| 2013 | 196674 | 33621 | 208.52 | 327.03 | 118.51 |
| 2014 | 229825 | 33342 | 198.87 | 317.31 | 118.44 |
| 2015 | 279490 | 49155 | 193.86 | 318.03 | 124.17 |
| 2016 | 363006 | 79833 | 194.70 | 322.02 | 127.32 |
| 2017 | 435696 | 76447 | 193.08 | 322.54 | 129.46 |
| 2018 | 510517 | 77229 | 191.14 | 326.01 | 134.87 |
| 2019 | 583540 | 77520 | 196.87 | 331.30 | 134.43 |
| 2020 | 870231 | 296422 | 199.15 | 332.03 | 132.88 |
| 2021 | 1125036 | 278864 | 196.83 | 331.34 | 134.51 |
| 2022 | 1307766 | 237693 | 195.34 | 330.00 | 134.66 |
| 2023 | 1658079 | 420595 | 194.40 | 337.26 | 142.86 |

注：2011 年以前为农村养老保险口径。

# 18-14 婚姻登记和离婚情况

| 年 份 | 登记结婚（对） | 初 婚（人） | 再 婚（人） | 离婚数（对） | 结婚离婚比（%） |
|---|---|---|---|---|---|
| 1985 | 52770 | 104502 | 1038 | 669 | 1.27 |
| 1986 | 49855 | 98120 | 1590 | 419 | 0.84 |
| 1987 | 61529 | 121365 | 1653 | 571 | 0.93 |
| 1988 | 55849 | 110225 | 1473 | 652 | 1.17 |
| 1989 | 54392 | 106673 | 2111 | 665 | 1.22 |
| 1990 | 68904 | 135874 | 1934 | 442 | 0.64 |
| 1991 | 64793 | 127810 | 1777 | 495 | 0.76 |
| 1992 | 64821 | 127488 | 2154 | 646 | 1.00 |
| 1993 | 58176 | 114149 | 2203 | 907 | 1.56 |
| 1994 | 66369 | 130332 | 2406 | 877 | 1.32 |
| 1995 | 65505 | 127837 | 2173 | 1056 | 1.61 |
| 1996 | 57001 | 111626 | 2376 | 862 | 1.51 |
| 1997 | 54954 | 107133 | 2775 | 1196 | 2.18 |
| 1998 | 56604 | 109832 | 3376 | 1699 | 3.00 |
| 1999 | 55743 | 108213 | 3273 | 1424 | 2.55 |
| 2000 | 55664 | 106774 | 4438 | 1514 | 2.72 |
| 2001 | 48820 | 93764 | 3708 | 1729 | 3.54 |
| 2002 | 45622 | 87011 | 4113 | 3459 | 7.58 |
| 2003 | 46016 | 88199 | 3695 | 2342 | 5.09 |
| 2004 | 51629 | 96765 | 6493 | 5051 | 9.80 |
| 2005 | 53419 | 98829 | 8009 | 6085 | 11.39 |
| 2006 | 62626 | 118172 | 7080 | 7131 | 11.39 |
| 2007 | 68003 | 127551 | 8455 | 8658 | 12.73 |
| 2008 | 78814 | 149336 | 8292 | 9614 | 12.20 |
| 2009 | 93612 | 172923 | 14301 | 10261 | 10.96 |
| 2010 | 101907 | 193626 | 10188 | 11101 | 10.89 |
| 2011 | 117345 | 214029 | 20661 | 12820 | 10.93 |
| 2012 | 127280 | 240760 | 13800 | 14269 | 11.21 |
| 2013 | 119843 | 221051 | 18635 | 17802 | 14.85 |
| 2014 | 107098 | 190617 | 23579 | 18952 | 17.70 |
| 2015 | 98203 | 167832 | 28582 | 21889 | 22.29 |
| 2016 | 98590 | 163391 | 33789 | 25186 | 25.55 |
| 2017 | 87555 | 140659 | 34447 | 37349 | 42.66 |
| 2018 | 82394 | 127150 | 37628 | 28688 | 34.82 |
| 2019 | 68737 | 101199 | 36263 | 30545 | 44.44 |
| 2020 | 57421 | 81590 | 33252 | 27146 | 47.28 |
| 2021 | 54231 | 77600 | 18800 | 16126 | 29.74 |
| 2022 | 43381 | 62498 | 16126 | 14621 | 33.70 |
| 2023 | 45495 | 65044 | 17480 | 18471 | 40.60 |

注：结婚离婚比为一定时期内（通常为一年）离婚对数与结婚对数之比，简称结离婚比。

# 主要统计指标解释

**医院**　指名称为医院，设有固定床位、能收容病人住院并 能为病人提供医疗、护理服务的医疗机构。包括县及县以上医院、农村乡卫生院、其他医院三部分。按所属性质分为卫生部门、工业及其他部门，集体经济单位三类。其中县及县以上医院按业务性质分为综合医院和专科医院。

**卫生技术人员**　指包括执业（助理）医师、注册护士、药师（士）、检验及影像技师（士）、卫生监督员和见习医（药、护、技）师（士）等卫生专业人员。不包括从事管理工作的卫生技术人员（如院长、副院长、党委书记等）。

**注册护士**　指取得注册护士证书且实际从事护理工作的人员，不含取得护士执业证书但实际从事管理工作的人员。

**卫生机构床位**　指年底固定实有床位数，包括正规床、简易床、监护床、超过半年加床、正在消毒和修理床位、因扩建或大修而停用床位。不包括产科新生儿床、接产室待产床、库存床、观察床、临时加床和病人家属陪侍床。

**执业（助理）医师**　指取得医师执业证书且实际从事临床工作的人员，不含取得医师执业证书但实际从事管理工作的人员。

**工作人员**　指在医疗卫生机构工作并由单位支付工资的人员。包括在编及合同制人员、返聘和临聘本单位半年以上人员（如护士、医师等），不包括离退休人员、退职人员、离开本单位仍保留劳动关系人员、返聘和临聘本单位不足半年人员。多点执业医师一律计入第1执业单位在岗职工数，不再计入第2、3执业单位在岗职工数。

**工勤人员**　指承担技能操作和维护、后勤保障、服务等职责的工作人员。工勤技能人员分为技术工和普通工。技术工包括护理员（工）、药剂员（工）、检验员、收费员、挂号员等，不包括实验员、技术员、研究实习员（计入其他技术人员），经济员、会计员和统计员（计入管理人员）。

**管理人员**　指担负领导职责任务的工作人员。包括从事医疗服务、公共卫生、医学科研与教学等业务管理工作人员；主要从事党政、人事、财务、信息、安全保卫等行政管理工作人员。

# 十九、文化和体育

版面负责人：冯洋洋

编　　　辑：聂恒可

统计知识

# 国家统计局关于印发《企业统计信用管理办法》的通知

国统字〔2019〕33号

各省、自治区、直辖市统计局，新疆生产建设兵团统计局，国家统计局各调查总队，各司级行政单位、在京直属事业单位、出版社：

《企业统计信用管理办法》已经2019年3月13日国家统计局第3次常务会议审议通过，现印发给你们，请认真贯彻执行。

附件：《企业统计信用管理办法》

国家统计局

2019年3月20日

## 企业统计信用管理办法

**第一条** 为贯彻落实中央《关于深化统计管理体制改革提高统计数据真实性的意见》《统计违纪违法责任人处分处理建议办法》文件的要求，推进统计领域诚信建设，引导企业依法统计、诚信统计，提高统计数据真实性，根据《中华人民共和国统计法》《中华人民共和国统计法实施条例》《社会信用体系建设规划纲要（2014–2020年）》《国务院关于建立完善守信联合激励和失信联合惩戒制度加快推进社会诚信建设的指导意见》及其他有关规定，制定本办法。

**第二条** 本办法所称企业统计信用管理，是指县级以上人民政府统计机构对企业统计信用信息开展的采集、认定、公示和共享等管理活动。

企业统计信用信息是指县级以上人民政府统计机构在统计调查、业务管理和执法检查等履职过程中获取或制作的企业信息，具体是指：

（一）企业基本信息，包括企业名称、地址、统一社会信用代码、法定代表人或主要负责人；

（二）遵守统计法律法规规章和国家有关规定情况；

（三）提供统计工作的组织、人员和工作条件保障情况；

（四）执行统计调查制度情况；

（五）依法提供统计资料及其质量情况；

（六）统计违法行为及处理情况；

（七）其他与统计信用相关的信息。

**第三条** 本办法适用于承担法定的政府统计资料报送义务的企业。

# 19-1 文化事业情况

| 年份 | 公办文化馆站（个） | 公共图书馆（个） | 公共图书馆藏书（千册） | 博物馆（个） | 新华书店（个） | 电影放映单位（个） | #电影院影剧院 | 电影观众人数（万人次） |
|---|---|---|---|---|---|---|---|---|
| 1982 | 105 | 7 |  | 1 | 9 | 640 | 57 | 20436 |
| 1983 | 105 | 7 |  | 2 | 7 | 690 |  | 22886 |
| 1984 | 112 | 7 | 1022 | 2 | 7 | 877 | 62 | 25755 |
| 1985 | 112 | 7 | 1085 | 4 | 7 | 919 | 58 | 20157 |
| 1986 | 101 | 7 | 1036 | 4 | 7 | 903 | 56 | 21078 |
| 1987 | 101 | 7 | 1079 | 5 | 7 | 892 | 55 | 22545 |
| 1988 | 101 | 7 | 1097 | 6 | 7 | 777 | 54 |  |
| 1989 | 101 | 7 | 1128 | 8 | 7 | 781 | 54 | 17437 |
| 1990 | 101 | 7 | 1182 | 8 | 10 | 767 | 62 | 17802 |
| 1991 | 118 | 7 | 1240 | 9 | 7 | 641 | 75 | 16496 |
| 1992 | 113 | 7 | 1375 | 9 | 7 | 579 | 80 | 10317 |
| 1993 | 113 | 7 | 1398 | 9 | 14 | 567 | 77 | 2251 |
| 1994 | 125 | 7 | 1432 | 9 | 14 | 553 | 70 | 382 |
| 1995 | 113 | 7 | 1464 | 10 | 7 | 408 | 76 | 1092 |
| 1996 | 113 | 7 | 1476 | 10 | 7 | 433 | 94 | 1243 |
| 1997 | 113 | 7 | 1473 | 10 | 7 | 445 | 126 | 1296 |
| 1998 | 113 | 7 | 1509 | 10 | 7 | 324 | 132 | 1676 |
| 1999 | 113 | 7 | 1520 | 10 | 7 | 327 | 132 | 832 |
| 2000 | 85 | 7 | 1565 | 10 | 7 | 310 | 103 | 608 |
| 2001 | 86 | 7 | 1587 | 10 | 7 | 196 | 95 | 438 |
| 2002 | 86 | 7 | 1639 | 10 | 7 | 196 | 94 | 366 |
| 2003 | 114 | 7 | 1501 | 10 | 7 | 192 | 90 | 324 |
| 2004 | 127 | 7 | 1533 | 11 | 7 | 96 | 96 | 382 |
| 2005 | 127 | 7 | 1533 | 11 | 7 | 57 | 57 | 425 |
| 2006 | 125 | 7 | 1518 | 13 | 7 | 21 | 8 | 50 |
| 2007 | 125 | 7 | 1542 | 11 | 7 | 24 | 9 | 34 |
| 2008 | 126 | 7 | 1626 | 14 | 7 | 22 | 6 | 30 |
| 2009 | 130 | 7 | 1691 | 16 | 68 | 6 | 4 | 77 |
| 2010 | 157 | 7 | 2698 | 17 | 68 | 6 |  | 79 |
| 2011 | 157 | 8 | 2416 | 21 | 68 | 6 | 6 | 81 |
| 2012 | 157 | 8 | 6935 | 21 | 68 | 6 | 6 | 81 |
| 2013 | 158 | 8 | 8186 | 21 | 68 | 18 | 6 | 89 |
| 2014 | 158 | 8 | 5304 | 21 | 68 | 22 | 6 | 91 |
| 2015 | 158 | 8 | 5544 | 21 | 68 | 29 | 6 | 311 |
| 2016 | 158 | 8 | 3296 | 21 | 68 | 35 | 1 | 538 |
| 2017 | 158 | 8 | 3725 | 21 | 68 | 45 | 1 | 765 |
| 2018 | 169 | 8 | 3865 | 21 | 68 | 49 | 1 | 810 |
| 2019 | 165 | 8 | 4037 | 18 | 68 | 54 |  | 940 |
| 2020 | 175 | 12 | 4475 | 18 | 63 | 56 |  | 328 |
| 2021 | 177 | 12 | 5363 | 18 | 65 | 68 |  | 685 |
| 2022 | 177 | 12 | 5513 | 18 | 82 | 73 |  | 454 |
| 2023 | 177 | 12 | 6841 | 18 | 68 | 89 | 82 | 801 |

注：2009 年及以后新华书店为全社会口径，与往年不可比；电影院影剧院单位因口径调整，与往年不可比。

# 19-2　主要年份广播、电视事业情况

| 指　　标 | 1990 | 1995 | 2000 | 2005 | 2010 | 2015 | 2020 | 2021 | 2022 | 2023 |
|---|---|---|---|---|---|---|---|---|---|---|
| **广播电视台　（座）** | **1** | **8** | **1** | **7** | **8** | **8** | **8** | **8** | **8** | **8** |
| **广播事业** | | | | | | | | | | |
| 发射台及转播台（中波）（座） | 1 | 2 | 2 | 2 | 2 | 2 | 2 | 2 | 2 | 2 |
| 发射机功率（中波）（部/千瓦） | 3/21 | 4/22 | 4/31 | 2/31 | 5/65 | 2/36 | 10/132 | 10/132 | 8/70 | 8/70 |
| 节目　（套） | 2 | 10 | 9 | 9 | 10 | 11 | 13 | 11 | 4 | 4 |
| 平均每日播音时间　（小时） | 18 | 92 | 97 | 139 | 189 | 189 | 167 | 168 | 172 | 96 |
| 广播人口覆盖率　（%） | 93 | 88.3 | 100 | 100 | 100 | 100 | 100 | 100 | 100 | 100 |
| 制作节目时间　（小时） | 1323 | 8235 | 20754 | 32913 | 50415 | 45847 | 45254 | 47586 | 14717 | 23112 |
| #新闻节目 | 193 | 1249 | 1317 | 4125 | 7075 | 4903 | 5147 | 4689 | 964 | 917.5 |
| 文艺节目 | 379 | 3869 | 9595 | 5427 | 28159 | 29816 | 19420 | 26456 | 11219 | 7095 |
| 教育节目 | 183 | 26 | 96 | | 1126 | 1092 | 1103 | 460 | 114 | 199 |
| **电视事业** | | | | | | | | | | |
| 发射台及转播台　（座） | 6 | 1 | 8 | | 8 | 8 | 8 | 8 | 8 | 8 |
| 发射机功率（全部）（部/千瓦） | 20/19.55 | 28/50.20 | 30/53.25 | | 33/60.55 | 33/60.56 | 16/13.2 | 16/13.2 | 3/3 | 3/3 |
| 电视节目　（套） | 1 | 8 | 8 | 10 | 11 | 11 | 11 | 11 | 16 | 16 |
| 平均每周播出时间　（小时） | 83 | 444 | 572 | 1019 | 1134 | 189 | 228 | 222 | 511 | 504 |
| 电视人口覆盖率　（%） | 77 | 99.3 | 98.7 | 100 | 100 | 100 | 100 | 100 | 100 | 100 |
| 制作节目时间　（小时） | 307 | 3509 | 3694 | 13696 | 11160 | 19605 | 4818 | 2409 | 3924 | 2109 |
| #新闻节目 | 75 | 387 | 555 | 2827 | 3196 | 2720 | 1132 | 830 | 1241 | 1371 |
| 文艺节目 | 62 | 485 | 518 | 2242 | 2051 | 2383 | 922 | 870 | 144 | 547 |
| 教育节目 | | 13 | 9 | | 639 | 1501 | 551 | 480 | 487 | 62 |
| 有线电视用户　（万户） | | 12.66 | 25.52 | 80.70 | 218.11 | 264.79 | 79.33 | 65.1 | 58.71 | 54.21 |
| 有线电视入户率　（%） | | | | | 78.30 | 95.31 | 32.30 | 26.22 | 21.78 | 17.26 |
| 县级广播电视台　（座） | | | 6 | 6 | 7 | 7 | 7 | 7 | 7 | 7 |
| 数字电视用户　（万户） | | | | | 43.8 | 156.4 | 102.4 | 91.8 | 56.9 | 54.2 |

注：1998 年及以后广播电台、电视台数根据省广播电视厅要求只统计地市级，县级电台、电视台合并统计为广播电视台；2023 年教育节目口径调整，与往年不可比。

# 19-3　主要年份体育事业基本情况

| 指　　标 | 1990 | 1995 | 2000 | 2005 | 2010 | 2015 | 2020 | 2021 | 2022 | 2023 |
|---|---|---|---|---|---|---|---|---|---|---|
| **体育设施　（所）** | | | | | | | | | | |
| 体育场 | 1 | 1 | 7 | 2 | 13 | 41 | 26 | 46 | 58 | 67 |
| 体育馆 | 1 | 1 | | 1 | 12 | 15 | 36 | 22 | 28 | 30 |
| 游泳馆 | | 1 | 3 | 2 | 9 | 27 | 52 | 80 | 82 | 88 |
| **体育教育** | | | | | | | | | | |
| 体育运动学校　（所） | 1 | 1 | 1 | 1 | 1 | 1 | 1 | 1 | 1 | 1 |
| 普通业余体校　（所） | 6 | 6 | 12 | 14 | 1 | 12 | 5 | 4 | 4 | 4 |
| 在校学生数　（人） | 350 | 680 | 1506 | 2603 | 1617 | 1709 | 2394 | 1967 | 1596 | 1780 |
| **体委系统职工人数　（人）** | **289** | **295** | **411** | | **352** | **575** | **575** | **553** | **495** | **370** |
| 注册运动员 | | | 1556 | 2612 | 3555 | 2431 | 2470 | 2478 | 2802 | 3229 |
| 专职教练员 | 82 | 79 | 130 | 206 | 49 | 109 | 150 | 135 | 131 | 138 |
| 专职文化教师 | 31 | 42 | 46 | 204 | 89 | 65 | 53 | 37 | 38 | 62 |
| 科技人员 | 2 | 2 | 6 | 8 | 2 | 10 | 1 | | 3 | 5 |
| 医务人员 | 4 | 4 | 2 | 8 | 1 | 3 | 3 | 4 | 5 | 4 |
| 管理人员 | 83 | 79 | 141 | 264 | 123 | 142 | 101 | 172 | 123 | 46 |
| 其他 | 87 | 89 | 86 | 216 | 88 | 246 | 267 | 142 | 115 | 62 |
| **等级运动员　（人）** | **135** | **200** | **1120** | | **110** | **159** | **146** | **213** | **251** | **409** |
| 一级 | 5 | 50 | 65 | | 6 | 47 | 42 | 37 | 69 | 73 |
| 二级 | 130 | 150 | 320 | 329 | 104 | 112 | 104 | 176 | 182 | 336 |
| **等级裁判员　（人）** | **44** | **72** | **1106** | | **448** | **1966** | **1215** | **2158** | **2216** | **2434** |
| 一级 | 6 | 17 | 162 | | 54 | 714 | 1090 | 491 | 800 | 928 |
| 二级 | 38 | 25 | 295 | 190 | 394 | 1246 | 125 | 1646 | 1416 | 1506 |
| 三级 | | 30 | 638 | | | 6 | | | | |
| **各级体委举办运动会情况** | | | | | | | | | | |
| 运动会次数　（次） | 65 | 85 | 110 | | | 15 | 5 | | | 12 |
| 参加运动会的运动员人数（万人） | 0.6 | 1.0 | 12.0 | | | 0.4 | 4.7 | | | 1.4 |
| **获国内外奖章（牌）（枚）** | | | | | | | | | | |
| 金质奖章（牌） | 5 | 7 | | 11 | 104 | 21 | 54.5 | 89.5 | 102.5 | 116.5 |
| 银质奖章（牌） | 2 | 5 | | | 66 | 8 | 39 | 87 | 110.5 | 98 |
| 铜质奖章（牌） | 6 | 4 | | | 98.5 | 10 | 34 | 73 | 106 | 97 |
| **体彩情况** | | | | | | | | | | |
| 体育彩票销售点个数（个） | | | | | 1000 | 1118 | 1000 | 953 | 946 | 1209 |
| 年从业人员数　（人） | | | | | 2000 | 2200 | 2000 | 1800 | 1892 | 2418 |
| 体育彩票发行额　（万元） | | | | | 1149 | | 1218 | 934 | 1345 | 1246 |
| 体彩全年销售额　（亿元） | | | | | 5.36 | 9.02 | 10.22 | 8.33 | 11.10 | 15.97 |
| 百万以上大奖个数　（个） | | | | | 6 | | 8 | 4 | 9 | 14 |

注：一、二级运动员 2001 年以后为当年新晋升数；2007 年、2008 年奖章数为省级以上比赛奖牌数（含国际性比赛）；2008 年部分指标由于统计口径变化，数据相应调整。等级裁判员为当年新增数；2013 年数据依照全国第六次体育场地普查数据。

# 主要统计指标解释

**公共图书馆** 文化部门举办的面向社会服务的独立的图书馆。不包括文化馆的图书室。

**电视人口覆盖率** 指电视覆盖人口与总人口的比率。电视覆盖人口是指能够用普通电视接收机、室外天线在离地面四米高处，在晚上收看电视，并且收视效果能达到图像基本稳定、清晰，能看清人物的形象、动作的地区内的人口数。计算公式为：

$$\text{电视人口覆盖率}(\%)=\frac{\text{年末电视覆盖人口数}}{\text{年末总人口数}}\times 100\%$$

**广播人口覆盖率** 指广播覆盖人口与总人口的比率。广播覆盖（或中波覆盖）人口是指能够用普通收音机在中午收听中波广播节目，并且收听效果能达到听清完整的节目内容的地区的人口数，包括只能收听外省中波广播的人口数在内。计算公式为：

$$\text{广播人口覆盖率}(\%)=\frac{\text{年末广播覆盖人口数}}{\text{年末总人口数}}\times 100\%$$

**等级运动员人数** 指经考核正式批准授予等级运动员称号的人数。运动员等级分为国际级运动健将、运动健将、一级运动员、二级运动员、三级运动员、少年级运动员。

**等级裁判员人数** 指经考核正式批准授予等级裁判员称号的人数。裁判员等级分为国际裁判、国家级裁判、一级裁判、二级裁判、三级裁判。

**体育场** 指有 400 米跑道（中心含足球场），有固定道牙，跑道 6 条以上，并有固定看台的室外田径场地。以看台容纳观众人数分：甲级 25000 人以上，乙级 15000–25000 人，丙级 5000–15000 人，丁级 5000 人以下。

**体育馆** 指有固定看台，可供篮球、排球、羽毛球、乒乓球、体操等项目比赛活动用的室内运动场地。以看台容纳观众人数分：甲级 6000 人以上，乙级 4000–6000 人，丙级 2000–4000 人，丁级 2000 人以下。

# 二十、公共管理及其他

版面负责人：冯洋洋
编　　　辑：聂恒可

统计知识

# 企业统计信用管理办法

**第四条** 企业统计信用管理应当遵循真实准确、客观公正的原则。

**第五条** 国家统计局负责全国企业统计信用管理工作，建立全国统一的企业统计信用信息管理系统，指导、监督全国企业统计信用管理工作。

省级统计机构负责建立健全本行政区域企业统计信用信息管理制度，组织、规范和监督本行政区域企业统计信用信息的采集、认定、公示和共享等工作。

市级、县级统计机构应当按照本办法以及省级统计机构的部署，负责采集并及时更新由其组织实施的统计调查活动中的企业统计信用信息，认定企业统计信用状况，依法依规公示企业统计失信情况。

国家统计局派出调查机构负责其组织实施的统计调查活动中所涉企业统计信用管理工作，及时将负责采集、认定的企业统计信用状况与所在地有关部门共享。

**第六条** 企业统计信用状况分为统计守信企业、统计信用异常企业、统计一般失信企业和统计严重失信企业，实施分类、动态管理。

**第七条** 企业统计信用状况的认定实行谁认定、谁公示、谁负责的原则。

国家统计局、省级统计机构可以根据统计执法检查、统计数据核查等方式获取的企业统计信用信息，直接认定企业的统计信用状况。

**第八条** 同时具备下列条件的企业，为统计守信企业：

（一）为履行法定的统计资料报送义务提供组织、人员和工作条件保障；

（二）按照国家有关规定设置原始记录、统计台账，建立健全统计资料的审核、签署、交接、归档等管理制度；

（三）执行统计调查制度，真实、准确、完整、及时地提供统计调查所需资料；

（四）积极配合统计执法检查和统计数据核查；

（五）未被其他部门列入联合惩戒失信名单，未发现有任何违反统计法律法规和统计调查制度的行为。

# 20-1　主要年份律师、公证、调解工作情况

| 项　　目 | | 1990 | 1995 | 2000 | 2005 | 2010 | 2015 | 2020 | 2021 | 2022 | 2023 |
|---|---|---|---|---|---|---|---|---|---|---|---|
| **律师工作** | | | | | | | | | | | |
| 律师事务所 | （个） | 14 | 36 | 44 | 59 | 86 | 116 | 164 | 181 | 200 | 212 |
| 律师 | （人） | 151 | 224 | 543 | 736 | 999 | 1462 | 2715 | 2881 | 3287 | 3606 |
| # 专职律师 | | 123 | 143 | 247 | 650 | 976 | 1381 | 2103 | 2217 | 2491 | 2715 |
| # 女性 | | 27 | 31 | 31 | 93 | 164 | 362 | 706 | 841 | 931 | 1130 |
| 兼职律师 | | 7 | 52 | 25 | 15 | 23 | 30 | 33 | 34 | 34 | 34 |
| 聘任担任常年法律顾问的单位 | （处） | 507 | 1659 | 1494 | 1347 | 1664 | 4668 | 3677 | 3535 | 3591 | 4123 |
| 民事诉讼代理 | （件） | 784 | 1755 | 4026 | 6045 | 9483 | 38432 | 55268 | 60568 | 61581 | 67554 |
| # 经济诉讼代理 | | 348 | 1157 | 2065 | 1712 | 4306 | 16545 | | | | |
| 刑事辩护 | （件） | 1281 | 1145 | 1850 | 1662 | 2320 | 3569 | 4883 | 6452 | 6488 | 5821 |
| 行政诉讼代理 | （件） | 22 | 103 | 242 | 102 | 518 | 40 | 1717 | 1961 | 2115 | 1965 |
| 非诉讼法律事务 | （件） | 159 | 1269 | 1107 | 1154 | 2232 | 24589 | 2255 | 3220 | 3722 | 3502 |
| 涉外法律事务 | （件） | 29 | 3 | 5 | 11 | | | 5 | 1 | 2 | 83 |
| 解答法律咨询 | （件） | 7748 | 15459 | 32156 | 45350 | 25210 | 99989 | 6543 | 3101 | 3542 | 4605 |
| 代写法律事务文书 | （件） | 1192 | 2577 | 3132 | 5195 | 2930 | 2451 | 1026 | 1688 | 1765 | 1936 |
| **公证工作** | | | | | | | | | | | |
| 公证处 | （个） | 8 | 10 | 12 | 12 | 13 | 15 | 11 | 11 | 11 | 11 |
| 公证人员 | （人） | 59 | 56 | 76 | 87 | 111 | 132 | 106 | 153 | 149 | 149 |
| # 公证员 | | 30 | 38 | 52 | 50 | 56 | 60 | 60 | 52 | 63 | 63 |
| 公证员助理 | | 13 | 7 | 24 | 30 | 28 | 40 | 46 | 50 | 47 | 12 |
| 办理公证文书 | （件） | 20702 | 23006 | 44501 | 60805 | 58572 | 30912 | 33457 | 49622 | 39115 | 47414 |
| **人民调解工作** | | | | | | | | | | | |
| 专职司法助理人员 | （人） | 215 | 183 | 182 | 388 | | | | | | |
| 人民调解委员会 | （个） | 4648 | 4595 | 4800 | 3212 | 3 185 | 3211 | 3100 | 3149 | 3074 | 3224 |
| 调解人员 | （人） | 94920 | 116844 | 98456 | 73216 | 35494 | 10224 | 10537 | 10601 | 10635 | 11060 |
| 调解民事纠纷 | （件） | 32719 | 31160 | 25562 | 16449 | 32621 | 30809 | 144568 | 170465 | 148613 | 156579 |

注：2008 年及以后不包括调解信息员；2019 年及以后不再统计经济诉讼代理数。

# 20-2 国内外公证文书分类

（2023 年） 单位：件

| 分　类 | 办证件数 |
|---|---|
| **合　计** | **47414** |
| 合同（协议） | 1662 |
| 继承 | 8233 |
| #小额继承 | 115 |
| 委托 | 5635 |
| 声明 | 12151 |
| 赠与 | 64 |
| 遗嘱 | 135 |
| 现场监督 | 160 |
| 婚姻状况、亲属关系、收养关系 | 1152 |
| 出生、生存、死亡 | 1126 |
| 身份、经历、学历、学位、职务、职称 | 315 |
| 有无违法犯罪记录 | 1707 |
| 公司章程 | |
| 保全证据 | 2589 |
| 证书、执照 | 4892 |
| 签名、印鉴 | 1036 |
| 文本相符 | 5314 |
| 赋予强制执行效力 | 570 |
| 执行证书 | 97 |
| 抵押登记 | |
| 提存 | 13 |
| 保管 | 4 |
| 其他 | 559 |

# 20-3 主要年份调解民间纠纷分类

单位：件

| 分　类 | 1995 | 2000 | 2010 | 2015 | 2020 | 2021 | 2022 | 2023 |
|---|---|---|---|---|---|---|---|---|
| **调解纠纷合计** | **31160** | **25562** | **32621** | **35898** | **144568** | **170465** | **148613** | **156579** |
| 婚姻家庭 | 10805 | 10143 | 8860 | 10072 | 25946 | 29025 | 26363 | 24043 |
| 婚姻 | 4136 | 3870 | | 10072 | | | | |
| 继承 | 1179 | 1327 | | | | | | |
| 赡养扶养 | 2892 | 2466 | | | | | | |
| 其他 | 2598 | 2480 | | | | | | |
| 房屋、宅基地 | 4815 | 2706 | 3703 | 3232 | 7571 | 7803 | 7271 | 7325 |
| 合同 | 2848 | 3039 | 2003 | 1548 | 3250 | 5152 | 4473 | 4446 |
| 工地承包 | | | 2696 | 1360 | 4779 | 4955 | 4474 | 3397 |
| 邻里 | 6169 | 3548 | 8877 | 12313 | 66627 | 73412 | 71556 | 83910 |
| 损害赔偿 | 1832 | 2225 | 3562 | 3485 | 7415 | 8763 | 9118 | 8766 |
| 其他 | 4691 | 3901 | 2920 | 3888 | 28980 | 41355 | 25358 | 24692 |

# 20-4 政治协商会议徐州市委员会历届委员人数

| 届 次 | 委员总数（人） | #中国共产党代表（人） | 占代表总数比重（%） | #少数民族代表（人） | 占代表总数比重（%） |
|---|---|---|---|---|---|
| 一届（1955年7月） | 83 | 6 | 7.2 | 1 | 1.2 |
| 二届（1957年5月） | 130 | 10 | 7.7 | 2 | 1.5 |
| 三届（1959年12月） | 170 | 12 | 7.1 | 5 | 2.9 |
| 四届（1961年5月） | 190 | 12 | 6.3 | 5 | 2.6 |
| 五届（1963年11月） | 190 | 12 | 6.3 | 4 | 2.1 |
| 六届（1966年2月） | 210 | 12 | 5.7 | 5 | 2.4 |
| 七届（1981年4月） | 357 | 18 | 5.0 | 10 | 2.8 |
| 八届（1983年12月） | 456 | 21 | 4.6 | 11 | 2.4 |
| 九届（1988年1月） | 461 | 20 | 4.3 | 11 | 2.4 |
| 十届（1993年3月） | 459 | 22 | 4.8 | 13 | 2.8 |
| 十一届（1998年1月） | 460 | 26 | 5.7 | 13 | 2.8 |
| 十二届（2003年1月） | 480 | 21 | 4.4 | 8 | 1.7 |
| 十三届（2008年1月） | 558 | 24 | 4.3 | 8 | 1.4 |
| 十四届（2012年6月） | 576 | 23 | 4.0 | 8 | 1.4 |
| 十五届（2017年2月） | 574 | 29 | 5.1 | 8 | 1.4 |
| 十六届（2022年3月） | 574 | 34 | 5.9 | 8 | 1.4 |

# 20-5 妇联组织情况

单位：个

| 年份 | 各级妇联总计 | #镇、街道级 | 基层妇代会总计 | #农村 | 机关及事业单位妇委会数 | 各类妇女联谊组织数 |
|---|---|---|---|---|---|---|
| 1988 | 229 | 218 | | | | |
| 1989 | 236 | 218 | | | 7 | |
| 1990 | 236 | 218 | | | 7 | |
| 1991 | 236 | 218 | | | 7 | 1 |
| 1992 | 236 | 218 | | | 7 | 1 |
| 1993 | 236 | 218 | 3775 | 3429 | 7 | 1 |
| 1994 | 236 | 217 | 3775 | 3429 | 7 | 1 |
| 1995 | 238 | 217 | 3778 | 3429 | 10 | 2 |
| 1996 | 233 | 221 | 3820 | 3440 | 10 | 2 |
| 1997 | 230 | 218 | 3754 | 3430 | 11 | 2 |
| 1998 | 231 | 219 | 4101 | 3430 | 71 | 6 |
| 1999 | 235 | 223 | 4097 | 3430 | 71 | 6 |
| 2000 | 169 | 157 | 3527 | 3062 | 71 | 6 |
| 2001 | 176 | 164 | 2727 | 2255 | 72 | 6 |
| 2002 | 176 | 164 | 2727 | 2255 | 76 | 6 |
| 2003 | 181 | 169 | 2616 | 2264 | 92 | 6 |
| 2004 | 174 | 162 | 2617 | 2295 | 92 | 6 |
| 2005 | 166 | 154 | 2842 | 2295 | 393 | 322 |
| 2006 | 164 | 152 | 2980 | 2294 | 396 | 216 |
| 2007 | 167 | 155 | 2853 | 2262 | 290 | 234 |
| 2008 | 167 | 155 | 2619 | 2271 | 320 | 30 |
| 2009 | 167 | 155 | 2776 | 2257 | 281 | 23 |
| 2010 | 167 | 155 | 1649 | 2250 | 316 | 13 |
| 2011 | 167 | 155 | 2672 | 2318 | 282 | 43 |
| 2012 | 168 | 156 | 2678 | 2238 | 320 | 70 |
| 2013 | 168 | 156 | 2678 | 2234 | 320 | 70 |
| 2014 | 173 | 161 | 2690 | 2192 | 313 | 70 |
| 2015 | 173 | 161 | 2696 | 2192 | 379 | 145 |
| 2016 | 175 | 163 | 2181 | 2079 | 404 | 2331 |
| 2017 | 175 | 163 | 2692 | 2267 | 430 | 2369 |
| 2018 | 175 | 163 | 2692 | 2267 | 430 | 2387 |
| 2019 | 177 | 165 | 2736 | 2018 | 596 | 1133 |
| 2020 | 178 | 166 | 2756 | 2013 | 602 | 1312 |
| 2021 | 181 | 169 | 2762 | 2013 | 418 | 1312 |
| 2022 | 181 | 169 | 2769 | 2013 | 428 | 1594 |
| 2023 | 181 | 169 | 2772 | 2016 | 315 | 1365 |

# 20-6 交通事故发生情况

| 年 份 | 交通事故发生数（起） | 交通事故死伤人数（人） | #死亡人数 | 每十万人交通事故发生数（起） | 每起交通事故死伤人数（人） |
|---|---|---|---|---|---|
| 1984 | 518 | 520 | 156 | 7.4 | 1.0 |
| 1985 | 541 | 501 | 156 | 7.6 | 0.9 |
| 1986 | 529 | 576 | 199 | 7.4 | 1.1 |
| 1987 | 1999 | 1631 | 448 | 27.5 | 0.8 |
| 1988 | 1382 | 787 | 342 | 18.6 | 0.6 |
| 1989 | 1139 | 825 | 291 | 15.0 | 0.7 |
| 1990 | 1104 | 887 | 235 | 13.7 | 0.8 |
| 1991 | 1374 | 1071 | 289 | 16.8 | 0.8 |
| 1992 | 1436 | 1316 | 320 | 17.4 | 0.9 |
| 1993 | 1475 | 1398 | 337 | 17.8 | 0.9 |
| 1994 | 1601 | 1365 | 339 | 19.1 | 0.9 |
| 1995 | 1383 | 1396 | 351 | 16.3 | 1.0 |
| 1996 | 1107 | 1167 | 319 | 12.9 | 1.1 |
| 1997 | 1094 | 1253 | 319 | 12.6 | 1.1 |
| 1998 | 1063 | 1271 | 360 | 12.1 | 1.2 |
| 1999 | 775 | 1095 | 326 | 8.8 | 1.4 |
| 2000 | 3557 | 3700 | 773 | 39.7 | 1.0 |
| 2001 | 2099 | 2407 | 518 | 23.3 | 1.1 |
| 2002 | 1730 | 2100 | 459 | 19.2 | 1.2 |
| 2003 | 1569 | 1993 | 458 | 17.3 | 1.3 |
| 2004 | 1506 | 1824 | 521 | 16.5 | 1.2 |
| 2005 | 1289 | 1619 | 487 | 13.9 | 1.3 |
| 2006 | 1123 | 1431 | 448 | 12.0 | 1.3 |
| 2007 | 1007 | 1336 | 373 | 10.7 | 1.3 |
| 2008 | 1038 | 1425 | 374 | 11.0 | 1.4 |
| 2009 | 969 | 1343 | 371 | 10.1 | 1.4 |
| 2010 | 852 | 1140 | 357 | 8.8 | 1.3 |
| 2011 | 733 | 994 | 364 | 8.6 | 1.4 |
| 2012 | 839 | 1084 | 350 | 9.8 | 1.3 |
| 2013 | 914 | 1154 | 348 | 10.7 | 1.3 |
| 2014 | 913 | 1154 | 348 | 10.6 | 1.3 |
| 2015 | 912 | 1152 | 347 | 10.5 | 1.3 |
| 2016 | 900 | 1136 | 341 | 10.4 | 1.3 |
| 2017 | 902 | 1135 | 344 | 10.3 | 1.3 |
| 2018 | 894 | 1135 | 342 | 10.1 | 1.3 |
| 2019 | 886 | 1126 | 337 | 10.0 | 1.3 |
| 2020 | 798 | 979 | 299 | 8.8 | 1.2 |
| 2021 | 744 | 905 | 287 | 8.2 | 1.2 |
| 2022 | 726 | 896 | 302 | 8.1 | 1.2 |
| 2023 | 521 | 556 | 293 | 5.8 | 1.1 |

# 20-7 主要年份火灾事故发生情况

| 年 份 | 火灾发生数（起） | 火灾死伤人数（人） | #死亡人数 | 直接经济损失（万元） | 平均每起火灾损失（元） |
|---|---|---|---|---|---|
| 1985 | 118 | 35 | 11 | 47.72 | 4044 |
| 1990 | 284 | 21 | 5 | 205.80 | 7246 |
| 1991 | 142 | 19 | 7 | 122.40 | 8620 |
| 1992 | 162 | 24 | 6 | 223.04 | 13768 |
| 1993 | 108 | 81 | 23 | 192.45 | 17819 |
| 1994 | 140 | 53 | 20 | 271.71 | 19408 |
| 1995 | 185 | 75 | 13 | 345.42 | 18671 |
| 1996 | 204 | 34 | 8 | 394.36 | 19331 |
| 1997 | 903 | 33 | 15 | 449.65 | 4980 |
| 1998 | 841 | 55 | 23 | 307.41 | 3655 |
| 1999 | 799 | 60 | 11 | 289.74 | 3626 |
| 2000 | 477 | 54 | 10 | 293.10 | 6144 |
| 2001 | 540 | 32 | 11 | 217.59 | 4029 |
| 2002 | 656 | 35 | 15 | 185.83 | 2833 |
| 2003 | 671 | 19 | 8 | 381.82 | 5690 |
| 2004 | 821 | 38 | 15 | 368.34 | 4486 |
| 2005 | 1102 | 29 | 17 | 460.84 | 4181 |
| 2006 | 883 | 17 | 11 | 322.06 | 3647 |
| 2007 | 1123 | 20 | 17 | 408.91 | 3641 |
| 2008 | 1033 | 9 | 6 | 342.31 | 3314 |
| 2009 | 896 | 11 | 7 | 572.56 | 6390 |
| 2010 | 856 | 10 | 7 | 448.95 | 5245 |
| 2011 | 763 | 9 | 9 | 387.80 | 5083 |
| 2012 | 717 | 10 | 7 | 565.36 | 7885 |
| 2013 | 2141 | 18 | 10 | 1480.43 | 6914 |
| 2014 | 2157 | 23 | 14 | 2425.38 | 11244 |
| 2015 | 2417 | 23 | 14 | 2081.34 | 8611 |
| 2016 | 1954 | 5 | 5 | 1459.10 | 7467 |
| 2017 | 1838 | 7 | 5 | 1777.42 | 9670 |
| 2018 | 1180 | 9 | 6 | 1617.04 | 13703 |
| 2019 | 1083 | 5 | 5 | 1803.08 | 16648 |
| 2020 | 896 | 5 | 1 | 1431.00 | 15971 |
| 2021 | 6090 | 5 | 5 | 4545.48 | 7464 |
| 2022 | 6948 | 12 | 4 | 6922.40 | 9963 |
| 2023 | 5428 | 14 | 1 | 7731.77 | 14244 |

# 20-8 火灾事故发生情况

（2023 年）

| 项 目 | 合 计 | 按事故发生程度分 | | | 按事故发生地区分 |
|---|---|---|---|---|---|
| | | 特大 | 重大 | 一般 | #市区 |
| 火灾发生数（起） | 5428 | | | 5428 | 1045 |
| 死伤人数（人） | 14 | | | 14 | 2 |
| #死亡人数 | 1 | | | 1 | 1 |
| 直接经济损失（万元） | 7731.77 | | | 7731.77 | 445.12 |
| 平均每起火灾损失（元） | 14244 | | | 14244 | 4260 |

# 主要统计指标解释

**律师** 指受聘参加法律顾问处工作，担任法律顾问、刑（民）事代理人、刑事辩护人，办理非诉讼事件、解答法律询问、代定法律事务文书等主要从事律师业务的专职法律工作者和兼职律师。

**公证人员** 指在国家公证机关依法办埋公证事务的司法人员。包括公证员、助理公证员和在公证处工作的其他人员。

**办理公证文书** 指公证处在一定时期内办结的公证文书件数。公证文书系按司法部门规定或批准的格式制作。包括国内公证和涉外公证两部分。其中国内公证分为经济合同公证和民事法律关系公证两大类。

**调解人员** 在人民调解委员会担负调解民间一般民事纠纷和轻微违法行为所引起的纠纷的工作人员。包括调解委员会的委员和调解小组的调解员。

**调解民间纠纷** 指调解委员会依照法律规定，根据自愿原则，用说服教育的方法调解民间发生的有关民事权利和义务的争执，促成当事双方达到协议的谅解，解决纠纷。包括婚姻家庭纠纷，财产权益纠纷等。不包括法院受理调解的民事案件数。

# 二十一、县（市）社会经济（1978—2023年）

版面负责人：冯洋洋　徐向忠　唐子午
　　　　　　顾元林　张　虹　吕延婷
　　　　　　柳　震　徐　勇　丁　磊
编　　　辑：朱　烨　闫礼建　董志娟
　　　　　　魏安山　杜秀侠　秦伟伟
　　　　　　宋　蕊　尹玉赟　高惠媛
　　　　　　李银浩　陈露露

统计知识

# 企业统计信用管理办法

**第九条** 有下列情形之一的企业，为统计信用异常企业：

（一）未按照法定的统计资料报送义务提供组织、人员和工作条件保障；

（二）未按照国家有关规定设置原始记录、统计台账，未建立健全统计资料的审核、签署、交接、归档等管理制度；

（三）迟报统计资料；

（四）统计资料报送异常且不能做出合理解释；

（五）通过登记的住所或者经营场所无法联系。

**第十条** 有下列情形之一的企业，为统计一般失信企业：

（一）提供不真实统计资料；

（二）拒绝、阻碍统计调查、统计检查；

（三）多次迟报统计资料；

（四）被统计机构行政处罚后，一年内未按照《企业信息公示暂行条例》自行公示。

**第十一条** 有下列情形之一的企业，为统计严重失信企业：

（一）编造虚假统计数据；

（二）提供不真实统计资料，拒报或者故意迟报统计资料，属于《统计违纪违法责任人处分处理建议办法》规定的情节严重或者情节特别严重统计造假、弄虚作假违法行为；

（三）拒绝、阻碍统计调查、统计检查，情节严重；

（四）转移、隐匿、篡改、毁弃或者拒绝提供原始记录和凭证、统计台账、统计调查表及其他相关证明和资料；

（五）拒绝答复或者不如实答复统计检查查询书；

（六）有其他严重统计违法行为，应当受到行政处罚。

# 21-1　主要年份地区生产总值

（当年价格）　　单位：亿元

| 年　份 | 丰　县 | 沛　县 | 睢宁县 | 新沂市 | 邳州市 | 贾汪区 | 铜山区 |
|---|---|---|---|---|---|---|---|
| 1978 | 1.72 | 2.04 | 2.12 | 2.21 | 2.42 | | 2.07 |
| 1979 | 1.99 | 2.24 | 2.21 | 2.24 | 2.82 | | 2.66 |
| 1980 | 2.32 | 2.54 | 2.69 | 2.38 | 3.11 | | 2.73 |
| 1981 | 2.42 | 2.80 | 2.91 | 2.62 | 3.23 | | 3.14 |
| 1982 | 3.04 | 3.39 | 3.41 | 2.82 | 3.73 | | 3.79 |
| 1983 | 3.53 | 3.78 | 3.61 | 3.55 | 4.93 | | 4.57 |
| 1984 | 4.14 | 4.85 | 4.90 | 4.27 | 5.69 | | 5.27 |
| 1985 | 3.87 | 5.88 | 5.30 | 5.02 | 6.46 | | 6.16 |
| 1986 | 4.48 | 6.36 | 5.58 | 5.80 | 7.99 | | 7.19 |
| 1987 | 4.86 | 7.11 | 5.70 | 6.85 | 8.94 | | 8.75 |
| 1988 | 5.37 | 8.96 | 6.26 | 8.46 | 11.29 | | 9.67 |
| 1989 | 7.06 | 8.59 | 6.88 | 9.49 | 12.04 | | 11.23 |
| 1990 | 7.51 | 9.37 | 8.49 | 10.10 | 13.55 | | 12.13 |
| 1991 | 9.28 | 13.18 | 9.46 | 11.42 | 14.70 | | 13.53 |
| 1992 | 9.77 | 15.56 | 11.45 | 12.69 | 17.10 | | 16.38 |
| 1993 | 12.42 | 20.16 | 15.28 | 18.85 | 20.75 | | 21.79 |
| 1994 | 14.61 | 27.27 | 22.07 | 28.50 | 29.79 | 17.76 | 32.37 |
| 1995 | 16.36 | 36.23 | 29.53 | 32.51 | 34.59 | 27.00 | 45.67 |
| 1996 | 17.13 | 42.99 | 32.59 | 36.50 | 38.94 | 27.54 | 50.37 |
| 1997 | 17.91 | 46.12 | 30.29 | 39.51 | 44.48 | 28.43 | 55.55 |
| 1998 | 19.47 | 51.59 | 32.69 | 43.30 | 50.71 | 31.15 | 60.70 |
| 1999 | 22.78 | 56.36 | 34.31 | 44.53 | 55.96 | 33.42 | 64.65 |
| 2000 | 26.28 | 60.15 | 36.61 | 38.91 | 62.68 | 36.91 | 70.91 |
| 2001 | 30.40 | 68.00 | 41.35 | 43.66 | 69.05 | 34.79 | 77.75 |
| 2002 | 34.91 | 76.41 | 47.03 | 47.96 | 76.46 | 34.26 | 86.21 |
| 2003 | 40.50 | 86.57 | 53.20 | 54.24 | 88.07 | 39.30 | 99.00 |
| 2004 | 48.89 | 104.75 | 54.04 | 64.55 | 102.26 | 47.64 | 117.39 |
| 2005 | 57.94 | 125.22 | 64.26 | 83.02 | 128.93 | 55.23 | 147.69 |
| 2006 | 68.58 | 150.82 | 78.12 | 103.83 | 161.98 | 65.90 | 181.08 |
| 2007 | 81.08 | 179.50 | 95.58 | 129.32 | 198.55 | 80.64 | 229.31 |
| 2008 | 102.43 | 218.89 | 129.93 | 168.66 | 257.13 | 92.98 | 290.58 |
| 2009 | 120.15 | 249.98 | 151.15 | 195.53 | 298.46 | 108.60 | 338.11 |
| 2010 | 184.10 | 289.09 | 200.96 | 242.47 | 362.00 | 135.79 | 456.90 |
| 2011 | 233.82 | 361.33 | 253.45 | 302.97 | 443.48 | 170.26 | 563.35 |
| 2012 | 280.09 | 413.36 | 303.76 | 352.02 | 507.34 | 192.91 | 639.41 |
| 2013 | 311.14 | 482.81 | 370.76 | 414.41 | 603.35 | 220.55 | 727.81 |
| 2014 | 338.25 | 541.23 | 421.78 | 476.06 | 676.26 | 246.96 | 824.70 |
| 2015 | 366.82 | 580.20 | 453.84 | 510.33 | 722.92 | 261.30 | 889.03 |
| 2016 | 400.94 | 636.86 | 496.74 | 561.96 | 792.34 | 284.89 | 962.50 |
| 2017 | 438.83 | 722.53 | 557.20 | 633.96 | 867.39 | 324.23 | 1071.91 |
| 2018 | 451.17 | 731.02 | 574.59 | 651.31 | 906.53 | 331.96 | 1087.89 |
| 2019 | 460.88 | 769.17 | 602.33 | 676.52 | 944.11 | 346.68 | 1163.56 |
| 2020 | 482.08 | 792.61 | 617.19 | 691.19 | 997.07 | 358.93 | 1139.23 |
| 2021 | 522.25 | 917.54 | 661.16 | 776.31 | 1092.42 | 400.49 | 1221.36 |
| 2022 | 529.30 | 1004.19 | 669.57 | 831.85 | 1163.97 | 409.52 | 1283.03 |
| 2023 | 554.28 | 1051.74 | 707.89 | 905.24 | 1277.39 | 432.50 | 1381.33 |

注：1993–2004 年是根据 2004 年第一次经济普查调整修订数据；2006–2008 年数据是根据第二次全国经济普查调整修订数据；2010–2018 年数据是根据第四次全国经济普查调整修订数据。

# 21-2 主要年份地区生产总值指数

（按可比价格计算、以 1978 年为 100）

| 年 份 | 丰 县 | 沛 县 | 睢宁县 | 新沂市 | 邳州市 | 铜山区 |
|---|---|---|---|---|---|---|
| 1978 | 100.0 | 100.0 | 100.0 | 100.0 | 100.0 | 100.0 |
| 1979 | 99.0 | 95.5 | 90.8 | 89.5 | 99.9 | 110.3 |
| 1980 | 114.1 | 107.5 | 109.2 | 93.8 | 108.5 | 113.7 |
| 1981 | 117.5 | 117.6 | 115.8 | 101.1 | 110.1 | 128.3 |
| 1982 | 140.8 | 138.1 | 129.6 | 105.9 | 122.6 | 150.4 |
| 1983 | 161.0 | 151.6 | 134.8 | 129.7 | 159.3 | 181.0 |
| 1984 | 181.9 | 188.0 | 174.3 | 151.6 | 175.9 | 200.2 |
| 1985 | 158.6 | 210.8 | 173.2 | 165.0 | 189.4 | 209.6 |
| 1986 | 170.4 | 219.0 | 178.9 | 180.5 | 215.1 | 226.2 |
| 1987 | 171.9 | 228.4 | 173.1 | 195.7 | 224.0 | 256.3 |
| 1988 | 167.7 | 254.6 | 169.6 | 221.8 | 241.7 | 289.7 |
| 1989 | 199.1 | 221.2 | 169.8 | 240.8 | 238.1 | 249.8 |
| 1990 | 202.1 | 224.3 | 195.9 | 254.7 | 248.8 | 261.3 |
| 1991 | 241.7 | 304.8 | 212.9 | 277.1 | 269.7 | 283.8 |
| 1992 | 245.3 | 347.5 | 249.7 | 312.3 | 308.0 | 359.3 |
| 1993 | 274.5 | 376.0 | 283.9 | 360.7 | 363.7 | 395.6 |
| 1994 | 326.4 | 418.9 | 343.5 | 445.8 | 432.1 | 447.0 |
| 1995 | 378.0 | 517.8 | 401.6 | 465.9 | 523.7 | 596.3 |
| 1996 | 408.6 | 577.3 | 425.6 | 515.3 | 573.5 | 647.6 |
| 1997 | 455.6 | 665.6 | 435.9 | 563.7 | 543.1 | 736.3 |
| 1998 | 506.2 | 752.1 | 471.6 | 635.3 | 608.8 | 832.8 |
| 1999 | 569.5 | 843.1 | 509.3 | 688.7 | 679.4 | 934.4 |
| 2000 | 632.1 | 936.7 | 547.0 | 739.7 | 754.8 | 1047.5 |
| 2001 | 704.8 | 1041.6 | 618.1 | 828.5 | 841.6 | 1153.3 |
| 2002 | 787.3 | 1172.8 | 685.5 | 927.1 | 943.4 | 1287.1 |
| 2003 | 866.0 | 1322.9 | 760.9 | 1043.0 | 1069.8 | 1455.7 |
| 2004 | 976.0 | 1504.1 | 858.3 | 1185.9 | 1227.1 | 1669.7 |
| 2005 | 1107.8 | 1729.7 | 974.2 | 1361.4 | 1422.2 | 1928.5 |
| 2006 | 1275.1 | 2006.5 | 1120.3 | 1575.1 | 1659.7 | 2250.6 |
| 2007 | 1469.9 | 2321.0 | 1290.7 | 1816.0 | 1920.2 | 2604.9 |
| 2008 | 1678.6 | 2664.5 | 1474.0 | 2077.5 | 2204.4 | 2993.0 |
| 2009 | 1916.9 | 3056.2 | 1690.7 | 2385.0 | 2532.9 | 3439.0 |
| 2010 | 2183.8 | 3508.5 | 1937.5 | 2740.1 | 2904.7 | 3941.0 |
| 2011 | 2476.7 | 4003.3 | 2204.8 | 3136.0 | 3314.3 | 4504.6 |
| 2012 | 2816.0 | 4559.8 | 2506.9 | 3578.2 | 3781.6 | 5148.8 |
| 2013 | 3182.1 | 5138.9 | 2835.3 | 4505.5 | 4273.2 | 5807.6 |
| 2014 | 3551.2 | 5724.7 | 3175.5 | 5028.1 | 4773.2 | 6481.3 |
| 2015 | 3920.5 | 6325.8 | 3508.9 | 5561.1 | 5269.6 | 7135.9 |
| 2016 | 4230.2 | 6901.4 | 3807.2 | 6083.8 | 5727.9 | 7706.8 |
| 2017 | 4540.6 | 7493.8 | 4100.3 | 6610.1 | 6209.6 | 8258.1 |
| 2018 | 4676.9 | 7763.5 | 4280.7 | 6894.3 | 6426.9 | 8547.1 |
| 2019 | 4793.8 | 8159.5 | 4503.3 | 7245.9 | 6703.3 | 9145.4 |
| 2020 | 4942.4 | 8477.7 | 4629.4 | 7470.5 | 6964.7 | 9410.6 |
| 2021 | 5322.9 | 9206.8 | 4967.4 | 8187.7 | 7591.6 | 10041.1 |
| 2022 | 5443.2 | 9574.4 | 5036.4 | 8608.0 | 7928.9 | 10711.2 |
| 2023 | 5768.2 | 10270.4 | 5397.5 | 9474.8 | 8719.4 | 11725.5 |

# 21-3 主要年份地区生产总值指数

（按可比价格计算、以上年为 100）

| 年　份 | 丰　县 | 沛　县 | 睢宁县 | 新沂市 | 邳州市 | 贾汪区 | 铜山区 |
|---|---|---|---|---|---|---|---|
| 1978 | | | | | | | |
| 1979 | 99.0 | 95.5 | 90.8 | 89.5 | 99.9 | | 110.3 |
| 1980 | 115.3 | 112.6 | 120.3 | 104.8 | 108.6 | | 103.1 |
| 1981 | 103.0 | 109.4 | 106.0 | 107.8 | 101.5 | | 112.8 |
| 1982 | 119.8 | 117.4 | 111.9 | 104.7 | 111.4 | | 117.2 |
| 1983 | 114.3 | 109.8 | 104.0 | 122.5 | 129.9 | | 120.3 |
| 1984 | 113.0 | 124.0 | 129.3 | 116.9 | 110.4 | | 110.6 |
| 1985 | 87.2 | 112.1 | 99.4 | 108.8 | 107.7 | | 104.7 |
| 1986 | 107.4 | 103.9 | 103.3 | 109.4 | 113.6 | | 107.9 |
| 1987 | 100.9 | 104.3 | 96.8 | 108.4 | 104.1 | | 113.3 |
| 1988 | 97.6 | 111.5 | 98.0 | 113.3 | 107.9 | | 113.0 |
| 1989 | 118.7 | 86.9 | 100.1 | 108.6 | 98.5 | | 86.2 |
| 1990 | 101.5 | 101.4 | 115.4 | 106.5 | 104.5 | | 104.6 |
| 1991 | 119.6 | 135.9 | 108.7 | 113.0 | 108.4 | | 108.6 |
| 1992 | 101.5 | 114.0 | 117.3 | 111.1 | 114.2 | | 126.6 |
| 1993 | 111.9 | 108.2 | 113.7 | 122.7 | 118.1 | | 110.1 |
| 1994 | 118.9 | 111.4 | 121.0 | 123.6 | 118.8 | 150.8 | 113.0 |
| 1995 | 115.8 | 123.6 | 116.9 | 104.5 | 121.2 | 152.0 | 133.4 |
| 1996 | 108.1 | 111.5 | 106.0 | 110.6 | 109.5 | 124.3 | 108.6 |
| 1997 | 111.5 | 115.3 | 102.4 | 109.4 | 89.9 | 107.4 | 113.7 |
| 1998 | 111.1 | 113.0 | 108.2 | 112.7 | 112.1 | 112.1 | 113.1 |
| 1999 | 112.5 | 112.1 | 108.0 | 108.4 | 111.6 | 103.7 | 112.2 |
| 2000 | 111.0 | 111.1 | 107.4 | 107.4 | 111.1 | 111.6 | 112.1 |
| 2001 | 111.5 | 111.2 | 113.0 | 112.0 | 111.5 | 108.1 | 110.1 |
| 2002 | 111.7 | 112.6 | 110.9 | 111.9 | 112.1 | 112.1 | 111.6 |
| 2003 | 110.0 | 112.8 | 111.0 | 112.5 | 113.4 | 112.7 | 113.1 |
| 2004 | 112.7 | 113.7 | 112.8 | 113.7 | 114.7 | 114.1 | 114.7 |
| 2005 | 113.5 | 115.0 | 113.5 | 114.8 | 115.9 | 115.0 | 115.5 |
| 2006 | 115.1 | 116.0 | 115.0 | 115.7 | 121.2 | 115.9 | 116.7 |
| 2007 | 115.3 | 115.7 | 115.2 | 115.3 | 115.7 | 115.6 | 115.7 |
| 2008 | 114.2 | 114.8 | 114.2 | 114.4 | 114.9 | 114.5 | 114.9 |
| 2009 | 114.2 | 114.7 | 114.7 | 114.8 | 135.5 | 114.5 | 114.9 |
| 2010 | 113.9 | 114.8 | 114.6 | 114.9 | 114.7 | 114.7 | 114.6 |
| 2011 | 113.4 | 114.1 | 113.8 | 114.4 | 114.1 | 113.8 | 114.3 |
| 2012 | 113.7 | 113.9 | 113.7 | 114.1 | 114.1 | 113.8 | 114.3 |
| 2013 | 113.0 | 112.7 | 113.1 | 113.2 | 113.0 | 112.6 | 112.8 |
| 2014 | 111.6 | 111.4 | 112.0 | 111.6 | 111.7 | 109.3 | 111.6 |
| 2015 | 110.4 | 110.5 | 110.5 | 110.6 | 110.4 | 109.0 | 110.1 |
| 2016 | 107.9 | 109.1 | 108.5 | 109.4 | 108.7 | 108.5 | 108.0 |
| 2017 | 107.3 | 108.6 | 107.7 | 108.6 | 108.4 | 108.8 | 107.2 |
| 2018 | 103.0 | 103.6 | 104.4 | 104.3 | 103.5 | 104.2 | 103.5 |
| 2019 | 102.5 | 105.1 | 105.2 | 105.1 | 104.3 | 105.0 | 107.0 |
| 2020 | 103.1 | 103.9 | 102.8 | 103.1 | 103.9 | 103.1 | 102.9 |
| 2021 | 107.7 | 108.6 | 107.3 | 109.6 | 109.0 | 107.9 | 106.7 |
| 2022 | 100.6 | 103.7 | 100.1 | 104.7 | 104.0 | 103.5 | 103.8 |
| 2023 | 106.0 | 107.3 | 107.2 | 110.1 | 110.0 | 107.3 | 109.5 |

# 21-4 主要年份人均地区生产总值

（当年价格）

单位：元

| 年　份 | 丰　县 | 沛　县 | 睢宁县 | 新沂市 | 邳州市 | 贾汪区 | 铜山区 |
|---|---|---|---|---|---|---|---|
| 1978 | 215 | 254 | 224 | 310 | 213 | | 234 |
| 1979 | 246 | 274 | 232 | 313 | 246 | | 299 |
| 1980 | 284 | 307 | 280 | 330 | 269 | | 306 |
| 1981 | 294 | 332 | 300 | 359 | 277 | | 347 |
| 1982 | 363 | 292 | 347 | 381 | 315 | | 411 |
| 1983 | 417 | 429 | 364 | 474 | 410 | | 488 |
| 1984 | 486 | 546 | 490 | 562 | 367 | | 557 |
| 1985 | 451 | 660 | 526 | 653 | 524 | | 645 |
| 1986 | 518 | 700 | 550 | 746 | 641 | | 750 |
| 1987 | 557 | 777 | 557 | 872 | 707 | | 903 |
| 1988 | 608 | 951 | 603 | 1058 | 874 | | 975 |
| 1989 | 785 | 879 | 649 | 1248 | 913 | | 1113 |
| 1990 | 805 | 916 | 767 | 1289 | 985 | | 1147 |
| 1991 | 960 | 1241 | 817 | 1398 | 1025 | | 1217 |
| 1992 | 997 | 1445 | 973 | 1612 | 1234 | | 1464 |
| 1993 | 1250 | 1846 | 1287 | 2094 | 1415 | | 1938 |
| 1994 | 1451 | 2299 | 1845 | 3150 | 2013 | 3688 | 2862 |
| 1995 | 1611 | 2880 | 2447 | 3577 | 2320 | 4600 | 4003 |
| 1996 | 1677 | 3169 | 2679 | 3941 | 2598 | 5721 | 4387 |
| 1997 | 1718 | 3427 | 2471 | 4177 | 2960 | 5876 | 4819 |
| 1998 | 1845 | 3834 | 2647 | 4515 | 3375 | 6379 | 5221 |
| 1999 | 2149 | 4263 | 2776 | 4718 | 3691 | 6791 | 5529 |
| 2000 | 2403 | 4776 | 2917 | 4075 | 4066 | 7476 | 6044 |
| 2001 | 2770 | 5465 | 3221 | 4511 | 4429 | 7008 | 6592 |
| 2002 | 3179 | 6302 | 3648 | 4949 | 4888 | 6936 | 7293 |
| 2003 | 3698 | 7328 | 4108 | 5646 | 5774 | 8457 | 8379 |
| 2004 | 4811 | 8991 | 4130 | 6723 | 6892 | 10252 | 9926 |
| 2005 | 5745 | 10928 | 4856 | 9001 | 8766 | 12048 | 13207 |
| 2006 | 6784 | 13091 | 6616 | 11038 | 10903 | 14764 | 16303 |
| 2007 | 7994 | 15789 | 8193 | 13941 | 13542 | 18292 | 20789 |
| 2008 | 10226 | 19402 | 11285 | 18439 | 17531 | 21226 | 26603 |
| 2009 | 12130 | 22322 | 13328 | 21480 | 20616 | 24957 | 31289 |
| 2010 | 18895 | 25618 | 18578 | 26499 | 24953 | 31400 | 38832 |
| 2011 | 24383 | 31965 | 24295 | 32821 | 30474 | 39471 | 47554 |
| 2012 | 29489 | 37410 | 28961 | 37950 | 34991 | 44573 | 53637 |
| 2013 | 33000 | 44464 | 35197 | 44455 | 41721 | 50789 | 60487 |
| 2014 | 36007 | 50296 | 39811 | 50772 | 46761 | 56649 | 69131 |
| 2015 | 39159 | 54351 | 42640 | 54100 | 49889 | 59630 | 75495 |
| 2016 | 42845 | 59951 | 46433 | 59213 | 54550 | 64638 | 80879 |
| 2017 | 46789 | 68244 | 51719 | 66349 | 59537 | 72951 | 88493 |
| 2018 | 48033 | 69456 | 53073 | 67700 | 62102 | 74024 | 88764 |
| 2019 | 49098 | 73591 | 55463 | 69957 | 64618 | 76827 | 94479 |
| 2020 | 51474 | 76216 | 56730 | 71293 | 68192 | 79244 | 101184 |
| 2021 | 56103 | 88780 | 61017 | 80412 | 75219 | 88506 | 108577 |
| 2022 | 57190 | 97717 | 62199 | 86732 | 80935 | 90741 | 114408 |
| 2023 | 60081 | 102548 | 65995 | 94661 | 89156 | 95899 | 123283 |

# 21-5　主要年份年末户籍人口

单位：万人

| 年　份 | 丰　县 | 沛　县 | 睢宁县 | 新沂市 | 邳州市 | 贾汪区 | 铜山区 |
|---|---|---|---|---|---|---|---|
| 1978 | 80.53 | 81.07 | 95.06 | 71.53 | 114.30 | | 135.85 |
| 1979 | 81.10 | 82.03 | 95.71 | 71.85 | 114.92 | | 136.27 |
| 1980 | 81.78 | 83.46 | 96.22 | 72.38 | 115.81 | | 137.36 |
| 1981 | 83.00 | 85.64 | 97.56 | 73.38 | 117.58 | | 139.90 |
| 1982 | 84.21 | 87.43 | 98.95 | 74.48 | 119.51 | | 142.58 |
| 1983 | 84.94 | 88.88 | 99.74 | 75.22 | 120.89 | | 143.99 |
| 1984 | 85.50 | 88.59 | 100.48 | 76.31 | 122.79 | | 145.73 |
| 1985 | 86.13 | 89.66 | 101.07 | 77.25 | 124.07 | | 146.90 |
| 1986 | 86.68 | 90.93 | 101.96 | 78.28 | 125.51 | | 147.97 |
| 1987 | 87.62 | 92.20 | 102.96 | 79.38 | 127.47 | | 150.68 |
| 1988 | 89.08 | 96.18 | 104.84 | 80.69 | 130.89 | | 154.90 |
| 1989 | 90.78 | 99.28 | 107.03 | 82.36 | 132.96 | | 160.13 |
| 1990 | 95.78 | 105.36 | 114.40 | 88.37 | 142.22 | | 170.35 |
| 1991 | 97.61 | 107.16 | 117.23 | 89.44 | 144.71 | | 172.16 |
| 1992 | 98.51 | 108.15 | 118.26 | 89.74 | 146.06 | | 172.38 |
| 1993 | 99.39 | 109.29 | 119.15 | 90.33 | 147.32 | | 173.29 |
| 1994 | 100.67 | 111.84 | 120.09 | 90.62 | 148.59 | 48.15 | 128.56 |
| 1995 | 101.51 | 112.66 | 121.21 | 91.13 | 149.60 | 48.08 | 129.90 |
| 1996 | 102.14 | 113.32 | 122.12 | 94.10 | 150.11 | 48.14 | 130.30 |
| 1997 | 104.28 | 113.62 | 123.08 | 95.05 | 150.45 | 48.61 | 131.34 |
| 1998 | 105.57 | 115.16 | 124.25 | 96.15 | 150.02 | 49.36 | 132.77 |
| 1999 | 106.04 | 115.79 | 122.96 | 94.59 | 152.74 | 49.05 | 133.00 |
| 2000 | 109.38 | 118.13 | 128.06 | 96.34 | 155.59 | 49.69 | 128.34 |
| 2001 | 109.74 | 118.48 | 128.71 | 97.22 | 156.25 | 49.58 | 128.90 |
| 2002 | 109.80 | 118.92 | 129.09 | 96.58 | 156.56 | 49.21 | 128.94 |
| 2003 | 109.51 | 119.50 | 129.93 | 95.55 | 158.04 | 48.93 | 128.80 |
| 2004 | 110.24 | 120.34 | 131.76 | 96.48 | 161.43 | 48.56 | 129.19 |
| 2005 | 111.03 | 120.48 | 132.89 | 97.47 | 163.96 | 48.47 | 119.60 |
| 2006 | 112.11 | 121.74 | 134.04 | 99.06 | 165.46 | 48.64 | 120.72 |
| 2007 | 113.30 | 123.59 | 132.89 | 99.11 | 168.66 | 48.35 | 120.47 |
| 2008 | 114.03 | 123.80 | 132.51 | 100.31 | 169.70 | 48.59 | 122.11 |
| 2009 | 114.58 | 125.81 | 132.91 | 101.95 | 171.93 | 49.18 | 124.21 |
| 2010 | 116.49 | 127.94 | 133.12 | 104.01 | 178.62 | 50.55 | 129.27 |
| 2011 | 115.08 | 127.12 | 135.46 | 104.70 | 178.63 | 50.51 | 131.07 |
| 2012 | 116.62 | 128.66 | 137.35 | 107.15 | 179.86 | 51.10 | 134.51 |
| 2013 | 118.23 | 128.91 | 140.74 | 109.66 | 182.95 | 50.93 | 137.06 |
| 2014 | 120.05 | 130.63 | 143.58 | 111.89 | 185.89 | 51.76 | 131.56 |
| 2015 | 120.67 | 130.92 | 144.28 | 112.66 | 187.49 | 52.07 | 131.36 |
| 2016 | 121.41 | 130.74 | 144.16 | 113.56 | 193.87 | 52.57 | 132.26 |
| 2017 | 120.97 | 129.92 | 144.00 | 112.93 | 193.76 | 52.12 | 132.07 |
| 2018 | 121.48 | 129.81 | 144.10 | 113.21 | 194.36 | 52.27 | 133.15 |
| 2019 | 121.02 | 129.05 | 141.79 | 112.32 | 194.13 | 51.79 | 133.31 |
| 2020 | 120.43 | 128.63 | 141.09 | 111.63 | 192.02 | 51.54 | 132.75 |
| 2021 | 119.60 | 127.68 | 139.98 | 110.30 | 191.78 | 51.37 | 122.82 |
| 2022 | 119.07 | 126.67 | 138.85 | 109.68 | 190.65 | 51.19 | 122.10 |
| 2023 | 118.32 | 125.65 | 137.75 | 109.18 | 189.52 | 51.05 | 121.99 |

# 21-6 主要年份年末乡村人口

单位：万人

| 年　份 | 丰　县 | 沛　县 | 睢宁县 | 新沂市 | 邳州市 | 贾汪区 | 铜山区 |
|---|---|---|---|---|---|---|---|
| 1978 | 78.34 | 76.75 | 92.61 | 68.32 | 111.00 | | 132.80 |
| 1979 | 78.77 | 77.47 | 93.08 | 68.45 | 111.23 | | 133.36 |
| 1980 | 79.32 | 78.39 | 93.45 | 68.85 | 112.03 | | 134.26 |
| 1981 | 80.39 | 79.99 | 94.61 | 69.69 | 113.56 | | 136.72 |
| 1982 | 81.40 | 81.42 | 95.74 | 70.66 | 115.27 | | 139.37 |
| 1983 | 81.98 | 82.04 | 96.45 | 71.22 | 116.55 | | 140.96 |
| 1984 | 82.29 | 81.39 | 96.95 | 72.01 | 118.15 | | 142.46 |
| 1985 | 82.28 | 81.39 | 97.13 | 72.49 | 118.85 | | 143.21 |
| 1986 | 82.64 | 82.12 | 97.90 | 73.27 | 120.38 | | 143.88 |
| 1987 | 83.13 | 82.80 | 98.59 | 74.26 | 122.01 | | 145.43 |
| 1988 | 83.61 | 85.46 | 98.90 | 74.88 | 123.42 | | 145.78 |
| 1989 | 84.68 | 87.23 | 99.98 | 75.10 | 124.39 | | 148.35 |
| 1990 | 89.28 | 92.58 | 106.85 | 80.56 | 132.65 | | 156.87 |
| 1991 | 90.74 | 92.83 | 109.39 | 81.11 | 134.64 | | 156.98 |
| 1992 | 91.28 | 93.41 | 110.19 | 81.06 | 135.39 | | 155.94 |
| 1993 | 91.78 | 94.01 | 110.64 | 80.98 | 136.11 | | 155.17 |
| 1994 | 92.77 | 95.73 | 111.30 | 80.90 | 136.69 | 34.03 | 116.63 |
| 1995 | 93.12 | 95.89 | 111.74 | 80.68 | 136.36 | 33.53 | 116.09 |
| 1996 | 93.22 | 95.88 | 112.30 | 82.85 | 135.79 | 32.49 | 115.72 |
| 1997 | 94.82 | 95.57 | 112.93 | 83.21 | 135.14 | 32.59 | 115.94 |
| 1998 | 95.62 | 96.11 | 113.70 | 83.40 | 134.10 | 32.78 | 117.04 |
| 1999 | 95.75 | 95.95 | 112.04 | 81.24 | 135.60 | 32.38 | 116.88 |
| 2000 | 94.02 | 96.88 | 111.56 | 77.95 | 121.74 | 32.44 | 111.68 |
| 2001 | 93.62 | 97.27 | 111.67 | 76.27 | 120.89 | 31.54 | 110.92 |
| 2002 | 93.48 | 97.42 | 111.68 | 75.92 | 121.32 | 31.27 | 110.85 |
| 2003 | 90.54 | 87.09 | 113.29 | 75.80 | 124.46 | | 101.09 |
| 2004 | 88.15 | 87.56 | 110.86 | 76.35 | 121.62 | 28.72 | 101.00 |
| 2005 | 88.40 | 87.48 | 109.91 | 77.14 | 121.72 | 27.47 | 94.56 |
| 2006 | 89.47 | 88.69 | 110.95 | 78.13 | 122.92 | 27.84 | 95.92 |
| 2007 | 90.20 | 94.09 | 109.99 | 79.70 | 125.60 | 26.84 | 91.06 |
| 2008 | 80.75 | 93.64 | 110.26 | 80.89 | 126.45 | 26.40 | 91.82 |
| 2009 | 65.10 | 81.04 | 110.68 | 82.30 | 127.49 | 26.87 | 85.55 |
| 2010 | 65.22 | 79.67 | 100.83 | 43.69 | 129.62 | 24.69 | 83.65 |
| 2011 | 50.45 | 54.62 | 60.95 | 46.11 | 68.45 | 17.76 | 52.69 |
| 2012 | 50.49 | 52.54 | 60.03 | 43.88 | 47.43 | 19.76 | 51.87 |
| 2013 | 49.20 | 52.01 | 55.02 | 41.94 | 47.16 | 15.90 | 24.96 |
| 2014 | 48.63 | 53.69 | 55.32 | 42.53 | 47.08 | 16.89 | 21.70 |
| 2015 | 72.30 | 67.38 | 55.80 | 61.02 | 88.82 | 23.17 | 64.87 |
| 2016 | 72.77 | 61.77 | 55.18 | 61.38 | 91.68 | 21.86 | 65.41 |
| 2017 | 72.07 | 60.09 | 54.91 | 59.55 | 90.41 | 21.01 | 64.47 |
| 2018 | 68.26 | 58.01 | 54.61 | 55.99 | 89.53 | 21.07 | 64.43 |
| 2019 | 67.29 | 57.77 | 53.66 | 55.58 | 89.24 | 20.92 | 59.89 |
| 2020 | 60.43 | 57.70 | 53.00 | 52.07 | 87.81 | 20.85 | 59.64 |
| 2021 | 59.93 | 55.85 | 52.54 | 51.22 | 87.04 | 20.78 | 57.53 |
| 2022 | 59.61 | 54.30 | 52.10 | 50.84 | 85.75 | 20.75 | 58.20 |
| 2023 | 58.55 | 52.66 | 51.66 | 50.53 | 84.56 | 20.69 | 58.03 |

注：2015 年及以后城乡人口划分与往年不可比。

# 21-7 主要年份人口出生率

单位：‰

| 年份 | 丰县 | 沛县 | 睢宁县 | 新沂市 | 邳州市 | 贾汪区 | 铜山区 |
|---|---|---|---|---|---|---|---|
| 1978 | 18.96 | 19.40 | 15.36 | 16.94 | 14.67 | | 15.94 |
| 1979 | 13.03 | 15.91 | 12.35 | 12.34 | 11.93 | | 13.58 |
| 1980 | 17.51 | 25.44 | 17.35 | 15.19 | 17.48 | | 22.86 |
| 1981 | 16.88 | 19.30 | 14.19 | 18.08 | 16.79 | | 21.51 |
| 1982 | 15.41 | 17.87 | 14.64 | 17.58 | 18.05 | | 20.46 |
| 1983 | 13.44 | 12.81 | 12.05 | 14.46 | 15.63 | | 16.46 |
| 1984 | 12.52 | 16.54 | 11.71 | 15.99 | 15.28 | | 14.42 |
| 1985 | 11.79 | 11.50 | 9.99 | 14.91 | 12.86 | | 12.50 |
| 1986 | 13.25 | 13.34 | 11.14 | 16.98 | 13.72 | | 13.48 |
| 1987 | 15.89 | 15.08 | 12.02 | 16.30 | 15.33 | | 16.52 |
| 1988 | 19.13 | 44.33 | 13.18 | 19.01 | 22.87 | | 25.48 |
| 1989 | 21.83 | 31.63 | 15.49 | 19.22 | 18.90 | | 31.69 |
| 1990 | 19.77 | 23.92 | 17.19 | 18.90 | 18.50 | | 28.08 |
| 1991 | 21.24 | 19.90 | 26.21 | 16.72 | 20.93 | | 18.31 |
| 1992 | 13.20 | 13.29 | 14.08 | 11.52 | 12.77 | | 12.22 |
| 1993 | 13.78 | 15.92 | 10.76 | 10.08 | 11.26 | | 12.37 |
| 1994 | 16.73 | 22.94 | 10.78 | 9.26 | 10.96 | 10.25 | 14.20 |
| 1995 | 12.67 | 10.68 | 9.90 | 8.29 | 8.75 | 10.18 | 10.75 |
| 1996 | 10.64 | 9.28 | 10.85 | 12.57 | 7.92 | 10.10 | 8.88 |
| 1997 | 23.83 | 8.28 | 10.74 | 9.03 | 7.77 | 9.10 | 13.83 |
| 1998 | 13.64 | 9.60 | 8.88 | 8.23 | 9.67 | 7.78 | 13.54 |
| 1999 | 9.49 | 7.73 | 7.49 | 8.00 | 8.44 | 8.20 | 8.32 |
| 2000 | 35.54 | 24.04 | 18.66 | 13.15 | 15.28 | 8.10 | 13.86 |
| 2001 | 7.74 | 8.17 | 6.96 | 8.10 | 8.47 | 6.67 | 7.85 |
| 2002 | 7.31 | 7.17 | 7.04 | 6.65 | 9.59 | 6.36 | 8.72 |
| 2003 | 6.45 | 8.92 | 13.76 | 6.91 | 13.18 | 6.60 | 8.85 |
| 2004 | 15.74 | 11.69 | 19.10 | 15.70 | 22.63 | 8.32 | 9.18 |
| 2005 | 13.07 | 9.23 | 14.01 | 15.32 | 19.52 | 9.96 | 14.50 |
| 2006 | 15.24 | 15.58 | 15.03 | 16.50 | 17.92 | 8.02 | 14.68 |
| 2007 | 20.13 | 21.01 | 14.67 | 22.31 | 32.02 | 14.40 | 18.86 |
| 2008 | 17.09 | 18.93 | 13.85 | 21.24 | 23.21 | 10.30 | 20.62 |
| 2009 | 17.34 | 19.14 | 14.30 | 16.24 | 30.79 | 18.70 | 20.67 |
| 2010 | 26.31 | 24.14 | 15.69 | 23.33 | 26.77 | 41.20 | 18.09 |
| 2011 | 19.17 | 18.51 | 25.46 | 20.70 | 9.13 | 12.40 | 26.52 |
| 2012 | 21.96 | 19.75 | 21.26 | 25.64 | 15.78 | 17.30 | 23.79 |
| 2013 | 20.44 | 20.75 | 26.43 | 25.69 | 18.46 | 20.90 | 24.69 |
| 2014 | 21.55 | 20.45 | 25.67 | 23.61 | 18.30 | 21.60 | 19.05 |
| 2015 | 14.07 | 14.71 | 16.05 | 18.03 | 14.30 | 14.80 | 14.74 |
| 2016 | 12.71 | 14.04 | 12.88 | 13.21 | 37.68 | 13.00 | 13.60 |
| 2017 | 14.48 | 18.39 | 16.17 | 14.92 | 14.85 | 15.60 | 15.37 |
| 2018 | 13.10 | 13.16 | 13.87 | 14.78 | 13.61 | 13.30 | 12.83 |
| 2019 | 10.07 | 9.99 | 10.77 | 10.01 | 9.86 | 10.04 | 10.19 |
| 2020 | 10.42 | 10.68 | 11.16 | 9.85 | 9.60 | 9.71 | 10.29 |
| 2021 | 7.71 | 7.48 | 8.09 | 6.88 | 7.21 | 7.20 | 7.76 |
| 2022 | 6.70 | 6.25 | 6.53 | 5.51 | 5.88 | 6.02 | 6.40 |
| 2023 | 5.95 | 5.67 | 5.89 | 4.94 | 5.41 | 5.33 | 5.63 |

注：各县（市、区）出生人口中包含往年补报出生人口（下同）。

# 21-8 主要年份人口自然增长率

单位：‰

| 年　份 | 丰　县 | 沛　县 | 睢宁县 | 新沂市 | 邳州市 | 贾汪区 | 铜山区 |
|---|---|---|---|---|---|---|---|
| 1978 | 13.44 | 14.30 | 9.50 | 10.82 | 9.11 | | 10.35 |
| 1979 | 7.55 | 11.13 | 6.60 | 6.36 | 6.52 | | 8.16 |
| 1980 | 11.53 | 17.81 | 9.61 | 8.65 | 11.07 | | 15.24 |
| 1981 | 11.76 | 14.10 | 9.05 | 11.86 | 11.88 | | 15.00 |
| 1982 | 10.71 | 13.13 | 9.54 | 12.50 | 13.12 | | 15.66 |
| 1983 | 8.55 | 7.72 | 7.16 | 9.38 | 11.13 | | 11.59 |
| 1984 | 7.09 | 11.01 | 6.31 | 10.98 | 10.75 | | 9.23 |
| 1985 | 6.62 | 6.81 | 5.20 | 9.96 | 8.31 | | 7.29 |
| 1986 | 8.08 | 8.74 | 6.63 | 11.93 | 9.17 | | 8.47 |
| 1987 | 10.76 | 10.73 | 7.49 | 11.36 | 11.06 | | 11.38 |
| 1988 | 13.77 | 39.92 | 8.80 | 13.80 | 18.23 | | 20.19 |
| 1989 | 16.48 | 27.40 | 11.28 | 14.38 | 14.61 | | 27.02 |
| 1990 | 15.14 | 19.70 | 12.51 | 13.70 | 14.27 | | 23.08 |
| 1991 | 17.07 | 15.42 | 20.70 | 11.60 | 15.66 | | 13.00 |
| 1992 | 8.16 | 8.65 | 8.67 | 6.36 | 7.34 | | 6.60 |
| 1993 | 8.93 | 11.42 | 5.20 | 4.79 | 5.94 | | 6.93 |
| 1994 | 11.43 | 18.14 | 5.44 | 4.06 | 5.55 | 6.23 | 8.44 |
| 1995 | 7.83 | 6.42 | 5.02 | 3.42 | 3.63 | 5.68 | 5.97 |
| 1996 | 5.82 | 4.90 | 5.67 | 8.25 | 2.46 | 5.45 | 2.96 |
| 1997 | 19.26 | 4.42 | 5.55 | 4.93 | 2.84 | 4.60 | 7.81 |
| 1998 | 9.09 | 6.17 | 3.82 | 3.52 | 5.47 | 3.23 | 8.04 |
| 1999 | 5.69 | 4.80 | 3.22 | 4.18 | 5.04 | 3.93 | 2.86 |
| 2000 | 30.15 | 18.83 | 14.38 | 9.06 | 11.18 | 3.80 | 7.50 |
| 2001 | 4.37 | 4.29 | 4.03 | 4.99 | 5.32 | 2.24 | 4.14 |
| 2002 | 3.51 | 4.27 | 4.18 | 0.68 | 5.71 | 3.44 | 4.63 |
| 2003 | 2.85 | 5.47 | 10.06 | 4.67 | 9.29 | 3.22 | 2.97 |
| 2004 | 10.18 | 6.84 | 14.54 | 11.13 | 17.91 | 3.49 | 4.32 |
| 2005 | 10.58 | 5.92 | 12.22 | 13.91 | 17.33 | 3.77 | 11.83 |
| 2006 | 10.82 | 12.64 | 12.40 | 14.86 | 11.60 | 4.32 | 10.66 |
| 2007 | 11.82 | 14.06 | -6.91 | 1.37 | 17.24 | -1.20 | -2.70 |
| 2008 | 7.01 | 1.66 | -2.16 | 11.50 | 9.56 | 8.60 | 11.93 |
| 2009 | 5.54 | 15.37 | 2.85 | 14.97 | 17.57 | 16.50 | 16.11 |
| 2010 | 17.19 | 16.66 | 5.89 | 17.79 | 21.40 | 31.60 | 2.84 |
| 2011 | 11.59 | 13.53 | 20.80 | 12.32 | -3.36 | 7.60 | 20.97 |
| 2012 | 18.85 | 14.49 | 14.48 | 22.78 | 8.51 | 5.79 | 19.98 |
| 2013 | 13.97 | 16.17 | 25.13 | 23.69 | 15.78 | 5.30 | 21.24 |
| 2014 | 16.32 | 18.33 | 21.97 | 21.95 | 16.14 | 5.67 | 15.77 |
| 2015 | 8.76 | 7.77 | 10.98 | 10.72 | 10.21 | 5.93 | 6.14 |
| 2016 | 9.22 | 9.20 | 2.88 | 11.77 | 35.71 | 5.61 | 10.30 |
| 2017 | 3.37 | 0.61 | 5.79 | -0.05 | 3.78 | 5.42 | 3.01 |
| 2018 | 8.51 | 6.97 | 8.48 | 8.35 | 8.49 | 4.58 | 8.82 |
| 2019 | 4.72 | 5.24 | 2.35 | 4.37 | 5.48 | 5.40 | 3.26 |
| 2020 | 1.90 | 4.19 | 3.56 | -0.51 | -6.00 | 0.05 | -0.76 |
| 2021 | 1.04 | 1.79 | 0.91 | -5.82 | 4.09 | 1.13 | 1.37 |
| 2022 | 1.44 | -1.47 | -1.39 | -1.39 | -1.92 | -0.58 | -2.47 |
| 2023 | -0.11 | -1.09 | -1.44 | 0.12 | -1.85 | 0.69 | 2.30 |

注：2007 年及以后死亡人口中含有往年未销户人口。

# 21-9 主要年份从业人员

单位：万人

| 年　份 | 丰　县 | 沛　县 | 睢宁县 | 新沂市 | 邳州市 | 贾汪区 | 铜山区 |
|---|---|---|---|---|---|---|---|
| 1978 | 34.29 | 32.05 | 40.84 | 29.23 | 45.71 |  | 57.76 |
| 1979 | 31.55 | 31.76 | 40.14 | 29.59 | 45.20 |  | 57.82 |
| 1980 | 32.83 | 34.16 | 41.92 | 30.15 | 46.46 |  | 59.44 |
| 1981 | 34.33 | 36.01 | 43.22 | 30.45 | 47.78 |  | 61.67 |
| 1982 | 35.75 | 38.04 | 44.42 | 32.74 | 50.07 |  | 62.54 |
| 1983 | 36.00 | 39.20 | 44.83 | 32.37 | 51.67 |  | 64.85 |
| 1984 | 38.19 | 41.00 | 46.10 | 34.02 | 53.93 |  | 68.5 |
| 1985 | 39.44 | 41.72 | 48.16 | 34.37 | 56.64 |  | 70.57 |
| 1986 | 39.98 | 43.2 | 49.64 | 36.18 | 57.70 |  | 72.07 |
| 1987 | 41.69 | 43.83 | 52.21 | 37.06 | 60.27 |  | 72.48 |
| 1988 | 43.18 | 46.23 | 53.25 | 38.46 | 63.87 |  | 75.02 |
| 1989 | 44.02 | 47.28 | 54.45 | 40.58 | 65.20 |  | 77.43 |
| 1990 | 46.85 | 49.73 | 57.42 | 42.66 | 69.25 |  | 80.08 |
| 1991 | 47.98 | 50.97 | 59.21 | 42.76 | 73.44 |  | 81.50 |
| 1992 | 48.65 | 51.39 | 58.40 | 43.12 | 74.17 |  | 82.72 |
| 1993 | 49.49 | 49.25 | 60.03 | 43.78 | 74.98 |  | 81.91 |
| 1994 | 50.34 | 49.81 | 59.55 | 46.18 | 75.89 | 16.26 | 61.46 |
| 1995 | 50.75 | 48.46 | 60.95 | 47.23 | 76.59 | 17.05 | 58.56 |
| 1996 | 51.22 | 49.64 | 61.28 | 47.74 | 77.50 | 15.73 | 58.67 |
| 1997 | 51.60 | 51.42 | 61.14 | 48.41 | 77.99 | 15.49 | 59.47 |
| 1998 | 50.93 | 51.45 | 61.28 | 47.10 | 77.72 | 14.76 | 58.22 |
| 1999 | 51.69 | 50.24 | 62.73 | 45.86 | 78.83 | 14.67 | 58.01 |
| 2000 | 52.03 | 55.75 | 63.62 | 44.79 | 73.71 |  | 55.60 |
| 2001 | 54.01 | 55.21 | 61.92 | 44.68 | 73.05 | 16.42 | 54.10 |
| 2002 | 54.02 | 52.73 | 57.15 | 41.37 | 70.88 | 14.29 | 52.44 |
| 2003 | 53.77 | 51.74 | 52.69 | 39.82 | 71.03 | 14.20 | 50.23 |
| 2004 | 53.43 | 51.85 | 52.91 | 42.30 | 71.13 | 14.77 | 52.51 |
| 2005 | 58.09 | 56.39 | 66.72 | 48.65 | 78.77 | 16.16 | 52.48 |
| 2006 | 58.74 | 57.52 | 68.38 | 48.67 | 80.73 | 17.72 | 54.37 |
| 2007 | 58.97 | 58.55 | 71.12 | 50.47 | 82.55 | 18.96 | 59.13 |
| 2008 | 59.71 | 57.01 | 72.85 | 50.10 | 84.93 | 19.56 | 62.28 |
| 2009 | 61.30 | 58.18 | 73.32 | 52.43 | 87.41 | 19.80 | 64.69 |
| 2010 | 56.32 | 63.00 | 56.96 | 53.70 | 76.86 | 21.23 | 74.60 |
| 2011 | 55.54 | 61.38 | 57.11 | 53.72 | 76.10 | 21.24 | 75.14 |
| 2012 | 54.21 | 58.88 | 56.56 | 53.26 | 74.72 | 21.02 | 75.65 |
| 2013 | 53.49 | 57.95 | 56.41 | 53.23 | 74.02 | 21.01 | 76.68 |
| 2014 | 52.82 | 56.68 | 55.93 | 53.04 | 73.43 | 20.92 | 74.91 |
| 2015 | 52.33 | 55.79 | 55.65 | 53.04 | 72.79 | 20.97 | 75.34 |
| 2016 | 51.72 | 54.78 | 55.03 | 52.53 | 71.18 | 20.77 | 76.66 |
| 2017 | 51.64 | 54.35 | 55.26 | 52.79 | 71.17 | 20.94 | 78.09 |
| 2018 | 51.57 | 53.79 | 55.40 | 53.07 | 70.89 | 21.09 | 78.54 |
| 2019 | 51.44 | 53.40 | 55.50 | 53.25 | 70.92 | 21.18 | 78.92 |
| 2020 | 50.81 | 52.77 | 55.14 | 52.94 | 70.21 | 21.13 | 79.12 |
| 2021 | 49.61 | 52.49 | 54.85 | 51.68 | 69.82 | 21.59 | 70.80 |
| 2022 | 49.45 | 52.37 | 54.40 | 50.94 | 69.32 | 21.45 | 64.57 |
| 2023 | 49.72 | 52.77 | 54.76 | 51.41 | 69.96 | 21.69 | 64.85 |

注：2010-2020年数据为根据第七次全国人口普查调整修订数据。

# 21-10 主要年份在岗职工人数

单位：万人

| 年份 | 丰县 | 沛县 | 睢宁县 | 新沂市 | 邳州市 | 贾汪区 | 铜山区 |
|---|---|---|---|---|---|---|---|
| 1978 | 2.72 | 3.46 | 3.30 | 3.11 | 3.89 | | 4.44 |
| 1979 | 2.72 | 2.86 | 3.31 | 3.23 | 3.68 | | 4.02 |
| 1980 | 2.95 | 3.66 | 3.73 | 3.58 | 3.76 | | 4.58 |
| 1981 | 3.21 | 3.86 | 3.89 | 3.55 | 3.89 | | 4.82 |
| 1982 | 3.29 | 4.04 | 3.86 | 3.61 | 3.99 | | 5.03 |
| 1983 | 3.29 | 4.00 | 3.97 | 3.53 | 3.97 | | 5.04 |
| 1984 | 3.61 | 4.37 | 4.00 | 4.12 | 5.02 | | 5.52 |
| 1985 | 3.77 | 4.52 | 4.28 | 4.06 | 4.62 | | 5.39 |
| 1986 | 3.71 | 4.97 | 4.48 | 4.27 | 4.73 | | 5.56 |
| 1987 | 3.86 | 4.90 | 4.83 | 4.41 | 5.13 | | 5.68 |
| 1988 | 4.25 | 5.41 | 5.21 | 4.70 | 6.40 | | 5.84 |
| 1989 | 4.32 | 5.14 | 5.15 | 4.86 | 5.99 | | 5.92 |
| 1990 | 4.73 | 5.24 | 5.14 | 4.91 | 6.14 | | 6.14 |
| 1991 | 4.84 | 5.55 | 5.42 | 4.86 | 6.41 | | 6.46 |
| 1992 | 4.80 | 5.79 | 5.44 | 4.91 | 6.44 | | 6.69 |
| 1993 | 5.00 | 6.15 | 5.10 | 5.47 | 6.81 | | 7.16 |
| 1994 | 5.15 | 6.05 | 5.39 | 5.56 | 7.00 | 1.55 | 6.49 |
| 1995 | 5.22 | 6.04 | 5.45 | 5.87 | 6.89 | 1.63 | 7.00 |
| 1996 | 4.99 | 6.53 | 5.63 | 5.99 | 7.36 | 1.78 | 7.53 |
| 1997 | 5.03 | 6.32 | 5.56 | 6.03 | 7.42 | 1.85 | 7.51 |
| 1998 | 3.86 | 5.61 | 4.65 | 5.14 | 6.64 | 1.61 | 7.11 |
| 1999 | 3.76 | 5.40 | 4.48 | 5.12 | 6.70 | 1.74 | 6.76 |
| 2000 | 3.80 | 5.06 | 4.31 | 4.94 | 6.41 | | 6.41 |
| 2001 | 3.41 | 4.84 | 4.03 | 4.94 | 6.27 | 1.48 | 6.03 |
| 2002 | 3.28 | 4.44 | 3.58 | 4.73 | 5.93 | 1.37 | 5.46 |
| 2003 | 3.13 | 4.44 | 3.41 | 4.77 | 5.56 | 1.31 | 5.17 |
| 2004 | 3.03 | 4.03 | 3.44 | 4.88 | 5.17 | 1.30 | 5.04 |
| 2005 | 3.11 | 4.14 | 3.51 | 4.90 | 5.24 | 1.31 | 4.82 |
| 2006 | 3.25 | 4.17 | 3.66 | 5.11 | 5.36 | 1.35 | 5.17 |
| 2007 | 3.62 | 4.12 | 3.73 | 4.86 | 5.44 | 1.40 | 5.25 |
| 2008 | 3.67 | 4.07 | 3.84 | 4.97 | 5.85 | 1.41 | 5.63 |
| 2009 | 3.76 | 4.04 | 4.06 | 4.89 | 6.15 | 1.47 | 5.39 |
| 2010 | 3.84 | 3.99 | 4.16 | 4.95 | 6.23 | 1.38 | 5.48 |
| 2011 | 3.99 | 3.85 | 4.34 | 5.29 | 6.47 | 1.40 | 5.52 |
| 2012 | 4.07 | 4.05 | 4.54 | 5.73 | 6.38 | 1.24 | 5.70 |
| 2013 | 8.11 | 11.38 | 7.69 | 7.85 | 11.66 | 2.98 | 18.39 |
| 2014 | 8.26 | 11.46 | 8.14 | 8.25 | 10.94 | 3.27 | 17.21 |
| 2015 | 8.49 | 11.79 | 7.62 | 9.02 | 10.08 | 3.11 | 16.64 |
| 2016 | 8.37 | 12.44 | 7.64 | 8.68 | 9.95 | 3.02 | 14.99 |
| 2017 | 8.22 | 10.27 | 6.92 | 8.84 | 10.34 | 3.39 | 14.88 |
| 2018 | 6.11 | 9.69 | 6.04 | 6.72 | 9.32 | 3.11 | 11.04 |
| 2019 | 5.50 | 8.33 | 6.83 | 4.96 | 10.03 | 2.80 | 6.11 |
| 2020 | 5.35 | 7.59 | 6.91 | 4.06 | 9.22 | 3.34 | 6.99 |
| 2021 | 5.17 | 8.53 | 8.01 | 4.15 | 9.62 | 3.00 | 6.68 |
| 2022 | 5.56 | 8.50 | 7.65 | 4.52 | 10.24 | 3.65 | 7.20 |
| 2023 | 5.97 | 7.93 | 6.85 | 5.89 | 10.87 | 2.99 | 6.41 |

# 21-11 主要年份乡村实有从业人员数

单位：万人

| 年份 | 丰县 | 沛县 | 睢宁县 | 新沂市 | 邳州市 | 贾汪区 | 铜山区 |
|---|---|---|---|---|---|---|---|
| 1978 | 31.57 | 28.59 | 37.54 | 26.12 | 41.82 | | 53.32 |
| 1979 | 28.79 | 28.81 | 36.82 | 26.36 | 41.49 | | 53.80 |
| 1980 | 29.84 | 30.36 | 38.00 | 23.54 | 42.69 | | 54.86 |
| 1981 | 31.02 | 31.92 | 39.21 | 26.81 | 43.88 | | 56.85 |
| 1982 | 32.43 | 33.96 | 40.53 | 29.10 | 46.06 | | 57.51 |
| 1983 | 32.68 | 35.14 | 40.80 | 28.80 | 46.69 | | 59.81 |
| 1984 | 34.55 | 36.52 | 41.99 | 29.83 | 48.88 | | 62.98 |
| 1985 | 35.64 | 37.14 | 43.77 | 30.17 | 51.98 | | 65.18 |
| 1986 | 36.24 | 38.13 | 45.04 | 31.78 | 52.92 | | 66.51 |
| 1987 | 37.79 | 33.80 | 47.24 | 32.55 | 55.08 | | 66.81 |
| 1988 | 38.89 | 40.73 | 47.95 | 33.66 | 57.40 | | 69.18 |
| 1989 | 39.65 | 41.91 | 49.20 | 34.74 | 59.13 | | 71.51 |
| 1990 | 42.07 | 44.27 | 52.15 | 36.78 | 63.04 | | 73.94 |
| 1991 | 43.02 | 45.21 | 53.64 | 37.79 | 66.95 | | 75.04 |
| 1992 | 43.76 | 45.35 | 52.78 | 37.90 | 67.63 | | 75.87 |
| 1993 | 44.26 | 42.65 | 54.73 | 37.63 | 67.98 | | 74.71 |
| 1994 | 44.96 | 43.06 | 53.90 | 39.66 | 68.63 | 13.85 | 54.86 |
| 1995 | 45.19 | 41.80 | 55.18 | 39.96 | 69.01 | 14.04 | 51.46 |
| 1996 | 45.85 | 42.33 | 55.11 | 40.03 | 69.44 | 13.68 | 51.00 |
| 1997 | 46.43 | 44.21 | 57.54 | 41.46 | 71.06 | 13.28 | 51.93 |
| 1998 | 46.62 | 44.34 | 58.26 | 41.51 | 71.06 | 12.39 | 51.13 |
| 1999 | 46.48 | 42.43 | 56.71 | 39.35 | 70.01 | 12.39 | 50.41 |
| 2000 | 46.59 | 47.84 | 57.68 | 38.16 | 66.55 | 13.26 | 48.33 |
| 2001 | 49.04 | 47.79 | 56.29 | 37.61 | 65.64 | 14.25 | 47.62 |
| 2002 | 49.90 | 48.73 | 59.33 | 38.33 | 69.56 | 12.09 | 48.73 |
| 2003 | 50.87 | 49.61 | 60.18 | 38.31 | 68.66 | 12.30 | 46.87 |
| 2004 | 51.50 | 50.24 | 61.48 | 39.55 | 70.30 | 12.78 | 50.37 |
| 2005 | 53.24 | 49.99 | 61.64 | 40.36 | 68.75 | 14.26 | 45.83 |
| 2006 | 53.48 | 50.40 | 62.76 | 40.37 | 68.76 | 15.17 | 46.73 |
| 2007 | 51.38 | 49.74 | 63.96 | 40.40 | 69.76 | 15.49 | 49.91 |
| 2008 | 51.53 | 47.26 | 64.38 | 40.36 | 69.71 | 15.46 | 51.46 |
| 2009 | 52.00 | 47.61 | 63.66 | 41.72 | 69.70 | 15.52 | 52.62 |
| 2010 | 52.81 | 49.46 | 62.83 | 43.43 | 69.50 | 15.87 | 54.41 |
| 2011 | 54.36 | 49.64 | 60.87 | 43.71 | 67.65 | 17.52 | 55.42 |
| 2012 | 55.77 | 52.33 | 62.11 | 47.46 | 72.40 | 17.21 | 58.63 |
| 2013 | 54.14 | 49.89 | 59.28 | 46.63 | 68.22 | 18.04 | 55.42 |
| 2014 | 53.18 | 48.94 | 59.97 | 45.46 | 67.02 | 18.04 | 51.65 |
| 2015 | 53.21 | 49.25 | 59.83 | 44.38 | 66.22 | 18.55 | 52.20 |
| 2016 | 53.11 | 49.57 | 59.72 | 44.42 | 65.49 | 18.72 | 52.77 |
| 2017 | 53.07 | 50.02 | 59.66 | 44.56 | 64.13 | 18.82 | 52.41 |
| 2018 | 52.85 | 50.70 | 59.60 | 44.52 | 62.94 | 18.92 | 52.00 |
| 2019 | 52.51 | 50.21 | 59.53 | 44.51 | 62.71 | 16.58 | 51.71 |
| 2020 | 51.89 | 49.91 | 58.28 | 42.75 | 62.54 | 16.58 | 51.22 |
| 2021 | 51.71 | 49.83 | 57.92 | 43.54 | 62.43 | 16.59 | 50.31 |
| 2022 | 52.12 | 49.82 | 57.20 | 44.21 | 62.44 | 16.58 | 47.56 |
| 2023 | 53.12 | 49.57 | 55.92 | 42.00 | 62.44 | 16.58 | 46.49 |

注：2022年以前为乡村劳动力。

# 21-12　主要年份固定资产投资

单位：万元

| 年　　份 | 丰　县 | 沛　县 | 睢宁县 | 新沂市 | 邳州市 | 贾汪区 | 铜山区 |
|---|---|---|---|---|---|---|---|
| 1978 | 846 | 381 | 257 | 721 | 927 | | 932 |
| 1979 | 830 | 575 | 468 | 1040 | 1036 | | 1394 |
| 1980 | 654 | 795 | 1054 | 810 | 844 | | 1817 |
| 1981 | 456 | 552 | 577 | 726 | 613 | | 1226 |
| 1982 | 811 | 956 | 637 | 846 | 1134 | | 2377 |
| 1983 | 640 | 1255 | 538 | 1137 | 1485 | | 2114 |
| 1984 | 572 | 2036 | 863 | 946 | 1530 | | 1871 |
| 1985 | 1016 | 1917 | 1034 | 1609 | 2983 | | 4021 |
| 1986 | 5058 | 8509 | 6564 | 16901 | 6136 | | 30918 |
| 1987 | 6794 | 9879 | 8976 | 18966 | 26902 | | 26961 |
| 1988 | 8435 | 11978 | 10496 | 23567 | 14313 | | 31727 |
| 1989 | 6587 | 11901 | 8836 | 24988 | 30930 | | 35441 |
| 1990 | 9373 | 12345 | 10194 | 30595 | 15335 | | 38817 |
| 1991 | 14560 | 16841 | 11899 | 34845 | 17397 | | 52059 |
| 1992 | 19873 | 19901 | 15199 | 36754 | 41934 | | 71959 |
| 1993 | 30578 | 30026 | 45751 | 46133 | 55851 | | 94013 |
| 1994 | 46867 | 42717 | 62722 | 66874 | 84525 | 35000 | 141040 |
| 1995 | 63137 | 79776 | 82607 | 92935 | 88830 | 66739 | 190435 |
| 1996 | 80677 | 94540 | 91157 | 94616 | 163509 | 78205 | 238234 |
| 1997 | 86698 | 113573 | 84216 | 91756 | 116662 | 62705 | 239240 |
| 1998 | 96895 | 112588 | 76037 | 129451 | 137538 | 70814 | 211505 |
| 1999 | 109440 | 144693 | 102185 | 155269 | 165504 | 70912 | 214600 |
| 2000 | 125324 | 159146 | 110264 | 129970 | 195998 | 81796 | 229307 |
| 2001 | 142671 | 175018 | 132805 | 173082 | 227638 | 82596 | 260666 |
| 2002 | 172107 | 208096 | 175419 | 197020 | 258616 | 92730 | 295093 |
| 2003 | 247625 | 310271 | 240029 | 236778 | 383732 | 252984 | 395956 |
| 2004 | 323756 | 480920 | 301340 | 461986 | 523462 | 416019 | 537958 |
| 2005 | 310470 | 607311 | 325584 | 608550 | 950910 | 450516 | 717791 |
| 2006 | 413310 | 750129 | 402385 | 785000 | 1082000 | 556147 | 1050982 |
| 2007 | 505000 | 1001518 | 508178 | 922500 | 1465814 | 660000 | 1469954 |
| 2008 | 516480 | 1138254 | 617000 | 1184300 | 1816780 | 707172 | 1819519 |
| 2009 | 650120 | 1586504 | 1058325 | 1583500 | 2602000 | 857895 | 2397838 |
| 2010 | 901750 | 2140020 | 1345338 | 2101912 | 3349981 | 1179434 | 3351370 |
| 2011 | 1039371 | 2372031 | 1247240 | 2207210 | 3213528 | 1277740 | 3473398 |
| 2012 | 1273340 | 2923210 | 1532206 | 2706367 | 3938766 | 1565452 | 4267923 |
| 2013 | 1449732 | 3312973 | 1747941 | 3075835 | 4490608 | 1786438 | 4869369 |
| 2014 | 1801402 | 4090561 | 2185526 | 3862929 | 5459584 | 2167180 | 5665406 |
| 2015 | 2158322 | 4870889 | 2697732 | 4736939 | 6526898 | 2196470 | 6755075 |
| 2016 | 2511004 | 5603481 | 3204884 | 5500480 | 7631214 | 2506192 | 7834538 |
| 2017 | 2797603 | 6244538 | 3599716 | 5965297 | 8370098 | 2792942 | 8660972 |

注：2011 年及以后不再统计全社会固定资产投资，统计口径改为 500 万元以上固定资产投资。

# 21-13　主要年份财政收入

单位：万元

| 年　份 | 丰　县 | 沛　县 | 睢宁县 | 新沂市 | 邳州市 | 贾汪区 | 铜山区 |
|---|---|---|---|---|---|---|---|
| 1978 | 1326 | 1612 | 1839 | 1491 | 1625 |  | 1831 |
| 1979 | 962 | 1417 | 1538 | 1377 | 1498 |  | 1611 |
| 1980 | 1003 | 1322 | 1604 | 1546 | 1608 |  | 1818 |
| 1981 | 1014 | 1400 | 1879 | 1617 | 1615 |  | 2251 |
| 1982 | 1341 | 1751 | 1820 | 1800 | 2123 |  | 3609 |
| 1983 | 1441 | 2008 | 2029 | 1736 | 2156 |  | 4025 |
| 1984 | 1503 | 2132 | 2285 | 1954 | 2489 |  | 4841 |
| 1985 | 1852 | 2829 | 2692 | 2375 | 2941 |  | 5401 |
| 1986 | 2195 | 2944 | 2960 | 2622 | 3400 |  | 6336 |
| 1987 | 2509 | 3517 | 3275 | 3045 | 3726 |  | 6316 |
| 1988 | 2853 | 4465 | 3778 | 3819 | 4264 |  | 7737 |
| 1989 | 2483 | 4552 | 3769 | 3434 | 3927 |  | 11609 |
| 1990 | 2831 | 5227 | 3879 | 3721 | 4309 |  | 12021 |
| 1991 | 3004 | 5928 | 3672 | 4151 | 4375 |  | 12122 |
| 1992 | 3570 | 6579 | 3886 | 4431 | 4963 |  | 12551 |
| 1993 | 5331 | 9350 | 5212 | 7367 | 7462 |  | 16627 |
| 1994 | 7851 | 13335 | 7574 | 10702 | 11575 | 7176 | 18225 |
| 1995 | 12054 | 18003 | 11252 | 12468 | 15183 | 10015 | 23454 |
| 1996 | 14308 | 21534 | 14002 | 15125 | 19222 | 12312 | 30026 |
| 1997 | 15559 | 26208 | 14259 | 16772 | 22055 | 13924 | 34911 |
| 1998 | 16586 | 28004 | 15360 | 18204 | 24271 | 14577 | 38507 |
| 1999 | 17620 | 30039 | 16906 | 19410 | 26726 | 13828 | 43062 |
| 2000 | 17886 | 33018 | 16330 | 20605 | 29060 | 14105 | 48118 |
| 2001 | 18508 | 36320 | 18008 | 24463 | 34442 | 13983 | 55685 |
| 2002 | 19662 | 44582 | 21137 | 27284 | 42168 | 15617 | 62452 |
| 2003 | 25318 | 50609 | 26139 | 33342 | 56998 | 20080 | 76398 |
| 2004 | 27724 | 63601 | 29502 | 40227 | 80058 | 30080 | 92668 |
| 2005 | 35221 | 85008 | 35016 | 50576 | 95826 | 40018 | 116500 |
| 2006 | 49318 | 120271 | 47073 | 75278 | 131022 | 52503 | 156800 |
| 2007 | 59755 | 157645 | 55122 | 89561 | 150777 | 82409 | 185086 |
| 2008 | 81671 | 203279 | 78109 | 114918 | 188589 | 101039 | 236725 |
| 2009 | 122515 | 261124 | 115424 | 153260 | 253046 | 141561 | 295654 |
| 2010 | 169252 | 353923 | 183819 | 236023 | 307900 | 167873 | 387417 |
| 2011 | 252468 | 481652 | 282610 | 346516 | 463876 | 185994 | 568925 |
| 2012 | 305518 | 539131 | 337728 | 404448 | 525325 | 227118 | 663088 |
| 2013 | 365891 | 579056 | 406591 | 457312 | 583166 | 265655 | 778290 |
| 2014 | 438794 | 649830 | 482701 | 529191 | 653571 | 280164 | 859746 |
| 2015 | 513049 | 705687 | 560283 | 584543 | 731382 | 290626 | 950743 |
| 2016 | 433177 | 700806 | 554716 | 620801 | 735946 | 294530 | 856028 |
| 2017 | 349195 | 715508 | 553491 | 639803 | 772925 | 296148 | 893843 |
| 2018 | 456426 | 788639 | 617761 | 859784 | 820426 | 335739 | 946621 |
| 2019 | 474222 | 729350 | 633102 | 600052 | 668767 | 361562 | 870442 |
| 2020 | 487519 | 751464 | 634589 | 618653 | 682992 | 321928 | 835934 |
| 2021 | 552820 | 836088 | 714724 | 749192 | 770935 | 391085 | 896538 |
| 2022 | 524212 | 816866 | 660560 | 727741 | 668713 | 340620 | 800574 |
| 2023 | 583242 | 892066 | 735837 | 857681 | 770146 | 381536 | 887295 |

注：2007 年及以后财政收入及支出中不包括基金性收入和支出，与往年不可比（下同）。

# 21-14 主要年份财政支出

单位：万元

| 年　份 | 丰 县 | 沛 县 | 睢宁县 | 新沂市 | 邳州市 | 贾汪区 | 铜山区 |
|---|---|---|---|---|---|---|---|
| 1978 | 1590 | 1314 | 1680 | 1447 | 1684 |  | 2088 |
| 1979 | 2018 | 1675 | 1840 | 1531 | 2237 |  | 2529 |
| 1980 | 1667 | 1709 | 1973 | 1479 | 2125 |  | 2315 |
| 1981 | 1693 | 1724 | 1951 | 1522 | 2160 |  | 2174 |
| 1982 | 1896 | 2182 | 2127 | 2016 | 2371 |  | 3082 |
| 1983 | 2429 | 2554 | 2629 | 2256 | 2858 |  | 3416 |
| 1984 | 2840 | 3802 | 2738 | 2531 | 3153 |  | 3706 |
| 1985 | 2742 | 3950 | 2940 | 2682 | 3488 |  | 4536 |
| 1986 | 3653 | 5073 | 4067 | 3538 | 4495 |  | 5628 |
| 1987 | 4290 | 5118 | 4199 | 3975 | 4661 |  | 6212 |
| 1988 | 5181 | 6501 | 5170 | 5187 | 5465 |  | 7952 |
| 1989 | 5924 | 7687 | 6605 | 6168 | 6678 |  | 10851 |
| 1990 | 6896 | 8989 | 7252 | 6811 | 7556 |  | 13543 |
| 1991 | 7614 | 9556 | 7886 | 7771 | 8476 |  | 15276 |
| 1992 | 7586 | 9506 | 8056 | 8303 | 9014 |  | 15621 |
| 1993 | 10265 | 13261 | 10324 | 10355 | 10811 |  | 16591 |
| 1994 | 12891 | 13324 | 12675 | 11454 | 14275 | 5208 | 16611 |
| 1995 | 16217 | 18621 | 16013 | 14375 | 16403 | 6955 | 20332 |
| 1996 | 20248 | 21725 | 19392 | 17820 | 21464 | 9206 | 27532 |
| 1997 | 24032 | 25682 | 21162 | 19223 | 24898 | 10736 | 32493 |
| 1998 | 26558 | 27162 | 23762 | 21683 | 29529 | 11203 | 35526 |
| 1999 | 26651 | 29588 | 26580 | 24986 | 34094 | 11744 | 39390 |
| 2000 | 29667 | 31180 | 26386 | 28064 | 36627 | 13835 | 40284 |
| 2001 | 35393 | 36889 | 33568 | 34858 | 42889 | 14614 | 44391 |
| 2002 | 37866 | 45020 | 39808 | 39122 | 49543 | 17929 | 50338 |
| 2003 | 45639 | 53456 | 46134 | 48682 | 66217 | 21490 | 62569 |
| 2004 | 55325 | 67373 | 54676 | 58307 | 84928 | 26188 | 78394 |
| 2005 | 72979 | 88488 | 77545 | 79123 | 113430 | 32266 | 107780 |
| 2006 | 91672 | 116118 | 96865 | 99903 | 143508 | 41172 | 145418 |
| 2007 | 116415 | 168273 | 117449 | 113104 | 173183 | 56281 | 162830 |
| 2008 | 157929 | 203316 | 167227 | 157278 | 237026 | 72450 | 224738 |
| 2009 | 208700 | 271959 | 217116 | 221451 | 311689 | 98782 | 285893 |
| 2010 | 276883 | 360103 | 284511 | 303498 | 411118 | 112987 | 382972 |
| 2011 | 403976 | 507852 | 423914 | 431830 | 534465 | 161476 | 521982 |
| 2012 | 476067 | 611756 | 482555 | 547278 | 679840 | 281543 | 616370 |
| 2013 | 541357 | 672191 | 571385 | 617017 | 777384 | 317449 | 824175 |
| 2014 | 627100 | 731506 | 675628 | 684991 | 886240 | 313385 | 945903 |
| 2015 | 747200 | 923535 | 788948 | 825003 | 1034275 | 318864 | 1077401 |
| 2016 | 709000 | 948558 | 802093 | 918229 | 1100768 | 329475 | 1080029 |
| 2017 | 650058 | 890877 | 831154 | 930036 | 1105205 | 350062 | 1119644 |
| 2018 | 700000 | 1033358 | 871916 | 994996 | 1207673 | 378208 | 1198133 |
| 2019 | 732000 | 1079818 | 927865 | 901963 | 1173578 | 419233 | 1174165 |
| 2020 | 825711 | 1208536 | 1008676 | 964761 | 1262755 | 445266 | 1282868 |
| 2021 | 820806 | 1278510 | 1035365 | 1030671 | 1270585 | 458712 | 1203634 |
| 2022 | 866640 | 1284980 | 1085511 | 1060042 | 1252970 | 404333 | 1135366 |
| 2023 | 904221 | 1141554 | 1117577 | 1130890 | 1294177 | 443560 | 1101855 |

# 21-15 主要年份常用耕地面积

（年底数） 单位：千公顷

| 年 份 | 丰 县 | 沛 县 | 睢宁县 | 新沂市 | 邳州市 | 贾汪区 | 铜山区 |
|---|---|---|---|---|---|---|---|
| 1978 | 89.29 | 83.81 | 103.04 | 84.12 | 118.23 | | 159.38 |
| 1979 | 89.07 | 83.64 | 102.47 | 84.04 | 117.75 | | 158.77 |
| 1980 | 88.30 | 83.03 | 102.43 | 83.76 | 117.66 | | 157.90 |
| 1981 | 87.80 | 82.87 | 102.27 | 83.73 | 117.60 | | 157.07 |
| 1982 | 87.76 | 82.73 | 102.22 | 83.55 | 117.57 | | 156.29 |
| 1983 | 88.00 | 82.67 | 102.00 | 83.33 | 117.33 | | 156.00 |
| 1984 | 88.03 | 82.46 | 102.08 | 83.49 | 117.23 | | 155.15 |
| 1985 | 88.01 | 81.19 | 102.03 | 83.48 | 117.01 | | 154.73 |
| 1986 | 88.01 | 81.12 | 102.03 | 83.35 | 116.53 | | 151.88 |
| 1987 | 87.93 | 80.86 | 101.95 | 83.21 | 116.32 | | 151.32 |
| 1988 | 87.81 | 80.77 | 101.91 | 82.54 | 115.79 | | 150.63 |
| 1989 | 87.63 | 80.73 | 101.89 | 82.32 | 115.73 | | 149.94 |
| 1990 | 87.61 | 80.62 | 101.82 | 82.15 | 114.83 | | 148.89 |
| 1991 | 87.51 | 80.45 | 101.25 | 82.10 | 114.67 | | 148.33 |
| 1992 | 86.01 | 80.38 | 100.79 | 81.63 | 114.16 | | 147.53 |
| 1993 | 86.00 | 80.20 | 100.52 | 81.55 | 112.86 | | 146.79 |
| 1994 | 85.85 | 79.97 | 100.09 | 81.42 | 112.45 | 26.93 | 115.52 |
| 1995 | 85.85 | 77.97 | 99.92 | 81.07 | 111.88 | 26.84 | 115.38 |
| 1996 | 85.68 | 77.91 | 99.62 | 80.47 | 111.44 | 25.99 | 115.15 |
| 1997 | 76.65 | 77.44 | 100.79 | 79.37 | 122.66 | 33.89 | 117.47 |
| 1998 | 76.60 | 77.03 | 100.67 | 80.65 | 122.83 | 32.43 | 117.40 |
| 1999 | 76.64 | 77.05 | 100.63 | 80.14 | 122.48 | 33.98 | 117.66 |
| 2000 | 76.70 | 77.22 | 100.63 | 80.57 | 121.37 | 32.93 | 115.99 |
| 2001 | 76.25 | 77.13 | 100.10 | 79.90 | 121.16 | 32.24 | 116.05 |
| 2002 | 76.41 | 76.93 | 100.05 | 79.85 | 121.17 | 31.99 | 116.31 |
| 2003 | 76.10 | 76.72 | 100.08 | 79.70 | 112.70 | 32.00 | 113.19 |
| 2004 | 76.09 | 76.56 | 100.08 | 79.57 | 111.84 | 31.68 | 108.97 |
| 2005 | 76.28 | 76.44 | 100.08 | 79.37 | 111.39 | 31.68 | 109.43 |
| 2006 | 75.34 | 75.92 | 99.84 | 79.02 | 112.38 | 31.63 | 109.31 |
| 2007 | 75.51 | 75.80 | 99.76 | 79.00 | 111.79 | 31.60 | 109.37 |
| 2008 | 75.72 | 75.48 | 100.00 | 78.76 | 110.68 | 31.56 | 106.52 |
| 2009 | 75.67 | 73.57 | 99.40 | 78.64 | 111.86 | 31.75 | 105.10 |
| 2010 | 75.67 | 75.51 | 97.46 | 78.43 | 111.96 | 32.43 | 109.52 |
| 2011 | 79.58 | 81.09 | 103.47 | 80.41 | 116.31 | 32.37 | 106.53 |
| 2012 | 79.75 | 80.92 | 103.41 | 80.23 | 116.33 | 32.43 | 107.02 |
| 2013 | 79.57 | 80.90 | 103.30 | 80.30 | 116.30 | 32.31 | 106.91 |
| 2014 | 79.57 | 81.20 | 103.42 | 80.33 | 116.32 | 39.55 | 106.85 |
| 2015 | 79.52 | 81.30 | 103.49 | 80.16 | 116.60 | 32.25 | 106.81 |
| 2016 | 79.49 | 81.57 | 103.39 | 80.22 | 116.42 | 31.86 | 106.50 |
| 2017 | 80.31 | 81.54 | 103.92 | 80.32 | 116.58 | 31.79 | 106.07 |
| 2018 | 81.03 | 81.74 | 105.32 | 80.35 | 116.64 | 31.76 | 106.10 |
| 2019 | 78.81 | 81.60 | 102.29 | 74.16 | 100.54 | 29.18 | 95.76 |
| 2020 | 78.34 | 81.28 | 102.16 | 73.78 | 100.31 | 28.97 | 102.65 |
| 2021 | 77.68 | 80.84 | 102.82 | 74.19 | 100.71 | 28.44 | 101.87 |
| 2022 | 78.26 | 80.87 | 104.32 | 74.04 | 100.07 | 28.51 | 102.08 |

# 21-16 主要年份农业机械总动力

（年底数） 单位：万千瓦

| 年份 | 丰县 | 沛县 | 睢宁县 | 新沂市 | 邳州市 | 贾汪区 | 铜山区 |
|---|---|---|---|---|---|---|---|
| 1978 | 12.44 | 12.95 | 11.44 | 10.47 | 13.70 | | 23.21 |
| 1979 | 12.86 | 14.47 | 12.64 | 14.28 | 14.87 | | 26.21 |
| 1980 | 15.96 | 15.65 | 14.10 | 15.65 | 16.74 | | 29.45 |
| 1981 | 16.77 | 17.27 | 16.04 | 17.15 | 18.35 | | 30.82 |
| 1982 | 18.95 | 19.29 | 18.84 | 18.47 | 22.39 | | 35.35 |
| 1983 | 20.59 | 21.80 | 20.18 | 20.05 | 25.99 | | 40.13 |
| 1984 | 24.02 | 23.91 | 21.56 | 19.99 | 29.12 | | 49.46 |
| 1985 | 25.74 | 24.32 | 22.93 | 19.91 | 30.07 | | 56.19 |
| 1986 | 27.61 | 25.54 | 25.00 | 21.27 | 34.61 | | 60.61 |
| 1987 | 30.40 | 28.50 | 26.84 | 22.76 | 36.96 | | 72.00 |
| 1988 | 32.50 | 29.16 | 28.11 | 23.23 | 38.18 | | 86.62 |
| 1989 | 34.39 | 27.70 | 26.25 | 23.44 | 39.96 | | 93.14 |
| 1990 | 30.27 | 34.42 | 25.27 | 23.15 | 39.81 | | 93.52 |
| 1991 | 30.49 | 34.29 | 25.19 | 22.34 | 40.40 | | 72.86 |
| 1992 | 28.09 | 33.17 | 24.79 | 22.66 | 36.61 | | 65.23 |
| 1993 | 29.56 | 32.81 | 25.59 | 22.73 | 34.90 | | 63.29 |
| 1994 | 29.51 | 32.73 | 25.89 | 23.66 | 33.58 | 16.21 | 39.84 |
| 1995 | 30.34 | 34.52 | 23.55 | 24.74 | 29.72 | 19.58 | 36.93 |
| 1996 | 31.80 | 35.32 | 24.55 | 25.02 | 31.54 | 23.31 | 36.37 |
| 1997 | 44.92 | 40.34 | 26.98 | 29.97 | 38.24 | 26.13 | 54.86 |
| 1998 | 47.90 | 41.96 | 29.92 | 32.61 | 41.47 | 26.46 | 58.19 |
| 1999 | 50.58 | 43.30 | 31.33 | 36.55 | 46.83 | 27.33 | 72.20 |
| 2000 | 57.51 | 65.59 | 45.85 | 41.18 | 57.97 | 28.24 | 70.67 |
| 2001 | 58.11 | 67.20 | 48.66 | 43.09 | 65.02 | 28.34 | 71.06 |
| 2002 | 57.81 | 68.52 | 50.93 | 44.58 | 70.80 | 28.87 | 73.14 |
| 2003 | 59.37 | 69.07 | 53.43 | 46.42 | 75.55 | 28.19 | 73.85 |
| 2004 | 59.98 | 70.25 | 55.83 | 46.62 | 78.06 | 29.17 | 73.95 |
| 2005 | 60.44 | 74.62 | 60.02 | 49.76 | 83.15 | 28.16 | 67.30 |
| 2006 | 61.66 | 78.44 | 65.01 | 53.91 | 88.34 | 31.99 | 70.46 |
| 2007 | 62.13 | 79.94 | 66.99 | 56.71 | 94.46 | 32.57 | 71.50 |
| 2008 | 66.25 | 82.31 | 82.07 | 60.40 | 96.80 | 33.03 | 91.90 |
| 2009 | 69.13 | 84.10 | 86.26 | 65.84 | 101.40 | 34.16 | 93.90 |
| 2010 | 69.93 | 85.65 | 89.37 | 69.03 | 104.10 | 34.16 | 96.20 |
| 2011 | 73.80 | 89.13 | 96.96 | 72.61 | 111.13 | 34.27 | 98.79 |
| 2012 | 76.77 | 92.41 | 103.00 | 77.18 | 116.04 | 35.90 | 98.76 |
| 2013 | 77.83 | 95.94 | 106.30 | 81.13 | 113.25 | 38.10 | 98.92 |
| 2014 | 80.27 | 97.80 | 111.80 | 94.93 | 116.02 | 41.98 | 199.44 |
| 2105 | 81.73 | 100.09 | 117.99 | 105.08 | 117.34 | 44.57 | 102.63 |
| 2016 | 82.84 | 102.08 | 122.05 | 115.86 | 118.52 | 43.74 | 111.65 |
| 2017 | 83.05 | 103.60 | 123.06 | 121.99 | 127.91 | 45.55 | 113.50 |
| 2018 | 83.93 | 104.60 | 120.65 | 124.03 | 128.44 | 45.00 | 116.10 |
| 2019 | 87.56 | 105.50 | 122.78 | 127.73 | 129.13 | 45.00 | 118.03 |
| 2020 | 94.34 | 107.30 | 124.10 | 130.27 | 130.02 | 44.57 | 120.45 |
| 2021 | 101.89 | 109.00 | 118.15 | 131.34 | 130.69 | 44.74 | 118.25 |
| 2022 | 117.08 | 110.17 | 129.22 | 130.45 | 130.79 | 45.17 | 118.95 |
| 2023 | 127.16 | 117.50 | 129.74 | 132.23 | 132.01 | 46.75 | 120.83 |

# 21-17 主要年份农林牧渔业总产值

（当年价格） 单位：万元

| 年份 | 丰县 | 沛县 | 睢宁县 | 新沂市 | 邳州市 | 贾汪区 | 铜山区 |
|---|---|---|---|---|---|---|---|
| 1978 | 15810 | 18382 | 18356 | 18265 | 24491 | | 31848 |
| 1979 | 20724 | 19705 | 18880 | 18612 | 28479 | | 42217 |
| 1980 | 23182 | 21854 | 23603 | 18598 | 31461 | | 37976 |
| 1981 | 24163 | 24754 | 26421 | 21157 | 34168 | | 37987 |
| 1982 | 29770 | 27695 | 33934 | 26418 | 38514 | | 47763 |
| 1983 | 35419 | 33163 | 35885 | 33330 | 43581 | | 60996 |
| 1984 | 43388 | 40732 | 47968 | 37414 | 55344 | | 66347 |
| 1985 | 41474 | 42583 | 49402 | 41786 | 59884 | | 75225 |
| 1986 | 45200 | 55998 | 51449 | 50860 | 76645 | | 85209 |
| 1987 | 52613 | 62592 | 51600 | 63375 | 83140 | | 94380 |
| 1988 | 64426 | 73268 | 54879 | 78355 | 110264 | | 146023 |
| 1989 | 69328 | 73819 | 66570 | 87884 | 110596 | | 147659 |
| 1990 | 78230 | 91721 | 80470 | 94180 | 128027 | | 163381 |
| 1991 | 91766 | 93687 | 89271 | 104601 | 135059 | | 175889 |
| 1992 | 91465 | 91402 | 102009 | 119878 | 142777 | | 209745 |
| 1993 | 131067 | 122049 | 135878 | 154151 | 171199 | | 257302 |
| 1994 | 180928 | 197257 | 217635 | 213544 | 292885 | 69207 | 320311 |
| 1995 | 239818 | 247827 | 269129 | 256031 | 384102 | 81524 | 399924 |
| 1996 | 280443 | 324758 | 317969 | 293759 | 461242 | 103763 | 454553 |
| 1997 | 256802 | 333973 | 296479 | 285292 | 426967 | 83755 | 384232 |
| 1998 | 266865 | 348366 | 282536 | 303556 | 450727 | 45715 | 401055 |
| 1999 | 279736 | 354591 | 278597 | 312216 | 459072 | 87041 | 381167 |
| 2000 | 300605 | 363461 | 273376 | 321307 | 486340 | 98383 | 400294 |
| 2001 | 320867 | 381637 | 289274 | 339682 | 516544 | 93765 | 431471 |
| 2002 | 342465 | 405504 | 314341 | 360180 | 552480 | 96946 | 460307 |
| 2003 | 366826 | 422362 | 325021 | 308914 | 580636 | 97560 | 405606 |
| 2004 | 414977 | 483373 | 399044 | 380824 | 599434 | 109816 | 478627 |
| 2005 | 355373 | 566218 | 389692 | 414548 | 695374 | 114731 | 464871 |
| 2006 | 395859 | 594072 | 413557 | 446353 | 779016 | 132053 | 501253 |
| 2007 | 437125 | 651825 | 442820 | 507574 | 830250 | 146082 | 541433 |
| 2008 | 530887 | 673930 | 519253 | 503328 | 882368 | 148287 | 599778 |
| 2009 | 580693 | 751617 | 665887 | 615434 | 991811 | 175664 | 670996 |
| 2010 | 649355 | 903156 | 787066 | 694783 | 1100101 | 206611 | 684373 |
| 2011 | 775231 | 1090245 | 950728 | 806247 | 1327479 | 249013 | 856960 |
| 2012 | 886899 | 1207167 | 1046895 | 916229 | 1494402 | 280359 | 981564 |
| 2013 | 1027733 | 1352225 | 1182998 | 1028666 | 1628505 | 359550 | 1152242 |
| 2014 | 1232193 | 1501940 | 1342580 | 1175475 | 1873621 | 359550 | 1286776 |
| 2015 | 1371308 | 1618628 | 1463121 | 1281589 | 2054161 | 433675 | 1452086 |
| 2016 | 1479144 | 1738438 | 1586230 | 1360946 | 2233015 | 433675 | 1546741 |
| 2017 | 1628580 | 1921838 | 1754373 | 1500399 | 2474180 | 508770 | 1703707 |
| 2018 | 1442060 | 1841669 | 1644565 | 1504480 | 2417489 | 459718 | 1605059 |
| 2019 | 1526127 | 1958335 | 1785858 | 1584550 | 2590244 | 491825 | 1718028 |
| 2020 | 1620759 | 2059622 | 1847749 | 1673529 | 2753637 | 528554 | 1842809 |
| 2021 | 1680168 | 2138142 | 1912666 | 1742754 | 2877117 | 544222 | 1922767 |
| 2022 | 1754604 | 2250653 | 2003542 | 1828299 | 3032436 | 572630 | 1947038 |
| 2023 | 1753716 | 2254794 | 2017628 | 1829442 | 3044948 | 574290 | 1956108 |

# 21-18 主要年份粮食产量

单位：万吨

| 年 份 | 丰 县 | 沛 县 | 睢宁县 | 新沂市 | 邳州市 | 贾汪区 | 铜山区 |
|---|---|---|---|---|---|---|---|
| 1978 | 24.82 | 29.08 | 30.57 | 31.47 | 36.94 | | 51.50 |
| 1979 | 28.59 | 33.87 | 32.04 | 36.83 | 41.14 | | 60.73 |
| 1980 | 30.81 | 32.71 | 37.69 | 38.98 | 44.22 | | 63.44 |
| 1981 | 31.30 | 35.49 | 45.39 | 41.40 | 49.93 | | 69.80 |
| 1982 | 35.09 | 36.30 | 52.62 | 45.55 | 53.33 | | 68.95 |
| 1983 | 42.13 | 49.79 | 57.79 | 55.16 | 65.35 | | 95.67 |
| 1984 | 49.19 | 56.51 | 64.08 | 58.77 | 71.22 | | 103.18 |
| 1985 | 49.41 | 48.94 | 62.97 | 54.68 | 67.14 | | 94.84 |
| 1986 | 51.27 | 55.30 | 66.17 | 57.32 | 72.59 | | 105.80 |
| 1987 | 45.11 | 54.20 | 68.25 | 58.89 | 74.99 | | 100.12 |
| 1988 | 38.92 | 52.38 | 59.29 | 52.50 | 71.34 | | 94.04 |
| 1989 | 43.55 | 55.97 | 68.58 | 54.27 | 75.44 | | 104.71 |
| 1990 | 43.72 | 55.69 | 67.29 | 51.54 | 71.20 | | 107.60 |
| 1991 | 48.70 | 55.82 | 66.88 | 55.30 | 74.62 | | 108.48 |
| 1992 | 46.11 | 55.63 | 68.27 | 55.47 | 79.67 | | 111.70 |
| 1993 | 50.15 | 59.30 | 60.79 | 54.54 | 74.86 | | 105.65 |
| 1994 | 46.64 | 52.62 | 61.02 | 50.61 | 70.92 | 20.34 | 72.63 |
| 1995 | 51.24 | 58.58 | 63.66 | 54.20 | 76.10 | 21.64 | 76.75 |
| 1996 | 52.24 | 62.25 | 69.76 | 54.29 | 78.25 | 22.50 | 79.94 |
| 1997 | 53.44 | 62.50 | 73.80 | 56.55 | 81.10 | 22.72 | 82.56 |
| 1998 | 44.19 | 51.91 | 64.62 | 49.79 | 73.00 | 23.04 | 75.87 |
| 1999 | 54.93 | 56.89 | 73.62 | 50.74 | 75.66 | 21.28 | 81.88 |
| 2000 | 40.34 | 45.60 | 53.92 | 39.00 | 64.57 | 16.89 | 56.63 |
| 2001 | 38.25 | 44.43 | 51.53 | 37.55 | 65.30 | 16.00 | 54.17 |
| 2002 | 38.06 | 45.22 | 49.49 | 37.69 | 60.38 | 15.54 | 48.88 |
| 2003 | 23.83 | 36.22 | 39.70 | 25.74 | 36.80 | 10.62 | 33.28 |
| 2004 | 43.17 | 47.35 | 58.48 | 35.07 | 62.03 | 16.64 | 51.32 |
| 2005 | 38.08 | 48.19 | 53.68 | 36.80 | 60.65 | 18.17 | 53.30 |
| 2006 | 42.77 | 48.03 | 65.47 | 41.98 | 60.30 | 20.11 | 61.58 |
| 2007 | 40.03 | 46.29 | 61.34 | 49.12 | 66.11 | 18.87 | 65.43 |
| 2008 | 43.91 | 51.76 | 74.67 | 52.94 | 69.93 | 22.78 | 65.43 |
| 2009 | 49.43 | 55.62 | 84.29 | 59.93 | 73.75 | 23.94 | 71.37 |
| 2010 | 46.01 | 58.11 | 85.31 | 62.67 | 75.88 | 24.37 | 79.20 |
| 2011 | 51.10 | 59.89 | 88.51 | 63.58 | 79.50 | 23.51 | 81.61 |
| 2012 | 52.89 | 61.17 | 91.62 | 65.68 | 82.77 | 24.31 | 84.22 |
| 2013 | 51.76 | 58.99 | 85.03 | 62.68 | 78.74 | 22.83 | 83.33 |
| 2014 | 53.49 | 60.71 | 90.98 | 65.97 | 80.85 | 23.52 | 78.94 |
| 2015 | 52.99 | 61.63 | 92.03 | 65.95 | 80.64 | 23.43 | 79.32 |
| 2016 | 52.54 | 60.27 | 92.78 | 66.06 | 80.75 | 23.43 | 79.37 |
| 2017 | 55.29 | 62.32 | 93.92 | 69.62 | 82.34 | 23.24 | 81.08 |
| 2018 | 55.18 | 63.12 | 93.74 | 70.44 | 80.69 | 22.73 | 84.03 |
| 2019 | 60.73 | 65.78 | 93.40 | 71.49 | 84.53 | 22.67 | 89.20 |
| 2020 | 60.76 | 66.23 | 93.80 | 71.96 | 84.87 | 22.71 | 89.54 |
| 2021 | 60.82 | 66.28 | 94.18 | 71.99 | 85.04 | 22.73 | 89.52 |
| 2022 | 60.90 | 66.37 | 94.25 | 72.13 | 85.21 | 22.81 | 84.23 |
| 2023 | 61.49 | 66.63 | 94.91 | 72.49 | 85.87 | 22.91 | 84.91 |

注：2006 年数据根据农普资料进行调整。

# 21-19 主要年份棉花产量

单位：万吨

| 年 份 | 丰 县 | 沛 县 | 睢宁县 | 新沂市 | 邳州市 | 贾汪区 | 铜山区 |
|---|---|---|---|---|---|---|---|
| 1978 | 0.25 | 0.37 | 0.64 | 0.07 | 0.41 | | 0.73 |
| 1979 | 0.32 | 0.31 | 0.41 | 0.01 | 0.35 | | 0.60 |
| 1980 | 0.71 | 0.73 | 1.00 | 0.01 | 0.79 | | 1.22 |
| 1981 | 0.63 | 0.75 | 0.93 | 0.01 | 0.75 | | 1.26 |
| 1982 | 1.15 | 1.07 | 0.94 | | 0.80 | | 1.73 |
| 1983 | 1.43 | 1.25 | 1.28 | | 1.04 | | 2.33 |
| 1984 | 2.33 | 1.40 | 1.68 | | 1.36 | | 2.56 |
| 1985 | 1.45 | 1.04 | 1.06 | | 1.53 | | 1.97 |
| 1986 | 1.77 | 0.77 | 0.76 | | 1.31 | | 1.63 |
| 1987 | 2.05 | 1.09 | 0.85 | | 1.56 | | 1.94 |
| 1988 | 1.94 | 1.18 | 1.15 | 0.04 | 1.97 | | 2.55 |
| 1989 | 1.25 | 0.30 | 0.72 | 0.03 | 1.16 | | 1.23 |
| 1990 | 1.62 | 0.42 | 0.84 | 0.01 | 1.18 | | 1.51 |
| 1991 | 1.98 | 0.86 | 1.05 | | 1.70 | | 2.36 |
| 1992 | 1.00 | 0.41 | 0.98 | | 1.26 | | 1.81 |
| 1993 | 1.12 | 0.55 | 0.60 | | 0.78 | | 1.74 |
| 1994 | 0.80 | 0.32 | 0.71 | | 1.10 | 0.26 | 1.04 |
| 1995 | 1.01 | 0.55 | 0.85 | | 1.69 | 0.28 | 1.54 |
| 1996 | 0.90 | 0.61 | 0.68 | | 1.17 | 0.32 | 1.25 |
| 1997 | 0.80 | 0.40 | 0.68 | | 1.20 | 0.33 | 0.86 |
| 1998 | 0.71 | 0.23 | 0.57 | | 1.07 | 0.30 | 1.02 |
| 1999 | 0.36 | 0.09 | 0.39 | | 0.70 | 0.28 | 0.71 |
| 2000 | 1.53 | 0.26 | 0.62 | | 1.12 | 0.32 | 1.24 |
| 2001 | 1.66 | 0.47 | 1.02 | | 1.80 | 0.41 | 1.43 |
| 2002 | 1.71 | 0.49 | 1.10 | | 1.51 | 0.39 | 1.16 |
| 2003 | 1.45 | 0.31 | 0.58 | | 1.03 | 0.26 | 0.78 |
| 2004 | 2.31 | 1.02 | 0.99 | | 1.95 | 0.43 | 1.65 |
| 2005 | 0.95 | 0.39 | 0.62 | | 1.04 | 0.31 | 0.84 |
| 2006 | 1.05 | 0.31 | 0.37 | | 0.78 | 0.25 | 0.54 |
| 2007 | 1.60 | 0.52 | 0.34 | | 0.86 | 0.09 | 0.63 |
| 2008 | 1.68 | 0.45 | 0.25 | | 0.86 | 0.12 | 0.81 |
| 2009 | 1.61 | 0.42 | 0.14 | | 0.77 | 0.09 | 0.80 |
| 2010 | 1.10 | 0.34 | 0.21 | | 0.68 | 0.11 | 0.79 |
| 2011 | 1.30 | 0.38 | 0.17 | | 0.70 | 0.12 | 0.71 |
| 2012 | 1.54 | 0.39 | 0.15 | | 0.74 | 0.12 | 0.74 |
| 2013 | 1.62 | 0.46 | 0.16 | | 0.58 | 0.10 | 0.70 |
| 2014 | 1.69 | 0.16 | 0.14 | | 0.52 | 0.07 | 0.63 |
| 2015 | 1.58 | 0.17 | 0.11 | | 0.17 | 0.07 | 0.47 |
| 2016 | 1.02 | 0.40 | 0.09 | | 0.07 | 0.07 | 0.39 |
| 2017 | 1.13 | 0.29 | 0.05 | | 0.06 | 0.04 | 0.32 |
| 2018 | 0.56 | 0.22 | 0.05 | | 0.04 | 0.03 | 0.13 |
| 2019 | 1.04 | 0.06 | 0.05 | | 0.03 | … | 0.03 |
| 2020 | 0.66 | 0.04 | | | | | |
| 2021 | 0.57 | 0.02 | | | | | |
| 2022 | 0.47 | | | | | | |
| 2023 | 0.42 | | | | | | |

# 21-20 主要年份油料产量

单位：万吨

| 年份 | 丰县 | 沛县 | 睢宁县 | 新沂市 | 邳州市 | 贾汪区 | 铜山区 |
|---|---|---|---|---|---|---|---|
| 1978 | 0.11 | 0.08 | 0.19 | 0.73 | 0.12 | | 0.35 |
| 1979 | 0.17 | 0.12 | 0.29 | 0.99 | 0.18 | | 0.32 |
| 1980 | 0.28 | 0.23 | 0.44 | 1.37 | 0.33 | | 0.50 |
| 1981 | 0.41 | 0.24 | 0.96 | 2.20 | 0.56 | | 0.67 |
| 1982 | 0.44 | 0.21 | 2.63 | 2.67 | 0.77 | | 0.83 |
| 1983 | 0.27 | 0.11 | 1.86 | 2.49 | 0.43 | | 0.53 |
| 1984 | 0.30 | 0.26 | 1.69 | 1.92 | 0.41 | | 0.52 |
| 1985 | 0.79 | 0.74 | 3.67 | 3.09 | 0.79 | | 1.41 |
| 1986 | 1.00 | 0.78 | 3.75 | 3.05 | 0.76 | | 1.29 |
| 1987 | 0.68 | 0.61 | 4.53 | 2.71 | 0.80 | | 1.28 |
| 1988 | 0.36 | 0.46 | 0.61 | 2.67 | 0.31 | | 0.40 |
| 1989 | 0.44 | 0.47 | 0.87 | 2.34 | 0.38 | | 0.50 |
| 1990 | 0.51 | 0.57 | 0.62 | 2.08 | 0.41 | | 0.57 |
| 1991 | 0.49 | 0.60 | 1.18 | 2.53 | 0.82 | | 0.70 |
| 1992 | 0.50 | 0.43 | 0.97 | 2.21 | 0.75 | | 0.66 |
| 1993 | 0.62 | 0.50 | 1.44 | 3.14 | 0.57 | | 0.86 |
| 1994 | 0.68 | 0.40 | 2.15 | 4.04 | 1.33 | 0.27 | 0.45 |
| 1995 | 0.63 | 0.55 | 1.42 | 3.91 | 1.22 | 0.26 | 0.35 |
| 1996 | 0.68 | 0.70 | 0.96 | 2.75 | 0.70 | 0.27 | 0.32 |
| 1997 | 0.86 | 0.75 | 1.22 | 3.83 | 0.58 | 0.26 | 0.36 |
| 1998 | 1.18 | 1.01 | 2.11 | 4.03 | 0.61 | 0.37 | 0.23 |
| 1999 | 1.73 | 1.07 | 3.43 | 5.79 | 0.78 | 0.42 | 1.00 |
| 2000 | 2.68 | 1.44 | 5.28 | 7.65 | 1.21 | 0.52 | 1.40 |
| 2001 | 3.50 | 1.46 | 4.83 | 8.78 | 2.54 | 0.67 | 1.13 |
| 2002 | 2.20 | 1.60 | 5.52 | 9.09 | 1.92 | 0.47 | 1.42 |
| 2003 | 1.12 | 0.86 | 3.01 | 2.78 | 1.09 | 0.53 | 0.93 |
| 2004 | 1.56 | 0.81 | 4.73 | 8.67 | 1.97 | 0.38 | 1.78 |
| 2005 | 0.60 | 0.62 | 3.33 | 8.43 | 1.62 | 0.48 | 1.19 |
| 2006 | 0.70 | 0.68 | 2.20 | 6.11 | 1.33 | 0.36 | 0.95 |
| 2007 | 0.68 | 0.35 | 1.75 | 5.76 | 1.60 | 0.13 | 0.96 |
| 2008 | 0.62 | 0.36 | 1.95 | 5.40 | 1.47 | 0.17 | 0.73 |
| 2009 | 0.61 | 0.40 | 2.06 | 7.04 | 1.49 | 0.15 | 0.68 |
| 2010 | 0.51 | 0.24 | 1.60 | 7.44 | 1.48 | 0.16 | 0.64 |
| 2011 | 0.47 | 0.20 | 1.58 | 6.57 | 1.76 | 0.19 | 0.68 |
| 2012 | 0.47 | 0.20 | 1.66 | 5.83 | 1.63 | 0.15 | 0.69 |
| 2013 | 0.45 | 0.27 | 1.46 | 5.51 | 1.50 | 0.21 | 0.56 |
| 2014 | 0.48 | 0.26 | 1.49 | 6.23 | 1.47 | 0.16 | 0.49 |
| 2015 | 0.51 | 0.28 | 2.04 | 6.26 | 1.42 | 0.15 | 0.51 |
| 2016 | 0.44 | 0.24 | 3.07 | 7.54 | 1.40 | 0.16 | 0.56 |
| 2017 | 0.43 | 0.38 | 3.14 | 6.70 | 1.39 | 0.18 | 0.56 |
| 2018 | 0.42 | 0.29 | 3.03 | 6.90 | 1.02 | 0.18 | 0.44 |
| 2019 | 0.47 | 0.39 | 3.53 | 7.09 | 1.02 | 0.17 | 0.46 |
| 2020 | 0.58 | 0.36 | 2.13 | 6.77 | 1.02 | 0.17 | 0.47 |
| 2021 | 0.62 | 0.33 | 2.96 | 6.03 | 1.00 | 0.18 | 0.48 |
| 2022 | 0.63 | 0.33 | 2.90 | 5.59 | 1.10 | 0.19 | 0.52 |
| 2023 | 0.65 | 0.35 | 3.05 | 5.42 | 1.17 | 0.19 | 0.54 |

# 21-21　主要年份肉类总产量

单位：万吨

| 年　份 | 丰　县 | 沛　县 | 睢宁县 | 新沂市 | 邳州市 | 贾汪区 | 铜山区 |
|---|---|---|---|---|---|---|---|
| 1985 | 1.71 | 1.83 | 2.53 | 2.39 | 2.81 |  | 2.65 |
| 1986 | 1.79 | 1.70 | 2.88 | 2.40 | 2.36 |  | 2.86 |
| 1987 | 2.52 | 1.68 | 2.72 | 2.49 | 3.01 |  | 3.58 |
| 1988 | 2.78 | 2.27 | 3.25 | 2.72 | 3.05 |  | 4.33 |
| 1989 | 2.83 | 2.27 | 3.17 | 2.58 | 3.38 |  | 4.48 |
| 1990 | 3.03 | 2.61 | 3.56 | 2.86 | 4.13 |  | 5.12 |
| 1991 | 3.66 | 2.86 | 3.65 | 2.90 | 4.54 |  | 5.37 |
| 1992 | 3.98 | 2.96 | 4.14 | 3.16 | 5.10 |  | 6.09 |
| 1993 | 4.45 | 3.49 | 4.99 | 3.64 | 5.30 |  | 7.32 |
| 1994 | 4.55 | 3.81 | 6.17 | 4.93 | 6.23 | 0.98 | 6.56 |
| 1995 | 5.03 | 4.67 | 7.25 | 5.32 | 7.67 | 1.23 | 8.15 |
| 1996 | 7.48 | 6.32 | 8.92 | 5.15 | 8.98 | 1.52 | 9.16 |
| 1997 | 3.14 | 5.19 | 6.06 | 5.29 | 6.20 | 1.78 | 4.78 |
| 1998 | 4.76 | 5.67 | 4.82 | 5.58 | 7.26 | 0.98 | 4.55 |
| 1999 | 4.35 | 5.49 | 4.06 | 5.01 | 6.84 | 1.19 | 5.06 |
| 2000 | 4.56 | 6.30 | 3.97 | 6.20 | 7.45 | 1.01 | 5.63 |
| 2001 | 5.10 | 6.87 | 4.36 | 6.89 | 8.06 | 1.04 | 5.79 |
| 2002 | 5.23 | 6.94 | 5.32 | 6.11 | 8.26 | 1.34 | 6.03 |
| 2003 | 5.60 | 6.94 | 5.34 | 6.30 | 8.81 | 1.43 | 6.61 |
| 2004 | 5.63 | 7.15 | 6.22 | 6.30 | 9.38 | 1.49 | 6.82 |
| 2005 | 6.32 | 8.17 | 7.06 | 6.86 | 10.17 | 1.42 | 6.40 |
| 2006 | 4.29 | 11.36 | 6.43 | 7.34 | 10.56 | 1.54 | 7.14 |
| 2007 | 4.23 | 9.90 | 5.48 | 5.89 | 8.83 | 1.55 | 6.42 |
| 2008 | 7.86 | 11.94 | 7.22 | 7.80 | 13.36 | 1.42 | 7.30 |
| 2009 | 10.57 | 12.67 | 9.24 | 9.88 | 17.48 | 1.59 | 8.74 |
| 2010 | 12.01 | 17.61 | 11.04 | 12.70 | 20.42 | 2.04 | 10.23 |
| 2011 | 13.32 | 19.54 | 12.91 | 12.63 | 19.55 | 2.32 | 11.49 |
| 2012 | 15.14 | 19.49 | 15.57 | 14.92 | 20.43 | 2.77 | 12.47 |
| 2013 | 16.19 | 18.55 | 14.34 | 13.28 | 20.62 | 2.75 | 11.09 |
| 2014 | 15.93 | 18.96 | 14.93 | 13.89 | 21.08 | 3.05 | 10.59 |
| 2015 | 16.72 | 19.38 | 14.17 | 12.91 | 20.68 | 3.13 | 10.41 |
| 2016 | 13.85 | 17.55 | 12.15 | 11.68 | 19.93 | 2.78 | 9.89 |
| 2017 | 13.80 | 17.62 | 10.39 | 10.33 | 16.86 | 2.82 | 9.75 |
| 2018 | 6.52 | 13.54 | 8.83 | 10.87 | 15.78 | 2.87 | 9.95 |
| 2019 | 3.96 | 10.94 | 7.70 | 7.84 | 12.10 | 2.76 | 8.99 |
| 2020 | 4.30 | 11.58 | 6.92 | 8.35 | 14.26 | 2.37 | 9.00 |
| 2021 | 4.94 | 10.99 | 10.90 | 9.79 | 14.70 | 2.05 | 10.34 |
| 2022 | 4.49 | 11.29 | 10.72 | 9.72 | 15.97 | 2.20 | 11.16 |
| 2023 | 4.81 | 11.32 | 10.36 | 9.64 | 14.79 | 2.25 | 11.22 |

# 21-22 主要年份邮电业务总量

单位：万元

| 年 份 | 丰 县 | 沛 县 | 睢宁县 | 新沂市 | 邳州市 | 铜山区 |
|---|---|---|---|---|---|---|
| 1978 | 53 | 66 | 65 | 67 | 72 | 72 |
| 1979 | 56 | 74 | 70 | 78 | 73 | 70 |
| 1980 | 63 | 79 | 76 | 84 | 82 | 80 |
| 1981 | 68 | 88 | 82 | 97 | 94 | 89 |
| 1982 | 69 | 92 | 82 | 101 | 97 | 95 |
| 1983 | 74 | 100 | 87 | 106 | 99 | 107 |
| 1984 | 81 | 113 | 98 | 110 | 114 | 107 |
| 1985 | 93 | 130 | 112 | 126 | 128 | 122 |
| 1986 | 97 | 148 | 119 | 148 | 142 | 128 |
| 1987 | 108 | 165 | 138 | 162 | 163 | 128 |
| 1988 | 131 | 199 | 176 | 199 | 216 | 153 |
| 1989 | 139 | 213 | 193 | 217 | 222 | 172 |
| 1990 | 325 | 483 | 430 | 477 | 480 | 206 |
| 1991 | 386 | 529 | 544 | 543 | 596 | 593 |
| 1992 | 511 | 763 | 752 | 840 | 829 | 774 |
| 1993 | 722 | 1207 | 1008 | 1259 | 1227 | 1154 |
| 1994 | 1356 | 1750 | 1598 | 1834 | 2090 | 1398 |
| 1995 | 2200 | 2594 | 2575 | 3405 | 3354 | 2335 |
| 1996 | 2994 | 3779 | 3464 | 4087 | 4463 | 3735 |
| 1997 | 4520 | 5628 | 5169 | 5614 | 6272 | 4880 |
| 1998 | 5851 | 6986 | 6756 | 7227 | 8534 | 1084 |
| 1999 | 6981 | 9140 | 8144 | 8275 | 10724 | 1164 |
| 2000 | 10487 | 14645 | 10763 | 13269 | 17517 | 1638 |
| 2001 | 10308 | 12875 | 11297 | 11784 | 16573 | 2010 |
| 2002 | 10742 | 13486 | 11767 | 11986 | 16611 | 2488 |
| 2003 | 12905 | 15924 | 13946 | 14313 | 19077 | 9207 |
| 2004 | 6234 | 8340 | 7227 | 7245 | 10789 | 11043 |
| 2005 | 7235 | 9905 | 8630 | 9111 | 12756 | 5233 |
| 2006 | 10181 | 13059 | 11904 | 11399 | 16508 | 14502 |
| 2007 | 26922 | 37403 | 33023 | 33868 | 49353 | 45696 |
| 2008 | 30719 | 38781 | 37780 | 39634 | 56284 | 58462 |
| 2009 | 40988 | 51202 | 46782 | 44708 | 59252 | 46242 |
| 2010 | 56228 | 69137 | 60394 | 60718 | 79485 | 58455 |
| 2011 | 42916 | 55635 | 49128 | 50933 | 65536 | 55410 |
| 2012 | 51983 | 64783 | 57971 | 57155 | 74320 | |
| 2013 | 153394 | 192013 | 183881 | 166383 | 235569 | |
| 2014 | 149084 | 186814 | 188957 | 171454 | 227140 | |
| 2015 | 165129 | 200653 | 205099 | 188432 | 240449 | |
| 2016 | 193859 | 222595 | 269623 | 249448 | 299179 | |
| 2017 | 142061 | 164419 | 202066 | 223788 | 222121 | |
| 2018 | 338921 | 398492 | 480852 | 503071 | 491694 | |
| 2019 | 576631 | 672766 | 784463 | 755526 | 859352 | |
| 2020 | 705183 | 817395 | 927163 | 914643 | 1075366 | |
| 2021 | 115543 | 149302 | 167992 | 215468 | 161409 | 206703 |
| 2022 | 124985 | 153124 | 175006 | 205144 | 193732 | 189319 |
| 2023 | 134778 | 168011 | 202165 | 311190 | 216442 | 190087 |

注：2006年及以前邮电业务总量中电信业务总量以电信业务收入代替。

# 21-23　主要年份年末固定电话用户

单位：户

| 年　份 | 丰　县 | 沛　县 | 睢宁县 | 新沂市 | 邳州市 | 贾汪区 | 铜山区 |
|---|---|---|---|---|---|---|---|
| 1978 | 992 | 2044 | 1517 | 1391 | 1716 | | |
| 1979 | 1110 | 2130 | 1563 | 1483 | 1809 | | |
| 1980 | 1186 | 2130 | 1674 | 1705 | 1881 | | |
| 1981 | 1250 | 2162 | 1729 | 1774 | 1898 | | |
| 1982 | 1229 | 2237 | 1799 | 2132 | 1863 | | |
| 1983 | 1152 | 2374 | 1815 | 2253 | 1917 | | |
| 1984 | 1224 | 2500 | 1907 | 2508 | 2076 | | |
| 1985 | 1353 | 2744 | 2028 | 2833 | 2310 | | |
| 1986 | 1462 | 3122 | 2167 | 2965 | 2348 | | |
| 1987 | 1547 | 3579 | 2304 | 3288 | 2611 | | |
| 1988 | 1800 | 4141 | 2625 | 3650 | 2946 | | |
| 1989 | 1961 | 5059 | 3189 | 4060 | 3418 | | |
| 1990 | 2256 | 6011 | 3659 | 4316 | 3791 | | |
| 1991 | 2848 | 6767 | 4779 | 4953 | 4502 | | |
| 1992 | 3133 | 8601 | 5393 | 7452 | 5845 | | |
| 1993 | 3627 | 11141 | 6763 | 9206 | 7883 | | |
| 1994 | 6910 | 16834 | 10704 | 11529 | 11767 | 9505 | |
| 1995 | 12173 | 22799 | 16219 | 20675 | 22594 | 9385 | |
| 1996 | 21588 | 33719 | 29817 | 39309 | 34371 | 13748 | |
| 1997 | 36893 | 53963 | 40811 | 54080 | 48738 | 18203 | |
| 1998 | 49871 | 70380 | 61097 | 75566 | 82685 | 26400 | |
| 1999 | 44267 | 59464 | 52052 | 58453 | 70343 | 23787 | |
| 2000 | 65944 | 81326 | 73890 | 80146 | 100162 | 45229 | |
| 2001 | 94810 | 106240 | 106927 | 98699 | 134368 | 59900 | |
| 2002 | 124422 | 140187 | 134598 | 129540 | 175820 | 71880 | |
| 2003 | 165988 | 187204 | 177939 | 168802 | 229143 | 68421 | 198979 |
| 2004 | 208672 | 239275 | 228993 | 209109 | 293284 | 75000 | 282600 |
| 2005 | 239468 | 275750 | 273883 | 257232 | 353097 | 78000 | 295707 |
| 2006 | 248726 | 288165 | 298558 | 266937 | 372969 | 78000 | 270251 |
| 2007 | 242158 | 235777 | 297598 | 270527 | 353257 | 111700 | 272056 |
| 2008 | 220611 | 230571 | 270364 | 237400 | 312135 | 77000 | 241018 |
| 2009 | 145540 | 167392 | 199079 | 160805 | 202749 | 56100 | 180008 |
| 2010 | 137603 | 157466 | 188348 | 150520 | 190971 | 45500 | 173708 |
| 2011 | 140462 | 197216 | 187160 | 207733 | 221426 | 61480 | 239038 |
| 2012 | 100803 | 146045 | 155666 | 132020 | 154129 | 56751 | 161416 |
| 2013 | 100036 | 146919 | 155292 | 133787 | 157783 | 55048 | 170089 |
| 2014 | 88545 | 146269 | 146843 | 120367 | 144323 | 55680 | 154977 |
| 2015 | 82152 | 113449 | 128151 | 100704 | 130520 | 46674 | 133088 |
| 2016 | 79027 | 99583 | 115086 | 91685 | 113514 | 46357 | 121435 |
| 2017 | 72952 | 90954 | 110607 | 85811 | 108390 | 46708 | 113004 |
| 2018 | 65510 | 75410 | 91041 | 75910 | 91781 | 37756 | 93262 |
| 2019 | 62283 | 72876 | 87369 | 73860 | 90118 | 34755 | 93089 |
| 2020 | 57842 | 66430 | 76617 | 69451 | 83913 | 34424 | 85219 |
| 2021 | 56128 | 62917 | 73224 | 67316 | 80312 | 32927 | 80047 |
| 2022 | 55698 | 62974 | 72969 | 66112 | 80947 | 33676 | 75154 |
| 2023 | 55951 | 59076 | 68344 | 63819 | 77534 | 33724 | 72842 |

# 21-24 主要年份社会消费品零售总额

单位：万元

| 年份 | 丰县 | 沛县 | 睢宁县 | 新沂市 | 邳州市 | 铜山区 |
|---|---|---|---|---|---|---|
| 1978 | 5581 | 6587 | 7448 | 6594 | 7799 | 11569 |
| 1979 | 6981 | 8136 | 9037 | 7842 | 10096 | 12704 |
| 1980 | 8962 | 9357 | 10741 | 8968 | 12282 | 13144 |
| 1981 | 10167 | 10934 | 11616 | 10625 | 13140 | 14478 |
| 1982 | 11883 | 12036 | 12343 | 12169 | 14186 | 16486 |
| 1983 | 12191 | 13541 | 13945 | 13490 | 15083 | 18637 |
| 1984 | 14000 | 16071 | 16575 | 14216 | 17547 | 21802 |
| 1985 | 18465 | 19762 | 21199 | 18869 | 22883 | 27613 |
| 1986 | 20579 | 22168 | 23307 | 22833 | 26869 | 32365 |
| 1987 | 23555 | 26658 | 25849 | 25821 | 29582 | 37441 |
| 1988 | 28620 | 31213 | 30628 | 30630 | 35904 | 43827 |
| 1989 | 31599 | 33343 | 31893 | 31650 | 38837 | 44445 |
| 1990 | 32267 | 32521 | 31685 | 32118 | 40060 | 42464 |
| 1991 | 32403 | 34096 | 31180 | 32383 | 41918 | 49490 |
| 1992 | 34137 | 34653 | 32052 | 33724 | 45431 | 51984 |
| 1993 | 39286 | 48316 | 37241 | 40875 | 52642 | 65149 |
| 1994 | 54753 | 62427 | 52309 | 59092 | 69494 | 65539 |
| 1995 | 76628 | 87384 | 65071 | 78931 | 88684 | 87294 |
| 1996 | 96019 | 109143 | 75347 | 95041 | 116576 | 115137 |
| 1997 | 109373 | 123898 | 80597 | 106335 | 130511 | 134922 |
| 1998 | 119663 | 133896 | 79174 | 114572 | 135925 | 141444 |
| 1999 | 127942 | 143384 | 81994 | 124354 | 149811 | 157831 |
| 2000 | 139713 | 162239 | 85449 | 136286 | 169796 | 170837 |
| 2001 | 159646 | 180726 | 97083 | 153277 | 197733 | 189870 |
| 2002 | 182908 | 201892 | 134289 | 172292 | 225800 | 211192 |
| 2003 | 181997 | 200709 | 151811 | 192980 | 257637 | 207374 |
| 2004 | 201488 | 367907 | 247115 | 241684 | 313187 | 297601 |
| 2005 | 228558 | 419797 | 280748 | 274815 | 358288 | 337518 |
| 2006 | 265589 | 488739 | 326122 | 319740 | 418897 | 392774 |
| 2007 | 309891 | 574359 | 381643 | 375052 | 494230 | 461524 |
| 2008 | 395049 | 740453 | 485889 | 480608 | 653838 | 607362 |
| 2009 | 453699 | 852994 | 558360 | 552357 | 753088 | 701373 |
| 2010 | 540425 | 978458 | 668732 | 651335 | 896320 | 925358 |
| 2011 | 655798 | 1169794 | 809290 | 788659 | 1072387 | 1095131 |
| 2012 | 735686 | 1334827 | 914236 | 891817 | 1223647 | 1249094 |
| 2013 | 836334 | 1517445 | 1041135 | 1012947 | 1392273 | 1421227 |
| 2014 | 1237639 | 2014108 | 1463688 | 1422767 | 2074610 | 1994499 |
| 2015 | 1400816 | 2281676 | 1665468 | 1614628 | 2348136 | 2259462 |
| 2016 | 1584990 | 2577104 | 1884438 | 1831753 | 2659207 | 2540728 |
| 2017 | 1780776 | 2898009 | 2117179 | 2061649 | 2990277 | 2857107 |
| 2018 | 2760870 | 4365553 | 4447178 | 3023899 | 3323671 | 4365581 |
| 2019 | 2884611 | 4561391 | 4673957 | 3173780 | 3481758 | 4571503 |
| 2020 | 2600477 | 4276304 | 4222921 | 2867510 | 3326820 | 4130353 |
| 2021 | 3189484 | 5634031 | 5175189 | 3683317 | 4086998 | 4654043 |
| 2022 | 3012069 | 5974451 | 4648469 | 3929729 | 4359552 | 4937130 |
| 2023 | 3236468 | 6497215 | 4999429 | 4242143 | 4871799 | 5413564 |

注：1992-2018 年数据根据第四次经济普查数据进行修订。

# 21-25 主要年份进出口总额

单位：万美元

| 年 份 | 丰 县 | 沛 县 | 睢宁县 | 新沂市 | 邳州市 | 贾汪区 | 铜山区 |
|---|---|---|---|---|---|---|---|
| 1990 | | 8 | 6 | 30 | | | |
| 1991 | | 10 | 8 | 20 | | | |
| 1992 | 34 | 13 | 8 | 0 | | | |
| 1993 | 85 | 14 | 10 | 54 | 23 | | 338 |
| 1994 | 42 | 23 | 11 | 65 | 322 | | 31 |
| 1995 | 27 | 300 | 28 | 331 | 311 | | 249 |
| 1996 | 197 | 762 | 45 | 901 | 961 | | 1375 |
| 1997 | 653 | 1150 | 231 | 1365 | 706 | | 3683 |
| 1998 | 965 | 1276 | 87 | 1625 | 733 | | 3667 |
| 1999 | 370 | 2803 | 89 | 620 | 674 | 142 | 2490 |
| 2000 | 431 | 479 | 194 | 1898 | 864 | 174 | 2260 |
| 2001 | 317 | 220 | 267 | 2060 | 1193 | 340 | 2945 |
| 2002 | 341 | 285 | 530 | 2066 | 2988 | 570 | 4098 |
| 2003 | 637 | 395 | 560 | 3286 | 4718 | 782 | 5129 |
| 2004 | 1078 | 648 | 789 | 5362 | 10183 | 1290 | 6710 |
| 2005 | 1474 | 1172 | 3207 | 5640 | 14823 | 1513 | 6240 |
| 2006 | 2820 | 1789 | 6819 | 9105 | 25423 | 1675 | 6733 |
| 2007 | 3200 | 2726 | 10968 | 11948 | 35162 | 2120 | 10892 |
| 2008 | 4035 | 3975 | 8499 | 17029 | 40221 | 2617 | 13642 |
| 2009 | 3796 | 4579 | 5697 | 17334 | 41446 | 8470 | 10242 |
| 2010 | 7272 | 8611 | 20323 | 25099 | 66931 | 14317 | 15351 |
| 2011 | 11144 | 28753 | 35640 | 28306 | 101286 | 27316 | 32847 |
| 2012 | 17117 | 37646 | 72170 | 42985 | 144313 | 40450 | 56047 |
| 2013 | 18257 | 26715 | 71846 | 52246 | 73142 | 27834 | 77734 |
| 2014 | 16556 | 34851 | 47506 | 42862 | 87554 | 18222 | 86207 |
| 2015 | 9983 | 31786 | 55620 | 40540 | 94725 | 12220 | 60458 |
| 2016 | 14581 | 33040 | 73116 | 45808 | 103161 | 30646 | 37207 |
| 2017 | 157143 | 325279 | 363090 | 454582 | 791845 | 68076 | 495313 |
| 2018 | 538336 | 451804 | 510284 | 818996 | 1012360 | 335528 | 941432 |
| 2019 | 666725 | 525806 | 565028 | 921116 | 1277787 | 374191 | 1170437 |
| 2020 | 699197 | 960947 | 662799 | 1093022 | 1295346 | 380675 | 1323875 |
| 2021 | 741990 | 808212 | 789026 | 1351399 | 1494140 | 480409 | 1401248 |
| 2022 | 220512 | 966558 | 650819 | 932310 | 1252260 | 422220 | 1302162 |
| 2023 | 228341 | 725472 | 349906 | 1053396 | 1730545 | 387393 | 1326421 |

注：2017年及以后进出口总额为人民币口径，单位万元。

# 21-26 主要年份出口总额

单位：万美元

| 年份 | 丰县 | 沛县 | 睢宁县 | 新沂市 | 邳州市 | 贾汪区 | 铜山区 |
|---|---|---|---|---|---|---|---|
| 1990 | | 8 | 6 | 30 | | | |
| 1991 | | 10 | 8 | 20 | | | |
| 1992 | 34 | 13 | 8 | 0 | | | |
| 1993 | 85 | 14 | 10 | 54 | 23 | | 338 |
| 1994 | 42 | 23 | 11 | 65 | 322 | 485 | 31 |
| 1995 | 27 | 300 | 28 | 241 | 311 | 229 | 249 |
| 1996 | 197 | 762 | 45 | 870 | 961 | 577 | 1375 |
| 1997 | 653 | 1150 | 231 | 1295 | 706 | 1093 | 2697 |
| 1998 | 965 | 1276 | 67 | 1592 | 733 | 1200 | 3099 |
| 1999 | 370 | 2803 | 55 | 435 | 674 | 142 | 1448 |
| 2000 | 431 | 479 | 180 | 1429 | 864 | 174 | 1743 |
| 2001 | 317 | 211 | 162 | 950 | 1193 | 183 | 2310 |
| 2002 | 341 | 285 | 224 | 1429 | 2988 | 488 | 3268 |
| 2003 | 637 | 395 | 402 | 2252 | 4718 | 626 | 3911 |
| 2004 | 910 | 648 | 321 | 3531 | 10183 | 961 | 5411 |
| 2005 | 1305 | 595 | 1067 | 4107 | 14745 | 1096 | 4852 |
| 2006 | 2299 | 1298 | 1837 | 4680 | 25323 | 1358 | 5084 |
| 2007 | 3061 | 2685 | 1718 | 6952 | 33854 | 1982 | 8599 |
| 2008 | 3796 | 3542 | 1393 | 13060 | 37504 | 2500 | 10484 |
| 2009 | 3270 | 3634 | 1381 | 9906 | 39032 | 6934 | 7572 |
| 2010 | 6405 | 8238 | 10492 | 15449 | 64123 | 9033 | 11810 |
| 2011 | 10392 | 28383 | 22524 | 22546 | 97937 | 10798 | 27458 |
| 2012 | 17078 | 36914 | 48893 | 25074 | 140206 | 13871 | 51791 |
| 2013 | 17128 | 25933 | 47421 | 38851 | 65695 | 13191 | 71981 |
| 2014 | 16205 | 33596 | 29202 | 22758 | 72499 | 13144 | 73789 |
| 2015 | 9945 | 31210 | 40938 | 20847 | 82024 | 11177 | 50571 |
| 2016 | 12611 | 31502 | 61370 | 29846 | 91605 | 29989 | 30257 |
| 2017 | 113165 | 314621 | 295680 | 344643 | 727233 | 36728 | 446144 |
| 2018 | 246950 | 431338 | 448447 | 734003 | 953841 | 320590 | 895590 |
| 2019 | 588591 | 493489 | 460856 | 785370 | 1154879 | 371208 | 1078504 |
| 2020 | 643624 | 748198 | 626020 | 876668 | 1210444 | 378537 | 1160224 |
| 2021 | 690757 | 705812 | 686494 | 1005355 | 1350010 | 433655 | 1268252 |
| 2022 | 176014 | 902708 | 605917 | 538948 | 1133394 | 409555 | 1238328 |
| 2023 | 210763 | 678834 | 282245 | 512451 | 1668000 | 369545 | 1238814 |

注：自 2017 年起出口总额为人民币口径，单位万元。

# 21-27 主要年份实际使用外资

单位：万美元

| 年份 | 丰县 | 沛县 | 睢宁县 | 新沂市 | 邳州市 | 贾汪区 | 铜山区 |
|---|---|---|---|---|---|---|---|
| 1990 | | 58 | | | 10 | | |
| 1991 | | 61 | | 143 | | | 19 |
| 1992 | 531 | 62 | 29 | 44 | 52 | | 154 |
| 1993 | | 142 | 127 | 528 | 150 | | |
| 1994 | 112 | 330 | 47 | 711 | 265 | 20 | 552 |
| 1995 | 23 | 316 | 659 | 1067 | 70 | 262 | 1734 |
| 1996 | 520 | 878 | 604 | 608 | 820 | 453 | 1544 |
| 1997 | 42 | 632 | 253 | 717 | 118 | 767 | 878 |
| 1998 | 426 | 759 | 91 | 762 | 280 | 881 | 1294 |
| 1999 | 377 | 821 | 10 | 143 | 15 | 633 | 1624 |
| 2000 | 3477 | 5240 | 1164 | 453 | 464 | 777 | 3448 |
| 2001 | 1843 | 1345 | 881 | 913 | 784 | 118 | 2360 |
| 2002 | 1518 | 1840 | 1242 | 1828 | 2586 | 811 | 2458 |
| 2003 | 2129 | 3110 | 1750 | 1945 | 4030 | 1497 | 3817 |
| 2004 | 701 | 2037 | 1998 | 2859 | 4811 | 2771 | 3254 |
| 2005 | 453 | 793 | 1698 | 914 | 3337 | 1000 | 3709 |
| 2006 | 669 | 1813 | 385 | 1197 | 3940 | 520 | 3006 |
| 2007 | 119 | 955 | 1310 | 1930 | 3910 | 1941 | 4279 |
| 2008 | 482 | 2394 | 1134 | 1326 | 3012 | 1700 | 6073 |
| 2009 | 1098 | 1981 | 2667 | 2604 | 6653 | 2816 | 8080 |
| 2010 | 3548 | 8186 | 5351 | 4214 | 4227 | 5073 | 5013 |
| 2011 | 4240 | 10677 | 10472 | 6599 | 16734 | 7336 | 16287 |
| 2012 | 6889 | 17022 | 12932 | 18450 | 17991 | 7071 | 10225 |
| 2013 | 13288 | 9444 | 11177 | 6240 | 25193 | 5574 | 20099 |
| 2014 | 10016 | 7174 | 12239 | 3390 | 18803 | 4102 | 22040 |
| 2015 | 5093 | 8306 | 10609 | 661 | 18802 | 416 | 6524 |
| 2016 | 4121 | 13038 | 11068 | 9993 | 18344 | 7263 | 14924 |
| 2017 | 7332 | 17282 | 9899 | 17281 | 20308 | 7842 | 22732 |
| 2018 | 8019 | 19424 | 13688 | 27169 | 23352 | 21423 | 36301 |
| 2019 | 8825 | 18571 | 14937 | 34001 | 26625 | 10042 | 29430 |
| 2020 | 10719 | 20037 | 14724 | 20822 | 29320 | 6981 | 25837 |
| 2021 | 15040 | 22607 | 14768 | 23120 | 32385 | 7444 | 31584 |
| 2022 | 2159 | 13701 | 7939 | 8840 | 19014 | 2923 | 19209 |
| 2023 | 19 | 597 | 2186 | 3241 | 2350 | 596 | 7514 |

# 21-28　主要年份金融机构存款余额

（年底数）　　　　单位：万元

| 年　份 | 丰　县 | 沛　县 | 睢宁县 | 新沂市 | 邳州市 | 铜山区 |
|---|---|---|---|---|---|---|
| 1978 | 1837 | 3136 | 1444 | 2316 | 3106 | 5345 |
| 1979 | 2399 | 3284 | | 3120 | 3100 | 4902 |
| 1980 | 2875 | 4200 | | 4069 | 1961 | 9832 |
| 1981 | 5022 | 6940 | 4877 | 5027 | 6553 | 14116 |
| 1982 | 5088 | 7023 | 4838 | 6008 | 6372 | 20008 |
| 1983 | 6797 | 10208 | 6141 | 7317 | 8638 | 22421 |
| 1984 | 8901 | 14301 | 8842 | 8902 | 13061 | 29211 |
| 1985 | 9533 | 15979 | 8953 | 7778 | 12967 | 27026 |
| 1986 | 14755 | 23518 | 13134 | 13392 | 18106 | 36338 |
| 1987 | 21314 | 31463 | 15096 | 16638 | 23157 | 42162 |
| 1988 | 33930 | 50916 | 26576 | 24604 | 38244 | 101302 |
| 1989 | 41592 | 54235 | 30909 | 28825 | 45297 | 101385 |
| 1990 | 45540 | 72942 | 30578 | 37086 | 51235 | 130105 |
| 1991 | 58389 | 91595 | 43924 | 44799 | 63715 | 163671 |
| 1992 | 68038 | 109118 | 56667 | 53151 | 76573 | 191854 |
| 1993 | 82111 | 138413 | 69903 | 65805 | 98074 | 235212 |
| 1994 | 101203 | 177476 | 89463 | 84266 | 133823 | 227397 |
| 1995 | 126259 | 228300 | 108597 | 114259 | 170289 | 299449 |
| 1996 | 160051 | 282481 | 129704 | 144377 | 212096 | 397126 |
| 1997 | 184294 | 334381 | 155819 | 172473 | 265491 | 466258 |
| 1998 | 202842 | 375402 | 176429 | 189829 | 290241 | 479798 |
| 1999 | 214309 | 399968 | 195967 | 200851 | 327727 | 447114 |
| 2000 | 234947 | 435149 | 232361 | 211738 | 376325 | |
| 2001 | 267706 | 515503 | 277154 | 238487 | 416461 | |
| 2002 | 313444 | 591085 | 328267 | 286770 | 465173 | |
| 2003 | 342292 | 650666 | 376152 | 339602 | 531812 | 782659 |
| 2004 | 381379 | 766597 | 450926 | 401685 | 640338 | 1005189 |
| 2005 | 464517 | 894761 | 541638 | 459154 | 714438 | 1227538 |
| 2006 | 579389 | 1022218 | 648257 | 542146 | 832182 | 1448235 |
| 2007 | 685879 | 1160059 | 748577 | 634831 | 965045 | 1673637 |
| 2008 | 818346 | 1449307 | 874589 | 762853 | 1117426 | 2102891 |
| 2009 | 1012609 | 1802697 | 1203225 | 1022393 | 1412470 | 2713274 |
| 2010 | 1237618 | 2105658 | 1552054 | 1367829 | 1777676 | 3500298 |
| 2011 | 1456157 | 2464859 | 1868564 | 1580320 | 2053286 | 3757705 |
| 2012 | 1744220 | 2929076 | 2155969 | 1800078 | 2514837 | |
| 2013 | 2058711 | 3231849 | 2446515 | 2181317 | 2976061 | |
| 2014 | 2398365 | 3365344 | 2827866 | 2353682 | 3463384 | |
| 2015 | 2973594 | 3788786 | 3299813 | 2658207 | 4117882 | |
| 2016 | 3541443 | 4541010 | 4018965 | 3869686 | 5253351 | |
| 2017 | 3833062 | 5125386 | 4841221 | 4444041 | 6018152 | |
| 2018 | 4409677 | 5545112 | 5585677 | 4709802 | 6440412 | |
| 2019 | 4878736 | 6006997 | 5961607 | 5095014 | 6955325 | |
| 2020 | 5690462 | 6655215 | 6681164 | 5734984 | 7784238 | |
| 2021 | 6168054 | 7187247 | 7184304 | 6082125 | 8495814 | |
| 2022 | 6592505 | 8080743 | 7627484 | 6829113 | 9181312 | |
| 2023 | 7583490 | 9225726 | 8741099 | 7810593 | 10892552 | |

# 21-29　主要年份金融机构贷款余额

（年底数）　　　　单位：万元

| 年　份 | 丰　县 | 沛　县 | 睢宁县 | 新沂市 | 邳州市 | 铜山区 |
|---|---|---|---|---|---|---|
| 1978 | 5797 | 5147 | 7513 | 6539 | 7389 | 7531 |
| 1979 | 6557 | 6056 | | 9046 | 8416 | 507 |
| 1980 | 8608 | 8320 | | 11117 | 5693 | 11041 |
| 1981 | 10657 | 10164 | 14950 | 12047 | 12502 | 14552 |
| 1982 | 11838 | 11047 | 16873 | 12806 | 13666 | 18971 |
| 1983 | 14961 | 14973 | 18659 | 15731 | 17608 | 23631 |
| 1984 | 22800 | 20272 | 26554 | 20597 | 23621 | 33537 |
| 1985 | 23955 | 21811 | 26556 | 21967 | 24260 | 30849 |
| 1986 | 23619 | 25493 | 30139 | 25202 | 28473 | 34318 |
| 1987 | 30051 | 34615 | 35710 | 27659 | 35065 | 43078 |
| 1988 | 40078 | 42129 | 42454 | 33682 | 45529 | 72414 |
| 1989 | 42760 | 48419 | 45644 | 39567 | 51291 | 30092 |
| 1990 | 54344 | 60156 | 48158 | 47492 | 63296 | 97147 |
| 1991 | 68054 | 75465 | 65786 | 60662 | 78020 | 122990 |
| 1992 | 71953 | 87955 | 72499 | 70518 | 82859 | 137975 |
| 1993 | 83172 | 104424 | 81590 | 82763 | 93846 | 165564 |
| 1994 | 101478 | 123824 | 101536 | 99263 | 119778 | 172538 |
| 1995 | 122433 | 156109 | 119301 | 116298 | 146597 | 229780 |
| 1996 | 139456 | 199805 | 127800 | 144036 | 165083 | 288921 |
| 1997 | 162500 | 270044 | 154744 | 194145 | 210939 | 340406 |
| 1998 | 177176 | 290329 | 174750 | 214116 | 228154 | 389318 |
| 1999 | 185233 | 300287 | 169663 | 211732 | 232973 | 356499 |
| 2000 | 172863 | 290188 | 143036 | 192087 | 221341 | |
| 2001 | 186201 | 302386 | 158528 | 200594 | 358097 | |
| 2002 | 186511 | 317655 | 175184 | 208252 | 416690 | |
| 2003 | 196355 | 378965 | 193408 | 243692 | 461613 | 541456 |
| 2004 | 180528 | 372238 | 201152 | 269633 | 500891 | 586723 |
| 2005 | 190997 | 344037 | 217166 | 275663 | 495003 | 630614 |
| 2006 | 245075 | 357974 | 271389 | 353228 | 567831 | 721496 |
| 2007 | 238736 | 347166 | 312390 | 435818 | 619833 | 873131 |
| 2008 | 289367 | 346410 | 369949 | 539993 | 679753 | 990968 |
| 2009 | 466892 | 520922 | 593081 | 842694 | 975664 | 1471172 |
| 2010 | 638501 | 706312 | 808866 | 1067845 | 1241637 | 2075650 |
| 2011 | 848770 | 892845 | 982607 | 1304818 | 1498377 | 2426655 |
| 2012 | 966398 | 1087704 | 1172305 | 1571333 | 1889226 | |
| 2013 | 1146818 | 1417916 | 1392059 | 1862149 | 2260353 | |
| 2014 | 1280908 | 1573277 | 1693980 | 2020852 | 2713875 | |
| 2015 | 1474972 | 1873874 | 1926127 | 2218496 | 3195690 | |
| 2016 | 1773131 | 2225951 | 2243856 | 2463821 | 3661281 | |
| 2017 | 2118672 | 2690136 | 2816990 | 2800329 | 4275196 | |
| 2018 | 2404360 | 3155727 | 3282101 | 3328841 | 4881429 | |
| 2019 | 2785774 | 3682800 | 3854604 | 3830482 | 5458747 | |
| 2020 | 3641227 | 4551584 | 4638024 | 4748113 | 6700424 | |
| 2021 | 4596609 | 5607172 | 5817930 | 5976727 | 7886082 | |
| 2022 | 5545296 | 6516116 | 6807094 | 7317631 | 9386676 | |
| 2023 | 6713045 | 7935084 | 8187048 | 9130187 | 11924285 | |

# 21-30　主要年份各类专业技术人员

单位：万人

| 年　份 | 丰　县 | 沛　县 | 睢宁县 | 新沂市 | 邳州市 | 贾汪区 | 铜山区 |
|---|---|---|---|---|---|---|---|
| 1978 | 0.24 | 0.21 | 0.16 | 0.18 | 0.25 | | 0.32 |
| 1979 | 0.27 | 0.24 | 0.18 | 0.20 | 0.27 | | 0.35 |
| 1980 | 0.29 | 0.27 | 0.21 | 0.23 | 0.30 | | 0.39 |
| 1981 | 0.32 | 0.30 | 0.24 | 0.26 | 0.33 | | 0.43 |
| 1982 | 0.36 | 0.33 | 0.27 | 0.29 | 0.36 | | 0.47 |
| 1983 | 0.39 | 0.38 | 0.30 | 0.32 | 0.39 | | 0.52 |
| 1984 | 0.43 | 0.42 | 0.34 | 0.36 | 0.43 | | 0.57 |
| 1985 | 0.44 | 0.44 | 0.41 | 0.31 | 0.51 | | 0.65 |
| 1986 | 0.45 | 0.49 | 0.44 | 0.38 | 0.50 | | 0.68 |
| 1987 | 0.55 | 0.51 | 0.52 | 0.45 | 0.57 | | 0.77 |
| 1988 | 0.65 | 0.63 | 0.63 | 0.53 | 0.66 | | 0.79 |
| 1989 | 0.78 | 0.81 | 0.87 | 0.66 | 0.84 | | 0.93 |
| 1990 | 0.82 | 0.82 | 0.91 | 0.68 | 0.89 | | 0.98 |
| 1991 | 0.97 | 0.94 | 0.92 | 0.72 | 0.99 | | 1.08 |
| 1992 | 1.00 | 0.93 | 0.98 | 0.77 | 0.85 | | 1.18 |
| 1993 | 1.01 | 1.04 | 1.04 | 0.86 | 1.08 | | 1.29 |
| 1994 | 1.01 | 1.16 | 1.04 | 0.88 | 1.12 | 0.68 | 1.12 |
| 1995 | 1.18 | 1.50 | 1.29 | 1.00 | 1.28 | 0.77 | 1.57 |
| 1996 | 1.40 | 1.56 | 1.43 | 1.43 | 1.29 | 0.86 | 1.70 |
| 1997 | 1.53 | 1.81 | 1.65 | 1.58 | 1.77 | 0.47 | 1.76 |
| 1998 | 1.58 | 2.00 | 1.79 | 1.69 | 2.05 | 0.52 | 1.83 |
| 1999 | 1.62 | 2.05 | 1.81 | 1.74 | 2.23 | 0.54 | 1.87 |
| 2000 | 1.67 | 2.16 | 1.86 | 1.91 | 2.39 | 0.60 | 1.95 |
| 2001 | 1.67 | 2.06 | 1.88 | 1.89 | 2.57 | 0.64 | 1.93 |
| 2002 | 1.71 | 2.04 | 1.76 | 1.94 | 2.46 | 0.69 | 1.86 |
| 2003 | 1.63 | 2.05 | 1.80 | 1.77 | 2.38 | 0.75 | 1.87 |
| 2004 | 1.40 | 2.87 | 1.80 | 1.65 | 2.10 | 0.80 | 1.88 |
| 2005 | 1.51 | 1.92 | 1.79 | 2.09 | 2.60 | 0.84 | 2.13 |
| 2006 | 1.83 | 3.30 | 1.83 | 2.57 | 3.29 | 0.89 | 2.59 |
| 2007 | 1.84 | 3.31 | 1.84 | 2.58 | 3.30 | 0.94 | 2.59 |
| 2008 | 2.27 | 2.51 | 2.60 | 3.39 | 2.55 | 0.98 | 2.25 |
| 2009 | 2.27 | 2.52 | 2.61 | 3.40 | 2.56 | 1.03 | 2.25 |
| 2010 | 2.53 | 2.74 | 2.74 | 3.76 | 2.79 | 1.08 | 2.65 |
| 2011 | 3.17 | 3.98 | 3.98 | 3.84 | 4.52 | 1.10 | 4.77 |
| 2012 | 3.29 | 4.08 | 4.09 | 3.96 | 4.71 | 1.15 | 4.88 |
| 2013 | 3.54 | 4.28 | 4.32 | 4.17 | 5.10 | 1.20 | 5.13 |
| 2014 | 3.83 | 4.45 | 4.50 | 4.35 | 5.38 | 1.24 | 5.86 |
| 2015 | 4.00 | 4.68 | 4.60 | 4.90 | 5.40 | 1.28 | 4.60 |
| 2016 | 4.13 | 4.92 | 4.72 | 5.03 | 5.60 | 1.34 | 4.73 |
| 2017 | 4.90 | 5.22 | 5.02 | 5.29 | 6.10 | 1.38 | 5.57 |
| 2018 | 5.30 | 5.61 | 5.42 | 5.70 | 6.55 | 1.45 | 5.93 |
| 2019 | 5.20 | 6.02 | 5.85 | 5.62 | 6.80 | 1.54 | 6.33 |
| 2020 | 5.31 | 6.38 | 6.12 | 5.76 | 7.20 | 1.65 | 5.96 |
| 2021 | 3.82 | 6.19 | 7.06 | 6.18 | 6.41 | 3.38 | 7.35 |
| 2022 | 4.01 | 6.98 | 7.23 | 6.38 | 6.64 | 3.44 | 8.34 |
| 2023 | 4.16 | 7.35 | 7.38 | 6.58 | 6.89 | 3.51 | 8.86 |

注：2013 年及以后各类专业技术人员口径调整，仅含国有、集体口径。

# 21-31 主要年份普通中学在校学生

单位：万人

| 年份 | 丰县 | 沛县 | 睢宁县 | 新沂市 | 邳州市 | 贾汪区 | 铜山区 |
|---|---|---|---|---|---|---|---|
| 1978 | 9.57 | 5.64 | 5.54 | 4.21 | 6.52 | | 7.31 |
| 1979 | 8.45 | 5.28 | 5.00 | 4.02 | 5.48 | | 6.34 |
| 1980 | 7.69 | 4.32 | 4.61 | 3.80 | 4.40 | | 5.74 |
| 1981 | 4.28 | 4.18 | 3.88 | 3.16 | 3.60 | | 5.45 |
| 1982 | 4.05 | 3.75 | 3.52 | 3.09 | 3.51 | | 5.45 |
| 1983 | 3.73 | 3.61 | 3.39 | 3.13 | 4.01 | | 5.71 |
| 1984 | 3.71 | 3.65 | 3.57 | 3.06 | 4.08 | | 6.18 |
| 1985 | 4.00 | 3.88 | 3.95 | 3.47 | 4.44 | | 6.77 |
| 1986 | 4.16 | 4.16 | 4.24 | 3.57 | 5.31 | | 6.98 |
| 1987 | 4.16 | 4.28 | 4.11 | 3.43 | 5.18 | | 6.90 |
| 1988 | 3.94 | 4.32 | 3.84 | 3.31 | 5.10 | | 6.73 |
| 1989 | 3.90 | 4.50 | 3.82 | 3.23 | 5.15 | | 6.96 |
| 1990 | 3.69 | 4.15 | 3.72 | 3.02 | 5.15 | | 7.45 |
| 1991 | 3.20 | 3.79 | 3.48 | 3.22 | 5.50 | | 7.71 |
| 1992 | 3.31 | 3.89 | 3.61 | 3.38 | 5.51 | | 7.74 |
| 1993 | 3.41 | 4.20 | 3.76 | 3.51 | 5.84 | | 7.89 |
| 1994 | 4.06 | 5.49 | 4.20 | 3.57 | 6.73 | 1.75 | 6.56 |
| 1995 | 4.72 | 6.30 | 4.85 | 3.95 | 7.80 | 2.35 | 7.29 |
| 1996 | 5.28 | 7.05 | 5.66 | 4.49 | 7.67 | 2.55 | 8.18 |
| 1997 | 5.84 | 7.00 | 6.10 | 5.15 | 7.08 | 2.68 | 8.76 |
| 1998 | 6.25 | 7.22 | 6.73 | 5.70 | 7.67 | 2.74 | 9.53 |
| 1999 | 6.65 | 7.65 | 7.23 | 6.14 | 8.96 | 2.61 | 9.04 |
| 2000 | 7.14 | 8.06 | 7.82 | 5.89 | 10.85 | 2.38 | 8.21 |
| 2001 | 7.59 | 8.51 | 8.94 | 7.72 | 12.15 | 3.03 | 8.21 |
| 2002 | 8.20 | 9.45 | 10.24 | 8.84 | 13.94 | 3.63 | 9.53 |
| 2003 | 8.83 | 10.69 | 11.62 | 9.71 | 15.86 | 3.50 | 11.30 |
| 2004 | 9.42 | 11.49 | 12.62 | 9.97 | 15.80 | 4.28 | 11.92 |
| 2005 | 9.69 | 11.78 | 12.54 | 9.48 | 15.18 | 3.91 | 10.26 |
| 2006 | 10.17 | 11.34 | 12.21 | 8.83 | 13.94 | 3.37 | 10.29 |
| 2007 | 10.47 | 10.63 | 11.55 | 7.93 | 12.61 | 3.19 | 9.60 |
| 2008 | 10.12 | 9.93 | 10.95 | 6.93 | 11.27 | 2.92 | 8.28 |
| 2009 | 8.99 | 8.57 | 10.00 | 5.78 | 10.02 | 2.64 | 7.01 |
| 2010 | 7.94 | 7.17 | 8.95 | 4.72 | 9.00 | 2.31 | 5.85 |
| 2011 | 6.72 | 5.97 | 8.34 | 4.08 | 8.20 | 2.09 | 4.68 |
| 2012 | 5.80 | 5.25 | 7.42 | 3.85 | 7.94 | 1.90 | 4.35 |
| 2013 | 4.87 | 3.94 | 6.29 | 3.40 | 7.04 | 1.71 | 4.23 |
| 2014 | 4.45 | 3.72 | 5.73 | 3.20 | 6.87 | 1.59 | 4.12 |
| 2015 | 4.18 | 3.58 | 5.05 | 3.13 | 6.90 | 1.56 | 4.12 |
| 2016 | 4.27 | 3.74 | 4.72 | 3.58 | 7.49 | 1.51 | 4.37 |
| 2017 | 4.38 | 4.16 | 4.79 | 4.52 | 8.58 | 1.61 | 5.17 |
| 2018 | 4.69 | 4.92 | 5.17 | 5.73 | 9.91 | 1.85 | 5.70 |
| 2019 | 5.10 | 5.83 | 5.82 | 6.94 | 11.40 | 2.17 | 6.65 |
| 2020 | 5.85 | 6.79 | 6.61 | 7.98 | 12.77 | 2.55 | 7.48 |
| 2021 | 6.38 | 7.54 | 7.42 | 8.62 | 13.97 | 2.90 | 7.91 |
| 2022 | 6.84 | 7.96 | 8.23 | 8.98 | 14.50 | 3.30 | 8.44 |
| 2023 | 7.14 | 8.24 | 8.64 | 9.02 | 14.65 | 3.32 | 8.63 |

# 21-32 主要年份小学在校学生

单位：万人

| 年 份 | 丰 县 | 沛 县 | 睢宁县 | 新沂市 | 邳州市 | 贾汪区 | 铜山区 |
|---|---|---|---|---|---|---|---|
| 1978 | 8.85 | 13.91 | 14.47 | 12.32 | 16.60 | | 21.36 |
| 1979 | 9.72 | 13.61 | 14.57 | 12.34 | 18.80 | | 21.67 |
| 1980 | 9.99 | 12.86 | 14.11 | 12.50 | 17.17 | | 22.34 |
| 1981 | 12.75 | 12.67 | 12.96 | 11.61 | 16.29 | | 21.26 |
| 1982 | 12.09 | 12.15 | 12.59 | 10.68 | 15.52 | | 20.58 |
| 1983 | 11.97 | 11.82 | 13.21 | 10.55 | 16.82 | | 19.96 |
| 1984 | 11.67 | 11.59 | 12.45 | 10.27 | 16.84 | | 19.65 |
| 1985 | 11.29 | 11.14 | 12.23 | 9.72 | 16.38 | | 19.63 |
| 1986 | 10.92 | 10.82 | 12.15 | 9.32 | 16.10 | | 18.67 |
| 1987 | 10.57 | 11.18 | 11.84 | 9.28 | 15.53 | | 17.41 |
| 1988 | 10.38 | 11.48 | 11.50 | 9.10 | 14.51 | | 16.93 |
| 1989 | 10.55 | 11.75 | 11.30 | 9.21 | 14.30 | | 16.84 |
| 1990 | 10.40 | 12.66 | 12.19 | 9.58 | 15.03 | | 16.87 |
| 1991 | 11.35 | 14.01 | 13.15 | 10.00 | 15.45 | | 17.80 |
| 1992 | 11.56 | 14.31 | 13.78 | 10.59 | 16.51 | | 18.73 |
| 1993 | 11.76 | 14.34 | 13.90 | 11.41 | 17.61 | | 19.56 |
| 1994 | 12.30 | 14.79 | 15.05 | 12.46 | 19.09 | 5.33 | 15.04 |
| 1995 | 12.73 | 15.32 | 16.43 | 13.51 | 21.12 | 5.65 | 15.94 |
| 1996 | 13.24 | 15.94 | 17.50 | 14.72 | 24.18 | 5.93 | 16.51 |
| 1997 | 13.86 | 16.69 | 19.13 | 15.79 | 27.42 | 6.37 | 17.46 |
| 1998 | 14.38 | 17.41 | 20.29 | 16.00 | 27.95 | 6.49 | 17.98 |
| 1999 | 14.56 | 17.96 | 20.33 | 14.89 | 27.29 | 6.32 | 17.77 |
| 2000 | 14.69 | 17.82 | 20.17 | 13.92 | 25.05 | 6.35 | 18.29 |
| 2001 | 14.90 | 17.68 | 19.32 | 12.89 | 22.25 | 5.92 | 17.16 |
| 2002 | 14.55 | 16.46 | 17.96 | 11.43 | 19.39 | 5.18 | 15.51 |
| 2003 | 13.53 | 14.73 | 16.04 | 9.60 | 16.15 | 4.32 | 13.37 |
| 2004 | 12.24 | 12.70 | 13.95 | 7.97 | 13.47 | 3.65 | 11.01 |
| 2005 | 10.83 | 10.59 | 12.27 | 7.00 | 11.78 | 3.31 | 8.09 |
| 2006 | 9.63 | 8.73 | 10.97 | 6.21 | 11.21 | 3.07 | 6.89 |
| 2007 | 8.32 | 7.42 | 9.88 | 5.78 | 10.70 | 3.10 | 5.90 |
| 2008 | 7.11 | 6.78 | 8.62 | 4.96 | 10.68 | 2.94 | 5.36 |
| 2009 | 6.43 | 6.37 | 7.60 | 4.88 | 11.17 | 2.83 | 5.22 |
| 2010 | 6.34 | 6.53 | 7.19 | 5.37 | 11.87 | 2.73 | 5.53 |
| 2011 | 6.50 | 6.98 | 7.54 | 6.25 | 12.82 | 2.69 | 6.30 |
| 2012 | 6.81 | 7.70 | 7.85 | 7.44 | 14.18 | 2.92 | 7.31 |
| 2013 | 7.02 | 7.75 | 7.24 | 8.55 | 14.58 | 2.98 | 8.56 |
| 2014 | 7.81 | 8.96 | 8.17 | 10.09 | 16.53 | 3.36 | 10.09 |
| 2015 | 8.52 | 10.02 | 9.44 | 11.42 | 18.19 | 3.91 | 11.57 |
| 2016 | 8.93 | 10.76 | 10.26 | 12.21 | 19.18 | 3.99 | 12.70 |
| 2017 | 9.33 | 11.36 | 10.82 | 12.32 | 19.32 | 4.54 | 13.30 |
| 2018 | 9.50 | 11.52 | 11.31 | 12.07 | 19.08 | 4.64 | 13.00 |
| 2019 | 9.46 | 11.34 | 11.63 | 11.45 | 18.22 | 4.60 | 12.91 |
| 2020 | 9.12 | 11.01 | 11.50 | 10.76 | 16.86 | 4.47 | 12.53 |
| 2021 | 8.71 | 10.51 | 11.03 | 10.07 | 15.36 | 4.29 | 11.16 |
| 2022 | 8.29 | 10.00 | 10.50 | 9.39 | 14.13 | 4.08 | 10.57 |
| 2023 | 8.02 | 9.55 | 9.99 | 8.88 | 13.01 | 3.94 | 10.10 |

# 21-33 主要年份卫生机构数

单位：个

| 年　份 | 丰　县 | 沛　县 | 睢宁县 | 新沂市 | 邳州市 | 贾汪区 | 铜山区 |
|---|---|---|---|---|---|---|---|
| 1978 | 50 | 28 | 15 | 51 | 44 | | 46 |
| 1979 | 50 | 28 | 15 | 51 | 46 | | 46 |
| 1980 | 51 | 57 | 58 | 62 | 70 | | 98 |
| 1981 | 59 | 66 | 69 | 67 | 76 | | 102 |
| 1982 | 64 | 66 | 69 | 65 | 76 | | 105 |
| 1983 | 64 | 71 | 71 | 77 | 74 | | 96 |
| 1984 | 67 | 70 | 72 | 76 | 73 | | 96 |
| 1985 | 71 | 70 | 74 | 77 | 73 | | 101 |
| 1986 | 74 | 70 | 73 | 62 | 72 | | 96 |
| 1987 | 74 | 70 | 74 | 62 | 73 | | 92 |
| 1988 | 74 | 70 | 66 | 63 | 73 | | 102 |
| 1989 | 74 | 79 | 70 | 69 | 77 | | 102 |
| 1990 | 74 | 79 | 70 | 65 | 77 | | 111 |
| 1991 | 74 | 79 | 72 | 65 | 77 | | 149 |
| 1992 | 74 | 77 | 72 | 68 | 78 | | 132 |
| 1993 | 82 | 109 | 72 | 68 | 82 | | 144 |
| 1994 | 82 | 109 | 71 | 68 | 82 | 13 | 123 |
| 1995 | 82 | 109 | 71 | 68 | 82 | 21 | 123 |
| 1996 | 82 | 109 | 69 | 67 | 83 | 21 | 123 |
| 1997 | 82 | 109 | 69 | 67 | 84 | 21 | 123 |
| 1998 | 94 | 169 | 67 | 67 | 86 | 20 | 136 |
| 1999 | 86 | 69 | 56 | 47 | 86 | 19 | 61 |
| 2000 | 85 | 80 | 68 | 50 | 111 | 19 | 72 |
| 2001 | 91 | 89 | 56 | 40 | 101 | 19 | 65 |
| 2002 | 85 | 102 | 30 | 46 | 94 | 18 | 73 |
| 2003 | 152 | 125 | 22 | 51 | 91 | 58 | 71 |
| 2004 | 192 | 217 | 29 | 50 | 149 | 99 | 66 |
| 2005 | 192 | 192 | 29 | 60 | 149 | 20 | 63 |
| 2006 | 159 | 192 | 29 | 62 | 149 | 20 | 64 |
| 2007 | 154 | 188 | 28 | 187 | 149 | 22 | 63 |
| 2008 | 144 | 67 | 27 | 61 | 96 | 22 | 63 |
| 2009 | 177 | 66 | 37 | 60 | 138 | 17 | 63 |
| 2010 | 194 | 70 | 51 | 64 | 136 | 19 | 90 |
| 2011 | 530 | 487 | 647 | 440 | 807 | 18 | 498 |
| 2012 | 521 | 506 | 629 | 439 | 778 | 17 | 497 |
| 2013 | 515 | 598 | 623 | 447 | 739 | 208 | 515 |
| 2014 | 559 | 613 | 650 | 468 | 773 | 182 | 511 |
| 2015 | 558 | 608 | 608 | 480 | 767 | 216 | 511 |
| 2016 | 554 | 612 | 596 | 483 | 768 | 240 | 507 |
| 2017 | 550 | 614 | 597 | 478 | 773 | 211 | 470 |
| 2018 | 551 | 624 | 594 | 459 | 779 | 208 | 526 |
| 2019 | 563 | 623 | 551 | 478 | 743 | 208 | 539 |
| 2020 | 576 | 632 | 459 | 479 | 766 | 206 | 564 |
| 2021 | 578 | 580 | 471 | 481 | 762 | 206 | 557 |
| 2022 | 553 | 605 | 453 | 439 | 714 | 197 | 561 |
| 2023 | 586 | 613 | 461 | 420 | 731 | 207 | 543 |

注：2011 年及以后卫生机构数包括村卫生室。

# 21-34 主要年份卫生技术人员

单位：万人

| 年 份 | 丰 县 | 沛 县 | 睢宁县 | 新沂市 | 邳州市 | 贾汪区 | 铜山区 |
|---|---|---|---|---|---|---|---|
| 1978 | 0.11 | 0.12 | 0.14 | 0.12 | 0.14 | | 0.14 |
| 1979 | 0.10 | 0.13 | 0.14 | 0.12 | 0.18 | | 0.14 |
| 1980 | 0.10 | 0.13 | 0.14 | 0.13 | 0.16 | | 0.13 |
| 1981 | 0.10 | 0.13 | 0.14 | 0.13 | 0.12 | | 0.15 |
| 1982 | 0.11 | 0.13 | 0.14 | 0.13 | 0.15 | | 0.15 |
| 1983 | 0.11 | 0.13 | 0.14 | 0.14 | 0.14 | | 0.15 |
| 1984 | 0.11 | 0.13 | 0.14 | 0.14 | 0.15 | | 0.17 |
| 1985 | 0.12 | 0.14 | 0.14 | 0.14 | 0.16 | | 0.19 |
| 1986 | 0.12 | 0.15 | 0.14 | 0.15 | 0.17 | | 0.20 |
| 1987 | 0.12 | 0.15 | 0.15 | 0.14 | 0.17 | | 0.20 |
| 1988 | 0.14 | 0.16 | 0.15 | 0.14 | 0.18 | | 0.23 |
| 1989 | 0.14 | 0.18 | 0.16 | 0.16 | 0.18 | | 0.24 |
| 1990 | 0.15 | 0.19 | 0.17 | 0.16 | 0.18 | | 0.26 |
| 1991 | 0.16 | 0.21 | 0.18 | 0.17 | 0.20 | | 0.29 |
| 1992 | 0.17 | 0.21 | 0.19 | 0.18 | 0.23 | | 0.31 |
| 1993 | 0.18 | 0.33 | 0.19 | 0.19 | 0.24 | | 0.32 |
| 1994 | 0.18 | 0.35 | 0.19 | 0.20 | 0.29 | 0.07 | 0.26 |
| 1995 | 0.19 | 0.36 | 0.19 | 0.20 | 0.31 | 0.13 | 0.27 |
| 1996 | 0.19 | 0.37 | 0.19 | 0.20 | 0.34 | 0.15 | 0.27 |
| 1997 | 0.19 | 0.38 | 0.21 | 0.21 | 0.40 | 0.15 | 0.28 |
| 1998 | 0.19 | 0.39 | 0.21 | 0.22 | 0.40 | 0.16 | 0.28 |
| 1999 | 0.19 | 0.38 | 0.21 | 0.22 | 0.43 | 0.16 | 0.28 |
| 2000 | 0.19 | 0.37 | 0.20 | 0.22 | 0.47 | 0.17 | 0.28 |
| 2001 | 0.20 | 0.37 | 0.20 | 0.22 | 0.48 | 0.16 | 0.27 |
| 2002 | 0.18 | 0.35 | 0.19 | 0.21 | 0.48 | 0.16 | 0.27 |
| 2003 | 0.19 | 0.33 | 0.19 | 0.16 | 0.47 | 0.13 | 0.28 |
| 2004 | 0.20 | 0.34 | 0.19 | 0.18 | 0.48 | 0.13 | 0.27 |
| 2005 | 0.18 | 0.31 | 0.19 | 0.21 | 0.46 | 0.19 | 0.26 |
| 2006 | 0.19 | 0.32 | 0.19 | 0.22 | 0.47 | 0.12 | 0.27 |
| 2007 | 0.20 | 0.33 | 0.19 | 0.22 | 0.48 | 0.16 | 0.25 |
| 2008 | 0.22 | 0.32 | 0.20 | 0.23 | 0.47 | 0.23 | 0.25 |
| 2009 | 0.22 | 0.32 | 0.19 | 0.24 | 0.47 | 0.21 | 0.26 |
| 2010 | 0.22 | 0.34 | 0.22 | 0.27 | 0.46 | 0.22 | 0.28 |
| 2011 | 0.23 | 0.36 | 0.24 | 0.29 | 0.53 | 0.21 | 0.29 |
| 2012 | 0.34 | 0.38 | 0.28 | 0.34 | 0.56 | 0.21 | 0.30 |
| 2013 | 0.38 | 0.43 | 0.31 | 0.37 | 0.56 | 0.20 | 0.33 |
| 2014 | 0.39 | 0.47 | 0.34 | 0.41 | 0.63 | 0.21 | 0.36 |
| 2015 | 0.42 | 0.49 | 0.46 | 0.46 | 0.69 | 0.22 | 0.38 |
| 2016 | 0.46 | 0.54 | 0.49 | 0.48 | 0.72 | 0.22 | 0.41 |
| 2017 | 0.46 | 0.55 | 0.49 | 0.50 | 0.79 | 0.27 | 0.41 |
| 2018 | 0.50 | 0.59 | 0.49 | 0.54 | 1.01 | 0.35 | 0.71 |
| 2019 | 0.52 | 0.64 | 0.63 | 0.64 | 0.96 | 0.35 | 0.77 |
| 2020 | 0.54 | 0.67 | 0.66 | 0.66 | 0.99 | 0.36 | 0.82 |
| 2021 | 0.57 | 0.64 | 0.68 | 0.63 | 1.00 | 0.35 | 0.81 |
| 2022 | 0.58 | 0.63 | 0.66 | 0.64 | 0.99 | 0.38 | 0.84 |
| 2023 | 0.60 | 0.63 | 0.68 | 0.63 | 1.04 | 0.37 | 0.79 |

# 21-35 主要年份医疗卫生机构床位数

单位：万张

| 年 份 | 丰 县 | 沛 县 | 睢宁县 | 新沂市 | 邳州市 | 贾汪区 | 铜山区 |
|---|---|---|---|---|---|---|---|
| 1978 | 0.06 | 0.10 | 0.11 | 0.10 | 0.10 | | 0.15 |
| 1979 | 0.06 | 0.11 | 0.12 | 0.11 | 0.11 | | 0.15 |
| 1980 | 0.06 | 0.11 | 0.12 | 0.11 | 0.10 | | 0.15 |
| 1981 | 0.08 | 0.11 | 0.12 | 0.11 | 0.10 | | 0.15 |
| 1982 | 0.08 | 0.11 | 0.13 | 0.11 | 0.10 | | 0.15 |
| 1983 | 0.08 | 0.11 | 0.13 | 0.11 | 0.09 | | 0.15 |
| 1984 | 0.08 | 0.11 | 0.11 | 0.11 | 0.10 | | 0.15 |
| 1985 | 0.08 | 0.10 | 0.11 | 0.12 | 0.10 | | 0.16 |
| 1986 | 0.08 | 0.12 | 0.11 | 0.12 | 0.10 | | 0.16 |
| 1987 | 0.09 | 0.11 | 0.11 | 0.11 | 0.10 | | 0.16 |
| 1988 | 0.10 | 0.11 | 0.11 | 0.12 | 0.10 | | 0.17 |
| 1989 | 0.10 | 0.11 | 0.11 | 0.12 | 0.10 | | 0.17 |
| 1990 | 0.10 | 0.11 | 0.11 | 0.13 | 0.10 | | 0.17 |
| 1991 | 0.10 | 0.12 | 0.12 | 0.13 | 0.10 | | 0.17 |
| 1992 | 0.11 | 0.13 | 0.12 | 0.12 | 0.11 | | 0.18 |
| 1993 | 0.10 | 0.17 | 0.12 | 0.12 | 0.13 | | 0.18 |
| 1994 | 0.11 | 0.17 | 0.11 | 0.11 | 0.12 | 0.04 | 0.15 |
| 1995 | 0.10 | 0.17 | 0.11 | 0.12 | 0.13 | 0.11 | 0.15 |
| 1996 | 0.10 | 0.17 | 0.12 | 0.12 | 0.12 | 0.11 | 0.15 |
| 1997 | 0.10 | 0.17 | 0.11 | 0.11 | 0.12 | 0.12 | 0.14 |
| 1998 | 0.11 | 0.17 | 0.12 | 0.11 | 0.13 | 0.12 | 0.15 |
| 1999 | 0.10 | 0.20 | 0.11 | 0.12 | 0.15 | 0.13 | 0.14 |
| 2000 | 0.10 | 0.20 | 0.11 | 0.12 | 0.16 | 0.13 | 0.14 |
| 2001 | 0.10 | 0.20 | 0.11 | 0.13 | 0.15 | 0.13 | 0.14 |
| 2002 | 0.10 | 0.19 | 0.12 | 0.12 | 0.14 | 0.13 | 0.14 |
| 2003 | 0.10 | 0.19 | 0.12 | 0.12 | 0.15 | 0.09 | 0.13 |
| 2004 | 0.11 | 0.19 | 0.12 | 0.12 | 0.15 | 0.10 | 0.14 |
| 2005 | 0.11 | 0.20 | 0.12 | 0.13 | 0.15 | 0.13 | 0.14 |
| 2006 | 0.11 | 0.21 | 0.12 | 0.14 | 0.15 | 0.12 | 0.15 |
| 2007 | 0.11 | 0.23 | 0.12 | 0.15 | 0.18 | 0.13 | 0.14 |
| 2008 | 0.15 | 0.25 | 0.13 | 0.14 | 0.19 | 0.18 | 0.16 |
| 2009 | 0.18 | 0.26 | 0.15 | 0.18 | 0.21 | 0.17 | 0.17 |
| 2010 | 0.20 | 0.29 | 0.18 | 0.17 | 0.25 | 0.17 | 0.21 |
| 2011 | 0.23 | 0.32 | 0.24 | 0.17 | 0.32 | 0.17 | 0.24 |
| 2012 | 0.33 | 0.38 | 0.29 | 0.25 | 0.41 | 0.17 | 0.27 |
| 2013 | 0.36 | 0.41 | 0.35 | 0.28 | 0.45 | 0.21 | 0.28 |
| 2014 | 0.40 | 0.45 | 0.36 | 0.31 | 0.49 | 0.23 | 0.28 |
| 2015 | 0.40 | 0.45 | 0.39 | 0.31 | 0.54 | 0.23 | 0.30 |
| 2016 | 0.41 | 0.49 | 0.45 | 0.35 | 0.57 | 0.24 | 0.34 |
| 2017 | 0.41 | 0.52 | 0.46 | 0.39 | 0.63 | 0.29 | 0.36 |
| 2018 | 0.39 | 0.56 | 0.45 | 0.38 | 0.75 | 0.26 | 0.57 |
| 2019 | 0.40 | 0.58 | 0.53 | 0.44 | 0.80 | 0.26 | 0.63 |
| 2020 | 0.42 | 0.60 | 0.51 | 0.46 | 0.81 | 0.26 | 0.62 |
| 2021 | 0.43 | 0.62 | 0.54 | 0.44 | 0.81 | 0.26 | 0.59 |
| 2022 | 0.45 | 0.69 | 0.52 | 0.46 | 0.86 | 0.25 | 0.60 |
| 2023 | 0.51 | 0.74 | 0.52 | 0.44 | 0.86 | 0.25 | 0.61 |

# 21-36 主要年份职工平均工资

单位：元

| 年 份 | 丰 县 | 沛 县 | 睢宁县 | 新沂市 | 邳州市 | 贾汪区 | 铜山区 |
|---|---|---|---|---|---|---|---|
| 1978 | 403 | 381 | 364 | 472 | 471 | | 442 |
| 1979 | 503 | 454 | 451 | 496 | 501 | | 464 |
| 1980 | 584 | 547 | 551 | 564 | 565 | | 598 |
| 1981 | 609 | 548 | 541 | 571 | 587 | | 581 |
| 1982 | 640 | 596 | 578 | 621 | 625 | | 608 |
| 1983 | 635 | 606 | 576 | 641 | 634 | | 616 |
| 1984 | 870 | 902 | 786 | 971 | 861 | | 936 |
| 1985 | 943 | 1101 | 914 | 995 | 941 | | 960 |
| 1986 | 1106 | 1072 | 1079 | 1106 | 1124 | | 1134 |
| 1987 | 1164 | 1141 | 1132 | 1217 | 1174 | | 1160 |
| 1988 | 1541 | 1487 | 1355 | 1517 | 1590 | | 1416 |
| 1989 | 1558 | 1520 | 1551 | 1549 | 1480 | | 1568 |
| 1990 | 1691 | 1647 | 1700 | 1787 | 1653 | | 1751 |
| 1991 | 1725 | 1837 | 1742 | 1928 | 1777 | | 1838 |
| 1992 | 2159 | 2118 | 2042 | 2243 | 2047 | | 1961 |
| 1993 | 2676 | 2328 | 2328 | 2638 | 2506 | | 2339 |
| 1994 | 3422 | 3081 | 3203 | 3841 | 3755 | 3448 | 3464 |
| 1995 | 4071 | 3890 | 3964 | 4580 | 3964 | 4145 | 4442 |
| 1996 | 4789 | 4411 | 4416 | 5151 | 5035 | 5126 | 5379 |
| 1997 | 4719 | 5111 | 4193 | 5024 | 4832 | 5109 | 5997 |
| 1998 | 5625 | 6108 | 5148 | 5974 | 5972 | 5078 | 6678 |
| 1999 | 6264 | 6687 | 5476 | 6533 | 6382 | 6158 | 7260 |
| 2000 | 6669 | 7234 | 5693 | 7047 | 7002 | 7142 | 7862 |
| 2001 | 7200 | 7765 | 5868 | 7519 | 7560 | 8137 | 8441 |
| 2002 | 7568 | 8202 | 7331 | 7998 | 8085 | 9225 | 9012 |
| 2003 | 8254 | 8838 | 8242 | 8313 | 8659 | 10375 | 9708 |
| 2004 | 9455 | 9950 | 8987 | 9525 | 9485 | 12230 | 10938 |
| 2005 | 11220 | 11950 | 10658 | 11659 | 11625 | 14836 | 13235 |
| 2006 | 12530 | 13688 | 11984 | 13423 | 13412 | 16952 | 15604 |
| 2007 | 14406 | 16128 | 13825 | 15855 | 15746 | 19037 | 18725 |
| 2008 | 17389 | 18688 | 17136 | 18483 | 18722 | 21329 | 21845 |
| 2009 | 20791 | 22166 | 20694 | 22156 | 22168 | 24096 | 25393 |
| 2010 | 24090 | 25786 | 22993 | 26061 | 26130 | 29131 | 30525 |
| 2011 | 29872 | 30713 | 26606 | 31986 | 30633 | 33409 | 36726 |
| 2012 | 34189 | 35433 | 31094 | 35337 | 35535 | 39463 | 40977 |
| 2013 | 35951 | 44659 | 34836 | 38647 | 40092 | 45046 | 44758 |
| 2014 | 41980 | 46251 | 37683 | 45212 | 42793 | 51844 | 46321 |
| 2015 | 45126 | 48454 | 44057 | 48540 | 50108 | 52703 | 49664 |
| 2016 | 49302 | 52247 | 45877 | 51464 | 55182 | 57833 | 51606 |
| 2017 | 53797 | 59005 | 52687 | 54632 | 56692 | 60760 | 55218 |
| 2018 | 58041 | 65322 | 58485 | 59490 | 59371 | 64649 | 60296 |
| 2019 | 67301 | 70948 | 64908 | 66028 | 60001 | 74751 | 85458 |
| 2020 | 68143 | 76612 | 69204 | 68519 | 63826 | 79376 | 95854 |
| 2021 | 73394 | 83563 | 75778 | 75808 | 71642 | 86881 | 108686 |
| 2022 | 79268 | 89347 | 81875 | 76820 | 75330 | 91616 | 112995 |
| 2023 | 79745 | 90950 | 82558 | 77661 | 75901 | 92344 | 114543 |

# 21-37 主要年份城乡居民储蓄存款余额

（年底数） 单位：万元

| 年 份 | 丰 县 | 沛 县 | 睢宁县 | 新沂市 | 邳州市 | 铜山区 |
|---|---|---|---|---|---|---|
| 1978 | 586 | 624 | 539 | 632 | 734 | 1 507 |
| 1979 | 1336 | 898 | 777 | 1101 | 937 | 2432 |
| 1980 | 1615 | 1810 | 1512 | 1649 | 1603 | 3539 |
| 1981 | 2382 | 2559 | 2133 | 2130 | 2326 | 4856 |
| 1982 | 2958 | 3404 | 2539 | 2681 | 3036 | 7008 |
| 1983 | 4103 | 5190 | 3434 | 3964 | 4214 | 12165 |
| 1984 | 6131 | 7736 | 5428 | 4794 | 6706 | 17268 |
| 1985 | 8368 | 10594 | 6057 | 5823 | 7973 | 21242 |
| 1986 | 12708 | 16225 | 8861 | 8585 | 12290 | 30893 |
| 1987 | 16501 | 23200 | 11992 | 11733 | 16771 | 41731 |
| 1988 | 21174 | 32136 | 15390 | 14500 | 22296 | 52867 |
| 1989 | 25950 | 41532 | 19006 | 18521 | 26550 | 70538 |
| 1990 | 34202 | 56573 | 25825 | 25157 | 35367 | 94683 |
| 1991 | 43926 | 72169 | 32366 | 31235 | 44820 | 117328 |
| 1992 | 49950 | 86495 | 41025 | 37116 | 55914 | 139644 |
| 1993 | 66718 | 113260 | 55765 | 47034 | 76298 | 178720 |
| 1994 | 80922 | 142420 | 76328 | 63093 | 103133 | 167956 |
| 1995 | 99477 | 184149 | 90917 | 87749 | 136143 | 223857 |
| 1996 | 123305 | 232008 | 107658 | 108385 | 169884 | 275204 |
| 1997 | 147178 | 278504 | 126611 | 125355 | 201070 | 313763 |
| 1998 | 165461 | 314558 | 147203 | 136191 | 220552 | 344175 |
| 1999 | 177192 | 347884 | 161323 | 140484 | 244637 | 322766 |
| 2000 | 198535 | 374997 | 190522 | 159261 | 274035 | |
| 2001 | 229579 | 416814 | 227229 | 186972 | 313571 | |
| 2002 | 264249 | 474533 | 268767 | 222142 | 345541 | |
| 2003 | 289921 | 535110 | 308658 | 261334 | 402443 | 660774 |
| 2004 | 330664 | 611413 | 372365 | 310294 | 492403 | 778962 |
| 2005 | 395565 | 710275 | 457046 | 362101 | 583793 | 896873 |
| 2006 | 479684 | 786261 | 532538 | 404096 | 648887 | 1030057 |
| 2007 | 544418 | 863847 | 592255 | 463567 | 736551 | 1197030 |
| 2008 | 659610 | 1065308 | 719016 | 559798 | 890588 | 1526967 |
| 2009 | 764610 | 1222173 | 857904 | 611631 | 1030206 | 1509486 |
| 2010 | 924204 | 1439169 | 1065322 | 710413 | 1195898 | |
| 2011 | 1038767 | 1615171 | 1281978 | 978517 | 1355304 | 1946720 |
| 2012 | 1292601 | 1918117 | 1525560 | 1240984 | 1677574 | |
| 2013 | 1560756 | 2214804 | 1807558 | 1398079 | 2082612 | |
| 2014 | 1902973 | 2523432 | 2142900 | 1690732 | 2544222 | |
| 2015 | 2251179 | 2893774 | 2516866 | 1926070 | 3021499 | |
| 2016 | 2517502 | 3243499 | 2856726 | 2178744 | 3613507 | |
| 2017 | 2690210 | 3457738 | 3115436 | 2465755 | 3924299 | |
| 2018 | 2924224 | 3681271 | 3381521 | 2673487 | 4172362 | |
| 2019 | 3410495 | 4115754 | 3809902 | 3007344 | 4748539 | |
| 2020 | 3870095 | 4539196 | 4285017 | 3343200 | 5295138 | |
| 2021 | 4267167 | 4974058 | 4777456 | 3790753 | 5828429 | |
| 2022 | 4965073 | 5888922 | 5566631 | 4459567 | 6762286 | |
| 2023 | 5762901 | 6770655 | 6403618 | 5090315 | 7937965 | |

注：2015年及以后居民储蓄调整为住户存款，与往年不可比。

# 21-38　主要年份农民人均可支配收入

单位：元

| 年　份 | 丰　县 | 沛　县 | 睢宁县 | 新沂市 | 邳州市 | 贾汪区 | 铜山区 |
|---|---|---|---|---|---|---|---|
| 1978 | 84 | 131 | 54 | 72 | 55 | | 120 |
| 1979 | 121 | 149 | 56 | 77 | 64 | | 176 |
| 1980 | 117 | 170 | 74 | 163 | 76 | | 205 |
| 1981 | 129 | 193 | 109 | 199 | 92 | | 268 |
| 1982 | 144 | 215 | 164 | 282 | 123 | | 342 |
| 1983 | 307 | 373 | 325 | 308 | 257 | | 377 |
| 1984 | 419 | 425 | 379 | 424 | 345 | | 478 |
| 1985 | 422 | 428 | 316 | 356 | 345 | | 412 |
| 1986 | 412 | 451 | 378 | 426 | 427 | | 522 |
| 1987 | 454 | 498 | 369 | 443 | 476 | | 567 |
| 1988 | 462 | 578 | 460 | 535 | 576 | | 646 |
| 1989 | 491 | 682 | 448 | 624 | 639 | | 785 |
| 1990 | 504 | 613 | 519 | 610 | 648 | | 832 |
| 1991 | 595 | 739 | 559 | 729 | 783 | | 873 |
| 1992 | 669 | 758 | 638 | 760 | 815 | | 982 |
| 1993 | 777 | 919 | 761 | 890 | 893 | | 1142 |
| 1994 | 1067 | 1170 | 1022 | 1291 | 1259 | 1479 | 1451 |
| 1995 | 1545 | 1751 | 1513 | 1764 | 1706 | 2029 | 2038 |
| 1996 | 2162 | 2362 | 2121 | 2301 | 2360 | 2781 | 2770 |
| 1997 | 2561 | 2852 | 2427 | 2643 | 2604 | 3180 | 3202 |
| 1998 | 2807 | 3109 | 2551 | 2857 | 2847 | 3424 | 3428 |
| 1999 | 3003 | 3241 | 2661 | 3016 | 3001 | 3578 | 3590 |
| 2000 | 3129 | 3365 | 2664 | 2814 | 3121 | 3612 | 3748 |
| 2001 | 3034 | 3544 | 2850 | 2959 | 3295 | 3395 | 3943 |
| 2002 | 3479 | 3735 | 3050 | 3123 | 3475 | 3581 | 3780 |
| 2003 | 3611 | 3880 | 3163 | 3231 | 3613 | 3709 | 3930 |
| 2004 | 4027 | 4325 | 3465 | 3613 | 4004 | 4135 | 4402 |
| 2005 | 4026 | 4550 | 3845 | 4025 | 4477 | 4605 | 4920 |
| 2006 | 4537 | 5143 | 4314 | 4516 | 5088 | 5204 | 5591 |
| 2007 | 5104 | 5831 | 4849 | 5076 | 5770 | 5896 | 6340 |
| 2008 | 5724 | 6593 | 5452 | 5698 | 6526 | 6657 | 7167 |
| 2009 | 6369 | 7342 | 6077 | 6340 | 7267 | 7410 | 7988 |
| 2010 | 7258 | 8378 | 7022 | 7231 | 8331 | 7956 | 9173 |
| 2011 | 8642 | 10001 | 8384 | 8634 | 9931 | 9443 | 10934 |
| 2012 | 9783 | 11351 | 9541 | 9808 | 11282 | 10680 | 12421 |
| 2013 | 10957 | 12725 | 10686 | 10979 | 12635 | 11898 | 13924 |
| 2014 | 11757 | 13249 | 11600 | 12140 | 12846 | 13207 | 15100 |
| 2015 | 12850 | 14441 | 12656 | 13281 | 14028 | 14371 | 16459 |
| 2016 | 14026 | 15791 | 13822 | 14526 | 15321 | 15690 | 17970 |
| 2017 | 15335 | 17269 | 15130 | 15886 | 16725 | 17127 | 19634 |
| 2018 | 16725 | 18799 | 16546 | 17325 | 18207 | 18703 | 21395 |
| 2019 | 18273 | 20496 | 18029 | 18876 | 19896 | 20413 | 23415 |
| 2020 | 19510 | 21899 | 19240 | 20197 | 21277 | 21766 | 25003 |
| 2021 | 21735 | 24461 | 21449 | 22560 | 23809 | 24291 | 27878 |
| 2022 | 23054 | 26051 | 22745 | 24072 | 25428 | 25870 | 29635 |
| 2023 | 24714 | 27971 | 24407 | 25891 | 27363 | 27722 | 31769 |

注：2013 年及之前为农民人均纯收入，自 2014 年起为农民人均可支配收入。

# 21-39　主要年份农民人均消费支出

单位：元

| 年　份 | 丰　县 | 沛　县 | 睢宁县 | 新沂市 | 邳州市 | 贾汪区 | 铜山区 |
|---|---|---|---|---|---|---|---|
| 1978 | 71 | | | 65 | | | 109 |
| 1979 | 85 | | | 71 | | | 148 |
| 1980 | 116 | | | 148 | | | 160 |
| 1981 | 175 | | | 177 | | | 221 |
| 1982 | 211 | | | 225 | | | 239 |
| 1983 | 253 | 210 | 247 | 289 | 223 | | 272 |
| 1984 | 294 | 272 | 278 | 350 | 247 | | 311 |
| 1985 | 363 | 343 | 269 | 347 | 285 | | 353 |
| 1986 | 398 | 362 | 334 | 424 | 353 | | 390 |
| 1987 | 418 | 415 | 370 | 400 | 448 | | 443 |
| 1988 | 500 | 511 | 386 | 450 | 447 | | 544 |
| 1989 | 585 | 611 | 423 | 590 | 598 | | 622 |
| 1990 | 565 | 510 | 425 | 537 | 550 | | 575 |
| 1991 | 663 | 622 | 497 | 530 | 603 | | 536 |
| 1992 | 526 | 579 | 546 | 512 | 684 | | 582 |
| 1993 | 594 | 955 | 499 | 606 | 679 | | 690 |
| 1994 | 864 | 938 | 891 | 1039 | 992 | | 927 |
| 1995 | 917 | 1227 | 1073 | 1361 | 1192 | | 1040 |
| 1996 | 1455 | 1699 | 1325 | 1344 | 1467 | 1742 | 1610 |
| 1997 | 1605 | 1714 | 1555 | 1393 | 1311 | 2326 | 1943 |
| 1998 | 1586 | 1576 | 1466 | 1538 | 1227 | 2887 | 1258 |
| 1999 | 1685 | 1603 | 1286 | 1496 | 1258 | 2696 | 1459 |
| 2000 | 1468 | 1741 | 1429 | 1358 | 1583 | 3510 | 1384 |
| 2001 | 1596 | 1913 | 1395 | 1453 | 1381 | 2551 | 1582 |
| 2002 | 1912 | 2296 | 1588 | 1552 | 1311 | 2178 | 1674 |
| 2003 | 1933 | 2510 | 1648 | 1915 | 1361 | 2208 | 1881 |
| 2004 | 2230 | 2110 | 1861 | 1862 | 1257 | 2484 | 2200 |
| 2005 | 3082 | 3282 | 2567 | 2501 | 2630 | 3038 | 2961 |
| 2006 | 3118 | 3666 | 2932 | 3145 | 3027 | 3259 | 3515 |
| 2007 | 3461 | 4695 | 3432 | 3565 | 3528 | 3678 | 4311 |
| 2008 | 4085 | 5318 | 3746 | 3756 | 4218 | 4328 | 4807 |
| 2009 | 4695 | 5814 | 4079 | 3951 | 4761 | 4798 | 4957 |
| 2010 | 5306 | 6572 | 4436 | 4651 | 4937 | 5441 | 5513 |
| 2011 | 6288 | 7587 | 4987 | 5766 | 5188 | 5996 | 6496 |
| 2012 | 7095 | 8558 | 5616 | 6481 | 5866 | 6925 | 7149 |
| 2013 | 8325 | 7207 | 6190 | 7141 | 6969 | 6186 | 7858 |
| 2014 | 7641 | 8682 | 7292 | 8201 | 7990 | 6947 | 8066 |
| 2015 | 8296 | 9473 | 8054 | 9025 | 8674 | 7594 | 8927 |
| 2016 | 9277 | 10573 | 9064 | 10101 | 9699 | 8599 | 10000 |
| 2017 | 10032 | 11491 | 9884 | 11015 | 10580 | 9449 | 11024 |
| 2018 | 10696 | 12263 | 10625 | 11781 | 11353 | 10124 | 11756 |
| 2019 | 11496 | 13170 | 11391 | 12699 | 12202 | 10867 | 12665 |
| 2020 | 11171 | 12796 | 11098 | 12301 | 11833 | 10526 | 12303 |
| 2021 | 14203 | 16165 | 14062 | 15619 | 14898 | 13275 | 16775 |
| 2022 | 15263 | 17277 | 15040 | 16763 | 15969 | 14258 | 18066 |
| 2023 | 17117 | 19071 | 16771 | 18713 | 17720 | 16056 | 20093 |

注：2013年及之前为农民人均生活消费支出，自2014年起为农民人均消费支出。

# 21-40 县（市）社会经济主要指标

（2023 年）

| 指　　标 | | 丰　县 | 沛　县 | 睢宁县 | 新沂市 | 邳州市 | 贾汪区 | 铜山区 |
|---|---|---|---|---|---|---|---|---|
| **人口、就业及土地面积** | | | | | | | | |
| 年末户籍人口 | （万人） | 118.32 | 125.65 | 137.75 | 109.18 | 189.52 | 51.05 | 121.99 |
| 年平均人口（户籍） | （人） | 118.70 | 126.16 | 138.30 | 109.43 | 190.09 | 51.12 | 122.05 |
| 当年出生人口 | （人） | 7066 | 7157 | 8150 | 5410 | 10282 | 2723 | 6869 |
| 当年死亡人口 | （人） | 7198 | 8527 | 10135 | 5276 | 13796 | 2368 | 4063 |
| 年末户籍户数 | （万户） | 32.63 | 37.54 | 32.87 | 30.37 | 48.74 | 13.40 | 32.62 |
| 从业人员 | （万人） | 49.72 | 52.77 | 54.76 | 51.41 | 69.96 | 21.69 | 64.85 |
| 　第一产业 | | 12.41 | 12.86 | 13.58 | 12.57 | 17.07 | 3.83 | 12.04 |
| 　第二产业 | | 18.56 | 20.11 | 20.46 | 18.72 | 25.55 | 8.83 | 26.85 |
| 　第三产业 | | 18.75 | 19.80 | 20.72 | 20.12 | 27.34 | 9.03 | 25.96 |
| 年末城镇单位从业人员 | （人） | 60257 | 81651 | 69553 | 61181 | 110740 | 31145 | 67571 |
| 按国民经济行业分 | （人） | | | | | | | |
| 　第一产业（农林牧渔业） | | 41 | 7133 | 33 | 106 | 237 | 21 | 1776 |
| 　第二产业 | | 30101 | 36525 | 28151 | 28942 | 56870 | 15340 | 23666 |
| 　第三产业 | | 30116 | 37993 | 41368 | 32134 | 53633 | 15784 | 42129 |
| 按登记注册类型分 | （人） | | | | | | | |
| 　# 国有单位 | | 44865 | 31700 | 28286 | 22687 | 39265 | 16318 | 39587 |
| 　　城镇集体单位 | | 599 | 329 | 475 | 55 | 183 | 207 | 1155 |
| 　　港澳台商投资单位 | | 1639 | 2309 | 9731 | 1842 | 782 | 452 | 951 |
| 　　外商投资单位 | | 559 | 240 | 797 | 1529 | 2886 | 596 | 1685 |
| 在岗职工人数 | （人） | 59721 | 79332 | 68482 | 58940 | 108652 | 29916 | 64133 |
| 在岗职工平均人数 | （人） | 58375 | 80183 | 68025 | 57243 | 102509 | 31323 | 63490 |
| 行政区域土地面积 | （平方公里） | 1450 | 1806 | 1769 | 1592 | 2085 | 612 | 1764 |
| **综合经济** | | | | | | | | |
| 地区生产总值 | （亿元） | 554.28 | 1051.74 | 707.89 | 905.24 | 1277.39 | 432.50 | 1381.33 |
| 　第一产业 | | 102.85 | 127.81 | 117.67 | 96.33 | 171.78 | 32.95 | 109.93 |
| 　第二产业 | | 208.79 | 453.29 | 275.10 | 344.42 | 478.68 | 191.73 | 668.43 |
| 　　# 工业 | | 175.88 | 329.33 | 205.62 | 287.88 | 413.67 | 174.66 | 571.39 |
| 　第三产业 | | 242.64 | 470.63 | 315.13 | 464.50 | 626.93 | 207.82 | 602.97 |
| 人均地区生产总值（按常住人口计算） | （元） | 60081 | 102548 | 65995 | 94661 | 89156 | 95899 | 123283 |
| 地区生产总值指数 | （上年 =100） | 106.0 | 107.3 | 107.2 | 110.1 | 110.0 | 107.3 | 109.5 |
| 　第一产业 | | 103.3 | 103.5 | 104.2 | 103.5 | 103.8 | 103.6 | 104.0 |
| 　第二产业 | | 106.3 | 108.6 | 107.4 | 110.1 | 109.9 | 106.7 | 109.6 |
| 　　# 工业 | | 107.5 | 110.5 | 109.1 | 109.7 | 110.9 | 106.2 | 109.7 |
| 　第三产业 | | 106.9 | 107.3 | 108.2 | 111.8 | 112.1 | 108.4 | 110.4 |
| 人均地区生产总值指数 | （上年 =100） | 106.3 | 107.5 | 107.6 | 110.4 | 110.4 | 107.4 | 109.6 |

21-40　续表 1

| 指　　标 | 丰　县 | 沛　县 | 睢宁县 | 新沂市 | 邳州市 | 贾汪区 | 铜山区 |
|---|---|---|---|---|---|---|---|
| **商品房销售**　（万平方米） | | | | | | | |
| 商品房销售面积 | 77.28 | 110.74 | 107.18 | 113.67 | 165.06 | 122.04 | 90.00 |
| #住宅 | 71.14 | 99.60 | 101.12 | 107.75 | 150.47 | 113.62 | 87.41 |
| **财政、金融、保险**　（亿元） | | | | | | | |
| 财政总收入 | 58.32 | 89.21 | 73.58 | 85.77 | 77.01 | 38.15 | 88.73 |
| #一般公共预算收入 | 35.61 | 54.59 | 44.25 | 48.97 | 46.39 | 26.40 | 57.80 |
| #税收收入 | 28.17 | 40.99 | 35.17 | 39.34 | 38.50 | 18.67 | 42.43 |
| #增值税 | 17.65 | 20.48 | 22.88 | 21.74 | 21.84 | 8.24 | 18.95 |
| 企业所得税 | 2.05 | 6.39 | 2.08 | 6.10 | 3.59 | 1.35 | 5.37 |
| 个人所得税 | 0.58 | 1.90 | 1.39 | 2.88 | 0.84 | 0.53 | 1.58 |
| 一般公共预算支出 | 90.42 | 114.16 | 111.76 | 113.09 | 129.42 | 44.36 | 110.19 |
| #一般公共服务 | 7.07 | 10.09 | 8.00 | 6.38 | 11.98 | 3.71 | 10.27 |
| 科学技术 | 0.37 | 4.70 | 1.99 | 3.55 | 2.18 | 0.21 | 3.98 |
| 教育 | 17.75 | 26.85 | 20.67 | 23.94 | 30.54 | 13.66 | 21.80 |
| 文化体育与传媒 | 0.44 | 1.06 | 1.06 | 1.81 | 3.63 | 0.46 | 0.53 |
| 医疗卫生 | 9.83 | 11.35 | 13.02 | 10.43 | 14.72 | 4.07 | 9.37 |
| 节能环保 | 1.34 | 2.74 | 1.27 | 1.93 | 0.41 | 1.04 | 1.31 |
| 城乡社区事务 | 7.54 | 8.95 | 22.16 | 25.71 | 14.24 | 3.46 | 5.48 |
| 农林水事务 | 12.42 | 17.87 | 14.07 | 10.87 | 12.19 | 6.71 | 14.31 |
| 交通运输 | 0.71 | 2.92 | 2.98 | 1.45 | 1.97 | 1.82 | 1.05 |
| 住房保障 | 15.63 | 17.85 | 15.00 | 13.68 | 23.02 | 5.33 | 19.71 |
| 年末金融机构各项存款余额 | 758.35 | 922.57 | 874.11 | 781.06 | 1089.26 | | |
| #住户存款 | 576.29 | 677.07 | 640.36 | 509.03 | 793.80 | | |
| 年末金融机构各项贷款余额 | 671.30 | 793.51 | 818.70 | 913.02 | 1192.43 | | |
| **农业** | | | | | | | |
| 乡村户数　（万户） | 24.40 | 23.85 | 24.22 | 19.04 | 31.76 | 10.58 | 24.69 |
| 乡村人口数　（万人） | 95.13 | 92.39 | 98.32 | 74.30 | 118.69 | 40.20 | 87.76 |
| 乡村从业人数　（万人） | 53.12 | 49.57 | 55.92 | 42.00 | 62.44 | 16.58 | 46.49 |
| #农林牧渔业 | 19.04 | 14.99 | 19.73 | 16.39 | 17.96 | 5.16 | 15.81 |

21-40 续表 2

| 指　　标 | | 丰　县 | 沛　县 | 睢宁县 | 新沂市 | 邳州市 | 贾汪区 | 铜山区 |
|---|---|---|---|---|---|---|---|---|
| 农林牧渔业总产值（当年价） | （万元） | 1753716 | 2254794 | 2017628 | 1829442 | 3044948 | 574290 | 1956108 |
| 农业 | | 1377349 | 1457206 | 1267297 | 1005823 | 2079195 | 397781 | 1258107 |
| 林业 | | 11751 | 19150 | 42457 | 49562 | 46994 | 8247 | 45960 |
| 牧业 | | 246941 | 422002 | 484781 | 345115 | 504615 | 99605 | 408421 |
| 渔业 | | 20388 | 141282 | 77273 | 265406 | 169259 | 30670 | 129463 |
| 农林牧渔服务业 | | 97287 | 215154 | 145820 | 163536 | 244885 | 37987 | 114157 |
| 农作物总播种面积 | （千公顷） | 155.69 | 159.37 | 189.43 | 192.68 | 236.07 | 48.83 | 183.16 |
| #粮食作物 | | 100.67 | 100.31 | 147.11 | 106.57 | 127.77 | 36.79 | 126.46 |
| 粮食总产量 | （万吨） | 61.49 | 66.63 | 94.91 | 72.49 | 85.87 | 22.91 | 84.91 |
| 油料产量 | | 0.65 | 0.35 | 3.05 | 5.42 | 1.17 | 0.19 | 0.54 |
| 棉花产量 | | 0.42 | | | | | | |
| 肉类总产量 | （万吨） | 4.81 | 11.32 | 10.36 | 9.64 | 14.79 | 2.25 | 11.22 |
| #猪肉 | | 3.14 | 4.11 | 5.70 | 5.23 | 7.72 | 1.58 | 6.80 |
| 牛肉 | | 0.17 | 0.12 | 0.13 | 0.16 | 0.06 | 0.11 | 0.23 |
| 羊肉 | | 0.26 | 0.22 | 0.48 | 0.14 | 0.21 | 0.09 | 0.17 |
| 水产品产量 | （万吨） | 0.30 | 2.88 | 2.70 | 2.43 | 2.80 | 1.17 | 3.45 |
| **规模以上工业、建筑业** | | | | | | | | |
| 规模以上工业企业单位数 | （个） | 343 | 508 | 378 | 447 | 578 | 226 | 502 |
| 内资企业 | | 331 | 501 | 360 | 430 | 554 | 217 | 486 |
| 港澳台商投资企业 | | 6 | 5 | 14 | 9 | 8 | 5 | 4 |
| 外商投资企业 | | 6 | 2 | 4 | 8 | 16 | 4 | 12 |
| 建筑企业单位数 | （个） | 95 | 186 | 101 | 116 | 125 | 60 | 139 |
| 建筑企业期末从业人员 | （万人） | 4.38 | 14.23 | 10.51 | 5.33 | 8.48 | 1.55 | 10.51 |
| 建筑业总产值 | （亿元） | 136.29 | 487.40 | 313.52 | 140.47 | 211.05 | 37.44 | 202.92 |

21-40 续表 3

| 指　　标 | 丰 县 | 沛 县 | 睢宁县 | 新沂市 | 邳州市 | 贾汪区 | 铜山区 |
|---|---|---|---|---|---|---|---|
| **交通运输、邮电通信、电力** | | | | | | | |
| 公路里程（公里） | 2088 | 2553 | 2260 | 2199 | 3371 | 969 | 2154 |
| #等级公路 | 2088 | 2553 | 2260 | 2199 | 3371 | 969 | 2154 |
| #高速公路 | 33 | 34 | 64 | 108 | 43 | 42 | 132 |
| 公路客运量（万人次） | 4 | 48 | 23 | 8 | 1008 | 220 | 10 |
| 公路货运量（万吨） | 1958 | 4216 | 3034 | 7036 | 4894 | 1307 | 118 |
| 民用汽车拥有量（辆） | 197811 | 217310 | 217179 | 166011 | 253801 | 102590 | 304248 |
| #私人汽车拥有量 | 189948 | 203129 | 204245 | 155294 | 244225 | 96301 | 285850 |
| 邮电业务总量（亿元） | 13.48 | 16.80 | 20.22 | 31.12 | 21.64 | 7.96 | 19.01 |
| 邮政业务收入（亿元） | 3.24 | 4.12 | 8.82 | 9.78 | 5.11 | 0.67 | 3.34 |
| 电信业务收入（亿元） | 7.90 | 9.74 | 10.83 | 9.47 | 12.18 | 5.28 | 10.34 |
| 固定电话用户（万户） | 5.60 | 5.91 | 6.83 | 6.38 | 7.75 | 3.37 | 7.28 |
| 移动电话年末用户（万户） | 98.43 | 116.17 | 114.59 | 106.40 | 150.45 | 64.20 | 121.46 |
| 固定宽带接入用户数（万户） | 43.04 | 51.88 | 49.50 | 48.11 | 62.56 | 26.86 | 53.31 |
| 全社会用电量（亿千瓦时） | 35.29 | 61.27 | 35.74 | 47.99 | 48.61 | 28.02 | 58.02 |
| #工业用电 | 19.71 | 43.44 | 15.82 | 30.98 | 25.38 | 19.19 | 31.78 |
| 城乡居民生活用电 | 8.63 | 9.66 | 9.83 | 8.12 | 12.28 | 4.22 | 12.66 |
| **批发零售贸易、外经** | | | | | | | |
| 社会消费品零售总额（亿元） | 323.65 | 649.72 | 499.94 | 424.21 | 487.18 | 194.17 | 541.36 |
| 进出口总额（亿元） | 22.83 | 72.55 | 34.99 | 105.34 | 173.05 | 38.74 | 132.64 |
| #出口总额 | 21.08 | 67.88 | 28.22 | 51.25 | 161.48 | 36.95 | 123.88 |
| 实际使用外资（万美元） | 19 | 597 | 2185 | 3241 | 2350 | 596 | 7514 |

注：此表中的公路客货运量为营业性口径，下同。

21-40　续表 4

| 指　　标 | 丰　县 | 沛　县 | 睢宁县 | 新沂市 | 邳州市 | 贾汪区 | 铜山区 |
|---|---|---|---|---|---|---|---|
| **市政公用事业、环境保护（城市）** | | | | | | | |
| 供气总量（人工煤气、天然气）（万立方米） | 4270 | 6269 | 4252 | 12039 | 10673 | 7998 | 27279 |
| #家庭用量 | 2046 | 3121 | 1284 | 2621 | 3442 | 830 | 1907 |
| 液化石油气供气总量（吨） | 1295 | 4515 | 8890 | 8800 | 1623 | 2284 | 13320 |
| #家庭用量 | 1063 | 2464 | 8850 | 6000 | 1585 | 2284 | 11920 |
| 道路面积（万平方米） | 655 | 937 | 568 | 763 | 700 | 445 | 229 |
| 排水管道长度（公里） | 457 | 576 | 1004 | 741 | 796 | 33 | 201 |
| 绿化覆盖面积（公顷） | 2022 | 2760 | 2363 | 2622 | 2642 | | |
| #建成区绿化覆盖面积 | 1511 | 2384 | 1497 | 1739 | 2222 | | |
| 绿地面积（公顷） | 1727 | 2390 | 1976 | 2251 | 2272 | | |
| 公园绿地面积（公顷） | 408 | 606 | 496 | 469 | 673 | | |
| 污水处理厂数（座） | 13 | 17 | 16 | 11 | 23 | 9 | 16 |
| 生活垃圾无害化处理率（%） | 100 | 100 | 100 | 100 | 100 | 100 | 100 |
| 污水处理厂集中处理率（%） | 93.3 | 94.2 | 92.4 | 96.6 | 93.7 | 91.8 | 92.1 |
| 自然保护区面积（公顷） | | | | 22582 | 4230 | 3941 | 14929 |
| 工业废水排放量（万吨） | 161 | 713 | 272 | 408 | 217 | 721 | 510 |
| 工业废气排放量（亿立方米） | 432.59 | 424.68 | 56.04 | 2022.75 | 680.56 | 684.91 | 1738.46 |
| 工业二氧化硫排放量（吨） | 563 | 792 | 209 | 2053 | 683 | 572 | 1865 |
| 工业氮氧化物排放量（吨） | 1244 | 878 | 279 | 4237 | 1384 | 1453 | 3314 |
| 颗粒物排放量（吨） | 491 | 311 | 30 | 2728 | 629 | 1372 | 935 |
| 一般工业固体废物综合利用率（%） | 70.3 | 97.5 | 34.3 | 99.6 | 85.5 | 100.0 | 99.4 |

注：2023 年污水处理厂数以及污水处理厂集中处理率口径改为包含乡镇数据，之前年份不包含。

21-40 续表 5

| 指　　标 | 丰　县 | 沛　县 | 睢宁县 | 新沂市 | 邳州市 | 贾汪区 | 铜山区 |
|---|---|---|---|---|---|---|---|
| **教育、科技、卫生** | | | | | | | |
| 学校总数（个） | 117 | 141 | 119 | 151 | 260 | 71 | 163 |
| # 中等职业教育学校 | 1 | 3 | 2 | 1 | 3 | 1 | 4 |
| 普通中学 | 40 | 47 | 51 | 41 | 66 | 21 | 41 |
| 小学 | 76 | 91 | 66 | 109 | 191 | 49 | 118 |
| 在校学生总数（万人） | 19.12 | 22.21 | 23.33 | 21.39 | 32.56 | 9.00 | 23.82 |
| # 中等职业教育学校 | 0.99 | 1.54 | 1.43 | 1.01 | 1.17 | 0.38 | 1.81 |
| 普通中学 | 7.14 | 8.24 | 8.64 | 9.02 | 14.65 | 3.32 | 8.63 |
| 小学 | 8.02 | 9.55 | 9.99 | 8.88 | 13.01 | 3.94 | 10.10 |
| 专任教师总数（人） | 11911 | 14561 | 14442 | 14883 | 25129 | 6006 | 14665 |
| # 中等职业教育学校 | 347 | 500 | 480 | 343 | 511 | 119 | 717 |
| 普通中学 | 4918 | 6296 | 5871 | 7318 | 12866 | 2644 | 5850 |
| 小学 | 4800 | 5669 | 5716 | 5563 | 8855 | 2244 | 5593 |
| 幼儿园数（个） | 134 | 144 | 159 | 120 | 154 | 63 | 123 |
| 在园幼儿数（万人） | 2.97 | 2.88 | 3.27 | 2.48 | 3.74 | 1.35 | 3.28 |
| 各类专业技术人员数（万人） | 4.16 | 7.35 | 7.38 | 6.58 | 6.89 | 3.51 | 8.86 |
| 专利申请授权量（件） | 1115 | 1150 | 1056 | 2308 | 1632 | 1188 | 3544 |
| # 发明 | 294 | 261 | 297 | 638 | 476 | 94 | 1058 |

21-40 续表 6

| 指　　标 | | 丰　县 | 沛　县 | 睢宁县 | 新沂市 | 邳州市 | 贾汪区 | 铜山区 |
|---|---|---|---|---|---|---|---|---|
| 剧场、影剧院数 | （个） | 6 | 8 | 11 | 7 | 8 | 4 | 4 |
| 公共图书馆 | | 1 | 1 | 1 | 1 | 1 | 1 | 1 |
| 公共图书馆图书总藏量 | （千册、千件） | 265 | 977 | 1289 | 592 | 724 | 259 | 382 |
| 卫生机构数 | （个） | 586 | 613 | 461 | 420 | 731 | 207 | 543 |
| #医院 | | 13 | 30 | 14 | 18 | 21 | 6 | 18 |
| 卫生院 | | 22 | 25 | 24 | 20 | 33 | 10 | 23 |
| 卫生机构床位数 | （张） | 5148 | 7354 | 5198 | 4397 | 8638 | 2525 | 6074 |
| #医院 | | 2662 | 4838 | 2717 | 2820 | 5182 | 1421 | 4036 |
| 卫生院 | | 1928 | 2353 | 2243 | 1290 | 2946 | 1049 | 1906 |
| 卫生技术人员 | （人） | 5959 | 6317 | 6768 | 6337 | 10418 | 3655 | 7852 |
| #执业（助理）医师 | | 2780 | 2561 | 2644 | 2377 | 4039 | 1232 | 3180 |
| 注册护士 | | 2251 | 2728 | 2983 | 2811 | 4851 | 1718 | 3529 |
| **人民生活** | | | | | | | | |
| 在岗职工工资总额 | （亿元） | 46.55 | 72.93 | 56.16 | 44.46 | 77.81 | 28.92 | 72.72 |
| 在岗职工平均工资 | （元） | 79745 | 90950 | 82558 | 77661 | 75901 | 92344 | 114543 |
| 全体居民人均可支配收入 | （元） | 30726 | 36152 | 30741 | 33414 | 36792 | 36945 | 42074 |
| 工资性收入 | | 18106 | 20078 | 14006 | 18409 | 20162 | 24532 | 26840 |
| 经营净收入 | | 7074 | 7866 | 10836 | 6999 | 8226 | 7862 | 8425 |
| 财产净收入 | | 1124 | 1828 | 1957 | 1967 | 1841 | 890 | 1662 |
| 转移净收入 | | 4422 | 6379 | 3942 | 6039 | 6564 | 3660 | 5147 |
| 全体居民人均生活消费支出 | （元） | 21365 | 22946 | 18630 | 22200 | 21131 | 22635 | 27793 |
| 食品烟酒 | | 6460 | 6757 | 5577 | 6541 | 6304 | 6469 | 8013 |
| 衣着 | | 1702 | 1734 | 1495 | 2186 | 1513 | 1981 | 2550 |
| 居住 | | 3509 | 4424 | 3893 | 4330 | 4111 | 3988 | 3311 |
| 生活用品及服务 | | 1709 | 1748 | 1194 | 1927 | 1586 | 1995 | 1804 |
| 交通通信 | | 2684 | 3402 | 2317 | 2740 | 3020 | 2924 | 4357 |
| 教育文化娱乐 | | 3611 | 2570 | 2445 | 2958 | 2695 | 2944 | 5415 |
| 医疗保健 | | 1202 | 1754 | 1419 | 1095 | 1398 | 1676 | 1871 |
| 其他用品和服务 | | 488 | 557 | 289 | 423 | 504 | 614 | 472 |
| 全体居民人均现住房建筑面积 | （平方米） | 49.8 | 50.0 | 50.4 | 61.3 | 50.5 | 52.1 | 54.3 |
| 城镇居民人均可支配收入 | （元） | 36614 | 43554 | 36914 | 40096 | 45262 | 44132 | 50332 |
| 工资性收入 | | 24418 | 25582 | 18826 | 24256 | 26895 | 32580 | 33329 |
| 经营净收入 | | 4243 | 6266 | 10060 | 5810 | 6318 | 6556 | 7087 |
| 财产净收入 | | 1809 | 3159 | 3476 | 3195 | 3133 | 1130 | 2558 |
| 转移净收入 | | 6144 | 8547 | 4552 | 6835 | 8916 | 3866 | 7359 |

21-40 续表 7

| 指　　标 | 丰　县 | 沛　县 | 睢宁县 | 新沂市 | 邳州市 | 贾汪区 | 铜山区 |
|---|---|---|---|---|---|---|---|
| 城镇居民人均生活消费支出（元） | 25525 | 26452 | 20442 | 25298 | 24195 | 27761 | 33963 |
| 食品烟酒 | 7645 | 7652 | 5938 | 7311 | 7091 | 7805 | 9762 |
| 衣着 | 2209 | 2048 | 1720 | 2560 | 1781 | 2503 | 3433 |
| 居住 | 4055 | 5384 | 4573 | 5410 | 5201 | 4987 | 3442 |
| 生活用品及服务 | 2143 | 1979 | 1210 | 2230 | 1873 | 2392 | 2371 |
| 交通通信 | 3015 | 3706 | 2458 | 3011 | 3111 | 3700 | 5312 |
| 教育文化娱乐 | 4456 | 2997 | 2752 | 3411 | 2924 | 3658 | 6872 |
| 医疗保健 | 1283 | 1985 | 1466 | 890 | 1538 | 1810 | 2086 |
| 其他用品和服务 | 719 | 701 | 324 | 475 | 677 | 906 | 685 |
| 城镇居民人均现住房建筑面积（平方米） | 46.4 | 48.4 | 44.2 | 57.8 | 42.5 | 46.3 | 51.1 |
| 农村居民人均可支配收入（元） | 24714 | 27971 | 24407 | 25891 | 27363 | 27722 | 31769 |
| 工资性收入 | 11662 | 13996 | 9060 | 11826 | 12666 | 14105 | 18743 |
| 经营净收入 | 9965 | 9635 | 11631 | 8338 | 10351 | 9638 | 10096 |
| 财产净收入 | 424 | 358 | 399 | 585 | 401 | 583 | 544 |
| 转移净收入 | 2663 | 3983 | 3317 | 5142 | 3945 | 3396 | 2387 |
| 农村居民人均生活消费支出（元） | 17117 | 19071 | 16771 | 18713 | 17720 | 16056 | 20093 |
| 食品烟酒 | 5251 | 5768 | 5207 | 5675 | 5428 | 4639 | 5830 |
| 衣着 | 1185 | 1387 | 1265 | 1765 | 1216 | 1312 | 1449 |
| 居住 | 2951 | 3363 | 3196 | 3115 | 2898 | 2705 | 3147 |
| 生活用品及服务 | 1265 | 1491 | 1178 | 1586 | 1267 | 1485 | 1096 |
| 交通通信 | 2347 | 3066 | 2172 | 2434 | 2919 | 1928 | 3165 |
| 教育文化娱乐 | 2747 | 2098 | 2131 | 2447 | 2441 | 2028 | 3597 |
| 医疗保健 | 1119 | 1499 | 1371 | 1326 | 1243 | 1503 | 1602 |
| 其他用品和服务 | 252 | 398 | 252 | 365 | 310 | 356 | 207 |
| 农村居民人均现住房建筑面积（平方米） | 54.1 | 52.4 | 60.1 | 66.0 | 58.8 | 56.7 | 58.8 |
| 城乡居民基本养老保险参保人数（万人） | 16.08 | 46.44 | 51.57 | 38.80 | 67.71 | 17.72 | 51.21 |
| 城镇职工基本养老保险参保人数（万人） | 13.07 | 16.06 | 16.64 | 14.49 | 18.59 |  | 18.40 |
| 城镇职工基本医疗保险参保人数（万人） | 9.50 | 11.80 | 12.77 | 12.51 | 15.07 |  | 15.10 |
| 城乡居民基本医疗保险参保人数（万人） | 90.50 | 97.09 | 108.58 | 83.48 | 142.61 | 38.95 | 95.27 |
| 失业保险参保人数（万人） | 5.84 | 8.52 | 7.07 | 6.15 | 8.28 |  |  |
| 工伤保险参保人数（万人） | 6.77 | 11.04 | 9.42 | 9.21 | 10.42 |  | 10.30 |
| 生育保险参保人数（万人） | 5.64 | 6.88 | 7.90 | 8.15 | 8.89 |  |  |
| 提供住宿的各类社会服务机构数（个） | 18 | 21 | 26 | 21 | 29 | 36 | 42 |
| 提供住宿的各类社会服务机构床位数（张） | 5103 | 4384 | 5930 | 4385 | 7489 | 3308 | 5900 |

# 二十二、乡镇基本情况

版面负责人：顾元林
编　　　辑：秦伟伟

统计知识

# 企业统计信用管理办法

**第十二条** 认定机构将企业认定为统计信用异常、统计一般失信、统计严重失信等的，应当作出认定决定。认定决定包括企业名称、统一社会信用代码、认定日期、认定事由、作出认定决定机构。

**第十三条** 认定机构应当自作出认定决定之日起 10 个工作日内，书面向被认定为统计信用异常、统计一般失信、统计严重失信的企业告知所被认定的事实、理由、依据以及享有陈述、申辩的权力。

通过登记的住所或者经营场所无法联系的企业，可以通过邮寄信函的方式与企业联系。经向企业登记的住所或者经营场所两次邮寄无人签收的，视为通过登记的住所或者经营场所无法取得联系。两次邮寄间隔时间不得少于 15 日，不得超过 30 日。

**第十四条** 认定机构应当自作出统计一般失信和统计严重失信决定之日起 20 个工作日内向社会公示。公示信息包括企业名称、地址、统一社会信用代码、法定代表人或者主要负责人、统计违法行为、依法处理情况等。

公示企业信用信息不得涉及国家秘密，不得危害国家安全和社会公共利益。

**第十五条** 国家统计局在其网站建立统计失信企业信息公示专栏，并与“信用中国”网站和国家企业信用信息公示系统联通，向社会公示统计一般失信和统计严重失信企业信息。

省级统计机构在其网站建立统计失信企业信息公示专栏，公示职责范围内统计一般失信和统计严重失信企业信息，并链接到国家统计局网站统计失信企业信息公示专栏。

市级、县级统计机构应当按照法定职责分工，在本级或者上级统计机构网站向社会公示统计一般失信和统计严重失信企业信息，同时加载到省级统计机构失信企业信息公示专栏。

**第十六条** 统计一般失信和统计严重失信企业信息公示期限为 1 年。公示期间，企业认真整改到位并提出申请，经履行公示职责的统计机构核实后，可以从公示网站提前移除企业信息，但公示时间不得少于 6 个月。

公示期间，企业整改不到位被查实的，公示期限延长至 2 年；再次发生统计违法行为并查实的，自查实之日起，公示 2 年。

# 22-1　分镇主要经济指标

（2023 年）

| 乡　　镇 | 乡镇行政区域面积（公顷） | 居委会数（个） | 村委会数（个） | 户籍户数（户） | 户籍人口（人） |
|---|---|---|---|---|---|
| **贾汪区** | | | | | |
| 大泉街道 | 3765 | 4 | 5 | 14010 | 45110 |
| 大吴街道 | 3840 | 7 | 5 | 13522 | 52746 |
| 潘安湖街道 | 3660 | 2 | 6 | 7715 | 28917 |
| 青山泉镇 | 6647 | 3 | 11 | 11299 | 42496 |
| 紫庄镇 | 6668 | 4 | 15 | 17086 | 68812 |
| 塔山镇 | 9466 | 3 | 20 | 19356 | 79656 |
| 汴塘镇 | 9831 | | 17 | 13798 | 58558 |
| 江庄镇 | 7552 | | 11 | 8915 | 35557 |
| **徐州经济技术开发区** | | | | | |
| 大黄山街道 | 4300 | 7 | 12 | 15955 | 56719 |
| 大庙街道 | 6663 | 6 | 15 | 19637 | 77468 |
| 徐庄镇 | 13259 | | 22 | 26563 | 77869 |
| **丰　县** | | | | | |
| 凤城街道 | 8773 | 12 | 11 | 19110 | 72643 |
| 孙楼街道 | 6608 | | 19 | 17786 | 58979 |
| 首羡镇 | 12864 | | 33 | 24725 | 93153 |
| 顺河镇 | 9397 | | 22 | 14509 | 57080 |
| 常店镇 | 8187 | | 27 | 19625 | 69752 |
| 欢口镇 | 10691 | | 27 | 24265 | 98150 |
| 师寨镇 | 8518 | | 28 | 16464 | 66244 |
| 华山镇 | 10100 | | 25 | 24273 | 78639 |
| 梁寨镇 | 8680 | | 20 | 17513 | 66022 |
| 范楼镇 | 11873 | | 31 | 21630 | 79896 |
| 宋楼镇 | 12214 | | 32 | 25003 | 92756 |
| 大沙河镇 | 8631 | | 19 | 17967 | 60563 |
| 王沟镇 | 12955 | 3 | 31 | 27982 | 104148 |
| 赵庄镇 | 9100 | | 18 | 18985 | 72661 |
| **沛　县** | | | | | |
| 沛城街道 | 6240 | 25 | 7 | 55863 | 162857 |
| 大屯街道 | 5430 | 21 | 10 | 19238 | 66143 |
| 汉源街道 | 3403 | 14 | 3 | 11649 | 47517 |
| 汉兴街道 | 5310 | 19 | | 13459 | 48122 |
| 龙固镇 | 5302 | 14 | 9 | 20391 | 69331 |
| 杨屯镇 | 5165 | 12 | 9 | 27402 | 88458 |
| 胡寨镇 | 4594 | 4 | 11 | 10078 | 39612 |
| 魏庙镇 | 6202 | 3 | 14 | 17073 | 58792 |
| 五段镇 | 4977 | 2 | 14 | 13719 | 50892 |
| 张庄镇 | 11200 | 8 | 24 | 26482 | 92360 |
| 张寨镇 | 10634 | 3 | 26 | 23244 | 90876 |
| 敬安镇 | 9600 | 8 | 18 | 18435 | 67070 |
| 河口镇 | 8257 | 2 | 16 | 17113 | 59511 |
| 栖山镇 | 8951 | 4 | 18 | 18871 | 65867 |
| 鹿楼镇 | 12540 | 2 | 22 | 20174 | 76883 |
| 朱寨镇 | 7900 | 2 | 20 | 19815 | 66850 |
| 安国镇 | 10294 | 8 | 23 | 24618 | 94500 |

22-1 续表 1

| 乡　　镇 | 乡镇行政区域面积（公顷） | 居委会数（个） | 村委会数（个） | 户籍户数（户） | 户籍人口（人） |
|---|---|---|---|---|---|
| **铜山区** | | | | | |
| 沿湖街道 | 3400 | | 4 | 3768 | 13117 |
| 新区街道 | 6450 | 5 | 7 | 13755 | 55021 |
| 三堡街道 | 3534 | 4 | 2 | 6858 | 24626 |
| 何桥镇 | 7400 | | 15 | 14679 | 53197 |
| 黄集镇 | 8340 | | 18 | 16691 | 65206 |
| 马坡镇 | 6900 | 4 | 8 | 12631 | 51926 |
| 郑集镇 | 6710 | | 10 | 12171 | 48240 |
| 柳新镇 | 9606 | | 19 | 20413 | 79521 |
| 刘集镇 | 8360 | | 15 | 18310 | 68447 |
| 大彭镇 | 7600 | 1 | 14 | 18376 | 66766 |
| 汉王镇 | 6393 | | 9 | 11987 | 47107 |
| 棠张镇 | 8060 | 1 | 17 | 14964 | 58594 |
| 张集镇 | 14800 | 1 | 19 | 21198 | 80839 |
| 房村镇 | 13600 | | 20 | 20078 | 79664 |
| 伊庄镇 | 8565 | | 15 | 12474 | 48642 |
| 单集镇 | 13123 | | 21 | 16699 | 68901 |
| 利国镇 | 7769 | | 13 | 16646 | 57013 |
| 大许镇 | 12917 | | 23 | 19731 | 84821 |
| 茅村镇 | 8324 | | 13 | 19265 | 73912 |
| 柳泉镇 | 10520 | 1 | 17 | 16210 | 62495 |
| **睢宁县** | | | | | |
| 睢城街道 | 10242 | 28 | | 51128 | 204512 |
| 金城街道 | 6365 | 13 | | 11930 | 53188 |
| 睢河街道 | 4261 | 11 | 1 | 11045 | 46871 |
| 王集镇 | 13152 | 6 | 22 | 19212 | 82176 |
| 双沟镇 | 9532 | 4 | 16 | 14754 | 64652 |
| 岚山镇 | 11850 | 3 | 17 | 17390 | 77766 |
| 李集镇 | 6298 | 4 | 11 | 13147 | 56153 |
| 桃园镇 | 9489 | 4 | 21 | 16597 | 72574 |
| 官山镇 | 12499 | 8 | 16 | 20670 | 86246 |
| 高作镇 | 4171 | 5 | 8 | 9097 | 37938 |
| 沙集镇 | 6517 | 4 | 13 | 13913 | 59648 |
| 凌城镇 | 9368 | 6 | 19 | 17570 | 78069 |
| 邱集镇 | 14079 | 5 | 28 | 25141 | 109747 |
| 古邳镇 | 10666 | 6 | 20 | 17898 | 73529 |
| 姚集镇 | 16750 | 7 | 29 | 23276 | 100404 |
| 魏集镇 | 12379 | 6 | 20 | 17348 | 71992 |
| 梁集镇 | 7798 | 6 | 11 | 14800 | 61597 |
| 庆安镇 | 7841 | 6 | 16 | 17626 | 71116 |

22-1 续表 2

| 乡　镇 | 乡镇行政区域面积（公顷） | 居委会数（个） | 村委会数（个） | 户籍户数（户） | 户籍人口（人） |
|---|---|---|---|---|---|
| **新沂市** | | | | | |
| 北沟街道 | 4164 | 3 | 7 | 14713 | 53352 |
| 墨河街道 | 7298 | 2 | 10 | 13446 | 48609 |
| 唐店街道 | 5953 | 1 | 9 | 12376 | 42654 |
| 钟吾街道 | 6204 | 1 | 9 | 13550 | 50265 |
| 瓦窑镇 | 6203 | | 12 | 9893 | 40499 |
| 港头镇 | 6710 | | 11 | 12644 | 44750 |
| 合沟镇 | 6733 | 1 | 20 | 14758 | 60216 |
| 草桥镇 | 10122 | 1 | 16 | 18780 | 69492 |
| 窑湾镇 | 11636 | | 21 | 17478 | 63135 |
| 棋盘镇 | 15789 | | 26 | 22368 | 80949 |
| 马陵山镇 | 9142 | | 16 | 13680 | 55573 |
| 新店镇 | 11199 | | 15 | 12722 | 50717 |
| 邵店镇 | 5849 | | 14 | 9950 | 38093 |
| 时集镇 | 13887 | | 18 | 13736 | 56026 |
| 高流镇 | 12189 | | 14 | 14336 | 62795 |
| 阿湖镇 | 12527 | | 18 | 15980 | 64016 |
| 双塘镇 | 9483 | | 14 | 9914 | 41692 |
| **邳州市** | | | | | |
| 东湖街道 | 2720 | 7 | 3 | 30292 | 99511 |
| 运河街道 | 8411 | 27 | 12 | 74377 | 268144 |
| 戴圩街道 | 8153 | 5 | 19 | 20497 | 88649 |
| 炮车街道 | 5578 | 3 | 12 | 19192 | 59151 |
| 邳城镇 | 9294 | 1 | 22 | 19299 | 78346 |
| 官湖镇 | 8906 | | 27 | 27678 | 113533 |
| 四户镇 | 8107 | | 17 | 13721 | 61574 |
| 宿羊山镇 | 9614 | 1 | 24 | 18958 | 78618 |
| 八义集镇 | 12263 | 1 | 25 | 19493 | 75980 |
| 土山镇 | 6491 | | 21 | 12750 | 48616 |
| 碾庄镇 | 12634 | 1 | 27 | 21934 | 92502 |
| 港上镇 | 6181 | 3 | 19 | 15538 | 72103 |
| 邹庄镇 | 7351 | 1 | 16 | 13518 | 67499 |
| 占城镇 | 7920 | | 18 | 12676 | 46213 |
| 新河镇 | 11275 | | 19 | 14149 | 54787 |
| 八路镇 | 7043 | | 14 | 11273 | 41997 |
| 铁富镇 | 12755 | | 30 | 30238 | 123686 |
| 岔河镇 | 7085 | | 12 | 10706 | 49199 |
| 陈楼镇 | 4519 | | 17 | 12238 | 50112 |
| 邢楼镇 | 9684 | | 18 | 14738 | 57612 |
| 戴庄镇 | 7455 | | 16 | 12892 | 54714 |
| 车辐山镇 | 9469 | | 16 | 13814 | 60745 |
| 燕子埠镇 | 7701 | | 16 | 8305 | 35559 |
| 赵墩镇 | 12086 | 1 | 27 | 20845 | 90103 |
| 议堂镇 | 5775 | 3 | 12 | 8805 | 35627 |

22-1 续表 3

| 乡 镇 | 财政总收入（万元） | 一般公共预算收入（万元） | 一般公共预算支出（万元） | 年末资产总额（万元） | 年末债务总额（万元） |
|---|---|---|---|---|---|
| **贾汪区** | | | | | |
| 大泉街道 | 22317 | 18914 | 4069 | 24610 | 72845 |
| 大吴街道 | 24128 | 10248 | 5572 | 37889 | 99674 |
| 潘安湖街道 | 18336 | 11106 | 9092 | 10426 | 11272 |
| 青山泉镇 | 9615 | 9258 | 8862 | 1752 | 217 |
| 紫庄镇 | 8416 | 4432 | 5186 | 5058 | 9883 |
| 塔山镇 | 8855 | 4298 | 5495 | 9337 | 17899 |
| 汴塘镇 | 6190 | 3254 | 5356 | 20092 | 6539 |
| 江庄镇 | 12795 | 12301 | 8395 | 29348 | 61025 |
| **徐州经济技术开发区** | | | | | |
| 大黄山街道 | 49502 | 36000 | 12350 | 7500 | 1953 |
| 大庙街道 | 68577 | 36655 | 14233 | 5066 | 5066 |
| 徐庄镇 | 8765 | 8765 | 19032 | 2532 | 623 |
| **丰 县** | | | | | |
| 凤城街道 | 193771 | 34414 | 31124 | 12325 | 9663 |
| 孙楼街道 | 18581 | 10894 | 9238 | 17401 | 12759 |
| 首羡镇 | 13170 | 13170 | 9725 | 19008 | 3972 |
| 顺河镇 | 20649 | 10713 | 9482 | 13013 | 26459 |
| 常店镇 | 34563 | 18844 | 15834 | 7426 | |
| 欢口镇 | 29997 | 15268 | 13740 | 10120 | 550 |
| 师寨镇 | 19194 | 19194 | 16622 | 23432 | 380 |
| 华山镇 | 13950 | 11246 | 11286 | 9770 | 3490 |
| 梁寨镇 | 17303 | 8338 | 8594 | 23682 | 21846 |
| 范楼镇 | 19899 | 16531 | 14190 | 22668 | 13741 |
| 宋楼镇 | 22475 | 17875 | 14995 | 10420 | 7265 |
| 大沙河镇 | 18493 | 9343 | 7765 | 2382 | 2329 |
| 王沟镇 | 9871 | 5795 | 5088 | 5478 | 2302 |
| 赵庄镇 | 13099 | 6720 | 6314 | 895 | 4027 |
| **沛 县** | | | | | |
| 沛城街道 | 19643 | 18535 | 15801 | 2895 | 1357 |
| 大屯街道 | 34703 | 34582 | 34582 | 13454 | 13350 |
| 汉源街道 | 7109 | 7109 | 7072 | 513 | |
| 汉兴街道 | 607 | 603 | 601 | 1981 | 13054 |
| 龙固镇 | 32016 | 13089 | 13718 | 11492 | 1039 |
| 杨屯镇 | 128840 | 65020 | 54030 | 24298 | |
| 胡寨镇 | 5828 | 5312 | 3947 | 2491 | |
| 魏庙镇 | 6171 | 5793 | 6171 | 20960 | 190 |
| 五段镇 | 18722 | 12633 | 5663 | 1463 | 1002 |
| 张庄镇 | 4268 | 4189 | 5933 | 30943 | 1656 |
| 张寨镇 | 13668 | 7031 | 8326 | 9818 | 17788 |
| 敬安镇 | 44161 | 24285 | 24925 | 9620 | 6670 |
| 河口镇 | 14460 | 7457 | 8431 | 5996 | 3846 |
| 栖山镇 | 9710 | 5699 | 5584 | 14641 | 10114 |
| 鹿楼镇 | 22229 | 11349 | 11198 | 29760 | 40817 |
| 朱寨镇 | 17154 | 7395 | 10616 | 3528 | 6708 |
| 安国镇 | 27949 | 16821 | 17033 | 28560 | 26943 |

22-1　续表 4

| 乡　　镇 | 财政总收入（万元） | 一般公共预算收入（万元） | 一般公共预算支出（万元） | 年末资产总额（万元） | 年末债务总额（万元） |
|---|---|---|---|---|---|
| **铜山区** | | | | | |
| 沿湖街道 | 6666 | 3482 | 2899 | 6270 | 2920 |
| 新区街道 | 15832 | 15832 | 15832 | 11072 | 4318 |
| 三堡街道 | 18359 | 16301 | 5463 | 19562 | 4795 |
| 何桥镇 | 4191 | 2204 | 3828 | 6423 | 2976 |
| 黄集镇 | 7749 | 4036 | 3647 | 4077 | 3399 |
| 马坡镇 | 5237 | 2886 | 3623 | 10990 | 10998 |
| 郑集镇 | 8427 | 4728 | 4072 | 13430 | 12790 |
| 柳新镇 | 67307 | 36722 | 15762 | 26355 | 25670 |
| 刘集镇 | 11171 | 6711 | 4612 | 6828 | 5638 |
| 大彭镇 | 20428 | 11138 | 9141 | 23219 | 9043 |
| 汉王镇 | 13373 | 10220 | 6751 | 18170 | 24756 |
| 棠张镇 | 11645 | 10278 | 11159 | 14559 | 14107 |
| 张集镇 | 14179 | 7536 | 8491 | 14832 | 13765 |
| 房村镇 | 8129 | 4556 | 6224 | 19192 | 19083 |
| 伊庄镇 | 9564 | 4975 | 5515 | 3542 | 13456 |
| 单集镇 | 6481 | 3397 | 4888 | 12245 | 12205 |
| 利国镇 | 43866 | 25967 | 6109 | 96181 | 93903 |
| 大许镇 | 3395 | 3339 | 3423 | 7666 | 5727 |
| 茅村镇 | 12650 | 7165 | 6248 | 47497 | 53136 |
| 柳泉镇 | 16486 | 14575 | 5493 | 9125 | 1182 |
| **睢宁县** | | | | | |
| 睢城街道 | 132702 | 75986 | 38182 | 165 | 13776 |
| 金城街道 | | | 2316 | 399 | 57 |
| 睢河街道 | 43807 | 26344 | 22162 | 25340 | 11486 |
| 王集镇 | 6523 | 5212 | 1488 | 2435 | 13088 |
| 双沟镇 | 48476 | 33800 | 18182 | 7945 | 5364 |
| 岚山镇 | 31622 | 16978 | 14561 | 14543 | 8043 |
| 李集镇 | 40126 | 39709 | 14601 | 25299 | 3211 |
| 桃园镇 | 12009 | 12009 | 12009 | 21871 | 21060 |
| 官山镇 | 20499 | 16264 | 17888 | 4897 | 4964 |
| 高作镇 | 8372 | 4571 | 8030 | 27392 | 27126 |
| 沙集镇 | 17698 | 13026 | 13059 | 28413 | 13211 |
| 凌城镇 | 32806 | 17224 | 16550 | 9998 | 10855 |
| 邱集镇 | 10326 | 5852 | 9218 | 5258 | 3884 |
| 古邳镇 | 8794 | 8794 | 8794 | 13641 | 5544 |
| 姚集镇 | 14755 | 7802 | 9688 | 34680 | 24500 |
| 魏集镇 | 28770 | 14946 | 13553 | 23476 | 21375 |
| 梁集镇 | 11931 | 8451 | 8245 | 11062 | 6609 |
| 庆安镇 | 10050 | 10200 | 7268 | 2260 | 5980 |

22-1 续表 5

| 乡 镇 | 财政总收入（万元） | 一般公共预算收入（万元） | 一般公共预算支出（万元） | 年末资产总额（万元） | 年末债务总额（万元） |
|---|---|---|---|---|---|
| **新沂市** | | | | | |
| 北沟街道 | 32411 | 18202 | 16722 | 472 | 6133 |
| 墨河街道 | 3219 | 3219 | 3169 | 1136 | |
| 唐店街道 | 10478 | 6458 | 4987 | 6950 | 2853 |
| 钟吾街道 | 16220 | 16219 | 12789 | 66206 | 17049 |
| 瓦窑镇 | 17913 | 9464 | 8690 | 19055 | 11150 |
| 港头镇 | 12879 | 6976 | 5228 | 803 | 3740 |
| 合沟镇 | 11987 | 4012 | 3172 | 6903 | 316 |
| 草桥镇 | 21053 | 16679 | 8352 | 857 | |
| 窑湾镇 | 9512 | 4864 | 7564 | 32416 | |
| 棋盘镇 | 9288 | 9388 | 9286 | 3854 | 32955 |
| 马陵山镇 | 12270 | 6414 | 6180 | 3615 | 2002 |
| 新店镇 | 8970 | 8500 | 6300 | 3680 | 460 |
| 邵店镇 | 10276 | 5222 | 7651 | 4922 | |
| 时集镇 | 6018 | 3548 | 1963 | 4015 | 1495 |
| 高流镇 | 38711 | 19019 | 9976 | 21418 | |
| 阿湖镇 | 14685 | 8268 | 5899 | 8836 | 7612 |
| 双塘镇 | 15831 | 15146 | 9725 | 26739 | 40575 |
| **邳州市** | | | | | |
| 东湖街道 | 10971 | 5826 | 5826 | 5826 | 11502 |
| 运河街道 | 138925 | 89641 | 18963 | 79634 | 2008 |
| 戴圩街道 | 49920 | 32570 | 34144 | 2041 | |
| 炮车街道 | 60480 | 41485 | 35481 | 7160 | 5546 |
| 邳城镇 | 16645 | 10174 | 4174 | 6571 | 3122 |
| 官湖镇 | 50546 | 36974 | 32652 | 15075 | 5100 |
| 四户镇 | 5600 | 3900 | 4732 | 1810 | 436 |
| 宿羊山镇 | 13698 | 8654 | 9662 | 17388 | 7065 |
| 八义集镇 | 8306 | 3630 | 5723 | 4281 | 87 |
| 土山镇 | 18535 | 10295 | 10397 | 624 | 4639 |
| 碾庄镇 | 55262 | 51852 | 42852 | 5369 | 1869 |
| 港上镇 | 8111 | 3482 | 6112 | 3823 | 3086 |
| 邹庄镇 | 5025 | 3353 | 5573 | 1242 | 492 |
| 占城镇 | 4369 | 1967 | 3787 | 3195 | 2511 |
| 新河镇 | 8126 | 4215 | 5650 | 10114 | 4348 |
| 八路镇 | 6607 | 3428 | 3895 | 1894 | 1273 |
| 铁富镇 | 18900 | 9300 | 13320 | 22520 | 7810 |
| 岔河镇 | 13624 | 8846 | 6914 | 4283 | 1382 |
| 陈楼镇 | 6227 | 6027 | 6027 | 4810 | 3210 |
| 邢楼镇 | 6301 | 3158 | 4902 | 4462 | 28 |
| 戴庄镇 | 6026 | 4153 | 4936 | 5705 | 310 |
| 车辐山镇 | 9398 | 3976 | 8825 | 3762 | |
| 燕子埠镇 | 7211 | 6016 | 7256 | 1926 | 1543 |
| 赵墩镇 | 23524 | 14059 | 10022 | 4238 | 1023 |
| 议堂镇 | 10759 | 9706 | 9706 | 20649 | 14471 |

22-1 续表 6

| 乡　　镇 | 法人企业个数（个） | 工业企业单位数（个） | #规模以上工业企业单位数 |
|---|---|---|---|
| **贾汪区** | | | |
| 大泉街道 | 720 | 45 | 3 |
| 大吴街道 | 359 | 231 | 23 |
| 潘安湖街道 | 48 | 12 | 5 |
| 青山泉镇 | 242 | 133 | 29 |
| 紫庄镇 | 331 | 192 | 11 |
| 塔山镇 | 280 | 149 | 11 |
| 汴塘镇 | 320 | 170 | 2 |
| 江庄镇 | 387 | 52 | 14 |
| **徐州经济技术开发区** | | | |
| 大黄山街道 | 210 | 85 | 49 |
| 大庙街道 | 290 | 210 | 53 |
| 徐庄镇 | 832 | 135 | 20 |
| **丰　县** | | | |
| 凤城街道 | 1452 | 859 | 50 |
| 孙楼街道 | 1365 | 1023 | 19 |
| 首羡镇 | 755 | 678 | 8 |
| 顺河镇 | 906 | 107 | 14 |
| 常店镇 | 1062 | 372 | 38 |
| 欢口镇 | 1279 | 890 | 16 |
| 师寨镇 | 986 | 716 | 12 |
| 华山镇 | 2450 | 1300 | 22 |
| 梁寨镇 | 1048 | 497 | 5 |
| 范楼镇 | 1120 | 598 | 9 |
| 宋楼镇 | 2016 | 1112 | 36 |
| 大沙河镇 | 875 | 109 | 7 |
| 王沟镇 | 416 | 191 | 23 |
| 赵庄镇 | 840 | 586 | 18 |
| **沛　县** | | | |
| 沛城街道 | 1630 | 165 | 5 |
| 大屯街道 | 846 | 492 | 47 |
| 汉源街道 | 378 | 15 | 5 |
| 汉兴街道 | 81 | 45 | |
| 龙固镇 | 462 | 243 | 40 |
| 杨屯镇 | 987 | 850 | 76 |
| 胡寨镇 | 442 | 104 | 10 |
| 魏庙镇 | 368 | 158 | 13 |
| 五段镇 | 861 | 649 | 9 |
| 张庄镇 | 826 | 156 | 20 |
| 张寨镇 | 386 | 77 | 15 |
| 敬安镇 | 1202 | 520 | 6 |
| 河口镇 | 626 | 328 | 12 |
| 栖山镇 | 463 | 299 | 14 |
| 鹿楼镇 | 936 | 56 | 22 |
| 朱寨镇 | 648 | 105 | 18 |
| 安国镇 | 266 | 172 | 51 |

22-1 续表 7

| 乡　　镇 | 法人企业个数（个） | 工业企业单位数（个） | #规模以上工业企业单位数 |
|---|---|---|---|
| **铜山区** | | | |
| 沿湖街道 | 218 | 4 | 2 |
| 新区街道 | 4385 | 767 | 88 |
| 三堡街道 | 340 | 161 | 29 |
| 何桥镇 | 352 | 36 | 2 |
| 黄集镇 | 255 | 95 | 7 |
| 马坡镇 | 300 | 210 | 9 |
| 郑集镇 | 420 | 72 | 11 |
| 柳新镇 | 1078 | 734 | 56 |
| 刘集镇 | 505 | 107 | 29 |
| 大彭镇 | 1073 | 403 | 49 |
| 汉王镇 | 840 | 24 | 1 |
| 棠张镇 | 628 | 598 | 23 |
| 张集镇 | 1086 | 640 | 29 |
| 房村镇 | 853 | 321 | 10 |
| 伊庄镇 | 807 | 75 | |
| 单集镇 | 970 | 75 | 5 |
| 利国镇 | 636 | 92 | 23 |
| 大许镇 | 463 | 122 | 9 |
| 茅村镇 | 1315 | 354 | 30 |
| 柳泉镇 | 515 | 390 | 28 |
| **睢宁县** | | | |
| 睢城街道 | 3301 | 836 | 26 |
| 金城街道 | 1725 | 267 | 65 |
| 睢河街道 | 1155 | 280 | 31 |
| 王集镇 | 211 | 114 | 15 |
| 双沟镇 | 737 | 83 | 42 |
| 岚山镇 | 243 | 191 | 16 |
| 李集镇 | 506 | 255 | 23 |
| 桃园镇 | 421 | 198 | 26 |
| 官山镇 | 361 | 152 | 10 |
| 高作镇 | 485 | 290 | 11 |
| 沙集镇 | 4165 | 726 | 15 |
| 凌城镇 | 722 | 142 | 19 |
| 邱集镇 | 385 | 196 | 18 |
| 古邳镇 | 571 | 267 | 13 |
| 姚集镇 | 382 | 176 | 9 |
| 魏集镇 | 1062 | 388 | 12 |
| 梁集镇 | 324 | 149 | 9 |
| 庆安镇 | 229 | 140 | 25 |

22-1 续表 8

| 乡　镇 | 法人企业个数（个） | 工业企业单位数（个） | #规模以上工业企业单位数 |
| --- | --- | --- | --- |
| **新沂市** | | | |
| 北沟街道 | 1496 | 288 | 42 |
| 墨河街道 | 1302 | 165 | |
| 唐店街道 | 325 | 43 | 13 |
| 钟吾街道 | 1201 | 109 | 21 |
| 瓦窑镇 | 1023 | 317 | 21 |
| 港头镇 | 481 | 65 | 6 |
| 合沟镇 | 641 | 192 | 21 |
| 草桥镇 | 760 | 135 | 29 |
| 窑湾镇 | 1236 | 169 | 7 |
| 棋盘镇 | 683 | 308 | 18 |
| 马陵山镇 | 986 | 235 | 9 |
| 新店镇 | 757 | 68 | 8 |
| 邵店镇 | 696 | 71 | 9 |
| 时集镇 | 853 | 167 | 18 |
| 高流镇 | 493 | 46 | 18 |
| 阿湖镇 | 1526 | 463 | 25 |
| 双塘镇 | 1170 | 326 | 26 |
| **邳州市** | | | |
| 东湖街道 | 318 | 4 | |
| 运河街道 | 4568 | 632 | 5 |
| 戴圩街道 | 1760 | 344 | 64 |
| 炮车街道 | 1500 | 260 | 62 |
| 邳城镇 | 34 | 16 | 11 |
| 官湖镇 | 1938 | 1065 | 117 |
| 四户镇 | 213 | 128 | 4 |
| 宿羊山镇 | 557 | 267 | 20 |
| 八义集镇 | 2296 | 684 | 8 |
| 土山镇 | 385 | 185 | 31 |
| 碾庄镇 | 1386 | 403 | 39 |
| 港上镇 | 61 | 25 | 7 |
| 邹庄镇 | 363 | 70 | 5 |
| 占城镇 | 112 | 54 | 4 |
| 新河镇 | 295 | 47 | 11 |
| 八路镇 | 295 | 191 | 7 |
| 铁富镇 | 1400 | 180 | 28 |
| 岔河镇 | 473 | 264 | 25 |
| 陈楼镇 | 1320 | 608 | 16 |
| 邢楼镇 | 139 | 93 | 5 |
| 戴庄镇 | 323 | 17 | 5 |
| 车辐山镇 | 452 | 178 | 7 |
| 燕子埠镇 | 126 | 113 | 5 |
| 赵墩镇 | 236 | 149 | 31 |
| 议堂镇 | 270 | 240 | 28 |

22-1 续表 9

| 乡　镇 | 住宿餐饮业企业个数（个） | 限上社会消费品零售总额（万元） | 商品交易市场个数（个） |
|---|---|---|---|
| **贾汪区** | | | |
| 大泉街道 | 16 | 16153 | 3 |
| 大吴街道 | 1 | 1512 | 3 |
| 潘安湖街道 | 5 | 9116 | 1 |
| 青山泉镇 | 1 | 1596 | 1 |
| 紫庄镇 | 1 | 13452 | 2 |
| 塔山镇 | 13 | 20186 | 4 |
| 汴塘镇 | 1 | 8446 | 3 |
| 江庄镇 | 40 | 19540 | 2 |
| **徐州经济技术开发区** | | | |
| 大黄山街道 | 4 | 853 | 1 |
| 大庙街道 | 3 | | 2 |
| 徐庄镇 | 5 | 17435 | 5 |
| **丰　县** | | | |
| 凤城街道 | 14 | 108740 | 4 |
| 孙楼街道 | 1 | 116945 | 1 |
| 首羡镇 | 5 | 46499 | 6 |
| 顺河镇 | 12 | 44444 | 5 |
| 常店镇 | 2 | 54812 | 3 |
| 欢口镇 | 7 | 13098 | 4 |
| 师寨镇 | 2 | 21648 | 2 |
| 华山镇 | 115 | 67230 | 4 |
| 梁寨镇 | 17 | 28206 | 4 |
| 范楼镇 | 28 | 10446 | 3 |
| 宋楼镇 | 1 | 54566 | 4 |
| 大沙河镇 | 73 | 50525 | 2 |
| 王沟镇 | | 41474 | 2 |
| 赵庄镇 | 3 | 175614 | 2 |
| **沛　县** | | | |
| 沛城街道 | 49 | 476865 | 5 |
| 大屯街道 | 8 | 663951 | 9 |
| 汉源街道 | 10 | 19261 | 1 |
| 汉兴街道 | | 2685 | 2 |
| 龙固镇 | 2 | 196308 | 1 |
| 杨屯镇 | 13 | 103760 | 2 |
| 胡寨镇 | 6 | 14511 | 1 |
| 魏庙镇 | 3 | 28511 | 6 |
| 五段镇 | 9 | 220912 | 2 |
| 张庄镇 | 4 | 276382 | 3 |
| 张寨镇 | 3 | 29236 | 4 |
| 敬安镇 | 2 | 294638 | 3 |
| 河口镇 | 2 | 76960 | 2 |
| 栖山镇 | 4 | 180756 | 3 |
| 鹿楼镇 | 2 | 125596 | 2 |
| 朱寨镇 | 2 | 165896 | 4 |
| 安国镇 | 25 | 257822 | 3 |

22-1　续表 10

| 乡　　镇 | 住宿餐饮业企业个数（个） | 限上社会消费品零售总额（万元） | 商品交易市场个数（个） |
|---|---|---|---|
| **铜山区** | | | |
| 沿湖街道 | | 4221 | 1 |
| 新区街道 | 20 | 466900 | 1 |
| 三堡街道 | 2 | 160200 | 4 |
| 何桥镇 | 3 | 194267 | 6 |
| 黄集镇 | 5 | 163052 | 4 |
| 马坡镇 | 2 | 51489 | 3 |
| 郑集镇 | 5 | 9672 | 2 |
| 柳新镇 | 16 | 46300 | 6 |
| 刘集镇 | 1 | 6157 | 4 |
| 大彭镇 | 4 | 16055 | 4 |
| 汉王镇 | 22 | 9539 | 2 |
| 棠张镇 | 1 | 59412 | 4 |
| 张集镇 | 4 | 59800 | 1 |
| 房村镇 | 87 | 6537 | 6 |
| 伊庄镇 | 26 | 72642 | 6 |
| 单集镇 | 6 | 2353 | 4 |
| 利国镇 | 17 | 190256 | 2 |
| 大许镇 | 11 | 34006 | 4 |
| 茅村镇 | 21 | 83302 | 2 |
| 柳泉镇 | 20 | 101896 | 3 |
| **睢宁县** | | | |
| 睢城街道 | 165 | 112704 | 15 |
| 金城街道 | 15 | 98086 | 1 |
| 睢河街道 | 17 | 42155 | 2 |
| 王集镇 | | 39731 | 8 |
| 双沟镇 | 10 | 31432 | 3 |
| 岚山镇 | 4 | 11300 | 8 |
| 李集镇 | 5 | 21426 | 9 |
| 桃园镇 | 11 | 29310 | 5 |
| 官山镇 | 13 | 24564 | 4 |
| 高作镇 | | 17392 | 1 |
| 沙集镇 | 39 | 27694 | 2 |
| 凌城镇 | 1 | 21425 | 3 |
| 邱集镇 | 15 | 42633 | 5 |
| 古邳镇 | 96 | 16872 | 4 |
| 姚集镇 | 26 | 4562 | 6 |
| 魏集镇 | | 61902 | 3 |
| 梁集镇 | 4 | 8087 | 13 |
| 庆安镇 | 36 | 46852 | 2 |

22-1 续表 11

| 乡　　镇 | 住宿餐饮业企业个数（个） | 限上社会消费品零售总额（万元） | 商品交易市场个数（个） |
|---|---|---|---|
| **新沂市** | | | |
| 北沟街道 | 17 | 236841 | 3 |
| 墨河街道 | 8 | | 3 |
| 唐店街道 | 34 | 69108 | 4 |
| 钟吾街道 | 129 | 237130 | 2 |
| 瓦窑镇 | 5 | 9936 | 5 |
| 港头镇 | 4 | 5406 | 4 |
| 合沟镇 | 45 | 84895 | 4 |
| 草桥镇 | 6 | 303949 | 6 |
| 窑湾镇 | 58 | 23935 | 2 |
| 棋盘镇 | 5 | 20086 | 8 |
| 马陵山镇 | 8 | 16587 | 2 |
| 新店镇 | 30 | 36168 | 3 |
| 邵店镇 | 9 | 64188 | 2 |
| 时集镇 | 11 | 51803 | 3 |
| 高流镇 | 9 | 42156 | 6 |
| 阿湖镇 | 18 | 22322 | 7 |
| 双塘镇 | 11 | 18752 | 6 |
| **邳州市** | | | |
| 东湖街道 | 27 | 159655 | 5 |
| 运河街道 | 77 | 220798 | 23 |
| 戴圩街道 | 2 | 297065 | 3 |
| 炮车街道 | 13 | 39270 | 3 |
| 邳城镇 | 3 | 24791 | 2 |
| 官湖镇 | 9 | 112629 | 8 |
| 四户镇 | 12 | 6335 | 7 |
| 宿羊山镇 | 35 | 24178 | 5 |
| 八义集镇 | 10 | 72126 | 6 |
| 土山镇 | 10 | 37692 | 6 |
| 碾庄镇 | 7 | 45186 | 5 |
| 港上镇 | 11 | 63345 | 4 |
| 邹庄镇 | 28 | 16436 | 6 |
| 占城镇 | 4 | 7521 | 4 |
| 新河镇 | 12 | 6822 | 2 |
| 八路镇 | 3 | 12445 | 3 |
| 铁富镇 | 18 | 492500 | 10 |
| 岔河镇 | 7 | 21537 | 5 |
| 陈楼镇 | 3 | 28695 | 5 |
| 邢楼镇 | 1 | 6235 | 8 |
| 戴庄镇 | 3 | 20710 | 3 |
| 车辐山镇 | 16 | 24368 | 2 |
| 燕子埠镇 | 4 | 5116 | 3 |
| 赵墩镇 | 5 | 23414 | 6 |
| 议堂镇 | 3 | 26890 | 1 |

22-1　续表 12

| 乡　　镇 | 50 平方米以上超市个数（个） | 幼儿园、托儿所个数（个） | 小学校数（所） | 小学专任教师数（人） | 小学在校学生数（人） | 文化站个数（个） | 电影院（家） |
|---|---|---|---|---|---|---|---|
| **贾汪区** | | | | | | | |
| 大泉街道 | 31 | 13 | 3 | 519 | 9538 | 1 | 2 |
| 大吴街道 | 34 | 18 | 7 | 288 | 5801 | 1 | 1 |
| 潘安湖街道 | 40 | 5 | 4 | 120 | 1560 | 1 | |
| 青山泉镇 | 44 | 9 | 3 | 240 | 3155 | 2 | 1 |
| 紫庄镇 | 100 | 12 | 7 | 223 | 5221 | 1 | |
| 塔山镇 | 103 | 10 | 7 | 545 | 5185 | 2 | |
| 汴塘镇 | 54 | 17 | 7 | 231 | 3750 | 1 | |
| 江庄镇 | 141 | 6 | 5 | 145 | 1725 | 1 | 1 |
| **徐州经济技术开发区** | | | | | | | |
| 大黄山街道 | 45 | 8 | 3 | 269 | 3960 | 1 | |
| 大庙街道 | 51 | 10 | 8 | 613 | 7521 | 1 | |
| 徐庄镇 | 160 | 15 | 10 | 473 | 4840 | 1 | |
| **丰　县** | | | | | | | |
| 凤城街道 | 106 | 6 | 7 | 678 | 14785 | 1 | 1 |
| 孙楼街道 | 123 | 6 | 1 | 60 | 722 | 1 | |
| 首羡镇 | 151 | 8 | 4 | 251 | 2775 | 1 | |
| 顺河镇 | 114 | 5 | 4 | 156 | 1680 | 1 | |
| 常店镇 | 149 | 9 | 3 | 112 | 1600 | 1 | |
| 欢口镇 | 131 | 9 | 9 | 337 | 5974 | 1 | |
| 师寨镇 | 133 | 5 | 5 | 154 | 2465 | 1 | |
| 华山镇 | 215 | 7 | 6 | 286 | 4925 | 1 | 1 |
| 梁寨镇 | 138 | 11 | 6 | 326 | 3975 | 1 | 1 |
| 范楼镇 | 306 | 10 | 8 | 244 | 3841 | 1 | |
| 宋楼镇 | 216 | 12 | 8 | 228 | 4162 | 1 | |
| 大沙河镇 | 81 | 4 | 2 | 154 | 2067 | 1 | 1 |
| 王沟镇 | 189 | 7 | 6 | 287 | 2318 | 1 | |
| 赵庄镇 | 131 | 9 | 5 | 201 | 1714 | 1 | |
| **沛　县** | | | | | | | |
| 沛城街道 | 166 | 26 | 9 | 1734 | 28665 | 1 | 2 |
| 大屯街道 | 97 | 44 | 5 | 204 | 3501 | 1 | 3 |
| 汉源街道 | 56 | 15 | 4 | 492 | 10425 | 1 | 2 |
| 汉兴街道 | 48 | 8 | 3 | 424 | 7192 | 1 | |
| 龙固镇 | 117 | 25 | 7 | 201 | 2764 | 1 | |
| 杨屯镇 | 287 | 10 | 7 | 365 | 7349 | 1 | 1 |
| 胡寨镇 | 43 | 3 | 1 | 104 | 1621 | 1 | |
| 魏庙镇 | 28 | 20 | 5 | 160 | 1700 | 1 | |
| 五段镇 | 47 | 5 | 6 | 238 | 4228 | 1 | 1 |
| 张庄镇 | 111 | 13 | 9 | 311 | 4989 | 1 | |
| 张寨镇 | 233 | 11 | 6 | 252 | 3643 | 1 | |
| 敬安镇 | 126 | 8 | 6 | 196 | 3586 | 1 | |
| 河口镇 | 113 | 5 | 4 | 205 | 2865 | 1 | |
| 栖山镇 | 62 | 9 | 4 | 183 | 2656 | 1 | 1 |
| 鹿楼镇 | 180 | 10 | 8 | 225 | 3710 | 1 | |
| 朱寨镇 | 42 | 5 | 4 | 197 | 1818 | 1 | 1 |
| 安国镇 | 115 | 7 | 4 | 282 | 3996 | 1 | |

22-1　续表 13

| 乡　　镇 | 50平方米以上超市个　数（个） | 幼儿园、托儿所个数（个） | 小学校数（所） | 小学专任教师数（人） | 小学在校学生数（人） | 文化站个数（个） | 电影院（家） |
|---|---|---|---|---|---|---|---|
| **铜山区** | | | | | | | |
| 沿湖街道 | 7 | 2 | 1 | 54 | 975 | 1 | |
| 新区街道 | 77 | 12 | 4 | 236 | 5209 | 1 | |
| 三堡街道 | 30 | 6 | 3 | 152 | 2404 | 1 | |
| 何桥镇 | 117 | 8 | 7 | 175 | 3061 | 1 | |
| 黄集镇 | 158 | 12 | 8 | 236 | 4858 | 1 | |
| 马坡镇 | 57 | 7 | 7 | 201 | 3510 | 1 | |
| 郑集镇 | 35 | 10 | 5 | 281 | 5614 | 1 | |
| 柳新镇 | 68 | 33 | 9 | 262 | 5480 | 1 | |
| 刘集镇 | 98 | 12 | 10 | 263 | 5815 | 1 | |
| 大彭镇 | 67 | 10 | 7 | 282 | 5023 | 1 | |
| 汉王镇 | 78 | 13 | 5 | 139 | 2645 | 1 | |
| 棠张镇 | 107 | 11 | 7 | 251 | 5170 | 1 | 1 |
| 张集镇 | 147 | 25 | 15 | 323 | 7180 | 1 | |
| 房村镇 | 121 | 29 | 7 | 307 | 4065 | 1 | |
| 伊庄镇 | 59 | 15 | 5 | 206 | 3148 | 1 | |
| 单集镇 | 130 | 9 | 10 | 213 | 3828 | 1 | |
| 利国镇 | 83 | 9 | 7 | 285 | 4985 | 1 | |
| 大许镇 | 62 | 15 | 12 | 344 | 8581 | 1 | |
| 茅村镇 | 106 | 18 | 11 | 299 | 5811 | 1 | |
| 柳泉镇 | 124 | 14 | 6 | 224 | 3449 | 1 | 1 |
| **睢宁县** | | | | | | | |
| 睢城街道 | 545 | 59 | 10 | 1361 | 28286 | 1 | 4 |
| 金城街道 | 76 | 16 | 5 | 374 | 7737 | 1 | |
| 睢河街道 | 167 | 10 | 5 | 473 | 10952 | 1 | 2 |
| 王集镇 | 82 | 9 | 4 | 280 | 6274 | 1 | |
| 双沟镇 | 48 | 5 | 2 | 240 | 4370 | 1 | 2 |
| 岚山镇 | 72 | 7 | 4 | 161 | 1542 | 1 | |
| 李集镇 | 160 | 7 | 5 | 314 | 7420 | 1 | 1 |
| 桃园镇 | 101 | 8 | 4 | 163 | 2280 | 1 | |
| 官山镇 | 65 | 5 | 3 | 119 | 3657 | 1 | |
| 高作镇 | 38 | 3 | 1 | 86 | 1012 | 1 | |
| 沙集镇 | 98 | 6 | 2 | 157 | 1872 | 1 | |
| 凌城镇 | 66 | 4 | 3 | 195 | 3473 | 1 | |
| 邱集镇 | 164 | 5 | 4 | 270 | 4708 | 1 | |
| 古邳镇 | 86 | 6 | 3 | 165 | 2335 | 1 | 1 |
| 姚集镇 | 166 | 10 | 6 | 213 | 3905 | 1 | 1 |
| 魏集镇 | 90 | 9 | 5 | 186 | 1722 | 1 | |
| 梁集镇 | 82 | 5 | 2 | 179 | 1822 | 1 | 1 |
| 庆安镇 | 70 | 26 | 10 | 378 | 4526 | 1 | |

22–1 续表 14

| 乡镇 | 50平方米以上超市个数（个） | 幼儿园、托儿所个数（个） | 小学校数（所） | 小学专任教师数（人） | 小学在校学生数（人） | 文化站个数（个） | 电影院（家） |
|---|---|---|---|---|---|---|---|
| **新沂市** | | | | | | | |
| 北沟街道 | 60 | 6 | 4 | 363 | 5831 | 4 | |
| 墨河街道 | 67 | 5 | 6 | 150 | 2130 | 2 | |
| 唐店街道 | 61 | 5 | 3 | 175 | 2875 | 1 | |
| 钟吾街道 | 253 | 6 | 5 | 56 | 1814 | 1 | |
| 瓦窑镇 | 72 | 5 | 4 | 207 | 2172 | 2 | 1 |
| 港头镇 | 48 | 4 | 5 | 158 | 2625 | | |
| 合沟镇 | 49 | 10 | 9 | 232 | 4287 | 1 | |
| 草桥镇 | 179 | 8 | 6 | 208 | 3023 | 1 | 1 |
| 窑湾镇 | 209 | 6 | 6 | 192 | 2260 | 1 | 1 |
| 棋盘镇 | 152 | 5 | 10 | 342 | 5734 | 1 | 1 |
| 马陵山镇 | 205 | 8 | 7 | 338 | 3958 | 1 | 1 |
| 新店镇 | 129 | 8 | 5 | 226 | 2728 | 1 | 1 |
| 邵店镇 | 72 | 5 | 4 | 121 | 2009 | 1 | 1 |
| 时集镇 | 152 | 7 | 8 | 315 | 4215 | 1 | |
| 高流镇 | 90 | 12 | 11 | 305 | 3750 | 1 | |
| 阿湖镇 | 132 | 9 | 7 | 205 | 3925 | 1 | |
| 双塘镇 | 59 | 9 | 6 | 232 | 3325 | 1 | |
| **邳州市** | | | | | | | |
| 东湖街道 | 42 | 20 | 7 | 673 | 16776 | 1 | 3 |
| 运河街道 | 251 | 35 | 17 | 1497 | 29896 | 1 | 3 |
| 戴圩街道 | 92 | 9 | 6 | 272 | 3696 | 1 | |
| 炮车街道 | 22 | 7 | 6 | 260 | 3450 | 1 | |
| 邳城镇 | 111 | 14 | 11 | 175 | 3762 | 1 | |
| 官湖镇 | 413 | 20 | 13 | 635 | 8578 | 1 | 2 |
| 四户镇 | 80 | 21 | 8 | 199 | 4991 | 1 | |
| 宿羊山镇 | 157 | 4 | 9 | 391 | 4993 | 1 | |
| 八义集镇 | 56 | 12 | 11 | 387 | 3875 | | 1 |
| 土山镇 | 99 | 3 | 3 | 181 | 3259 | 1 | |
| 碾庄镇 | 115 | 26 | 16 | 474 | 7724 | 1 | |
| 港上镇 | 92 | 3 | 9 | 251 | 4258 | 1 | |
| 邹庄镇 | 67 | 12 | 10 | 265 | 3015 | 1 | |
| 占城镇 | 91 | 6 | 6 | 152 | 2401 | 1 | |
| 新河镇 | 81 | 12 | 8 | 208 | 3816 | 1 | |
| 八路镇 | 47 | 14 | 6 | 116 | 1597 | 1 | |
| 铁富镇 | 312 | 29 | 26 | 620 | 16280 | 1 | |
| 岔河镇 | 77 | 7 | 7 | 175 | 4113 | 1 | 1 |
| 陈楼镇 | 228 | 6 | 6 | 255 | 2300 | 1 | |
| 邢楼镇 | 128 | 15 | 9 | 438 | 4351 | 1 | |
| 戴庄镇 | 46 | 6 | 5 | 161 | 2185 | 1 | |
| 车辐山镇 | 109 | 7 | 5 | 337 | 4561 | 1 | |
| 燕子埠镇 | 67 | 18 | 7 | 161 | 3526 | 1 | |
| 赵墩镇 | 108 | 13 | 12 | 523 | 12736 | 1 | |
| 议堂镇 | 55 | 5 | 3 | 164 | 1410 | 1 | |

22-1 续表 15

| 乡　镇 | 医疗卫生机构个数（个） | 医疗卫生机构床位数（张） | 执业（助理）医师数（人） |
|---|---|---|---|
| **贾汪区** | | | |
| 大泉街道 | 9 | 160 | 70 |
| 大吴街道 | 6 | 290 | 120 |
| 潘安湖街道 | 8 | 11 | 8 |
| 青山泉镇 | 16 | 256 | 127 |
| 紫庄镇 | 24 | 120 | 102 |
| 塔山镇 | 24 | 122 | 38 |
| 汴塘镇 | 20 | 205 | 64 |
| 江庄镇 | 15 | 70 | 45 |
| **徐州经济技术开发区** | | | |
| 大黄山街道 | 9 | 66 | 36 |
| 大庙街道 | 19 | 400 | 139 |
| 徐庄镇 | 26 | 139 | 55 |
| **丰　县** | | | |
| 凤城街道 | 40 | 151 | 152 |
| 孙楼街道 | 23 | 244 | 75 |
| 首羡镇 | 37 | 179 | 134 |
| 顺河镇 | 24 | 214 | 152 |
| 常店镇 | 30 | 215 | 135 |
| 欢口镇 | 30 | 232 | 142 |
| 师寨镇 | 29 | 150 | 145 |
| 华山镇 | 28 | 143 | 51 |
| 梁寨镇 | 22 | 255 | 133 |
| 范楼镇 | 36 | 164 | 88 |
| 宋楼镇 | 36 | 260 | 176 |
| 大沙河镇 | 21 | 174 | 72 |
| 王沟镇 | 33 | 150 | 106 |
| 赵庄镇 | 46 | 115 | 105 |
| **沛　县** | | | |
| 沛城街道 | 45 | 1870 | 863 |
| 大屯街道 | 29 | 490 | 237 |
| 汉源街道 | 19 | 165 | 456 |
| 汉兴街道 | 17 | 233 | 30 |
| 龙固镇 | 23 | 301 | 65 |
| 杨屯镇 | 21 | 639 | 91 |
| 胡寨镇 | 17 | 150 | 57 |
| 魏庙镇 | 19 | 101 | 42 |
| 五段镇 | 18 | 228 | 113 |
| 张庄镇 | 32 | 174 | 84 |
| 张寨镇 | 33 | 282 | 136 |
| 敬安镇 | 27 | 320 | 61 |
| 河口镇 | 26 | 266 | 128 |
| 栖山镇 | 27 | 270 | 103 |
| 鹿楼镇 | 29 | 306 | 125 |
| 朱寨镇 | 27 | 235 | 80 |
| 安国镇 | 33 | 365 | 148 |

22-1 续表 16

| 乡　镇 | 医疗卫生机构个数（个） | 医疗卫生机构床位数（张） | 执业（助理）医师数（人） |
|---|---|---|---|
| **铜山区** | | | |
| 沿湖街道 | 4 | 50 | 7 |
| 新区街道 | 15 | 35 | 33 |
| 三堡街道 | 6 | 55 | 13 |
| 何桥镇 | 19 | 120 | 63 |
| 黄集镇 | 21 | 188 | 88 |
| 马坡镇 | 14 | 90 | 21 |
| 郑集镇 | 17 | 350 | 51 |
| 柳新镇 | 33 | 121 | 101 |
| 刘集镇 | 22 | 90 | 70 |
| 大彭镇 | 19 | 142 | 39 |
| 汉王镇 | 11 | 100 | 61 |
| 棠张镇 | 23 | 70 | 68 |
| 张集镇 | 22 | 200 | 104 |
| 房村镇 | 38 | 125 | 46 |
| 伊庄镇 | 17 | 64 | 39 |
| 单集镇 | 27 | 100 | 80 |
| 利国镇 | 13 | 120 | 65 |
| 大许镇 | 31 | 320 | 165 |
| 茅村镇 | 19 | 119 | 91 |
| 柳泉镇 | 18 | 175 | 56 |
| **睢宁县** | | | |
| 睢城街道 | 72 | 1298 | 1005 |
| 金城街道 | 18 | 320 | 117 |
| 睢河街道 | 15 | 240 | 44 |
| 土集镇 | 32 | 280 | 111 |
| 双沟镇 | 14 | 168 | 43 |
| 岚山镇 | 20 | 430 | 75 |
| 李集镇 | 15 | 405 | 99 |
| 桃园镇 | 12 | 150 | 55 |
| 官山镇 | 26 | 116 | 93 |
| 高作镇 | 14 | 310 | 53 |
| 沙集镇 | 17 | 90 | 52 |
| 凌城镇 | 29 | 175 | 26 |
| 邱集镇 | 36 | 325 | 112 |
| 古邳镇 | 23 | 328 | 92 |
| 姚集镇 | 40 | 480 | 80 |
| 魏集镇 | 35 | 162 | 62 |
| 梁集镇 | 29 | 352 | 135 |
| 庆安镇 | 39 | 462 | 215 |

22-1　续表 17

| 乡　　镇 | 医疗卫生机构个数（个） | 医疗卫生机构床位数（张） | 执业（助理）医师数（人） |
|---|---|---|---|
| **新沂市** | | | |
| 北沟街道 | 10 | 429 | 182 |
| 墨河街道 | 13 | 105 | 44 |
| 唐店街道 | 13 | 89 | 65 |
| 钟吾街道 | 11 | 41 | 24 |
| 瓦窑镇 | 13 | 93 | 73 |
| 港头镇 | 12 | 90 | 61 |
| 合沟镇 | 21 | 72 | 49 |
| 草桥镇 | 18 | 253 | 80 |
| 窑湾镇 | 23 | 126 | 61 |
| 棋盘镇 | 35 | 355 | 212 |
| 马陵山镇 | 17 | 111 | 74 |
| 新店镇 | 17 | 152 | 64 |
| 邵店镇 | 15 | 106 | 68 |
| 时集镇 | 20 | 80 | 59 |
| 高流镇 | 17 | 40 | 33 |
| 阿湖镇 | 20 | 109 | 55 |
| 双塘镇 | 18 | 72 | 43 |
| **邳州市** | | | |
| 东湖街道 | 16 | 455 | 135 |
| 运河街道 | 34 | 1195 | 2143 |
| 戴圩街道 | 29 | 950 | 739 |
| 炮车街道 | 16 | 181 | 95 |
| 邳城镇 | 25 | 242 | 45 |
| 官湖镇 | 42 | 805 | 225 |
| 四户镇 | 18 | 70 | 31 |
| 宿羊山镇 | 35 | 298 | 49 |
| 八义集镇 | 31 | 315 | 276 |
| 土山镇 | 23 | 409 | 26 |
| 碾庄镇 | 31 | 386 | 57 |
| 港上镇 | 21 | 46 | 53 |
| 邹庄镇 | 22 | 80 | 40 |
| 占城镇 | 20 | 120 | 93 |
| 新河镇 | 19 | 154 | 111 |
| 八路镇 | 15 | 150 | 42 |
| 铁富镇 | 35 | 405 | 176 |
| 岔河镇 | 15 | 200 | 36 |
| 陈楼镇 | 17 | 99 | 85 |
| 邢楼镇 | 18 | 135 | 20 |
| 戴庄镇 | 14 | 70 | 30 |
| 车辐山镇 | 17 | 135 | 51 |
| 燕子埠镇 | 16 | 86 | 30 |
| 赵墩镇 | 32 | 126 | 73 |
| 议堂镇 | 18 | 140 | 70 |

22-1 续表 18

| 乡 镇 | 自来水用水户数（户） | 金融机构网点数（个） | 公园个数（个） |
|---|---|---|---|
| **贾汪区** | | | |
| 大泉街道 | 20013 | 8 | |
| 大吴街道 | 14266 | 5 | 2 |
| 潘安湖街道 | 6889 | 2 | 2 |
| 青山泉镇 | 11324 | 4 | 1 |
| 紫庄镇 | 14729 | 3 | |
| 塔山镇 | 15552 | 6 | |
| 汴塘镇 | 13571 | 3 | |
| 江庄镇 | 9031 | 3 | |
| **徐州经济技术开发区** | | | |
| 大黄山街道 | 15855 | 3 | 1 |
| 大庙街道 | 19651 | 6 | |
| 徐庄镇 | 22323 | 5 | |
| **丰 县** | | | |
| 凤城街道 | 18450 | 5 | 2 |
| 孙楼街道 | 14782 | 2 | 1 |
| 首羡镇 | 15580 | 6 | 1 |
| 顺河镇 | 12169 | 2 | 1 |
| 常店镇 | 14321 | 4 | |
| 欢口镇 | 19284 | 6 | 1 |
| 师寨镇 | 14743 | 4 | 1 |
| 华山镇 | 22500 | 4 | 4 |
| 梁寨镇 | 14280 | 5 | 3 |
| 范楼镇 | 17509 | 4 | 2 |
| 宋楼镇 | 22246 | 4 | 1 |
| 大沙河镇 | 15150 | 4 | 2 |
| 王沟镇 | 20419 | 4 | 2 |
| 赵庄镇 | 16998 | 3 | 2 |
| **沛 县** | | | |
| 沛城街道 | 59286 | 28 | 5 |
| 大屯街道 | 17835 | 6 | 6 |
| 汉源街道 | 21549 | 5 | 3 |
| 汉兴街道 | 12480 | 2 | 2 |
| 龙固镇 | 14607 | 3 | 6 |
| 杨屯镇 | 26892 | 10 | 21 |
| 胡寨镇 | 8250 | 2 | 1 |
| 魏庙镇 | 13417 | 4 | 1 |
| 五段镇 | 11235 | 2 | 3 |
| 张庄镇 | 22172 | 5 | 1 |
| 张寨镇 | 19417 | 5 | 1 |
| 敬安镇 | 15710 | 3 | |
| 河口镇 | 12560 | 3 | 2 |
| 栖山镇 | 15269 | 5 | 2 |
| 鹿楼镇 | 17863 | 3 | 3 |
| 朱寨镇 | 14163 | 5 | |
| 安国镇 | 20650 | 5 | 1 |

22-1 续表 19

| 乡　　镇 | 自来水用水户数（户） | 金融机构网点数（个） | 公园个数（个） |
|---|---|---|---|
| **铜山区** | | | |
| 沿湖街道 | 3750 | | |
| 新区街道 | 16987 | 2 | 1 |
| 三堡街道 | 7538 | 4 | 1 |
| 何桥镇 | 11908 | 3 | 2 |
| 黄集镇 | 14359 | 3 | |
| 马坡镇 | 11263 | 2 | |
| 郑集镇 | 11635 | 3 | 1 |
| 柳新镇 | 19745 | 6 | 2 |
| 刘集镇 | 16163 | 5 | |
| 大彭镇 | 17792 | 3 | |
| 汉王镇 | 11480 | 4 | 2 |
| 棠张镇 | 13909 | 5 | 2 |
| 张集镇 | 19662 | 3 | |
| 房村镇 | 18106 | 1 | 1 |
| 伊庄镇 | 10654 | 3 | |
| 单集镇 | 13396 | 4 | |
| 利国镇 | 16960 | 7 | 1 |
| 大许镇 | 18101 | 3 | |
| 茅村镇 | 20114 | 6 | 1 |
| 柳泉镇 | 16210 | 4 | |
| **睢宁县** | | | |
| 睢城街道 | 59032 | 46 | 6 |
| 金城街道 | 15748 | 3 | 3 |
| 睢河街道 | 28463 | 4 | 5 |
| 王集镇 | 13836 | 4 | 2 |
| 双沟镇 | 15617 | 3 | 4 |
| 岚山镇 | 14785 | 6 | 1 |
| 李集镇 | 11826 | 20 | 3 |
| 桃园镇 | 16792 | 5 | 1 |
| 官山镇 | 16622 | 4 | 1 |
| 高作镇 | 7599 | 2 | 1 |
| 沙集镇 | 11544 | 4 | 2 |
| 凌城镇 | 13947 | 3 | 2 |
| 邱集镇 | 22150 | 4 | 1 |
| 古邳镇 | 14541 | 3 | 1 |
| 姚集镇 | 21496 | 4 | 2 |
| 魏集镇 | 13177 | 5 | 1 |
| 梁集镇 | 10651 | 4 | 1 |
| 庆安镇 | 14493 | 4 | 1 |

22-1 续表 20

| 乡　镇 | 自来水用水户数（户） | 金融机构网点数（个） | 公园个数（个） |
|---|---|---|---|
| **新沂市** | | | |
| 北沟街道 | 11166 | 5 | 1 |
| 墨河街道 | 12906 | 2 | 2 |
| 唐店街道 | 11770 | 2 | 1 |
| 钟吾街道 | 11733 | 1 | |
| 瓦窑镇 | 9070 | 2 | 2 |
| 港头镇 | 10272 | 2 | 1 |
| 合沟镇 | 13252 | 3 | 1 |
| 草桥镇 | 16565 | 4 | 2 |
| 窑湾镇 | 13406 | 4 | 2 |
| 棋盘镇 | 18271 | 5 | 2 |
| 马陵山镇 | 12785 | 3 | 3 |
| 新店镇 | 11022 | 4 | 3 |
| 邵店镇 | 9394 | 3 | 2 |
| 时集镇 | 13113 | 5 | 1 |
| 高流镇 | 13505 | 4 | 1 |
| 阿湖镇 | 15377 | 5 | 2 |
| 双塘镇 | 9431 | 3 | 2 |
| **邳州市** | | | |
| 东湖街道 | 10870 | 6 | 3 |
| 运河街道 | 90468 | 86 | 3 |
| 戴圩街道 | 15634 | 8 | |
| 炮车街道 | 15260 | 3 | 2 |
| 邳城镇 | 10679 | 3 | |
| 官湖镇 | 25703 | 13 | 11 |
| 四户镇 | 11739 | 2 | |
| 宿羊山镇 | 15015 | 5 | 1 |
| 八义集镇 | 14246 | 4 | 2 |
| 土山镇 | 9983 | 5 | 3 |
| 碾庄镇 | 20986 | 6 | 4 |
| 港上镇 | 10235 | 4 | 1 |
| 邹庄镇 | 10799 | 3 | 1 |
| 占城镇 | 10031 | 2 | 2 |
| 新河镇 | 12158 | 4 | |
| 八路镇 | 9472 | 2 | 2 |
| 铁富镇 | 19357 | 8 | 2 |
| 岔河镇 | 8383 | 2 | |
| 陈楼镇 | 11418 | 5 | |
| 邢楼镇 | 12153 | 2 | |
| 戴庄镇 | 9809 | 2 | |
| 车辐山镇 | 12809 | 2 | |
| 燕子埠镇 | 7624 | 2 | |
| 赵墩镇 | 18130 | 5 | 1 |
| 议堂镇 | 7132 | 4 | 1 |

# 二十三、附录

版面负责人：冯洋洋

编　　　辑：尹玉赟 聂恒可

统计知识

# 企业统计信用管理办法

**第十七条** 县级以上人民政府统计机构应当遵循诚信守法便利、失信违法惩戒原则，对统计守信企业予以激励；对统计信用异常企业、统计一般失信企业加强监督检查；将统计严重失信企业信息纳入金融、工商等行业和部门信用信息系统，并按照《关于加快推进失信被执行人信用监督、警示和惩戒机制建设的意见》，以及《关于对统计领域严重失信企业及其有关人员开展联合惩戒的合作备忘录（修订版）》实施联合惩戒。

**第十八条** 企业可以向采集、认定本单位统计信用的政府统计机构提出书面查询申请，查询本单位的统计信用信息和统计信用状况。政府统计机构应于 15 个工作日内回复。

**第十九条** 县级以上人民政府统计机构发现采集、认定和公示的企业统计信用信息不准确的，应当及时更正。

上级统计机构发现下级统计机构采集、认定和公示的企业统计信用信息不准确的，应当要求下级及时更正。

公民、法人或者其他组织有证据证明统计机构采集和公示的企业统计信用信息不准确的，有权要求统计机构予以更正。经核查确有错误的，履行公示职责的统计机构应当及时予以更正或删除。

**第二十条** 企业对统计机构在公示企业统计信用信息工作中的具体行政行为或作出的认定决定不服的，可以依法申请行政复议或者提起行政诉讼。

**第二十一条** 县级以上人民政府统计机构应当与同级有关部门建立合作机制，推进信用信息互认互通、信息共享。

**第二十二条** 县级以上人民政府统计机构未按本办法履行职责的，由上一级政府统计机构责令改正；情节严重的，对负有责任的主管领导和其他直接责任人员依法依纪依规予以处分。

**第二十三条** 本办法中的各级统计机构是指县级以上人民政府统计局和国家调查队。

**第二十四条** 政府有关部门组织实施的统计调查活动参照本办法执行。

**第二十五条** 承担法定的政府统计资料报送义务的其他单位，其统计信用管理参照本办法执行。

**第二十六条** 民间统计调查单位统计信用管理参照本办法执行。

**第二十七条** 本办法由国家统计局负责解释。

**第二十八条** 本办法自印发之日起施行。2017 年 6 月 26 日公布的《企业统计信用管理办法（试行）》（国统字〔2017〕97 号）和 2014 年 11 月 27 日公布的《统计上严重失信企业信息公示暂行办法》（2014 年第 3 号公告）同时废止。

# 附录 1　江苏省市、县主要经济指标

（2023 年）

| 市（县）名　称 | 年　末户籍人口（万人） | 年　末常住人口（万人） | 人口密度（人 / 平方公里） | 户籍人口年末总户数（万户） | 土地面积（平方公里） | 全　市建成区面积（平方公里） |
|---|---|---|---|---|---|---|
| **南京市** | **741.81** | **954.70** | **1449** | **275.51** | **6587** | **901** |
| **无锡市** | **520.95** | **749.50** | **1620** | **184.91** | **4627** | **584** |
| 江阴市 | 126.70 | 178.51 | 1809 | 40.57 | 987 | 125 |
| 宜兴市 | 105.93 | 128.46 | 643 | 37.79 | 1997 | 98 |
| **徐州市** | **1029.36** | **902.00** | **767** | **287.61** | **11765** | **509** |
| 丰　县 | 118.32 | 92.07 | 635 | 32.63 | 1450 | 35 |
| 沛　县 | 125.65 | 102.46 | 567 | 37.54 | 1806 | 56 |
| 睢宁县 | 137.75 | 107.08 | 605 | 32.87 | 1769 | 34 |
| 新沂市 | 109.18 | 95.53 | 600 | 30.37 | 1592 | 40 |
| 邳州市 | 189.52 | 143.12 | 686 | 48.74 | 2085 | 51 |
| **常州市** | **389.34** | **537.50** | **1229** | **141.97** | **4372** | **315** |
| 溧阳市 | 77.69 | 80.66 | 525 | 27.00 | 1535 | 35 |
| **苏州市** | **786.22** | **1295.80** | **1497** | **265.78** | **8657** | **776** |
| 常熟市 | 105.10 | 168.29 | 1319 | 31.92 | 1276 | 101 |
| 张家港市 | 92.43 | 144.02 | 1459 | 31.47 | 987 | 67 |
| 昆山市 | 125.65 | 214.85 | 2305 | 44.73 | 932 | 72 |
| 太仓市 | 54.25 | 84.80 | 1047 | 18.50 | 810 | 56 |
| **南通市** | **740.13** | **774.85** | **737** | **289.38** | **10507** | **447** |
| 如东县 | 97.02 | 87.46 | 314 | 35.94 | 2781 | 32 |
| 启东市 | 106.56 | 95.55 | 568 | 46.48 | 1681 | 36 |
| 如皋市 | 137.57 | 121.91 | 775 | 44.53 | 1574 | 43 |
| 海安市 | 89.24 | 86.63 | 732 | 34.38 | 1184 | 32 |
| **连云港市** | **528.67** | **459.40** | **636** | **158.04** | **7224** | **324** |
| 东海县 | 123.47 | 103.92 | 510 | 31.39 | 2037 | 40 |
| 灌云县 | 100.25 | 70.73 | 458 | 28.31 | 1543 | 29 |
| 灌南县 | 79.65 | 60.30 | 579 | 23.42 | 1041 | 30 |

注：徐州以外其他城市及所辖县（市、区）数据以各地统计年鉴发布数据为准（后同）。

附录 1 续表 1

| 市（县）名　称 | 年　末户籍人口（万人） | 年　末常住人口（万人） | 人口密度（人/平方公里） | 户籍人口年末总户数（万户） | 土地面积（平方公里） | 全　市建成区面积（平方公里） |
|---|---|---|---|---|---|---|
| **淮安市** | **547.32** | **453.80** | **452** | **173.02** | **10030** | **336** |
| 涟水县 | 107.06 | 81.17 | 483 | 31.82 | 1679 | 40 |
| 盱眙县 | 77.06 | 60.02 | 240 | 21.63 | 2497 | 41 |
| 金湖县 | 33.21 | 28.80 | 209 | 12.17 | 1378 | 37 |
| **盐城市** | **789.09** | **668.90** | **378** | **267.20** | **17718** | **416** |
| 响水县 | 60.23 | 45.71 | 311 | 16.80 | 1470 | 23 |
| 滨海县 | 116.98 | 81.74 | 426 | 35.14 | 1921 | 37 |
| 阜宁县 | 105.90 | 79.03 | 549 | 34.44 | 1439 | 47 |
| 射阳县 | 90.52 | 75.68 | 294 | 29.95 | 2573 | 29 |
| 建湖县 | 72.98 | 60.75 | 525 | 27.18 | 1157 | 29 |
| 东台市 | 102.78 | 88.62 | 249 | 37.78 | 3558 | 40 |
| **扬州市** | **445.04** | **458.50** | **696** | **147.59** | **6591** | **312** |
| 宝应县 | 83.93 | 67.73 | 463 | 26.08 | 1462 | 38 |
| 仪征市 | 53.79 | 53.83 | 597 | 17.98 | 902 | 39 |
| 高邮市 | 77.30 | 71.38 | 371 | 24.70 | 1922 | 29 |
| **镇江市** | **265.00** | **322.60** | **840** | **103.60** | **3840** | **242** |
| 丹阳市 | 78.00 | 99.39 | 949 | 28.45 | 1047 | 43 |
| 扬中市 | 28.00 | 31.65 | 968 | 10.82 | 327 | 17 |
| 句容市 | 58.00 | 64.28 | 466 | 23.24 | 1378 | 34 |
| **泰州市** | **484.13** | **450.70** | **779** | **164.56** | **5788** | **281** |
| 兴化市 | 147.01 | 112.26 | 469 | 48.56 | 2395 | 43 |
| 靖江市 | 63.16 | 66.23 | 1011 | 20.66 | 655 | 34 |
| 泰兴市 | 112.71 | 99.08 | 847 | 39.67 | 1170 | 45 |
| **宿迁市** | **585.41** | **497.75** | **584** | **157.75** | **8524** | **298** |
| 沭阳县 | 196.63 | 166.01 | 722 | 50.71 | 2299 | 78 |
| 泗阳县 | 104.04 | 82.99 | 602 | 27.42 | 1378 | 48 |
| 泗洪县 | 107.23 | 85.97 | 319 | 29.07 | 2694 | 41 |

附录 1 续表 2

| 市（县）名　称 | 从业人员（万人） | 第一产业 | 第二产业 | 第三产业 |
|---|---|---|---|---|
| **南京市** | **478.00** | **34.00** | **150.00** | **294.00** |
| **无锡市** | **418.20** | **12.78** | **207.00** | **198.42** |
| 江阴市 | 103.76 | 3.22 | 59.30 | 41.24 |
| 宜兴市 | 72.78 | 7.50 | 39.45 | 25.83 |
| **徐州市** | **471.60** | **86.81** | **167.86** | **216.93** |
| 丰　县 | 49.72 | 12.41 | 18.56 | 18.75 |
| 沛　县 | 52.77 | 12.86 | 20.11 | 19.80 |
| 睢宁县 | 54.76 | 13.58 | 20.46 | 20.72 |
| 新沂市 | 51.41 | 12.57 | 18.72 | 20.12 |
| 邳州市 | 69.96 | 17.07 | 25.55 | 27.34 |
| **常州市** | **301.00** | **25.17** | **134.72** | **141.11** |
| 溧阳市 | 52.59 | 8.29 | 25.44 | 18.87 |
| **苏州市** | **747.40** | **17.55** | **386.63** | **343.22** |
| 常熟市 | 101.23 | 3.00 | 56.99 | 41.24 |
| 张家港市 | 79.48 | 2.40 | 44.02 | 33.06 |
| 昆山市 | 129.81 | 1.03 | 72.57 | 56.21 |
| 太仓市 | 48.95 | 2.34 | 24.51 | 22.10 |
| **南通市** | **479.00** | **65.62** | **205.58** | **207.80** |
| 如东县 | 54.06 | 8.70 | 23.76 | 21.60 |
| 启东市 | 55.53 | 10.75 | 23.41 | 21.37 |
| 如皋市 | 66.47 | 14.38 | 27.69 | 24.40 |
| 海安市 | 55.41 | 7.29 | 31.95 | 16.17 |
| **连云港市** | **249.00** | **65.00** | **79.00** | **105.00** |
| 东海县 | 56.00 | 17.00 | 15.00 | 24.00 |
| 灌云县 | 37.00 | 17.00 | 10.00 | 11.00 |
| 灌南县 | 32.00 | 11.00 | 12.00 | 9.00 |

附录 1 续表 3

| 市（县）名 称 | 从业人员（万人） | 第一产业 | 第二产业 | 第三产业 |
|---|---|---|---|---|
| **淮安市** | **262.60** | **65.51** | **86.04** | **111.05** |
| 涟水县 | 47.88 | 15.89 | 12.64 | 19.34 |
| 盱眙县 | 34.39 | 9.77 | 11.43 | 13.19 |
| 金湖县 | 16.74 | 4.70 | 6.07 | 5.97 |
| **盐城市** | **412.30** | **78.52** | **154.24** | **179.54** |
| 响水县 | 25.39 | 6.02 | 9.30 | 10.07 |
| 滨海县 | 47.70 | 11.76 | 16.99 | 18.95 |
| 阜宁县 | 47.57 | 11.63 | 17.03 | 18.91 |
| 射阳县 | 47.96 | 11.18 | 17.32 | 19.46 |
| 建湖县 | 36.63 | 7.42 | 14.91 | 14.30 |
| 东台市 | 59.40 | 12.30 | 21.99 | 25.11 |
| **扬州市** | **270.00** | **37.00** | **105.00** | **128.00** |
| 宝应县 | 37.00 | 10.00 | 15.00 | 13.00 |
| 仪征市 | 33.00 | 5.00 | 13.00 | 15.00 |
| 高邮市 | 40.00 | 9.00 | 17.00 | 14.00 |
| **镇江市** | **197.70** | **17.62** | **80.15** | **99.93** |
| 丹阳市 | 63.11 | 6.12 | 28.84 | 28.15 |
| 扬中市 | 19.75 | 1.56 | 10.71 | 7.48 |
| 句容市 | 39.07 | 6.25 | 13.97 | 18.85 |
| **泰州市** | **273.70** | **44.37** | **108.95** | **120.38** |
| 兴化市 | 66.29 | 16.55 | 22.85 | 26.89 |
| 靖江市 | 41.52 | 4.85 | 20.78 | 15.89 |
| 泰兴市 | 61.80 | 12.95 | 24.69 | 24.16 |
| **宿迁市** | **280.80** | **69.66** | **94.71** | **116.43** |
| 沭阳县 | 91.52 | 24.05 | 30.50 | 36.97 |
| 泗阳县 | 45.63 | 12.15 | 15.01 | 18.47 |
| 泗洪县 | 47.23 | 13.20 | 15.11 | 18.92 |

附录 1 续表 4

| 市（县）名称 | 地区生产总值（亿元） | 第一产业 | 第二产业 | #工业 | 第三产业 | 人均地区生产总值（元） |
|---|---|---|---|---|---|---|
| **南京市** | **17421.40** | **317.75** | **5929.00** | **5015.45** | **11174.65** | **183015** |
| **无锡市** | **15456.19** | **136.50** | **7376.85** | **6616.42** | **7942.84** | **206278** |
| 江阴市 | 4960.51 | 40.96 | 2567.58 | 2349.93 | 2351.97 | 277962 |
| 宜兴市 | 2337.53 | 56.84 | 1208.97 | 1007.20 | 1071.72 | 181725 |
| **徐州市** | **8900.44** | **770.97** | **3622.34** | **2959.71** | **4507.13** | **98683** |
| 丰　县 | 554.28 | 102.85 | 208.79 | 175.88 | 242.64 | 60081 |
| 沛　县 | 1051.74 | 127.81 | 453.29 | 329.33 | 470.63 | 102548 |
| 睢宁县 | 707.89 | 117.67 | 275.10 | 205.62 | 315.13 | 65995 |
| 新沂市 | 905.24 | 96.33 | 344.42 | 287.88 | 464.50 | 94661 |
| 邳州市 | 1277.39 | 171.78 | 478.68 | 413.67 | 626.93 | 89156 |
| **常州市** | **10116.36** | **178.92** | **4857.43** | **4397.71** | **5080.01** | **188366** |
| 溧阳市 | 1557.22 | 59.76 | 846.18 | 722.90 | 651.28 | 193132 |
| **苏州市** | **24653.37** | **195.22** | **11541.38** | **10552.17** | **12916.77** | **190605** |
| 常熟市 | 2800.16 | 42.56 | 1379.16 | 1281.43 | 1378.44 | 165921 |
| 张家港市 | 3365.80 | 31.09 | 1681.35 | 1568.77 | 1653.36 | 233105 |
| 昆山市 | 5140.60 | 30.84 | 2633.92 | 2435.84 | 2475.84 | 240569 |
| 太仓市 | 1734.94 | 24.33 | 813.97 | 751.69 | 896.64 | 205124 |
| **南通市** | **11813.27** | **519.65** | **5728.15** | **4832.08** | **5565.48** | **152508** |
| 如东县 | 1381.13 | 104.18 | 648.08 | 558.85 | 628.87 | 157726 |
| 启东市 | 1447.28 | 94.44 | 707.15 | 553.03 | 645.68 | 151349 |
| 如皋市 | 1534.39 | 88.38 | 731.76 | 611.71 | 714.26 | 125698 |
| 海安市 | 1436.27 | 81.06 | 793.24 | 689.20 | 561.97 | 165621 |
| **连云港市** | **4363.61** | **435.54** | **2011.68** | **1714.01** | **1916.39** | **94917** |
| 东海县 | 750.63 | 109.58 | 329.39 | 280.47 | 311.66 | 72134 |
| 灌云县 | 455.54 | 74.84 | 163.41 | 125.61 | 217.29 | 64133 |
| 灌南县 | 491.94 | 79.29 | 218.98 | 176.10 | 193.67 | 81259 |

附录 1 续表 5

| 市(县)名 称 | 地 区生产总值(亿元) | 第一产业 | 第二产业 | #工业 | 第三产业 | 人 均地区生产总值(元) |
|---|---|---|---|---|---|---|
| **淮安市** | **5015.06** | **462.95** | **2023.21** | **1620.02** | **2528.90** | **110329** |
| 涟水县 | 735.96 | 83.06 | 325.70 | 246.63 | 327.19 | 90307 |
| 盱眙县 | 551.11 | 82.64 | 200.27 | 179.97 | 268.20 | 91539 |
| 金湖县 | 434.48 | 56.95 | 174.47 | 153.33 | 203.06 | 150941 |
| **盐城市** | **7403.87** | **818.87** | **2981.18** | **2454.11** | **3603.82** | **110681** |
| 响水县 | 500.61 | 65.75 | 228.31 | 210.60 | 206.55 | 109495 |
| 滨海县 | 639.52 | 83.34 | 255.60 | 204.81 | 300.58 | 78229 |
| 阜宁县 | 738.56 | 85.84 | 300.80 | 205.84 | 351.92 | 93441 |
| 射阳县 | 740.04 | 118.01 | 266.50 | 232.31 | 355.53 | 97772 |
| 建湖县 | 742.96 | 60.59 | 309.25 | 241.39 | 373.12 | 122278 |
| 东台市 | 1118.48 | 171.12 | 385.77 | 345.94 | 561.59 | 126197 |
| **扬州市** | **7423.26** | **337.09** | **3509.60** | **2851.94** | **3576.57** | **161940** |
| 宝应县 | 941.60 | 96.74 | 454.45 | 349.13 | 390.41 | 138900 |
| 仪征市 | 1042.91 | 25.24 | 531.50 | 455.27 | 486.17 | 193687 |
| 高邮市 | 1056.64 | 100.46 | 523.02 | 413.61 | 433.16 | 148103 |
| **镇江市** | **5264.07** | **167.52** | **2507.36** | **2271.87** | **2589.19** | **163272** |
| 丹阳市 | 1500.68 | 56.41 | 786.20 | 744.01 | 658.07 | 151103 |
| 扬中市 | 630.45 | 18.76 | 339.53 | 316.33 | 272.17 | 199320 |
| 句容市 | 791.67 | 58.38 | 348.53 | 292.59 | 384.75 | 123236 |
| **泰州市** | **6731.66** | **344.71** | **3258.62** | **2497.34** | **3128.33** | **149383** |
| 兴化市 | 1154.93 | 154.43 | 445.24 | 305.04 | 555.26 | 102871 |
| 靖江市 | 1298.79 | 27.77 | 713.57 | 483.45 | 557.45 | 196192 |
| 泰兴市 | 1434.99 | 76.20 | 715.58 | 597.97 | 643.21 | 144875 |
| **宿迁市** | **4398.07** | **389.50** | **1941.95** | **1614.18** | **2066.62** | **88379** |
| 沭阳县 | 1411.67 | 123.55 | 618.96 | 540.22 | 669.16 | 85068 |
| 泗阳县 | 724.80 | 85.42 | 318.23 | 258.39 | 321.14 | 87378 |
| 泗洪县 | 701.45 | 91.61 | 287.45 | 224.83 | 322.38 | 81630 |

附录1续表6

| 市（县）名　称 | 地区生产总值指　　数（上年=100） | 三次产业结构（%） | | | 一般公共预算收入占GDP的比例（%） | 外　贸依存度（%） |
|---|---|---|---|---|---|---|
| | | 第一产业 | 第二产业 | 第三产业 | | |
| **南京市** | **104.6** | **1.8** | **34.0** | **64.1** | **9.3** | **32.5** |
| **无锡市** | **106.0** | **0.9** | **47.7** | **51.4** | **7.7** | **45.7** |
| 江阴市 | 105.9 | 0.8 | 51.8 | 47.4 | 5.0 | 31.7 |
| 宜兴市 | 106.2 | 2.4 | 51.7 | 45.8 | 6.0 | 24.1 |
| **徐州市** | **107.1** | **8.7** | **40.7** | **50.6** | **6.1** | **13.6** |
| 丰　县 | 106.0 | 18.6 | 37.7 | 43.8 | 6.4 | 4.1 |
| 沛　县 | 107.3 | 12.2 | 43.1 | 44.7 | 5.2 | 6.9 |
| 睢宁县 | 107.2 | 16.6 | 38.9 | 44.5 | 6.3 | 4.9 |
| 新沂市 | 110.1 | 10.6 | 38.0 | 51.3 | 5.4 | 11.6 |
| 邳州市 | 110.0 | 13.4 | 37.5 | 49.1 | 3.6 | 13.5 |
| **常州市** | **106.8** | **1.8** | **48.0** | **50.2** | **6.7** | **31.5** |
| 溧阳市 | 109.7 | 3.8 | 54.3 | 41.8 | 6.7 | 11.2 |
| **苏州市** | **104.6** | **0.8** | **46.8** | **52.4** | **10.0** | **99.4** |
| 常熟市 | 103.6 | 1.5 | 49.3 | 49.2 | 8.5 | 53.8 |
| 张家港市 | 103.7 | 0.9 | 50.0 | 49.1 | 7.0 | 84.2 |
| 昆山市 | 105.0 | 0.6 | 51.2 | 48.2 | 8.9 | 148.0 |
| 太仓市 | 105.3 | 1.4 | 46.9 | 51.7 | 10.9 | 61.9 |
| **南通市** | **105.8** | **4.4** | **48.5** | **47.1** | **5.8** | **29.6** |
| 如东县 | 106.5 | 7.5 | 46.9 | 45.5 | 5.1 | 41.0 |
| 启东市 | 106.2 | 6.5 | 48.9 | 44.6 | 5.2 | 22.0 |
| 如皋市 | 105.9 | 5.8 | 47.7 | 46.6 | 5.0 | 20.0 |
| 海安市 | 106.0 | 5.6 | 55.2 | 39.1 | 4.9 | 14.2 |
| **连云港市** | **110.2** | **10.0** | **46.1** | **43.9** | **5.9** | **31.2** |
| 东海县 | 110.0 | 14.6 | 43.9 | 41.5 | 4.9 | 6.6 |
| 灌云县 | 105.3 | 16.4 | 35.9 | 47.7 | 5.5 | 4.2 |
| 灌南县 | 105.0 | 16.1 | 44.5 | 39.4 | 5.1 | 4.1 |

附录 1 续表 7

| 市（县）名　称 | 地区生产总值指　　数（上年 =100） | 三次产业结构（%） | | | 一般公共预算收入占 GDP 的比例（%） | 外　贸依存度（%） |
|---|---|---|---|---|---|---|
| | | 第一产业 | 第二产业 | 第三产业 | | |
| **淮安市** | **107.8** | **9.2** | **40.3** | **50.4** | **6.3** | **10.8** |
| 涟水县 | 108.0 | 11.3 | 44.3 | 44.5 | 4.5 | 4.7 |
| 盱眙县 | 107.5 | 15.0 | 36.3 | 48.7 | 4.1 | 4.1 |
| 金湖县 | 107.8 | 13.1 | 40.2 | 46.7 | 6.9 | 11.5 |
| **盐城市** | **105.9** | **11.1** | **40.3** | **48.7** | **6.5** | **19.6** |
| 响水县 | 105.1 | 13.1 | 45.6 | 41.3 | 5.4 | 6.8 |
| 滨海县 | 106.6 | 13.0 | 40.0 | 47.0 | 5.0 | 15.5 |
| 阜宁县 | 106.7 | 11.6 | 40.7 | 47.6 | 4.4 | 7.5 |
| 射阳县 | 106.4 | 15.9 | 36.0 | 48.0 | 4.4 | 10.7 |
| 建湖县 | 106.8 | 8.2 | 41.6 | 50.2 | 5.6 | 6.3 |
| 东台市 | 107.0 | 15.3 | 34.5 | 50.2 | 5.8 | 10.8 |
| **扬州市** | **106.0** | **4.5** | **47.3** | **48.2** | **4.7** | **14.2** |
| 宝应县 | 106.1 | 10.3 | 48.3 | 41.5 | 3.2 | 6.3 |
| 仪征市 | 105.3 | 2.4 | 51.0 | 46.6 | 4.8 | 11.4 |
| 高邮市 | 105.9 | 9.5 | 49.5 | 41.0 | 4.1 | 4.7 |
| **镇江市** | **106.3** | **3.2** | **47.6** | **49.2** | **6.1** | **18.7** |
| 丹阳市 | 106.5 | 3.8 | 52.4 | 43.9 | 5.3 | 16.6 |
| 扬中市 | 108.9 | 3.0 | 53.9 | 43.2 | 6.4 | 7.8 |
| 句容市 | 105.5 | 7.4 | 44.0 | 48.6 | 6.3 | 5.0 |
| **泰州市** | **106.8** | **5.1** | **48.4** | **46.5** | **6.5** | **20.0** |
| 兴化市 | 107.3 | 13.4 | 38.6 | 48.1 | 4.4 | 6.8 |
| 靖江市 | 107.5 | 2.1 | 54.9 | 42.9 | 5.7 | 26.6 |
| 泰兴市 | 106.5 | 5.3 | 49.9 | 44.8 | 6.8 | 25.5 |
| **宿迁市** | **107.8** | **8.9** | **44.2** | **47.0** | **6.9** | **14.1** |
| 沭阳县 | 108.3 | 8.8 | 43.8 | 47.4 | 4.8 | 8.3 |
| 泗阳县 | 107.9 | 11.8 | 43.9 | 44.3 | 4.6 | 13.2 |
| 泗洪县 | 107.9 | 13.1 | 41.0 | 46.0 | 4.8 | 10.7 |

附录1续表8

| 市(县)名　称 | 农林牧渔业总　产　值（亿元） | 农业 | 林业 | 畜牧业 | 渔业 | 农林牧渔服务业 |
|---|---|---|---|---|---|---|
| **南京市** | **530.70** | **285.10** | **25.00** | **25.90** | **147.70** | **47.00** |
| **无锡市** | **223.39** | **137.55** | **12.78** | **5.18** | **34.67** | **33.21** |
| 江阴市 | 67.15 | 41.35 | 5.34 | 2.02 | 8.31 | 10.13 |
| 宜兴市 | 90.33 | 53.25 | 2.88 | 2.70 | 20.62 | 10.89 |
| **徐州市** | **1364.90** | **899.20** | **22.80** | **255.70** | **84.70** | **102.50** |
| 丰　县 | 175.37 | 137.73 | 1.18 | 24.69 | 2.04 | 9.73 |
| 沛　县 | 225.48 | 145.72 | 1.92 | 42.20 | 14.13 | 21.52 |
| 睢宁县 | 201.76 | 126.73 | 4.25 | 48.48 | 7.73 | 14.58 |
| 新沂市 | 182.94 | 100.58 | 4.96 | 34.51 | 26.54 | 16.35 |
| 邳州市 | 304.49 | 207.92 | 4.70 | 50.46 | 16.93 | 24.49 |
| **常州市** | **305.55** | **162.77** | **12.16** | **17.30** | **81.11** | **32.21** |
| 溧阳市 | 101.61 | 54.41 | 2.52 | 3.45 | 31.80 | 9.44 |
| **苏州市** | **354.80** | **181.70** | **20.70** | **11.90** | **88.90** | **51.60** |
| 常熟市 | 75.91 | 44.90 | 1.78 | 3.29 | 14.74 | 11.20 |
| 张家港市 | 57.43 | 36.36 | 5.61 | 3.32 | 2.81 | 9.32 |
| 昆山市 | 52.58 | 18.58 | 4.42 | 0.04 | 24.39 | 5.16 |
| 太仓市 | 44.11 | 24.68 | 4.11 | 1.27 | 6.41 | 7.65 |
| **南通市** | **974.82** | **430.70** | **4.30** | **144.50** | **266.22** | **129.10** |
| 如东县 | 206.97 | 72.54 | 0.82 | 33.11 | 83.98 | 16.52 |
| 启东市 | 192.90 | 55.03 | 0.67 | 13.61 | 96.80 | 26.78 |
| 如皋市 | 147.46 | 88.37 | 0.18 | 35.68 | 10.20 | 13.02 |
| 海安市 | 154.31 | 71.08 | 0.42 | 43.77 | 19.36 | 19.68 |
| **连云港市** | **797.04** | **342.36** | **10.78** | **118.77** | **246.69** | **78.45** |
| 东海县 | 198.76 | 114.30 | 3.16 | 34.04 | 20.09 | 27.17 |
| 灌云县 | 145.98 | 67.69 | 2.82 | 24.03 | 25.36 | 26.08 |
| 灌南县 | 139.29 | 75.72 | 1.59 | 33.36 | 19.31 | 9.32 |

附录 1 续表 9

| 市（县）名称 | 农林牧渔业总产值（亿元） | 农业 | 林业 | 畜牧业 | 渔业 | 农林牧渔服务业 |
|---|---|---|---|---|---|---|
| **淮安市** | **771.39** | **486.75** | **16.63** | **113.58** | **113.31** | **41.12** |
| 涟水县 | 139.29 | 94.69 | 4.40 | 21.88 | 10.05 | 8.28 |
| 盱眙县 | 136.34 | 69.50 | 1.93 | 22.41 | 36.57 | 5.92 |
| 金湖县 | 94.46 | 56.87 | 2.21 | 9.40 | 21.38 | 4.60 |
| **盐城市** | **1454.40** | **729.70** | **25.20** | **254.10** | **336.80** | **108.60** |
| 响水县 | 119.45 | 53.13 | 2.16 | 12.82 | 43.53 | 7.81 |
| 滨海县 | 147.53 | 67.84 | 2.03 | 33.99 | 33.28 | 10.39 |
| 阜宁县 | 149.68 | 82.05 | 2.08 | 30.17 | 23.14 | 12.25 |
| 射阳县 | 214.14 | 92.84 | 3.95 | 37.06 | 61.01 | 19.28 |
| 建湖县 | 103.75 | 52.43 | 2.61 | 12.42 | 27.16 | 9.13 |
| 东台市 | 313.16 | 165.79 | 6.95 | 73.11 | 49.38 | 17.93 |
| **扬州市** | **595.90** | **282.04** | **13.06** | **58.02** | **202.51** | **40.26** |
| 宝应县 | 167.03 | 65.68 | 3.67 | 14.86 | 72.71 | 10.11 |
| 仪征市 | 51.49 | 32.60 | 2.21 | 7.59 | 2.52 | 6.58 |
| 高邮市 | 176.44 | 68.67 | 1.93 | 19.65 | 74.34 | 11.86 |
| **镇江市** | **290.58** | **168.12** | **11.27** | **34.89** | **40.03** | **36.28** |
| 丹阳市 | 96.97 | 54.77 | 2.60 | 11.68 | 15.38 | 12.54 |
| 扬中市 | 34.00 | 20.00 | 1.40 | 2.40 | 5.80 | 4.40 |
| 句容市 | 96.42 | 59.37 | 5.19 | 8.60 | 10.30 | 12.96 |
| **泰州市** | **574.03** | **324.50** | **3.17** | **62.93** | **147.93** | **35.51** |
| 兴化市 | 270.32 | 109.58 | 1.31 | 21.68 | 121.56 | 16.18 |
| 靖江市 | 45.68 | 32.98 | 0.44 | 3.95 | 3.48 | 4.82 |
| 泰兴市 | 117.44 | 85.62 | 0.91 | 18.64 | 6.62 | 5.64 |
| **宿迁市** | **673.89** | **404.92** | **16.65** | **107.55** | **109.95** | **34.82** |
| 沭阳县 | 211.82 | 166.51 | 6.10 | 24.30 | 6.28 | 8.64 |
| 泗阳县 | 151.01 | 76.88 | 6.24 | 20.13 | 39.11 | 8.64 |
| 泗洪县 | 156.23 | 77.24 | 1.41 | 28.23 | 41.80 | 7.55 |

附录 1 续表 10

| 市（县）名　称 | 农作物总播种面积（千公顷） | #粮食作物 | 农业机械总动力（万千瓦） |
|---|---|---|---|
| **南京市** | **263.84** | **139.04** | **242.37** |
| **无锡市** | **135.79** | **81.87** | **90.20** |
| 江阴市 | 33.72 | 19.18 | 27.80 |
| 宜兴市 | 80.42 | 52.16 | 41.63 |
| **徐州市** | **1192.51** | **770.07** | **823.03** |
| 丰　县 | 155.69 | 100.67 | 127.16 |
| 沛　县 | 159.37 | 100.31 | 117.50 |
| 睢宁县 | 189.43 | 147.11 | 129.74 |
| 新沂市 | 192.68 | 106.57 | 132.23 |
| 邳州市 | 236.07 | 127.77 | 132.01 |
| **常州市** | **171.76** | **96.59** | **138.78** |
| 溧阳市 | 78.06 | 55.13 | 58.82 |
| **苏州市** | **214.06** | **132.43** | **140.07** |
| 常熟市 | 58.85 | 33.83 | 34.00 |
| 张家港市 | 43.95 | 31.48 | 30.43 |
| 昆山市 | 20.01 | 12.90 | 18.36 |
| 太仓市 | 36.07 | 21.97 | 21.37 |
| **南通市** | **803.77** | **537.26** | **455.31** |
| 如东县 | 169.00 | 141.31 | 103.98 |
| 启东市 | 129.82 | 80.92 | 71.71 |
| 如皋市 | 158.13 | 100.13 | 96.39 |
| 海安市 | 104.47 | 80.14 | 76.33 |
| **连云港市** | **631.70** | **513.02** | **584.96** |
| 东海县 | 209.43 | 164.23 | 155.57 |
| 灌云县 | 146.35 | 121.49 | 99.69 |
| 灌南县 | 106.66 | 88.06 | 130.54 |

附录 1 续表 11

| 市（县）名　称 | 农作物总播种面积（千公顷） | #粮食作物 | 农业机械总动力（万千瓦） |
|---|---|---|---|
| **淮安市** | **817.77** | **683.68** | **662.64** |
| 涟水县 | 177.20 | 141.93 | 135.40 |
| 盱眙县 | 163.74 | 148.03 | 135.22 |
| 金湖县 | 84.01 | 75.88 | 82.03 |
| **盐城市** | **1404.41** | **994.13** | **796.50** |
| 响水县 | 115.65 | 85.20 | 88.02 |
| 滨海县 | 164.62 | 132.64 | 116.08 |
| 阜宁县 | 168.81 | 127.11 | 94.76 |
| 射阳县 | 203.42 | 157.15 | 109.74 |
| 建湖县 | 122.03 | 95.36 | 72.00 |
| 东台市 | 250.64 | 148.26 | 119.41 |
| **扬州市** | **488.76** | **391.16** | **328.76** |
| 宝应县 | 137.51 | 113.31 | 91.40 |
| 仪征市 | 52.57 | 37.79 | 45.02 |
| 高邮市 | 136.50 | 114.04 | 79.60 |
| **镇江市** | **187.95** | **137.01** | **146.25** |
| 丹阳市 | 70.46 | 58.48 | 41.79 |
| 扬中市 | 16.49 | 10.66 | 13.33 |
| 句容市 | 58.25 | 38.20 | 48.63 |
| **泰州市** | **524.96** | **377.76** | **301.37** |
| 兴化市 | 203.79 | 162.92 | 133.84 |
| 靖江市 | 47.36 | 37.08 | 27.93 |
| 泰兴市 | 133.65 | 85.22 | 63.40 |
| **宿迁市** | **752.67** | **604.93** | **649.95** |
| 沭阳县 | 255.49 | 185.45 | 232.85 |
| 泗阳县 | 121.52 | 96.68 | 119.66 |
| 泗洪县 | 202.41 | 179.85 | 167.00 |

附录 1 续表 12

| 市（县）名　称 | 粮　食总产量（万吨） | 油料产量（万吨） | 棉花产量（吨） | 肉　类总产量（万吨） | #猪牛羊肉 | 水产品产　量（万吨） |
|---|---|---|---|---|---|---|
| **南京市** | **99.35** | **5.52** | **246** | **4.93** | **2.78** | **16.79** |
| **无锡市** | **56.41** | **0.94** | | **1.11** | **0.81** | **10.33** |
| 江阴市 | 13.18 | 0.26 | | 0.37 | 0.28 | 2.01 |
| 宜兴市 | 35.99 | 0.52 | | 0.69 | 0.51 | 7.22 |
| **徐州市** | **505.07** | **11.44** | **4165** | **64.83** | **37.03** | **16.48** |
| 丰　县 | 61.49 | 0.65 | 4165 | 4.81 | 3.57 | 0.30 |
| 沛　县 | 66.63 | 0.35 | | 11.32 | 4.45 | 2.88 |
| 睢宁县 | 94.91 | 3.05 | | 10.36 | 6.31 | 2.70 |
| 新沂市 | 72.49 | 5.42 | | 9.64 | 5.53 | 2.43 |
| 邳州市 | 85.87 | 1.17 | | 14.79 | 7.98 | 2.80 |
| **常州市** | **70.49** | **3.21** | | **5.67** | **1.60** | **15.11** |
| 溧阳市 | 41.18 | 2.47 | | 1.04 | 0.40 | 3.77 |
| **苏州市** | **95.10** | **0.84** | **21** | **2.37** | **2.22** | **14.53** |
| 常熟市 | 24.35 | 0.20 | 16 | 1.00 | 0.97 | 2.59 |
| 张家港市 | 22.30 | 0.24 | | 0.38 | 0.33 | 0.96 |
| 昆山市 | 9.64 | 0.15 | | 0.01 | 0.01 | 2.18 |
| 太仓市 | 15.52 | 0.13 | 4 | 0.26 | 0.25 | 0.90 |
| **南通市** | **342.79** | **22.98** | **446** | **39.09** | **23.48** | **84.11** |
| 如东县 | 98.24 | 2.78 | 31 | 10.86 | 5.50 | 33.09 |
| 启东市 | 33.60 | 5.28 | 16 | 3.81 | 2.83 | 32.16 |
| 如皋市 | 68.21 | 3.15 | 1 | 9.89 | 5.21 | 2.88 |
| 海安市 | 62.47 | 1.42 | | 7.74 | 5.57 | 5.04 |
| **连云港市** | **368.57** | **11.23** | | **36.78** | **23.29** | **82.43** |
| 东海县 | 117.28 | 5.34 | | 10.93 | 7.02 | 7.24 |
| 灌云县 | 88.17 | 0.19 | | 7.23 | 4.68 | 6.57 |
| 灌南县 | 64.61 | 0.28 | | 10.85 | 7.36 | 4.91 |

附录1续表13

| 市（县）名　称 | 粮　食总产量（万吨） | 油料产量（万吨） | 棉花产量（吨） | 肉　类总产量（万吨） | #猪牛羊肉 | 水产品产　量（万吨） |
|---|---|---|---|---|---|---|
| **淮安市** | **494.82** | **5.91** | **1** | **34.18** | **21.29** | **33.05** |
| 涟水县 | 97.41 | 2.82 | | 7.28 | 4.50 | 5.46 |
| 盱眙县 | 105.58 | 0.69 | 1 | 8.10 | 4.57 | 10.69 |
| 金湖县 | 57.63 | 0.55 | | 1.98 | 1.55 | 5.89 |
| **盐城市** | **718.80** | **14.78** | **127** | **60.41** | **40.80** | **124.31** |
| 响水县 | 60.27 | 1.17 | | 4.58 | 3.92 | 7.51 |
| 滨海县 | 99.30 | 1.57 | | 9.46 | 6.59 | 10.96 |
| 阜宁县 | 96.26 | 1.16 | | 8.23 | 5.62 | 8.05 |
| 射阳县 | 114.59 | 1.62 | 22 | 9.07 | 6.78 | 19.29 |
| 建湖县 | 71.73 | 1.53 | | 2.36 | 0.99 | 10.53 |
| 东台市 | 103.18 | 3.45 | 82 | 13.31 | 8.00 | 18.80 |
| **扬州市** | **289.23** | **5.91** | | **16.20** | **9.88** | **41.54** |
| 宝应县 | 87.59 | 1.41 | | 4.65 | 3.09 | 14.90 |
| 仪征市 | 27.04 | 0.99 | | 1.63 | 1.37 | 0.82 |
| 高邮市 | 84.84 | 1.60 | | 5.42 | 2.40 | 18.88 |
| **镇江市** | **97.87** | **4.59** | | **9.03** | **2.61** | **10.28** |
| 丹阳市 | 43.24 | 0.78 | | 3.14 | 0.88 | 4.86 |
| 扬中市 | 7.60 | 0.25 | | 0.32 | 0.19 | 0.80 |
| 句容市 | 26.22 | 2.32 | | 2.26 | 0.56 | 2.64 |
| **泰州市** | **283.09** | **10.93** | | **17.21** | **12.81** | **41.39** |
| 兴化市 | 125.10 | 3.28 | | 4.27 | 3.04 | 31.87 |
| 靖江市 | 27.28 | 0.66 | | 1.22 | 0.76 | 1.09 |
| 泰兴市 | 63.61 | 3.75 | | 6.04 | 5.00 | 2.38 |
| **宿迁市** | **412.97** | **5.14** | **23** | **39.92** | **22.53** | **31.68** |
| 沭阳县 | 129.57 | 2.05 | | 8.33 | 6.01 | 1.79 |
| 泗阳县 | 64.90 | 0.76 | | 6.45 | 4.67 | 11.49 |
| 泗洪县 | 118.35 | 1.89 | 18 | 9.92 | 8.34 | 9.35 |

附录 1 续表 14

| 市（县）名　称 | 规模以上工业 | | | | | |
|---|---|---|---|---|---|---|
| | 企业个数（个） | 资产总计（亿元） | 负债合计（亿元） | 营业收入（亿元） | 营业成本（亿元） | 利润总额（亿元） |
| **南京市** | **4714** | **18243.12** | **9824.58** | **16000.17** | **886.64** | **65.19** |
| **无锡市** | **8495** | **25688.95** | **13384.81** | **24096.93** | **1771.37** | **124.77** |
| 江阴市 | 2623 | 7910.84 | 4482.33 | 7528.20 | 568.16 | 37.38 |
| 宜兴市 | 1586 | 4036.07 | 2274.21 | 4918.02 | 282.14 | 17.11 |
| **徐州市** | **3421** | **7960.84** | **4576.07** | **6614.25** | **5506.15** | **385.66** |
| 丰　县 | 343 | 327.97 | 180.13 | 330.55 | 282.96 | 20.26 |
| 沛　县 | 508 | 728.41 | 452.02 | 706.96 | 638.29 | 21.67 |
| 睢宁县 | 378 | 362.55 | 234.71 | 342.99 | 302.12 | 9.82 |
| 新沂市 | 447 | 828.30 | 475.07 | 755.47 | 682.26 | 23.13 |
| 邳州市 | 578 | 777.49 | 449.24 | 759.04 | 652.75 | 50.66 |
| **常州市** | **6838** | **20206.78** | **11711.64** | **18409.53** | **1146.27** | **94.18** |
| 溧阳市 | 765 | 3086.19 | 2130.59 | 4221.59 | 224.37 | 12.36 |
| **苏州市** | **13470** | **48279.16** | **25262.88** | **45042.62** | **2285.95** | **261.45** |
| 常熟市 | 1842 | 5758.52 | 3009.43 | 4885.90 | 278.71 | 27.50 |
| 张家港市 | 1566 | 7044.10 | 3758.64 | 6553.70 | 148.27 | 23.11 |
| 昆山市 | 2678 | 10602.86 | 5909.73 | 11486.25 | 476.52 | 68.50 |
| 太仓市 | 1265 | 2952.85 | 1595.23 | 3051.12 | 192.49 | 16.98 |
| **南通市** | **6888** | **16089.60** | **8909.08** | **13106.78** | **769.43** | **85.58** |
| 如东县 | 859 | 1635.44 | 950.88 | 1473.74 | 90.40 | 9.36 |
| 启东市 | 964 | 3107.01 | 1666.75 | 1991.32 | 143.13 | 10.64 |
| 如皋市 | 775 | 1857.43 | 1122.21 | 1344.66 | 60.35 | 9.39 |
| 海安市 | 1035 | 1768.35 | 1070.37 | 1569.73 | 83.79 | 11.36 |
| **连云港市** | **1479** | **6940.64** | **4189.94** | **5187.64** | **402.32** | **18.64** |
| 东海县 | 399 | 432.87 | 184.18 | 461.09 | 87.98 | 2.69 |
| 灌云县 | 159 | 281.26 | 196.41 | 139.09 | 10.12 | 1.15 |
| 灌南县 | 164 | 314.69 | 214.56 | 392.77 | 6.95 | 1.77 |

附录 1 续表 15

| 市(县)名　称 | 规模以上工业 | | | | | |
|---|---|---|---|---|---|---|
| | 企业个数（个） | 资产总计（亿元） | 负债合计（亿元） | 营业收入（亿元） | 营业成本（亿元） | 利润总额（亿元） |
| **淮安市** | **2265** | **4139.33** | **2392.33** | **3419.55** | **221.24** | **27.12** |
| 涟水县 | 325 | 585.77 | 329.90 | 448.98 | 63.73 | 4.17 |
| 盱眙县 | 305 | 295.04 | 187.70 | 302.38 | 10.01 | 3.05 |
| 金湖县 | 414 | 539.70 | 351.64 | 496.37 | 25.85 | 2.90 |
| **盐城市** | **4343** | **9031.11** | **6081.02** | **8542.95** | **399.55** | **48.00** |
| 响水县 | 256 | 952.25 | 769.49 | 1663.74 | 80.47 | 2.00 |
| 滨海县 | 321 | 735.97 | 500.94 | 486.62 | 23.73 | 3.00 |
| 阜宁县 | 397 | 465.36 | 282.41 | 517.66 | 42.43 | 3.00 |
| 射阳县 | 555 | 899.39 | 615.75 | 647.57 | 55.94 | 5.00 |
| 建湖县 | 547 | 633.03 | 387.82 | 565.45 | 38.74 | 5.00 |
| 东台市 | 761 | 1237.52 | 772.36 | 1050.51 | 85.90 | 9.00 |
| **扬州市** | **4203** | **7368.04** | **4128.79** | **7284.02** | **390.45** | **51.83** |
| 宝应县 | 666 | 787.43 | 475.17 | 1002.89 | 62.08 | 6.44 |
| 仪征市 | 637 | 1130.78 | 643.51 | 1183.63 | 57.85 | 6.44 |
| 高邮市 | 822 | 1132.69 | 638.24 | 1245.67 | 80.03 | 8.66 |
| **镇江市** | **2902** | **7179.10** | **3901.81** | **5654.64** | **321.14** | **37.20** |
| 丹阳市 | 1058 | 2013.48 | 1115.20 | 1660.85 | 112.61 | 15.23 |
| 扬中市 | 576 | 1283.53 | 721.78 | 1061.92 | 71.43 | 5.94 |
| 句容市 | 356 | 1029.08 | 589.14 | 493.48 | 33.01 | 4.35 |
| **泰州市** | **4004** | **8250.69** | **4534.80** | **7267.27** | **418.32** | **48.02** |
| 兴化市 | 852 | 836.11 | 431.75 | 972.71 | 67.66 | 6.27 |
| 靖江市 | 793 | 1892.70 | 1061.91 | 1417.77 | 107.91 | 11.14 |
| 泰兴市 | 875 | 1948.76 | 1073.84 | 1668.96 | 99.66 | 10.13 |
| **宿迁市** | **2938** | **5216.21** | **2695.51** | **5048.64** | **425.47** | **37.47** |
| 沭阳县 | 1111 | 947.61 | 542.58 | 1412.10 | 82.62 | 11.39 |
| 泗阳县 | 552 | 758.95 | 438.65 | 545.79 | 24.64 | 6.67 |
| 泗洪县 | 503 | 812.68 | 466.95 | 614.03 | 96.19 | 4.55 |

附录 1 续表 16

| 市（县）名　称 | 全年用电量（亿千瓦时） | #工业用电 | #城乡居民生活用电 |
|---|---|---|---|
| **南京市** | **747.27** | **365.83** | **118.89** |
| **无锡市** | **864.07** | **615.03** | **97.09** |
| 江阴市 | 285.44 | 235.17 | 22.83 |
| 宜兴市 | 132.93 | 96.61 | 16.83 |
| **徐州市** | **452.85** | **260.59** | **88.76** |
| 丰　县 | 35.29 | 19.71 | 8.63 |
| 沛　县 | 61.27 | 43.44 | 9.66 |
| 睢宁县 | 35.74 | 15.82 | 9.83 |
| 新沂市 | 47.99 | 30.98 | 8.12 |
| 邳州市 | 48.61 | 25.38 | 12.28 |
| **常州市** | **625.09** | **466.36** | **66.60** |
| 溧阳市 | 128.88 | 106.19 | 9.33 |
| **苏州市** | **1719.31** | **1235.38** | **183.56** |
| 常熟市 | 234.30 | 183.43 | 21.72 |
| 张家港市 | 320.79 | 280.79 | 18.32 |
| 昆山市 | 277.11 | 190.63 | 33.27 |
| 太仓市 | 112.10 | 82.24 | 11.35 |
| **南通市** | **658.53** | **450.39** | **94.49** |
| 如东县 | 95.41 | 71.23 | 10.08 |
| 启东市 | 54.08 | 31.02 | 12.36 |
| 如皋市 | 81.99 | 53.13 | 15.48 |
| 海安市 | 76.90 | 57.66 | 9.13 |
| **连云港市** | **319.45** | **216.42** | **46.81** |
| 东海县 | 37.62 | 19.24 | 9.28 |
| 灌云县 | 20.64 | 7.60 | 6.63 |
| 灌南县 | 43.34 | 31.16 | 5.52 |

附录 1 续表 17

| 市（县）名称 | 全年用电量（亿千瓦时） | #工业用电 | #城乡居民生活用电 |
|---|---|---|---|
| **淮安市** | **276.26** | **174.51** | **45.32** |
| 涟水县 | 31.79 | 18.25 | 7.11 |
| 盱眙县 | 29.35 | 16.09 | 5.70 |
| 金湖县 | 20.64 | 13.71 | 3.18 |
| **盐城市** | **482.59** | **321.95** | **71.76** |
| 响水县 | 55.15 | 44.91 | 5.06 |
| 滨海县 | 32.20 | 16.57 | 8.38 |
| 阜宁县 | 35.40 | 20.62 | 7.97 |
| 射阳县 | 41.04 | 23.70 | 8.08 |
| 建湖县 | 39.74 | 27.98 | 6.29 |
| 东台市 | 63.26 | 41.67 | 9.02 |
| **扬州市** | **331.67** | **214.66** | **51.66** |
| 宝应县 | 30.72 | 17.20 | 6.61 |
| 仪征市 | 57.58 | 43.42 | 6.17 |
| 高邮市 | 59.17 | 42.43 | 7.06 |
| **镇江市** | **306.80** | **216.13** | **39.41** |
| 丹阳市 | 100.26 | 76.41 | 11.07 |
| 扬中市 | 21.61 | 13.81 | 4.02 |
| 句容市 | 37.12 | 18.40 | 8.40 |
| **泰州市** | **377.52** | **268.20** | **52.30** |
| 兴化市 | 86.39 | 63.00 | 11.13 |
| 靖江市 | 53.49 | 35.82 | 8.47 |
| 泰兴市 | 103.28 | 81.17 | 11.90 |
| **宿迁市** | **312.82** | **213.05** | **46.41** |
| 沭阳县 | 87.28 | 59.66 | 15.51 |
| 泗阳县 | 54.01 | 36.80 | 7.68 |
| 泗洪县 | 39.28 | 22.03 | 7.71 |

附录 1 续表 18

| 市（县）名　称 | 房地产开发投资（亿元） | #住宅 | 商品房销售面积（万平方米） | #住宅 |
|---|---|---|---|---|
| **南京市** | **2772.37** | **2082.24** | **908** | **798** |
| **无锡市** | **1275.32** | **1020.87** | **1082** | **793** |
| 江阴市 | 206.66 | 178.49 | 219 | 188 |
| 宜兴市 | 169.41 | 127.24 | 130 | 91 |
| **徐州市** | **751.17** | **618.05** | **1181** | **1090** |
| 丰　县 | 26.02 | 21.72 | 77 | 71 |
| 沛　县 | 57.54 | 48.69 | 111 | 100 |
| 睢宁县 | 34.04 | 30.75 | 107 | 101 |
| 新沂市 | 57.71 | 49.37 | 114 | 108 |
| 邳州市 | 52.23 | 46.63 | 165 | 150 |
| **常州市** | **822.91** | **668.23** | **619** | **475** |
| 溧阳市 | 82.21 | 66.55 | 81 | 72 |
| **苏州市** | **2597.97** | **2226.35** | **1721** | **1525** |
| 常熟市 | 199.51 | 176.17 | 150 | 145 |
| 张家港市 | 205.59 | 178.77 | 209 | 196 |
| 昆山市 | 353.46 | 288.59 | 282 | 225 |
| 太仓市 | 194.48 | 154.73 | 165 | 127 |
| **南通市** | **925.11** | **757.77** | **1264** | **971** |
| 如东县 | 68.13 | 58.04 | 113 | 90 |
| 启东市 | 142.64 | 117.86 | 187 | 176 |
| 如皋市 | 97.86 | 79.01 | 193 | 140 |
| 海安市 | 71.37 | 59.70 | 162 | 140 |
| **连云港市** | **246.24** | **193.20** | **342** | **302** |
| 东海县 | 18.08 | 16.32 | 60 | 58 |
| 灌云县 | 23.69 | 18.48 | 54 | 38 |
| 灌南县 | 12.17 | 9.93 | 45 | 41 |

附录 1 续表 19

| 市（县）名　称 | 房地产开发投资（亿元） | #住宅 | 商品房销售面积（万平方米） | #住宅 |
| --- | --- | --- | --- | --- |
| **淮安市** | **282.12** | **212.68** | **678** | **595** |
| 涟水县 | 26.04 | 20.19 | 113 | 109 |
| 盱眙县 | 11.55 | 9.99 | 79 | 77 |
| 金湖县 | 5.70 | 4.94 | 29 | 27 |
| **盐城市** | **567.17** | **460.52** | **863** | **717** |
| 响水县 | 11.89 | 10.68 | 24 | 21 |
| 滨海县 | 31.41 | 22.79 | 76 | 69 |
| 阜宁县 | 15.02 | 13.93 | 55 | 52 |
| 射阳县 | 29.06 | 25.19 | 90 | 84 |
| 建湖县 | 5.69 | 5.20 | 60 | 48 |
| 东台市 | 40.65 | 33.25 | 175 | 128 |
| **扬州市** | **639.14** | **507.92** | **627** | **511** |
| 宝应县 | 92.14 | 72.73 | 80 | 60 |
| 仪征市 | 30.48 | 23.43 | 42 | 37 |
| 高邮市 | 73.27 | 57.01 | 102 | 89 |
| **镇江市** | **312.43** | **258.26** | **507** | **417** |
| 丹阳市 | 68.25 | 53.46 | 102 | 81 |
| 扬中市 | 26.28 | 20.39 | 47 | 35 |
| 句容市 | 88.54 | 77.40 | 189 | 183 |
| **泰州市** | **365.00** | **303.41** | **569** | **440** |
| 兴化市 | 51.15 | 42.95 | 89 | 68 |
| 靖江市 | 42.59 | 35.99 | 71 | 57 |
| 泰兴市 | 22.02 | 19.10 | 122 | 92 |
| **宿迁市** | **381.03** | **317.74** | **688** | **457** |
| 沭阳县 | 81.80 | 52.43 | 219 | 78 |
| 泗阳县 | 56.84 | 50.83 | 138 | 111 |
| 泗洪县 | 54.13 | 47.82 | 102 | 92 |

附录 1 续表 20

| 市（县）名　称 | 社会消费品零售总额（亿元） | 进出口总　额（亿元） | #出口总额 | #进口总额 | 实际使用外　资（亿美元） |
|---|---|---|---|---|---|
| **南京市** | **8201.10** | **5659.94** | **3333.12** | **2326.82** | **49.40** |
| **无锡市** | **3567.55** | **7065.32** | **4658.10** | **2407.22** | **41.20** |
| 江阴市 | 711.70 | 1572.91 | 1052.39 | 520.52 | 11.00 |
| 宜兴市 | 590.90 | 563.50 | 315.73 | 247.77 | 3.87 |
| **徐州市** | **4445.12** | **1207.60** | **997.42** | **210.18** | **3.50** |
| 丰　县 | 323.65 | 22.83 | 21.08 | 1.76 | … |
| 沛　县 | 649.72 | 72.55 | 67.88 | 4.66 | 0.06 |
| 睢宁县 | 499.94 | 34.99 | 28.22 | 6.77 | 0.22 |
| 新沂市 | 424.21 | 105.34 | 51.25 | 54.09 | 0.32 |
| 邳州市 | 487.18 | 173.05 | 166.80 | 6.25 | 0.24 |
| **常州市** | **3050.10** | **3183.63** | **2498.35** | **685.27** | **20.64** |
| 溧阳市 | 402.75 | 174.78 | 142.24 | 32.54 | 3.45 |
| **苏州市** | **9582.90** | **24514.10** | **15081.59** | **9432.51** | **69.05** |
| 常熟市 | 1290.28 | 1505.84 | 1079.22 | 426.63 | 3.49 |
| 张家港市 | 836.31 | 2835.10 | 1275.79 | 1559.31 | 5.81 |
| 昆山市 | 1717.66 | 7610.64 | 5123.30 | 2487.34 | 16.57 |
| 太仓市 | 548.83 | 1074.32 | 582.55 | 491.77 | 5.34 |
| **南通市** | **4215.10** | **3500.29** | **2289.69** | **1210.60** | **19.90** |
| 如东县 | 524.09 | 566.20 | 190.09 | 376.11 | 2.82 |
| 启东市 | 519.97 | 318.07 | 236.00 | 82.07 | 1.03 |
| 如皋市 | 560.60 | 306.17 | 223.63 | 82.55 | 1.67 |
| 海安市 | 444.83 | 203.84 | 149.28 | 54.55 | 1.49 |
| **连云港市** | **1277.30** | **1360.86** | **359.34** | **1001.52** | **4.36** |
| 东海县 | 281.64 | 49.54 | 38.43 | 11.12 | 0.06 |
| 灌云县 | 84.67 | 19.00 | 18.51 | 0.49 | 0.08 |
| 灌南县 | 100.18 | 20.28 | 19.02 | 1.26 | 0.92 |

附录 1 续表 21

| 市(县)名 称 | 社会消费品零售总额(亿元) | 进出口总 额(亿元) | #出口总额 | #进口总额 | 实际使用外 资(亿美元) |
|---|---|---|---|---|---|
| **淮安市** | **1896.30** | **542.44** | **396.55** | **145.88** | **5.49** |
| 涟水县 | 237.38 | 34.46 | 29.60 | 4.86 | 0.71 |
| 盱眙县 | 191.04 | 22.34 | 21.64 | 0.70 | 0.61 |
| 金湖县 | 134.82 | 50.13 | 39.60 | 10.53 | 0.60 |
| **盐城市** | **2872.53** | **1452.32** | **1015.18** | **437.14** | **9.38** |
| 响水县 | 137.00 | 33.86 | 28.77 | 5.09 | 0.03 |
| 滨海县 | 280.66 | 99.27 | 68.28 | 30.99 | 0.62 |
| 阜宁县 | 311.12 | 55.57 | 39.23 | 16.34 | 0.13 |
| 射阳县 | 295.08 | 78.89 | 68.84 | 10.05 | 0.15 |
| 建湖县 | 247.35 | 47.00 | 44.49 | 2.51 | 0.26 |
| 东台市 | 339.88 | 120.91 | 110.59 | 10.32 | 0.60 |
| **扬州市** | **1660.60** | **1055.80** | **851.40** | **204.40** | **12.20** |
| 宝应县 | 191.46 | 59.20 | 47.20 | 12.00 | 1.65 |
| 仪征市 | 140.55 | 118.50 | 84.30 | 34.20 | 2.53 |
| 高邮市 | 206.93 | 49.20 | 43.90 | 5.30 | 1.65 |
| **镇江市** | **1481.70** | **986.41** | **741.51** | **244.90** | **4.26** |
| 丹阳市 | 391.84 | 249.44 | 228.28 | 21.16 | 1.75 |
| 扬中市 | 173.95 | 49.35 | 45.80 | 3.55 | 0.38 |
| 句容市 | 193.96 | 39.23 | 32.73 | 6.50 | 0.38 |
| **泰州市** | **1709.70** | **1344.39** | **938.14** | **406.26** | **9.29** |
| 兴化市 | 352.43 | 79.06 | 76.06 | 3.00 | 0.68 |
| 靖江市 | 273.95 | 345.29 | 272.38 | 72.91 | 1.39 |
| 泰兴市 | 344.30 | 365.58 | 221.63 | 143.95 | 3.02 |
| **宿迁市** | **1587.40** | **620.66** | **558.73** | **61.92** | **4.73** |
| 沭阳县 | 386.55 | 117.82 | 111.70 | 6.12 | 1.42 |
| 泗阳县 | 193.85 | 95.82 | 91.44 | 4.38 | 0.53 |
| 泗洪县 | 198.94 | 74.96 | 71.16 | 3.79 | 0.49 |

附录 1 续表 22

| 市(县)名　称 | 一般公共预算收入（亿元） | #税收收入 | 一般公共预算支出（亿元） | 年末金融机构各项存款余额（亿元） | #住户存款 | 年末金融机构各项贷款余额（亿元） |
|---|---|---|---|---|---|---|
| **南京市** | **1619.98** | **1366.53** | **1838.70** | **53178.25** | **15228.95** | **53901.89** |
| **无锡市** | **1195.42** | **982.80** | **1390.19** | **26391.61** | **11743.94** | **22288.90** |
| 江阴市 | 248.29 | 211.02 | 255.62 | 5824.63 | 2471.18 | 4823.62 |
| 宜兴市 | 140.80 | 114.68 | 178.37 | 3931.69 | 2126.16 | 3066.58 |
| **徐州市** | **545.96** | **415.69** | **1056.90** | **11636.95** | **6831.18** | **10841.34** |
| 丰　县 | 35.61 | 28.17 | 90.42 | 758.35 | 576.29 | 671.30 |
| 沛　县 | 54.59 | 40.99 | 114.16 | 922.57 | 677.07 | 793.51 |
| 睢宁县 | 44.25 | 35.17 | 111.76 | 874.11 | 640.36 | 818.70 |
| 新沂市 | 48.97 | 39.34 | 113.09 | 781.06 | 509.03 | 913.02 |
| 邳州市 | 46.39 | 38.50 | 129.42 | 1089.26 | 793.80 | 1192.43 |
| **常州市** | **680.30** | **585.34** | **854.77** | **17608.33** | **8188.59** | **16293.35** |
| 溧阳市 | 105.03 | 85.29 | 148.78 | 2695.51 | 1272.54 | 2082.85 |
| **苏州市** | **2456.81** | **2087.20** | **2621.28** | **50800.95** | **19535.03** | **51247.64** |
| 常熟市 | 237.39 | 194.54 | 273.22 | 5301.68 | 2691.55 | 4611.11 |
| 张家港市 | 237.07 | 190.84 | 234.44 | 5935.27 | 2419.51 | 4753.46 |
| 昆山市 | 456.59 | 404.64 | 411.76 | 7407.78 | 2862.46 | 7085.52 |
| 太仓市 | 189.42 | 160.30 | 183.72 | 2742.88 | 1219.95 | 2993.72 |
| **南通市** | **680.16** | **538.79** | **1180.93** | **20606.07** | **12405.04** | **18288.02** |
| 如东县 | 71.03 | 57.60 | 147.47 | 2176.13 | 1369.88 | 1968.10 |
| 启东市 | 75.01 | 60.61 | 128.99 | 2360.16 | 1672.65 | 2001.68 |
| 如皋市 | 77.01 | 64.10 | 146.31 | 2306.59 | 1599.25 | 2174.42 |
| 海安市 | 71.01 | 57.60 | 139.66 | 2331.70 | 1532.04 | 2211.99 |
| **连云港市** | **256.02** | **195.84** | **574.70** | **5794.33** | **2865.17** | **6998.33** |
| 东海县 | 37.08 | 31.15 | 95.42 | 799.47 | 541.14 | 759.87 |
| 灌云县 | 25.07 | 17.39 | 66.07 | 493.05 | 341.57 | 566.07 |
| 灌南县 | 25.11 | 17.36 | 62.67 | 457.26 | 267.38 | 536.25 |

附录 1 续表 23

| 市（县）名 称 | 一般公共预算收入（亿元） | #税收收入 | 一般公共预算支出（亿元） | 年末金融机构各项存款余额（亿元） | #住户存款 | 年末金融机构各项贷款余额（亿元） |
|---|---|---|---|---|---|---|
| **淮安市** | **316.61** | **239.30** | **717.35** | **6683.14** | **3322.09** | **7634.42** |
| 涟水县 | 33.02 | 27.00 | 82.52 | 750.06 | 455.11 | 611.08 |
| 盱眙县 | 22.54 | 14.63 | 78.20 | 627.45 | 426.99 | 698.99 |
| 金湖县 | 30.01 | 25.00 | 59.00 | 518.93 | 341.48 | 525.29 |
| **盐城市** | **482.73** | **341.25** | **1228.23** | **11367.78** | **6602.95** | **11496.39** |
| 响水县 | 27.26 | 22.00 | 74.18 | 422.75 | 279.24 | 513.07 |
| 滨海县 | 31.86 | 24.53 | 111.69 | 787.45 | 515.32 | 804.81 |
| 阜宁县 | 32.51 | 26.01 | 103.23 | 896.55 | 648.07 | 658.73 |
| 射阳县 | 32.92 | 24.04 | 100.19 | 933.89 | 693.02 | 907.75 |
| 建湖县 | 41.56 | 30.89 | 119.90 | 889.67 | 645.76 | 736.03 |
| 东台市 | 65.01 | 50.81 | 149.90 | 1543.19 | 1159.65 | 1174.66 |
| **扬州市** | **347.57** | **277.00** | **711.24** | **10257.24** | **5876.48** | **9758.68** |
| 宝应县 | 30.05 | 24.19 | 102.16 | 978.73 | 636.81 | 812.29 |
| 仪征市 | 50.33 | 39.80 | 86.27 | 1091.05 | 657.40 | 1028.70 |
| 高邮市 | 43.56 | 36.30 | 101.81 | 1174.34 | 805.56 | 1040.55 |
| **镇江市** | **320.71** | **229.50** | **533.95** | **8436.09** | **4292.31** | **9015.66** |
| 丹阳市 | 80.05 | 63.01 | 113.08 | 2141.65 | 1276.34 | 1987.13 |
| 扬中市 | 40.03 | 32.50 | 57.91 | 1021.50 | 594.60 | 1054.73 |
| 句容市 | 50.05 | 35.63 | 83.00 | 1208.58 | 694.62 | 1722.93 |
| **泰州市** | **439.70** | **307.91** | **697.42** | **11033.70** | **5791.51** | **10217.89** |
| 兴化市 | 50.91 | 37.81 | 129.66 | 1531.38 | 1181.96 | 1288.54 |
| 靖江市 | 73.46 | 50.62 | 94.27 | 1978.30 | 1057.95 | 1830.95 |
| 泰兴市 | 97.21 | 70.23 | 137.15 | 1866.03 | 1019.70 | 1771.16 |
| **宿迁市** | **302.00** | **240.37** | **641.80** | **5885.11** | **2763.10** | **6013.17** |
| 沭阳县 | 67.10 | 50.76 | 142.88 | 1131.72 | 797.06 | 1134.62 |
| 泗阳县 | 33.50 | 27.24 | 91.30 | 751.33 | 493.77 | 955.55 |
| 泗洪县 | 33.34 | 27.72 | 98.67 | 725.70 | 504.92 | 853.01 |

附录 1 续表 24

| 市（县）名 称 | 专利申请授权量（件） | #发明 | 普通中学在校学生（万人） | 小　学在校学生（万人） | 普通中学专任教师（人） | 小　学专任教师（人） |
|---|---|---|---|---|---|---|
| **南京市** | **68805** | **28565** | **31.69** | **56.57** | **30127** | **38038** |
| **无锡市** | **55953** | **11750** | **29.18** | **48.81** | **25435** | **29280** |
| 江阴市 | 9462 | 1494 | 7.00 | 11.30 | 6115 | 6813 |
| 宜兴市 | 7568 | 1120 | 4.69 | 7.63 | 4367 | 4207 |
| **徐州市** | **19219** | **5512** | **71.54** | **81.20** | **55362** | **49489** |
| 丰　县 | 1115 | 294 | 7.14 | 8.02 | 4918 | 4800 |
| 沛　县 | 1150 | 261 | 8.24 | 9.55 | 6296 | 5669 |
| 睢宁县 | 1056 | 297 | 8.64 | 9.99 | 5871 | 5716 |
| 新沂市 | 2308 | 638 | 9.02 | 8.88 | 7318 | 5563 |
| 邳州市 | 1632 | 476 | 14.65 | 13.01 | 12866 | 8855 |
| **常州市** | **42858** | **8122** | **22.12** | **35.26** | **18319** | **20956** |
| 溧阳市 | 2677 | 735 | 3.11 | 4.54 | 2951 | 2856 |
| **苏州市** | **130771** | **26959** | **51.65** | **95.44** | **44013** | **56287** |
| 常熟市 | 9943 | 1896 | 5.62 | 9.81 | 5034 | 5716 |
| 张家港市 | 9103 | 2385 | 6.12 | 10.27 | 4850 | 6138 |
| 昆山市 | 25244 | 3683 | 9.29 | 18.75 | 6934 | 10105 |
| 太仓市 | 8159 | 1408 | 3.12 | 5.62 | 2403 | 3369 |
| **南通市** | **33535** | **7437** | **26.82** | **39.61** | **26210** | **25143** |
| 如东县 | 2287 | 550 | 2.61 | 3.04 | 2933 | 2584 |
| 启东市 | 3992 | 857 | 2.95 | 4.04 | 3206 | 2862 |
| 如皋市 | 5342 | 729 | 5.32 | 7.15 | 4933 | 4407 |
| 海安市 | 5026 | 1085 | 2.72 | 4.04 | 3268 | 2795 |
| **连云港市** | **6593** | **1807** | **34.83** | **39.64** | **29512** | **24835** |
| 东海县 | 832 | 182 | 9.47 | 10.01 | 8403 | 6479 |
| 灌云县 | 526 | 127 | 5.40 | 5.53 | 4859 | 3863 |
| 灌南县 | 455 | 127 | 4.71 | 4.83 | 3831 | 3018 |

附录 1 续表 25

| 市（县）名　称 | 专利申请授权量（件） | #发明 | 普通中学在校学生（万人） | 小　学在校学生（万人） | 普通中学专任教师（人） | 小　学专任教师（人） |
|---|---|---|---|---|---|---|
| **淮安市** | **8501** | **1463** | **27.9574** | **33.9537** | **24875** | **22576** |
| 涟水县 | 859 | 144 | 5.3832 | 6.2691 | 4971 | 4115 |
| 盱眙县 | 866 | 62 | 4.3316 | 4.2996 | 3958 | 3107 |
| 金湖县 | 1162 | 135 | 0.9421 | 1.4775 | 949 | 1016 |
| **盐城市** | **20539** | **3824** | **35.6749** | **40.9202** | **33003** | **27318** |
| 响水县 | 574 | 100 | 3.5997 | 3.7469 | 3366 | 2614 |
| 滨海县 | 1044 | 159 | 6.1616 | 5.7285 | 4734 | 3646 |
| 阜宁县 | 1418 | 165 | 4.9943 | 5.7504 | 4401 | 3759 |
| 射阳县 | 1189 | 188 | 3.7226 | 4.1221 | 3562 | 2997 |
| 建湖县 | 2371 | 267 | 2.8415 | 3.2699 | 2720 | 2350 |
| 东台市 | 3001 | 745 | 3.0086 | 3.6625 | 3410 | 2511 |
| **扬州市** | **19388** | **3725** | **17.3578** | **23.7618** | **17009** | **15287** |
| 宝应县 | 1550 | 232 | 2.8034 | 3.2724 | 2969 | 2241 |
| 仪征市 | 2009 | 304 | 1.915 | 2.6134 | 1976 | 1751 |
| 高邮市 | 3793 | 532 | 2.2914 | 3.0592 | 2504 | 2162 |
| **镇江市** | **15523** | **3753** | **11.9777** | **17.725** | **11056** | **11329** |
| 丹阳市 | 4378 | 420 | 4.0668 | 5.7104 | 3693 | 3569 |
| 扬中市 | 2723 | 438 | 1.1371 | 1.7682 | 1060 | 1093 |
| 句容市 | 1443 | 210 | 2.0565 | 3.2528 | 2074 | 2235 |
| **泰州市** | **15983** | **3756** | **18.2786** | **23.8144** | **18851** | **14986** |
| 兴化市 | 2593 | 645 | 5.0614 | 5.5956 | 4623 | 3860 |
| 靖江市 | 3268 | 865 | 2.2374 | 3.2308 | 2684 | 2021 |
| 泰兴市 | 3061 | 647 | 3.9798 | 4.9607 | 4641 | 3275 |
| **宿迁市** | **9316** | **1224** | **41.3811** | **51.8264** | **26813** | **28588** |
| 沭阳县 | 1582 | 302 | 14.4064 | 17.0621 | 8528 | 8777 |
| 泗阳县 | 1607 | 172 | 7.759 | 8.1796 | 4937 | 5052 |
| 泗洪县 | 1579 | 161 | 8.1053 | 9.6287 | 5728 | 5319 |

附录 1 续表 26

| 市（县）名　称 | 公　共图书馆（个） | 公共图书馆图书总藏量（千册、千件） | 医疗卫生机 构 数（个） | 卫生机构床 位 数（张） | 卫生技术人　　员（人） | #执业（助理）医师 |
|---|---|---|---|---|---|---|
| **南京市** | **15** | **23542** | **3846** | **72495** | **112704** | **42328** |
| **无锡市** | **8** | **10640** | **3437** | **55125** | **69927** | **27000** |
| 江阴市 | 1 | 3144 | 710 | 9520 | 13039 | 5315 |
| 宜兴市 | 1 | 902 | 653 | 7967 | 11718 | 4576 |
| **徐州市** | **12** | **6842** | **4693** | **64991** | **78207** | **30200** |
| 丰　县 | 1 | 265 | 586 | 5148 | 5959 | 2780 |
| 沛　县 | 1 | 977 | 613 | 7354 | 6317 | 2561 |
| 睢宁县 | 1 | 1289 | 461 | 5198 | 6768 | 2644 |
| 新沂市 | 1 | 592 | 420 | 4397 | 6337 | 2377 |
| 邳州市 | 1 | 724 | 731 | 8638 | 10418 | 4039 |
| **常州市** | **8** | **5559** | **2087** | **33178** | **45295** | **17560** |
| 溧阳市 | 1 | 568 | 336 | 4391 | 7264 | 2494 |
| **苏州市** | **11** | **28611** | **4484** | **84328** | **112248** | **43648** |
| 常熟市 | 1 | 3186 | 598 | 12073 | 12834 | 5257 |
| 张家港市 | 1 | 3131 | 537 | 10140 | 12234 | 5004 |
| 昆山市 | 1 | 3475 | 755 | 9321 | 16070 | 6346 |
| 太仓市 | 1 | 1650 | 336 | 4725 | 6020 | 2583 |
| **南通市** | **11** | **9804** | **3729** | **51927** | **60578** | **24147** |
| 如东县 | 2 | 604 | 489 | 4121 | 5262 | 2297 |
| 启东市 | 1 | 954 | 458 | 4897 | 6157 | 2512 |
| 如皋市 | 2 | 1169 | 601 | 7656 | 7943 | 3500 |
| 海安市 | 1 | 715 | 417 | 6259 | 6471 | 2578 |
| **连云港市** | **8** | **4369** | **2912** | **29705** | **35160** | **13868** |
| 东海县 | 1 | 796 | 557 | 5207 | 5869 | 2415 |
| 灌云县 | 1 | 306 | 482 | 4415 | 4606 | 1860 |
| 灌南县 | 1 | 542 | 415 | 4117 | 4601 | 1782 |

附录 1 续表 27

| 市（县）名 称 | 公 共 图书馆（个） | 公共图书馆图书总藏量（千册、千件） | 医疗卫生机 构 数（个） | 卫生机构床 位 数（张） | 卫生技术人 员（人） | #执业（助理）医师 |
|---|---|---|---|---|---|---|
| **淮安市** | **9** | **5161** | **2443** | **31805** | **39165** | **15037** |
| 涟水县 | 1 | 213 | 495 | 4730 | 5194 | 2110 |
| 盱眙县 | 1 | 410 | 385 | 4034 | 4531 | 1791 |
| 金湖县 | 1 | 732 | 146 | 1979 | 2204 | 871 |
| **盐城市** | **11** | **7283** | **3572** | **44214** | **53752** | **21226** |
| 响水县 | 1 | 411 | 230 | 2907 | 3372 | 1244 |
| 滨海县 | 1 | 296 | 442 | 4714 | 5277 | 2170 |
| 阜宁县 | 2 | 556 | 427 | 5256 | 6282 | 2795 |
| 射阳县 | 1 | 984 | 345 | 4662 | 5110 | 2345 |
| 建湖县 | 1 | 333 | 324 | 3503 | 4266 | 1909 |
| 东台市 | 1 | 729 | 480 | 5870 | 6515 | 1967 |
| **扬州市** | **8** | **7286** | **2027** | **27577** | **34455** | **14181** |
| 宝应县 | 1 | 1133 | 340 | 3918 | 4531 | 1929 |
| 仪征市 | 1 | 1570 | 194 | 3034 | 3904 | 1730 |
| 高邮市 | 1 | 567 | 266 | 3872 | 4287 | 1842 |
| **镇江市** | **9** | **4392** | **48** | **18162** | **25179** | **9795** |
| 丹阳市 | 2 | 844 | 35 | 4196 | 5917 | 2379 |
| 扬中市 | 1 | 531 | 57 | 1429 | 2330 | 929 |
| 句容市 | 1 | 539 | 59 | 2465 | 3890 | 1604 |
| **泰州市** | **7** | **4582** | **2341** | **31759** | **36768** | **14832** |
| 兴化市 | 1 | 309 | 689 | 7625 | 7488 | 3203 |
| 靖江市 | 1 | 1132 | 355 | 4942 | 5459 | 2258 |
| 泰兴市 | 1 | 381 | 511 | 6365 | 7669 | 3311 |
| **宿迁市** | **7** | **4119.2** | **2735** | **33560** | **39920** | **15441** |
| 沭阳县 | 1 | 1468 | 897 | 9169 | 11271 | 4645 |
| 泗阳县 | 1 | 428 | 531 | 6537 | 7085 | 2760 |
| 泗洪县 | 1 | 262.2 | 518 | 6626 | 7722 | 2791 |

附录 1 续表 28

| 市（县）名 称 | 居民人均可支配收入（元） | 居民人均生活消费支出（元） | #食品烟酒 | 居民恩格尔系数（%） | 居民人均住房建筑面积（平方米） |
|---|---|---|---|---|---|
| **南京市** | **72112** | **43182** | **11106** | **25.7** | **45.5** |
| **无锡市** | **69016** | **44450** | **12060** | **27.1** | **49.0** |
| 江阴市 | 73861 | 40930 | 11366 | 27.8 | 64.8 |
| 宜兴市 | 61349 | 39034 | 10950 | 28.1 | 62.6 |
| **徐州市** | **38089** | **24273** | **7185** | **29.6** | **50.0** |
| 丰　县 | 30726 | 21365 | 6460 | 30.2 | 49.8 |
| 沛　县 | 36152 | 22946 | 6757 | 29.4 | 50.0 |
| 睢宁县 | 30741 | 18630 | 5577 | 29.9 | 50.4 |
| 新沂市 | 33414 | 22200 | 6541 | 29.5 | 61.3 |
| 邳州市 | 36792 | 21131 | 6304 | 29.8 | 50.5 |
| **常州市** | **62592** | **37957** | **10301** | **27.1** | **64.2** |
| 溧阳市 | 54743 | 31785 | 8911 | 28.0 | 54.8 |
| **苏州市** | **74076** | **46018** | **12052** | **26.2** | **52.4** |
| 常熟市 | 71555 | 44597 | 12009 | 26.9 | 65.8 |
| 张家港市 | 71883 | 42824 | 11359 | 26.5 | 52.6 |
| 昆山市 | 73750 | 44398 | 12409 | 27.9 | 49.3 |
| 太仓市 | 70607 | 43726 | 11535 | 26.4 | 59.0 |
| **南通市** | **51853** | **33449** | **9637** | **28.8** | **58.2** |
| 如东县 | 46190 | 28985 | 8399 | 29.0 | 61.9 |
| 启东市 | 49085 | 35882 | 10622 | 29.6 | 63.5 |
| 如皋市 | 46205 | 28511 | 8091 | 28.4 | 68.7 |
| 海安市 | 47842 | 31838 | 9169 | 28.8 | 63.0 |
| **连云港市** | **35983** | **23806** | **7877** | **33.1** | **57.2** |
| 东海县 | 34636 | 22619 | 7833 | 34.6 | 61.7 |
| 灌云县 | 29466 | 18937 | 6202 | 32.8 | 56.2 |
| 灌南县 | 30036 | 20186 | 6296 | 31.2 | 68.2 |

附录1续表29

| 市(县)名称 | 居民人均可支配收入(元) | 居民人均生活消费支出(元) | #食品烟酒 | 居民恩格尔系数(%) | 居民人均住房建筑面积(平方米) |
|---|---|---|---|---|---|
| **淮安市** | **39058** | **22257** | **6730** | **30.2** | **54** |
| 涟水县 | 32166 | 19394 | 5871 | 30.3 | 54 |
| 盱眙县 | 37484 | 20081 | 6011 | 29.9 | 51 |
| 金湖县 | 38944 | 26781 | 8083 | 30.2 | 55 |
| **盐城市** | **41252** | **24936** | **7190** | **28.8** | **49** |
| 响水县 | 33373 | 17371 | 5089 | 29.3 | 45 |
| 滨海县 | 34602 | 20681 | 5902 | 28.7 | 45 |
| 阜宁县 | 34335 | 23497 | 6578 | 28.0 | 54 |
| 射阳县 | 36605 | 24577 | 7186 | 29.2 | 52 |
| 建湖县 | 39574 | 22349 | 6559 | 29.3 | 50 |
| 东台市 | 44579 | 25415 | 7423 | 29.2 | 59 |
| **扬州市** | **47717** | **30228** | **8751** | **29.0** | **56** |
| 宝应县 | 36701 | 23928 | 7154 | 29.9 | 54 |
| 仪征市 | 45718 | 28624 | 8324 | 29.1 | 54 |
| 高邮市 | 40289 | 28349 | 8178 | 28.8 | 63 |
| **镇江市** | **55565** | **34985** | **10245** | **29.3** | **55** |
| 丹阳市 | 53382 | 34981 | 10361 | 29.6 | 54 |
| 扬中市 | 59618 | 34448 | 10209 | 29.6 | 59 |
| 句容市 | 49210 | 31649 | 10125 | 32.0 | 58 |
| **泰州市** | **49255** | **31630** | **9281** | **29.3** | **57** |
| 兴化市 | 42733 | 26140 | 7847 | 30.0 | 49 |
| 靖江市 | 53389 | 38964 | 11312 | 29.0 | 64 |
| 泰兴市 | 48043 | 30469 | 8732 | 28.7 | 71 |
| **宿迁市** | **32693** | **20600** | **6102** | **29.6** | **50** |
| 沭阳县 | 32208 | 21054 | 6267 | 29.8 | 50 |
| 泗阳县 | 31989 | 21139 | 6298 | 29.8 | 53 |
| 泗洪县 | 31151 | 18776 | 5578 | 29.7 | 49 |

附录 1 续表 30

| 市（县）名　称 | 城镇常住居民人均可支配收入（元） | 城镇常住居民人均生活消费支出（元） | #食品烟酒 | 城镇常住居民恩格尔系数（%） | 城镇常住居民人均住房建筑面积（平方米） |
|---|---|---|---|---|---|
| **南京市** | **79858** | **46552** | **11733** | **25.2** | **40.8** |
| **无锡市** | **76644** | **48409** | **12829** | **26.5** | **44.6** |
| 江阴市 | 84952 | 44685 | 12265 | 27.4 | 66.0 |
| 宜兴市 | 72399 | 44471 | 12378 | 27.8 | 56.7 |
| **徐州市** | **44796** | **26937** | **7824** | **29.0** | **45.6** |
| 丰　县 | 36614 | 25525 | 7645 | 30.0 | 46.4 |
| 沛　县 | 43554 | 26452 | 7652 | 28.9 | 48.4 |
| 睢宁县 | 36914 | 20442 | 5938 | 29.0 | 44.2 |
| 新沂市 | 40096 | 25298 | 7311 | 28.9 | 57.8 |
| 邳州市 | 45262 | 24195 | 7091 | 29.3 | 42.5 |
| **常州市** | **71744** | **41695** | **10905** | **26.2** | **52.0** |
| 溧阳市 | 66183 | 33933 | 9283 | 27.4 | 45.8 |
| **苏州市** | **82989** | **50656** | **13189** | **26.0** | **45.4** |
| 常熟市 | 83384 | 49372 | 13213 | 26.8 | 64.4 |
| 张家港市 | 83812 | 48116 | 12752 | 26.5 | 49.4 |
| 昆山市 | 83921 | 49074 | 13507 | 27.5 | 42.3 |
| 太仓市 | 82639 | 49376 | 12869 | 26.1 | 51.0 |
| **南通市** | **62512** | **38897** | **11097** | **28.5** | **51.8** |
| 如东县 | 59192 | 33278 | 9497 | 28.5 | 57.3 |
| 启东市 | 60041 | 43934 | 12962 | 29.5 | 56.5 |
| 如皋市 | 58803 | 32782 | 9305 | 28.4 | 65.1 |
| 海安市 | 60012 | 35577 | 10046 | 28.2 | 60.1 |
| **连云港市** | **43769** | **28024** | **8871** | **31.7** | **53.1** |
| 东海县 | 43513 | 27568 | 9316 | 33.8 | 58.3 |
| 灌云县 | 36520 | 21884 | 7284 | 33.3 | 54.2 |
| 灌南县 | 38834 | 24857 | 7563 | 30.4 | 58.4 |

附录 1 续表 31

| 市(县)名称 | 城镇常住居民人均可支配收入(元) | 城镇常住居民人均生活消费支出(元) | #食品烟酒 | 城镇常住居民恩格尔系数(%) | 城镇常住居民人均住房建筑面积(平方米) |
|---|---|---|---|---|---|
| **淮安市** | **48498** | **26149** | **7798** | **29.8** | **50.5** |
| 涟水县 | 40394 | 23843 | 7124 | 29.9 | 49.4 |
| 盱眙县 | 48630 | 25860 | 7742 | 29.9 | 50.5 |
| 金湖县 | 49006 | 30212 | 8965 | 29.7 | 52.3 |
| **盐城市** | **48526** | **26884** | **7543** | **28.1** | **46.5** |
| 响水县 | 40064 | 18011 | 5303 | 29.4 | 42.8 |
| 滨海县 | 42209 | 22598 | 6291 | 27.6 | 45.5 |
| 阜宁县 | 40684 | 29118 | 8170 | 28.1 | 52.4 |
| 射阳县 | 42684 | 30789 | 8891 | 28.9 | 48.5 |
| 建湖县 | 47112 | 24617 | 6979 | 28.4 | 50.0 |
| 东台市 | 51859 | 27216 | 7920 | 29.1 | 50.6 |
| **扬州市** | **56781** | **33445** | **9647** | **28.8** | **51.2** |
| 宝应县 | 43178 | 25950 | 7759 | 29.9 | 50.5 |
| 仪征市 | 58348 | 32915 | 9527 | 28.9 | 51.4 |
| 高邮市 | 50254 | 32970 | 9447 | 28.7 | 59.4 |
| **镇江市** | **64602** | **37866** | **11004** | **29.1** | **51.2** |
| 丹阳市 | 64718 | 35557 | 10575 | 29.7 | 51.2 |
| 扬中市 | 71302 | 37185 | 11018 | 29.6 | 56.4 |
| 句容市 | 62269 | 35501 | 11112 | 31.3 | 49.5 |
| **泰州市** | **59604** | **35991** | **10080** | **28.0** | **50.3** |
| 兴化市 | 53875 | 29771 | 8504 | 28.6 | 49.1 |
| 靖江市 | 64093 | 43820 | 12445 | 28.4 | 51.0 |
| 泰兴市 | 59297 | 36372 | 10596 | 29.1 | 51.6 |
| **宿迁市** | **38756** | **23756** | **7022** | **29.6** | **46.9** |
| 沭阳县 | 38191 | 24090 | 7158 | 29.7 | 47.1 |
| 泗阳县 | 38049 | 23177 | 6888 | 29.7 | 53.0 |
| 泗洪县 | 36914 | 23048 | 6850 | 29.7 | 46.8 |

附录 1 续表 32

| 市(县)名　称 | 农村常住居民人均可支配收入（元） | 农村常住居民人均生活消费支出（元） | #食品烟酒 | 农村常住居民恩格尔系数（%） | 农村常住居民人均住房建筑面积（平方米） |
|---|---|---|---|---|---|
| **南京市** | **36789** | **27811** | **8243** | **29.6** | **66.8** |
| **无锡市** | **44617** | **31785** | **9599** | **30.2** | **65.9** |
| 江阴市 | 47846 | 32120 | 9257 | 28.8 | 62 |
| 宜兴市 | 40633 | 28841 | 8273 | 28.7 | 80.8 |
| **徐州市** | **27065** | **19894** | **6136** | **30.8** | **58** |
| 丰　县 | 24714 | 17117 | 5251 | 30.7 | 54.1 |
| 沛　县 | 27971 | 19071 | 5768 | 30.2 | 52.4 |
| 睢宁县 | 24407 | 16771 | 5207 | 31 | 60.1 |
| 新沂市 | 25891 | 18713 | 5675 | 30.3 | 66 |
| 邳州市 | 27363 | 17720 | 5428 | 30.6 | 58.8 |
| **常州市** | **40401** | **28895** | **9006** | **31.2** | **79.9** |
| 溧阳市 | 37742 | 28593 | 8360 | 29.2 | 68.6 |
| **苏州市** | **46385** | **31609** | **8520** | **27** | **74.4** |
| 常熟市 | 46816 | 34612 | 9491 | 27.4 | 70.2 |
| 张家港市 | 47032 | 31799 | 8455 | 26.6 | 59.3 |
| 昆山市 | 47115 | 32154 | 9533 | 29.6 | 70.9 |
| 太仓市 | 46462 | 32390 | 8859 | 27.4 | 76 |
| **南通市** | **32977** | **23802** | **7054** | **29.6** | **70.2** |
| 如东县 | 29914 | 23611 | 7024 | 29.7 | 67.3 |
| 启东市 | 34743 | 25341 | 7559 | 29.8 | 79.4 |
| 如皋市 | 29806 | 22951 | 6511 | 28.4 | 73.3 |
| 海安市 | 31944 | 26953 | 8023 | 29.8 | 66.2 |
| **连云港市** | **24411** | **17537** | **6398** | **36.5** | **62.3** |
| 东海县 | 25448 | 17497 | 6299 | 36 | 65.2 |
| 灌云县 | 22878 | 16183 | 5247 | 32.4 | 58.2 |
| 灌南县 | 21835 | 15832 | 5109 | 32.3 | 72.1 |

附录 1 续表 33

| 市（县）名 称 | 农村常住居民人均可支配收入（元） | 农村常住居民人均生活消费支出（元） | #食品烟酒 | 农村常住居民恩格尔系数（%） | 农村常住居民人均住房建筑面积（平方米） |
|---|---|---|---|---|---|
| **淮安市** | **25287** | **16581** | **5170** | **31.2** | **59.3** |
| 涟水县 | 23565 | 14744 | 4560 | 30.9 | 62.4 |
| 盱眙县 | 25441 | 13836 | 4141 | 29.9 | 53.4 |
| 金湖县 | 27948 | 23033 | 7119 | 30.9 | 61.1 |
| **盐城市** | **29744** | **21856** | **6630** | **30.3** | **54.5** |
| 响水县 | 25519 | 16620 | 4837 | 29.1 | 48.6 |
| 滨海县 | 25865 | 18480 | 5455 | 30.1 | 44.4 |
| 阜宁县 | 26691 | 16729 | 4775 | 28.5 | 61.1 |
| 射阳县 | 28678 | 16476 | 4962 | 30.1 | 57.4 |
| 建湖县 | 29401 | 19289 | 5991 | 31.1 | 50 |
| 东台市 | 34012 | 22801 | 6701 | 29.4 | 72.9 |
| **扬州市** | **31488** | **24466** | **7146** | **29.2** | **64.8** |
| 宝应县 | 29779 | 21768 | 6509 | 29.9 | 56.7 |
| 仪征市 | 30340 | 23401 | 6859 | 29.3 | 57.9 |
| 高邮市 | 29560 | 23373 | 6812 | 29.1 | 67.2 |
| **镇江市** | **35466** | **28576** | **8557** | **29.9** | **64.1** |
| 丹阳市 | 36759 | 34136 | 10049 | 29.4 | 60 |
| 扬中市 | 40743 | 30027 | 8903 | 29.6 | 63.3 |
| 句容市 | 32081 | 26596 | 8830 | 33.2 | 67.6 |
| **泰州市** | **31810** | **24280** | **7933** | **32.7** | **67.9** |
| 兴化市 | 29940 | 21972 | 7093 | 32.3 | 49.5 |
| 靖江市 | 34814 | 30538 | 9345 | 30.6 | 83.7 |
| 泰兴市 | 32153 | 22133 | 6100 | 27.6 | 97.5 |
| **宿迁市** | **24679** | **16428** | **4888** | **29.8** | **53.4** |
| 沭阳县 | 24946 | 17369 | 5186 | 29.9 | 54.1 |
| 泗阳县 | 24687 | 18682 | 5587 | 29.9 | 52.4 |
| 泗洪县 | 24230 | 13645 | 4052 | 29.7 | 51.6 |

# 附录 2 江苏省市辖区主要经济指标

（2023 年）

| 市辖区 | 年末户籍人口（万人） | 土地面积（平方公里） | 地区生产总值（亿元） | #第二产业 | #第三产业 | 一般公共预算收入（亿元） |
|---|---|---|---|---|---|---|
| **南京市** | **741.81** | **6587** | **17421.4** | **5929** | **11174.65** | **1619.98** |
| 玄武区 | 45.71 | 75 | 1285.45 | 21.23 | 1264.22 | 104.19 |
| 秦淮区 | 67.09 | 49 | 1464.39 | 93.00 | 1371.39 | 113.12 |
| 建邺区 | 45.88 | 82 | 1300.10 | 382.51 | 917.59 | 167.74 |
| 鼓楼区 | 90.93 | 54 | 2038.79 | 147.25 | 1891.54 | 184.22 |
| 浦口区 | 35.62 | 698 | 529.95 | 182.44 | 298.47 | 65.30 |
| 栖霞区 | 58.90 | 395 | 1783.56 | 993.01 | 782.32 | 146.83 |
| 雨花台区 | 33.92 | 132 | 1078.83 | 189.39 | 889.26 | 88.34 |
| 江宁区 | 128.01 | 1563 | 3056.19 | 1657.93 | 1323.36 | 238.28 |
| 六合区 | 68.01 | 1295 | 613.54 | 233.86 | 306.23 | 50.11 |
| 溧水区 | 45.77 | 1064 | 1061.76 | 555.72 | 451.94 | 67.22 |
| 高淳区 | 44.96 | 790 | 590.35 | 244.00 | 295.45 | 43.07 |
| **无锡市** | **520.95** | **4627** | **15456.19** | **7376.85** | **7942.84** | **1195.42** |
| 锡山区 | 51.88 | 399 | 1259.86 | 645.15 | 597.34 | 122.04 |
| 惠山区 | 55.46 | 325 | 1276.03 | 696.57 | 562.73 | 121.27 |
| 滨湖区 | 37.87 | 572 | 1100.58 | 406.60 | 690.05 | 103.94 |
| 梁溪区 | 80.45 | 72 | 1624.13 | 213.59 | 1410.54 | 58.40 |
| 新吴区 | 41.34 | 220 | 2515.69 | 1560.55 | 954.47 | 262.20 |
| **徐州市** | **1029.36** | **11765** | **8900.44** | **3622.34** | **4507.13** | **545.96** |
| 鼓楼区 | 37.01 | 80 | 381.77 | 55.67 | 325.77 | 20.35 |
| 云龙区 | 41.03 | 119 | 489.54 | 49.56 | 438.94 | 34.86 |
| 贾汪区 | 51.05 | 612 | 432.50 | 191.73 | 207.82 | 26.40 |
| 泉山区 | 55.21 | 80 | 679.08 | 91.71 | 587.11 | 32.69 |
| 铜山区 | 121.99 | 1764 | 1381.33 | 668.43 | 602.97 | 57.80 |
| **常州市** | **389.34** | **4372** | **10116.36** | **4857.43** | **5080.01** | **680.30** |
| 天宁区 | 48.66 | 155 | 972.41 | 238.33 | 726.78 | 49.79 |
| 钟楼区 | 44.73 | 133 | 942.32 | 264.97 | 674.75 | 50.83 |
| 新北区 | 63.90 | 509 | 2118.65 | 1075.02 | 1022.85 | 144.40 |
| 武进区 | 100.76 | 1065 | 3222.84 | 1716.20 | 1463.73 | 216.31 |
| 金坛区 | 53.61 | 976 | 1302.92 | 716.74 | 540.61 | 57.66 |
| **苏州市** | **786.22** | **8657** | **24653.37** | **11541.38** | **12916.77** | **2456.81** |
| 虎丘区 | 49.83 | 332 | 1826.75 | 859.60 | 965.81 | 193.14 |
| 吴中区 | 78.32 | 2232 | 1624.00 | 741.50 | 865.00 | 222.64 |
| 相城区 | 51.10 | 490 | 1147.80 | 548.60 | 590.48 | 139.82 |
| 姑苏区 | 74.96 | 83 | 950.04 | 51.71 | 898.34 | 64.60 |
| 吴江区 | 91.90 | 1237 | 2377.28 | 1233.81 | 1105.22 | 239.90 |

附录 2 续表 1

| 市辖区 | 年末户籍人口（万人） | 土地面积（平方公里） | 地区生产总值（亿元） | #第二产业 | #第三产业 | 一般公共预算收入（亿元） |
|---|---|---|---|---|---|---|
| **南通市** | **740.12** | **10507** | **11813.27** | **5728.15** | **5565.48** | **680.16** |
| 崇川区 | 73.90 | 312 | 1737.10 | 553.68 | 1182.09 | 113.19 |
| 通州区 | 122.76 | 1565 | 1642.28 | 868.21 | 705.74 | 83.91 |
| 海门区 | 96.57 | 1144 | 1664.67 | 808.10 | 778.95 | 75.01 |
| **连云港市** | **528.67** | **7224** | **4363.61** | **2011.68** | **1916.39** | **256.02** |
| 连云区 | 20.77 | 815 | 286.43 | 136.57 | 138.28 | 23.61 |
| 海州区 | 72.13 | 701 | 769.15 | 173.51 | 568.84 | 40.34 |
| 赣榆区 | 117.81 | 1404 | 759.43 | 311.14 | 330.11 | 36.51 |
| **淮安市** | **547.32** | **10030** | **5015.06** | **2023.21** | **2528.9** | **316.61** |
| 淮安区 | 110.82 | 1452 | 795.40 | 331.04 | 377.09 | 38.58 |
| 淮阴区 | 86.07 | 1307 | 705.70 | 264.93 | 358.01 | 33.26 |
| 清江浦区 | 59.86 | 310 | 737.89 | 174.66 | 547.69 | 36.19 |
| 洪泽区 | 36.08 | 1273 | 438.63 | 168.17 | 219.84 | 27.03 |
| **盐城市** | **789.09** | **17718** | **7403.87** | **2981.18** | **3603.82** | **482.73** |
| 亭湖区 | 66.78 | 790 | 704.28 | 263.57 | 401.93 | 45.56 |
| 盐都区 | 69.06 | 1016 | 743.27 | 324.98 | 355.19 | 43.33 |
| 大丰区 | 67.98 | 3488 | 820.75 | 267.51 | 426.64 | 61.99 |
| **扬州市** | **445.04** | **6591** | **7423.26** | **3509.60** | **3576.57** | **347.57** |
| 广陵区 | 48.17 | 335 | 1011.15 | 394.54 | 606.27 | 44.90 |
| 邗江区 | 65.32 | 553 | 1313.10 | 508.50 | 781.57 | 58.64 |
| 江都区 | 99.44 | 1329 | 1312.05 | 659.07 | 573.12 | 57.24 |
| **镇江市** | **265.00** | **3840** | **5264.07** | **2507.36** | **2589.19** | **320.71** |
| 京口区 | 31.00 | 96 | 600.49 | 159.53 | 440.07 | 18.64 |
| 润州区 | 21.00 | 113 | 300.05 | 57.63 | 241.96 | 16.28 |
| 丹徒区 | 28.00 | 617 | 484.94 | 244.50 | 215.62 | 23.57 |
| **泰州市** | **484.13** | **5788** | **6731.66** | **3258.62** | **3128.33** | **439.70** |
| 海陵区 | 46.02 | 307 | 774.45 | 328.29 | 430.52 | 40.02 |
| 高港区 | 43.96 | 403 | 1191.95 | 645.37 | 530.39 | 103.18 |
| 姜堰区 | 71.27 | 858 | 876.55 | 410.57 | 411.49 | 43.56 |
| **宿迁市** | **585.41** | **8524** | **4398.07** | **1941.95** | **2066.62** | **302.00** |
| 宿城区 | 113.44 | 965 | 562.11 | 157.37 | 372.98 | 38.17 |
| 宿豫区 | 64.07 | 1188 | 463.82 | 218.28 | 205.78 | 40.10 |

附录 2 续表 2

| 市辖区 | 房地产开发投资（亿元） | #住宅 | 社会消费品零售总额（亿元） | 进出口总额（亿元） | #出口 | 实际使用外资（亿美元） |
|---|---|---|---|---|---|---|
| **南京市** | **2772.37** | **2082.24** | **8201.07** | **5659.94** | **3333.12** | **49.40** |
| 玄武区 | 109.88 | 47.41 | 1054.72 | 655.10 | 152.80 | 1.87 |
| 秦淮区 | 27.49 | 171.93 | 1063.14 | 754.00 | 420.90 | 2.92 |
| 建邺区 | 374.48 | 267.31 | 525.78 | 232.90 | 201.40 | 1.46 |
| 鼓楼区 | 103.66 | 49.96 | 1229.68 | 401.20 | 254.10 | 8.15 |
| 浦口区 | 229.18 | 194.60 | 150.35 | 274.30 | 134.00 | 0.85 |
| 栖霞区 | 375.88 | 309.84 | 536.36 | 965.50 | 496.40 | 3.40 |
| 雨花台区 | 344.18 | 285.95 | 724.63 | 274.30 | 210.20 | 3.20 |
| 江宁区 | 281.84 | 217.80 | 1103.49 | 1335.60 | 860.90 | 9.34 |
| 六合区 | 9.18 | 64.95 | 321.27 | 70.00 | 53.80 | 0.51 |
| 溧水区 | 143.88 | 113.69 | 461.28 | 152.70 | 116.20 | 0.92 |
| 高淳区 | 33.36 | 31.02 | 243.31 | 111.50 | 105.00 | 0.28 |
| **无锡市** | **1275.32** | **1020.87** | **3567.55** | **7065.32** | **4658.10** | **41.20** |
| 锡山区 | 147.38 | 109.36 | 296.46 | 472.77 | 380.47 | 4.82 |
| 惠山区 | 107.17 | 96.05 | 356.36 | 338.43 | 312.92 | 4.39 |
| 滨湖区 | 163.30 | 138.16 | 320.46 | 242.80 | 182.59 | 3.60 |
| 梁溪区 | 211.02 | 145.46 | 780.89 | 241.16 | 222.30 | 1.36 |
| 新吴区 | 146.71 | 128.14 | 426.86 | 3563.92 | 2128.51 | 11.44 |
| **徐州市** | **751.17** | **618.05** | **4445.12** | **1207.60** | **997.42** | **3.50** |
| 鼓楼区 | 105.91 | 79.87 | 353.54 | 14.06 | 13.07 | … |
| 云龙区 | 142.61 | 107.81 | 331.33 | 23.54 | 23.26 | 0.19 |
| 贾汪区 | 48.59 | 43.86 | 194.17 | 38.74 | 36.95 | 0.06 |
| 泉山区 | 122.02 | 93.63 | 434.13 | 44.20 | 33.25 | 0.02 |
| 铜山区 | 47.30 | 44.12 | 541.36 | 132.64 | 123.88 | 0.75 |
| **常州市** | **822.91** | **668.23** | **3050.10** | **3183.63** | **2498.35** | **20.64** |
| 天宁区 | 205.66 | 164.69 | 467.09 | 199.70 | 174.03 | 0.22 |
| 钟楼区 | 127.98 | 110.14 | 532.09 | 188.58 | 174.27 | 1.63 |
| 新北区 | 128.86 | 91.39 | 450.60 | 1298.02 | 997.85 | 8.46 |
| 武进区 | 198.10 | 170.07 | 931.02 | 983.91 | 723.30 | 5.98 |
| 金坛区 | 80.11 | 65.39 | 266.57 | 338.59 | 286.60 | 0.89 |
| **苏州市** | **2597.97** | **2226.35** | **9582.90** | **24514.10** | **15081.59** | **69.05** |
| 虎丘区 | 352.31 | 321.02 | 668.48 | 2478.82 | 1751.84 | 3.33 |
| 吴中区 | 281.74 | 248.74 | 937.10 | 716.17 | 537.94 | 4.86 |
| 相城区 | 409.79 | 376.89 | 609.11 | 476.33 | 366.37 | 6.19 |
| 姑苏区 | 105.39 | 82.16 | 1032.34 | 150.00 | 132.90 | 0.04 |
| 吴江区 | 299.77 | 230.17 | 769.70 | 1597.79 | 1222.24 | 3.92 |

附录 2 续表 3

| 市辖区 | 房地产开发投资（亿元） | #住宅 | 社会消费品零售总额（亿元） | 进出口总额（亿元） | #出口 | 实际使用外资（亿美元） |
|---|---|---|---|---|---|---|
| **南通市** | **925.11** | **757.77** | **4215.10** | **3500.29** | **2289.69** | **19.90** |
| 崇川区 | 221.18 | 180.88 | 734.35 | 700.22 | 493.64 | 1.95 |
| 通州区 | 137.22 | 117.48 | 540.36 | 308.87 | 271.83 | 1.21 |
| 海门区 | 93.36 | 75.10 | 516.95 | 353.32 | 279.92 | 2.88 |
| **连云港市** | **246.24** | **193.20** | **1277.30** | **1360.86** | **359.34** | **4.36** |
| 连云区 | 8.21 | 6.48 | 80.57 | 187.71 | 36.70 | 0.38 |
| 海州区 | 96.19 | 69.77 | 475.33 | 87.96 | 71.29 | 0.27 |
| 赣榆区 | 35.86 | 31.59 | 197.38 | 166.56 | 49.06 | 0.68 |
| **淮安市** | **282.12** | **212.68** | **1896.30** | **542.44** | **396.55** | **5.49** |
| 淮安区 | 33.10 | 26.35 | 262.88 | 52.01 | 42.66 | 1.00 |
| 淮阴区 | 39.98 | 26.71 | 204.51 | 42.53 | 11.00 | 0.73 |
| 清江浦区 | 92.54 | 63.63 | 572.35 | 52.50 | 47.94 | 1.01 |
| 洪泽区 | 9.28 | 7.91 | 131.74 | 35.25 | 27.63 | 0.57 |
| **盐城市** | **567.17** | **460.52** | **2872.53** | **1452.32** | **1015.18** | **9.38** |
| 亭湖区 | 116.05 | 96.84 | 301.28 | 98.99 | 48.91 | 0.49 |
| 盐都区 | 103.80 | 90.90 | 297.07 | 88.66 | 43.86 | 0.34 |
| 大丰区 | 35.94 | 29.35 | 260.24 | 279.89 | 154.87 | 0.53 |
| **扬州市** | **639.14** | **507.92** | **1660.64** | **1055.80** | **851.40** | **12.20** |
| 广陵区 | 43.71 | 36.88 | 357.29 | 112.10 | 107.90 | 0.26 |
| 邗江区 | 138.46 | 123.91 | 353.10 | 215.00 | 195.60 | 4.00 |
| 江都区 | 236.88 | 175.67 | 312.36 | 258.30 | 182.70 | 0.57 |
| **镇江市** | **312.43** | **258.26** | **1481.70** | **986.41** | **741.51** | **4.26** |
| 京口区 | 25.63 | 18.75 | 317.97 | 97.60 | 70.72 | 0.03 |
| 润州区 | 31.29 | 26.74 | 151.16 | 23.23 | 16.07 | 0.05 |
| 丹徒区 | 23.90 | 21.67 | 77.14 | 69.96 | 59.67 | 0.10 |
| **泰州市** | **365.00** | **303.41** | **1709.70** | **1344.39** | **938.14** | **9.29** |
| 海陵区 | 49.55 | 45.26 | 244.01 | 130.78 | 117.87 | 1.75 |
| 高港区 | 165.11 | 132.63 | 292.36 | 286.11 | 120.16 | 1.03 |
| 姜堰区 | 34.58 | 27.48 | 202.66 | 137.58 | 130.03 | 1.43 |
| **宿迁市** | **381.03** | **317.74** | **1587.39** | **620.66** | **558.73** | **4.73** |
| 宿城区 | 81.45 | 70.31 | 332.95 | 96.12 | 87.02 | 1.04 |
| 宿豫区 | 47.67 | 42.48 | 346.81 | 102.07 | 83.32 | 0.32 |

# 附录 3　淮海经济区主要经济指标

（2023 年）

| 地　　区 | 土地面积（平方公里） | 年末户籍人口数（万人） | 年末常住人口数（万人） | 地区生产总值（亿元） | 第一产业增加值（亿元） |
|---|---|---|---|---|---|
| 徐州市 | 11765 | 1029.36 | 902.00 | 8900.44 | 770.97 |
| 连云港市 | 7626 | 528.67 | 459.40 | 4363.61 | 435.54 |
| 宿迁市 | 8524 | 585.41 | 497.75 | 4398.07 | 389.50 |
| 菏泽市 | 12239 | 1019.77 | 863.55 | 4464.49 | 422.13 |
| 枣庄市 | 4564 |  | 380.98 | 2156.74 | 200.82 |
| 济宁市 | 11187 |  | 824.05 | 5516.47 | 627.89 |
| 临沂市 | 17191 |  | 1094.38 | 6105.17 | 529.54 |
| 淮北市 | 2741 | 218.03 | 194.40 | 1365.50 | 89.70 |
| 宿州市 | 9939 | 656.62 | 526.30 | 2291.45 | 338.38 |
| 商丘市 | 10704 |  | 766.02 | 3109.00 | 588.03 |

附录 3 续表 1

| 地　　区 | 第二产业增加值（亿元） | 工业增加值（亿元） | 第三产业增加值（亿元） | 人均地区生产总值（元） | 地区生产总值中三次产业比重（%） |
|---|---|---|---|---|---|
| 徐州市 | 3622.34 | 2959.71 | 4507.13 | 98683 | 8.7:40.7:50.6 |
| 连云港市 | 2011.68 | 1714.01 | 1916.39 | 94917 | 10.0:46.1:43.9 |
| 宿迁市 | 1941.95 | 1614.18 | 2066.62 | 88379 | 8.9:44.1:47.0 |
| 菏泽市 | 1799.52 | 1515.83 | 2242.84 | 51557 | 9.5:40.3:50.2 |
| 枣庄市 | 822.86 | 653.45 | 1133.06 | 56463 | 9.3:38.2:52.5 |
| 济宁市 | 2073.59 | 1782.16 | 2814.99 | 66741 | 11.4:37.6:51.0 |
| 临沂市 | 2374.20 | 1963.90 | 3201.43 | 55661 | 8.7:38.9:52.4 |
| 淮北市 | 584.90 | 529.99 | 690.90 | 70135 | 6.6:42.8:50.6 |
| 宿州市 | 739.20 | 499.82 | 1213.87 | 43387 | 14.8:32.2:53.0 |
| 商丘市 | 1011.84 |  | 1509.13 | 40403 | 18.9:32.6:48.5 |

附录 3 续表 2

| 地　　区 | 粮食总产量（万吨） | 油料总产量（万吨） | 棉花总产量（万吨） | 肉类总产量（万吨） | 水产品产量（万吨） |
|---|---|---|---|---|---|
| 徐州市 | 505.07 | 11.44 | 0.42 | 64.83 | 16.53 |
| 连云港市 | 368.57 | 11.23 | | 36.78 | 83.09 |
| 宿迁市 | 412.97 | 5.14 | … | 39.69 | 31.68 |
| 菏泽市 | 808.85 | 23.39 | 4.43 | | 9.10 |
| 枣庄市 | 187.38 | 7.86 | 0.10 | 18.72 | 7.28 |
| 济宁市 | 497.80 | 14.60 | 2.60 | 50.80 | 30.40 |
| 临沂市 | 426.50 | 71.00 | 0.10 | 120.70 | 13.60 |
| 淮北市 | 152.60 | 0.57 | … | 11.87 | 2.82 |
| 宿州市 | 460.20 | 14.09 | … | 65.28 | 4.96 |
| 商丘市 | 717.55 | 43.27 | 0.04 | 62.24 | 5.56 |

附录 3 续表 3

| 地　　区 | 社会消费品零售总额（亿元） | 居民消费价格总指数（以上年为 100） | 进出口总额（亿元） | 进口总额 | 出口总额 |
|---|---|---|---|---|---|
| 徐州市 | 4445.1 | 100.4 | 1207.60 | 210.18 | 997.42 |
| 连云港市 | 1277.3 | 100.5 | 1360.86 | 1001.52 | 359.34 |
| 宿迁市 | 1587.4 | 100.6 | 620.66 | 61.92 | 558.73 |
| 菏泽市 | 2100.3 | 99.7 | 733.94 | 372.58 | 361.37 |
| 枣庄市 | 1128.6 | 100.1 | 513.13 | 33.58 | 479.55 |
| 济宁市 | 2732.7 | 99.5 | 971.50 | 182.94 | 788.56 |
| 临沂市 | 3226.7 | 99.3 | 1682.70 | 147.77 | 1534.93 |
| 淮北市 | 524.6 | 100.0 | 107.42 | 10.38 | 97.04 |
| 宿州市 | 1312.4 | 100.0 | 66.17 | 5.82 | 60.35 |
| 商丘市 | 1592.2 | 99.6 | 65.40 | 50.62 | 50.60 |

附录 3 续表 4

| 地　　区 | 实际使用外资（亿美元） | 邮电业务总量（亿元） | 年末固定电话用户（万户） | 年末移动电话用户（万户） | 一般公共预算收入（亿元） | 一般公共预算支出（亿元） |
|---|---|---|---|---|---|---|
| 徐州市 | 3.50 | 193.12 | 72.32 | 1073.23 | 545.96 | 1056.90 |
| 连云港市 | 4.36 | | | | 256.02 | 574.92 |
| 宿迁市 | 4.73 | 131.18 | 23.20 | 523.00 | 302.00 | 641.84 |
| 菏泽市 | 5.54 | 58.63 | | | 316.51 | 734.67 |
| 枣庄市 | 5.91 | | 30.49 | 419.51 | 181.05 | 352.05 |
| 济宁市 | 10.67 | | 54.19 | 855.00 | 475.01 | 782.79 |
| 临沂市 | 7.39 | 98.97 | | | 445.77 | 920.10 |
| 淮北市 | 0.42 | 28.80 | 15.80 | 223.80 | 104.83 | 222.18 |
| 宿州市 | 0.16 | 69.20 | 24.80 | 535.00 | 161.76 | 501.79 |
| 商丘市 | 0.18 | 80.72 | 39.13 | 804.79 | 200.94 | 561.82 |

附录 3 续表 5

| 地　　区 | 金融机构本外币年末存款余额（亿元） | #住户存款 | 金融机构本外币年末贷款余额（亿元） | 各级各类学校数（所） | 各级各类学校在校学生数（万人） | 卫生机构数（个） | 卫生技术人员数（人） | 卫生机构床位数（张） |
|---|---|---|---|---|---|---|---|---|
| 徐州市 | 11697.91 | 6847.79 | 10869.62 | 1248 | 191.89 | 4693 | 78207 | 64991 |
| 连云港市 | 5849.81 | 2874.07 | 7073.32 | 577 | 84.94 | 2912 | 35160 | 29705 |
| 宿迁市 | 5932.03 | 2765.49 | 6014.01 | 990 | 104.63 | 2735 | 39920 | 33560 |
| 菏泽市 | 7109.40 | 5790.03 | 4553.34 | 4329 | 212.95 | 5727 | 52193 | 62638 |
| 枣庄市 | 3315.38 | 2444.86 | 2690.50 | 1267 | 81.95 | 2805 | 32832 | 27934 |
| 济宁市 | 8749.93 | 6390.60 | 7318.91 | 3265 | 179.85 | 7345 | 94712 | 61902 |
| 临沂市 | 10849.80 | 7724.20 | 10028.11 | 1729 | 214.50 | 8802 | 109895 | 82801 |
| 淮北市 | 2287.20 | 1484.20 | 1794.30 | 390 | 31.67 | 967 | 16068 | 12916 |
| 宿州市 | 3719.72 | 2790.20 | 3439.10 | 3274 | 115.21 | 2243 | 39940 | 39219 |
| 商丘市 | 5081.88 | 4231.22 | 2949.22 | 4030 | 198.21 | 7752 | 64884 | 59691 |

附录 3 续表 6

| 地　　区 | 城镇化率（%） | 全体居民人均可支配收入（元） | 城镇居民人均可支配收入（元） | 农村居民人均可支配收入（元） |
|---|---|---|---|---|
| 徐州市 | 67.64 | 38089 | 44796 | 27065 |
| 连云港市 | 64.00 | 35983 | 43769 | 24411 |
| 宿迁市 | 65.00 | 32693 | 38756 | 24679 |
| 菏泽市 | 53.83 | 27034 | 35454 | 19493 |
| 枣庄市 | 61.73 | 33505 | 42084 | 22410 |
| 济宁市 | 63.05 | 35861 | 45505 | 23851 |
| 临沂市 | 58.16 | 35336 | 47005 | 20509 |
| 淮北市 | 65.64 | 34079 | 43786 | 18807 |
| 宿州市 | 48.09 | 27250 | 40895 | 18282 |
| 商丘市 | 48.76 | 25069 | 37378 | 16932 |